Löwisch/Arbeitsrecht

Werner-Studien-Reihe

Prof. Dr. Manfred Löwisch
Ordinarius an der Universität Freiburg
vorm. Richter am OLG Karlsruhe

Arbeitsrecht

Ein Studienbuch

3., neubearbeitete und
erweiterte Auflage 1991

Werner-Verlag

1. Auflage 1974
2. Auflage 1980
3. Auflage 1991

CIP-Titelaufnahme der Deutschen Bibliothek

Löwisch, Manfred:
Arbeitsrecht : ein Studienbuch / Manfred Löwisch. –
3., neubearb. und erw. Aufl. – Düsseldorf : Werner, 1991
(Werner-Studien-Reihe)
2. Aufl. u. d. T.: Löwisch, Günther: Arbeitsrecht
ISBN 3-8041-2577-8

ISB N 3-8041-2577-8

ISSN 0341-0315

© Werner-Verlag GmbH · Düsseldorf · 1991
Printed in Germany
Eine Lange-Publikation

Satz: Computersatz Bonn GmbH, Bonn
Druck und Bindung: Weiss & Zimmer AG, Mönchengladbach
Archiv-Nr.: 860/3-12.90
Bestell-Nr.: 02577

Vorwort

Das vorliegende Buch ist aus dem arbeitsrechtlichen Grundriß hervorgegangen, den ich gemeinsam mit meinem inzwischen verstorbenen Vater, Rechtsanwalt Dr. Dr. Günther Löwisch, für die Reihe WISU-Texte verfaßt habe. Mit der völligen Neubearbeitung und beträchtlichen Erweiterung möchte ich nunmehr vor allem Studierenden der Rechtswissenschaften, aber auch Rechtsreferendaren eine Einführung in das Arbeitsrecht zur Verfügung stellen, mit der sie den Anforderungen von Ausbildung und Examen gerecht werden können.

Besonderen Wert habe ich dabei auf die didaktische Aufbereitung durch Fälle und Kontrollfragen gelegt. Ihr Nutzen wird erhöht, wenn der Leser seine eigenen Überlegungen jeweils in einigen Stichworten schriftlich niederlegt, ehe er die Lösungen und Antworten im Buch nachliest.

Sehr zu danken habe ich Herrn Assessor Frank Wertheimer, wissenschaftlicher Assistent am Institut für Wirtschaftsrecht, Arbeitsrecht und Sozialversicherungsrecht der Universität Freiburg, dessen kundige und kritische Mitarbeit viel zur jetzigen Gestalt des Buches beigetragen hat. Mein Dank gilt auch meinen bewährten Sekretärinnen, Frau Waltraud Groß und Frau Gisela Hartmann, die die Last der Schreibarbeit getragen haben.

Freiburg, im September 1990 *Manfred Löwisch*

Inhaltsverzeichnis

2. *Kapitel:* Kollektives Arbeitsrecht

A.   Koalitionsrecht

§ 6   Koalitionsverbandsrecht

Abkürzungsverzeichnis

AcP	Archiv für civilistische Praxis
AFG	Arbeitsförderungsgesetz
AG	Aktiengesellschaft
AGB	Arbeitsgesetzbuch der DDR
AGBG	Gesetz zur Regelung des Rechts der Allgemeinen Geschäftsbedingungen
AiB	Arbeitsrecht im Betrieb (Zeitschrift)
AktG	Aktiengesetz
AOG	Gesetz zur Ordnung der nationalen Arbeit
AP	Arbeitsrechtliche Praxis – Nachschlagwerk des Bundesarbeitsgerichts
AR-Blattei	Arbeitsrechts-Blattei (Sammelwerk)
ArbG	Arbeitsgericht
ArbGG	Arbeitsgerichtsgesetz
ArbNErfG	Gesetz über Arbeitnehmererfindungen
ArbPlSchG	Gesetz über den Schutz des Arbeitsplatzes bei Einberufung zum Wehrdienst (Arbeitsplatzschutzgesetz)
ArbRGgw.	Das Arbeitsrecht der Gegenwart (Jahrbuch für das gesamte Arbeitsrecht)
ArbuR	Arbeit und Recht (Zeitschrift)
ARS	Arbeitsrechtsammlung
ASiG	Gesetz über Betriebsärzte, Sicherheitsingenieure und andere Fachkräfte für Arbeitssicherheit
AÜG	Arbeitnehmerüberlassungsgesetz
AWbG	Arbeitnehmerweiterbildungsgesetz
AZO	Arbeitszeitordnung
BABl.	Bundesarbeitsblatt
BAG	Bundesarbeitsgericht
BAT	Bundesangestelltentarifvertrag
BB	Betriebsberater (Zeitschrift)
BBiG	Berufsbildungsgesetz
BErzGG	Bundeserziehungsgeldgesetz
BeschFördG	Beschäftigungsförderungsgesetz
BetrAVG	Gesetz zur Verbesserung der betrieblichen Altersversorgung

BetrVG	Betriebsverfassungsgesetz vom 15. 1. 1972
BetrVG 1952	Betriebsverfassungsgesetz vom 11 .10. 1952
BGB	Bürgerliches Gesetzbuch
BGBl.	Bundesgesetzblatt
BGH	Bundesgerichtshof
BGHZ	Bundesgerichtshof-Entscheidungen in Zivilsachen
BHO	Bundeshaushaltsordnung
BPersVG	Bundespersonalvertretungsgesetz
BSG	Bundessozialgericht
BSGE	Entscheidungen des Bundessozialgerichts – Amtliche Sammlung
BSHG	Bundessozialhilfegesetz
BUrlG	Bundesurlaubsgesetz
BVerfG	Bundesverfassungsgericht
BVerfGE	Entscheidungen des Bundesverfassungsgerichts – Amtliche Sammlung
BVerwG	Bundesverwaltungsgericht
BZRG	Bundeszentralregistergesetz
DAG	Deutsche Angestelltengewerkschaft
DB	Der Betrieb (Zeitschrift)
DGB	Deutscher Gewerkschaftsbund
DÖV	Die Öffentliche Verwaltung (Zeitschrift)
DVBl.	Deutsches Verwaltungsblatt (Zeitschrift)
EG	Europäische Gemeinschaft
EGBGB	Einführungsgesetz zum Bürgerlichen Gesetzbuch
ESC	Europäische Sozialcharta
EStG	Einkommensteuergesetz
EuGH	Europäischer Gerichtshof
EWG	Europäische Wirtschaftsgemeinschaft
EWGV	EWG-Vertrag
EWiR	Entscheidungen zum Wirtschaftsrecht
EzA	Entscheidungssammlung zum Arbeitsrecht
FS	Festschrift
GewO	Gewerbeordnung
GG	Grundgesetz
GK	Gemeinschaftskommentar

GmbH	Gesellschaft mit beschränkter Haftung
GRUR	Gewerblicher Rechtsschutz und Urheberrecht (Zeitschrift)
GS	Großer Senat
GWB	Gesetz gegen Wettbewerbsbeschränkungen
HAG	Heimarbeitsgesetz
HGB	Handelsgesetzbuch
HRG	Hochschulrahmengesetz
IAO	Internationale Arbeitsrechtsorganisation
IG	Industriegewerkschaft
IGM	Industriegewerkschaft Metall
ILO	International Labour Organisation
JA	Juristische Arbeitsblätter (Zeitschrift)
JArbSchG	Jugendarbeitsschutzgesetz
JGG	Jugendgerichtsgesetz
JURA	Juristische Ausbildung (Zeitschrift)
JuS	Juristische Schulung (Zeitschrift)
JWG	Jugendwohlfahrtsgesetz
JZ	Juristenzeitung
KG	Kommanditgesellschaft
KO	Konkursordnung
KR	Gemeinschaftskommentar zum Kündigungsrecht
KSchG	Kündigungsschutzgesetz
LadSchlG	Ladenschlußgesetz
LAG	Landesarbeitsgericht
LAGE	Amtliche Sammlung der Entscheidungen der Landesarbeitsgerichte
LM	Nachschlagewerk des Bundesgerichtshofes, herausgegeben von Lindenmaier, Möhring u.a.
LohnFG	Lohnfortzahlungsgesetz
m.N.	mit Nachweisen
MitBestG 1976	Mitbestimmungsgesetz vom 4. 5. 1976
MünchArbR	Münchner Handbuch zum Arbeitsrecht (erscheint 1991)
MuSchG	Mutterschutzgesetz

Nipperdey I	Arbeitsrechtstextsammlung
NJW	Neue Juristische Wochenschrift
NZA	Neue Zeitschrift für Arbeits- und Sozialrecht
OHG	Offene Handelsgesellschaft
Ordo	Jahrbuch für die Ordnung von Wirtschaft und Gesellschaft
ÖTV	Gewerkschaft Öffentliche Dienste, Transport und Verkehr
Palandt	Kommentar zum Bürgerlichen Gesetzbuch
PatG	Patentgesetz
PFV	Positive Forderungsverletzung
RABl.	Reichsarbeitsblatt
RAG	Reichsarbeitsgericht
RdA	Recht der Arbeit (Zeitschrift)
RGBl.	Reichsgesetzblatt
RGZ	Reichsgericht – Entscheidungen in Zivilsachen
RIW	Recht der Internationalen Wirtschaft
RVO	Reichsversicherungsordnung
SAE	Sammlung Arbeitsrechtlicher Entscheidungen
SchwbG	Schwerbehindertengesetz
SGB	Sozialgesetzbuch
SGG	Sozialgerichtsgesetz
SprAuG	Sprecherausschußgesetz
Staudinger	Kommentar zum Bürgerlichen Gesetzbuch, 12. Auflage
TK	Taschenkommentar
TVG	Tarifvertragsgesetz
UmwG	Umwandlungsgesetz
UrhG	Urheberrechtsgesetz
UrlG	Urlaubsgesetz
UWG	Gesetz gegen den unlauteren Wettbewerb
VermbG	Vermögensbildungsgesetz
VersR	Versicherungsrecht (Zeitschrift)
VO	Verordnung

VVG	Versicherungsvertragsgesetz
VwGO	Verwaltungsgerichtsordnung
WahlO	Wahlordnung
WiGBl.	Wirtschaftsgesetzblatt
WRV	Weimarer Reichsverfassung
ZDG	Zivildienstgesetz
ZfA	Zeitschrift für Arbeitsrecht
ZIP	Zeitschrift für Wirtschaftsrecht
ZPO	Zivilprozeßordnung
ZPP	Zeitschrift für Zivilprozeß
ZTR	Zeitschrift für Tarifrecht

Arbeitsmittel

1. Gesetzessammlungen

dtv-Beck-Texte, Arbeitsgesetze, dtv-Reihe Band 5006; Luchterhand, Arbeitsgesetze; *Nipperdey*, Arbeitsrecht, Loseblattsammlung; *Siebert/Hilger*, Arbeitsrecht.

2. Studienbücher zum Arbeits- und Sozialrecht

Bley, Sozialrecht, 6. Aufl. 1988; *Brox*, Arbeitsrecht, 9. Aufl. 1989; *Däubler*, Das Arbeitsrecht, Band I, 5. Aufl. 1985, Band II, 4. Aufl. 1986; *Etzel*, Betriebsverfassungsrecht, 3. Aufl. 1987; *Gamillscheg*, Arbeitsrecht (Prüfe Dein Wissen), Band I, 7. Aufl. 1987, Band II, 6. Aufl. 1984; *Gitter*, Arbeitsrecht 1987; *ders.*, Sozialrecht, 2. Aufl. 1986; *Hanau/Adomeit*, Arbeitsrecht, 9. Aufl. 1988; *v. Hoyningen-Huene*, Betriebsverfassungsrecht, 2. Aufl. 1990; *Lieb*, Arbeitsrecht, 4. Aufl. 1989; *Mayer-Maly*, Österreichisches Arbeitsrecht, Bd. I, Individualarbeisrecht, 1987; *Rehbinder*, Schweizerisches Arbeitsrecht, 9. Aufl. 1988; *Richardi*, Arbeitsrecht, Fälle und Lösungen nach höchstrichterlichen Entscheidungen, 5. Aufl. 1987; *Schulin*, Sozialrecht, 3. Aufl. 1989; *Söllner*, Grundriß des Arbeitsrechts, 9. Aufl. 1987; *Söllner/Reinert*, Personalvertretungsrecht 1985; *Zöllner*, Arbeitsrecht, 3. Aufl. 1983.

3. Lehrbücher

Hueck/Nipperdey, Lehrbuch des Arbeitsrechts, 1. Band 7. Aufl. 1963, 2. Band 7. Aufl. 1967 und 1970; *Kunz/Thiel*, Arbeitsrecht der DDR, Staatsverlag der DDR Autorenkollektiv, 2. Aufl. 1984; *Nikisch*, Arbeitsrecht, 1. Band 3. Aufl. 1961, 2. Band 2. Aufl. 1959, 3. Band 2. Aufl. 1966; *Sinzheimer*, Grundzüge des Arbeitsrechts; *Rüthers*, Arbeitsrecht und politisches System, BRD: DDR 1972; Einem Lehrbuch gleich kommt *Staudinger/Richardi*, Kommentar zu den Paragraphen 611 bis 615 BGB, 12. Aufl. 1989.

4. Zeitschriften

Arbeit und Recht (ArbuR), Der Betrieb (DB), Betriebsberater (BB), Bundesarbeitsblatt (BABl.), Recht der Arbeit (RdA), Zeitschrift für Arbeitsrecht (ZfA), Neue Zeitschrift für Arbeits- und Sozialrecht (NZA), Arbeitsrecht im Betrieb (AiB), Zeitschrift für Tarifrecht (ZTR).

5. Entscheidungssammlungen

Entscheidung des Reichsarbeitsgerichts (RAGE), Arbeitsrechtssammlung (ARS oder BenshS, bis 1944), Entscheidungen des Bundesarbeitsgerichts (BAGE), Arbeitsgerichtliche Praxis, Nachschlagewerk des Bundesarbeitsgerichts (AP), Entscheidungssammlung zum Arbeitsrecht (EzA), Entscheidungen der Landesarbeitsgerichte (LAGE), Sammlung Arbeitsrechtlicher Entscheidungen (SAE).

6. Sammelwerke und Kommentare

Arbeitsrechtsblattei (Loseblatt), hrsg. von *Oehmann und Dieterich*; *Schaub*, Arbeitsrechtshandbuch, 6. Aufl. 1987; *Stahlhacke*, Handbuch zum Arbeitsrecht (Loseblatt).

Das Recht des Dienstvertrages (§§ 611 bis 630 BGB) ist in den Kommentaren zum BGB, das Recht der kaufmännischen Angestellten (§§ 69 bis 83 HGB) in den Kommentaren zum HGB und das Recht der gewerblichen Arbeitnehmer (§§ 105 bis 134i EGewO) in den Kommentaren zur Gewerbeordnung (*Landmann/Rohmer*, Gewerbeordnung und ergänzende Vorschriften [Loseblatt] und *Stahlhacke*, Gewerbeordnung, Bd. 3 Arbeitsrechtl. Vorschriften 1978 ff. [Loseblatt]) erläutert. Diese Kommentare sind in den Literaturangaben zu den einzelnen Paragraphen des Buches nicht gesondert aufgeführt.

1. Kapitel

Grundfragen des Arbeitsrechts

§ 1 Arbeitsverhältnis als Gegenstand des Arbeitsrechts

Literaturangaben: *Fenn,* Die Mitarbeit in den Diensten Familienangehöriger, 1970; *ders.*, Arbeitsverhältnisse und sonstige Beschäftigungsverhältnisse, FS für Bosch, 1976, 171; *Hromadka,* Gleichstellung von Arbeitern und Angestellten, 1989; *Lieb,* Die Ehegattenmitarbeit im Spannungsfeld zwischen Rechtsgeschäft, Bereicherungsausgleich und gesetzlichem Güterstand, 1970; *Mayer-Maly,* Erwerbsabsicht und Arbeitnehmerbegriff, 1965; *Richardi,* Arbeitnehmerbegriff und Arbeitsvertrag, FS zum 125jährigen Bestehen der Juristischen Gesellschaft zu Berlin, 1984, 607; *Wank,* Arbeitnehmer und Selbständige, 1988; *Zeuner,* Überlegungen zum Begriff des Arbeitnehmers und zum Anwendungsbereich arbeitsrechtlicher Regeln, RdA 1975, 84.

Fall 1: *Im Unternehmen X verstirbt der Leiter der Buchhaltung plötzlich. Das Unternehmen engagiert für eine Übergangszeit von 3 Monaten den Wirtschaftsprüfer B, mit dem X auch sonst zusammenarbeitet, um die Buchhaltung zu überwachen. Da diese Aufgabe die Arbeitskraft des B 2 Tage in der Woche in Anspruch nimmt, erhält er im Betriebsgebäude ein Büro. Mit ihm wird eine Pauschalvergütung von DM 12.000,– pro Monat ausgemacht. Nach 2 Monaten erkrankt B schwer. X muß einen neuen Wirtschaftsprüfer nehmen. Nun verlangt B von X, daß es ihm für weitere 6 Wochen die Pauschalvergütung bezahle.*

I. Arbeitsvertrag als Dienstvertrag

In den Kategorien des besonderen Schuldrechts des BGB ist der Arbeitsvertrag ein Dienstvertrag im Sinne der §§ 611 ff.: Der Arbeitnehmer verpflichtet sich zur Leistung der zugesagten Arbeit, der Arbeitgeber zur Zahlung der versprochenen Vergütung. 1

Als Dienstvertrag unterscheidet sich der Arbeitsvertrag vom Werkvertrag (§ 631 ff. BGB) dadurch, daß der Arbeitnehmer keinen bestimmten Erfolg wie der Werkunternehmer schuldet, sondern nur seine Arbeitsleistung. Das Erbringen eines bestimmten wirtschaftlichen Erfolges beim Werkvertrag setzt zwar auch menschliche Arbeit voraus, läßt diese aber nicht als solche in den Rechtsverkehr eintreten. Dies ist vielmehr nur der Fall, wo die Arbeit selbst zum Gegenstand des Vertrages wird. 2

Daraus folgt etwa, daß eine Schlechtleistung nicht zur Minderung (vgl. § 634 BGB) des Arbeitsentgelts führen kann, sondern nur – wenn ein Verschulden hinzutritt – zu Schadensersatzansprüchen aus positiver Forderungsverletzung und gegebenenfalls zu einer Kündigung[1].

---

1 Siehe dazu Rdnr. 1327 f.

II. Unselbständigkeit der Arbeitsleistung

3   Der Begriff des Arbeitsvertrages deckt sich nicht mit dem des Dienstvertrages. Dienste leisten auch Ärzte oder Rechtsanwälte in ihren Praxen, ohne daß man sie deshalb als Arbeitnehmer ansehen könnte. Erst die mangelnde Selbständigkeit, die persönliche Abhängigkeit bei der Arbeitsleistung, macht das Charakteristikum des Arbeitsvertrages aus. Was gemeint ist, wird am ehesten an der das Arbeitsrecht beherrschenden Begriffsbildung „Arbeitgeber – Arbeitnehmer" deutlich: Nicht derjenige, der arbeitet „gibt" die Arbeit, sondern derjenige, der sie empfängt. Es ist seine Arbeit. Der Arbeitnehmer ist ihm bei der Arbeitsleistung untergeordnet.

*In **Fall 1** zielt B auf einen Anspruch auf Gehaltsfortzahlung im Krankheitsfall. Diesen könnte er nur haben, wenn er Arbeitnehmer wäre. Da B lediglich die Überwachung der Buchhaltung übernommen hat und nicht einen bestimmten Erfolg, etwa die Erstellung einer Bilanz schuldet, wird er zwar nicht aufgrund eines Werk- sondern aufgrund eines Dienstvertrages tätig[2]. B ist aber, auch wenn er einen Teil der Woche im Unternehmen des X tätig ist, seiner ganzen Stellung nach Selbständiger, nicht Arbeitnehmer.*

III. Abgrenzung des Arbeitnehmerbegriffes im einzelnen

1. Arbeitnehmer und Selbständiger

4   Die Entscheidung der Frage, ob jemand seine Arbeitsleistung als Selbständiger oder in einem Verhältnis der Unselbständigkeit erbringt, ist oft nicht leicht zu treffen. Grenzfälle sind etwa die Chefärzte eines Krankenhauses[3] (die in der Regel als Arbeitnehmer angesehen werden) oder die freien Mitarbeiter der Rundfunkanstalten[4] (die man als Selbständige betrachtet). Eine gewisse Faustregel gibt die in § 84 des HGB enthaltene Abgrenzung zwischen kaufmännischen Angestellten und Handelsvertretern. Danach ist selbständig, wer „im wesentlichen seine Tätigkeit frei gestalten und seine Arbeitszeit bestimmen kann". Entscheidend ist immer der Geschäfts*inhalt* und nicht die gewünschte Rechtsfolge oder eine Bezeichnung des Vertrages, die dem Geschäftsinhalt tatsächlich nicht entspricht[5].

---

2 *Palandt*, Einführung vor § 631 Anm. 5.
3 BAG vom 27. 7. 1961, AP Nr. 24 zu § 611 BGB Ärzte, Gehaltsansprüche = DB 1961, 1136 = NJW 1961, 2085.
4 BAG vom 13. 1. 1983, AP Nr. 42 zu § 611 BGB Abhängigkeit = DB 1983, 2042 = BB 1983, 1855 = NJW 1984, 1985 = EzA § 611 BGB Arbeitnehmerbegriff Nr. 26.
5 BAG, a.a.O. (wie Fußnote 4).

Wichtig ist, daß es für die Frage der persönlichen Unselbständigkeit nicht   5
auf die wirtschaftliche Abhängigkeit des Arbeitsleistenden ankommt. Wer
persönlich selbständig ist, ist nicht Arbeitnehmer, auch wenn er von einem
anderen wirtschaftlich abhängig ist. Die Gesetze kennen nur eine Reihe von
Regeln, die die Anwendung des Arbeitsrechts auf, wegen ihrer wirtschaftlichen Unselbständigkeit, *arbeitnehmerähnliche* Personen vorsehen. Auf sie
wird die Arbeitsgerichtsbarkeit erstreckt (§ 5 ArbGG), sie erhalten einen Urlaubsanspruch (§ 2 Satz 2 BUrlG) und für sie können Tarifverträge abgeschlossen werden (§ 12a TVG).

Zu den arbeitnehmerähnlichen Personen gehören auch die *Heimarbeiter und*   6
Hausgewerbetreibenden, die allein, mit ihren Familienangehörigen oder mit
bis zu 2 Hilfskräften zu Hause im Auftrag Waren herstellen, bearbeiten oder
verpacken oder sonst gewerblich tätig sind, die Verwertung der Arbeitser-
gebnisse aber dem Arbeitgeber überlassen. Für sie enthält das Heimarbeiter-
gesetz (HAG) besondere Schutzbestimmungen. Nach § 17 können auch für
sie Tarifverträge abgeschlossen werden. Wo keine Gewerkschaften oder
Vereinigungen der Auftraggeber bestehen, können durch von den Arbeitsbehörden gebildeten Heimarbeitsausschüssen Entgelte und sonstige Vertragsbedingungen für die Vertragsverhältnisse zwischen den Heimarbeitern
und Hausgewerbetreibenden und ihren Auftraggebern festgelegt werden
(§ 19). Weiter ist eine behördliche Überwachung der Entgeltzahlung vorgesehen, wobei sogar die Behörde in eigenem Namen Ansprüche auf Nach-
zahlungen für die Heimarbeiter und Hausgewerbetreibenden gerichtlich
geltend machen kann (§§ 23ff.). § 29 legt Mindestkündigungsfristen für das
Vertragsverhältnis fest.

Schließlich bestimmt § 21 Abs. 2 HAG, daß bei Einschaltung eines Zwi-
schenmeisters der Auftraggeber neben dem Zwischenmeister den Heimarbeitern für ihr Entgelt haftet, wenn er wissen muß, daß seine Zahlungen an
den Zwischenmeister nicht ausreichend sind oder wenn er an einen Zwischenmeister zahlt, dessen Unzuverlässigkeit er kannte oder kennen
mußte.

2. Arbeitnehmer und Unternehmer

Auch der Einzelunternehmer, der Personalhandelsgesellschafter oder die   7
Organe einer Kapitalgesellschaft, z.B. der Vorstand einer Aktiengesellschaft, können im Unternehmen mitarbeiten. Sie nehmen zu ihrer Arbeit
aber zugleich die Willensbildung des Unternehmens vor. Sie können des-

halb nicht als Arbeitnehmer angesehen werden, sondern unterliegen lediglich dem allgemeinen Dienstvertragsrecht. Das Arbeitsgerichtsgesetz findet auf sie keine Anwendung (§ 5 Abs. 1 Satz 3 ArbGG).

8   Das ist nicht immer unproblematisch. Daß etwa der Geschäftsführer einer kleinen GmbH keinen Kündigungsschutz genießt, wie er Arbeitsnehmern nach dem Kündigungsschutzgesetz zukommt, kann unbefriedigend sein, vor allem wenn er aus einer Stellung als Arbeitnehmer, etwa als angestellter Betriebsleiter, in die des Geschäftsführers gewechselt ist. Das BAG versucht in solchen Fällen durch die Annahme zu helfen, daß beim Wechseln das bisherige Arbeitsverhältnis als ruhendes bestehen bleibt und wieder auflebt, wenn das Dienstverhältnis als Geschäftsführer beendet wird[6].

3. Unternehmer und Arbeitgeber

9   Die Begriffe Unternehmer und Arbeitgeber decken sich nicht. Unternehmer kann auch sein, wer keine Arbeitnehmer hat, z.B. ein Handelsvertreter, und Arbeitgeber kann jemand auch sein, ohne Unternehmer zu sein, z.B. ein Arbeitnehmer oder Rentner, der eine Haushaltshilfe beschäftigt. Der Begriff des Unternehmers, der übrigens gesetzlich nirgends festgelegt ist, beschreibt die selbständige Teilnahme am Wirtschaftsverkehr[7]. Der Begriff des Arbeitgebers ist in Abhängigkeit vom Begriff des Arbeitnehmers gebildet: Jede natürliche Person, Personengesellschaft oder juristische Person, die Arbeitnehmer beschäftigt, ist Arbeitgeber.

4. Arbeitnehmer und Beamter

10   Auch der Beamte leistet Arbeit. Er tut dies aber nicht aufgrund eines privatrechtlichen Arbeitsvertrages, sondern aufgrund eines öffentlich-rechtlichen Anstellungsverhältnisses, welches besonderen Regeln unterliegt. Deshalb sind Beamte und Arbeitnehmer zu trennen. Nicht zu den Beamten, sondern zu den Arbeitnehmern zählen aber die Angestellten und Arbeiter des öffentlichen Dienstes, die ebenfalls aufgrund privatrechtlichen Vertrages arbeiten.

---

6 BAG vom 12. 3. 1987, AP Nr. 6 zu § 5 ArbGG 1979 = DB 1987, 2659 = BB 1988, 208 = NZA 1987, 845 = EzA § 5 ArbGG 1979 Nr. 4.
7 Zur Problematik des Begriffs vgl. *Rittner*, Wirtschaftsrecht, 2. Aufl. 1987, § 7 Rdnr. 1 ff.

5. Arbeitnehmer und mitarbeitende Familienangehörige

Wer als Ehegatte nach § 1353 Abs. 1 Satz 2 BGB oder als Kind nach § 1619   11
BGB im Betrieb des anderen Ehegatten bzw. der Eltern mitarbeitet, ist nicht
Arbeitnehmer, denn Grundlage der Mitarbeit ist nicht ein Vertrag sondern
eine gesetzliche Verpflichtung. Die Regeln des Arbeitsrechts finden deshalb
auf solche Mitarbeit keine Anwendung. Sie unterliegt im übrigen auch nicht
der Sozialversicherung, weil das Sozialversicherungsrecht an die abhängige
Beschäftigung anknüpft (§ 7 Abs. 1 SGB IV).

Allerdings ist es möglich, daß eine solche Mitarbeit auf *vertragliche Grundlage*   12
gestellt wird. Bei einem solchen Vertrag kann es sich je nach der Ausgestaltung der Mitarbeit, insbesondere der internen Aufgabenverteilung, um einen Gesellschaftsvertrag i.s. der §§ 705 ff. BGB oder einen Arbeitsvertrag
handeln. Nur im letzteren Falle findet dann auch das Arbeitsrecht Anwendung, sofern das nicht, wie etwa in § 5 Abs. 2 Nr. 5 BetrVG, ausdrücklich
ausgeschlossen ist.

6. Arbeitnehmer und unfreie Arbeiter

Strafgefangene[8] und Fürsorgezöglinge sind keine Arbeitnehmer. Ihre Ar-   13
beitsleistung hat ihre Grundlage nicht in einem privaten Vertrag sondern in
Bestimmungen des öffentlichen Rechts (§ 9 Nr. 3 JGG i.V.m. §§ 64 ff.
JWG).

7. Arbeitnehmer und karitativ tätige Personen

Nicht Arbeitnehmer sind diejenigen, die nicht in erster Linie zum Erwerb,   14
sondern aus karitativen, insbesondere religiösen Motiven Arbeit leisten, wie
Mönche, Diakonissen, Rote-Kreuz-Schwestern. Grundlage ihrer Tätigkeit
ist nicht ein Arbeitsvertrag, sondern das Mitgliedschaftsverhältnis im Orden
oder einer anderen religiösen oder kirchlichen Vereinigung. Sie gehören
aber der Rentenversicherung an (§ 1 Satz 1 Nr. 4 SGB VI).

Erfolgt die karitative Tätigkeit hingegen aufgrund eines entgeltlichen Vertra-   15
ges mit der Kirche oder sonstigen Einrichtungen, ist der Arbeitnehmerbegriff erfüllt. Es gelten lediglich eine Reihe von Besonderheiten. So sind die

---

8 BAG vom 24. 4. 1969, AP Nr. 18 zu § 5 ArbGG 1953 = DB 1969, 1514 = NJW 1969,
  1824.

Kirchen und ihre karitativen und erzieherischen Einrichtungen aus dem Anwendungsbereich der Mitbestimmungsgesetze und des Betriebsverfassungsrechts (vgl. § 1 Abs. 4 MitbestG, § 118 Abs. 2 BetrVG und § 1 Abs. 3 Nr. 2 SprAuG) herausgenommen, auch ist die besondere Eigenart dieser Beschäftigungsverhältnisse bei der Auslegung der anwendbaren staatlichen Arbeitsgesetze, insbesondere des Kündigungsschutzgesetzes zu berücksichtigen[9]

8. Unterscheidung von Arbeitern und Angestellten

16   Eine Reihe von arbeitsrechtlichen Regelungen sind für Arbeiter und Angestellte unterschiedlich. So gelten für Angestellte längere Kündigungsfristen als für Arbeiter (vgl. § 622 BGB und in Verbindung damit das Gesetz über die Fristen für die Kündigung von Angestellten[10]). Das Recht der Entgeltfortzahlung im Krankheitsfalle ist an verschiedenen Stellen und mit geringfügigen Abweichungen geregelt (für Angestellte § 133c GewO, § 63 HGB und § 616 Abs. 2 BGB, für Arbeiter LohnFG). Vor allem legen das Betriebsverfassungs-, das Personalvertretungs- und das Mitbestimmungsrecht die Unterscheidung der Gruppen der Arbeiter und Angestellten als Strukturprinzip zugrunde. Auch trennt die Sozialversicherung bis in die Organisation der Sozialversicherungsträger hinein zwischen Arbeitern und Angestellten.

17   Eine gesetzliche Abgrenzung zwischen Arbeitern und Angestellten findet sich in § 133 Abs. 2 SGB VI (früher § 3 Abs. 1 ANVG). Danach sind Angestellte insbesondere:

1. Angestellte in leitender Stellung,

2. technische Angestellte in Betrieb, Büro und Verwaltung, Werkmeister und andere Angestellte in einer ähnlich gehobenen oder höheren Stellung,

3. Büroangestellte, soweit sie nicht ausschließlich mit Botengängen, Reinigen, Aufräumen oder ähnlichen Arbeiten beschäftigt werden, einschließlich Werkstattschreibern,

4. Handlungsgehilfen und andere Angestellte für kaufmännische Dienste, auch wenn der Gegenstand des Unternehmens kein Handelsgewerbe ist, Gehilfen und Praktikanten in Apotheken,

5. Bühnenmitglieder und Musiker ohne Rücksicht auf den künstlerischen Wert ihrer Leistungen,

---

9 Siehe dazu Rdnr. 1309.
10 Vom 9. 7. 1926 − BGBl. III 800−1, abgedruckt z.B. bei dtv Arbeitsgesetze Nr. 9.

6. Angestellte in Berufen der Erziehung, des Unterrichts, der Fürsorge, der Krankenpflege und Wohlfahrtspflege,

7. Schiffsführer, Offiziere des Decksdienstes und Maschinendienstes, Schiffsärzte, Funkoffiziere, Zahlmeister, Verwalter und Verwaltungsassistenten sowie die in einer ähnlich gehobenen oder höheren Stellung befindlichen Mitglieder der Schiffsbesatzung von Binnenschiffen oder deutschen Seeschiffen,

8. Bordpersonal der Zivilluftfahrt.

Praktisch läuft diese Abgrenzung darauf hinaus, daß alle kaufmännische Tätigkeit und Bürotätigkeit Angestelltentätigkeit ist und es im übrigen darauf ankommt, ob es sich überwiegend um körperliche oder um geistige Arbeit handelt.

Die in § 133 Abs. 2 SGB VI vorgenommene Abgrenzung gilt auch im Arbeitsrecht. Teils ist dies ausdrücklich gesagt (z.B. in § 6 Abs. 2 BetrVG), teils wird sie als vom Gesetzgeber stillschweigend gewollt zugrunde gelegt, so etwa in § 622 BGB.   **18**

Die Unterscheidung zwischen Arbeitern und Angestellten ist historisch geprägt. Mit der zunehmenden Angleichung der Tätigkeiten verliert sie mehr und mehr ihre Berechtigung. Sie gerät deshalb auch im Hinblick auf Art. 3 Abs. 1 GG in verfassungsrechtliche Zweifel. Das BVerfG hat inzwischen die pauschale unterschiedliche Behandlung von Angestellten und Arbeitern in bezug auf die Kündigungsfristen, wie sie insbesondere in § 622 Abs. 1 und 2 BGB festgelegt sind, für verfassungswidrig erklärt[11]. Weitere Verschiedenheiten im Bereich der Entgeltfortzahlung im Krankheitsfall stehen beim Bundesverfassungsgericht seit Jahren zur Entscheidung an[12].   **19**

Neuerdings löst sich von der Gruppe der Angestellten die der sogenannten *leitenden Angestellten* ab. Für diese gelten besondere Regelungen im Kündigungsschutzrecht (vgl. § 14 Abs. 2 KSchG). Sie bilden eine eigene Gruppe im Rahmen der Beteiligung der Arbeitnehmer in den Aufsichtsräten nach dem Mitbestimmungsgesetz (vgl. § 3 Abs. 3 Nr. 2 MitbestG). Vor allem sind sie aus der Geltung des Betriebsverfassungsgesetzes weitgehend herausgelöst (vgl. § 5 Abs. 3 BetrVG) und haben in Gestalt der Sprecherausschüsse nach dem SprAuG vom 20.12.1988 nunmehr eine eigene Vertretung erhalten.   **20**

---

11 BVerfG vom 16.11.1982, BVerfGE 62, 256 = AP Nr. 16 zu § 622 BGB und vom 19.7.1990
   – 1 BvL 2/83 –, BB 1990, Beilage 27.
12 Siehe dazu Rdnr. 1047.

IV. Rechtslage in der DDR

21   Daß die im Verhältnis der Unselbständigkeit erbrachte Arbeitsleistung Gegenstand des Arbeitsrechts ist, hat auch in der DDR immer gegolten. Der im Arbeitsgesetzbuch der DDR (AGB) früher verwendete Begriff des „Werktätigen" hatte daran in der Sache nichts geändert. Schon die Neufassung des AGB im Zusammenhang mit dem Staatsvertrag über die Wirtschafts-, Währungs- und Sozialunion hatte auch den Terminus „Arbeitnehmer" wieder übernommen (§ 15 Abs.1 AGB).

V. Kontrollfragen

Frage 1: Wer ist Arbeitnehmer, wer ist Arbeitgeber?

Frage 2: Wie unterscheiden sich Arbeiter und Angestellte?

§ 2 Bedeutung und Aufgaben des Arbeitsrechts

Literaturangaben: *Adomeit,* Das Arbeitsverhältnis zwischen Dienstvertrag und Gesellschaft, JA 1988, 173; *Beuthien,* Arbeitnehmer oder Arbeitsteilhaber? Zur Zukunft des Arbeitsrechts in der Wirtschaftsordnung. Marburger Forum Philippinum. Stuttgart 1987; *Löwisch,* Neuorientierung des Arbeitsrechts, in Handbuch Sozialpolitik 1988, S. 404 ff.; *G. Müller,* Komponenten des Arbeitsverhältnisses, FS für Kahn-Freund, 1980, 571; *Oppholzer/Wegener/Zachert,* Flexibilisierung – Deregulierung, Arbeitspolitik in der Wende, Hamburg 1976; *Scholz,* Wandel der Arbeitswelt als Herausforderung des Rechts, Veröffentlichungen der Hanns-Martin-Schleyer-Stiftung, Band 25, Köln 1988; *Schwerdtner,* Fürsorge und Entgelttheorie im Recht der Arbeitsbedingungen, 1970; *Wiedemann,* Das Arbeitsverhältnis als Austausch und Gemeinschaftsverhältnis, 1966; zu ihm: *Löwisch,* RdA 1970, 55 f.

I. Praktische Bedeutung des Arbeitsrechts

Der weitaus größte Anteil der Erwerbstätigen in der Bundesrepublik 22 Deutschland besteht aus Arbeitnehmern:

Zum Zeitpunkt der Volkszählung am 25. 5. 1987 hatte die Bundesrepublik Deutschland eine Bevölkerung von 61 Millionen Personen. Von diesen waren knapp 27 Millionen erwerbstätig (darunter knapp 2 Millionen Ausländer). Die Frauenerwerbsquote lag bei 44% (zum Vergleich: in der DDR über 90%). Unter den Erwerbstätigen waren mehr als 21 Millionen Arbeitnehmer, 2,5 Millionen Beamte, Richter und Soldaten, 2,3 Millionen Selbständige und 1/2 Million mithelfende Familienangehörige[1].

Die Arbeitnehmer verteilen sich auf ganz *unterschiedliche Wirtschaftszweige* 23 *und Betriebsgrößen:*

8,2 Millionen waren 1987 im verarbeitenden Gewerbe, 1,4 Millionen im Baugewerbe, 0,5 Millionen in der Energiewirtschaft und im Bergbau, 4,3 Millionen im Dienstleistungsbereich, 1,9 Millionen im öffentlichen Dienst bei den Gebietskörperschaften, Sozialversicherungsträgern und Kirchen, 2,8 Millionen im Handel, 1 Million im Transport- und Nachrichtenwesen (einschließlich Post und Bahn), 0,9 Millionen in der Kredit- und Versicherungswirtschaft sowie 0,2 Millionen in der Land- und Forstwirtschaft tätig.

---

1 Hierzu und zum folgenden: Statistisches Jahrbuch 1989, S. 89 ff.

Die Größe der Betriebe, in denen die Arbeitnehmer beschäftigt sind, ist höchst unterschiedlich. Etwa 11 Millionen sind in Betrieben mit mehr als 100 Beschäftigten tätig, allein 11,2 Millionen in Kleinbetrieben mit bis zu 4 Beschäftigten[2].

24   Für zahlreiche Arbeitnehmer ist das Arbeitsverhältnis nur eine *Nebenerwerbsquelle*. Rund 2 Millionen Arbeitnehmer waren 1987 Teilzeitbeschäftigte mit bis zu 20 Wochenstunden (davon über 90% Frauen) und weitere 1,4 Millionen solche mit bis zu 35 Wochenstunden (davon knapp 90% Frauen).

25   Der Gruppe der Angestellten gehörten 11 Millionen, der Gruppe der Arbeiter 10,7 Millionen Personen an.

II. Aufgaben des Arbeitsrechts

1. Regelung des Leistungsaustausches

> **Fall 2**: *Die bei der Maschinenfabrik GmbH als Sekretärin tätige Frau A hat ihren Urlaub auf Teneriffa verbracht. Wegen eines Fluglotsenstreiks verzögert sich der Rückflug um 2 Tage. Entsprechend verspätet erscheint A wieder zur Arbeit. Die Maschinenfabrik weigert sich, ihr für diese Zeit das Gehalt zu zahlen.*

26   Trotz der Unselbständigkeit der Arbeitsleistung bleibt ein wesentliches Element des Arbeitsverhältnisses der Leistungsaustausch: Der Arbeitnehmer arbeitet, um dafür ein Entgelt zu bekommen. Der Arbeitgeber zahlt das Entgelt, um die Arbeitsleistung zu erhalten. Auf das Arbeitsverhältnis sind deshalb grundsätzlich die Vorschriften über den gegenseitigen Vertrag (§§ 320 ff. BGB) anzuwenden.

> *Daraus ergibt sich schon die Lösung von* **Fall 2**. *Da B die Arbeitsleistung für die 3 Tage nicht erbracht hat, hat sie nach § 323 Abs. 1 BGB keinen Gehaltsanspruch.*

27   Ausdruck des Leistungsaustauschgedankens ist auch die Zulässigkeit der Kündigung aus in der Person des Arbeitnehmers liegenden Gründen nach § 1 Abs. 2 Satz 1 KSchG: Von einem Arbeitnehmer, der dauerhaft nicht in der Lage ist, die geschuldete Arbeitsleistung zu erbringen, muß sich der Arbeitgeber letztlich trennen können[3].

28   Daraus, daß das Arbeitsentgelt in aller Regel die Lebensgrundlage des Arbeitnehmers darstellt, ergibt sich auf der anderen Seite die Notwendigkeit,

---

2 Auskunft des Statistischen Bundesamtes (Wiesbaden) vom 21. 8. 1990: Die Zahlen beruhen auf der Arbeitsstättenzählung im Rahmen der Volkszählung 1987. Bei den genannten Arbeitnehmerzahlen ist der öffentliche Dienst einschließlich der Beamten miteingerechnet.

3 BAG vom 15. 2. 1984, AP Nr. 14 zu § 1 KSchG 1969 Krankheit = DB 1984, 1627 = BB 1984, 1429 = NZA 1984, 86 = NJW 1984, 2655 = EzA § 1 KSchG Krankheit Nr. 15.

dem Arbeitnehmer den Entgeltanspruch in manchen Fällen zu erhalten, in denen er keine Arbeitsleistung erbringt. Dies geschieht etwa für die Dauer des Erholungsurlaubs, für eine bestimmte Zeit der Erkrankung sowie unter bestimmten Voraussetzungen im Mutterschaftsfall. Auch bei kurzzeitiger persönlicher Verhinderung, im Falle des Annahmeverzugs und bei Betriebsstörungen bleibt der Entgeltanspruch nach den – allerdings dispositiven – Vorschriften der §§ 616, 615 BGB bestehen[4].

Angesichts der wirtschaftlichen Überlegenheit des Arbeitgebers muß das   29
Arbeitsrecht auch Vorsorge dafür treffen, daß die beiderseitigen Leistungen in einem angemessenen Verhältnis zueinander stehen. Diese Vorsorge obliegt in erster Linie der Tarifvertragsordnung. Nur dort, wo sie nicht funktioniert, kann der Staat mit der Festsetzung von Mindestarbeitsbedingungen nach dem Gesetz vom 11. 1. 1952 und – für den Bereich der Heimarbeit – nach den §§ 19 ff. HAG eingreifen.

2. Fürsorge für die Person des Arbeitnehmers

Arbeitsleistung in einem Verhältnis persönlicher Unselbständigkeit bedeu-   30
tet Abhängigkeit von den Weisungen des Arbeitgebers. Er bestimmt Verfahrensweise und Vorgesetzte. Das bedeutet auf der anderen Seite, daß der Arbeitnehmer auf den Schutz vor mit der Arbeitsleistung verbundenen Gefahren angewiesen ist. Dieser Schutz wird in erster Linie durch das gesetzliche Arbeitsschutzrecht gewährleistet. Es sieht im Mutterschutzgesetz, im Jugendarbeitsschutzgesetz und in § 16 AZO Beschäftigungsverbote für besonders schutzwürdige Arbeitnehmergruppen vor, begrenzt, insbesondere in der Arbeitszeitordnung, Dauer und Lage der Arbeitszeit und regelt vor allem in der Arbeitsstättenverordnung, den Unfallverhütungsvorschriften der Berufsgenossenschaften und dem Arbeitssicherheitsgesetz den Arbeitsbetrieb unter dem Gesichtspunkt der Gefahrenabwehr. Ergänzt wird dieses gesetzliche Arbeitsschutzrecht durch eine parallel laufende arbeitsvertragliche Fürsorgepflicht gegenüber dem Arbeitnehmer, die in den §§ 617, 618 BGB geregelt ist[5].

Der Fürsorgegedanke ist im Laufe der Arbeitsrechtsentwicklung immer   31
weitergehender verwirklicht worden. Ging es ursprünglich nur um den Arbeitsschutz in dem eben geschilderten technischen Sinne, traten im Laufe der Zeit weitere Felder der Fürsorge für den Arbeitnehmer dazu bis hin zum

---

4 Siehe dazu Rdnr. 982 ff. und 989 ff.
5 Siehe dazu Rdnr. 1146 ff.

Bestandsschutz für das Arbeitsverhältnis, der Sorge für genügenden Urlaub und der Beschränkung der Arbeitnehmerhaftung. Diese Entwicklung wird weitergehen. Veränderungen der Industriegesellschaft und damit des Arbeitslebens erfordern immer wieder Reaktionen des Arbeitsrechts. Die Möglichkeiten der elektronischen Verarbeitung persönlicher Arbeitnehmerdaten und neue Formen der Teilzeitarbeit und anderer Arbeitszeitgestaltung bieten hierfür aktuelle Beispiele.

32   Auf der anderen Seite läßt sich nicht übersehen, daß der Wandel der Verhältnisse Arbeitnehmerschutzbestimmungen auch überholen kann. Der Arbeitszeitschutz ist dafür das beste Beispiel. Wo nur noch unter 40 Stunden in der Woche gearbeitet wird und die körperliche Beanspruchung durch die Arbeit nur noch ein Bruchteil so groß ist wie vor Jahrzehnten, bedarf es weniger einschneidender Schutzbestimmungen als früher.

Unter dem Schlagwort der „Deregulierung" wird deshalb in jüngster Zeit eine vorsichtige Lockerung des Arbeitsschutzrechts diskutiert. Der Gesetzgeber hat erste Schritte in dieser Richtung mit einer Änderung des Jugendarbeitsschutzgesetzes im Jahre 1986 und vor allem mit den Regelungen des Beschäftigungsförderungsgesetzes über die Zulassung befristeter Arbeitsverträge unternommen[6].

3. Daseinsvorsorge

33   Wer sich als Arbeitnehmer darauf einrichtet, in einem Verhältnis persönlicher Unselbständigkeit Arbeit zu leisten, verzichtet in der Regel auf die für eine selbständige Tätigkeit notwendige Ausbildung und Erfahrung. Er stellt Arbeitskraft, Fähigkeit, Phantasie und Initiative in den Dienst anderer und begibt sich damit der Möglichkeit, seine Bedürfnisse durch immer neue selbständige wirtschaftliche Dispositionen am Markt zu sichern. Diesem Verlust an Selbständigkeit entspricht auf der Seite des Arbeitgebers eine Erweiterung der Wirtschafts- und Dispositionsmöglichkeiten mittels der von den Arbeitnehmern nach seinen Weisungen zu erbringenden Arbeitsleistungen. Damit aber wird die Beteiligung des Arbeitgebers an der Daseinsvorsorge für seine Arbeitnehmer, wie *Wiedemann*[7] es formuliert hat, zum Äquivalent für Verfügbarkeit der Arbeitskraft.

---

6 Siehe dazu Rdnr. 1419 ff.
7 *Wiedemann*, Das Arbeitsverhältnis als Austausch- und Gemeinschaftsverhältnis, 1966, S. 14 ff. Vgl. auch *Schwerdtner*, Fürsorgetheorie und Entgelttheorie im Recht der Arbeitsbedingungen, 1970, S. 162, der in solchen Versorgungsleistungen echtes Arbeitsentgelt sieht.

Die Aufgabe der Daseinsvorsorge teilt sich das Arbeitsrecht mit dem *Sozial-* 34
recht. So obliegt im Krankheitsfalle die Vorsorge für den Lebensunterhalt
des Arbeitnehmers für die ersten 6 Wochen dem Arbeitgeber, der für diesen
Zeitraum das Entgelt fortzuzahlen hat, während danach die Krankenversicherung mit der Zahlung von Krankengeld eintritt (§§ 44 ff. SGB V). Die Al-
ters- und Invaliditätsversorgung ist in erster Linie Sache der Rentenversicherung, in Gestalt der zusätzlich zur Rente gezahlten betrieblichen Ruhegelder hat aber auch der Arbeitgeber Anteil an diesem Sektor der Daseinsvorsorge.

Die Aufgabenteilung zwischen Arbeitsrecht und Sozialrecht im Bereich der 35
Daseinsvorsorge folgt keinem eindeutigen Prinzip. Sie ist vielfachen Änderungen unterworfen, deren Motiv nicht selten darin besteht, einen Teil der
finanziellen Lasten der Daseinsvorsorge von der Sozialversicherung auf den
Arbeitgeber oder von diesem auf jene zu verlagern.

Die Entwicklung der Vorsorge für den Lebensunterhalt des Arbeiters im Falle der
Krankheit bietet dafür ein Beispiel: Sie lag bis zum Jahre 1957 allein bei der gesetzlichen
Krankenversicherung, die dem Arbeiter Krankengeld zu zahlen hatte. Durch das Ar-
beiterkrankheitsgesetz vom 1. Juli 1957 wurde dann dem Arbeiter ein Anspruch gegen
den Arbeitgeber auf Zuschuß zum Krankengeld in Höhe des Unterschiedsbetrages
zwischen dem Krankengeld und 90 Prozent des Nettoarbeitsentgelts gewährt. 1961
wurde dieser Zuschuß so erhöht, daß der Arbeiter insgesamt 100 Prozent des Nettoarbeitsentgelts erhielt. Das Lohnfortzahlungsgesetz vom 27. Juli 1969 führte dann den
heute noch geltenden Lohnfortzahlungsanspruch für die ersten 6 Wochen der Krankheit ein, womit die Vorsorge für den Lebensunterhalt für diesen Zeitraum nunmehr allein beim Arbeitgeber liegt und die Krankenkasse erst ab der 7. Woche eintreten
muß.

4. Vertrauensschutz

Je mehr eine Vertragsbeziehung die Person der Vertragspartner mit einbe- 36
zieht, um so stärkere Verhaltensanforderungen muß die Rechtsordnung an
sie stellen. Die gegenseitigen Rücksichtnahme- und Treuepflichten sind etwa bei einer Gesellschaft ungleich höher als bei einem Kaufvertrag. Auch
das Arbeitsverhältnis, in dem der Arbeitnehmer seine Person in bestimmten
Beziehungen dem Arbeitgeber, und in dem letzterer Produktionsanlagen,
Verfahrensweisen usw. dem Arbeitnehmer anvertraut, verlangt nach solchen erhöhten Rücksichtnahme- und Treupflichten.

Auf der Seite des Arbeitnehmers führt der Vertrauensschutzgedanke vor al- 37
lem zur Verschwiegenheitspflicht bezüglich der Betriebs- und Geschäftsge-

heimnisse. Er ist auch Ausgangspunkt für Wettbewerbsverbote während und nach Beendigung des Arbeitsverhältnisses.

38   Aus dem Vertrauensschutzgedanken ergibt sich, daß die Fürsorgepflicht des Arbeitgebers sich über den Gesundheitsschutz hinaus auch auf das vom Arbeitnehmer in den Betrieb eingebrachte Eigentum erstreckt. Weiter folgt aus ihm die Verpflichtung des Arbeitgebers zum Schutz der Persönlichkeitsrechte des Arbeitnehmers. § 75 Abs. 2 BetrVG und § 27 Abs. 2 SprAuG legen letzteren heute ausdrücklich fest[8].

5. Beteiligung am Arbeitsergebnis

39   Das Arbeitsentgelt ist am Leistungsaustausch orientiert. Durch die Leistung des Arbeitnehmers werden aber im Unternehmen oft Vermögenswerte geschaffen, deren Vergütung durch das Arbeitsentgelt allein noch nicht abgedeckt ist. Besonders deutlich ist das, wenn der Arbeitnehmer im Unternehmen eine Erfindung macht. Für diesen Fall sind im Arbeitnehmererfindungsgesetz vom 25. 7. 1957 Vergütungsregelungen getroffen. Das Problem der Beteiligung der Arbeitnehmer an den geschaffenen Vermögenswerten stellt sich aber allgemein[9].

6. Eingliederung in Betrieb und Unternehmen

40   Regeltyp des Arbeitnehmers ist nicht der Geselle eines Handwerksmeisters oder gar die Haushaltshilfe eines Privatmannes, sondern der Arbeiter und Angestellte in einem Betrieb mit größerer Arbeitnehmerzahl. Das Arbeitsrecht muß sich daher auch mit den Problemen befassen, die sich aus der Zusammenfassung einer großen Zahl von Arbeitnehmern in den Betrieben und ihrer Unterstellung unter die Leitung des Unternehmers ergeben. Das ist das Problem der Betriebsverfassung und der Beteiligung der Arbeitnehmer an den Unternehmensleitungen, sowie − im öffentlichen Dienst − der Personalvertretung.

---

8 Siehe dazu Rdnr. 735, 786 und 154.
9 Siehe dazu Rdnr. 1106.

III. Kontrollfragen

Frage 3: Wie groß ist der Anteil der Angestellten unter den Arbeitnehmern in der Bundesrepublik Deutschland?

Frage 4: Wo berühren sich Arbeitsrecht und Sozialrecht in ihren Aufgaben?

§ 3 Arbeitsrecht als Rechtsdisziplin

Literaturangaben: *Adomeit*, Rechtsquellenfragen im Arbeitsrecht, 1969; Arbeitsgesetz-buchkommission — Entwurf eines Arbeitsgesetzbuches — Allgemeines Arbeitsver-tragsrecht, Broschüre herausgegeben vom BMA, September 1977; *Birk*, Internationales Tarifvertragsrecht, FS für Beitzke, 1979, 832 ff.; *Canaris*, Die allgemeinen Arbeitsbedin-gungen im Schnittpunkt von Privat- und Kollektivautonomie, RdA 1974, 18; *Däubler*, Das neue internationale Arbeitsrecht, RIW 1987, 249; *Gamillscheg*, Betriebliche Übung, FS für Hilger und Stumpf, 1983, 227; *Hueck/Fastrich*, Betriebsübung, AR-Blattei, D, Be-triebsübung I; *Löwisch*, Daten der Entwicklung von Unternehmens-, Arbeits- und Wirt-schaftsrecht seit der Gewerbeordnung für den norddeutschen Bund, JuS 1973, 9 ff.; *Mayer-Maly*, Vorindustrielles Arbeitsrecht, RdA 1975, 59; *ders.*, Probleme der Erstel-lung eines Arbeitsgesetzbuches, ArbuR 1975, 225 ff.; *Richardi*, Der Arbeitsvertrag im Zivilrechtssystem, ZfA 1988, 221; *Syrup/Neuroh*, 100 Jahre staatliche Sozialpolitik 1839—1939, Stuttgart 1957; *Walz*, Multinationale Unternehmen und internationaler Ta-rifvertrag, 1981; *Wlotzke*, Zum Vorhaben eines Arbeitsvertragsgesetzes, FS zum 25jäh-rigen Bestehen des Bundesarbeitsgerichts, 1979.

I. Rechtsquellen des Arbeitsrechts

Fall 3: *A ist von dem Speiseeisproduzenten X seit 1980 regelmäßig als Saisonarbeiter beschäf-tigt worden. Die Arbeitsverträge wurden aufgrund einer entsprechenden Bestimmung des einschlägigen Tarifvertrages jedes Jahr vom 1. Februar bis 30. September befristet abgeschlos-sen. In gleicher Weise ist X mit allen anderen Saisonarbeitern verfahren. 1990 weigert sich X mit A einen Vertrag abzuschließen, weil er an seiner Stelle den Sohn eines Bekannten einstel-len will.*

1. Staatliches Recht

41   Wie jede Rechtsdisziplin wird auch das Arbeitsrecht durch staatliches Recht geprägt. Maßgebend sind dabei einerseits das Grundgesetz, das in § 5 dieses Kapitels gesondert behandelt wird, und zum anderen die einfachen Gesetze und Rechtsverordnungen.

42   Die arbeitsrechtlichen Gesetze sind dabei dem Schutzgedanken entspre-chend *zumeist einseitig zwingend:* Die in ihnen festgelegten Standards können nicht unterschritten, wohl aber zugunsten der Arbeitnehmer überschritten werden. Allerdings gibt es auch dispositive gesetzliche Bestimmungen wie die §§ 615 und 616 Abs. 1 BGB. Auch sind eine Reihe von Vorschriften „tarif-dispositiv" ausgestaltet, so daß von ihnen zum Nachteil der Arbeitnehmer durch Tarifverträge nicht aber durch den Arbeitsvertrag abgewichen wer-

den kann. Dies gilt etwa nach § 622 Abs. 3 BGB für die Länge der Kündigungsfristen, nach § 7 Abs. 1 AZO für die Begrenzung der täglichen Arbeitszeit auf 8 Stunden, nach § 13 BUrlG für eine Reihe von Bestimmungen des Bundesurlaubsgesetzes und nach § 6 Abs. 1 BeschFördG für die Bestimmungen über die Teilzeitarbeit.

Zum staatlichen Gesetzesrecht zählen dabei auch eine Reihe von der *Recht-*   43
sprechung entwickelter Grundsätze, etwa der arbeitsrechtliche Gleichbehandlungsgrundsatz[1], die Begrenzung der Zulässigkeit befristeter Arbeitsverträge und praktisch das gesamte Arbeitskampfrecht. Die Rechtsprechung mißt den von ihr entwickelten Grundsätzen regelmäßig tarifdispositive Wirkung zu. So akzeptiert sie tarifliche Befristungen von Arbeitsverhältnissen, weil nach ihrer Meinung davon auszugehen ist, daß bei der tariflichen Regelung die schutzwerten Interessen der Arbeitnehmer hinreichend berücksichtigt worden sind.

2. Kollektivvertrag

Unter dem staatlichen Recht stehen als weitere Rechtsquelle des Arbeits-   44
rechts die Kollektivverträge, nämlich der Tarifvertrag, die Betriebsvereinbarung und die Richtlinien für leitende Angestellte:

Der zwischen einer Gewerkschaft und einem Arbeitgeberverband oder einem einzelnen Arbeitgeber (vgl. § 2 Abs. 1 TVG) geschlossene Tarifvertrag enthält nach § 1 Abs. 1 TVG Rechtsnormen, die für die Arbeitsverhältnisse der tarifgebundenen Arbeitnehmer nach § 4 Abs. 1 TVG unmittelbar und zwingend gelten. Gleiches trifft nach § 77 Abs. 4 BetrVG auf die zwischen Betriebsrat und Arbeitgeber abgeschlossenen Betriebsvereinbarungen zu. Auch die zwischen Arbeitgeber und dem Sprecherausschuß für leitende Angestellte nach § 28 SprAuG vereinbarten Richtlinien haben solche Rechtsnormwirkungen, soweit dies zwischen Arbeitgeber und Sprecherausschuß vereinbart ist (§ 28 Abs. 2 Satz 1 SprAuG).

Die Rechtsnormen der Kollektivverträge sind, da sie lediglich den Schutz   45
der Arbeitnehmer bezwecken, durchweg nur einseitig zwingend. Sie unterliegen dem Günstigkeitsprinzip, nach dem den festgelegten Inhalt überschreitende arbeitsvertragliche Bestimmungen möglich sind (vgl. § 4 Abs. 3 TVG, § 28 Abs. 2 Satz 2 SprAuG[2]). Beispielsweise kann der Tariflohn nicht

---

1 Siehe dazu Rdnr. 152 f.
2 Siehe dazu Rdnr. 284.

unterschritten, wohl aber durch übertarifliche Zulagen seitens des Arbeitgebers überschritten werden. Als unter dem Gesetz stehende Rechtsquellen sind die Kollektivverträge an das zwingende staatliche Recht gebunden. Betriebsvereinbarungen und Richtlinien gehen dem Tarifvertrag nach (§§ 77 Abs. 3, 87 Abs. 1 BetrVG).

3. Individualvertrag

46   Im Rahmen des staatlichen Rechts und der Kollektivverträge können Arbeitgeber und Arbeitnehmer den Inhalt des Arbeitsverhältnisses selbst bestimmen. Diese Selbstbestimmung ist ihnen durch Art. 12 Abs. 1 GG sogar verfassungsrechtlich garantiert[3].

47   Besondere Bedeutung kommt dem Arbeitsvertrag als Rechtsquelle bei Arbeitsverhältnissen zu, für die Tarifverträge nicht gelten, weil Arbeitgeber oder Arbeitnehmer nicht Mitglied der tarifvertragschließenden Partei sind, so daß sie nicht an den Tarifvertrag gebunden werden (vgl. § 3 Abs. 1 TVG). Zwar wird in solchen Fällen häufig auf den Tarifvertrag Bezug genommen, diese Bezugnahme ändert aber nichts daran, daß Rechtsquelle für die Bindung an tarifvertragliche Bestimmungen der Arbeitsvertrag ist. Insbesondere genügt wegen des Fehlens der Rechtsnormwirkung des Tarifvertrages die Änderung des Arbeitsvertrages, um die Bindung an tarifvertragliche Bestimmungen wieder zu beseitigen.

48   Häufig werden arbeitsvertragliche Regelungen gleichförmig für alle Arbeitnehmer des Betriebes festgelegt. Etwa gilt das für Nebenbestimmungen des Arbeitsverhältnisses oder außertarifliche Leistungen, etwa Lohnzuschläge oder Gehaltszulagen. Auch solche *„arbeitsvertragliche Einheitsregelungen"* finden ihre Grundlage im individuellen Arbeitsvertrag. Dies gilt auch für allgemeine Zusagen des Arbeitgebers an die Belegschaft. Diese werden nach § 151 BGB Vertragsinhalt, ohne daß dies die Arbeitnehmer ausdrücklich erklären müßten[4]. Das AGB-Gesetz gilt für solche vertraglichen Einheitsregelungen nicht (§ 23 Abs. 1 AGBG). Der Schutz der Arbeitnehmer soll den Tarifvertragsparteien überlassen werden.

49   Insbesondere bei der Gewährung von Zusatzleistungen, etwa Weihnachtsgratifikationen, bilden sich häufig *betriebliche Übungen* heraus, auf deren Fortführung sich die Arbeitnehmer um so fester verlassen, je länger die

---

3 Siehe dazu Rdnr. 108.
4 Zum Verhältnis von arbeitsvertraglicher Einheitsregelung und Betriebsvereinbarung siehe Rdnr. 552.

Übung schon andauert. Nach der Rechtsprechung[5] ist der Arbeitgeber an eine solche Übung, wenn sie sich genügend verfestigt hat, rechtlich gebunden. Etwa wird davon ausgegangen, daß die vorbehaltlose Zahlung einer Weihnachtsgratifikation in drei aufeinanderfolgenden Jahren einen Rechtsanspruch entstehen läßt[6].

Auch bei der Betriebsübung fließt der Anspruch des Arbeitnehmers aus einer einzelvertraglichen Vereinbarung. Dabei ist, wie das auch der Rechtsprechung des BGH zum Tatbestand der Willenserklärung entspricht[7], ein entsprechendes Erklärungsbewußtsein des Arbeitgebers nicht erforderlich. Vielmehr genügt, daß die begünstigten Arbeitnehmer aus ihrer Sicht die tatsächliche Übung dahin verstehen durften, der Arbeitgeber habe sich binden wollen[8]. Eine Irrtumsanfechtung scheidet dabei aus, weil das fehlende Bewußtsein, eine lange Übung ziehe eine weitere nicht erkannte Rechtsfolge nach sich, ein bloßer Rechtsfolgeirrtum ist[9].

Nach diesen Grundsätzen ist auch **Fall 3** *zu lösen. A kann zwar nicht mit Erfolg geltend machen, daß die Befristungen seiner Arbeitsverträge unwirksam seien; dem steht schon entgegen, daß sie tarifvertraglich zugelassen sind. Aber die Tatsache, daß alle Arbeitnehmer Jahr für Jahr wieder eingestellt worden sind, stellt eine betriebliche Übung dar, an die X gebunden ist mit der Folge, daß A einen vertraglichen Wiedereinstellungsanspruch hat[10]. Daß es hier nicht um die Gewährung eines bestimmten Anspruchs aus einem schon bestehenden Arbeitsvertrag geht, sondern um einen Anspruch auf Abschluß des Arbeitsvertrages selbst, macht für die Wertung als individualvertragliche Vereinbarung keinen Unterschied.*

Um der Bindung zu entgehen, hätte X jeweils bei Abschluß der befristeten Verträge einen entsprechenden Vorbehalt machen müssen.

4. Internationalrechtliche Bestimmungen

Fall 4: *Das amerikanische Unternehmen X gründet eine Niederlassung in Deutschland. Da ihm die deutschen Kündigungsschutzbestimmungen suspekt sind, will es mit den in der Niederlassung beschäftigten Arbeitnehmern, auch wenn sie Deutsche sind, die Anwendung amerikanischen Rechts vereinbaren.*

---

5 BAG vom 29. 1. 1987, AP Nr. 1 zu § 620 BGB Saisonarbeit = DB 1987, 1742 = BB 1987, 1744 = NZA 1987, 627 = EzA § 620 RGB Nr. 87; kritisch zu dieser Entscheidung: *Schüren* (negativ) und *Zachert* (positiv), Tarifautonomie und tarifdispositives Richterrecht, ArbuR 1988, 245.
6 BAG vom 17. 4. 1957, AP Nr. 5 zu § 611 Gratifikation.
7 BGH vom 7. 6. 1984, BGHZ 91, 324 = NJW 1984, 2279 = BB 1984, 1317.
8 BAG vom 4. 9. 1985 und vom 27. 3. 1987, AP Nr. 22 und Nr. 29 zu § 242 BGB Betriebliche Übung.
9 Vgl. RG vom 5. 11. 1931, RGZ 134, 195, 198; *Larenz*, Allgemeiner Teil, 5. Aufl., § 20 II a.
10 Siehe zu einem solchen Fall BAG vom 29. 1. 1987 (wie Fußnote 1) mit Anm. *Löwisch* in AP a.a.O.

a) Recht der EG

50   Bereits in seiner ursprünglichen Fassung enthielt der Vertrag zur Gründung der Europäischen Wirtschaftsgemeinschaft vom 25. 3. 1957 eine Reihe für das Arbeitsrecht wichtiger Bestimmungen, nämlich die über die Freizügigkeit der Arbeitnehmer (Art. 48 ff.), die Abstimmung der Sozialversicherung und die Zusammenarbeit in sozialen Fragen (Art. 117 f.) sowie die Gleichbehandlung der Geschlechter beim Arbeitsentgelt (Art. 119).

Auf dieser Grundlage sind zum einen nähere Regelungen über die Freizügigkeit, insbesondere durch die Freizügigkeitsverordnung vom 14. 6. 1971[11] ergangen. Zum anderen sind Richtlinien (Nr. 76/207/EWG vom 14. 2. 1976 und Nr. 77/187/EWG) ergangen, die durch das erste EG-Anpassungsgesetz vom 13. 8. 1980[12] in den §§ 611a, 611b, 612 Abs. 3 und 613a BGB umgesetzt worden sind.

51   Die einheitliche europäische Akte vom 28. 2. 1986[13] hat in den EG-Vertrag die Artikel 118a und 118b eingefügt. Artikel 118a erklärt die Harmonisierung der Arbeitsschutzvorschriften bei gleichzeitigem Fortschritt zum Ziel der Gemeinschaft und ermächtigt den Rat zum Erlaß von Richtlinien über Mindestvorschriften auf diesem Gebiet. Artikel 118b verpflichtet die Kommission, sich darum zu bemühen, den Dialog der Sozialpartner „auf europäischer Ebene zu entwickeln, der, wenn diese es für wünschenswert halten, zu vertraglichen Beziehungen führen kann".

Aufgrund des Artikels 118a sind inzwischen eine ganze Reihe von Arbeitsschutzrichtlinien erlassen worden[14]. Die Entwicklung vertraglicher Beziehungen zwischen den Sozialpartnern, insbesondere was das Tarifvertragswesen angeht, wird noch auf sich warten lassen[15].

52   Während Verordnungen der EG, wie die Freizügigkeitsverordnung nach Art. 189 Abs. 2 EWG-Vertrag, in den Mitgliedsstaaten als unmittelbares Recht gelten, bedürfen die Richtlinien der Umsetzung durch den Gesetzgeber. Allerdings kann die mangelnde oder mangelhafte Umsetzung von den deutschen Gerichten beim Europäischen Gerichtshof gerügt und von diesem beanstandet werden. Dies ist hinsichtlich der neuen Fassung des § 611a BGB geschehen. Der Europäische Gerichtshof hielt den dort vorgesehenen

---

11 Abgedruckt z.B. bei *Nipperdey* I, Nr. 1096.
12 BGBl. I, 1308.
13 BGBl. II, 1104.
14 Dazu unten Rdnr. 1120 ff.
15 Vgl. hierzu *Wlotzke*, EG-Binnenmarkt und Arbeitsrechtsordnung − Eine Orientierung, NZA 1990, S. 417 ff.

Vertrauensschadensersatz nicht für ausreichend[16]. Dies hat zunächst das Bundesarbeitsgericht[17] auf dem Weg über ein Schmerzensgeld wegen Persönlichkeitsrechtsverletzung und inzwischen auch den Gesetzgeber[18] zur Verschärfung der Sanktion veranlaßt.

b) Recht des Europarats

Auf der Ebene des *Europarats* finden sich arbeitsrechtliche Regeln in der Europäischen Menschenrechtskonvention vom 4.11. 1950[19] und in der Europäischen Sozialcharta vom 18.10. 1961[20]. 53

Die *Europäische Menschenrechtskonvention* gewährleistet in Art. 11 die Koalitionsfreiheit und enthält in Art. 14 ein allgemeines Diskriminierungsverbot. Die *Europäische Sozialcharta* enthält eine Reihe allgemeiner Gewährleistungen für die Arbeitnehmer, unter anderem das Recht auf Arbeit, das Recht auf gerechte, sichere und gesunde Arbeitsbedingungen und ein Recht auf gerechtes Arbeitsentgelt (Teil 2, Art. 1 bis 4); schützt die Koalitionsfreiheit und das Recht auf Kollektivverhandlungen, insbesondere das Recht der Arbeitgeber und Arbeitnehmer auf kollektive Maßnahmen, einschließlich des Streikrechts im Falle von Interessenkonflikten (Teil 2, Art. 5 und 6) und enthält eine Reihe von Arbeitnehmerschutzbestimmungen, insbesondere zugunsten von Kindern, Jugendlichen und Frauen (Art. 7 und 8).

Die Europäische Menschenrechtskonvention ist in der Bundesrepublik Deutschland unmittelbar geltendes Recht und zwar im Range einfachen Bundesrechts[21]. Ihre Verletzung kann von jedem Betroffenen mit einer Beschwerde bei der Europäischen Kommission für Menschenrechte und im Rechtszug mit einer Klage beim Europäischen Gerichtshof für Menschenrechte geltend gemacht werden. Ob die Bestimmungen des Teils 2 der ESC unmittelbar geltendes Bundesrecht sind oder lediglich eine völkerrechtliche Verpflichtung der Bundesrepublik Deutschland enthalten, ist umstritten[22]. 54

---

16 EuGH v. 10. 4. 1984, AP Nr. 1 und 2 zu § 611a BGB = BB 1984, 1231.
17 Vgl. BAG vom 14. 3. 1989 − 8 AZR 447/87.
18 Vgl. den Regierungsentwurf eines Gesetzes zur Verbesserung der Gleichbehandlung von Männern und Frauen am Arbeitsplatz vom 23. 4. 1990 − BT-Drucks. 11/6946.
19 Abgedruckt bei *Nipperdey* I, a.a.O. Nr. 1084.
20 Abgedruckt bei *Nipperdey* I, a.a.O. Nr. 1095.
21 Vgl. Art. II Abs. 1 des Zustimmungsgesetzes vom 7. 8. 1958, BGBl. II, 686, 953.
22 Offengelassen vom BVerfG vom 20.10. 1981, AP Nr. 31 zu § 2 TVG unter B I 5 b m.w.N. zum Streitstand; siehe dazu *Stern*, Staatsrecht, III/1 S. 276 und die Denkschrift der Bundesregierung zum Entwurf der ESC vom 25. 3. 1964, BT-Drucksache IV/2117, S. 28 mit der Bemerkung: „Die Charta begründet aber im Unterschied zur Konvention kein unmittelbar geltendes Recht, sondern zwischenstaatliche Verpflichtungen der Vertragsstaaten."

Die Streitfrage ist nicht von entscheidender Bedeutung, denn einmal ist der Gesetzgeber bei jeder Regelung an seine völkerrechtliche Verpflichtung gebunden, zum anderen müssen auch die das Recht anwendenden Gerichte und Verwaltungsbehörden diese völkerrechtliche Verpflichtung beachten und sich insbesondere bei der Ausbildung nationaler Normen an die Bestimmungen der Sozialcharta halten, also europafreundlich verfahren[23].

c) Recht der Internationalen Arbeitsorganisation (IAO)

55   Die seit 1919 bestehende Internationale Arbeitsorganisation IAO, der auch die Bundesrepublik und die DDR angehören, hat zahlreiche Übereinkommen und Empfehlungen zu Fragen des Arbeitsvertragsrechts, des Arbeitsschutzrechts und des kollektiven Arbeitsrechts getroffen[24].

56   Soweit die IAO-Einkommen ratifiziert sind, gehören sie zum einfachen Bundesrecht. Sie enthalten jedoch wie die ESC keine unmittelbaren Rechtsfolgen für Arbeitnehmer und Arbeitgeber, sondern nur eine Verpflichtung der BRD, die bei der Rechtssetzung durch den Gesetzgeber wie bei der Rechtsanwendung durch Gerichte und Verwaltungen beachtet werden muß[25].

d) Kollision von deutschem und ausländischen Arbeitsrecht

57   Da das Arbeitsrecht systematisch zum Recht der vertraglichen Schuldverhältnisse gehört (dazu sogleich II) gelten für die Kollision deutschen und ausländischen Rechts an sich die allgemeinen Prinzipien des internationalen Privatrechts. Maßgebend ist also in erster Linie das von den Parteien des Arbeitsvertrages gewählte Recht (Art. 27 EGBGB). Nur wo eine Rechtswahl nicht getroffen ist, gilt eine gesetzliche Regel. Nach Art. 30 Abs. 2 EGBGB unterliegt der Arbeitsvertrag dann dem Recht des Staates, in dem der Arbeitnehmer gewöhnlich seine Arbeit verrichtet, es sei denn, daß sich aus der Gesamtheit der Umstände ergibt, daß der Arbeitsvertrag engere Verbindungen zu einem anderen Staat aufweist.

58   Zum Schutz der Arbeitnehmer ist die Rechtswahl aber eingeschränkt. Sie darf nach Art. 30 Abs. 1 nicht dazu führen, daß dem Arbeitnehmer der Schutz entzogen wird, der ihm durch die *zwingenden* Bestimmungen des

---

23 Vgl. zu den Einzelheiten *Löwisch*, in MünchArbR § 235 Rdnr. 22 ff.
24 *Löwisch* in MünchArbR § 235 Rdnr. 33 ff.; für die Bundesrepublik Deutschland geltende Übereinkommen sind im Fundstellennachweis B des Bundesgesetzblatts unter dem Stichwort ILO/IAO enthalten; *Klotz/Knütter*, AR-Blattei, D-Blatt Internationale Arbeitsorganisation.
25 BAG vom 19. 1. 1982, AP Nr. 10 zu Art. 140 GG = DB 1982, 1015 = BB 1982, 362 = NJW 1982, 2279 = EzA Art. 9 GG Nr. 34.

Rechts gewährt wird, das mangels der Rechtswahl nach Art. 30 Abs. 2 EG-BGB anzuwenden wäre.

Daraus ergibt sich die Lösung von **Fall 4**: *Mit seinen in der Niederlassung tätigen deutschen Arbeitnehmern kann X zwar die Anwendung amerikanischen Rechts vereinbaren, die Geltung des deutschen Kündigungsschutzrechts kann damit aber nicht ausgeschlossen werden. Anders liegt es nur bei den in der deutschen Niederlassung tätigen amerikanischen Arbeitnehmern. Hier besteht in Folge der Staatsangehörigkeit eine enge Verbindung zu den USA, so daß das deutsche Recht der Wahl des amerikanischen Rechts nicht entgegensteht*[26].

II. Grenzziehung zwischen öffentlichem und privatem Arbeitsrecht

Die Unterscheidung zwischen öffentlichem Recht und Privatrecht wird heute nach der Subjekts- oder Sonderrechtstheorie getroffen. Entscheidend ist danach, ob Normadressat Privatrechtsobjekte oder Träger öffentlicher Gewalt sind[27].   59

Danach gehört das Arbeitsrecht im wesentlichen dem Privatrecht an, denn es wendet sich an Arbeitgeber und Arbeitnehmer als Privatrechtssubjekte. Dies gilt auch für das Tarifvertrags- und das Arbeitskampfrecht, denn deren Normadressaten sind die als privatrechtliche Vereinigungen verfaßten Koalitionen. Ebenfalls zum Privatrecht gehört das Betriebsverfassungsrecht. Die gesetzliche Institutionalisierung der Betriebsräte als Repräsentanten der Arbeitnehmer des Betriebes ändert nichts daran, daß Arbeitgeber und Arbeitnehmer als Privatrechtssubjekte angesprochen sind.   60

Hingegen ist das Arbeitsschutzrecht öffentliches Recht, weil seine Durchsetzung in den Aufgabenbereich der Arbeitsbehörden als Träger hoheitlicher Gewalt fällt. Auch das Personalvertretungsrecht ist dem öffentlichen Recht zuzuordnen, ebenso das Recht des arbeitsgerichtlichen Verfahrens.   61

---

26 Vgl. BAG vom 10. 5. 1962, AP Nr. 6 zu Internationales Privatrecht, Arbeitsrecht = DB 1962, 1016 = NJW 1962, 1885.
27 *Maurer*, Allgemeines Verwaltungsrecht, 6.Aufl., 1988, S.30 Rndr.17.

III. Entwicklung des Arbeitsrechts als Privatrechtsdisziplin

1. Arbeitsrecht und Kodifikationen des 19. Jahrhunderts

62   Gesetzgebung und Dogmatik des 19. Jahrhunderts haben das Arbeitsrecht noch nicht als eigene Rechtsdisziplin begriffen. Dementsprechend finden sich die arbeitsrechtlichen Regeln der damaligen Zeit in den Kodifikationen des Rechts der Wirtschaft, nämlich der Gewerbeordnung und dem Handelsgesetzbuch.

63   Nachdem das preußische Fabrikregulativ von 1839 und später das preußische Schutzgesetz vom 16. 5. 1953[28] die Kinderarbeit eingeschränkt hatten, enthielt die Gewerbeordnung für den Norddeutschen Bund[29] erstmals allgemeine Arbeitsschutzvorschriften. Zwar erhob sie in ihrem § 105 Abs. 1 die Vertragsfreiheit zum Grundprinzip für die Regelung der Arbeitsverhältnisse, schränkte diese aber zugleich ein, insbesondere durch das Verbot der Sonn- und Feiertagsarbeit, den Schutz vor Gesundheitsgefahren und das Verbot der Abgeltung des Lohns in Waren. Diese Schutzvorschriften wurden durch die große Novelle zur Gewerbeordnung vom 1.6.1891 wesentlich erweitert. Sie brachten neben einer Erweiterung des Arbeitsschutzes für Jugendliche in § 137 einen ersten Frauenarbeitsschutz mit einer Pausenregelung und ein Beschäftigungsverbot für Mütter für 4 bzw. 6 Wochen nach der Niederkunft. In § 113 wurde eine Zeugnispflicht festgelegt, in § 120 die Pflicht des Arbeitgebers, den Minderjährigen den Berufsschulbesuch zu ermöglichen. Für die gewerblichen Angestellten wurden in den §§ 133a bis e die Gehaltsfortzahlung im Krankheitsfalle und Kündigungsfristen eingeführt. Vor allem aber wurde in den §§ 134a bis h der Erlaß einer Arbeitsordnung vorgesehen.

Die Gewerbeordnung anerkannte in § 152 Abs. 1 auch die Koalitionsfreiheit, wobei freilich der jederzeitige Rücktritt von einer Koalitionsabsprache garantiert und die Klagbarkeit ausgeschlossen wurde (§ 152 Abs. 2).

64   Für Handlungsgehilfen fanden sich gewisse Schutzbestimmungen in den Artikeln 57 ff. des Allgemeinen Deutschen Handelsgesetzbuches von 1861. So hatte der Handlungsgehilfe nach Artikel 60 schon damals – wie heute noch – einen Anspruch auf Fortzahlung seines Gehalts im Krankheitsfall für die Dauer von 6 Wochen, es konnte vorbehaltlich abweichender vertraglicher Vereinbarung sein Dienstverhältnis von jedem Teil nur mit sechswö-

---

28 Preußisches Gesetzblatt 1853 – S. 225 ff.
29 Vom 21.6.1869 – Gesetzblatt des Norddeutschen Bundes, S. 245 ff.

chiger Frist zum Ende eines Kalendervierteljahres gekündigt werden (Artikel 61).

2. Arbeitsrecht im BGB

Auch das am 1. 1. 1900 in Kraft getretene BGB faßte den Arbeitsvertrag nicht   65
als besonderen Vertragstyp auf, sondern enthielt in den §§ 611 ff. für selbständige und unselbständige Dienstleistungen gleichermaßen geltende Regelungen. Allerdings trugen eine Reihe von Vorschriften, so die über die Entgeltfortzahlung bei Annahmeverzug (§ 615), bei unverschuldeter Arbeitsverhinderung (§§ 616, 617) und über die Fürsorgepflicht (§ 618) den Belangen vor allem von Arbeitnehmern Rechnung.

Spezifische arbeitsrechtliche Regelungen sind in das BGB erst in neuerer Zeit aufgenommen worden[30].

3. Gesetzgebung der Weimarer Zeit

Sieht man von einem Vorläufer im Ersten Weltkrieg, dem Gesetz über den   66
vaterländischen Hilfsdienst vom 5.12. 1916[31] ab, ist die Weimarer Zeit die Geburtsstunde des kollektiven Arbeitsrechts. Bereits am 23. 12. 1918 erging die Verordnung über Tarifverträge (TVVO)[32], am 4. 2. 1920 folgte das Betriebsrätegesetz, welches den Betriebsräten eine Reihe von Mitbestimmungs- und Mitwirkungsrechten bei der Regelung der Arbeit im Betrieb und ein Einspruchsrecht gegen Kündigungen einräumte sowie in § 70 die Entsendung von 1 oder 2 Betriebsratsmitgliedern an die Aufsichtsräte bestimmter Unternehmen vorsah[33].

Das Arbeitnehmerschutzrecht wurde in dieser Zeit durch eine ganze Reihe   67
von Vorschriften weiter ausgebaut, so durch die Einführung des 8-Stunden-Tages in den Arbeitszeitverordnungen vom 23.11. 1918 und 18. 3. 1919[34], durch das Mutterschutzgesetz vom 17. 5. 1924[35], das Ladenschlußge-

---

30 Siehe dazu Rdnr. 145.
31 RGBl. I, S. 1333.
32 RGBl. I, S. 2456.
33 Näher geregelt durch das Gesetz vom 15. 2. 1922, RGBl. I, S. 209.
34 RGBl. 1918 I, S. 1329; 1919 I, S. 315.
35 RGBl. I, S. 321.

setz vom 13 .12. 1929[36], das Nachtbackverbot in der VO vom 23 .11. 1918[37], den Kündigungsschutz bei Massenentlassungen in der Stillegungsverordnung vom 8 .11. 1920[38] und das Schwerbeschädigtengesetz vom 12. 1. 1923[39]. Auch die ErwerbslosenfürsorgeVO vom 13 .11. 1918[40] und später das Gesetz über die Arbeitsvermittlung und Arbeitslosenversicherung vom 16. 7. 1927[41] gehören hierher. Von Bedeutung ist schließlich die Einführung der Arbeitsgerichtsbarkeit durch das Arbeitsgerichtsgesetz vom 21 .12. 1926[42]. Mit ihr war das Arbeitsrecht als selbständiges Sonderrecht anerkannt.

4. Entwicklung im Nationalsozialismus

68   Im Arbeitsrecht wurde die kollektive Selbstregelung beseitigt. Das Spannungsverhältnis zwischen Gewerkschaft und Arbeitgeber, auf dem sie beruht, widersprach dem ständischen Gedanken. Unternehmer und Arbeitnehmer wurden in der Deutschen Arbeitsfront zusammengeführt. Die Regelung der Arbeitsbedingungen erfolgte statt wie bisher durch Tarifverträge und Betriebsvereinbarungen, nun durch Tarifordnungen und Betriebsordnungen (§§ 26 ff. des Gesetzes zur Ordnung der nationalen Arbeit [AOG] vom 2. 1. 1934)[43]. Die Tarifordnungen wurden von den „Treuhändern der Arbeit" erlassen, die Reichsbeamte waren (§§ 18 ff. AOG). Ihnen wurde später durch die Verordnung für die Lohngestaltung vom 25. 6. 1938[44] auch die Befugnis zur Festsetzung von Höchstlöhnen übertragen.

69   Auf der betrieblichen Ebene wurde das Führerprinzip verwirklicht. Der Arbeitgeber wurde zum „Führer des Betriebes", die Arbeitnehmerschaft zur „Gefolgschaft" (§ 1 AOG). Die nach den §§ 5 ff. AOG zu bildenden Vertrauensräte der Gefolgschaft hatte nur beratende Funktion.

70   Der staatliche Dirigismus wirkte aber über den Inhalt des Arbeitsverhältnisses hinaus auch auf den Abschluß des Arbeitsvertrags. Hebel hierfür war das Arbeitseinsatzgesetz vom 15. 5. 1934[45], das zunächst zur Beseitigung der

---

36 RGBl. I, S. 214.
37 RGBl. I, S. 1329 ff.
38 RGBl. I, S. 1901.
39 RGBl. I, S. 57.
40 RGBl. I, S. 1305.
41 RGBl. I, S. 187.
42 RGBl. I, S. 507.
43 RGBl. I, S. 45.
44 RGBl. I, S. 691.
45 RGBl. I, S. 1381.

Arbeitslosigkeit, später zur Bekämpfung des Arbeitermangels in der Rüstungsindustrie diente. Nach ihm konnte die Einstellung von Arbeitnehmern von der Zustimmung des Arbeitsamtes abhängig gemacht werden. Das Arbeitseinsatzgesetz wurde später durch die Verordnung über die Beschränkung des Arbeitsplatzwechsels vom 1. 9. 1939[46] ergänzt, nach der für jeden Arbeitsplatzwechsel die Zustimmung des Arbeitsamts erforderlich wurde.

Das Arbeitnehmerschutzrecht entwickelte sich hingegen im wesentlichen   71
ungestört fort. Durch die Arbeitszeitordnung (AZO) vom 26. 7. 1934[47] in der Fassung vom 30. 4. 1938[48] wurde die 48-Stunden-Woche unter Mehrarbeitszuschlag eingeführt. Der Jugendarbeitsschutz wurde im Jugendschutzgesetz vom 30. 4. 1938[49] geregelt.

Fortschritte brachte hier auch die Rechtsprechung, vor allem das RAG, die   72
sich auf die Auffassung des Arbeitsverhältnisses als eines „personenrechtlichen Gemeinschaftsverhältnisses" und dem Ausbau der „Fürsorgepflicht" stützte. So wurde die Pflicht zur Urlaubsgewährung als Konkretisierung der Fürsorgepflicht angesehen und anhand der Gratifikationen der Gleichbehandlungsgrundsatz entwickelt[50] und Grundsätze zur betrieblichen Ruhegeldregelung aufgestellt[51].

5. Nachkriegsgesetzgebung

Nach Ende des Dritten Reiches ist das Arbeitsrecht alsbald zum Kollektiv-   73
vertragsrecht zurückgekehrt. Dabei ist die Tarifautonomie weitgehender verwirklicht, als es in der Weimarer Zeit der Fall war. Nicht nur ist der den Tarifvertragsparteien durch das Tarifvertragsgesetz vom 9. 4. 1949[52] eröffnete Regelungsbereich weiter geworden. Vor allem gibt es keine Zwangsschlichtung mehr. Das Zustandekommen der Tarifverträge wird der Selbstregelung und damit im Konfliktfall dem Arbeitskampf überlassen, für den das BAG bis ins einzelne gehende Regelungen aufgestellt hat.

---

46 RGBl. I, S. 1685.
47 RGBl. I, S. 803.
48 RGBl. I, S. 447.
49 RGBl. I, S. 347.
50 RAG, ARS 35, 144.
51 RAG, ARS 33, 172.
52 WiGBL S. 55.

74   Auf der betrieblichen Ebene hat das Betriebsverfassungsgesetz vom 11 .10.
      1952[53] die Institution der Betriebsräte auf eine neue Grundlage gestellt und
      sie mit Mitbestimmungsrechten im sozialen, wirtschaftlichen und personel-
      len Bereich ausgestattet, die durch das Betriebsverfassungsgesetz vom 15. 1.
      1972[54] noch verstärkt worden sind. Durch Gesetz vom 20 .12. 1988 ist für die
      leitenden Angestellten in Gestalt der Sprecherausschüsse eine eigene Ver-
      tretung geschaffen worden.

75   Die Beteiligung der Arbeitnehmer in den Aufsichtsräten ist für den Montan-
      bereich durch das Mitbestimmungsgesetz und durch das Mitbestimmungs-
      ergänzungsgesetz zur paritätischen Mitbestimmung, im Bereich der übrigen
      Wirtschaft zunächst durch das Betriebsverfassungsgesetz 1952 zur Drittelbe-
      teiligung und dann durch das Mitbestimmungsgesetz vom 14. 5. 1976 für
      größere Unternehmen bis zur fast paritätischen Beteiligung der Arbeitneh-
      mer fortgeführt worden.

76   Auch das Arbeitnehmerschutzrecht hat sich rasch weiterentwickelt. Zu nen-
      nen sind hier das Heimarbeitsgesetz vom 14. 3. 1951, das Kündigungs-
      schutzgesetz vom 10. 8. 1951, heute in der Fassung der Bekanntmachung
      vom 25. 8. 1969, das Mutterschutzgesetz vom 24. 1. 1959, heute in der Fas-
      sung vom 18. 4. 1968, das Schwerbeschädigtengesetz vom 16. 6. 1953, heute
      das Schwerbehindertengesetz in der Fassung vom 26. 8. 1986, das Laden-
      schlußgesetz vom 28. 11. 1956, das Gesetz zur Verbesserung der wirtschaft-
      lichen Sicherung der Arbeitnehmer im Krankheitsfall vom 26. 6. 1957, abge-
      löst durch das Lohnfortzahlungsgesetz für Arbeiter vom 27. 7. 1969, das Ge-
      setz über die Arbeitnehmererfindungen vom 25. 7. 1957, das Jugendarbeits-
      schutzgesetz vom 9. 8. 1960, abgelöst durch das neue Jugendarbeitsschutz-
      gesetz vom 12. 4. 1976, das Bundesurlaubsgesetz vom 8. 1. 1963, das Berufs-
      bildungsgesetz vom 14. 8. 1969, das Arbeitnehmerüberlassungsgesetz vom
      7. 8. 1972, das Gesetz über die betriebliche Altersversorgung vom 19 .12.
      1974, das Beschäftigungsförderungsgesetz vom 26. 4. 1985 und das Bundes-
      erziehungsgeldgesetz vom 6 .12. 1985.

77   Auch in das BGB sind spezielle arbeitsrechtliche Regelungen aufgenommen
      worden, so die Vorschriften über die Kündigungsfristen (§ 622) durch das
      erste Arbeitsrechtsbereinigungsgesetz vom 14. 8. 1969, den Übergang des
      Arbeitsverhältnisses im Falle der Betriebsveräußerung (§ 613a) durch das
      Betriebsverfassungsgesetz vom 15. 1. 1972 und über den Schutz vor Diskri-
      minierungen, insbesondere wegen des Geschlechts (§§ 611a, 611b, 612
      Abs. 3, 612a) durch das EG-Anpassungsgesetz vom 13. 8. 1980.

---

53 BGBl. I, S. 681.
54 BGBl. I, S. 13 ff.

Schließlich sind der Bundesanstalt für Arbeit durch das Arbeitsförderungs-   78
gesetz vom 25. 6. 1969 über den Bereich der Arbeitslosenvermittlung und
Arbeitslosenversicherung hinaus in weitem Umfang Aufgaben der Vorsorge
für die Arbeitsplätze übertragen worden.

IV. Das Arbeitsgesetzbuch als Gesetzgebungsvorhaben

Daß das Arbeitsrecht über viele Einzelgesetze verstreut geregelt ist, er-   79
schwert Arbeitgebern wie Arbeitnehmern die Übersicht. Die Regelung über
Einzelgesetze läßt auch die gemeinsamen Grundlinien eines Rechtsgebiets
wenig hervortreten und hindert damit die Ausbildung einheitlicher Rechts-
überzeugung. Auch werden die Gewichte zwischen Gesetzgebung und
Rechtsprechung zugunsten der letzteren verschoben, weil es an allgemeinen Vorgaben fehlt, an die sie bei der Anwendung der konkreten Rechtsvorschriften gebunden wären. Es liegt deshalb nahe, nach dem Vorbild des zur
Zeit nach und nach entstehenden Sozialgesetzbuches[55] auch ein Arbeitsgesetzbuch zu schaffen.

Auf der anderen Seite sind auch die Schwierigkeiten eines solchen Vorha-   80
bens nicht zu verkennen. Das Arbeitsrecht findet sich wie kaum ein anderes
Rechtsgebiet im Fluß. Dem ständigen Bedürfnis nach Anpassung läßt sich in
Einzelgesetzen einfacher Rechnung tragen als in einer Gesamtkodifikation.
Auch gehört das Arbeitsrecht zu den politisch umstrittensten Rechtsgebie-
ten. Ein Arbeitsgesetzbuch, das auch so schwierige Fragen wie das Arbeitskampfrecht zu regeln hätte, müßte erhebliche Konflikte zwischen den sich
gegenüberstehenden Interessen überwinden. Die Lösung dieser Konflikte
auf Einzelfragen zu beschränken oder − wie das im Arbeitskampfrecht bisher geschehen ist − diese fast vollständig der Rechtsprechung zu überlassen, ist für den Gesetzgeber der weitaus bequemere Weg.

Versuche, trotz dieser Schwierigkeiten wenigstens zu einem Arbeitsgesetz-   81
buch zu gelangen, sind in der Vergangenheit gescheitert. Der Bundesminister für Arbeit und Sozialordnung hat zwar 1970 eine Sachverständigenkommission für ein Arbeitsgesetzbuch berufen, die 1977 auch einen Teilentwurf
für ein „Allgemeines Arbeitsvertragsrecht" vorgelegt hat. Dieser Entwurf ist
aber weder von der damaligen noch von der späteren Bundesregierung wei-
terverfolgt worden. Ebenso wenig ist ein von der Wissenschaft erarbeiteter

---

55 Vgl. *Schulin*, Sozialrecht § 1 Rdnr. 26ff.

Entwurf für ein Schlichtungs- und Arbeitskampfrecht[56] aufgegriffen worden.

81a   Ein neuer Anlauf soll nunmehr in Gesamtdeutschland unternommen werden: Art. 30 Abs. 1 Nr. 1 des Einigungsvertrags vom 31. 8. 1990 erklärt es zur Aufgabe des gesamtdeutschen Gesetzgebers, das Arbeitsvertragsrecht sowie das öffentlich-rechtliche Arbeitszeitrecht einschließlich der Zulässigkeit von Sonn- und Feiertagsarbeit und den besonderen Frauenarbeitsschutz möglichst bald einheitlich neu zu kodifizieren.

V. Rechtslage in der DDR

82   In der DDR hatte sich nach dem Krieg ein sozialistisch-planwirtschaftliches Arbeitsrecht entwickelt. Seinen Niederschlag hatte es zuletzt im Arbeitsgesetzbuch der DDR (AGB) vom 16. 6. 1977 gefunden.

83   Schon aufgrund des Staatsvertrages über die Währungs-, Wirtschafts- und Sozialunion mit der Bundesrepublik Deutschland[57] hatte die DDR eine Reihe arbeitsrechtlicher Gesetze der Bundesrepublik, nämlich das Tarifvertragsgesetz, das Betriebsverfassungsgesetz, die Mitbestimmungsgesetze, das Kündigungsschutzgesetz sowie – zur sinngemäßen Anwendung – auch das Bundespersonalvertretungsgesetz übernommen. Zusätzlich hatte sie zur Rechtsangleichung eine Reihe arbeitsrechtlicher Gesetze, z.B. ein Gesetz über die Entgeltfortzahlung im Krankheitsfall erlassen und das Arbeitsgesetzbuch tiefgreifend revidiert. Seit dem Beitritt der DDR gilt das Arbeitsrecht der Bundesrepublik Deutschland grundsätzlich auch dort. Doch sind durch den Einigungsvertrag einige Sonderregelungen getroffen. Auf sie wird in den einzelnen Paragraphen dieses Buches eingegangen.

VI. Kontrollfragen

Frage 5: Sind die abeitsrechtlichen Gesetze zwingend oder dispositiv?

Frage 6: Gehört das Arbeitsrecht zum Privatrecht oder zum öffentlichen Recht?

---

56 *Birk/Konzen/Löwisch/Raiser/Seiter*, Entwurf eines Gesetzes zur Regelung kollektiver Arbeitskonflikte, 1988.
57 Zu ihm *Kissel*, Arbeitsrecht und Staatsvertrag, NZA 1990, S. 545.

Frage 7: Welche arbeitsrechtlichen Gesetze der Bundesrepublik Deutschland gelten nach dem Staatsvertrag über die Währungs-, Wirtschafts- und Sozialunion auch in der DDR?

§ 4 Arbeitsrecht und Wirtschaftsordnung

Literaturangaben: *Löwisch*, Die Ausrichtung der tariflichen Lohnfestsetzung am gesamtwirtschaftlichen Gleichgewicht, RdA 1969, 129 ff.; *Pleyer*, Zentralplanwirtschaft und Zivilrecht, 1965, insbesondere Abschnitt „Wirtschaftsordnung und Arbeitsrecht", 123 ff., auch abgedruckt in Zeitschrift für das gesamte Handelsrecht, Band 125, 81 ff.; *Rüthers*, Arbeitsrecht und politisches System, 1973, 17 f.; *E. Stein*, Arbeiterselbstverwaltung, Lehren aus dem jugoslawischen Experiment, 1980; *Thalheim*, Vergleich zwischen den Wirtschaftssystemen in der Welt — Beihefte für Konjunkturpolitik der Zeitschrift für angewandte Konjunkturforschung, S. 8 bei Duncker und Humblot, Berlin 1961.

I. Arbeitsrecht und Industriegesellschaft

84   Das Phänomen der unselbständigen Arbeitsleistung ist in seiner heutigen Ausprägung ein Produkt der Industrialisierung, insbesondere der damit verbundenen fortschreitenden Arbeitsteilung. Diese Arbeitsteilung macht die Bindung des Arbeitnehmers an die Weisungen der Betriebsleitung und ihrer Repräsentanten unabweisbar und ist zugleich die Hauptursache für die Unselbständigkeit des Arbeitnehmers. Dabei ist nicht entscheidend, wer den Betrieb leitet. Auch Wirtschaftsordnungen, die keinen privaten Unternehmer kennen, sondern eine staatliche Leitung der Betriebe oder eine Arbeiterselbstverwaltung vorsehen, müssen diesem Phänomen der arbeitsteiligen Produktion Rechnung tragen und stehen deshalb in ihren Arbeitsrechten in sehr vielen Punkten vor den gleichen Regelungsproblemen wie eine Marktwirtschaft.

II. Arbeitsrecht, Bedürfnisbefriedigung und Produktivität

85   Das Recht der unselbständigen Arbeitsleistung wird von den gesellschaftlichen und wirtschaftlichen Zielen in einer Volkswirtschaft mitgeprägt. Gesellschaftspolitisches Ziel ist die ständige Verbesserung der Arbeitsbedingungen. Im Vordergrund stand bisher die Überlegung, man müsse den Arbeitnehmer durch Lohnerhöhungen in die Lage versetzen, seine (Konsum-) Bedürfnisse zu befriedigen. Daneben ist in jüngerer Zeit das Ziel getreten, den Bedürfnissen des Arbeitnehmers an leichterer Arbeit und mehr Freizeit gerecht zu werden und es ihm erst dadurch zu ermöglichen, außerhalb der Arbeitszeit seinen Lohn optimal in persönlichen Nutzen umzusetzen. Beide Ziele können nur durch Produktivitätssteigerungen erreicht werden.

Dementsprechend besteht bei der Produktivitätssteigerung ein doppelter 86
Verteilungskonflikt. Einmal geht es darum, wie der Produktivitätszuwachs
zwischen Unternehmer- und Arbeitnehmerseite verteilt wird. Zum anderen
muß auf der Arbeitnehmerseite entschieden werden, inwieweit ihr Anteil
am Produktivitätsfortschritt den Lebensstandard der Arbeitnehmer durch
Lohnerhöhungen oder aber durch Arbeitserleichterungen und mehr Freizeit
erhöht. Dieser Verteilungskonflikt führt dazu, daß der Produktivitätszuwachs zur zentralen wirtschaftspolitischen Zielgröße wird. So wie dieser
Verteilungskonflikt in jedem Wirtschaftssystem besteht, ist der Produktivitätszuwachs in jedem Wirtschaftssystem zentrales Ziel.

III. Arbeitsrecht und Marktwirtschaft

Die Idee der Marktwirtschaft ist es, den Austausch von Gütern und Leistun- 87
gen dem Markt, das heißt dem freien Spiel von Angebot und Nachfrage zu
überlassen. Der Preis als Anzeiger der Knappheit von Gütern soll die Vielzahl von Einzelplänen der Wirtschaftsobjekte koordinieren können und allen Beteiligten ein wirtschaftlich optimales Ergebnis ermöglichen. Der
Rechtsordnung kommen dabei als Aufgaben nur zu, einmal eine gute Ordnung herzustellen, also insbesondere die Lauterkeit des Wettbewerbs zu
wahren, und zum anderen den Wettbewerb gegen Unterhöhlung durch die
Beteiligten selbst zu schützen, also insbesondere Wettbewerbsbeschränkungen zu verhindern.

Eine formalistische Übertragung dieses marktwirtschaftlichen Modells auf 88
den Arbeitsmarkt würde bedeuten, daß der einzelne Arbeitnehmer dem einzelnen Arbeitgeber gegenübergestellt würde und es ihm überlassen bliebe,
sich mit dem Mittel des Individualvertrags die Gegenleistung für seine Arbeitsleistung auszuhandeln. Nicht einmal der Zusammenschluß in Gewerkschaften und Arbeitgeberverbänden ließe sich bei solcher formalistischer Betrachtung rechtfertigen, da diese ihrer Funktion nach ja Kartelle der Anbie-
ter und Nachfrager auf dem Arbeitsmarkt sind und so Wettbewerbsbeschränkungen darstellen.

Wozu diese Freiheit führen würde, liegt angesichts der Verteilung der 89
Macht und Gegenmacht auf dem Arbeitsmarkt auf der Hand. Sie kann nur
zufällig zu richtigen Ergebnissen führen, etwa bei gesuchten Fachkräften. In
der Regel lassen sich die Probleme des Arbeitsmarktes mit rein marktwirtschaftlichen Prinzipien nicht lösen. Die Marktwirtschaft ist deshalb auch für
den Arbeitsmarkt sehr bald und in zunehmendem Maße anders verstanden
worden.

90   Als *Korrektiv* zu einer reinen Marktwirtschaft hat sich dabei zuerst das Arbeitnehmerschutzrecht entwickelt: Durch die gesetzlichen Regelungen von Arbeitszeit, äußeren Arbeitsbedingungen und später Urlaub, Mutterschutz, Entgeltfortzahlung im Krankheitsfall[1] sind bestimmte Daten für den Markt gesetzt worden, von denen bei dem Vertragsschluß über die Arbeitsleistung auszugehen ist.

Zweitens hat sich der Staat mit der Schaffung der Sozialversicherung in den Dienst der *Daseinsvorsorge* für die Arbeitnehmer gestellt.

91   Die dritte und wichtigste Korrektur formaler marktwirtschaftlicher Vorstellungen ist dadurch erfolgt, daß die *kollektive Ebene* als Grundlage der Auseinandersetzung der Gegenkräfte am Arbeitsmarkt akzeptiert und damit gewährleistet ist, daß diese sich auch hier in einem Zustand des Gleichgewichts gegenübertreten und so sachgerechte Ergebnisse erzielt werden können.

Unsere Rechtsordnung ist dabei bei der bloßen Anerkennung von Gewerkschaften und Arbeitgeberverbänden nicht stehengeblieben, sondern hat durch Tarifvertrags- und Arbeitskampfrecht die Auseinandersetzung der Gegenkräfte auf der kollektiven Ebene in Regeln gefaßt und die Gegengewichte immer feiner austariert[2].

92   Der moderne Staat marktwirtschaftlicher Prägung nimmt auch noch auf anderen Wegen Einfluß auf den Arbeitsmarkt. Zu nennen ist einmal sein eigenes Verhalten am Arbeitsmarkt. Der Staat beschäftigt ja sowohl in der öffentlichen Verwaltung wie in gemeinschaftlichen Unternehmen Arbeitnehmer. Die Arbeitsbedingungen, die er dort bietet, sind einerseits jedenfalls Beispiele, vor allem aber auch Konkurrenzanreiz für die private Wirtschaft und üben so einen mittelbaren Einfluß aus. Von Bedeutung sind weiter die vom Sachverständigenrat zur Begutachtung der gesamtwirtschaftlichen Entwicklung[3] jährlich erstellten Gutachten, die regelmäßig Aussagen vor allem über die volkswirtschaftlichen Auswirkungen der Tarifpolitik enthalten. Schließlich ist hier an den Versuch einer direkten Einflußnahme auf die Kollektivparteien mit Hilfe der im Stabilitätsgesetz vom 8. 6. 1967[4] geschaffenen Möglichkeit der sogenannten konzertierten Aktion zu erinnern, in deren Rahmen der Staat Orientierungsdaten für gleichzeitiges aufeinander abgestimmtes Verhalten der Gebietskörperschaften, Gewerkschaften und Unternehmensverbände zur Verfügung stellen kann. Allerdings ist von dieser

---

1 Vgl. Rdnr. 1047 ff.
2 *Löwisch*, RdA 1969, 129, 131 ff.
3 Eingerichtet durch Gesetz vom 14. 8. 1963, BGBl. I, 685.
4 BGBl. I, 582.

Möglichkeit seit einer Reihe von Jahren, vor allem wegen des Widerstands der Gewerkschaften, kein Gebrauch mehr gemacht worden.

Das Gegenstück zur Marktwirtschaft stellt die *Zentralplanwirtschaft* dar. Ihre   93
Idee ist es, die ganze Wirtschaft, die Produktion und den Austausch von Gütern und Leistungen nach einem allumfassenden Plan auszurichten, die Wirtschaft also gewissermaßen als ein einziges Großunternehmen aufzufassen, welches zentral gelenkt wird, so die Bedürfnisse befriedigt und dabei die besten Ergebnisse zeitigt. Die Konsequenz der Zentralplanwirtschaft, daß jeder die Leistung zu erbringen hat, die der Plan bestimmt, und jeder das im Plan Vorgesehene zugeteilt erhält, hat Rückwirkungen auch auf das Arbeitsrecht. Das Arbeitsrecht muß auf Erfüllung oder Übererfüllung des Plans ausgerichtet sein.

Ein Beispiel für eine solche Zentralplanwirtschaft bot früher die DDR. Ihre Volkswirtschaft war, wie es Art. 9 Abs. 3 der Verfassung formulierte, eine sozialistische Planwirtschaft, die vom Ministerrat geleitet wird (Art. 76 Abs. 2). Die zentrale Planung und Leitung erfaßte auch die Arbeitsbedingungen. Sowohl die Tariflöhne wie die Dauer der Arbeitszeit wurden nach dem Gesetzbuch der Arbeit vom Ministerrat festgelegt. Nur wo diese Festlegungen Raum für Ergänzungen ließen, konnten Vereinbarungen, sogenannte Rahmenkollektivverträge geschlossen werden, die dann ganz folgerichtig der Bestätigung durch das zuständige zentrale Staatsorgan bedurften (§ 14 Abs. 2 Gesetzbuch der Arbeit in der früheren Fassung).

IV. Arbeitsrecht und Eigentum an den Produktionsmitteln

Marktwirtschaft ist nicht gleichbedeutend mit privatem Eigentum an den   94
Produktionsmitteln. Die Gleichsetzung von Marktwirtschaft und Kapitalismus ist ungenau. Es sind marktwirtschaftliche Verfassungen denkbar, in denen es ein Privateigentum an Produktionsmitteln nicht gibt. So etwa versucht die jugoslawische Arbeiterselbstverwaltung die Wirtschaft an marktwirtschaftlichen Prinzipien zu orientieren, ohne das Privateigentum einzelner an den Produktionsmitteln anzuerkennen. Gerade die jugoslawische Erfahrung zeigt freilich, daß mit dem Verzicht auf das Privateigentum an Produktionsmitteln ein für die Effektivität einer Volkswirtschaft wesentliches Element fehlt. Insbesondere führt sie in großem Ausmaß zu Arbeitslosigkeit. Das läßt sich mit dem unterschiedlichen Rentabilitätsinteresse erklären. Während der private Unternehmer solange Arbeitskräfte einstellt, solange er sich von der Ausweitung seiner Unternehmertätigkeit noch einen Gewinn verspricht, verzichtet eine die Produktionsmittel selbstverwaltende Belegschaft auf Neueinstellungen dann, wenn der Durchschnittsverdienst zu sinken beginnt.

95   Wo privates Eigentum an den Produktionsmitteln besteht, hat dies auch Rückwirkungen auf das Arbeitsrecht. Dieses sieht sich dann einerseits dem Phänomen gegenüber, daß bestimmte Regelungen, insbesondere aus dem Bereich der Betriebs- und Unternehmensverfassung, Beschränkungen des Eigentums an den Produktionsmitteln darstellen und als solche gerechtfertigt werden müssen. Andererseits muß es der Tatsache Rechnung tragen, daß der Einsatz privaten Kapitals, auf den die Wirtschaft dann angewiesen ist, auch von den Bedingungen abhängig gemacht wird, die das Arbeitsrecht der Wirtschaft setzt. Insbesondere muß es sich damit abfinden, daß der Privatunternehmer bei fehlender Rentabilität Arbeitskräfte freisetzt.

V. Kontrollfrage

Frage 8: Inwiefern stehen Planwirtschaften im Arbeitsrecht in vielen Punkten vor gleichen Regelungsproblemen wie Marktwirtschaften?

§ 5 Arbeitsrecht und Verfassung

Literaturangaben: *Badura,* Grundfreiheiten der Arbeit, Festschrift Berber, 1973, S. 11 ff.; *Benda/Maihofer/Vogel,* Handbuch des Verfassungsrechts, 1983; *Conrad,* Freiheitsrecht und Arbeitsverfassung, 1965; *Gamillscheg,* Die Grundrechte im Arbeitsrecht, AcP 1964, 385; *ders.* Die Grundrechte im Arbeitsrecht, 1989; *Löwisch* in MünchArbR, § 235 ff. zur Koalitionsfreiheit; *Löwisch,* Die Arbeitsrechtsordnung unter dem Grundgesetz, in: 40 Jahre Grundgesetz, Band 50 der Freiburger Rechts- und Staatswissenschaftlichen Abhandlungen, 1990, S. 59 ff.; *Löwisch/Gitter/Mennel,* Die Gleichberechtigung der Frau im Arbeitsleben, Gutachten für den fünfzigsten Deutschen Juristentag 1974; *Neumann/Nipperdey/Scheuner,* Band III/1 des Handbuchs der Grundrechte, 1958; *Richardi,* Arbeitsrecht in der Kirche, 1984, S. 1 ff.; *Rittner,* Wirtschaftsrecht, 2. Aufl. 1987, §§ 2 und 3; *Tomandl,* Der Einbau sozialer Grundrechte in das positive Recht, Tübingen 1967;

I. Kompetenzordnung des Grundgesetzes für das Arbeitsrecht

1. Konkurrierende Gesetzgebungszuständigkeit von Bund und Ländern

Fall 5: *Die Mehrheitsfraktion im Landtag eines Bundeslandes ist mit der Begrenzung der Lohnfortzahlung auf 6 Wochen nicht zufrieden. Sie möchte deshalb ein das Lohnfortzahlungsgesetz ergänzendes Landesgesetz erlassen, nach dem der Entgeltfortzahlungsanspruch auf 8 Wochen ausgedehnt wird.*

Wie schon nach Art. 7 Nr. 9 Weimarer Reichsverfassung (WRV) gehört das Arbeitsrecht nach Art. 74 Nr. 12 GG zum Bereich der konkurrierenden Gesetzgebung, in dem die Länder die Befugnis zur Gesetzgebung haben, solange und soweit der Bund von seinem Gesetzgebungsrecht nach Art. 72 GG keinen Gebrauch macht. Praktisch hat der Bund das Arbeitsrecht weitgehend, aber nicht vollständig geregelt. Das Bundesarbeitsgericht hat sich zwar in einer Reihe von Entscheidungen aus den Jahren 1955/56[1] auf den Standpunkt gestellt, das Arbeitsrecht sei Bestandteil des Bürgerlichen Rechts und werde deshalb von dem Landesgesetze ausschließenden Kodifikationsprinzip der Art. 3, 55, 218 EGBGB erfaßt. Dem ist das Bundesverfassungsgericht aber nicht gefolgt. Es ordnet das Arbeitsrecht als ein „besonde-   96

---

1 BAG vom 26 .10. 1955, AP Nr. 1 zu § 1 UrlG Hamburg, BAG vom 2. 5. 1956, AP Nr. 1 zu § 1 UrlG Württemberg-Baden und BAG vom 6. 7. 1956, AP Nr. 1 zu § 1 UrlG Schleswig-Holstein.

res Rechtsgebiet eigener Art" ein, für das im Einzelfall bestimmt werden müsse, ob und inwieweit abschließend gemeinte Regelungen vorliegen[2].

97   Dementsprechend gibt es — freilich nur in Randbereichen — immer wieder arbeitsrechtliche Landesgesetze. Hauptbeispiel sind derzeit die in einer Reihe von Ländern erlassenen Bildungsurlaubsgesetze, die den Arbeitnehmern Ansprüche auf Gewährung bezahlter Freizeit zu Weiterbildungszwecken gegen den Arbeitgeber einräumen. Das Bundesverfassungsgericht hat dazu entschieden, daß das Recht der Arbeitnehmerweiterbildung vom Bundesgesetzgeber weder durch das alleine den Erholungsurlaub betreffende Bundesurlaubsgesetz noch durch das Berufsbildungsgesetz noch durch den allgemeinen Freistellungsanspruch des § 616 Abs. 1 BGB abschließend geregelt sei und demzufolge die Länder zum Erlaß dieser Gesetze befugt waren[3].

Im Gegensatz dazu liegt in **Fall 5** *eine abschließende bundesgesetzliche Regelung vor. Das LohnFG will gerade die Lohnfortzahlung des Arbeitgebers auf sechs Wochen begrenzen und die Versorgung des Arbeiters im übrigen der Krankenversicherung überlassen.*

2. Tarifautonomie

a) Tarifautonomie als Teil der Koalitionsbetätigungsgarantie

98   Das in Art. 9 Abs. 3 Satz 1 GG garantierte Recht, zur Wahrung und Förderung der Arbeits- und Wirtschaftsbedingungen Vereinigungen zu bilden, umfaßt auch die Befugnis solcher Vereinigungen, sich für diesen Zweck zu betätigen (sogenannte Koalitionsbetätigungsgarantie). Aus dieser Garantie folgt nach der Rechtsprechung des Bundesverfassungsgerichts, daß der Staat den Koalitionen „den Kernbereich eines Tarifvertragssystems überhaupt" zur Verfügung stellen muß. Art. 9 Abs. 3 GG gewährleistet also auch die Tarifautonomie[4]. Dabei bleibt dem Gesetzgeber aber „ein weiter Spielraum zur Ausgestaltung"[5]. Denn es ist seine Sache, „die Tragweite der Koalitionsfreiheit dadurch zu bestimmen, daß er die Befugnisse der Koalitionen im einzelnen gestaltet und näher regelt"[6].

---

2 BVerfG vom 22. 4. 1958, BVerfGE 7, 342 = AP Nr. 2 zu § 1 UrlG Hamburg.
3 BVerfG vom 15 .12. 1987, BVerfGE 77, 308 = DB 1988, 709 = EzA § 7 AWbG NW Nr. 1 mit kritischer Anmerkung *Gamillscheg.*
4 BVerfG vom 18 .11. 1954, BVerfGE 4, 96 ff. (107 ff.) = AP Nr. 1 zu Art. 9 GG.
5 BVerfG vom 1. 3. 1979, BVerfGE 50, 290 (367 f.) = AP Nr. 1 zu § 1 MitbestG unter C IV 1 der Gründe.
6 BVerfG vom 20. 5. 1970, BVerfGE 50, 295 (306); ausführlich jetzt *Meik*, Der Kernbereich der Tarifautonomie, 1987.

b) Umfang der Tarifautonomie

Inhaltlich ist der Kernbereich der Tarifautonomie nicht im Sinne einer Tabu-   99
zone bestimmter Arbeitsbedingungen, etwa des Entgelts, zu verstehen. Eine solche Herauslösung einzelner Bedingungen aus dem Gefüge der mitein-
ander zusammenhängenden materiellen Arbeitsbedingungen wäre willkürlich. Gemeint ist nur, daß der Gesetzgeber den Tarifvertragsparteien immer
ein ausreichend großes Feld von Arbeitsbedingungen überlassen muß, auf
dem sie sich im Sinne eines Aushandelns von Leistung und Gegenleistung
sinnvoll betätigen können.

Auf der anderen Seite bedeutet die Gestaltungsfreiheit des Gesetzgebers ge-   100
genüber dem Tarifvertragssystem nicht die Befugnis, staatliche Arbeitsbedingungen ohne besonderen Grund zu setzen. Dem Betätigungsrecht der
Koalitionen dürfen, auch soweit es um die Gewährleistung der Tarifautonomie geht, nur solche Schranken gezogen werden, die von der Sache her geboten sind[7].

Soweit staatliche Arbeitsgesetze *Mindestbedingungen* für die Arbeitsverhält-   101
nisse setzen, dienen sie dem Schutz von Rechtsgütern der Arbeitnehmer —
Leben, Gesundheit, Persönlichkeitsentfaltung, Berufsfreiheit, Ehe und Familie, Garantie eines menschenwürdigen Existenzminimums — und sind als
solche gerechtfertigt. *Höchstarbeitsbedingungen* steht eine solche Rechtfertigung hingegen regelmäßig nicht zur Seite. Die wirtschaftspolitischen Vorstellungen des Gesetzgebers von richtigen, insbesondere dem gesamtwirtschaftlichen Gleichgewicht zuträglichen Arbeitsbedingungen, müssen regelmäßig hinter der Tarifautonomie zurücktreten.

Allerdings sind auch Fälle denkbar, in denen sachliche Gründe bestehen,   102
um eine gesetzliche Regelung so auszugestalten, daß sie von den Tarifvertragsparteien auch nicht zugunsten der Arbeitnehmer abgeändert werden
können. Ein Beispiel dafür bietet § 57a Satz 2 HRG, nach dem die Befristung
von Arbeitsverhältnissen mit wissenschaftlichen Mitarbeitern tariffest ist.
Denn der sachliche Zweck dieser Bestimmung ist die Verwirklichung des
Rechts anderer Bewerber ihr Ausbildungsziel zu erreichen (Art. 12 Abs. 1
Satz 1 GG), und das Recht der Hochschulen, durch eine laufende Erneue-
rung des wissenschaftlichen Personals ihrem Auftrag in Forschung und
Lehre gerecht zu werden (Art. 5 Abs. 3 GG)[8].

---

7 BVerfG vom 1. 3. 1979, BVerfGE 50, 369 = AP Nr. 1 zu § 1 MitBestG.
8 Auch dem Kompromiß zwischen den Interessen des Handels an möglichst langen Ladenöffnungszeiten und dem Interesse der Arbeitnehmer der Einzelhandelsunternehmen an
einem zeitigen Feierabend, wie ihn die neue Bestimmung des § 3 Abs. 2 LadSchlG über
den Dienstleistungsabend darstellt, könnte der Gesetzgeber durch das Verbot abweichen-

c) Tarifvertragssystem als Instrument der Tarifautonomie

103 Der Form nach hat der Gesetzgeber die Tarifautonomie durch das Tarifvertragsgesetz ausgestaltet. Es gibt den Gewerkschaften auf der einen und den Arbeitgeberverbänden auf der anderen Seite die Möglichkeit, die Arbeitsbedingungen vertraglich zu regeln und stattet diese Regelung mit unmittelbarer und zwingender Wirkung für die Arbeitsverhältnisse aus.

104 Von der Koalitionsbetätigungsgarantie mitumfaßt ist dabei auch der *Arbeitskampf,* denn er ist, wenn man von der mit der Tarifautonomie unvereinbaren Zwangsschlichtung absieht, das einzige Mittel, um im Konfliktsfall Tarifverträge zustande zu bringen. In den Worten des Großen Senats des BAG: „Arbeitskämpfe müssen ... nach unserem freiheitlichen Tarifvertragssystem möglich sein, um Interessenkonflikte über Arbeits- und Wirtschaftsbedingungen im äußersten Fall austragen und ausgleichen zu können"[9].

105 Das gilt für beide Seiten. Auch die Arbeitgeber müssen in einer Tarifauseinandersetzung Druck ausüben können, weswegen ihnen die Rechtsprechung des BAG mit Recht die Befugnis zur Aussperrung zubilligt[10]. und das Aussperrungsverbot des Art. 29 V der Hessischen Verfassung für nichtig hält[11].

Dieser Zusammenhang war in dem kurz vor den ersten freien Wahlen in der DDR erlassenen Gesetzen zur Änderung der Verfassung der DDR und über die Rechte der Gewerkschaften in der DDR vom 6. 3. 1990[12] verkannt worden, wenn dort zwar das Streikrecht der Gewerkschaften gewährleistet, aber jegliche Form der Aussperrung verboten worden war. Dementsprechend ist dieses Gesetz durch den Staatsvertrag über die Währungs-, Wirtschafts- und Sozialunion inzwischen aufgehoben worden. Tarifautonomie und Arbeitskampfrecht gelten nunmehr *auch in der DDR* entsprechend dem Recht der Bundesrepublik Deutschland (Art. 17 des Staatsvertrages).

---

der tariflicher Regelungen allgemeine Geltung verschaffen : BAG v. 27. 6. 1989 − 1 AZR 404/88.

9 BAG GS vom 21. 4. 1971, BAGE 23, 292 (306) = AP Nr. 43 zu Art. 9 GG Arbeitskampf Teil III A 1 der Gründe; aus der Literatur vgl. *Brox/Rüthers,* Arbeitskampfrecht, 2. Aufl. 1982, Rdnr. 85; *Maunz/Dürig/Scholz,* Grundgesetz Art. 9, Rdnr. 279; *W. Däubler/Däubler,* Arbeitskampfrecht, 2. Aufl. 1984, Rdnr. Nr. 89 ff.; *Löwisch/Rieble,* Schlichtungs- und Arbeitskampfrecht 1989, Rdnr. 12.

10 BAG, GS, a.a.O. Teil III B 1.

11 BAG vom 26. 4. 1988, DB 1988, 1902.

12 Gesetzblatt der DDR 1990, 109, 110.

d) Tarifautonomie und Nichtorganisierte

Tarifverträge gelten grundsätzlich nur für die Mitglieder der Tarifvertrags-   106
parteien. Nur diesen gegenüber liegt die für die Normsetzungsbefugnis notwendige Legitimation vor. Um das tarifliche Arbeitsrecht auch auf nichtor-
ganisierte Arbeitnehmer zu erstrecken, bedarf es der staatlichen Mitwirkung, die diese Erstreckung demokratisch legitimiert[13]. Das Mittel hierzu ist
die Allgemeinverbindlicherklärung von Tarifverträgen nach § 5 TVG[14].

Das richterliche Arbeitskampfrecht bezieht bisher die Nichtorganisierten   107
ohne weiteres in seine Geltung ein. Den Nichtorganisierten wird die Befugnis zuerkannt, sich am Streik zu beteiligen. Sie dürfen ebenso ausgesperrt
werden wie die Organisierten. Das begegnet im Hinblick auf die vom Bundesverfassungsgericht entwickelte Wesentlichkeitslehre Bedenken, nach
der „der Gesetzgeber verpflichtet ist − losgelöst vom Merkmal des „Ein-
griffs" −, in grundlegenden normativen Bereichen, zumal im Bereich der
Grundrechtsausübung, soweit dieser staatlicher Regelung zugänglich ist, alle wesentlichen Entscheidungen selbst zu treffen"[15]. Man kann im Verhältnis zu den Mitgliedern der Koalition noch argumentieren, daß das Arbeitskampfrecht in der freiwilligen Mitgliedschaft eine genügende Legitimations-
basis finde. Im Verhältnis zu den Nichtorganisierten zieht dieses Argument
nicht. Ihnen gegenüber stellt sich die Aufgabe des Parlamentes, das Maß der
zulässigen Beeinträchtigung verfassungsmäßig geschützter Positionen gesetzlich festzulegen nicht minder dringend als im Fall staatlicher Einwirkungen[16].

3. Vertragsautonomie

Mit der individualvertraglichen Gestaltung des Arbeitsverhältnisses[17] ma-   108
chen die Arbeitsvertragsparteien von ihrer als Teil der Berufsfreiheit verfassungsrechtlich garantierten Vertragsfreiheit Gebrauch. Die Freiheit rechtsgeschäftlichen Handelns der Arbeitsvertragsparteien fällt einerseits in die
von Art. 12 Abs. 1 GG geschützte Freiheit der unternehmerischen Tätigkeit

---

13 BVerfG vom 24. 5. 1977, AP Nr. 15 zu § 5 TVG.
14 Vgl. Rdnr. 270 ff.
15 Vgl. die Kalkar-Entscheidung vom 8. 8. 1978, BVerfGE 49, 89, 126.
16 Ausführlich *Löwisch*, Richterliches Arbeitskampfrecht und der Vorbehalt des Gesetzes,
   DB 1988, 1013 ff.
17 Siehe Rdnr. 861.

des Arbeitgebers, andererseits in die Freiheit des Arbeitnehmers, seinen Arbeitsplatz frei zu wählen[18].

Als Teil der Berufsfreiheit unterliegt die Arbeitsvertragsfreiheit dem Regelungsvorbehalt des Art. 12 Abs. 1 Satz 2 GG. Sie kann deshalb nur durch Gesetz oder aufgrund eines Gesetzes geregelt werden. Diese Regelung muß allerdings selbst verfassungsmäßig sein, insbesondere rechtsstaatlichen Anforderungen wie dem Verhältnismäßigkeitsprinzip genügen.

109   *Staatliche* Regelungen für den Inhalt des Arbeitsverhältnisses setzen durchweg nur Mindestbedingungen, überlassen also den Arbeitsvertragsparteien die Vereinbarung von für die Arbeitnehmer günstigeren Bedingungen. Sie schränken damit die Vertragsfreiheit des Arbeitnehmers nur ein, soweit dies zur Verwirklichung seines Schutzes gegenüber dem Arbeitgeber als dem mächtigeren Vertragspartner erforderlich ist. Die Frage kann bei solchen Gesetzen immer nur sein, ob solche Regelungen sich auch gegenüber dem Arbeitgeber noch im Rahmen der Verhältnismäßigkeit halten oder seine Handlungsfreiheit in einem, gemessen an dem Ziel der staatlichen Regelung, nicht mehr unerläßlichen Maß beeinträchtigen. Dies hat das Bundesverfassungsgericht in der erwähnten Entscheidung für den vom BAG aufgestellten Satz angenommen, die Vereinbarung eines Widerrufsrechts bei Versorgungsleistungen sei nur zulässig, soweit damit extremen wirtschaftlichen Notlagen des Unternehmens Rechnung getragen werden soll[19].

110   Auch das *tarifliche* Arbeitsrecht findet seine Grenze an der Vertragsfreiheit der Arbeitsvertragsparteien. Soweit die Vertragsautonomie funktioniert, gibt es keinen Grund, ihr die verbindliche Rechtsetzung der Tarifvertragsparteien vorgehen zu lassen.

111   Das tarifliche Arbeitsrecht ist damit also auch gegenüber der Vertragsautonomie an den Grundsatz der Verhältnismäßigkeit gebunden, mit der Folge, daß es regelmäßig nur Mindestbedingungen für den Inhalt des Arbeitsverhältnisses setzen kann. In Ausnahmefällen können auch Tarifvertragsbestimmungen verhältnismäßig und damit verfassungsrechtlich zulässig sein, die die arbeitsvertragliche Vereinbarung von Arbeitsbedingungen verbieten, die für den einzelnen Arbeitnehmer günstiger sind. Etwa wäre eine Tarifvertragsbestimmung, die wegen der Arbeitsmarktsituation die Leistung

---

18 Daß das BVerfG in seinem Urteil vom 19 .10. 1983 — AP Nr. 2 zu § 1 BetrAVG Unterstützungskassen — die Vertragsfreiheit unter Art. 2 Abs. 1 GG subsumiert hat, darf nicht darüber hinwegtäuschen, daß Art. 12 GG grundsätzlich die speziellere Regelung ist. Ein Rückgriff auf Art. 12 GG war dort nur deshalb nicht möglich, weil der Arbeitgeber einem Berufsverbot unterlag.

19 BVerfGE, a.a.O.

von Überstunden verbietet, verfassungsrechtlich zulässig. Denn sie wird von dem durch Art. 9 Abs. 3 GG gedeckten Zweck getragen, die knappe Arbeit unter den Mitgliedern der Arbeitnehmerkoalition gerecht zu verteilen. Freilich scheitert ein solcher Tarifvertrag nach geltendem Recht an dem absolut formulierten Günstigkeitsprinzip des § 4 Abs. 3 TVG[20].

4. Kirchenautonomie

Art. 140 GG i.V.m. Art. 137 Abs. 3 WRV garantiert den Kirchen die selbstän- 112
dige Verwaltung ihrer Angelegenheiten innerhalb der Schranken des für alle geltenden Gesetzes. Daraus folgt für die rund 600 000 Arbeitsverhältnisse der Mitarbeiter der Kirchen und ihrer Einrichtungen, daß auf sie zwar grundsätzlich das staatliche Arbeitsrecht Anwendung findet, daß aber bei dieser Anwendung dem Eigenverständnis der Kirchen, soweit es im Bereich der durch Art. 4 Abs. 1 GG als unverletzlich gewährleisteten Glaubens- und Bekenntnisfreiheit wurzelt und sich in der durch Art. 4 Abs. 2 GG geschützten Religionsausübung verwirklicht, ein besonderes Gewicht beizumessen ist[21]. Praktisch bedeutet das etwa, daß bei der Anwendung der staatlichen Kündigungsschutzbestimmungen den fundamentalen Geboten kirchlicher Sittenordnung Rechnung getragen werden muß, weshalb das BAG die Kündigung von Mitarbeitern, die sich nach einer Scheidung wieder verheiratet hatten, mehrfach für sozial gerechtfertigt erklärt hat[22].

Den Kirchen steht es wegen ihrer Selbstverwaltung auch frei, ob sie von der 113
staatlichen Tarifvertragsordnung Gebrauch machen oder eigene Wege zur Regelung der Arbeitsbedingungen ihrer Mitarbeiter gehen wollen. In den allermeisten Fällen haben sie sich in Gestalt des sogenannten „dritten Weges", der ein Schlichtungsverfahren vorsieht, für das letztere entschieden.

---

20 *Wlotzke,* Das Günstigkeitsprinzip 1957, S. 21 ff., insbesondere S. 23 f., 27 f.; a.A. *Wiedemann/Stumpf,* TVG 5. Aufl. 1977, § 4 Anm. 241.
21 BVerfG vom 25. 3. 1980, BVerGE 53, 366 = AP Nr.6 zu Art. 140 GG.
22 BAG vom 25. 4. 1978, AP Nr. 2 zu Art. 140 GG und vom 14 .10. 1980, AP Nr. 7 zu Art. 140 GG.

5. *Betriebsverfassung*

114   Die Befugnis von Arbeitgeber und Betriebsrat durch Betriebsvereinbarung den Inhalt des Arbeitsverhältnisses unmittelbar und zwingend zu regeln[23], beruht nicht auf einer verfassungsrechtlich geschützten Autonomie, sondern ergibt sich lediglich einfachgesetzlich aus dem Betriebsverfassungsgesetz, das auf der Kompetenzvorschrift des Art. 74 Nr. 12 GG fußt. Die Verfassung würde einer Aufhebung dieser Befugnis nicht entgegenstehen.

115   Auf der anderen Seite stellt die Befugnis zum Abschluß von Betriebsvereinbarungen eine Einschränkung der Vertragsautonomie von Arbeitgebern und Arbeitnehmern dar. Diese ist aber angesichts des Schutzzwecks der Betriebsverfassung gerechtfertigt. Freilich muß sich die Betriebsvereinbarung nicht anders als das staatliche Recht und der Tarifvertrag regelmäßig auf die Festlegung von Mindestbedingungen beschränken. Aus diesem Grund hat etwa der Große Senat des BAG einer Betriebsvereinbarung, die eine Altersgrenze festlegte, die Wirksamkeit gegenüber einer abweichenden arbeitsvertraglichen Bestimmung versagt[24]. Praktisch gilt also im Verhältnis von Betriebsvereinbarungen und Arbeitsvertrag regelmäßig das Günstigkeitsprinzip[25].

116   Nach § 87 Abs. 1 Eingangssatz und § 77 Abs. 3 Eingangssatz BetrVG gehen Tarifverträge Betriebsvereinbarungen vor[26]. Das Problem der Einschränkung der Tarifautonomie stellt sich daher von vornherein nicht.

II. Arbeitsrecht und Grundrechte

1. *Für das Arbeitsrecht relevante Grundrechte*

a) Koalitionsfreiheit

117   Art. 9 Abs. 3 des Grundgesetzes gewährleistet jedermann das Recht, zur Wahrung und Förderung der Arbeits- und Wirtschaftsbedingungen Vereinigungen zu bilden. Art. 9 Abs. 3 meint dabei zunächst einmal ein Grundrecht jedes einzelnen: Jedermann kann sich zur Wahrnehmung seiner arbeitsrechtlich-sozialpolitischen Interessen mit anderen zusammenschließen. Das gilt für Arbeitnehmer wie für Arbeitgeber.

---

23 Siehe Rndr. 541.
24 BAG GS vom 7. 11. 1989, DB 1990, 1724.
25 Siehe dazu im einzelnen noch Rdnr. 552.
26 Vgl. dazu Rdnr. 540 ff.

Der Zweck des Art. 9 Abs. 3 GG führt über das Arbeitsrecht als Teil des Pri-   118
vatrechts hinaus. Auch Beamte leisten abhängige Arbeit i.S. der von Art. 9
Abs. 3 GG gemeinten Arbeits- und Wirtschaftsbedingungen[27]. Die Gewährleistung der Koalitionsfreiheit in § 57 BRRG entspricht also einem verfassungsrechtlichen Gebot.

Für den einzelnen hat die Koalitionsfreiheit zunächst einen *positiven* Inhalt: 119
Sie garantiert ihm die Freiheit eine Koalition zu gründen, ihr beizutreten, in
ihr zu verbleiben und sich für sie zu betätigen[28]. Zur Betätigung gehört dabei
einmal die Demonstration der Mitgliedschaft. Die Arbeitnehmer sind darin
geschützt, eine Plakette mit dem Signet ihrer Gewerkschaft zu tragen, so
wie der Arbeitgeber an seiner Betriebsstätte auf die Mitgliedschaft in seinem
Arbeitgeberverband aufmerksam machen darf. Das Mitglied hat auch das
Recht sich für seine Koalition einzusetzen, z.B. im Betrieb als Vertrauens-
mann tätig zu werden, andere Mitglieder zu beraten, Beiträge einzuziehen
und für seine Gewerkschaft zu werben und über sie zu informieren[29].

Art. 9 Abs. 3 sichert dem einzelnen auch *negativ* die Freiheit des Austritts   120
und des Fernbleibens. Niemand darf durch staatlichen oder sozialen Druck
genötigt werden, eine Koalition mit seiner Mitgliedschaft zu unterstützen[30].
Eine Beeinträchtigung des Fernbleiberechts stellt der „closed shop" dar: Daß
der Arbeitgeber aufgrund eigener Entscheidung oder veranlaßt durch eine
Gruppe von Arbeitnehmern eines Betriebs, die Betriebsvertretung oder die
Gewerkschaft, die Einstellung oder Weiterbeschäftigung eines Arbeitnehmers von dessen Zugehörigkeit zu einer Arbeitnehmerkoalition abhängig
macht, übt einen unzulässigen Druck auf den Arbeitnehmer aus[31]. Umgekehrt darf der Arbeitgeber die Einstellung eines Arbeitnehmers auch nicht
vom Austritt aus der Gewerkschaft abhängig machen[32].

Die negative Koalitionsfreiheit bezieht sich nur auf den Status als Mitglied.   121
Art. 9 Abs. 3 schützt das Nichtmitglied nicht davor, daß es von Lebensäuße-
rungen der Koalition getroffen wird. Art. 9 Abs. 3 GG schützt den einzelnen
weder davor, daß er sich selbst dem Willen der Koalition unterwirft, insbesondere indem er in seinem Arbeitsvertrag auf die jeweilige Fassung eines

---

27 BVerfG vom 30 .11. 1965, AP Nr. 7 zu Art. 9 GG.
28 BVerfG vom 30 .11. 1965, AP Nr. 7 zu Art. 9 GG.
29 BVerfG a.a.O.
30 Dazu daß Art. 9 Abs. 3 GG auch die negative Koalitionsfreiheit schützt: BVerfG vom 1. 3.
    1979, AP Nr. 1 zu § 1 MitBestG; BAG (GS) vom 29 .11. 1967, AP Nr. 13 zu Art. 9 GG und
    BAG vom 21. 1. 1987, AP Nr. 46 zu Art. 9 GG; *Löwisch* in MünchArbR § 237 Rdnr. 3 f.
    m.w.N.
31 Vgl. für Art. 11 MRK, EGMR vom 13. 8. 1981, EuGRZ 1981, 559.
32 BAG vom 2. 6. 1987, AP Nr. 49 zu Art. 9 GG = DB 1987, 2312 = BB 1987, 1178 = NJW
    1987, 2893 = NZA 1988, 64 = EzA Art. 9 GG Nr. 43.

Tarifvertrages Bezug nimmt. Noch ist es dem Staat verwehrt, durch Allgemeinverbindlicherklärung die Nichtorganisierten Tarifverträgen zu unterstellen[33].

122   Der Grundrechtsschutz des Art. 9 Abs. 3 GG kann Effektivität erst gewinnen, wenn auch *die Koalition selbst* am verfassungsrechtlichen Schutz teil hat. Deshalb gewährleistet Art. 9 Abs. 3 GG auch ihr den Bestand (Bestandsgarantie), die autonome Regelung der Organisation (Organisationsautonomie) und das Recht, durch spezifisch koalitionsmäßige Betätigung den in Art. 9 Abs. 3 GG genannten Zweck zu verfolgen (Betätigungsgarantie)[34]. Zur Betätigungsgarantie der Koalition gehört dabei, wie oben[35] schon ausgeführt, zunächst die Tarifautonomie einschließlich des Arbeitskampfes als Konfliktlösungsmittel. Aus der Betätigungsgarantie ergibt sich weiter das Recht der Koalition, ihre Mitglieder zu betreuen. Etwa hat die Gewerkschaft das Recht, als Bindeglied zu ihren Mitgliedern Vertrauensleute für den Betrieb oder für eine Betriebsabteilung zu stellen[36]. Auch die Werbung neuer Mitglieder gehört zum Betätigungsrecht. Deshalb muß der Arbeitgeber zum Zweck der Mitgliederwerbung die Verteilung von gewerkschaftlichem Informations- und Werbematerial in seinem Betrieb oder der Dienststelle dulden[37].

123   Allerdings sind die Koalitionen bei ihrer Betätigung regelmäßig an die allgemeine Rechtsordnung gebunden. Diese darf nur durchbrochen werden, soweit das zur Wahrung der Koalitionsfreiheit unerläßlich ist[38]. Von solcher Unerläßlichkeit kann zwar in bezug auf die Bestellung von Vertrauensleuten und die Verteilung von Werbe- und Informationsmaterial zu Werbezwecken gesprochen werden, nicht aber hinsichtlich der Nutzung des Eigentums des Arbeitgebers, z.B. der betriebseigenen Postverteilungsanlage oder auch der vom Arbeitgeber gestellten Schutzhelme[39]. Auch ein Zugang externer Gewerkschaftsmitglieder zum Betrieb, um dort Informations- und Werbematerial zu verteilen, ist nicht unerläßlich, weil diese Verteilung durch betriebsangehörige Gewerkschaftsmitglieder vorgenommen werden kann[40]. Aus dem gleichen Grund beschränkt sich das Recht zur Information und Mitglie-

---

33 Vgl. BVerfG vom 25. 7. 1977 und vom 15. 7. 1980, AP Nr. 15 und 17 zu § 5 TVG.
34 BVerfG vom 26. 5. 1970 und vom 18 .12. 1974, AP Nr. 16 und 23 zu Art. 9 GG.
35 Rdnr. 98.
36 BAG vom 8 .12. 1978, AP Nr. 28 zu Art. 9 GG.
37 BAG vom 14. 2. 1967, vom 14. 2. 1978 und vom 23. 2. 1979, AP Nr. 10, 26 und 29 zu Art. 9 GG.
38 BVerfG vom 17. 2. 1981, AP Nr. 9 zu Art. 40 GG, ausführlich und m.w.N. *Löwisch*, MünchArbR § 237 Rdnr. 24 ff.
39 BAG vom 23. 2. 1979, AP Nr. 30 zu Art. 9 GG; vgl. auch Rdnr. 526.
40 BVerfG a.a.O.

derwerbung auf die Zeit vor Arbeitsbeginn und nach Arbeitsende sowie auf die Pausen[41].

Art. 9 Abs. 3 GG enthält zunächst wie jedes Grundrecht ein *Eingriffsverbot*. Regeln und Maßnahmen, die sich unmittelbar belastend auf die Koalitionsfreiheit auswirken, sind unzulässig. Art. 9 Abs. 3 GG muß jedoch auch ein *Diskriminierungsverbot* entnommen werden. Jede unterschiedliche Behandlung von verschiedenen Koalitionen und ihren Mitgliedern sowie von organisierten und nichtorganisierten Arbeitnehmern und Arbeitgebern führt, auch wenn jede Behandlung für sich genommen mit Art. 9 Abs. 3 GG vereinbar ist, zu einer Begünstigung des einen und einer Belastung des anderen. Damit entsteht für den Belasteten ein Anreiz oder sogar ein Druck, sein Grundrecht so auszuüben, daß er ebenfalls an der Vergünstigung teil hat. Dieser Anreiz oder Druck ist für die Koalitionsfreiheit nicht minder schädlich als der direkte Eingriff. **124**

In der Betriebsverfassung und in der Personalverfassung hat das Diskriminierungsverbot in § 75 Abs. 1 BetrVG, § 27 Abs. 1 SprAuG und § 67 Abs. 1 BPersVG besonderen Ausdruck gefunden. Es gilt aber auch sonst. Etwa hat das Bundesarbeitsgericht mit Recht die selektive Aussperrung bloß von Gewerkschaftsmitgliedern als Verstoß gegen Art. 9 Abs. 3 GG betrachtet[42]. **125**

Dadurch, daß Art. 9 Abs. 3 GG die Tarifautonomie mit umfaßt, wird im übrigen ein Stück *Marktwirtschaft* verfassungsrechtlich garantiert: Im Tarifvertrag verwirklicht sich für den Teilbereich des Arbeitsmarktes die marktwirtschaftliche Ordnung des freien Aushandelns von Leistung und Gegenleistung. Zudem setzt der Tarifvertrag seinerseits die Existenz marktwirtschaftlicher Ordnung in anderen Teilbereichen des Wirtschaftsverkehrs voraus, weil ein Unternehmen, dem dort ein Verhalten nach den Gesetzen des Marktes nicht möglich ist, auch kein sinnvoller Verhandlungspartner auf dem Feld der Arbeitsbedingungen sein kann[43]. **126**

b) Individualgrundrechte des Arbeitgebers und Unternehmers

Wie das Bundesverfassungsgericht in seinem Mitbestimmungsurteil vom 1. 3. 1979[44] ausgeführt hat, wird die wirtschaftliche Betätigung des Unter- **127**

---

41 BAG vom 14. 2. 1978, AP Nr. 26 zu Art. 9 GG.
42 BAG vom 10. 6. 1980, AP Nr. 66 zu Art. 9 GG Arbeitskampf; ausführlich zum aus der Koalitionsfreiheit folgenden Diskriminierungsverbot *Löwisch*, MünchArbR § 237 Rdnr. 9 ff.
43 Ausführlich zur Koalitionsfreiheit als wirtschaftsverfassungsrechtlicher Vorgabe *Löwisch*, MünchArbR § 240 Rdnr. 1 f.
44 BVerfG vom 1. 3. 1979, AP Nr. 1 zu § 1 MitBestG = NJW 1979, 593 = JuS 1979, 897 = DB 1979 Beilage 5 = BB 1979 Beilage 2 = EzA § 7 MitbestG 1976 Nr.1.

nehmers und Arbeitgebers durch eine Reihe von Grundrechten geschützt:

Art. 14 GG umfaßt auch das wirtschaftlichen Zwecken gewidmete Eigentum
einschließlich des Anteilseigentums und das Eigentum von Kapitalgesellschaften. Art. 9 Abs. 1 GG gewährleistet die Organisation und autonome
Willensbildung von Vereinigungen mit wirtschaftlicher Zwecksetzung.
Art. 12 Abs. 1 GG erstreckt sich auf die Unternehmensfreiheit i.S. freier
Gründung und Führung von Unternehmen einschließlich der Großunternehmen und gewährleistet die oben behandelte Vertragsautonomie[45]. Art. 2
Abs. 1 GG schließlich garantiert die wirtschaftliche Entfaltungsfreiheit im
übrigen.

128   Alle diese Grundrechte stehen aber unter unterschiedlich ausgestalteten
Vorbehalten. Inhalt und Schranken des Eigentums werden durch die Gesetze bestimmt (Art. 14 Abs. 1 GG). Die Berufsausübung kann durch Gesetz
oder aufgrund eines Gesetzes geregelt werden (Art. 12 Abs. 1 Satz 2 GG),
wobei sich diese Regelung nach der Rechtsprechung des Bundesverfassungsgerichts auch auf die Berufswahl erstreckt[46]. Die Ausübung der Verei-
nigungsfreiheit muß die Schranken der allgemeinen Rechtsordnung beachten[47]. Gleiches gilt wegen der Schrankentrias des Art. 2 Abs. 1 GG für die
wirtschaftliche Entfaltungsfreiheit. Diese Schranken lassen dem Arbeitsrecht weitgehenden Spielraum. Praktisch muß nur der Verhältnismäßig-
keitsgrundsatz beachtet werden.

129   Sieht man von dem oben[48] erwähnten Fall eines unverhältnismäßigen Ein-
griffs in die Vertragsautonomie ab, gibt es in der Rechtsprechung des Bundesverfassungsgerichts keine Beispiele der Verletzung der genannten
Grundrechte des Unternehmers und Arbeitgebers. Auch die − gerade noch
unterparitätische − Mitbestimmung[49] hält sie ein[50].

130   Soweit die Tätigkeit eines Unternehmens auf die Verwirklichung besonderer Grundrechte gerichtet ist, wie das etwa in Presseunternehmen im Hinblick auf die Meinungsfreiheit der Fall ist, müssen sie bei dieser Verwirklichung auch vor dem Arbeitsrecht geschützt werden[51]. Aus diesem Grund
nimmt das Mitbestimmungsgesetz solche „Tendenzunternehmen" in sei-

---

45 Rdnr. 108.
46 BVerfG vom 11. 6. 1958,BVerfGE 7, 377.
47 BVerfG vom 24. 2. 1971, BVerfGE 30, 227, 243.
48 Rdnr. 109.
49 Siehe dazu Rdnr. 845 und 852.
50 BVerfG a.a.O.
51 BVerfG vom 6 .11. 1979, AP Nr. 14 zu § 118 BetrVG 1972 = DB 1980, 259 = BB 1980, 886 =
NJW 1980, 1084 = EzA § 118 BetrVG 1972 Nr.23.

nem § 1 Abs. 4 ganz aus seinem Geltungsbereich aus und begrenzt in § 118 Abs. 1 BetrVG die Anwendung des Betriebsverfassungsgesetzes auf sie.

c) Individualgrundrechte der Arbeitnehmer

Auch für die Arbeitnehmer ist zunächst das Grundrecht der *Berufsfreiheit*   131
von Bedeutung. An ihm müssen sich Tarifverträge messen lassen, die für bestimmte Tätigkeiten besondere Qualifikationen verlangen, wie das für die sogenannten Besetzungsregelungen in den Tarifverträgen der Druckindustrie zutrifft. Diese Besetzungsregelungen sind insofern problematisch, als infolge der technischen Entwicklung Facharbeiten in der Druckindustrie vielfach auch von Arbeitnehmern erbracht werden können, die nicht Fachkräfte der Druckindustrie sind. Man wird es noch als verhältnismäßig ansehen können, wenn diese Besetzungsregelungen für eine Übergangszeit nach einem technischen Wandel aufrecht erhalten werden[52]. Auf Dauer angelegt sind sie mit dem durch Art. 12 Abs. 1 GG geschützten freien beruflichen Wettbewerb nicht mehr vereinbar[53].

Aus Art. 12 Abs. 2 GG folgt auch, daß der Staat grundsätzlich nur zur Ver-   132
mittlung von Arbeitsverhältnissen befugt ist, nicht aber dazu, Arbeitnehmer in Arbeitsverhältnissen zu verpflichten. Eine Ausnahme gilt insoweit nur für den Notstandsfall[54].

Der Arbeitnehmer kann am Arbeitsplatz Gewissenskonflikten ausgesetzt   133
sein. Ein Fall bietet etwa ein Mediziner, der an der Entwicklung einer Substanz mitwirken soll, die bei einer durch Strahlenbehandlung oder insbesondere durch eine im Nuklearkrieg hervorgerufene Strahlenkrankheit den Brechreiz unterdrücken soll[55]. Steht ein solcher Arbeitnehmer auf dem Standpunkt, als Mediziner könne er es nicht zulassen, daß seine Tätigkeit im Zusammenhang mit einer ins Auge gefaßten Verwendung eines von ihm zu entwickelnden Medikaments im Nuklearkriegsfalle gebracht werde, steht seine *Gewissenfreiheit* i.S. des Art. 4 Abs. 1 GG auf dem Spiel und muß geschützt werden[56].

Auch die *Meinungsfreiheit* des Arbeitnehmers ist zu schützen. Mit der Bedeu-   134
tung des Grundrechts des Art. 5 Abs. 1 GG wäre es nicht vereinbar, wollte

---

52 So lag es in dem vom BAG 1983 entschiedenen Fall (vom 13. 9. 1983, AP Nr. 1 zu § 1 TVG Tarifverträge: Druckindustrie = DB 1984, 1099 = BB 1984, 1551 = EzA § 4 TVG Druckindustrie Nr.1.

53 A.A. BAG vom 26. 4. 1990 − 1 ABR 84/87 −.

54 Dazu Rdnr. 162 f.

55 Vgl. BAG vom 24. 5. 1989, DB 1989, 2538.

56 Zur Verwirklichung dieses Schutzes siehe Rdnr. 866.

der Gesetzgeber die Freiheit der politischen Meinungsäußerung im Bereich der betrieblichen Arbeitswelt, die die Lebensgestaltung zahlreicher Staatsbürger wesentlich bestimmt, schlechthin fernhalten[57].

135   Die in Art. 5 Abs. 2 GG festgelegten Schranken der Meinungsfreiheit gelten auch im Arbeitsrecht. Zu den allgemeinen Gesetzen gehören dabei auch die „Grundregeln über das Arbeitsverhältnis" und damit die Pflichten, Störungen des Arbeitsverhältnisses zu vermeiden. Weder die Arbeitsleistung, der Betriebsfrieden noch das Vertrauensverhältnis zum Arbeitgeber dürfen vom Arbeitnehmer beeinträchtigt werden[58].

Allerdings muß diese arbeitsvertragliche Verpflichtung wie jedes allgemeine Gesetz aus der „Erkenntnis der wertsetzenden Bedeutung des Grundrechts ausgelegt und so in ihrer das Grundrecht begrenzenden Wirkung selbst wieder eingeschränkt werden"[59]. Es muß gefragt werden, ob die sich aus dem Arbeitsvertrag ergebenden privatrechtlichen Beziehungen zwischen Arbeitnehmer und Arbeitgeber durch das Grundrecht des Art. 5 Abs. 1 GG so beeinflußt werden, daß bei der Abwägung der sich gegenüberstehenden Interessen ein Übergewicht zugunsten des sich meinungsmäßig betätigenden Arbeitnehmers entsteht.

Diese Abwägung führt etwa dazu, daß parteipolitische Meinungsäußerungen im Betrieb zu tolerieren sind, daß aber eine provizierende parteipolitische Betätigung, beispielsweise eine ständige verbale Agitation gegen eine bestimmte Partei oder bestimmte Politiker oder das Tragen einer auffälligen Plakette mit karikierendem Inhalt die Grenzen des Zulässigen überschreiten, wenn sie den Unmut anderer Betriebsangehöriger oder gar von Kunden des Unternehmens hervorrufen[60].

136   Ein für die Arbeitnehmer relevantes Grundrecht ist schließlich der *Gleichheitssatz* des Art. 3 GG. Aus seinem Abs. 1 folgt ein Willkürverbot: Arbeitnehmer dürfen nicht ohne sachlichen Grund ungleich behandelt werden. Etwa ist die Herausnahme einzelner Arbeitnehmer aus Entgelterhöhungen willkürlich, soweit diese dem Zweck des Kaufkraftausgleichs dienen[61].

---

57 BVerfG vom 28. 4. 1976, BVerfGE 42, 176 = AP Nr.2 zu § 74 BetrVG 1972 = DB 1976, 1485 = BB 1976, 1026 = NJW 1976, 1627.
58 BAG vom 13 .10. 1977, AP Nr. 1 zu § 1 KSchG 1969 Verhaltensbedingte Kündigung = DB 1978, 641 = BB 1978, 660 = NJW 1978, 1842 = EzA § 74 BetrVG 1972 Nr. 3 mit Anmerkung *Löwisch*; BAG vom 9 .12. 1982, AP Nr. 73 zu § 626 BGB = DB 1983, 2578 = BB 1983, 2257 = NJW 1984, 1142 = EzA § 626 n.F. BGB Nr. 86 mit Anmerkung *Löwisch*.
59 BVerfG vom 28. 4. 1976, a.a.O.
60 Vgl. BAG vom 9 .12. 1982, a.a.O.
61 BAG vom 11. 9. 1985, AP Nr. 76 zu § 242 BGB Gleichbehandlung = DB 1986, 2602 = BB 1986, 2418 = NZA 1987, 156 = EzA § 242 BGB Gleichbehandlung Nr. 43.

Art. 3 Abs. 2 GG gebietet die Gleichbehandlung von Männern und Frauen   137
auch im Arbeitsrecht, insbesondere in bezug auf das Arbeitsentgelt[62].

Nach Art. 3 Abs. 3 GG ist die unterschiedliche Behandlung auch von Arbeit-   138
nehmern wegen der Abstammung, also der Beziehung zu einer bestimmten
Familie oder Volksgruppe, wegen der Rasse, der Sprache, der Heimat und
Herkunft, des Glaubens und der religiösen oder politischen Anschauungen
unzulässig.

Im Falle dieser konkreten Differenzierungsverbote genügt für die Verfassungswidrigkeit der kausale Zusammenhang zwischen einem der aufgeführten Gründe und der
unterschiedlichen Behandlung. Nur wenn die Unterschiedlichkeit den Sachverhalt so
entscheidend prägt, daß vergleichbare Elemente daneben vollkommen zurücktreten,
ist es zulässig und sogar geboten, die Unterschiedlichkeit zum Anknüpfungspunkt einer Sonderbehandlung zu machen. Etwa ist die Benachteiligung eines Arbeitnehmers
innerhalb eines bestehenden Arbeitsverhältnisses wegen seiner Zugehörigkeit zu einer bestimmten politischen Partei regelmäßig unzulässig. Ist der Arbeitgeber aber eine
gegnerische politische Partei, muß er sich gefallen lassen, daß er, an seine Mitgliedschaft angeknüpft, versetzt wird.

2. Umsetzung der Grundrechte im Arbeitsrecht

a) Bindung der Normgebung

Nach Art. 1 Abs. 3 GG binden die Grundrechte die Gesetzgebung als unmit-   139
telbar geltendes Recht. Das gilt auch für die Tarifvertragsparteien als Normgeber[63].

Eine besondere Rolle hat dabei seit dem 1. 1. 1953, dem Datum, zu dem nach
Art. 117 GG das dem Art. 3 Abs. 2 GG entgegenstehende Recht außer Kraft
getreten ist, die Verwirklichung der Gleichberechtigung von Mann und Frau
auf dem Felde des Arbeitsentgeltes gespielt. Bereits mit einem Urteil vom
15. 1. 1955[64] hat das BAG unterschiedliche Lohngruppen für Männer und
Frauen für verfassungswidrig erklärt. Inzwischen hat der Europäische Gerichtshof im Hinblick auf Art. 119 EWG-Vertrag und die dazu ergangene
Richtlinie 75/117/EWG ausgesprochen, daß auch eine tarifliche Entgeltordnung, die zwar nicht direkt nach dem Geschlecht differenziert, aber in ihren
Gruppen an Eigenschaften anknüpft, die Männer eher besitzen als Frauen,
diskriminierend sein kann. Zwar reiche es dafür noch nicht aus, daß eine
dieser Gruppen auf solche Merkmale abstelle. Jedoch müsse, wenn dies der

---

62 Vgl. Rdnr. 147.
63 Vgl. dazu ausführlich *Gamillscheg*, Die Grundrechte im Arbeitsrecht, S. 103 ff.
64 BAGE 1, 258 = AP Nr. 4 zu Art. 3 GG.

Fall sei, die Entgeltordnung des Tarifvertrages insgesamt in dem Sinne ausgewogen sein, daß in anderen Gruppen gleichwertige Kriterien berücksichtigt werden, die Arbeitnehmerinnen typischerweise eher besitzen als Arbeitnehmer[65]. Es ist anzunehmen, daß das BAG über kurz oder lang diese
Grundsätze für die Überprüfung tariflicher Lohngruppen auf ihre Vereinbarkeit mit Art. 3 Abs. 2 GG übernehmen wird.

b) Unmittelbare Drittwirkung des Art. 9 Abs. 3 GG

Fall 6: *X verpflichtet sich gegenüber der für sein Unternehmen zuständigen Gewerkschaft,
drei Jahre lang nur Arbeitnehmer einzustellen, die dieser Gewerkschaft bereits angehören. Er
fordert deshalb den Arbeitsplatzbewerber A auf, den er vor anderen für qualifiziert hält, der
Gewerkschaft beizutreten. Als dieser ablehnt, stellt X einen anderen Bewerber ein. A verlangt
Einstellung, jedenfalls will er, bis er eine andere Stellung gefunden hat, Ersatz in Höhe des
Arbeitsentgeltes, welches er bei einer Einstellung bezogen hätte.*

140   Für das Grundrecht der Koalitionsfreiheit ordnet Art. 9 Abs. 3 GG die unmittelbare Drittwirkung an. Er bestimmt, daß Abreden, die dieses Recht einschränken oder zu behindern suchen, nichtig und hierauf gerichtete Maßnahmen rechtswidrig sind.

141   Art. 9 Abs. 3 GG ist zunächst ein *Verbotsgesetz* i.S. des § 134 BGB. Die Nich-
tigkeitsfolge gilt dabei nicht nur für Verträge, sondern auch für einseitige
Rechtsgeschäfte, wie z.B. eine Kündigung.

142   Art. 9 Abs. 3 Satz 2 GG bezweckt gerade den Schutz des einzelnen in seiner
Koalitionsfreiheit und ist deshalb auch *Schutzgesetz* i.S. des § 823 Abs. 2
BGB[66]. Die daraus folgende Schadensersatzverpflichtung führt dazu, daß
der verletzte Arbeitnehmer oder Arbeitgeber so gestellt werden muß wie er
stünde, wenn seine Koalitionsfreiheit nicht beeinträchtigt worden wäre
(§ 249 Satz 1 BGB). Ist die Naturalrestitution nicht möglich, muß nach § 251
Abs. 1 BGB Geldersatz geleistet werden.

*In Fall 6 liegt eine Verletzung der negativen Koalitionsfreiheit des A vor[67]. Ihretwegen kann
A von X in der Tat Einstellung auf einen etwa noch freien oder frei werdenden Arbeitsplatz
verlangen. Ist die Einstellung nicht möglich, hat er Anspruch auf Ersatz des entgangenen Arbeitsentgelts nach der im Schadensersatz geltenden Differenzhypothese allerdings unter Abzug ersparter Aufwendungen, etwa für die Fahrt zum Arbeitsplatz und anderweitig erzielten
Verdienstes. Auch trifft den Arbeitnehmer nach § 254 BGB eine Schadensminderungspflicht.
Insbesondere muß er eine ihm anderweitig angebotene zumutbare Arbeit annehmen.*

---

65 Urteil des EuGH vom 1. 7. 1986, AP Nr. 13 zu Art. 119 EWG-Vertrag = NJW 1987,
   1138.
66 Vgl. *Löwisch* in MünchArbR § 238 Rdnr. 90 ff.
67 Vgl. Rdnr. 120 f.

c) Mittelbare Drittwirkung der übrigen Grundrechte

Fall 7: *Der im Druckhaus X angestellt A weigert sich, bei der Herstellung eines Prospektes mitzuwirken, in dem für ein Kriegsbuch geworben wird. Daraufhin wird er wegen Arbeitsverweigerung fristlos gekündigt.*

Das BAG hatte in den fünfziger Jahren die Auffassung entwickelt, daß zwar   143
nicht alle, aber doch eine Reihe bedeutsamer Grundrechte der Verfassung
als Ordnungsgrundsätze für das soziale Leben in einem aus dem Grundrecht näher zu entwickelnden Umfang unmittelbare Bedeutung auch für
den privaten Rechtsverkehr der Bürger untereinander hätten. Es hat aus diesem Grund etwa die Zölibatsklausel in einem Arbeitsvertrag, nach der im
Falle der Eheschließung das Arbeitsverhältnis automatisch zu einem bestimmten Zeitpunkt endigen sollte, wegen Verstoßes gegen Art. 6 Abs. 1
GG für nichtig gehalten[68]. Das Bundesverfassungsgericht ist dieser Lehre
nicht gefolgt. In seinem bekannten Lüth-Urteil vom 15. 1. 1958[69] hat es im
Gegenteil ausgesprochen, daß sich der Rechtsgehalt der Grundrechte im
bürgerlichen Recht mittelbar durch die privatrechtlichen Vorschriften entfal-
te, dabei vor allem Bestimmungen zwingenden Charakters ergreife und für
den Richter besonders durch die Generalklauseln realisierbar sei. Dem hat
sich inzwischen auch das BAG angeschlossen[70].

Zu berücksichtigen sind die Grundrechte zunächst bei der Anwendung der   144
kündigungsrechtlichen Generalklauseln, also des wichtigen Grundes in
§ 626 BGB, und der Verhaltens- und Personenbedingtheit einer Kündigung
i.S. des § 1 Abs. 2 KSchG.

Daß nach Art. 5 Abs. 1 GG auch im Betrieb die parteipolitische Meinungsäußerung toleriert werden muß und die Grenze des Zulässigen erst bei provo-
kativem, den Betriebsfrieden störendem Verhalten überschritten ist, wirkt
sich also bei der Beurteilung der Frage aus, ob eine Kündigung i.S. der oben-
genannten Vorschriften berechtigt ist. Auch bei der Auslegung von § 23
Abs. 1 BetrVG ist Art. 5 Abs. 1 GG zu beachten. Ein Mitglied darf wegen des
Verstoßes gegen das Verbot der parteipolitischen Betätigung (§ 74 Abs. 2
Satz 2 BetrVG) nicht aus dem Betriebsrat ausgeschlossen werden, wenn der
Verstoß nicht besonders schwer wiegt[71]. Zu berücksichtigen sind die
Grundrechte auch im Rahmen der Leistungsbestimmung nach § 315 BGB,
insbesondere bei der Ausübung des Direktionsrechtes: Billig ist die Ermes-

---

68 BAG vom 10. 5. 1957, AP Nr. 1 zu Art. 6 Abs. 1 GG Ehe und Familie; zuvor schon BAG
    vom 3. 12. 1954, AP Nr. 12 zu § 13 KSchG für die Meinungsfreiheit des Art. 5 Abs. 1 GG.
69 BVerfGE 7, 198 ff.
70 BAG vom 20. 12. 1984, AP Nr. 27 zu § 611 BGB Direktionsrecht = DB 1985, 2689 = BB
    1985, 1853 = NZA 1986, 21 = NJW 1986, 85.
71 BVerfG vom 28. 4. 1976, a.a.O.

sensausübung nur, wenn sie die Grundrechte des Arbeitnehmers gebührend achtet.

Hieraus ergibt sich die Lösung von **Fall 7:** *Eine Kündigung des Druckers kommt solange nicht in Betracht, wie der Arbeitgeber ihm eine Arbeit zuweisen kann, bei dem er einem Gewissenskonflikt nicht ausgesetzt ist. Erst wenn das nicht mehr möglich ist, muß er unter Umständen eine − personenbedingte − Kündigung hinnehmen. Auch das aber nur, wenn er seine Arbeitsleistung wegen des Gewissenskonflikts auf längere Zeit nicht erbringt*[72].

d) Gesetzliche Umsetzung

145　Die auf die Richtlinie Nr. 76/207/EWG vom 9. 2. 1976 zurückgehenden §§ 611a und 612 Abs. 3 BGB ordnen praktisch die Geltung des Gleichberechtigungsgebots des Art. 3 Abs. 2 GG auch für den Arbeitsvertrag an: Nach § 611a BGB ist bei einer Vereinbarung oder Maßnahme, insbesondere bei der *Begründung des Arbeitsverhältnisses,* beim beruflichen Aufstieg, bei einer Weisung oder einer Kündigung eine unterschiedliche Behandlung wegen des Geschlechts nur zulässig, soweit die Vereinbarung oder Maßnahme die Art der vom Arbeitnehmer auszuübenden Tätigkeit zum Gegenstand hat und ein bestimmtes Geschlecht unverzichtbare Voraussetzung für diese Tätigkeit ist.

Der Raum für Differenzierungen ist damit gering. Daß das Geschlecht als solches unverzichtbare Voraussetzung für eine Tätigkeit ist, kommt selten vor. Zu denken ist etwa an die Einstellung einer Frau für die Chorsängerstelle einer Sopranistin oder eines Dressmans zur Vorführung der Artikel eines Herrenbekleidungsgeschäfts. Ausnahmsweise können auch in biologischen Verschiedenheiten gründende funktionale Unterschiede nach den gesellschaftlichen Anschauungen eine unterschiedliche Behandlung rechtfertigen. So wird man es einem Miederwarengeschäft nicht verwehren können, nur Frauen als Verkäuferinnen zu beschäftigen[73].

146　Im übrigen ist eine unterschiedliche Behandlung nur zulässig, wenn sie in Wahrheit nicht auf das Geschlecht bezogen ist, sondern auf andere Sachgründe. Solche Sachgründe sind die Qualifikation, aber auch Beschränkungen, die in verfassungsgemäßen Arbeitsschutzvorschriften für die Beschäftigung von Frauen aufgestellt sind, wie zum Beispiel in § 16 AZO das Verbot der Beschäftigung unter Tage.

147　Nach § 612 Abs. 3 BGB darf für gleiche oder für gleichwertige Arbeit bei einem Arbeitsverhältnis nicht wegen des Geschlechts des Arbeitnehmers eine geringere *Vergütung* vereinbart werden als bei einem Arbeitnehmer des anderen Geschlechts. Die Vereinbarung einer geringeren Vergütung wird

---

72　Vgl. BAG vom 20 .12. 1984, a.a.O.; ebenso wie die in Fn. 55 schon erwähnte Entscheidung vom 24. 5. 1989.

73　*Palandt/Putzo,* 49. Aufl. 1990, § 611a Anm. 2 b cc.

nicht dadurch gerechtfertigt, daß wegen des Geschlechts des Arbeitnehmers besondere Schutzvorschriften gelten, wie etwa die Beschränkung der Nachtarbeit von Frauen in § 19 AZO.

Während das Gebot des § 612 Abs. 3 BGB durch einen Anspruch des be-   148
nachteiligten Arbeitnehmers auf Gewährung der gleichbehandlungskonformen Vergütung verwirklicht werden kann, bereitet die Durchsetzung des § 611a BGB Schwierigkeiten. Zwar legt Abs. 1 Satz 3 dem Arbeitgeber in weitem Umfang die Beweislast dafür auf, daß sachliche Gründe die unterschiedliche Behandlung rechtfertigen oder daß das Geschlecht unverzichtbare Voraussetzung für die auszuübende Tätigkeit ist. Eigentlichen Nachdruck kann dem Gebot aber erst die bei seiner Verletzung eintretende Sanktion verleihen. Die frühere Fassung des § 611a Abs. 2 BGB hatte sich insoweit auf den Ersatz des Vertrauensschadens, etwa der Bewerbungskosten, beschränkt. Nachdem dies vom Europäischen Gerichtshof beanstandet worden war[74], und in Reaktion hierauf das BAG als weitergehende Sanktion dem betroffenen Arbeitnehmer ein Schmerzensgeld nach § 847 BGB wegen Persönlichkeitsrechtsverletzung in Höhe bis zu zwei Monatsgehältern zugesprochen hatte[75], plant der Gesetzgeber nunmehr, den Anspruch auf Ersatz des Vertrauensschadens durch einen dem Umfang nach allerdings begrenzten Anspruch auf Ersatz des Erfüllungsschadens zu ersetzen[76]:

Nach der geplanten Neufassung soll ein Arbeitnehmer, der wegen eines Verstoßes gegen das Benachteiligungsverbot nicht eingestellt worden ist, Schadensersatz in Höhe bis zu vier Monatsverdiensten verlangen können. Dabei soll sich die Ersatzverpflichtung auch auf den Nichtvermögensschaden erstrecken, so daß auch Arbeitnehmer einen Anspruch erwerben können, die alsbald eine andere gleichbezahlte Stelle gefunden haben. Nach Abs. 3 sollen auch Bewerber, die nicht nachweisen können, daß sie ohne Verstoß gegen das Benachteiligungsverbot eingestellt worden wären, wegen Verletzung ihres Persönlichkeitsrechts eine Geldentschädigung in Höhe von höchstens drei Monatsverdiensten verlangen können. In Abs. 5 soll eine Ausschlußfrist festgelegt werden: Danach müssen diese Ansprüche innerhalb von zwei Monaten nach Zugang der Ablehnung der Bewerbung schriftlich geltend gemacht werden.

Die Schadensersatzansprüche sollen nach Abs. 6 entsprechend gelten beim beruflichen Aufstieg mit der Maßgabe, daß der betroffene Arbeitnehmer eine Entschädigung in Höhe des vier- bzw. dreifachen Unterschiedsbetrages zwischen seinem tatsächlichen Monatsverdienst und dem mit dem beruflichen Aufstieg verbundenen Monatsverdienst verlangen kann.

Nach § 2 Abs. 1 BeschFördG darf der Arbeitgeber einen teilzeitbeschäftigten   149
Arbeitnehmer nicht wegen der *Teilzeitarbeit* gegenüber vollzeitbeschäftigten

---

74 EuGH vom 10. 4. 1984, BB 1984, 1231.
75 BAG vom 14. 3. 1989, DB 1989, 2187.
76 Vgl. den Regierungsentwurf eines Gesetzes zur Verbesserung der Gleichbehandlung von Männern und Frauen am Arbeitsplatz vom 23. 4. 1990 — BT-Drucks. 11/6946.

Arbeitnehmern unterschiedlich behandeln, es sei denn, daß sachliche Gründe eine unterschiedliche Behandlung rechtfertigen.

150   Das Verbot der unterschiedlichen Behandlung gilt für alle Maßnahmen des Arbeitgebers gegenüber dem Arbeitnehmer und für alle Vereinbarungen, die er mit diesem abschließt. Insbesondere erstreckt es sich auch auf das Arbeitsentgelt. Die Vorschrift will gerade auch dem Gedanken zum Durchbruch verhelfen, daß die Arbeitsleistung des Teilzeitarbeitnehmers lediglich quantitativ geringer ist als die des Vollzeitbeschäftigten und daß demzufolge billigerweise das Entgelt grundsätzlich nur entsprechend der verringerten Arbeitsleistung gekürzt werden darf[77].

§ 2 BeschFördG verbietet nicht die unterschiedliche Behandlung, die durch sachliche Gründe gerechtfertigt ist. So ist es sachlich gerechtfertigt, die Höhe von Sozialleistungen, etwa betriebliche Ruhegelder, oder von Arbeitgeberdarlehen in das Verhältnis zur Höhe des Arbeitsentgelts zu setzen. Hingegen ist ein Ausschluß der Teilzeitarbeitnehmer von betrieblichen Sozialleistungen überhaupt regelmäßig unzulässig[78].

151   Das Verbot der Ungleichbehandlung von Teilzeitbeschäftigten steht nach § 6 BeschFördG unter dem Vorbehalt tariflicher Regelungen. Eine solche tarifliche Abweichung zu ungunsten der Arbeitnehmer findet ihre Grenze allerdings an Art. 3 GG, der die Tarifvertragsparteien unmittelbar bindet[79]. Wird etwa die Teilzeitarbeit im wesentlichen nur von Frauen geleistet, und die geringere tarifliche Vergütung nur deshalb vereinbart, weil Frauen auf dem Arbeitsmarkt leichter zu finden sind, so liegt darin ein Verstoß gegen Art. 3 Abs. 2 GG.

152   Nach dem von der Rechtsprechung entwickelten allgemeinen *arbeitsrechtlichen Gleichbehandlungsgrundsatz* darf der Arbeitgeber einzelne Arbeitnehmer nicht ohne sachlichen Grund von Leistungen ausschließen, die er einer Gruppe von Arbeitnehmern generell gewährt, ohne hierzu rechtlich verpflichtet zu sein[80]. Auch die Bildung der Gruppen bei solchen Leistungen darf nicht willkürlich sein[81]. Erfaßt werden vor allem freiwillige Sozialleis-

---

77 So schon BAG vom 6. 4. 1982, AP Nr. 1 zu § 1 BetrAVG Gleichbehandlung = DB 1982, 1466 = BB 1982, 1176 = NJW 1982, 2013 = EzA § 1 BetrAVG Nr.16.
78 BAG vom 14. 3. 1989, DB 1989, 2336. Das BAG hat die Unzulässigkeit des Ausschlusses im konkreten Fall allerdings in erster Linie mit dem Gesichtspunkt einer mittelbaren gegen die §§ 611, 612 Abs. 3 BGB verstoßenden Diskriminierung von Frauen wegen ihres Geschlechts begründet.
79 Vgl. BAG vom 29. 8. 1989, AP Nr. 6 zu § 2 BeschFördG 1985.
80 Ständige Rechtsprechung des BAG, zuletzt vom 23. 8. 1988, AP Nr. 46 zu § 112 BetrVG 1972.
81 *Th. Mayer-Maly*, Arbeitsrechtsblattei: Gleichbehandlung im Arbeitsverhältnis I F II 1 c.

stungen, z. B. Gratifikationen, aber auch freiwillige Erhöhungen des eigentlichen Arbeitsentgelts, soweit sie dem Kaufkraftausgleich dienen[82]. Auch bei der Ausübung von Leistungsbestimmungsrechten, insbesondere des Direktionsrechts, muß der Arbeitgeber, wie sich allerdings schon aus der Bindung an das billige Ermessen in § 315 BGB ergibt, Gleichbehandlung walten lassen[83].

Inhaltlich stellt der arbeitsrechtliche Gleichbehandlungsgrundsatz eine Ausprägung der Benachteiligungsverbote des Art. 3 Abs. 2 und 3 GG, vor allen Dingen aber des Willkürverbotes des Art. 3 Abs. 1 GG dar. Er geht aber insofern weniger weit als die gesetzlichen Ausprägungen der §§ 611a, 612 Abs. 3 BGB und des § 2 BeschFördG als der Arbeitnehmer vertraglich auf die Einhaltung des Gleichbehandlungsgrundsatzes verzichten kann[84]. Vor allem die Überlegung, der Arbeitgeber dürfe durch den Gleichbehandlungsgrundsatz nicht in der Vertragsgestaltung mit neu eintretenden Arbeitnehmern präjudiziert werden, hat die Rechtsprechung veranlaßt, der Vertragsfreiheit den Vorrang vor dem Gleichheitssatz einzuräumen[85]. · 153

Nach § 75 Abs. 1 BetrVG haben *Arbeitgeber und Betriebsrat* darüber zu wachen, daß alle im Betrieb tätigen Personen nach den Grundsätzen von Recht und Billigkeit behandelt werden, insbesondere, daß jede unterschiedliche Behandlung von Personen wegen ihrer Abstammung, Religion, Nationalität, Herkunft, politischen oder gewerkschaftlichen Betätigung oder Einstellung oder wegen ihres Geschlechts unterbleibt. Sie haben darauf zu achten, daß Arbeitnehmer nicht wegen Überschreitung bestimmter Altersstufen benachteiligt werden. Nach § 75 Abs. 2 BetrVG haben Arbeitgeber und Betriebsrat die freie Entfaltung der Persönlichkeit der im Betrieb beschäftigten Arbeitnehmer zu schützen und zu fördern. Entsprechendes gilt nach § 27 Abs. 1 und 2 SprAuG für das Verhältnis des Arbeitgebers und des Sprecherausschusses zu den leitenden Angestellten. · 154

§ 75 BetrVG bzw. § 27 SprAuG bewirken eine umfassende Bindung der Betriebspartner bei allen Handlungen im Rahmen der Betriebsverfassung bzw. der Sprecherausschußverfassung an den Gleichheitssatz und die Grundrechte, die Ausprägung des Persönlichkeitsrechtsschutzes sind. Das ist we- · 155

---

82 BAG vom 11. 9. 1985, AP Nr. 76 zu § 242 BGB Gleichbehandlung.
83 *Gernhuber*, Das Schuldverhältnis, 1985, § 12 II 5b m.N.
84 BAG vom 28. 2. 1962 und 4. 5. 1962, AP Nr. 31 und 32 zu § 242 BGB Gleichbehandlung und vom 30. 5. 1984, AP Nr. 2 zu § 21 MTL II.
85 Anders der Entwurf eines Arbeitsgesetzbuches der Arbeitsgesetzbuchkommission (vgl. Rdnr. 81), der in Art. 2 Abs. 3 zwingend bestimmen wollte, daß in den Rechten und Pflichten aus dem Arbeitsverhältnis einzelne Arbeitnehmer nicht ohne sachlichen Grund benachteiligt werden dürften.

niger für Betriebsvereinbarungen i.S. des § 77 Abs. 2 BetrVG und Richtlinien i.S. des § 28 Abs. 2 SprAuG von Bedeutung, weil die Betriebspartner bei der Setzung dieser Rechtsnormen ohnehin unmittelbar an die Grundrechte gebunden sind; insoweit gilt dasselbe wie für die Bindung der Tarifvertragsparteien als Normgeber. Wesentlich sind für sie andere Maßnahmen, etwa Regelungsabreden und Richtlinien ohne Normcharakter, der Einsatz von Personalfragebogen, personelle Einzelmaßnahmen, insbesondere Versetzungen und die Vergabe von Werkswohnungen. Beispielsweise unzulässig sind: die Bevorzugung einheimischer Arbeitnehmer vor Aussiedlern bei Beförderungen, die vorzugsweise Vergabe von Werkswohnungen an Familien ohne Kinder, die Erfassung der Intimsphäre in Personalfragebogen und die Weitergabe sensibler Daten über den Gesundheitszustand an einen größeren Kreis von Mitarbeitern[86].

156   § 75 BetrVG bzw. § 27 SprAuG verpflichten Arbeitgeber und Betriebsrat bzw. Sprecherausschuß auch, über die Einhaltung des Gleichheitsgebots im Betrieb zu wachen und die freie Entfaltung der Persönlichkeit der Arbeitnehmer des Betriebes zu schützen und zu fördern. Gemeint ist damit, daß Arbeitgeber und Betriebsrat bzw. Sprecherausschuß die ihnen nach dem BetrVG bzw. SprAuG gegebenen Mittel, der Arbeitgeber darüber hinaus auch seine arbeitsvertraglichen Mittel, einzusetzen haben, um die Verwirklichung dieser Grundrechte im betrieblichen Geschehen sicherzustellen[87]. Etwa müssen Arbeitgeber und Betriebsrat einschreiten, wenn ein Arbeitnehmer im Betrieb Gesundheitsbeeinträchtigungen ausgesetzt ist, z.B. infolge starken Rauchens von Kollegen[88].

157   Nicht ist damit die Anordnung der allgemeinen Geltung der Grundrechte auch für den einzelnen Arbeitsvertrag gemeint, die die besonderen Regelungen der §§ 611a, 612 Abs. 3 BGB, des § 2 BeschFördG und des arbeitsrechtlichen Gleichbehandlungsgrundsatzes und darüber hinaus die mittelbare Drittwirkung der Grundrechte im Arbeitsverhältnis überflüssig machen würde.

158   § 67 Abs. 1 Nr. 1 BPersVG und die entsprechenden Vorschriften der Landespersonalvertretungsgesetze binden Dienststellenleiter und Personalvertretung ebenfalls an den Gleichheitssatz. Für die Bindung gilt entsprechendes wie für Betriebsrat und Sprecherausschuß.

---

86 BAG vom 15. 7. 1987, AP Nr.14 zu § 611 BGB Persönlichkeitsrecht = DB 1987, 2571 = BB 1987, 2300 = NZA 1988, 53 = EzA § 611 BGB Persönlichkeitsrecht Nr.5.
87 Siehe ArbG Hamburg vom 14. 4. 1989, DB 1989, 1142; im einzelnen *Löwisch*, Schutz und Förderung der freien Entfaltung der Persönlichkeit der im Betrieb beschäftigten Arbeitnehmer (§ 75 BetrVG 1972), ArbuR 1972, 359 ff.
88 *Galperin/Löwisch*, § 75 Anm. 41.

III. Notstandsverfassung

1. Koalitionsfreiheit und Notstandsverfassung

Art. 9 Abs. 3 Satz 3 GG bestimmt, daß staatliche Maßnahmen, die sich auf 159
die Notstandsrechte des Grundgesetzes (Art. 12a, 35 Abs. 2 und 3, 87
Abs. 4, 91 GG) stützen, *nicht gegen Arbeitskämpfe* gerichtet sein dürfen, die
von Koalitionen zur Wahrung und Förderung der Arbeits- und Wirtschaftsbedingungen geführt werden. Arbeitskämpfen darf damit weder durch
Dienstverpflichtungen der beteiligten Arbeitnehmer noch durch den Einsatz
von Streitkräften, Bundesgrenzschutz und Polizeikräften anderer Länder als
derjenigen, in denen der Arbeitskampf stattfindet, entgegengetreten werden[89].

Die Vorschrift schützt nur Arbeitskämpfe, die im Rahmen der Lösung von 160
Tarifkonflikten eingesetzt werden. Arbeitskämpfen, die andere Ziele verfolgen, namentlich den politischen Streik, kann auch unter Einsatz jener staatlichen Sondermittel entgegengetreten werden[90].

Nach Art. 20 Abs. 4 GG haben alle Deutschen das *Recht zum Widerstand* ge- 161
gen jeden, der es unternimmt, die verfassungsmäßige Ordnung zu beseitigen, sofern andere Abhilfe nicht möglich ist. Das schließt für diesen äußersten Fall auch die kollektive Arbeitsniederlegung mit ein.

Dementsprechend sehen auch eine Reihe von Gewerkschaftssatzungen vor,
daß zu einem Streik „bei Angriffen auf die demokratische Grundordnung
oder auf die demokratischen Grundrechte und bei Angriffen auf die Existenz oder die Rechte der Gewerkschaften" aufgerufen werden kann[91].

2. Individualgrundrechte

Art. 12a Abs. 3 bis 6 und Art. 80a GG sehen für den Verteidigungs- und für 162
den Spannungsfall die Verpflichtung Wehrpflichtiger und von Frauen zu
zivilen Dienstleistungen vor.

---

89 Vgl. im einzelnen *Glückert*, Die Arbeitskampfschutzklauseln des Art. 9 Abs. 3 Satz 3 GG,
   S. 10 ff.
90 *Glückert*, a.a.O. S. 150 ff.
91 § 23 der Satzung der IG Chemie − Papier − Keramik; § 4 Nr. 4 der Satzung der IG Bau −
   Steine − Erden.

163   Diese Heranziehung ist im Arbeitssicherstellungsgesetz vom 9. 7. 1966[92] nä-
        her geregelt. Nach diesem Gesetz kann dann, wenn die Dienstleistungen
        nicht auf der Grundlage der Freiwilligkeit sichergestellt werden können, das
        Recht zur Beendigung des Arbeitsverhältnisses beschränkt werden. Ebenso
        können Dienstpflichtige in ein Arbeitsverhältnis verpflichtet werden. Die
        Grundrechte der Freizügigkeit (Art. 11 GG) und der freien Wahl des Arbeits-
        platzes (Art. 12 GG) werden dadurch eingeschränkt.

IV. Rechtslage in der DDR

164   Nach Art. 2 des Staatsvertrags über die Währungs-, Wirtschafts- und Sozial-
        union hat sich auch die frühere DDR zu den für das Arbeitsrecht relevanten
        Freiheitsrechten, insbesondere auch für Koalitionsfreiheit bekannt und sich
        verpflichtet, entgegenstehende Vorschriften der Verfassung der DDR nicht
        mehr anzuwenden. Seit dem Beitritt zur Bundesrepublik gilt das Grundge-
        setz auch in der DDR.

V. Kontrollfragen

Frage 9: Welche Grenzen setzt das Grundgesetz der Einschränkung der Vertragsautonomie durch staatliche Gesetze und Tarifverträge?

Frage 10: Inwiefern verstoßen closed-shop-Vereinbarungen gegen das
Grundgesetz?

Frage 11: Inwiefern garantiert Art. 9 Abs.3 GG (Tarifautonomie) in gewisser
Weise ein Stück Marktwirtschaft?

Frage 12: Inwiefern ist der arbeitsrechtliche Gleichbehandlungsgrundsatz in
seiner Wirkung schwächer als die Gleichheitsgebote des Art. 3 GG, des § 2
BeschFördG und der § 75 Abs.1 BetrVG und § 27 Abs.1 SprAuG?

---

92 Abgedruckt bei *Nipperdey*, a.a.O. Nr. 101.

2. KAPITEL

Kollektives Arbeitsrecht

A. Koalitionsrecht

§ 6 Koalitionsverbandsrecht

Literaturangaben: *Baier*, Gewerkschaften I: Geschichte, Handbuch der Wirtschaftswissenschaft Band III, S. 641 ff., 1988; *Erdmann*, Die Deutschen Arbeitgeberverbände im sozialgeschichtlichen Wandel der Zeit, Neuwied/Berlin 1966; *Esser*, Das Selbstverständnis der Arbeitgeberverbände von ihrer Stellung und Rolle in der Arbeitsverfassung, ZfA 1980, 301 ff.; *Kleinhenz*, Gewerkschaften II: Aufgaben und Organisation, Handbuch der Wirtschaftswissenschaft Band III, S. 659 ff., 1988; *Löwisch*, Der Einfluß der Gewerkschaften auf Wirtschaft, Gesellschaft, Staat, RdA 1975, 53 ff.; *Mielke*, (Hrsg.) Internationales Gewerkschaftshandbuch, 1983; *Mintzel/von Nell-Breuning*, Gewerkschaften, Staatslexikon, 2. Band, 7. Aufl. 1986, S. 1035 ff.; *Möhring*, Christliche Gewerkschaften, Staatslexikon, 1. Band, 7. Aufl. 1985, S. 1123 ff.; *Niedenhoff/Pege*, Gewerkschaftshandbuch, 2. Aufl. 1989; *Bernd Otto*, Gewerkschaftsbewegung in Deutschland − Entwicklung, geistige Grundlagen, aktuelle Politik, 1975; *Spiegelhalter*, Stichwort: Arbeitgeberverbände, Staatslexikon, 1. Band, 7. Aufl. 1985, S. 235 f.; *Vorderwülbecke*, Rechtsform der Gewerkschaften und Kontrollbefugnisse des Gewerkschaftsmitglieds (1988).

I. Gewerkschaften

1. *Geschichtliche Entwicklung*

a) Von den Anfängen bis 1933

Die ersten Gewerkschaften entstanden in Deutschland nach der Aufhebung der Koalitionsverbote[1] Mitte des neunzehnten Jahrhunderts. Beginnend mit dem Zentralverband für Tabakarbeiter 1865, dem Zentralverband für Buchdrucker 1866 und dem Zentralverband für Schneider 1867 waren sie im wesentlichen in Berufsverbänden organisiert mit der Folge, daß Arbeiter und Angestellte − und ab 1918 auch Beamte − verschiedenen Gewerkschaften angehörten. Nach ihrer ideologischen Ausrichtung ließen sich drei Zweige von Gewerkschaften unterscheiden: die sogenannten freien, den sozialdemokratischen Parteien nahestehenden Gewerkschaften, die christlichen Gewerkschaften sowie die liberalen Hirsch-Dunckerschen Gewerkvereine.

165

---

1 Vgl. Rdnr. 63.

166   Unter den freien Gewerkschaften standen dem Allgemeinen Deutschen Arbeiterverein (ADAV) *Lassalles*, der vor allem politische Ziele wie das allgemeine und gleiche Wahlrecht verfolgte, die unter Einfluß *Bebels* gegründeten Gewerkschaften gegenüber, für die die konkrete gewerkschaftliche Arbeit im Vordergrund stand. 1892 wurde die Generalkommission der Gewerkschaften Deutschlands als zentrales Koordinationsorgan der freien Gewerkschaften gebildet. Um eine festere Struktur zu schaffen, schlossen sich die freien Arbeitergewerkschaften 1919 zum Allgemeinen Deutschen Gewerkschaftsbund (ADGB) zusammen. 1921 vereinbarte der Allgemeine freie Angestelltenbund (AfA-Bund) einen Organisationsvertrag mit dem ADGB, 1923 trat auch der Allgemeine Deutsche Beamtenbund (ADB) hinzu. Die Verbände blieben selbständig, vertraten jedoch ihre wirtschaftlichen und sozialen Interessen gemeinsam. Bestrebungen, vom Berufs- zum Industrieverbandsprinzip überzugehen, führten bis 1933 zu keinem Ergebnis[2].

Gegen die sozialdemokratisch beeinflußten freien Gewerkschaften wurden 1868 von *Hirsch* und *Duncker* die Hirsch-Dunckerschen-Gewerkvereine gegründet, die der liberalen Fortschrittspartei nahestanden. Sie schlossen sich 1869 als Verband zusammen. Nach der Einbeziehung des Gewerkschaftsbundes der Angestellten (GdA) und verschiedener Beamtenverbände setzten sie ihre Tätigkeit als Gewerkschaftsring Deutscher Arbeiter-, Angestellten- und Beamten-Verbände fort, gelangten wegen ihrer gemäßigten sozialpolitischen und arbeitsrechtlichen Forderung aber nie zu großer Bedeutung[3].

Christlich-nationale, interkonfessionelle Gewerkschaften entstanden ab 1894 als ideologisches Gegengewicht zu den freien Gewerkschaften. Sie vertraten jedoch ähnliche sozialpolitische Forderungen wie diese und schlossen den Arbeitskampf als – wenn auch letztes – Mittel zur Durchsetzung ihrer Forderungen nicht aus. Zur Vereinheitlichung und gegenseitigen Unterstützung schlossen sie sich 1899 zum Gesamtverband der christlichen Gewerkschaften zusammen. Nach der Bildung des Gesamtverbandes deutscher Angestelltengewerkschaften (GdAG) 1919 und der Gründung des Gesamtverbandes Deutscher Beamtengewerkschaften erfolgte die Vereinigung zum Deutschen Gewerkschaftsbund (DGB)[4].

167   Insgesamt erreichten die Gewerkschaften bis 1932 einen Organisationsgrad von etwa 40%. Die Mehrheit der gewerkschaftlich gebundenen Arbeitnehmer waren in freien Gewerkschaften organisiert. Diese konnten ihre Mitgliederzahl von etwa 300 000 Arbeitnehmern bei Aufhebung der Sozialistengesetze zunächst stetig steigern und kamen – nach einem vorübergehenden Zuwachs – nach dem Ersten Weltkrieg auf etwa 7,9 Millionen Mitglieder, bis 1932 auf etwa 4,7 Millionen Mitglieder. Die Hirsch-Dunckerschen-Gewerkvereine zählten 1913 gerade 100 000 und erreichten auch bis 1932 kaum

---

2 Vgl. zu allem *Otto*, S. 51 ff., 58 ff.; *Hueck/Nipperdey*, Band II/1, S. 173.
3 *Otto*, S. 53 ff.; *Hueck/Nipperdey*, Band II/1, S. 172 f.
4 *Hueck/Nipperdey*, Band II/1, S. 173 f.

mehr als eine halbe Million Mitglieder. Die christlichen Gewerkschaften hatten 1913 bereits 340 000 Mitglieder und kamen bis 1933 auf etwa 1,3 Millionen[5].

b) Entwicklung nach 1945

Im Mai 1933 wurden alle Gewerkschaften durch das nationalsozialistische Regime aufgelöst und durch die aus Arbeitnehmern und Arbeitgebern bestehende Deutsche Arbeitsfront ersetzt. Erst 1945 konnte wieder mit der Gründung von Gewerkschaften begonnen werden. Ziel war dabei die Bildung von Einheitsgewerkschaften. Anders als in ihrer bisherigen Geschichte sollten die Gewerkschaften politisch und weltanschaulich neutral sein. Außerdem sollten Industriegewerkschaften an die Stelle von Berufsverbänden treten, um Zersplitterungen zu vermeiden und eine möglichst große Durchschlagskraft zu erzielen. Nach der Gründung des Deutschen Gewerkschaftsbundes (DGB) in der britischen Zone 1947 und Gewerkschaftszusammenschlüssen auf Landesebene in der amerikanischen und der französichen Zone wurde im Oktober 1949 auf Bundesebene der Deutsche Gewerkschaftsbund (DGB) als Spitzenorganisation von 16 Einzelgewerkschaften gegründet[6]. Die meisten dieser Gewerkschaften sind Industriegewerkschaften. Jedoch ist das Industrieverbandsprinzip nicht vollständig verwirklicht. Einzelne Gewerkschaften innerhalb des DGB grenzen sich nach bestimmten Berufen (GEW) oder dem Arbeitgeber (ÖTV) ab.

168

Bereits 1945 wurde als Nachfolgerin früherer Angestelltenverbände die *Deutsche Angestelltengewerkschaft* (DAG) in Hamburg gegründet. Ihre Mitglieder hielten eine Interessenvertretung der Angestellten durch reine Industriegewerkschaften für nicht ausreichend, strebten allerdings eine Aufnahme als Angestelltengewerkschaft in den DGB an. Dies wurde jedoch durch einen Beschluß des DGB-Gründungskongresses unmöglich gemacht, wonach in der Satzung verankert wurde, daß dem DGB keine zwei um die gleichen Arbeitnehmergruppen konkurrierenden Gewerkschaften angehören sollten[7]. Die DAG stellt heute die bedeutendste Gewerkschaft außerhalb des DGB dar.

Anlaß der Gründung *christlicher Gewerkschaften* waren Auseinandersetzungen um die parteipolitische Neutralität des DGB. 1955 wurde die Christliche Gewerkschaftsbewegung Deutschlands (CGD) gegründet und 1959 in den Christlichen Gewerkschaftsbund Deutschland (CGB) umbenannt. Der CGB folgt dem Berufsverbandsprinzip. Verbände von Arbeitern, Angestellten und Beamten sind ihrerseits zu Gesamtverbänden zusammengeschlossen, deren Spitzenverband der CGB ist. Im Unterschied zu den Jahren zwischen 1894 und 1932 hat der CGB keine große Bedeutung erreichen können.

---

5 Vgl. im einzelnen *Hueck/Nipperdey*, Band II/1, S. 142 f.; *Löwisch* in MünchArbR § 241 Rdnr. 1 ff.
6 Siehe im einzelnen *Löwisch*, MünchArbR § 241 Rdnr. 8 f.
7 § 3 Nr. 2a der DGB-Satzung vom 13.10.1949.

Als bedeutendster Zusammenschluß der Beamten außerhalb des DGB wurde 1950 der Deutsche Beamtenbund (DBB) gegründet.

Verschiedene Verbände der leitenden Angestellten haben sich in der Union der leitenden Angestellten (ULA) zusammengeschlossen[8].

Die genannten Gewerkschaften einschließlich des Deutschen Beamtenbundes erreichen einen Organisationsgrad von etwa 41% aller beschäftigten Arbeitnehmer und Beamten. Mit 7 797 000 Mitgliedern und 83% aller Organisierten nimmt der DGB dabei die Spitzenstellung ein. In der DAG mit 497 000 Mitgliedern sind 5,3% der Gewerkschaftsmitglieder organisiert; mit 307 000 Mitgliedern kann der CGB 3,3% der Organisierten auf sich vereinen. 700 000 Beamte und 87 000 Arbeiter und Angestellte sind im Deutschen Beamtenbund organisiert, der damit 8,4% der Organisierten erfaßt[9].

169   Auch in der DDR entstanden unter der zentralistischen Lenkung des Freien Deutschen Gewerkschaftsbundes (FDGB) Einheitsgewerkschaften, die mehr und mehr mit Partei und Staat verwoben waren. Nach Schaffung der Währungs-, Wirtschafts- und Sozialunion haben sich die Gewerkschaften der Bundesrepublik Deutschland auf die DDR ausgedehnt und organisieren dort inzwischen die meisten Arbeitnehmer.

2. Aufbau

a) Industrieverbands- und Berufsverbandsprinzip

170   Das von den Gewerkschaften des DGB befolgte Industrieverbandsprinzip bedeutet, daß sich die Zuständigkeit einer Gewerkschaft für einen bestimmten Arbeitnehmer nicht nach dem von diesem ausgeübten Beruf richtet, sondern danach, in welchem Wirtschaftszweig er beschäftigt ist. So sind in der IG Metall nicht nur die in Metallberufen tätigen Arbeitnehmer organisiert, sondern alle in der Metallbranche Tätigen, selbst wenn sie dort etwa in der Energieversorgung, als Maurer oder als Schreibkraft beschäftigt sind. Diesen Arbeitnehmern ist es umgekehrt auch nicht möglich, der IG Bergbau und Energie, der IG Bau-Steine-Erden oder IG-Medien beizutreten. Ist die Tätigkeit eines Unternehmers nicht auf eine Branche beschränkt, so ist diejenige Gewerkschaft für die Arbeitnehmer zuständig, deren satzungsmäßiger Organisationsbereich der Tätigkeit entspricht, die dem Unternehmen das Gepräge gibt[10].

---

8 Zu den Verbänden im einzelnen siehe *Hromadka*, Das Recht der leitenden Angestellten, 1979, S. 194 f.; *Niedenhoff/Pege*, Gewerkschaftshandbuch S. 120 f.
9 Statistisches Jahrbuch für die Bundesrepublik Deutschland 1989, S. 603; vgl. auch Rdnr. 228.
10 Ständige Rechtsprechung des BAG, zuletzt vom 22 .11. 1988, AP Nr. 5 zu § 2 TVG Tarifzuständigkeit.

Die nicht im DGB zusammengeschlossenen Gewerkschaften haben demgegenüber das Berufsverbandsprinzip weitgehend beibehalten. Mitglieder der DAG etwa können Angestellte aller Wirtschaftszweige sowie Beamte werden, gewerbliche Arbeitnehmer dagegen nur in Bereichen, in denen überwiegend Angestellte beschäftigt sind[11].

b) Neutralität

Die im DGB zusammengeschlossenen Gewerkschaften wie auch die DAG nehmen für sich in Anspruch, als Einheitsgewerkschaften Arbeitnehmer aller weltanschaulichen Richtungen und ohne Rücksicht auf Konfession, Alter oder Geschlecht zu vertreten. In ihren Satzungen haben sie parteipolitische Neutralität verankert[12].   171

c) Gliederung und Zuständigkeitsverteilung

Die im DGB zusammengeschlossenen Einzelgewerkschaften sind in der Regel drei- oder vierstufig aufgebaut. Die Mitgliedschaft besteht im jeweiligen Bundesverband. Unterhalb der Bundesebene sind sie in verschiedene (Landes-)Bezirke aufgeteilt, die ihrerseits wiederum − abhängig von der Größe der Gewerkschaft und den Standorten des Wirtschaftszweiges − in regionale und/oder lokale Stellen untergliedert sind[13].   172

Der DGB ist vierstufig aufgebaut. Organe auf Bundesebene sind der aus Delegierten der Gewerkschaften bestehende Bundeskongreß − der damit zugleich das gemeinsame höchste Organ von DGB und Einzelgewerkschaften ist −, der Bundesausschuß, der Bundesvorstand, der geschäftsführende Bundesvorstand und die Revisionskommission. Unterhalb der Bundesebene sind Landesbezirke, Kreise und Ortskartelle mit jeweils eigenen Organen gebildet.

Die DAG ist ähnlich gegliedert wie die Gewerkschaften des DGB. Sie hat durch die Bildung von Betriebsgruppen in den Betrieben und Dienststellen eines jeden Ortes eine fünfte Gliederungsebene geschaffen.

Der DGB und seine Einzelgewerkschaften sind *streng hierarchisch* verfaßt. Die Organe der unteren Ebenen haben spezifisch regionale oder landespolitische Aufgaben zu erfüllen. Im übrigen sind sie Beauftragte der übergeordneten Stellen und führen deren Weisungen aus. In diesem Rahmen sind die ordentlichen und regionalen Stellen vor allem für allgemeine Verwaltungsaufgaben, Werbekampagnen, die Durchführung überregional beschlossener Maßnahmen sowie die Mitgliederbetreuung, etwa die Unterstützung bei   173

---

11 § 7 Abs. 1, 2 der Satzung (1987).
12 § 2 der Satzung der IGM vom 1. 1. 1987; § 5 der Satzung der HBV; § 3 der Satzung der ÖTV vom 17. 6. 1976 i.d.F. vom 1. 2. 1979.
13 Zu den Einzelheiten siehe *Löwisch* in MünchArbR § 241 Rdnr. 22 f.

der Durchführung von Betriebs- und Jugendvertreterwahlen und die Schulung der Mitglieder der Interessenvertretungen verantwortlich.

174   Die Organe auf Landes- oder Bundesebene führen Tarifverhandlungen und schließen Tarifverträge ab. Tarifvertragsabschlüsse setzen dabei die Zustimmung, jedenfalls aber die Anhörung eigens gebildeter Tarifkommissionen voraus. Die Einleitung von Arbeitskampfmaßnahmen ist grundsätzlich von der Zustimmung des jeweiligen Hauptvorstands auf Bundesebene abhängig.

175   Der Deutsche Gewerkschaftsbund (DGB) vertritt als Spitzenorganisation die gemeinsamen Interessen der in ihm vereinigten 16 Gewerkschaften. Im Gegensatz zu den Einzelgewerkschaften steht für ihn die Wahrnehmung von branchenübergreifenden Aufgaben im Vordergrund.

3. Aufgaben der Gewerkschaften

176   Aus dem politischen, wirtschaftlichen, sozialen und kulturellen Leben der Bundesrepublik sind die Gewerkschaften nicht wegzudenken. Durch die Mitwirkung ihrer Vertreter in Organen und Gremien, durch Stellungnahmen zu den unterschiedlichsten Fragen von öffentlichem Interesse in eigenen Publikationen und anderen Medien, durch das Betreiben eigener Wirtschaftsunternehmen und eigener Bildungseinrichtungen wirken sie bei der Gestaltung von Politik und Gesellschaft mit.

177   Von diesen allgemeinen Funktionen der Gewerkschaften ist ein engerer Aufgabenkreis zu unterscheiden, der ihnen rechtlich, teils von der Verfassung, teils durch einfaches Recht zugeschrieben ist. Er läßt sich in drei Bereiche aufgliedern, die sich nach der Art der Mitwirkung unterscheiden: Die Gewerkschaften nehmen selbständig nichtstaatliche Aufgaben wahr. Ihnen stehen Anhörungs- und Antragsrechte gegenüber Gesetzgebung und Verwaltung zu. Sie benennen und entsenden Vertreter in Gerichte und (Selbst-) Verwaltungsgremien.

178   Die Gewerkschaften und ihre Spitzenorganisationen schließen *Tarifverträge* ab, deren Normen die Arbeitsverhältnisse mit unmittelbarer und grundsätzlich zwingender Wirkung gestalten (§ 1 ff. TVG)[14].

---

14 Vgl. *Löwisch* in MünchArbR § 239 Rdnr. 32 ff.; siehe auch Rdnr. 283.

In den *Betrieben* steht den Gewerkschaften ein originäres Recht auf Koali-   179
tionsbetätigung zu[15]. Daneben sind ihnen durch das Betriebsverfassungsgesetz[16] und die Personalvertretungsgesetze eine Reihe von Befugnissen zugewiesen. Gleiches gilt für die Unternehmensmitbestimmung[17].

Die Gewerkschaften werden bei Erlaß sozialpolitischer Gesetze gehört. Eine   180
Anhörungs- und Beratungspflicht besteht für die Festsetzung von Mindestarbeitsbedingungen. Weiter haben sie Benennungs- und Entsendungsrech-
te zu einer Vielzahl *staatlicher und staatlich geregelter Institutionen* auf dem Gebiet des Arbeitsrechts, der Sozialversicherung, der Wirtschaft und der Gesellschaft. In internationalen Organisationen, insbesondere in der ILO[18] und
der EG[19] sind sie ebenfalls vertreten.

Für die *Arbeitsgerichtsbarkeit* stellen die Arbeitnehmerkoalitionen Vor-   181
schlagslisten auf, aus denen die ehrenamtlichen Richter der Arbeitnehmerseite berufen werden. In der Sozialgerichtsbarkeit gilt entsprechendes für
die ehrenamtlichen Richter der Versicherten.

4. Internationale Zusammenschlüsse

Der DGB ist Mitglied des 1949 gegründeten Internationalen Bundes Freier   182
Gewerkschaften (IBFG), der 141 gewerkschaftliche Organisationen als Vertreter von ca. 87 Millionen Arbeitnehmern aus 97 Ländern umfaßt[20]. Der
IBFG dient dem Informations- und Erfahrungsaustausch zwischen seinen
Mitgliedern. Er hat sich zum Ziel gesetzt, weltweit, insbesondere auch in
den wirtschaftlich weniger entwickelten Gebieten, die freien Gewerkschaften und ihre Arbeit zu unterstützen und zu fördern. Der IBFG unterhält
Kontakt zu einer Vielzahl internationaler Organisationen. Innerhalb der ILO
entsendet er Delegierte zur internationalen Arbeitskonferenz und in den
Verwaltungsrat. Gegenüber anderen UN-Organisationen wie etwa der FAO
und UNESCO hat er einen anerkannten Konsultationsstatus. Auch im Ge-
werkschaftsausschuß der OECD, TUAC (Trade Union Advisory Committee
to OECD) ist er vertreten[21].

---

15 Vgl. Rdnr. 525.
16 Siehe dazu Rdnr. 522.
17 Siehe dazu Rdnr. 843.
18 Art. 3 und 7 der Verfassung der ILO, abgedruckt bei *Nipperdey* I Nr. 1081.
19 Etwa im beratenden Ausschuß nach Art. 24 der Freizügigkeitsverordnung (*Nipperdey* I
   Nr. 1098) und dem Ausschuß für den Europäischen Sozialfonds nach Art. 124 EWGV.
20 Nach *Niedenhoff/Pege*, S. 146, Stand 1. 1. 1988.
21 Zum IBFG im einzelnen siehe *Tudyka*, Internationaler Bund Freier Gewerkschaften
   (IBFG), in *Mielke*, Internationales Gewerkschaftshandbuch, S. 3 ff.

183   Auf *europäischer Ebene* ist der DGB mit 35 anderen nationalen gewerkschaftlichen Spitzenorganisationen und 13 europäischen Fachspitzenverbänden im 1973 gegründeten Europäischen Gewerkschaftsbund (EGB) zusammengeschlossen[22]. Der EGB vertritt die Belange seiner Mitglieder gegenüber den Organen der EG[23]. Die einzelnen Fachgewerkschaften sind weltweit in 16 internationalen Berufssekretariaten zusammengeschlossen, von denen das größte, der Internationale Metallarbeiterbund, über seine Mitgliedsverbände etwa 13 Millionen Arbeitnehmer umfaßt[24]. Neben dem gegenseitigen Informations- und Erfahrungsaustausch gewinnt in neuerer Zeit die Vertretung gemeinsamer Interessen gegenüber multinationalen Konzernen an Bedeutung.

II. Arbeitgeberverbände

1. Geschichtliche Entwicklung

a) Entstehung und Entwicklung bis 1933

184   Die Gründung von Arbeitgeberverbänden blieb zunächst hinter der der Gewerkschaften zurück[25]. Erst ab 1890 schlossen sich die Arbeitgeber zunehmend zu eigenen Verbänden innerhalb der jeweiligen Branchen zusammen, um sich effektiver gegen die Forderungen der Gewerkschaften, die sie als Vertreter der Arbeitnehmer nicht anerkannten, zur Wehr setzen zu können. 1904 entstanden die ersten Spitzenorganisationen der Arbeitgeberverbände, und zwar die Hauptstelle Deutscher Arbeitgeberverbände, die der Wirtschaftsvereinigung Zentralverband Deutscher Industrieller nahestand, und der Verein deutscher Arbeitgeberverbände, der sich an den Bund der Industriellen anlehnte. Beide Organisation waren sich in ihren wesentlichen Zielen, den sozialen Frieden zu bewahren und unberechtigten Ansprüchen der Gewerkschaften entgegenzutreten, einig. Sie schlossen sich 1913 zur Vereinigung der Deutschen Arbeitgeberverbände zusammen, die bis 1933 bestand.

185   Diese Spitzenorganisationen umfaßten bereits 1905/1906 kurz nach ihrer Gründung 211 Arbeitgeberverbände, denen Arbeitgeber mit insgesamt mehr als 1,6 Millionen Beschäftigten angehörten. Bei Kriegsende waren be-

---

22   *Niedenhoff/Pege*, S. 148.
23   Ausführlich *Tudyka*, Europäischer Gewerkschaftsbund, in *Mielke*, a.a.O., S. 50 ff.
24   *Tudyka*, Internationale Berufssekretariate, in *Mielke*, a.a.O., Buch, S. 31, 33.
25   Vgl. dazu und zum folgenden ausführlich *Erdmann*, a.a.O. S. 53 ff., 67 ff.

reits Betriebe mit insgesamt etwa 2,4 Millionen Beschäftigten in Arbeitgebervereinigungen organisiert; diese Zahl stieg bis 1920 auf 8 Millionen an und betrug im Jahre 1929 noch etwa 6,4 Millionen Arbeitnehmer.

b) Entwicklung nach 1945

Die Machtergreifung der Nationalsozialisten im Jahre 1933 führte zur Auflö-   186
sung der Arbeitgeberverbände und ihres Dachverbands. Unternehmenszusammenschlüsse bestanden nur noch in Form von Wirtschaftsverbänden mit Zwangsmitgliedschaft, die wiederum in der Reichswirtschaftskammer zusammengeschlossen waren und nur wirtschaftspolitische Funktionen hatten.

Die Neugründung von Arbeitgeberverbänden stieß bei den Besatzungs-   187
mächten nach 1945 zunächst auf Widerstand. Einzelanordnungen der Militärregierung ließen nur wirtschaftliche Vereinigungen von Unternehmen derselben Branche zu, die neben der Verfolgung ihrer wirtschaftlichen Ziele auch zu Verhandlungen mit den Gewerkschaften befugt waren. Nach der Bildung einer losen „Arbeitsgemeinschaft der Arbeitgeber der Westzone" durch Arbeitgeberverbände aus den Ländern der Bizone im Jahre 1947 und der Bildung eines „Zentralsekretariats der Arbeitgeber des Vereinigten Wirtschaftsgebietes" 1948 konnte erst am 28. 1. 1949 die „Sozialpolitische Arbeitsgemeinschaft der Arbeitgeber des Vereinigten Wirtschaftsgebietes" mit Billigung der Besatzungsmächte gegründet werden, der sich schließlich auch die Arbeitgeberverbände der französischen Zone anschlossen. Im November 1950 ging aus dieser die Bundesvereinigung der Deutschen Arbeitgeberverbände (BDA) hervor[26].

Die BDA ist heute die Spitzenorganisation von 46 Fachspitzenverbänden und 11 überfachlichen Landesverbänden mit Mitgliedsverbänden aus Industrie (einschließlich Bergbau), Handwerk, Landwirtschaft, Handel, Banken, Versicherungen, Verkehr und sonstigem Gewerbe[27]. Nach Schätzungen sind 80 bis 90 Prozent aller Arbeitnehmer dieser Wirtschaftsbereiche bei Arbeitgebern beschäftigt, die in den in der BDA zusammengeschlossenen Verbänden organisiert sind[28]. Der BDA nicht angeschlossen sind der Bund, die Tarifgemeinschaft Deutscher Länder, die Vereinigung der kommunalen Arbeitgeberverbände sowie der Arbeitgeberverband der Eisen- und Stahlindustrie. Letzterem wurde die Aufnahme verweigert, weil in seinem Vorstand Arbeitsdirektoren[29] vertreten sind; gemäß § 10 Abs. 2 der Satzung der BDA in deren Organe aber nur

---

26 Zur Entstehung siehe ausführlich *Erdmann*, a.a.O. S. 227 ff.
27 Quelle: Arbeitgeber − Bundesvereinigung der Deutschen Arbeitgeberverbände, Organisationsplan, Stand: April 1989, S. 8 ff.
28 *Knapp*, Symposium zum zehnjährigen Bestehen der Zeitschrift für Arbeitsrecht, Diskussion, ZfA 1980, S. 408 f.
29 Siehe dazu Rdnr. 851.

Personen entsandt oder berufen werden dürfen, die von Arbeitnehmerorganisationen unabhängig sind.

2. Aufbau

188 Die Arbeitgeberverbände weisen eine Vielzahl von Organisationsformen auf. Grundsätzlich stehen Fachverbänden, die nach der Zugehörigkeit zu bestimmten Industriezweigen abgegrenzt sind, überfachlich zusammengesetzte Arbeitgebervereinigungen gegenüber, deren Mitgliedschaft alle Arbeitgeber einer bestimmten Region erwerben können. Eine weitere Unterscheidung ist hinsichtlich der Aufgaben der einzelnen Vereinigungen zu treffen: Während diese sich zum Teil auf die Vertretung der sozialpolitischen, mithin auf die Arbeitgeberposition bezogenen Interessen ihrer Mitglieder beschränken, zählen andere auch die Verfolgung wirtschaftlicher Ziele zu ihren Aufgaben.

189 Die parteipolitische Ausrichtung spielt bei den Arbeitgeberverbänden eine geringe Rolle. Vielfach ist in den Verbandssatzungen die parteipolitische Neutralität festgelegt oder jedes entsprechende Tätigwerden verboten[30].

190 Die Arbeitgeberverbände sind im Gegensatz zu den Gewerkschaften durch einen Aufbau von unten nach oben charakterisiert. Die regionalen Fachverbände schließen sich vielfach zu Landesverbänden zusammen, die wiederum — gemeinsam mit den nicht auf Landesebene verbundenen regionalen Fachverbänden — dem Fachspitzenverband auf Bundesebene angehören. Daneben bilden die Landesfachverbände gemeinsam mit den fachübergreifenden Regionalverbänden die Landesvereinigungen der Arbeitgeberverbände. Fachspitzenverbände und Landesvereinigungen der Arbeitgeber sind unmittelbare Mitglieder der BDA.

Die Verteilung der Aufgaben zwischen den Arbeitgebervereinigungen auf den verschiedenen Ebenen richtet sich nach ihrer Bedeutung in fachlicher und örtlicher Hinsicht. Die Zuständigkeit für die Tarifpolitik liegt regelmäßig bei den Fachverbänden auf Regional- und Landesebene. Überfachliche Zusammenschlüsse nehmen oft Aufgaben der Aus- und Weiterbildung sowie der Rechtspolitik wahr. Die Arbeitgeberverbände auf Bundesebene werden dann tätig, wenn es um Fragen grundsätzlicher oder übergeordneter Bedeutung geht, ein einheitliches Vorgehen zu sichern oder ein gemeinsames Interesse zu vertreten ist. Zum Abschluß von Tarifverträgen sind sie zumeist nur bei entsprechenden Vollmachten der ihnen angeschlossenen Verbände gemäß § 2 Abs. 2 TVG befugt. Nur in Ausnahmefällen ist in den Satzungen der Spitzenorganisationen

---

30 Vgl. etwa § 1 Abs. 2 Satz 2 der Satzung des Bundesverbandes Druck e.V.; § 3 Nr. 3 der Satzung des Arbeitgeberverbandes des Privaten Bankgewerbes e.V.

vorgesehen, daß sie gemäß § 2 Abs. 3 selbst Partei eines Tarifvertrags sein können[31].

Die Arbeitgeberverbände haben neben Vorstand und Mitgliederversammlung regelmäßig weitere Gremien, denen besondere Aufgaben in der Tarifpolitik und für den Arbeitskampf zugewiesen sind. Organe der Bundesvereinigung sind die Mitgliederversammlung, der Vorstand, das Präsidium und die Geschäftsführung. 191

3. Aufgaben

Den Arbeitgeberverbänden kommen im wesentlichen dieselben Aufgaben zu wie den Gewerkschaften[32]. Ihre Befugnisse bleiben hinter denen der Arbeitnehmerkoalitionen aber dort zurück, wo es um spezifische Arbeitnehmerinteressen geht, etwa in weiten Teilen der Betriebs- und Unternehmensverfassung. 192

4. Internationale Zusammenschlüsse

Die BDA ist Mitglied der 1919 gegründeten Internationalen Arbeitgeberorganisation (IOE), in der sich etwa 100 nationale Arbeitgeber- und Unternehmerverbände aus westlichen Ländern zusammengeschlossen haben. Aufgabe der IOE ist es, die Interessen der Arbeitgeber gegenüber internationalen Organisationen, insbesondere der ILO, zu vertreten. Sie fördert den Informations- und Erfahrungsaustausch der Mitgliedsverbände und strebt die Stärkung von Arbeitgeberorganisationen in den wirtschaftlich weniger entwickelten Ländern an. 193

Die BDA sowie die einzelnen wirtschafts- und sozialpolitischen Spitzenorganisationen sind Mitglieder der UNICE (Union des Confederations de l'Industrie et des Employeurs d'Europe), die die unternehmerischen Belange ihrer Mitglieder koordiniert und gegenüber den Organen der EG vertritt. 194

Die Interessenvertretung der Wirtschafts- und Arbeitgeberverbände gegenüber der OECD wird vom BIAC (Business and Industry Advisory Commit- 195

---

31 Diese Befugnis steht etwa dem Hauptverband der Deutschen Bauindustrie e.V. gem. § 2.2 Satz 4 seiner Satzung für überregionale Rahmenregelungen, für Lohntarifverhandlungen dagegen nur bei entsprechender Vollmacht zu; eine entsprechende Vollmacht in jedem Einzelfall fordert beispielsweise auch § 2.2 der Satzung des Bundesarbeitgeberverbandes Chemie e.V.
32 Siehe dazu Rdnr. 176 ff.

tee to OECD) wahrgenommen. Diesen gehören aus der Bundesrepublik der
BDA sowie der Bundesverband der Deutschen Industrie (BDI) an.

III. Rechtsstellung der Koalitionen

1. Voraussetzungen der Koalitionseigenschaft nach Art. 9 Abs. 3 GG

Fall 8: *Der bei der technischen Universität Berlin beschäftigte wissenschaftliche Angestellte A
ist Mitglied des „Berliner Akademikerbundes". Dem „Berliner Akademikerbund" gehören bei
der Berliner Lottogesellschaft beschäftigte Werkstudenten aber auch Akademiker an, die ihre
Ausbildung abgeschlossen haben und zum Teil in der Berliner Metallindustrie und zum Teil
als wissenschaftliche Angestellte an der Technischen und an der Freien Universität Berlin beschäftigt sind. Die Mitgliederzahl beträgt derzeit etwa 10. Als A gekündigt wird, beauftragt
er B, einen pensionierten Verwaltungsangestellten, der die Besorgung der Rechtsangelegenheiten beim „Berliner Akademikerbund" übernommen hat, mit der Erhebung der Kündigungsschutzklage. Die Technische Universität meint, B sei zur Vertretung des A im Sinne
des § 11 Abs. 1 ArbGG nicht befugt.*

196   Mit dem Begriff der *„Vereinigungen"* nimmt Art. 9 Abs. 3 GG Bezug auf die
„Vereine" und „Gesellschaften" des Art. 9 Abs. 1[33]. Auch für die Koalitionen gilt damit die Legaldefinition des § 2 Abs. 1 VereinsG, wonach „ohne
Rücksicht auf die Rechtsform jede Vereinigung, zu der sich eine Mehrheit
natürlicher oder juristischer Personen für längere Zeit zu einem gemeinsamen Zweck freiwillig zusammenschlossen und einer organisierten Willensbildung unterworfen hat", als Verein anzusehen ist.

197   Wenn § 2 Abs. 1 VereinsG einen Zusammenschluß „für längere Zeit" verlangt, so bedeutet das nur, daß nicht schon jede Versammlung als Augen-
blicksverband unter den Schutz des Art. 9 GG fällt. Vielmehr müssen die
Mitglieder über die einmalige (Gründungs-)Versammlung hinaus weiter
verbunden sein[34]. Sogenannte ad-hoc-Koalitionen, in denen sich Arbeitnehmer zur Erreichung eines einmaligen Ziels zusammenfinden, könnten damit
durchaus dem Schutz des Art. 9 Abs. 3 GG unterfallen. Vorausgesetzt ist
nur, daß das Ziel sich nicht schon in seiner gemeinschaftlichen Kundgabe,
etwa einer Protestaktion erschöpft, sondern weiter verfolgt wird[35].

198   *„Freiwillig"* ist nur eine Koalition gebildet, die nicht auf einem zwangswei-
sen Zusammenschluß beruht. Damit scheiden öffentlich-rechtliche Zwangs-

---

33 Siehe *von Münch*, Art. 9 GG Rdnr. 36; *Däubler/Hege*, Koalitionsfreiheit (1976) Nr. 107.
34 *Scholz*, Art. 9 GG Rdnr. 65; *von Münch*, Art. 9 GG Rdnr. 11, 16; *Dietz*, S. 426 f.
35 BAG vom 28. 4. 1966, AP Nr. 37 zu Art. 9 GG unter 4.; *Däubler/Hege* Nr. 106; *Dietz*,
    Grundrechte III/1, S. 426 f.; zur Tariffähigkeit solcher ad-hoc-Koalitionen siehe
    Rdnr. 233.

verbände, insbesondere Kammern, als Koalitionen aus. Aber auch privatrechtliche Zwangsverbände, wie die Belegschaft oder leitenden Angestellten eines Betriebs, die nach dem BetrVG bzw. nach dem SprAuG organisiert sind, sind als solche keine Koalitionen.

Um die Arbeits- und Wirtschaftsbedingungen ihrer Mitglieder wahren zu   199
können, muß eine Vereinigung nach ihrer Gesamtstruktur *vom sozialen Gegenspieler unabhängig* sein[36]. Dieser darf weder von außen, etwa durch finanzielle Ausstattung, noch von innen, etwa durch Repräsentation in den Organen, entscheidenden Einfluß auf die Zielsetzung und die Durchsetzung der Koalition haben.

Einen äußeren Einfluß, wie er früher bei den sogenannten gelben Gewerkschaften gegeben war[37], gibt es heute nicht mehr. Die Finanzmittel, die auf dem Weg über die Vergütung von Aufsichtsräten, Einigungsstellen, Beisitzern und die Kostentragung in der Betriebsverfassung, etwa für Schulungsveranstaltungen oder dem Bezug gewerkschaftlicher Zeitschriften, von der Arbeitgeberseite den Gewerkschaften zukommen, sind nicht so erheblich, daß sie einen bedeutenden Einfluß ermöglichen[38]. Anders verhielte es sich, wenn die Arbeitgeberseite der Gewerkschaft im Arbeitskampf die Leistungen ersetzte, die diese streikenden Mitgliedern erbringt oder wenn sie selbst diesen den Lohn fortbezahlte.

Auch einen inneren Einfluß, wie er früher in den sogenannten Harmonieverbänden vorhanden war[39], gibt es heute nicht mehr. Die bestehenden personellen Verflechtungen durch die Mitbestimmung in den Unternehmensaufsichtsräten und die Zusammenarbeit in gemeinsamen Einrichtungen der Tarifvertragsparteien wiegen nicht so schwer, daß sie die Gegnerunabhängigkeit in Frage stellen könnten[40]. Auch die Einbeziehung von Mitgliedsbeiträgen der Gewerkschaft durch die Arbeitgeber würde noch keinen entscheidenden Einfluß bedeuten[41].

Historisch bedingt wird unter dem Gesichtspunkt der Gegnerunabhängig-   200
keit in Abgrenzung zu den sogenannten Werksvereinen gefordert[42], die Ko-

---

36 BVerfG vom 18.11.1954, AP Nr. 1 zu Art. 9 GG unter C 2 b bb.

37 *Hueck/Nipperdey*, Arbeitsrecht, Band II (3. bis 5. Auflage 1932) S. 167.

38 Für die − an einer Gewerkschaft abzuführenden − Honorare von Einigungsstellenbeisitzern: BAG vom 14.12.1988, AP Nr. 30 zu § 76 BetrVG 1972 = EWiR § 76 BetrVG 2/89 S. 321 mit Anmerkung *Löwisch*; für gewerkschaftliche Schulungsveranstaltungen: BVerfG vom 14.2.1978, AP Nr. 13 zu § 40 BetrVG; für den Bezug gewerkschaftlicher Zeitschriften: BAG vom 21.4.1983, AP Nr. 20 zu § 40 BetrVG 1972.

39 Dazu *Hueck/Nipperdey*, a.a.O. S. 165.

40 Zur Unternehmensmitbestimmung BVerfG vom 1.3.1979, AP Nr. 1 zu § 1 MitBestG unter B IV 2 b bis d; zu den gemeinsamen Einrichtungen der Tarifvertragsparteien: *Böticher*, Die gemeinsamen Einrichtungen der Tarifvertragsparteien (1966) S. 143 ff.

41 *Von Münch*, Art. 9 GG Rdnr. 39; *Scholz*, Art. 9 GG Rdnr. 212; *Hueck/Nipperdey*, Arbeitsrecht II/1 S. 96; *Herschel*, Tariffähigkeit und Unabhängigkeit, JZ 1965, 81 ff., 82 f.; *Dietz*, Die Koalitionsfreiheit, Grundrechte III/1 S. 429.

42 Dazu *Hueck/Nipperdey*, Band II, 3. bis 5. Aufl. a.a.O. S. 167.

alitionen müßten überbetrieblich organisiert sein[43]. Dem ist so nicht zu folgen. Richtig an der traditionellen Auffassung ist nur, daß sich eine mächtige Arbeitnehmerkoalition nicht von vornherein auf einen bestimmten Betrieb beschränken, sondern ihren Einzugsbereich nur nach Branche und Region festlegen darf. Denn sonst würde sie ihrem Schutzauftrag für alle Arbeitnehmer nicht gerecht[44]. Der Sache nach geht es hier um nicht mehr, als um den aus dem Gebot effektiven Grundrechtschutzes folgenden Aufnahmeanspruch gegenüber mächtigen Gewerkschaften[45], die diesen Anspruch auch nicht durch eine Satzungsbestimmung vereiteln dürfen. Gibt es konkurrierende Gewerkschaften, so besteht kein Grund, von allen Überbetrieblichkeit zu fordern, solange der einzelne Arbeitnehmer nur die Möglichkeit hat, einer dieser Gewerkschaften beizutreten.

201   Der Zweck einer wirksamen Vertretung von Arbeitgebern oder Arbeitnehmern kann nicht erreicht werden, wenn dritte Mächte, also Staat, Kirche oder politische Parteien mitbestimmend Einfluß auf Zielfindung und Zieldurchsetzung einer Koalition haben[46]. An der *Unabhängigkeit vom Staat* fehlt es dabei nicht nur im Fall staatlich organisierter oder institutionalisierter Gewerkschaften, wie sie in totalitären Staaten vorkommen. Abhängigkeit besteht auch, wenn der Staat der Koalition erhebliche finanzielle Mittel zuwendet, weil dann die Gefahr besteht, daß Entscheidungen der Koalitionen Rücksicht auf die Erwartungen der über die Leistungen entscheidenden staatlichen Stellen nehmen.

Besonders problematisch sind dabei staatliche Leistungen im Arbeitskampf. Würde der Staat nicht mehr bloß Leistungen an mittelbar betroffene Arbeitnehmer nach § 116 Abs. 3 AFG erbringen, sondern unter Aufhebung der jetzt in § 116 Abs. 2 AFG enthaltenen Regelung selbst den streikenden Arbeitnehmern den Lohnausfall ersetzen, läge darin eine so beträchtliche finanzielle Unterstützung der Gewerkschaften, daß man die Gewerkschaften auch nicht mehr als unabhängig ansehen könnte.

202   Die gebotene *Unabhängigkeit von Partei und Kirchen* bedeutet nicht, daß Koalitionen parteipolitisch oder religiös neutral sein müßten. Es gehört zur inneren Autonomie einer Koalition, sich bestimmte gesellschaftliche Ordnungsvorstellungen eigen zu machen, mögen diese auch von politischen Parteien

---

43 *Hueck/Nipperdey*, Band II/1 § 6 II/5, S. 81 f.; *Nikisch*, Arbeitsrecht, 2. Aufl. (1959) Band II, S. 10 f.; *Zöllner*, § 8 III 7; *Hanau/Adomeit*, 9. Aufl. (1988), C I 2 e.
44 *Löwisch*, Die Voraussetzungen der Tariffähigkeit, ZfA 1970, 314 ff.; siehe auch *Zöllner*, a.a.O.
45 Siehe dazu Rdnr. 212.
46 BVerfG vom 1. 3. 1979, a.a.O., bezeichnet die Freiheit von staatlichem Einfluß als entscheidendes Element der Koalitionsfreiheit; *Zöllner* § 8 III 6; *Hueck/Nipperdey* II/1, S. 97 f.

oder Kirchen entlehnt sein[47]. Die Grenze zur Abhängigkeit ist erst überschritten, wenn sich die Koalition in die Hand einer Partei oder Kirche begibt, sei es, daß die Satzung auf die jeweilige Parteipolitik dynamisch verweist, sei es, daß Funktionsträger einer Partei oder Kirche geborene Mitglieder von Koalitionsorganen sind.

In der Literatur wird aus der Zwecksetzung als weitere Voraussetzung der   203
Koalitionsgewährleistung jedenfalls auf Arbeitnehmerseite gefolgert, daß
die Vereinigung *demokratisch organisiert* ist[48]. Das ist nicht richtig. Art. 9
Abs. 3 stellt anders als Art. 21 Abs. 1 Satz 2 GG kein besonderes Gebot demokratischer Ordnung auf, sondern überläßt die Ausgestaltung der erforderlichen Willensbildung gerade der autonomen Entscheidung des Verbandes im Rahmen des privaten Vereins- und Gesellschaftsrechts. Aus der
Zwecksetzung der Koalitionen folgt ein Gebot demokratischer Organisation
erst auf der Ebene der Tariffähigkeit. In ihm drückt sich die Notwendigkeit
aus, eine genügende Legitimation der tariflichen Normsetzungsbefugnis
durch die Mitglieder zu gewährleisten[49].

Das Bundesarbeitsgericht fordert unter Billigung des Bundesverfassungsge   204
richts für die Tariffähigkeit einer Koaltion zusätzlich, daß die Vereinigung
tarifwillig ist, das staatliche Tarif-, Arbeitskampf- und Schlichtungsrecht als
für sich verbindlich anerkennt und so mächtig ist, daß sie wirkungsvoll
Druck und Gegendruck auf den sozialen Gegenspieler ausüben kann. Diese
Voraussetzungen sollen ein sinnvolles Funktionieren der Tarifvertragsordnung sicherstellen[50].

Dies zugleich zu solchen der Koalitionseigenschaft zu machen, wäre nur be   205
gründet, wenn jeder Koalition die Fähigkeit zum Tarifvertragsabschluß immanent wäre[51]. Das aber ist nicht der Fall. Vielmehr steht es in der freien
Entscheidung der Koalitionen, mit welchen Mitteln sie die Arbeits- und
Wirtschaftsbedingungen ihrer Mitglieder zu gestalten suchen[52]. Dafür kommen neben dem Tarifvertrag auch die Darstellung des Gruppeninteresses
gegenüber staatlichen Organen, die Auseinandersetzung mit dem Gegen

---

47 G. *Müller*, Die Freiheit von parteipolitischen und kirchlichen Bindungen, also eine Voraussetzung für die Tariffähigkeit einer Koalition, FS Nipperdey II (1965) S. 435 ff.; *Scholz*,
    Art. 9 GG Rdnr. 290.
48 Siehe vor allem *Däubler/Hege*, Rdnr. 132 m.w.N.
49 Siehe dazu Rdnr. 232.
50 Siehe im einzelnen Rdnr 233 ff.
51 So *Hueck/Nipperdey*, II/1 S. 102 ff., 105. Siehe auch *Dietz*, a.a.O. S. 461, der von der Koalitionsfreiheit unmittelbar die Tariffähigkeit mit garantiert sieht und es für unzulässig hält,
    die Tariffähigkeit von weiteren Voraussetzungen abhängig zu machen.
52 Vgl. BVerfG vom 20. 10. 1981, AP Nr. 24 zu Art. 9 GG; *Badura*, Arbeitsrecht der Gegenwart, Band 15, S. 25; *von Münch*, Art. 9 GG Rdnr. 42.

spieler außerhalb des Tarifvertragssystems und die Informations- und Werbetätigkeit im Betrieb in Betracht.

206   Hiermit nicht zu verwechseln ist die Frage, ob auch die Verleihung anderer rechtlicher Befugnisse an die Koalition von der Erfüllung weiterer Voraussetzungen abhängig gemacht werden kann. Dies ist ebenso wie bei der Tariffähigkeit zu bejahen, soweit solche Voraussetzungen sachlich gerechtfertigt sind. In diesem Sinne sind Rechtsprechung und Literatur bisher davon ausgegangen, daß das ArbeitsgerichtsG mit Gewerkschaften und Vereinigungen von Arbeitgebern nur solche meint, die über die Tariffähigkeit verfügen. Getragen wird diese Auffassung von dem Gedanken, daß es im Arbeitsgerichtverfahren überwiegend um die Geltendmachung von tariflichen Rechten geht, es deshalb zweckmäßig ist, den Vertretern von Tarifvertragsparteien das Privileg der Prozeßvertretung einzuräumen, während dazu bei Vereinigungen, die Tarifverträge für ihre Mitglieder gar nicht abschließen, kein Anlaß besteht[53].

207   Wenn das BAG neuerdings unter Hinweis auf die Erwähnung der Spitzenorganisationen in § 11 Abs. 1 Satz 2 ArbGG von dieser Auffassung abrückt[54], so überzeugt das nicht, weil auch die nicht tariffähige Spitzenorganisation immer noch ein Zusammenschluß tariffähiger Verbände ist.

*Für **Fall 8** bedeutet dies: Folgt man der bisher herrschenden Meinung, ist B nicht zur Prozeßvertretung befugt. Mit bloß 10 Mitgliedern verfügt der „Berliner Akademikerbund" keinesfalls über die Tariffähigkeit.*

208   Auch soweit das Betriebsverfassungsgesetz und die Personalvertretungsgesetze den Gewerkschaften und Arbeitgebervereinigungen Befugnisse verleihen, z.B. die zur Teilnahme an der Betriebsversammlung (vgl. § 46 BetrVG), meinen sie nur solche, die tariffähig sind. Das ergibt sich aus der engen Verknüpfung von Betriebsverfassung und Personalverfassung einerseits und Tarifvertragsordnung andererseits[55].

209   Diese den Koalitionsbegriff prägenden Merkmale sind nunmehr im Staatsvertrag über die Währungs-, Wirtschafts- und Sozialunion (Leitsatz III 2 des gemeinsamen Protokolls über Leitsätze zum Staatsvertrag) fixiert worden.

---

53 BAG vom 6. 7. 1956, AP Nr. 11 zu § 11 ArbGG 1953 = BB 1956, 721 = NJW 1956, 1332 und BAG vom 20. 2. 1986, AP Nr. 11 ArbGG 1979 Prozeßvertreter = DB 1986, 1684 = BB 1986, 1784 = NZA 1986, 249 = EzA § 11 ArbGG 1979 Nr. 4; *Grunsky*, ArbGG, 5. Aufl. 1987, § 11 Rdnr. 8 i.V.m. § 10 Rdnr. 9; *Löwisch*, Gewollte Tarifunfähigkeit im modernen Kollektivarbeitsrecht, ZfA 1974, 2945; kritisch *Buchner*, Die Rechtsprechung des BAG zum Gewerkschaftsbegriff, BAG FS 1979, S. 55 ff.

54 BAG vom 16 .11. 1989 – 8 AZR 368/88.

55 *Löwisch*, a.a.O. S. 44; *Kraft*, GK-BetrVG, § 2 Rdnr. 22 ff.; *Fitting/Auffarth/Kaiser/Heither*, § 2 Rdnr. 18 ff; kritisch wieder *Buchner*, a.a.O.

Dort heißt es: „Tariffähige Gewerkschaften und Arbeitgeberverbände müssen frei gebildet, gegnerfrei, auf überbetrieblicher Grundlage organisiert und unabhängig sein sowie das geltende Tarifrecht als für sie verbindlich anerkennen; ferner müssen sie in der Lage sein, durch Ausüben von Druck auf den Tarifpartner zu einem Tarifabschluß zu kommen."

2. Vereinsrechtliche Organisation

a) Organisation

In aller Regel organisieren sich die Koalitionen als Vereine. Die Arbeitgeberverbände wählen regelmäßig die Form des rechtsfähigen Vereins. Die Rechtsfähigkeit resultiert dabei aus der Eintragung als Idealverein nach § 21 BGB. Die Arbeitgeberverbände sind nicht etwa nach § 22 BGB konzessionsbedürftige wirtschaftliche Vereine[56]. Die Gewerkschaften haben traditionell die historisch bedingte Rechtsform des nicht rechtsfähigen Vereins[57].   210

b) Rechte und Pflichten der Mitglieder

Der *Erwerb der Mitgliedschaft* richtet sich nach der Koalitionssatzung, insbesondere nach den in ihr aufgestellten Voraussetzungen. Einen Aufnahmeanspruch geben die Satzungen grundsätzlich nicht. Nur zwischen DGB-Gewerkschaften ist das Übertrittsrecht formuliert für den Fall, daß für das Mitglied eine andere DGB-Gewerkschaft zuständig wird[58].   211

Soweit der Koalition eine überragende Machtstellung zukommt, ein wesentliches Interesse am Erwerb der Mitgliedschaft besteht und kein sachlicher Grund die Versagung der Mitgliedschaft rechtfertigt, besteht ein *gesetzlicher Aufnahmeanspruch*. Das hat der BGH für mächtige Gewerkschaften mehrfach ausgesprochen[59]. Das gilt aber auch für Arbeitgeberverbände, wenn diese eine überragende Rechtstellung inne haben. Der BGH sieht den Rechtsgrund für diesen gesetzlichen Aufnahmeanspruch im allgemeinen Rechtsgedanken des Verbots des Machtmißbrauchs durch Monopolvereine; im speziellen Fall der Gewerkschaften und Arbeitgeberverbände folgt er aber auch direkt aus der Koalitionsfreiheit, die vom einzelnen effektiv nur ausge-   212

---

56 MünchKomm/*Reuter*, 2. Aufl. 1984, §§ 21, 22 Rdnr. 39.
57 Zu den historischen Gründen vgl. im einzelnen *Löwisch* in MünchArbR § 235 Rdnr. 4.
58 Vgl. etwa § 6 der Satzung der Gewerkschaft der Eisenbahner Deutschlands und § 6 Nr. 2 der Satzung der IG Metall, wonach ein derartiger Übertritt abgelehnt werden kann, wenn dies im Interesse der IG Metall notwendig erscheint.
59 BGH vom 1.10. 1984, NJW 1985, 1214 = DB 1985, 701 und vom 10.12. 1984, BGHZ 93, 151 = NJW 1985, 1216 = BB 1985, 397.

übt werden kann, wenn er vor der mißbräuchlichen Versagung der Mitgliedschaft geschützt wird[60]. Ein Aufnahmeanspruch besteht aber nur, wenn der Beitrittswillige die satzungsgemäßen Voraussetzungen der Mitgliedschaft erfüllt, soweit diese nicht willkürlich sind. Insbesondere kann mit dem Instrument des Aufnahmeanspruchs nicht die autonome Entscheidung der Koalition über ihren Einzugsbereich und ihre Ziele überspielt werden. Deshalb darf eine mächtige Gewerkschaft ein Mitglied einer Partei, die den Fortbestand von Gewerkschaften in ihrer heutigen Form in Frage stellt, abweisen oder ausschließen[61]. Hingegen rechtfertigt die Kandidatur zum Betriebsrat auf einer gewerkschaftsfremden Liste den Ausschluß nicht[62].

213   Auch der *Verlust der Mitgliedschaft* in der Koalition richtet sich nach der Satzung. Die Satzung einer Koalition darf den Austritt jedoch nicht unverhältnismäßig erschweren. Eine Frist von mehr als einem halben Jahr für den Austritt aus einer Koalition ist nicht mehr mit der negativen Koalitionsfreiheit vereinbar[63].

214   Die *Mitwirkungs-, Stimm- und Leistungsrechte* des Mitglieds ergeben sich zunächst aus der Satzung. Ihr ist zu entnehmen, bei welchen Wahlen und Abstimmungen das Mitglied unter welchen Voraussetzungen stimmberechtigt ist. Sie regelt die Voraussetzung der Wählbarkeit in Organe und Gremien über die Rechte auf die Leistung an die Mitglieder, insbesondere den Rechtsschutz und Unterstützungsleistungen. Die Satzung ist bei mächtigen Koalitionen in der Ausgestaltung dieser Rechte aber nicht frei. Vielmehr unterliegt die satzungsgemäße Ausgestaltung der Rechtstellung des Mitglieds einer Inhaltskontrolle auf ihre Vereinbarung mit Treu und Glauben[64]. Das hat zur Folge, daß die Koalition nicht einzelne ihrer Mitglieder willkürlich von ihren Leistungen ausschließen darf[65]. So wäre es unbillig, wenn arbeitslose Gewerkschaftsmitglieder vom gewerkschaftlichen Rechtsschutz ausgeschlossen würden. Vor allem aber darf die Gewerkschaft im Arbeitskampf Drittbetroffene nicht von den Arbeitskampfunterstützungen ausschließen. Denn sie nötigt diesen gleich den unmittelbar kämpfenden Mitgliedern ein

---

60 *Löwisch*, MünchArbR § 238 Rdnr. 14.
61 BGH vom 28. 9. 1972, AP Nr. 21 zu Art. 9 GG; siehe auch *Buchner*, Grundgesetz und Arbeitsverfassung, S. 18 und OLG Frankfurt vom 16. 3. 1989, EWiR 1989, 747.
62 BGH vom 27. 2. 1978, AP Nr. 27 zu Art. 9 GG und vom 19. 1. 1981, AP Nr. 7 zu § 20 BetrVG 1972; a.M. *Sachse*, Das Aufnahme- und Verbleiberecht in den Gewerkschaften der Bundesrepublik (1985).
63 BGH vom 4. 7. 1977, AP Nr. 25 zu Art. 9 GG und vom 22. 9. 1980, AP Nr. 33 zu Art. 9 GG.
64 BGH vom 24 .10. 1988, AP Nr. 26 zu § 25 BGB = BGHZ 105, 306 allgemein für Vereine und Verbände.
65 Vgl. den vom BGH entschiedenen Fall.

Solidaropfer im Arbeitskampf ab. Damit vertrüge sich ein Ausgleich nur für die Arbeitskampfteilnehmer nicht[66].

Die Mitglieder von Arbeitnehmer- und Arbeitgeberkoalitionen müssen sat-   215
zungsgemäß *Beiträge* zahlen. Der vereinsrechtliche Gleichbehandlungsgrundsatz läßt aber Differenzierungen der Beitragslast zu, solange diese
sachlich gerechtfertigt sind[67]. Mitgliederbeiträge müssen deshalb nicht auf
denselben Nennbetrag lauten. Sie können auf Arbeitnehmerseite vielmehr
an das Einkommen anknüpfen und dabei sogar progressiv ausgestaltet sein.
Auf Arbeitgeberseite kann an den Umsatz, die Beschäftigtenzahl oder an die
Lohn- und Gehaltssumme angeknüpft werden.

Das Mitglied muß sich an der gemeinsamen Interessenwahrnehmung im   216
Verband in dem Umfang beteiligen, wie ihm die Satzung das zur Pflicht
macht. Angefangen von der Übernahme von Ehrenämtern in der Koalition
bis hin zum Arbeitskampf unterliegt das Mitglied einer allgemeinen Mitwir-
kungs- und Folgepflicht. So ist beispielsweise der gewerkschaftsangehörige
Arbeitnehmer zum Streik, der im Arbeitsgeberverband organisierte Arbeitgeber zur Aussperrung verpflichtet. Auch andere im Zusammenhang mit
dem Arbeitskampf stehende Pflichten müssen erfüllt werden. Etwa muß das
Gewerkschaftsmitglied Streikposten stehen und, wenn es vom Arbeitskampf ausgenommen ist, Anordnungen der Streikleitung auf Unterlassung
von Streikarbeit Folge leisten, zu der es nicht verpflichtet ist[68].

Kommt das Verbandsmitglied seinen Pflichten nicht nach, kann dies mit   217
den Mitteln der Vereinsgewalt geahndet werden. Die Satzungen der Gewerkschaften sehen dafür gewöhnlich den Entzug der Unterstützungszahlung und den Ausschluß aus der Gewerkschaft, die Satzungen der Arbeitgeberverbände den kurzfristigen Ausschluß des Arbeitgebers aus dem Verband vor. Maßnahmen der Vereinsgewalt kommen freilich nur solange in
Betracht, wie der Betreffende noch Mitglied ist, insbesondere nicht wirksam
seinen Austritt erklärt hat[69].

3. Stellung im Privat- und Prozeßrecht

Fall 9: *Die Gewerkschaft Öffentliche Dienste, Transport und Verkehr (ÖTV) klagt gegen die
Gewerkschaft der Polizei (GdP) auf Unterlassung und Schadensersatz, um Übergriffen bei der*

---

66 *Löwisch/Rieble,* Schlichtungs- und Arbeitskampfrecht, Rdnr. 966 m.w.N.
67 Vgl. *Löwisch/Rieble,* Schlichtungs- und Arbeitskampfrecht, Rdnr. 966.
68 Dazu *Löwisch/Rieble,* a.a.O. Rdnr. 478 ff.
69 Siehe im einzelnen zu den möglichen Sanktionen gegen ein Koalitionsmitglied *Löwisch,*
   MünchArbR § 244 Rdnr. 29 ff.

Mitgliederwerbung entgegenzutreten. Die GdP meint, die ÖTV sei gar nicht befugt, sie zu verklagen, weil sie nur ein nicht rechtsfähiger Verein sei.

218   Als eingetragener Verein sind die Koalitionen nach § 21 BGB rechtsfähig. Den nicht eingetragenen Vereinen kommt solche Rechtsfähigkeit nicht zu. Vielmehr sind Berechtige und Verpflichtete die Mitglieder zur gesamten Hand (§ 54 BGB).

Versuche, die nicht eingetragenen Vereine allgemein den eingetragenen Vereinen völlig gleichzustellen[70], würden die Vereine ohne Grund von der im Gesetz festgeschriebenen Pflicht zur Eintragung ins Vereinsregister zum Schaden der Rechtssicherheit befreien[71]. Das gilt auch für die Gewerkschaften. Dementsprechend kann auch das Grundvermögen der nicht rechtsfähigen Koalitionen wegen § 47 GBO nur aller Mitglieder eingetragen werden[72]. Es bleibt nur der Ausweg über rechtsfähige Kapitalgesellschaften oder über eine natürliche Person als Treuhänder.

219   Der *Namensschutz* des § 12 BGB erstreckt sich auf alle unter einem Gesamtnamen auftretenden Personenvereinigungen, ohne Rücksicht darauf, ob diese sonst rechtsfähig sind. Dies gilt auch für die Koalitionen, denen deshalb gegen unbefugten Gebrauch dieses Namens oder einer Namensabkürzung mit Verkehrsgeltung ein Unterlassungsanspruch zusteht[73].

220   *Rechtsgeschäfte* der Koalitionen werden vom Vorstand (§ 26 BGB), besonderen satzungsgemäßen Vertretern (§ 30 BGB) oder von diesen nach §§ 164 ff. BGB bevollmächtigten Personen vorgenommen. Das gilt auch für die als nicht rechtsfähige Vereine organisierten Koalitionen[74].

221   Für *Verbindlichkeiten des rechtsfähigen Vereins* haftet dieser mit seinem Vermögen. Das gilt auch für deliktische Handlungen seiner Organe gemäß § 31 BGB. Die Organmitglieder haften unter den Voraussetzungen des jeweiligen Deliktstatbestandes auch selbst. Für rechtsgeschäftliche Verpflichtungen haften sie nur bei Überschreitung ihrer gesetzlichen Vertretungsmacht nach § 179 BGB.

222   Schuldner der *Verbindlichkeiten eines nicht rechtsfähigen Vereins* sind dessen Mitglieder. Ihre Haftung beschränkt sich bei Idealvereinen aber — für rechtsgeschäftliche wie für deliktische Ansprüche — auf den Anteil am Vereinsver-

---

70 MünchKomm/*Reuter*, § 54 Rdnr. 6 ff.
71 Vgl. BGH vom 26. 4. 1965, BGHZ 43, 316, 319 f.; K. *Schmidt*, Verbandszweck und Rechtsfähigkeit im Vereinsrecht (1984) S. 52 ff.; Medicus, AT, 3. Aufl. (1988) Rdnr. 1148.
72 *Medicus*, Rdnr. 1149; K. *Schmidt*, NJW 1984, 2249 ff.
73 BGH vom 24. 2. 1965, BGHZ 43, 245 ff., 253.
74 *Palandt/Heinrichs*, § 54 Anm. 1; *Medicus*, Rdnr. 1158.

mögen[75]. Daneben haften die für den nicht rechtsfähigen Verein rechtsgeschäftlich Handelnden nach § 54 Satz 2 BGB persönlich als Gesamtschuldner. Ein Verstoß gegen Art. 9 Abs. 3 GG liegt darin nicht. Denn es besteht die Möglichkeit, diese Haftung durch Eintragung des Vereins insgesamt auszuschließen oder bestimmte Rechtsgeschäfte von Kapitalgesellschaften oder eingetragenen Untervereinen vornehmen zu lassen. Besonderheiten gelten in der Zwangsvollstreckung nur für die nicht rechtsfähigen Koalitionen. Nach § 735 ZPO genügt zur Zwangsvollstreckung in ihr Vermögen ein gegen sie ergangenes Urteil. Macht der Kläger von der Möglichkeit, die nicht rechtsfähige Koalition selbst zu verklagen, keinen Gebrauch, muß er beachten, daß ein Urteil gegen die Mitglieder nach § 736 ZPO die Zwangsvollstreckung in das Koalitionsvermögen nur ermöglicht, wenn es gegen alle ergangen ist.

Die *Parteifähigkeit vor den ordentlichen Gerichten* ist nach § 50 Abs. 1 ZPO an   223
die Rechtsfähigkeit geknüpft. Ausnahmsweise parteifähig sind Koalitionen als nicht rechtsfähige Vereine vor den Arbeitsgerichten nach § 10 ArbGG. Wie sonstige nicht rechtsfähige Vereine können die Koalitionen verklagt werden (§ 50 Abs. 2 ZPO). Der BGH hat dieser passiven Parteifähigkeit der nicht rechtsfähigen Vereine die aktive Parteifähigkeit der Gewerkschaften im Wege richterlicher Rechtsfortbildung hinzugefügt[76].

Obwohl in **Fall 9** *die ÖTV ein nicht rechtsfähiger Verein ist, kann sie daher die GdP doch auf Unterlassung und Schadensersatz verklagen.*

IV. Rechtslage in der DDR

Seit dem Staatsvertrag über die Währungs-, Wirtschafts-und Sozialunion   224
galt die Koalitionsfreiheit auch in der DDR (Leitsatz III 1 des gemeinsamen Protokolls über Leitsätze zum Staatsvertrag).

Dementsprechend haben sich die Gewerkschaften der Bundesrepublik Deutschland auf die DDR ausgedehnt. Seit dem Beitritt gilt die Koalitionsfreiheit des Art. 9 Abs. 3 im Gebiet der früheren DDR uneingeschränkt.

---

75 BGH vom 11. 7. 1968, BGHZ 50, 325, 329; BGH vom 2. 4. 1979, NJW 1979, 2304, 2306; *Palandt/Heinrichs*, § 54 Anm. 6a; *Staudinger/Coin*, § 54 Rdnr. 71; *Medicus*, Rdnr. 1157.
76 BGH vom 6 .10. 1964, BGHZ 42, 210, 217; vom 11. 7. 1968, BGHZ 50, 325 ff.

V. Kontrollfragen

Frage 13: Wann entstanden in Deutschland die ersten Gewerkschaften?

Frage 14: Nach welchem Prinzip sind die Einzelgewerkschaften des DGB gegliedert?

Frage 15: Decken sie die Voraussetzungen der Koalitionseigenschaft und die Voraussetzungen der Tariffähigkeit?

Frage 16: Welche privat- und prozeßrechtliche Rechtsstellung haben die Gewerkschaften in der Regel?

§ 7 Tarifvertragsrecht

Literaturangaben: *Biedenkopf,* Grenzen der Tarifautonomie (1964); *W. Blomeyer,* Besitz-
standswahrung durch Tarifvertrag, ZfA 1980, 1; *Buchner,* Die Umsetzung der Tarifver-
träge im Betrieb, RdA 1990, 1 ff.; *Etzel,* Tarifordnung und Arbeitsvertrag, NZA 1987,
Beilage 1, 19; *Herschel,* Zur Entstehung des Tarifvertragsgesetzes, ZfA 1973, 103 ff.;
Joost, Tarifrechtliche Grenzen der Verkürzung der Wochenarbeitszeit, ZfA 1984, 173;
Löwisch, Reichweite und Durchsetzung der tariflichen Friedenspflicht am Beispiel der
Metalltarifrunde 1987, NZA 1988, Beilage 2, 3; *ders.,* Die Voraussetzung der Tariffähig-
keit, ZfA 1970, 295 ff.; *ders.,* Die Ausrichtung der tariflichen Lohnfestsetzung am ge-
samtwirtschaftlichen Gleichgewicht, RdA 1969, S. 129 ff.; *ders.,* Gewollte Tarifunfähig-
keit im modernen Kollektivarbeitsrecht, ZfA 1974, 29; *Richardi,* Kollektivgewalt und In-
dividualwille bei der Gestaltung des Arbeitsverhältnisses (1978); *Stahlhacke,* Aktuelle
Probleme tariflicher Friedenspflicht, FS für Molitor 1988, S. 351; *van Venrooy,* Auf der
Suche nach der Tarifzuständigkeit, ZfA 1983, S. 49; *Wiedemann/Stumpf,* Kommentar
zum Tarifvertragsgesetz, 5. Aufl. 1977; *Zöllner,* Die Zulässigkeit einzelvertraglicher
Verlängerung der tariflichen Wochenarbeitszeit, DB 1989, 2121.

I. Tarifvertrag im Rechts- und Wirtschaftssystem

1. Tarifvertrag als Rechtsinstitut

Nach § 1 TVG hat der Tarifvertrag eine *Doppelnatur.* Einerseits ist er Vertrag   225
und begründet wie jeder Vertrag Rechte und Pflichten der Vertragsparteien,
andererseits bringt er wie ein Gesetz Rechtsnormen für die dem Tarifvertrag
unterstehenden Arbeitsverhältnisse hervor.

Seiner Funktion nach steht der Tarifvertrag zwischen dem staatlichen Ge-   226
setz und dem individuellen Vertrag zwischen Arbeitgeber und Arbeitnehmer. Indem er den Koalitionen der Arbeitnehmer und Arbeitgeber die Möglichkeit bietet, ihre kollektive Macht in der Form eines mit zwingender Wirkung für die einzelnen Arbeitsverhältnisse ausgestatteten Vertrages zur Geltung zu bringen, hebt er auf der einen Seite das auf der Ebene des Einzel-
arbeitsvertrages vorhandene Machtungleichgewicht zwischen Arbeitgeber
und Arbeitnehmer auf und setzt auf der anderen Seite doch die Autonomie
der Arbeitsmarktparteien durch.

2. Wirtschaftliche Funktion des Tarifvertrages

227   Die Tarifverträge legen heute die Arbeitsbedingungen für den größten Teil der Arbeitsverhältnisse durch eine Vereinbarung zwischen den Koalitionen der Arbeitnehmer und Arbeitgeber für einen bestimmten Zeitraum für beide Seiten verbindlich fest. Sie erfüllen dabei nicht nur eine Schutzfunktion zugunsten der Arbeitnehmer, sondern geben den Unternehmern zugleich eine sichere Kalkulationsgrundlage: Da der Inhalt der Tarifverträge wegen der tariflichen Friedenspflicht für ihre Laufzeit nicht durch Nachforderungen in Frage gestellt werden kann[1], kann für diesen Zeitraum von feststehenden Kosten ausgegangen werden. Volkswirtschaftlich gesehen kommt den Tarifverträgen so eine *Kartellwirkung* zu. Sie legen den Mindestinhalt der Arbeitsbedingungen gleichförmig fest und schalten insoweit den Wettbewerb aus. Für diesen bleibt nur der Bereich der übertariflichen zwischen Arbeitgeber und Arbeitnehmer individualvertraglich vereinbarten Arbeitsbedingungen.

228   Beim Bundesarbeitsministerium waren 1990 ca. 32 000 Tarifverträge registriert. Davon waren 523 allgemeinverbindlich erklärt; diese erfaßten rund 1/5 aller Arbeitnehmer[2]. Wie viele Arbeitsverhältnisse in der Bundesrepublik Deutschland insgesamt von Tarifverträgen erfaßt werden, läßt sich mangels entsprechenden statistischen Materials nur schwer abschätzen. Der gewerkschaftliche Organisationsgrad der vier gewerkschaftlichen Spitzenverbände (DGB, DBB, DAG, CGB) betrug 1989 ca. 40%[3]. Die wirtschaftliche Bedeutung der Tarifverträge greift freilich weit über diese Zahl hinaus, weil in sehr vielen Fällen Arbeitgeber und Arbeitnehmer auch nicht tarifgebundene Arbeitsverhältnisse an einschlägigen Tarifverträgen ausrichten, die so zugleich eine Art Leitfunktion erfüllen.

229   Ihrem Gegenstand nach regeln die Tarifverträge die meisten mit dem Arbeitsverhältnis zusammenhängenden Fragen. Die Regelung erfolgt dabei nicht in einem einzigen „Einheitstarifvertrag", sondern in mehreren, verschiedenen Gegenständen gewidmeten Verträgen. Zu unterscheiden sind insbesondere Lohn- oder Gehaltsverträge und Manteltarifverträge. Die er-

---

1 Dazu unten Rdnr. 296.
2 Berücksichtigt man, daß diese Tarifverträge größtenteils schon durch Bezugnahmen in den Einzelarbeitsverträgen auf die nichtorganisierten Arbeitnehmer Anwendung finden, erfassen die Allgemeinverbindlicherklärungen letztlich noch ca. 1/20 der Arbeitnehmer.
3 Vgl. Rdnr. 168; nach neueren Untersuchungen des Instituts der deutschen Wirtschaft (Auskunft vom 26. 7. 1990) soll der Bruttoorganisationsgrad 1989 bei etwa 38% gelegen haben. Die Bruttowerte drücken dabei das Verhältnis von statistischen Angaben hinsichtlich der Gesamtzahl der abhängig Beschäftigten zur Gesamtzahl der von den Gewerkschaften gemeldenten Mitglieder aus.

steren legen unmittelbar die Vergütung für die Arbeitsleistungen fest, die letzteren die allgemeinen Bedingungen (eben den Mantel) des Arbeitsverhältnisses. Daneben gibt es aber mannigfaltige Unterformen von Tarifverträgen, etwa Lohnrahmenabkommen mit allgemeinen Bedingungen für die Lohnermittlung, Urlaubsabkommen, Verträge über Ausbildungsvergütung, Abkommen für die Montagearbeit oder etwa Rationalisierungsschutzabkommen.

Nicht dem Gegenstand nach, sondern den Parteien nach sind zu unterscheiden der Verbandstarifvertrag und der Unternehmens-, Firmen- oder Haustarifvertrag: Partner des ersteren sind eine oder mehrere Gewerkschaften auf der einen und einer oder mehrere Arbeitgeberverbände auf der anderen Seite, Partner des letzteren eine oder mehrere Gewerkschaften auf der einen und ein einzelner Arbeitgeber auf der anderen Seite.   230

Die am 1. 4. 1990 registrierten 32 000 Tarifverträge teilen sich auf in rund 24 000 Verbandstarifverträge für mehr als 800 sektoral und regional unterschiedliche Tarifbereiche von Manteltarifverträgen und rund 8 000 Firmentarifverträge für mehr als 2 000 einzelne Unternehmen.

II. Zustandekommen des Tarifvertrages

1. Tariffähigkeit

Fall 10: *Die Arbeitgeber der Metallindustrie eines Bundeslandes fürchten wegen der Arbeitszeitpolitik der IG Metall um ihre Wettbewerbsfähigkeit. Sie ändern deshalb die Bestimmung der Satzung ihres Arbeitgeberverbandes, nach der der Abschluß von Tarifverträgen zu den Aufgaben des Verbandes gehört, dadurch ab, daß der Verband kein Recht hat, Tarifverträge über Arbeitszeitfragen abzuschließen. Sie hoffen damit, künftigen Tarifforderungen der IG Metall entgehen zu können.*

a) der Koalition

Nach § 2 Abs. 1 TVG können Gewerkschaften und Vereinigungen von Arbeitgebern Tarifvertragsparteien sein. Welche Voraussetzungen im einzelnen gegeben sein müssen, damit einer Gewerkschaft oder einem Arbeitgeberverband Tariffähigkeit zukommt, sagt das Gesetz nicht. Jedoch hat die Rechtsprechung des BAG und teilweise auch das Bundesverfassungsgericht eine Reihe von Mindestanforderungen entwickelt, für die Tariffähigkeit erfüllt sein muß. Danach muß die Vereinigung zunächst die Voraussetzung erfüllen, die an die Eigenschaft als Koalitionen i.S.d. Art. 9 Abs. 3 GG zu stellen sind. Es muß sich also um einen freiwilligen Zusammenschluß mit orga-   231 nisierter Willensbindung handeln, der vom sozialen Gegenspieler sowie von Staat, Parteien und Kirchen unabhängig ist[4]. Eine Ausnahme besteht insoweit nur hinsichtlich der Handwerksinnungen, die kraft ausdrücklicher Anordnung in § 54 Abs. 3 Nr. 1 Handwerksordnung[5] tariffähig sind.

232   Vorausgesetzt wird weiter, daß die Vereinigung Arbeitgeber oder Arbeitnehmer in ihrer Eigenschaft als solche (das heißt zur Wahrnehmung ihrer kollektiven Arbeitgeber- oder Arbeitnehmerinteressen) erfaßt und zu diesem Zweck namentlich den Abschluß von Tarifverträgen anstrebt, also *tarifwillig* ist, und daß sie über eine *demokratische Organisation* verfügt. Darin kommt zum Ausdruck, daß die Tariffähigkeit von Vereinigungen von der der *Legitimation* der Normunterworfenen abhängt. Diese Legitimation liegt nur vor, wenn das Mitglied bei seinem Beitritt zu einem Verband erkennen konnte, daß dieser Tarifverträge abschließen werde und wenn ihm die Möglichkeit eingeräumt ist, über die Wahl der leitenden Organe der Vereinigung und darüber hinaus über eine Einflußnahme auf die Tarifpolitik seine Interessen zur Geltung zu bringen[6].

233   Darüber hinaus muß die Vereinigung *mächtig* genug sein, um wirksam Druck und Gegendruck auf den tariflichen Gegenspieler ausüben zu können. Nur dann kann erwartet werden, daß die Tarifvertragsparteien mit gleichen Chancen in die Tarifverhandlungen gehen und diese dann auch zu einem vernünftigen Ergebns führen, insbesondere die Interessen von Arbeitgebern und Arbeitnehmern ausgewogen berücksichtigen. Mächtig und leistungsfähig ist eine Vereinigung nur, wenn sie Autorität gegenüber dem Gegenspieler und gegenüber ihren Mitgliedern besitzt, eine ausreichende finanzielle Grundlage hat und von ihrem organisatorischen Aufbau her in der Lage ist, die ihr gestellten Aufgaben zu erfüllen.

Diese Anforderungen werden von der Rechtsprechung streng gehandhabt. So hat das BAG der christlichen Gewerkschaft Bergbau-Chemie-Energie die Tariffähigkeit abgesprochen, obwohl sie etwa 22 000 Mitglieder hat. Ihr fehle auch bei dieser Mitgliederzahl noch der organisatorische Rückhalt, um einen die Tarifverhandlungen beeinflussenden Druck auszuüben, was sich daran zeige, daß sie fast ausschließlich sogenannte Anschlußtarifverträge abgeschlossen habe, in denen der Inhalt von anderen Gewerkschaften ausgehandelter Tarifverträge übernommen worden sei[7].

---

4 Vor allem BAG vom 15. 3. 1977, AP Nr. 24 zu Art. 9 GG = DB 1977, 772 = BB 1977, 593 = NJW 1977, 1551; zuletzt BAG vom 16. 1. 1990 − 1 ABR 93/88 und 1 ABR 10/89; BVerfG vom 6. 5. 1964, AP Nr. 15 zu § 2 TVG = DB 1964, 700 = BB 1964, 594 = NJW 1964, 1267; BVerfG vom 20 .10. 1981, AP Nr. 31 zu § 2 TVG = DB 1982, 231.
5 Abgedruckt in *Sartorius* I, Nr. 815.
6 Vgl. im einzelnen *Löwisch* in MünchArbR § 239 Rdnr. 100 ff.
7 BAG vom 16. 1. 1990 − 1 ABR 10/89.

Auch der nur für einen aktuellen Anlaß gebildeten Koalition (sog. ad-hoc-Koalition) fehlt die notwendige dauerhafte Leistungsfähigkeit.

Zur Fähigkeit genügenden Druck auszuüben, gehört regelmäßig auch die 234
Bereitschaft, einen Arbeitskampf zu führen. Lediglich in Randbereichen, in denen die Konfliktlösung üblicherweise friedlich vonstatten geht, kann Arbeitskampfbereitschaft nicht verlangt werden, weswegen das Bundesverfassungsgericht eine Entscheidung des BAG aufgehoben hat, die dem Verband katholischer Hausgehilfinnen wegen mangelnder Arbeitskampfbereitschaft die Tariffähigkeit abgesprochen hat[8].

Zu den Voraussetzungen der Tariffähigkeit zählt schließlich die *Anerkennung* 235
des staatlichen Tarif-, Schlichtungs- und Arbeitskampfrechts[9]. Die Befugnis, sich am Tarifvertragssystem zu beteiligen, kann nur dem zuerkannt werden, der die Spielregeln, insbesondere die Friedenspflicht nach Abschluß des Tarifvertrages[10] beachtet. Denn sonst würden neue Konflikte geschaffen, anstatt vorhandene gelöst[11].

b) des einzelnen Arbeitgebers

Tariffähig ist nach § 2 Abs. 1 TVG auch der einzelne Arbeitgeber, das heißt 236
jeder, der Arbeitnehmer beschäftigt[12]. Mit dieser Regelung wird erreicht, daß sich kein Arbeitgeber dem Abschluß von Tarifverträgen dadurch entziehen kann, daß er keinem Arbeitgeberverband beitritt. Die Gewerkschaft soll vielmehr stets die Möglichkeit haben, wenigstens den Abschluß eines Unternehmenstarifvertrages zu erzwingen. Auf der anderen Seite hindert der Beitritt in einen Arbeitgeberverband den einzelnen Arbeitgeber nicht, mit der zuständigen Gewerkschaft einen Unternehmenstarifvertrag zu schließen.

Verbandstarifvertrag und Unternehmenstarifvertrag stehen dann gleichbe- 237
rechtigt nach § 2 Abs. 1 TVG nebeneinander. Eine etwa entstehende Tarifkonkurrenz ist aber lösbar[13].

c) der Spitzenorganisation

Auch Zusammenschlüsse von Gewerkschaften und Arbeitgeberverbänden, 238
sogenannte Spitzenorganisationen können Tarifverträge abschließen. Dabei

---

8 BVerfG vom 6. 5. 1964, a.a.O.
9 Zum Charakter des Arbeitskampfrechts als staatliches Recht siehe Rdnr. 43.
10 Siehe dazu Rdnr. 296 ff.
11 Siehe näher *Löwisch,* MünchArbR § 239 Rdnr. 111.
12 Siehe Rdnr. 9.
13 Siehe Rdnr. 277 f.

sind zwei Fälle zu unterscheiden: Die Spitzenorganisationen schließen *im Namen* ihrer Mitgliedsverbände Tarifverträge ab, wenn sie eine entsprechende Vollmacht haben (§ 2 Abs. 2 TVG).

239   *Selbst tariffähig* sind sie, wenn der Abschluß von Tarifverträgen zu ihren satzungsgemäßen Aufgaben gehört und sie auch ihrerseits die sonstigen Voraussetzungen der Tariffähigkeit erfüllen (§ 2 Abs. 3 TVG). Eine solche eigene Tariffähigkeit der Spitzenorganisationen läßt die Tariffähigkeit ihrer Mitgliedsverbände unberührt. § 2 Abs. 3 TVG zielt auf die Einführung einer zusätzlichen Tariffähigkeit, nicht auf eine Beschneidung der Tariffähigkeit gem. § 2 Abs. 1 TVG ab[14]. Eine daraus möglicherweise entstehende Konkurrenz mehrerer Tarifverträge für ein Arbeitsverhältnis ist auch hier lösbar[15].

d) Gewollte Tarifunfähigkeit

240   Daß Tarifwilligkeit Voraussetzung der Tariffähigkeit ist[16] bedeutet auf der anderen Seite, daß eine Koalition ihre Tariffähigkeit dadurch beseitigen kann, daß sie den Abschluß von Tarifverträgen aus ihren Satzungszwecken herausnimmt. Tut das ein Arbeitgeberverband, muß die Gewerkschaft auf die Möglichkeit zurückgreifen, Tarifverträge mit den einzelnen verbandsangehörigen Unternehmen abzuschließen und dazu erforderlichenfalls einen Arbeitskampf führen. Allerdings gibt es nur ein Entweder-Oder. Eine Beschränkung der Tariffähigkeit auf bestimmte Sachgebiete ist nicht zulässig, weil dies das Funktionieren der Tarifvertragsordnung in Frage stellen würde[17].

In **Fall 10** *führt der Weg, den sich die Verbandsmitglieder ausgedacht haben, nicht zum Ziel. Vielmehr bleibt ihr Verband solange tariffähig, wie sie den Abschluß von Tarifverträgen nicht generell aus ihrer Satzung gestrichen haben.*

2. Tarifzuständigkeit

241   Von der Tariffähigkeit zu unterscheiden ist die Tarifzuständigkeit. Es gehört zur Satzungsautonomie von Gewerkschaften und Arbeitgeberverbänden, *für welche Arbeitsverhältnisse* sie Tarifverträge abschließen wollen[18]. Nur so-

---

14 BAG vom 22. 2. 1957, AP Nr. 2 zu § 2 TVG = DB 1957, 382 = BB 1957, 436.
15 Siehe Rdnr. 277 f.
16 Vgl. Rdnr. 232.
17 *Löwisch*, ZfA 1974, 34 ff.; *Martens*, Anmerkung zu BAG vom 19 .11. 1985, SAE 1987, 1, 9; kritisch *Zöllner*, § 34 I 3 b.
18 BAG vom 19 .11. 1985, AP Nr. 4 zu § 2 TVG Tarifzuständigkeit = DB 1986, 1235 = BB 1985, 2240 = NJW 1987, 514 = NZA 1986, 480.

weit sich die von der Gewerkschaft einerseits und vom Arbeitgeberverband andererseits angenommenen Tarifzuständigkeiten decken, können diese Tarifverträge mit Wirkung für ihre beiderseitigen Mitglieder vereinbaren. Daß die Tarifzuständigkeit sich nach der Satzung richtet, ist vor allem für die Gewerkschaften wichtig, weil sie auf diese Weise ihr Tätigkeitsfeld entsprechend dem Industrieverbandsprinzip abgrenzen können. § 15 der Satzung des DGB sieht deshalb vor, daß die Satzungsbestimmungen der Industriegewerkschaften über ihre Organisationsbereiche und damit ihre Tarifzuständigkeit nur in Übereinstimmung mit betroffenen Gewerkschaften und nach Zustimmung des Bundesausschusses geändert werden können.

3. Vertragsschluß

a) Vertragspartner

Fall 11: *In einem zwischen der Firma X und der IG Metall abgeschlossenen Unternehmenstarifvertrag ist bestimmt: „Für die Dauer der Arbeitszeit gilt der Manteltarifvertrag zwischen der IG Metall und dem Arbeitgeberverband der Metallindustrie im Bundesland Y in seiner jeweiligen Fassung." Als die Arbeitszeit bei einer Neufassung des Manteltarifvertrags weiter verkürzt wird, will X das nicht mitmachen.*

Partner des Verbandstarifvertrages sind die Gewerkschaft einerseits und der Arbeitgeberverband andererseits, Partner des Unternehmenstarifvertrages die Gewerkschaft und der betreffende Arbeitgeber. Die Gewerkschaft und der Arbeitgeberverband handeln nicht etwa im Namen ihrer Mitglieder, wie das vor der gesetzlichen Regelung des Tarifvertragsrechts angenommen wurde, um eine rechtliche Bindung der einzelnen Arbeitgeber zu erreichen (sogenannte Vertretungstheorie), sondern im eigenen Namen (sogenannte Verbandstheorie).   242

b) Schriftform

Nach § 1 Abs. 2 TVG bedarf der Tarifvertrag der Schriftform, muß also schriftlich niedergelegt und von beiden Seiten unterschrieben werden (§ 126 BGB).   243

Dem Schriftformerfordernis genügen auch *Bezugnahmeklauseln*, durch die auf die Regelung eines anderen Tarifvertrags verwiesen wird. Das gilt nicht nur, wenn auf eine tarifliche Regelung in der zum Zeitpunkt des Tarifvertragsschlusses vorliegenden Fassung verwiesen wird (sogenannte statische Verweisung) sondern auch, wenn die jeweils geltende Fassung in Bezug genommen wird (sogenannte dynamische Verweisung). Das Schriftformerfor-   244 dernis des § 1 Abs. 2 TVG gilt lediglich der Klarstellung des Tarifvertragsinhalts. Diese ist aber schon erreicht, wenn im Zeitpunkt der jeweiligen Anwendung des verweisenden Tarifvertrags die in Bezug genommene Regelung schriftlich abgefaßt und im verweisenden Tarifvertrag bestimmt genug bezeichnet ist[19].

245   Bedenken begegnen solche dynamischen Verweisungen allerdings insofern, als sie eine Verletzung des mit der Tarifautonomie einhergehenden Auftrags zu eigenverantwortlicher Regelung bedeuten können. Aus dem Sinn und Zweck der Tarifautonomie ergibt sich, daß die Tarifvertragsparteien eine an dem Interesse ihrer Mitglieder orientierte Gestaltung der Arbeits- und Wirtschaftsbedingungen vorzunehmen haben. Das ist nicht gewährleistet, wenn sie auf die Tarifnormen eines anderen Tarifbereiches verweisen, für den die dortigen Tarifvertragsparteien eine eigenständige, an den Interessen ihrer Mitglieder orientierte Regelung getroffen haben[20]. Indessen entfällt auch dieses Bedenken, wenn die Interessenlagen, die den Regelungen beider Tarifverträge zugrunde liegen, einander so ähnlich sind, daß die Lösung, die im in Bezug genommenen Tarifvertrag getroffen worden ist, auch als sachgerechte Lösung des Interessenkonflikts der verweisenden Tarifparteien gelten kann.

Damit ergibt sich die Lösung von **Fall 11***: Nimmt ein Unternehmenstarifvertrag für die Arbeitnehmer eines Metallunternehmens auf den entsprechenden Verbandstarifvertrag (hier in Form eines Manteltarifvertrags) Bezug, liegt ein solcher enger Zusammenhang vor. Eine Verletzung der Schriftform liegt nach dem Gesagten ohnehin nicht vor.*

c) Abschlußmittel

246   Auch Tarifverträge kommen in der Mehrzahl der Fälle in freien Verhandlungen zwischen Gewerkschaften auf der einen Seite und Arbeitgeberverbänden oder einzelnen Arbeitgebern auf der anderen Seite zustande.

247   Vielfach gibt es aber auch Konflikte über den Inhalt zu schließender Tarifverträge. Solche Konflikte zu lösen ist die Aufgabe von *Schlichtung und Arbeitskampf.* Schlichtung ist in erster Linie Verhandlungsförderung. Entweder die Tarifparteien selbst oder der Staat stellen einen besonderen Verfahrensweg zur Verfügung, auf dem festgefahrene Tarifverhandlungen zu einem Abschluß gebracht werden können[21]. Demgegenüber zielt der Arbeitskampf auf Konfliktlösung durch Kampf. Die jeweils andere Seite soll durch die

---

19 BAG vom 9. 7. 1980, AP Nr. 7 zu § 1 TVG Form = DB 1981, 374 = BB 1981, 2068 = NJW 1981, 1574.
20 BAG vom 9. 7. 1980, a.a.O.
21 Siehe dazu Rdnr. 309 ff. und 314 ff.

Ausübung wirtschaftlichen Drucks auf sie selbst und auf die Mitglieder zum Nachgeben gezwungen und dadurch der Abschluß des Tarifvertrages erreicht werden[22].

d) Kein Verhandlungsanspruch

Das BAG steht in ständiger Rechtsprechung auf dem Standpunkt, daß eine Gewerkschaft oder ein Arbeitgeberverband keinen Anspruch gegen den tariflichen Gegenspieler auf Aufnahme und Führung von Tarifverhandlungen hat, sondern darauf beschränkt ist, die Ablehnung von Verhandlungen durch Kampfmaßnahmen zu überwinden[23].

248

Das überrascht auf den ersten Blick, weil dadurch Chancen für eine friedliche Konfliktlösung vertan zu werden scheinen[24]. Indessen muß beachtet werden, daß ein solcher Verhandlungsanspruch letzten Endes zu einer gerichtlichen Kontrolle von Tarifforderungen führen müßte, weil jeweils festzustellen wäre, ob die strikte Ablehnung einer bestimmten Forderung Ausdruck der Verhandlungsunwilligkeit oder aber sachlich begründet ist. Eine solche Inhaltskontrolle würde der Tarifautonomie widersprechen[25].

III. Normativer Teil

1. Normsetzungswille

Daß ein Tarifvertrag Rechtsnormwirkung entfaltet, setzt einen darauf gerichteten Willen der Tarifvertragsparteien voraus. Es sind auch Tarifverträge denkbar, die sich auf die Festlegung schuldrechtlicher Rechte und Pflichten beschränken, etwa ein Recht auf Auskunft oder eine Verpflichtung zum Eintritt in Verhandlungen festlegen.

249

Auf die Bezeichnung als Tarifvertrag kommt es für den Willen zur Normsetzung nicht an. Insbesondere kann sogenannten Protokollnotizen, mit denen

---

22 Zum Arbeitskampf siehe § 9; zur Funktion von Schlichtungs- und Arbeitskampf beim Abschluß von Tarifverträgen ausführlich *Löwisch/Rieble*, Schlichtungs- und Arbeitskampfrecht, Rdnr. 1 ff. m.w.N.
23 BAG vom 2. 8. 1963, AP Nr. 5 zu Art. 9 GG = DB 1961, 1089 = BB 1963, 1096 = NJW 1963, 2289; vom 19.7. oder 14. 7. 1981, AP Nr. 1 zu § 1 TVG Verhandlungspflicht = DB 1982, 178 = BB 1982, 244 = NJW 1982, 2395; vom 14. 2. 1989, AP Nr. 52 zu Art. 9 GG.
24 Kritisch zu dieser Rechtsprechung deshalb: *Mayer-Maly*, Der Verhandlungsanspruch tariffähiger Verbände, RdA 1966, 201; *Seiter*, SAE 1984, 100; *Wiedemann*, Anm. zu AP Nr. 1 zu § 1 TVG Verhandlungspflicht.
25 Dem BAG zustimmend *Coester*, Verhandlungspflicht der Tarifvertragsparteien, ZfA 1977, 87, 100 f.; *Löwisch* in MünchArbR § 239 Rdnr. 70.

einzelne Bestimmungen eines Tarifvertrages näher konkretisiert werden,
Rechtsnormwirkung zukommen[26].

2. Gegenstand der Normsetzungsbefugnis

Fall 12: *Der vierundfünfzigjährige A, der seit 10 Jahren bei X beschäftigt ist, soll wegen nachlassender Leistungsfähigkeit gekündigt werden. Er beruft sich demgegenüber auf den für ihn geltenden − in Anhang 1 abgedruckten − Tarifvertrag.*

250   Nach § 1 TVG enthält der Tarifvertrag „Rechtsnormen, die den Inhalt, den
Abschluß und die Beendigung von Arbeitsverhältnissen sowie betriebliche
und betriebsverfassungsrechtliche Fragen ordnen können"[27]. Die Rechtsnormen des Tarifvertrages können ihre Wirkung *nur in Arbeitsverhältnissen*
entfalten. Personen, die nicht Arbeitnehmer sind, können Tarifverträgen
nicht unterliegen.

251   Zu den Arbeitnehmern im Sinne des Tarifrechts zählen aber nach § 12a TVG
in bestimmtem Umfang wegen ihrer wirtschaftlichen Abhängigkeit *arbeitnehmerähnliche Personen*. Praktisch gilt das vor allem für die sogenannten frei-
en Mitarbeiter der Rundfunkanstalten, die aufgrund selbständiger Dienst-
oder Werkverträge tätig sind. Auch für Heimarbeiter können aufgrund der
Regelung des § 17 Heimarbeitsgesetz Tarifverträge geschlossen werden.

a) Inhaltsnormen

252   Die Rechtsnormen des Tarifvertrages können alles regeln, was Inhalt des
Arbeitsverhältnisses sein kann. Gegenstand der Tarifverträge sind also nicht
nur Arbeitspflicht, insbesondere Arbeitszeit und Arbeitsentgelt, sondern
auch alle anderen mit Leistung und Gegenleistung zusammenhängenden
Bedingungen wie Urlaub, Freizeit, Haftung[28], Entgeltzahlung bei Arbeitsverhinderung[29] usw. Die Rechtsnormen des Tarifvertrages können dabei −
so die Regel − *gebietenden*, aber auch *verbietenden* Charakter haben, z.B. die
arbeitsvertragliche Vereinbarung von Konkurrenzklauseln ausschließen.

---

26 Beispiel einer solchen Protokollnotiz mit Rechtsnormwirkung ist die zu § 12; Beispiel ei-
    ner Protokollnotiz ohne Rechtsnormwirkung die zu § 8 des im Anhang 1 abgedruckten
    Manteltarifvertrages.
27 Siehe zu den Grenzen der Tarifmacht Rdnr. 291 ff.
28 Vgl. § 16 des im Anhang 1 abgedruckten Manteltarifvertrages.
29 Vgl. § 13 des im Anhang 1 abgedruckten Manteltarifvertrages.

b) Abschlußnormen

Als Abschlußnormen kommen einmal *Formvorschriften* für den Abschluß des   253
Arbeitsvertrages in Betracht. Solche Formvorschriften haben in aller Regel
aber keine konstitutive Wirkung, führen also nicht zur Nichtigkeit des Arbeitsvertrags gem. § 125 BGB, weil dies dem Arbeitnehmer, der ohne schriftlichen Arbeitsvertrag die Arbeit aufnimmt, nur Nachteile bringen würde.
Sie begründen lediglich die Verpflichtung, den Vertragsinhalt schriftlich
niederzulegen. Gewöhnlich kommt dies in der Formulierung der Tarifverträge auch zum Ausdruck[30].

Abschlußnormen können weiter *Verbote des Abschlusses* bestimmter Arbeits-   254
verträge enthalten. Zum Beispiel kann die Einstellung Jugendlicher auf bestimmten Arbeitsplätzen untersagt sein.

Schließlich kann der *Abschluß* von Arbeitsverträgen auch *geboten* werden, et-   255
wa kann der Tarifvertrag die Einstellung älterer Arbeitnehmer oder von Arbeitnehmern vorschreiben, die im Zuge von Rationalisierungsmaßnahmen
ihren Arbeitsplatz verloren haben. Auch das Gebot der Wiedereinstellung
von im Zuge eines Arbeitskampfes entlassenen Arbeitnehmern kommt in
Betracht. Die Durchsetzung solcher Abschlußverbote und Abschlußgebote
ist in erster Linie Sache des Betriebsrats gem. § 99 BetrVG[31].

c) Beendigungsnormen

Beendigungsnormen sind solche über Zulässigkeit und Modalitäten von   256
Kündigungen, aber auch andere Beendigungstatbestände, wie die der Befristung[32] oder die der Zweckerreichung.

Soweit Beendigungsnormen *Formvorschriften*, etwa für die Kündigung   257
Schriftform vorschreiben[33], sind sie konstitutiv gemeint. Die Nichtbeachtung der Form führt zur Nichtigkeit der Erklärung nach § 125 Satz 1 BGB.

Materiell können Beendigungsnormen *Kündigungsfristen* festlegen und das   258
Recht des Arbeitgebers zur *Kündigung beschränken*. Etwa kann für Arbeitnehmer mit bestimmtem Lebensalter und bestimmter Dauer der Betriebszugehörigkeit die ordentliche Kündigung ausgeschlossen werden[34].

---

30 Vgl. § 2.2.1 und 2.2 des im Anhang 1 abgedruckten Manteltarifvertrages.
31 Siehe dazu Rdnr. 645.
32 Siehe dazu § 26.
33 Vgl. § 4.1 des im Anhang 1 abgedruckten Manteltarifvertrages.
34 Vgl. § 4.4.4 des im Anhang 1 abgedruckten Manteltarifvertrages.

So liegt es im **Fall 12**: *Da A älter als 52 Jahre und seit über 3 Jahren bei X beschäftigt ist, kann er nur noch aus wichtigem Grund gekündigt werden. Nachlassende Leistungsfähigkeit, die an sich einen Grund für eine personenbedingte ordentliche Kündigung i.S.d. § 1 Abs. 2 KSchG[35] abgeben kann, reicht hierfür nicht aus. Erst bei gänzlicher Arbeitsunfähigkeit kommt eine Kündigung aus wichtigem Grund in Betracht.*

d) Betriebliche und betriebsverfassungsrechtliche Normen

259   Mit der Zulassung von Normen über betriebliche und betriebsverfassungsrechtliche Fragen eröffnet das TVG den Tarifvertragsparteien die Einflußnahme auf die rechtliche Ordnung in den Betrieben. Sie können Einrichtungen, Organisation und Arbeit der betriebsverfassungsrechtlichen Organe regeln („betriebsverfassungsrechtliche Fragen"). Dabei können sie insbesondere auch dem Betriebsrat zusätzliche oder weitergehende Mitbestimmungsrechte als nach dem BetrVG vorgesehen einräumen.

260   Ihre Normsetzungsbefugnis erstreckt sich auch auf die nähere betriebliche Ausgestaltung der Arbeitsverhältnisse und auf Angelegenheiten, die die Arbeitnehmer nicht als einzelne, sondern als Mitglieder der Belegschaft betreffen („betriebliche Fragen"). Etwa können betriebliche Arbeitszeitfragen auch durch Tarifvertrag geregelt werden[36]. Auf das Verhältnis tarifvertraglicher und betrieblicher Regelung wird weiter unten in Rdnr. 549 ff. noch eingegangen.

e) Normen über gemeinsame Einrichtungen

261   Nicht aus § 11, wohl aber aus § 4 Abs. 2 TVG ergibt sich die Möglichkeit von Rechtsnormen über gemeinsame Einrichtungen der Tarifvertragsparteien. Solche gemeinsamen Einrichtungen gibt es insbesondere in der Bauindustrie Etwa besteht dort eine Zusatzversorgungskasse, aus der die Arbeitnehmer der Bauindustrie eine zusätzliche Altersversorgung erhalten und an die die Arbeitgeber der Bauindustrie entsprechend Beiträge abzuführen haben.

262   Die Besonderheit der Norm über gemeinsame Einrichtungen besteht darin, daß sich die Rechtsnormwirkung auf die Beziehung der gemeinsamen Einrichtung zu den Arbeitnehmern und zu den Arbeitgebern erstreckt, also ihr unmittelbar Leistungspflichten auferlegt und Beitragsansprüche eingeräumt werden können.

---

35 Dazu Rdnr. 1327.
36 Vgl. die §§ 7 bis 10 des im Anhang 1 abgedruckten Manteltarifvertrages.

3. Geltungsbereich der Rechtsnormen

Die Tarifverträge schöpfen die gemeinsame Tarifzuständigkeit der Tarifver- 263
tragsparteien[37] gewöhnlich nicht aus, sondern legen sich einen einge-
schränkteren räumlichen, fachlichen und persönlichen Geltungsbereich bei.
Dabei werden bezeichnet:

- **als räumlicher Geltungsbereich** das Gebiet, für das der Tarifvertrag gel- 264
  ten soll, z.b. das Bundesgebiet, ein bestimmtes Bundesland oder – wie
  in § 1 des im Anhang 1 abgedruckten Manteltarifvertrages – ein bestimmter Regierungsbezirk.

- **als fachlicher Geltungsbereich** ihrer Art nach diejenigen Betriebe, die 265
  unter den Tarifvertrag fallen sollen, z.b. die Betrieb einer bestimmten
  Branche oder – wie in § 1 des im Anhang 1 abgedruckten Manteltarifvertrages – die Arbeitgeber, die Mitglied des tarifschließenden Arbeitgeberverbandes sind.

- **als persönlicher Geltungsbereich** diejenigen Arbeitnehmer, für die Ta- 266
  rifverträge gelten sollen, z.b. alle gewerblichen Arbeiter oder alle Angestellten oder – wie in § 1 des im Anhang 1 abgedruckten Manteltarifvertrages – alle Arbeiter *und* Angestellten, mit Ausnahme der leitenden
  Angestellten und der Auszubildenden.

4. Tarifgebundenheit

Fall 13: *X ist mit der Verkürzung der tariflichen Wochenarbeitszeit nicht zufrieden, welche
der Arbeitgeberverband, dem er angehört, vereinbart hat. Um zu hohen Belastungen und einem Fachkräftemangel zu entgehen, will er deshalb aus dem Arbeitgeberverband austre-
ten.*

a) Tarifgebundenheit im Regelfall

Der Tarifvertrag gilt grundsätzlich nur für die *beiderseits* tarifgebundenen Ar- 267
beitsverhältnisse, das heißt nur dann, wenn einerseits der Arbeitnehmer
Mitglied der tarifschließenden Gewerkschaft ist und andererseits der Arbeitgeber entweder selbst den Tarifvertrag abgeschlossen hat oder Mitglied des
tarifvertragschließenden Arbeitgeberverbandes ist (§ 3 Abs. 1 TVG).

Der Arbeitgeber ist also aufgrund des Tarifvertrages nicht verpflichtet, den 268
nichtorganisierten Arbeitnehmern die gleichen Leistungen zu gewähren wie

---

37 Dazu Rdnr. 241.

den organisierten. Eine solche Verpflichtung ergibt sich auch nicht aus dem arbeitsrechtlichen Gleichbehandlungsgrundsatz[38]. Sie kann vom Arbeitgeber nur im Arbeitsvertrag übernommen werden.

269   Damit sich niemand durch Austritt aus Arbeitgeberverband oder Gewerkschaft einem geltenden Tarifvertrag entziehen kann, bestimmt § 3 Abs. 3 TVG, daß die Tarifgebundenheit bestehen bleibt, bis der Tarifvertrag endet. Nur wenn die Tarifvertragspartei ganz aufgelöst wird, endet die Tarifgebundenheit sogleich[39].

> *Im* **Fall 13** *kann X, auch wenn er aus dem Arbeitgeberverband austritt, eine vom Tarifvertrag abweichende Arbeitszeitregelung frühestens mit Ablauf des Tarifvertrags erreichen. Freilich muß er damit rechnen, daß die Gewerkschaft von ihm den Abschluß eines Unternehmenstarifvertrages verlangt, der den gleichen Inhalt wie der Verbandstarifvertrag hat.*

b) Allgemeinverbindlicherklärung

270   Auf nicht tarifgebundene Arbeitgeber und Arbeitnehmer kann die Wirkung des Tarifvertrages durch Allgemeinverbindlicherklärung erstreckt werden (§ 5 TVG). Die Allgemeinverbindlicherklärung erfolgt durch das Bundesarbeitsministerium oder das Landesarbeitsministerium auf Antrag einer Tarifvertragspartei und im Einvernehmen mit einem aus je drei Vertretern der Spitzenorganisationen der Arbeitnehmer und Arbeitgeber bestehenden Ausschuß. Die staatliche Mitwirkung legitimiert sie gegenüber den nichtorganisierten Arbeitgebern und Arbeitnehmern[40].

271   Voraussetzung für die Allgemeinverbindlicherklärung ist im Regelfall, daß die tarifgebundenen Arbeitgeber mindestens 50% der unter den Regelungsbereich des Tarifvertrages fallenden Arbeitnehmer beschäftigen und daß die Allgemeinverbindlicherklärung im öffentlichen Interesse geboten ist. Unter öffentlichem Interesse ist dabei das Interesse an der *Durchsetzung angemessener Arbeitsbedingungen* auch für die bei nichtorganisierten Arbeitgebern beschäftigten Arbeitnehmer anzusehen; Lohndrückerei auf dem Weg über die nichtorganisierten Arbeitnehmer soll verhindert werden können. Auch das Interesse am Funktionieren einer gemeinsamen Einrichtung zählt noch dazu. Hingegen kann das öffentliche Interesse nicht mit Konkurrenzschutzerwägungen zugunsten der Arbeitgeber begründet werden. Das TVG ist kein Wettbewerbsgesetz sondern ein arbeitsrechtliches Gesetz[41]. Deshalb könnte

---

38 Siehe Rdnr. 152.
39 BAG vom 15 .10. 1986, AP Nr. 4 zu § 3 TVG = DB 1987, 590 = BB 1987, 403 = NZA 1987, 246 = EzA § 2 TVG Nr. 16.
40 BVerfG vom 24. 5. 1977 und 15. 7. 1980, AP Nr. 15 und 17 zu § 5 TVG.
41 BAG vom 24. 1. 1979, AP Nr. 16 zu § 5 TVG = DB 1979, 1365 = BB 1979, 1092 = EzA § 5 TVG Nr. 6.

ein Tarifvertrag, mit dem im Einzelhandel die Arbeitszeiten gegenüber dem Ladenschlußgesetz weiter beschränkt werden, nicht aus Wettbewerbsgründen mit dem Ziel einheitlicher Ladenöffnungszeiten für allgemeinverbindlich erklärt werden.

Mit der Allgemeinverbindlicherklärung erfassen die Rechtsnormen des Tarifvertrages in seinem räumlichen, fachlichen und persönlichen Geltungsbereich auch die bis dahin nicht tarifgebundenen Arbeitgeber und Arbeitnehmer (§ 5 Abs. 4 TVG). Erfaßt werden also nicht nur die bei organisierten Arbeitgebern beschäftigten, nichtorganisierten Arbeitnehmer, sondern auch die nichtorganisierten Arbeitgeber mit ihren Arbeitnehmern.   272

Die Allgemeinverbindlicherklärung des Tarifvertrages endet mit dessen Ablauf (§ 5 Abs. 5 Satz 3 TVG).   273

Für allgemeinverbindlich werden in der Regel die Tarifverträge der Bauwirtschaft erklärt, in der eine verhältnismäßig große Zahl kleinerer Unternehmer nicht organisiert ist. Insbesondere wird mit der Allgemeinverbindlichkeitserklärung auch das Funktionieren der gemeinsamen Einrichtungen der Bauindustrie[42] sichergestellt.   274

c) Tarifgebundenheit im Falle betrieblicher und betriebsverfassungsrechtlicher Normen

Tarifnormen über betriebliche und betriebsverfassungsrechtliche Fragen gelten nach § 3 Abs. 2 TVG auch ohne Allgemeinverbindlicherklärung für alle Arbeitnehmer der Betriebe, deren Arbeitgeber tarifgebunden ist. Die betriebseinheitliche Regelung ist bei diesen Normen praktisch notwendig und muß deshalb von den nichtorganisierten Arbeitnehmern hingenommen werden.   275

Allerdings darf § 3 Abs. 2 TVG nicht dazu genutzt werden, auch den *Inhalt* der Arbeitsverhältnisse nichtorganisierter Arbeitnehmer tariflich zu regeln. Inhaltsnormen können nur auf dem Weg über die Allgemeinverbindlicherklärung, an der der Staat mitwirkt, auf die Nichtorganisierten erstreckt werden. Die Rechtsprechung des BAG, nach der Arbeitgeber und Betriebsrat und im Streitfall der Einigungsstelle das Recht übertragen wird, unterschiedlich lange Wochenarbeitszeiten auch für die nichtorganisierten Ar-   276

---

42 Vgl. Rdnr. 261.

beitnehmer festzusetzen[43] begegnet deshalb verfassungsrechtlichen Bedenken[44].

d) Tarifkonkurrenz

277 Ausnahmsweise kann es dazu kommen, daß bestimmte Arbeitsverhältnisse gleichzeitig mehreren Tarifverträgen unterstehen. Fälle solcher Tarifkonkurrenz sind:

- Der Übertritt des Arbeitgebers in einen anderen Arbeitgeberverband. Dann gilt der Tarifvertrag des neuen Verbandes nach § 3 Abs. 1 TVG und der des alten Verbandes nach § 3 Abs. 3 TVG.

- Tarifverträge mehrerer Gewerkschaften über betriebliche oder betriebsverfassungsrechtliche Fragen. Dann gelten beide Tarifverträge nach § 3 Abs. 2 TVG.

- Die Allgemeinverbindlichkeit eines Tarifvertrages bei Bestehen anderer Tarifverträge im gleichen Geltungsbereich.

- Der Abschluß eines Unternehmenstarifvertrages durch ein bereits an einen Verbandstarifvertrag gebundenes Unternehmen.

- Der Abschluß eines Tarifvertrages durch eine Spitzenorganisation trotz Geltung von Tarifverträgen der Mitgliederverbände und umgekehrt.

278 Für die Lösung einer solchen Tarifkonkurrenz ist zunächst das *Prinzip der Tarifeinheit* maßgebend; es darf also in einem Betrieb immer nur ein Tarifvertrag denselben Gegenstand regeln. Unter den verschiedenen Tarifverträgen hat sodann der räumlich, fachlich und persönlich nähere den Vorrang (Spezialitätsprinzip). Läßt sich eine solche Spezialität nicht feststellen, gilt der Tarifvertrag, der die meisten Arbeitsverhältnisse in einem Betrieb erfaßt[45].

5. Inkrafttreten, Außerkrafttreten und Nachwirkung von Tarifvertragsnormen

Fall 14: *In Fall 13 hat sich X damit abgefunden, daß der Tarifvertrag auch für ihn trotz seines Austritts aus dem Verband weitergilt. Nachdem der Tarifvertrag abgelaufen ist, schöpft er neue Hoffnung. Er schreibt seinen Arbeitnehmern, ab sofort gelte wieder die 40-Stunden-Woche.*

---

43 BAG vom 18. 8. 1987, AP Nr. 23 zu § 77 BetrVG = DB 1987, 2257 = BB 1987, 2160 = NzA 1987, 779 = NJW 1988, 510 = EzA § 77 BetrVG 1972 Nr. 18.
44 *Löwisch*, SAE 1988, 97, 104 f.; *Buchner*, RdA 1990, 1, 3 ff.
45 Zu den Einzelheiten der Tarifkonkurrenz vgl. *Wiedemann/Stumpf*, TVG, 5. Aufl., § 4 Rdnr. 152.

a) Inkrafttreten und Außerkrafttreten

Die Rechtsnormen des Tarifvertrages treten mit dem im Tarifvertrag be-   279
stimmten Zeitpunkt in Kraft. Außer Kraft treten sie mit dem im Tarifvertrag
bestimmten Zeitpunkt oder aber – wenn der Tarifvertrag, wie in der Regel,
eine Beendigung durch Kündigung vorsieht – nach erfolgter Kündigung
mit Ablauf der Kündigungsfrist[46].

b) Nachwirkung

Gemäß § 4 Abs. 5 TVG gelten die Rechtsnormen eines Tarifvertrages solan-   280
ge weiter, bis sie durch eine *andere Abmachung* ersetzt werden. Die bis zum
Ablauf des Tarifvertrages geltende Regelung des Arbeitsverhältnisses wird
aufrechterhalten, kann aber nicht nur durch einen neuen Tarifvertrag, sondern auch durch eine Betriebsvereinbarung nach § 77 BetrVG, einer Richtlinie nach § 28 Abs. 2 SprAuG und eine Dienstvereinbarung nach den Personalvertretungsgesetzen, aber auch durch eine arbeitsvertragliche Abrede
zwischen Arbeitgeber und Arbeitnehmer aufgehoben werden.

> *Daraus ergibt sich die Lösung von* **Fall 14***: X bleibt weiterhin an die tarifliche Arbeitszeit ge-*
> *bunden, kann aber mit seinen Arbeitnehmern eine längere Arbeitszeit vereinbaren. Sind diese*
> *damit nicht einverstanden, kann er den Versuch machen, mit einer Änderungskündigung[47]*
> *sein Ziel zu erreichen. Die Nachwirkung kann sich (z. B. bei gekündigten Manteltarifen) über*
> *Jahre erstrecken, wenn die Tarifparteien sich über den Inhalt eines neuen Vertrages nicht eini-*
> *gen können.*

6. *Anmeldung zum Register und Auslegung des Tarifvertrages*

Ohne daß davon das Inkrafttreten des Tarifvertrages abhängig wäre, ist der   281
Tarifvertrag dem Tarifregister, welches beim Bundesarbeitsministerium
oder bei den Landesarbeitsministerien geführt wird, mitzuteilen (§ 6 TVG
mit § 14 der DVO zum TVG) und im Betrieb an geeigneter Stelle, das heißt
dort, wo die Arbeitnehmer ohne besondere Mühe von ihm Kenntnis nehmen können, auszulegen oder auszuhängen (§ 8 TVG).

Die Auslegung soll den Arbeitnehmern die Möglichkeit geben, sich über die   282
für sie geltenden Tarifverträge zu informieren. § 8 TVG ist deshalb ein den
Schutz der Arbeitnehmer bezweckendes Gesetz i.S.d. § 823 Abs. 2 BGB[48].

---

46 Vgl. etwa § 21.21.3 des im Anhang 1 abgedruckten Manteltarifvertrages.
47 Dazu Rdnr. 1392 ff.
48 Anders die ganz herrschende Meinung vgl. BAG vom 6. 7. 1972, AP Nr. 1 zu § 8 TVG =
    DB 1972, 1782 = BB 1972, 1273; *Wiedemann/Stumpf*, TVG, 5. Aufl., § 8 Rdnr. 2 m.w.N.

Versäumt der Arbeitnehmer eine tariflich vorgesehene Frist, weil er vom Tarifvertrag keine Kenntnis nehmen konnte, ist er nach § 249 BGB so zu stellen, als habe er die Frist nicht versäumt.

7. Wirkung der Tarifvertragsnormen

Fall 15: *A ist bei der Firma X als Schlosser angestellt. In seinem Arbeitsvertrag steht: „Nach Beendigung des Arbeitsverhältnisses gelten alle gegenseitigen Ansprüche als erledigt, wenn sie nicht binnen einer Ausschlußfrist von zwei Wochen geltend gemacht werden." A kündigt das Arbeitsverhältnis. Drei Wochen später entdeckt er, daß sein Lohn drei Monate lang nicht richtig abgerechnet worden ist. Als er die Differenz geltend macht, weist die Firma auf die Klausel des Arbeitsvertrages hin. A meint demgegenüber, im Tarifvertrag stehe von solchen Ausschlußfristen nichts.*

a) Unmittelbare und zwingende Wirkung

283   Die Tarifvertragsnormen wirken unmittelbar und zwingend (§ 4 Abs. 1 TVG): Durch sie werden die unter den Tarifvertrag fallenden Arbeitsverhältnisse so ausgestaltet, wie es dem Tarifvertrag entspricht: Abweichendes wird verdrängt, Fehlendes wird ergänzt.

b) Günstigkeitsprinzip

284   Die Tarifvertragsnormen sind jedoch nur Mindestbedingungen. Den Parteien des Arbeitsverhältnisses steht es nach § 4 Abs. 3 TVG frei, bessere Arbeitsbedingungen, als sie der Tarifvertrag vorsieht, zu vereinbaren. Das Günstigkeitsprinzip, mit dem das Gesetz der Vertragsautonomie Geltung verschafft[49], kann von den Tarifvertragsparteien nicht ausgeschlossen werden.

285   Die Frage, ob eine arbeitsvertragliche Regelung günstiger ist als die tarifvertraglich vorgesehene, ist oft nicht leicht zu entscheiden. Die bisher herrschende Meinung beurteilt die Günstigkeit nach einem Maßstab, der objektive und subjektive Elemente kombiniert: Es kommt zwar einerseits darauf an, wie ein verständiger Arbeitnehmer unter Berücksichtigung der Umstände des Einzelfalles die Bestimmung des Arbeitsvertrags im Vergleich zu der des Tarifvertrags einschätzen würde. Um den Schutzzweck des Tarifvertrags zu wahren, wird aber andererseits der Vergleich auf sachlich eng zusammenhängende Bestimmungen von Tarifvertrag und Arbeitsvertrag beschränkt, also eine Kompensation untertariflicher Bestimmungen auf dem

---

49 Siehe Rdnr. 110.

einen Feld durch übertarifliche auf einem anderen Feld weitgehend ausgeschlossen. Etwa kann untertariflicher Lohn nicht durch übertariflichen Urlaub ausgeglichen werden[50].

Dieses traditionelle Verständnis des Günstigkeitsprinzips wird zunehmend in Zweifel gezogen. Im Zusammenhang mit der fortschreitenden Arbeitszeitverkürzung wird die Auffassung vertreten, für den einzelnen Arbeitnehmer könne es günstiger sein, über die tarifliche Arbeitszeit hinaus zu arbeiten und damit mehr Verdienst zu erzielen[51]. Ich halte die herrschende Meinung nach wie vor für richtig, und zwar auch in dem in die Diskussion gebrachten Fall der Arbeitszeitverkürzung. Den Gewerkschaften kann nicht verwehrt werden, die Ausweitung der Freizeit der Arbeitnehmer zum Gegenstand ihrer Forderung und, wenn sie sich damit durchsetzen, zum Schutzgegenstand des Tarifvertrages zu machen. Dieser Schutzzweck muß dann auch gewahrt werden, so daß das Mehr an Entgelt, welches bei Arbeit über die im Tarifvertrag vorgesehene Dauer hinaus erzielt wird, nicht im Sinne des Günstigkeitsprinzips zu Buch schlagen kann[52]. Der Schutzzweck der tariflichen Regelung bleibt allerdings unberührt, wenn sich die arbeitsvertragliche Abmachung darauf beschränkt, dem Arbeitnehmer die Möglichkeit einzuräumen, freiwillig länger zu arbeiten, denn dann kann er jederzeit unter den Schutz des Tarifvertrages zurückkehren[53].

c) Abweichung zu Ungunsten des Arbeitnehmers

Eine Abweichung von den Rechtsnormen des Tarifvertrages zu Ungunsten des Arbeitnehmers ist nach § 4 Abs. 3 TVG auch dann möglich, wenn sie der Tarifvertrag gestattet. Eine solche Gestattung kann sowohl gegenüber den Parteien der Betriebsvereinbarung wie gegenüber den Parteien des Arbeitsvertrages ausgesprochen werden. In Betracht kommt etwa, daß einem sanierungsbedürftigen Unternehmen für einen bestimmten Zeitraum gestattet wird, die Tariflöhne zu unterschreiten. **286**

d) Verzicht, Verwirkung, Ausschlußfrist

Der Arbeitnehmer kann auf entstandene tarifliche Rechte *nicht wirksam verzichten*. Das gilt auch für einen von ihm abgeschlossenen Vergleich, soweit dieser einen Verzicht auf entstandene tarifliche Rechte enthält. Ein solcher Vergleich wird nur wirksam, wenn er von den Tarifvertragsparteien gebil- **287**

---

50 *Wlotzke*, Das Günstigkeitsprinzip im Verhältnis des Vertrags zum Einzelarbeitsvertrag und zur Betriebsvereinbarung, 1957, S. 78 f.; *Wiedemann/Stumpf*, § 4 Anm. 240; *Däubler/Hege*, Tarifvertragsrecht, 2. Aufl. 1981 Rdnr. 128.
51 Siehe vor allem *Buchner*, a.a.O., RdA 1990, 8 ff.; *Zöllner*, DB 1989, 2121 ff. und zuvor schon *Joost*, a.a.O., ZfA 1984, 143.
52 Zutreffend insoweit LAG Baden-Württemberg vom 14. 6. 1989, DB 1989, 2028.
53 Siehe für das Verhältnis tariflicher und arbeitsvertraglicher Bestimmungen über die Lage der Arbeitszeit in diesem Sinne *Löwisch*, DB 1989, 1187; a.A. *Leinemann*, Wirkungen von Tarifverträgen und Betriebsvereinbarungen auf das Arbeitsverhältnis, DB 1990, 732, 734.

ligt wird (§ 4 Abs. 4 Satz 1 TVG). Das gilt auch für sogenannte Ausgleichsquittungen, soweit sie einen Erlaß bestehender tariflicher Ansprüche beinhalten[54].

288   Ebensowenig kann sich der Arbeitgeber darauf berufen, der Arbeitnehmer habe seine Rechte solange nicht geltend gemacht, daß davon ausgegangen werden müsse, er habe sie nicht mehr geltend machen wollen: Eine solche *„Verwirkung"* wie sie sonst bei privatrechtlichen Ansprüchen in Betracht kommt[55], ist bei tariflichen Rechten ausgeschlossen (§ 4 Abs. 4 Satz 2 TVG).

289   Schließlich können arbeitsvertraglich auch *keine Ausschlußfristen* für tarifliche Rechte vereinbart werden (§ 4 Abs. 4 Satz 3 TVG). Wirksam sind nur tarifvertraglich vorgesehene Ausschlußfristen, die freilich sehr kurz sein können[56].

> *Im* **Fall 15** *hat A also Recht: Wenn der Tarifvertrag nichts über Ausschlußfristen enthält, können solche im Arbeitsvertrag für tarifliche Rechte nicht wirksam vereinbart werden.*

290   Alle diese Einschränkungen gelten aber nur für tarifgebundene Arbeitnehmer, nicht für diejenigen, denen der Arbeitgeber nur aufgrund des Arbeitsvertrages die gleichen Leistungen gewährt wie den tarifgebundenen.

8. Grenzen der Tarifmacht

> **Fall 16:** *Die bei der Firma X angestellten A und B gehören derselben Tarifgruppe an und erhalten eine übertarifliche Zulage, die unterschiedlich hoch ist. Bei A beträgt sie DM 100,—, bei B DM 200,—. Als die Tarifgehälter um DM 200,— erhöht werden, will X die übertarifliche Zulage streichen, weil er ansonsten die Rentabilität des Betriebs gefährdet sieht.*
>
> *a) A und B sind der Meinung, die Streichung der Zulage erfordere eine Änderungskündigung und bedürfe deshalb eines Kündigungsgrundes i.S.d. § 2 i.V.m. § 1 Abs. 2 KSchG. Demgegenüber beruft sich X auf folgende Klausel im Tarifvertrag: „Auf die sich aus diesem Tarifvertrag ergebenden Erhöhungen können alle übertariflichen Zulagen einschließlich Leistungszulagen angerechnet werden."*
>
> *b) A und B berufen sich darauf, daß der Tarifvertrag die Klausel enthält: „Die tarifliche Erhöhung muß bei jedem Arbeitnehmer voll wirksam werden."*
>
> **Fall 17:** *A, der von den Erträgnissen seines im wesentlichen auf Spar- und Festgeldkonten angelegten Vermögens von DM 500 000,— lebt, ist der Auffassung, die letzte Tarifrunde in der Metallindustrie habe die Inflation entscheidend beschleunigt und ihm damit Geldwertverluste*

---

54 Zur Ausgleichsquittung siehe Rdnr. 969.
55 *Palandt/Heinrichs*, § 242 Anm. 5.
56 Vgl. § 18.1.1 und 1.2 des im Anhang 1 abgedruckten Manteltarifvertrages.

von mindestens DM 30 000, – zugefügt. Diese verlangt er gemäß § 826 BGB von der IG Metall und den Arbeitgebern der Metallindustrie ersetzt.

a) Bindung an das Grundgesetz

Wie Rdnr. 139 ausgeführt, sind die Tarifvertragsparteien als Normsetzer an das Grundgesetz gebunden. Die Rechtsnormen des Tarifvertrags müssen sich daher insbesondere im Rahmen der Grundrechte halten.

291

b) Bindung an sonstiges staatliches Recht

Der Tarifvertrag ist auch sonst die gegenüber dem staatlichen Recht schwächere Rechtsquelle. Wo die Rechtsnormen des Tarifvertrages einem Gesetz oder einer Verordnung widersprechen, gehen die letzteren vor. Deshalb kann der Gesetzgeber die Normsetzungsbefugnis nach § 1 TVG[57] beschneiden, indem er spezialgesetzlich Tarifsperren errichtet. So liegt es etwa bei der Organisation der Betriebsverfassung nach § 3 BetrVG. Ein solcher Widerspruch liegt bei unterschiedlicher, gesetzlicher und tarifvertraglicher Regelung desselben Gegenstandes aber nur vor, wenn das staatliche Recht zwingend ist. Ist es dispositiv[58], sind die Rechtsnormen des Tarifvertrags gültig.

292

c) Begrenzung aus dem Zweck

Der Tarifvertrag hat die Aufgabe, eine wirksame Vertretung der Interessen der Arbeitnehmer gegenüber dem Arbeitgeber zu ermöglichen. Nicht soll er das Verhalten des Arbeitnehmers außerhalb des Arbeitsverhältnisses regeln. Deshalb sind tarifliche Bestimmungen unzulässig, die dem Arbeitnehmer die Verwendung des Arbeitsentgelts vorschreiben, ihn etwa verpflichten, einen bestimmten Betrag als Gewerkschaftsbeitrag abzuführen.

293

Nicht mehr vom Zweck der Tarifmacht gedeckt sind auch Bestimmungen, die die eine Seite in den Dienst der koalitionspolitischen Zwecke der anderen Seite stellen wollen. Auch aus diesem Grund sind Tarifausschlußklauseln und Differenzierungsklauseln[59] unwirksam[60].

294

*Auch im **Fall 16 a** ist die Tarifmacht überschritten. Das Ziel einer solchen negativen Effektivklausel, den Arbeitgeber von einer eingegangenen arbeitsvertraglichen Verpflichtung zur*

---

57 Dazu Rdnr. 250.
58 Vgl. Rdnr. 42.
59 Zur Unvereinbarkeit einer Ungleichbehandlung mit Art. 9 Abs.3 GG vgl. Rdnr. 124.
60 BAG, GS vom 29 .11. 1967, AP Nr. 13 zu Art. 9 GG Teil IV, VII = DB 1968, 1539 = BB 1968, 993 = NJW 1968, 1903.

Zahlung eines übertariflichen Entgelts zu befreien und ihn der Notwendigkeit einer Änderungskündigung zu entheben, verfehlt den Arbeitnehmerschutz[61].

Unzulässig ist auch die Klausel in **Fall 16 b:** *Eine solche „positive Effektivklausel" verstößt gegen Art. 3 Abs. 1 GG, weil sie durch die einheitliche Festschreibung der unterschiedlich hohen Zulagen den Arbeitnehmern trotz gleicher Tarifgruppe unterschiedliche tarifliche Vorteile gewährt. Dabei kommt es nicht darauf an, ob eine solche „positive Effektivklausel" so gemeint ist, daß die bisherigen übertariflichen Zulagen Tariflohn werden („sogenannte Effektivgarantieklausel") oder nur so, daß eine Streichung der Zulage aus Anlaß der Tariflohnerhöhung verboten wird („sogenannte begrenzte Effektivklausel"), denn auch in letzterem Fall hat der Arbeitnehmer mit der höheren Zulage einen größeren Vorteil als mit der der geringeren[62].*

d) Keine Gemeinwohlbindung

295   Die Tarifautonomie funktioniert nach dem Gegengewichtsprinzip. Durch Spiel und Gegenspiel im Mechanismus des Tarifvertrages soll es zu einer ausgewogenen, den Interessen beider Seiten und gleichzeitig den Interessen der Allgemeinheit Rechnung tragenden Regelung kommen. Damit verträgt sich eine Bindung des Tarifvertrages an staatliche Vorgaben, insbesondere staatliche Gemeinwohlvorstellungen nicht. Die mit solchen Vorgaben notwendig einhergehende Kontrolle liefe auf eine Tarifzensur hinaus, die auf den Einigungsprozeß zurückschlüge, weil beide Seiten von vornherein die mögliche Kontrolle einkalkulieren würden. Daß die Tarifverträge von Fall zu Fall den Vorstellungen der Allgemeinheit über die richtige Lohn- und Arbeitsmarktpolitik zuwiderlaufen, muß deshalb in Kauf genommen werden[63].

In **Fall 17** *kommt A mit seinen Schadensersatzansprüchen also nicht durch. Dem Bürger kann es, wie das der BGH formuliert hat[64] nicht gestattet sein, die Tarifautonomie durch Unterlassungs- und Ersatzansprüche einzuengen. Die Rechtsordnung findet sich bewußt damit ab, daß Tarifverträge im Einzelfall ungünstige Auswirkungen auf die Währungsentwicklung und damit auch das Geldvermögen der Bürger haben können.*

---

61 BAG vom 18. 8. 1971, AP Nr. 8 zu § 4 TVG „Effektivklausel" = DB 1971, 1366 = BB 1971, 1366 = NJW 1971, 78 mit der Begründung, eine solche negative Effektivklausel setze eine Höchstarbeitsbedingung.
62 BAG vom 14. 2. 1968, AP Nr. 7 zu § 4 TVG „Effektivklausel" = DB 1968, 133 = BB 1968, 665 = NJW 1968, 1936 = JuS 1969, 390.
63 Siehe dazu *Löwisch* in MünchArbR § 239 Rdnr. 65 ff. m.w.N.
64 BGH vom 14. 3. 1978, NJW 1978, 2031.

IV. Schuldrechtliche Pflichten der Tarifvertragsparteien

1. *Friedenspflicht*

a) Relative Friedenspflicht

Dem Sinn des Tarifvertrages, die Mindestarbeitsbedingungen für einen be-   296
stimmten Zeitraum bindend festzulegen, würde es widersprechen, könnten
die Tarifvertragsparteien während dieses Zeitraums die Geltung der Mindestarbeitsbedingungen einseitig wieder in Frage stellen. Jedem Tarifvertrag
ist deshalb die „relative Friedenspflicht" immanent: Während der Laufzeit
des Tarifvertrags darf keine der Tarifvertragsparteien gegen die andere
Kampfmaßnahmen ergreifen, um eine Änderung der im Tarifvertrag festgelegten Arbeitsbedingungen oder jetzt schon deren Neuregelung für die Zukunft zu erreichen[65].

Als „relativ" bezeichnet man die jedem Tarifvertrag immanente Friedens-   297
pflicht, weil sie sich gegenständlich nur soweit erstreckt, wie der betreffende
Tarifvertrag reicht. So hindert zum Beispiel die aus einem laufenden Manteltarifvertrag fließende relative Friedenspflicht nicht den Arbeitskampf um einen Lohntarifvertrag, wenn der vorherige Lohntarifvertrag abgelaufen
ist[66].

Die relative Friedenspflicht kann durch Schlichtungsabkommen zeitlich   298
über den Ablauf des Tarifvertrages hinaus erstreckt werden[67].

b) Absolute Friedenspflicht

Möglich, freilich in Deutschland nicht praktiziert, ist auch die Vereinbarung   299
einer „absoluten Friedenspflicht", die für einen bestimmten Zeitraum jeden
Arbeitskampf verbietet. Eine solche absolute Friedenspflicht enthält das
Friedensabkommen für die Schweizer Maschinen- und Metallindustrie[68].

---

65 Zu den Folgen eines Verstoßes gegen die Friedenspflicht siehe Rdnr. 376 ff.
66 Im Einzelfall kann diese Frage schwierig zu beantworten sein. Betrifft die Forderung nach
    Arbeitszeitverkürzung bei vollem Lohnausgleich nur den die Arbeitszeit betreffenden
    Manteltarifvertrag oder auch den Lohntarifvertrag? – Vgl. zu diesem Problem NZA 1988,
    Beilage 2 mit mehreren Urteilen von Landesarbeitsgerichten und Beiträgen von *Planck*,
    Bobke/Krimberg und *Löwisch*.
67 Siehe dazu Rdnr. 325.
68 *Schmid*, Die heutige Bedeutung des Friedensabkommens, Heft 8 der Reihe Diskussions-
    papiere des Forschungsinstituts für Arbeit und Arbeitsrecht an der Hochschule St. Gal-
    len, 1987.

2. *Durchführungspflicht*

Fall 18: *X, dem die von seinem Arbeitgeberverband vereinbarten Tariflöhne zu hoch sind, bezahlt seine Arbeitnehmer 5% unter Tarif. Weil sie Entlassungen fürchten, trauen die Arbeitnehmer sich nicht, den Tariflohn zu fordern und einzuklagen. Sie wenden sich an ihre Gewerkschaft.*

300   Aus dem Sinne des Tarifvertrages folgt die Pflicht der Tarifvertragsparteien, dafür zu sorgen, daß die Rechtsnormen des Tarifvertrags von den Tarifgebundenen in der Praxis auch tatsächlich angewandt werden. Wenn etwa die tariflichen Arbeitsbedingungen von einem Arbeitgeber dauernd unterschritten werden, so ist der Arbeitgeberverband verpflichtet, dagegen einzuschreiten.

Daraus ergibt sich die Lösung von **Fall 18**: *Die Gewerkschaft kann von dem Arbeitgeberverband als ihrem Vertragspartner verlangen, daß er für die Einhaltung des Tarifvertrages durch seine Mitglieder sorgt. Diese Durchführungspflicht kann gerichtlich mit der Leistungsklage durchgesetzt werden*[69].

3. *Weitere Pflichten*

301   Den Tarifvertragsparteien steht es frei, weitere Pflichten zu vereinbaren. Etwa können Informationspflichten oder die Pflicht zu Gesprächen auch während des Laufs eines Tarifvertrages festgelegt werden.

302   Doch dürfen auf dem Weg über den schuldrechtlichen Teil nicht die Grenzen umgangen werden, die ihrer Normsetzungsbefugnis gezogen sind. So wäre etwa auch eine schuldrechtliche Verpflichtung, Differenzierungsklauseln einzuführen, nichtig[70].

4. *Adressaten der Rechte und Pflichten*

303   Schuldrechtlich aus dem Tarifvertrag *verpflichtet* sind die tarifschließenden Koalitionen und der Arbeitgeber, der selbst Partei des Tarifvertrages ist.

---

69 Die Vollstreckung kann dann gem. § 890 ZPO erfolgen. Damit entfällt auch der gegen die Leistungsklage erhobene Einwand, der zur Einwirkung verpflichteten Tarifvertragspartei könnten keine bestimmten verbandsrechtlichen Maßnahmen der Einwirkung vorgeschrieben werden. Denn der Tarifvertragspartei bleibt bei der Einhaltung des Urteils die Auswahl der konkreten Einwirkungsmaßnahmen erhalten. Die Möglichkeit der Leistungsklage macht dann die Feststellungsklage unzulässig, die das BAG bislang als den einzig möglichen Weg ansieht. – Vgl. BAG vom 9. 6. 1982, AP Nr. 1 zu § 1 TVG Durchführungspflicht = DB 1982, 2522 = BB 1983, 1796 und vom 3. 2. 1988, DB 1988, 1171.

70 *Hanau/Adomeit*, C II 6 c; a.A. *Zöllner*, § 35 V 3.

Dies gilt auch für die Spitzenorganisationen, auch wenn sie nur im Namen ihrer Mitgliedsverbände gehandelt haben. Umgekehrt haften die Mitgliedsverbände auch dann, wenn die Spitzenverbände im eigenen Namen gehandelt haben.

Berechtigt aus dem Tarifvertrag sind die jeweiligen Tarifvertragsparteien. Da   304
der Tarifvertrag aber die Interessen ihrer Mitglieder verfolgt, ist er als Vertrag zugunsten Dritter i.S.d. § 328 BGB anzusehen. Die Mitglieder haben also auch direkte Ansprüche gegen die jeweils andere Tarifvertragspartei[71].

V. Rechtslage in der DDR

Wie im Staatsvertrag über die Währungs-, Wirtschafts- und Sozialunion vor   305
gesehen, hat die DDR das Tarifvertragsgesetz bereits zum 1. Juli 1990 auch für das Gebiet der DDR in Kraft gesetzt.

VI. Kontrollfragen

Frage 17: Was ist ein Manteltarifvertrag?

Frage 18: Können Spitzenorganisationen Tarifverträge abschließen?

Frage 19: Wer ist tarifgebunden?

Frage 20: Wie wirken die Tarifverträge auf die Arbeitsverhältnisse ein?

Frage 21: Was versteht man unter tarifdispositivem Recht?

Frage 22: Was bedeutet „relative" Friedenspflicht im Unterschied zur „absoluten" Friedenspflicht?

---

71 BAG vom 31 .10. 1958, AP Nr. 2 zu § 2 TVG Friedenspflicht.

§ 8 Schlichtungsrecht

Literaturangaben: *Herschel*, Der politische Schlichter, BB 1979, 485 ff.; *Kirchner*, Die neue Schlichtungs- und Schiedsvereinbarung für die Metallindustrie, RdA 1980, 129 ff.; *Löwisch/Rumler*, Schlichtungs- und Arbeitskampfrecht, Teil II, 1989; *Löwisch*, Stichwort Schlichtung, Staatslexikon, 7. Aufl. (1988) unter 2; *Rüthers*, Tarifautonomie und gerichtliche Zwangsschlichtung (1973).

I. Schlichtung und Tarifvertragsordnung

1. Tariflicher Regelungsstreit als Gegenstand der Schlichtung

306   Die Schlichtung dient der Konfliktlösung in der Tarifvertragsordnung im Wege der Verhandlungsförderung[1]. Gegenstand der Schlichtung ist ein tariflicher Regelungsstreit. Die Schlichtung unterscheidet sich damit vom arbeitsgerichtlichen, aber auch vom schiedsgerichtlichen Verfahren. Deren Gegenstand ist die Entscheidung von Rechtsstreitigkeiten, zu denen auch der Streit über das Bestehen eines Tarifvertrages, über die Auslegung einer Tarifvertragsbestimmung oder über die Verletzung einer tariflichen Pflicht gehört (vgl. §§ 2a Abs. 1 Nr. 1, 101 Abs. 1 ArbGG).

2. Schlichtungsspruch als Tarifvertrag

307   Ergeht im Schlichtungsverfahren ein Schlichtungsspruch, der verbindlich ist, so hat er die Wirkung eines Tarifvertrags: Er legt wie dieser Rechte und Pflichten der beteiligten Tarifvertragsparteien, insbesondere die Friedenspflicht und die Durchführungspflicht fest. Soweit er den Inhalt, den Abschluß oder die Beendigung von Arbeitsverhältnissen oder betriebliche und betriebsverfassungsrechtliche Fragen oder auch gemeinsame Einrichtungen regelt, entfaltet er wie der Tarifvertrag Rechtsnormwirkung[2].

---

1 Siehe Rdnr. 247.
2 BAG vom 24. 2. 1988, AP Nr. 2 zu § 1 TVG Tarifverträge: Schuhindustrie = DB 1988, 1323 = BB 1988, 1822 = NZA 1988, 553.

II. Staatliche und vereinbarte Schlichtung

Rechtsgrundlage der Schlichtung kann entweder eine staatliche Regelung   308
oder eine Vereinbarung zwischen den Tarifvertragsparteien, ein sogenanntes Schlichtungsabkommen, sein.

1. Staatliche Schlichtung

Das staatliche Schlichtungsrecht ist heute im Kontrollratsgesetz Nr. 35 vom   309
20. 8. 1946, das als Bundesrecht fortgilt[3], sowie in dazu ergangenen Verfah-
rensregeln der Bundesländer enthalten[4]. Lediglich im früheren Land Baden
gilt eine eigene Landesschlichtungsordnung vom 19 .10. 1949[5].

Art. IV, V KRG Nr. 35 sehen die Errichtung von Schiedsausschüssen bei den   310
Landesarbeitsbehörden vor, die aus einem Vorsitzenden und bis zu fünf
Beisitzern jeder Seite bestehen.

Der *Vorsitzende* wird von den Landesarbeitsbehörden für jedes Schlich-   311
tungsverfahren aus einer Vorsitzendenliste ausgewählt und bestellt (Art. VI
Abs. 1 KRG Nr. 35). Er bedarf nach Art. IX Abs. 2 KRG Nr. 35 der Billigung
beider Parteien.

Die *Einleitung des Schlichtungsverfahrens* erfolgt dadurch, daß die Parteien den   312
zu schlichtenden Konflikt der Arbeitsbehörde des Landes mit der Maßgabe
mitteilen, ihn dem Schiedsausschuß zu übergeben (Art. II Abs. 1 KRG
Nr. 35). Geht die Mitteilung nur von einer der Parteien aus, darf die Arbeitsbehörde sie dem Schiedsausschuß nur unterbreiten, wenn auch die andere
Partei zustimmt (Art. VIII KRG Nr. 35). Der Schiedsausschuß hat in jeder
Lage des Verfahrens auf eine Einigung der Parteien hinzuwirken. Kommt eine Einigung zustande, so ist sie schriftlich niederzulegen und von den Parteien zu unterschreiben. Kann der Schiedsausschuß keine Einigung erzielen, hat er einen Schiedsspruch zu fällen, der schriftlich niederzulegen ist
(Art. IX Abs. 5 Satz 2 KRG Nr. 35). Für den Schiedsspruch genügt die einfache Mehrheit (Art. IX Abs. 5 Satz 1 KRG Nr. 35), so daß der Vorsitzende re-

---

3 Das Kontrollratsgesetz Nr. 35 gilt nach Art. 123 Absatz 1 GG auch über den ersten Zusam-
   mentritt des Bundestages am 7. September 1949 hinaus fort. Da es innerhalb aller Besat-
   zungszonen einheitlich gegolten und auch früheres Reichsrecht, nämlich das Arbeitsord-
   nungsgesetz nach dem 8. Mai 1945 abgeändert hat, kommt ihm gem. Art. 125 Nr. 1 und 2
   GG der Rang von Bundesrecht zu.
4 Abgedruckt bei *Nipperdey*, I Nr. 520 sowie bei *Löwisch/Rieble*, Anhang 1.
5 Abgedruckt bei *Nipperdey*, I Nr. 521 sowie bei *Löwisch/Rieble*, Schlichtungs- und Arbeitskampfrecht, Anhang 2.

gelmäßig den Ausschlag geben kann. Der Schiedsspruch ist aber nur dann verbindlich, wenn entweder die Parteien sich ihm vorab unterworfen haben oder wenn sie nachträglich die Annahme erklären (Art. X KRG Nr. 35).

313   Von der Möglichkeit der staatlichen Schlichtung wird heute nur beschränkt Gebrauch gemacht. In der Zeit von 1980 bis 1987 sind von fast 56 000 Tarifvertragsabschlüssen nur 130 Schlichtungsverfahren vor den Landesschlichtern durchgeführt worden[6].

2. Vereinbarte Schlichtung

314   Ganz im Vordergrund stehen heute die tariflichen Schlichtungsabkommen. Die meisten größeren Wirtschaftszweige und der öffentliche Dienst haben solche Schlichtungsabkommen vereinbart. Sie erfassen rund 65% der den tariflichen Regelungen unterliegenden Arbeitnehmer[7].

315   Die Schlichtungsabkommen legen Rechte und Pflichten der Tarifparteien hinsichtlich der Einlassung auf das Schlichtungsverfahren und hinsichtlich seiner Durchführung fest. Sie sind damit Tarifverträge i.S.d. § 1 Abs. 1 TVG und bedürfen zu ihrer Wirksamkeit nach § 1 Abs. 2 TVG der Schriftform.

316   Die Schlichtungsabkommen sehen in unterschiedlicher Form die Bildung regionaler und zentraler Schlichtungsstellen vor. Gewöhnlich richten sich Bildung und Zuständigkeit der Schlichtungsstellen nach dem räumlichen Geltungsbereich der Tarifverträge, so daß die zentrale Schlichtungsstelle nur für Streitigkeiten über einen bundesweiten Tarifvertrag zuständig ist. Aber es kommt auch vor, daß die zentrale Schlichtungsstelle bei regionalen Streitigkeiten eingeschaltet werden kann, sei es als Berufungsinstanz gegenüber Schlichtungssprüchen der regionalen Schlichtungsstellen, sei es als besondere Schlichtungsstelle für Schlichtungsverfahren während eines Arbeitskampfes.

317   Den Schlichtungsstellen gehören eine gleiche Anzahl von Beisitzern beider an dem tariflichen Regelungsstreit beteiligten Parteien an. Regelmäßig werden diese für das jeweilige konkrete Schlichtungsverfahren bestimmt. In den meisten Fällen sehen die Schlichtungsabkommen den Einsatz eines un-

---

6 Vgl. *Löwisch/Rumler*, a.a.O. Rdnr. 124.
7 Auskunft des Bundesministeriums für Arbeit und Sozialordnung vom 23. 6. 1988; 1976 waren es rund 63%, vgl. *Dütz*, RdA 1978, 298; die wichtigsten dieser Schlichtungsabkommen, nämlich die für den öffentlichen Dienst, für das Baugewerbe, für die Metallindustrie, für die Chemische Industrie und für die Druckindustrie sind abgedruckt bei *Löwisch/Rumler*, a.a.O. Anhang 3 bis 7.

parteiischen stimmberechtigten Vorsitzenden vor, der im Nichteinigungsfalle eine Entscheidung über einen Schlichtungsspruch herbeiführen
kann.

Alle Schlichtungsabkommen streben naturgemäß eine Einigung beider Seiten über die
Person des Vorsitzenden an. Kommt eine Einigung nicht zustande, so sind die Aus-
wahlverfahren unterschiedlich. Teilweise ist vorgesehen, daß in diesem Falle der Vorsitzende von einer dritten Stelle bestimmt wird. Teilweise wird in diesem Fall von jeder
Seite ein Vorsitzender benannt und über die Stimmberechtigung der beiden Vorsitzenden entweder durch Einigung, durch Los oder in der Weise entschieden, daß das
Stimmrecht von Verfahren zu Verfahren wechselt, nachdem es das erste Mal durch
das Los bestimmt worden ist. Teilweise wird für diesen Fall auf eine Regelung ganz
verzichtet, so daß das Schlichtungsabkommen nur dann Wirksamkeit entfalten kann,
wenn eine Einigung über den Vorsitzenden stattfindet.

Es ist aber auch möglich, daß ein Schlichtungsabkommen auf die Institution   318
des unparteiischen stimmberechtigten Vorsitzenden überhaupt verzichtet
und die Führung des Vorsitzes abwechselnd einem Beisitzer der einen und
der anderen Seite überträgt. In diesem Falle nimmt die Beratung an der Entscheidung in der Schlichtungsstelle die Form einer Fortsetzung der Tarifverhandlungen in einem anderen Gewand an. Dieses Verfahren kann, wie die
Erfahrung in der chemischen Industrie zeigt, durchaus effektiv sein, weil es
den in der Schlichtungsstelle vorhandenen Personen eine Unabhängigkeit
gewährt, die in normalen Tarifverhandlungen nicht besteht.

Die Einleitung eines Schlichtungsverfahrens setzt nach den meisten Schlich-   319
tungsabkommen voraus, daß Tarifverhandlungen stattgefunden haben,
aber *gescheitert* sind, wobei über die Feststellung dieses Scheiterns unterschiedliche Regelungen bestehen. Während die Schlichtungsabkommen
früher nach dem Vorbild des zwischen dem Deutschen Gewerkschaftsbund
und der Bundesvereinigung der Deutschen Arbeitgeberverbände abgeschlossenen Margarethenhofabkommens vom 7. 9. 1954 zumeist vorsahen,
daß nach Scheitern der Tarifverhandlungen automatisch das Schlichtungsverfahren durchzuführen war[8], ist heute die Regel, daß die Schlichtungsstelle nur tätig wird, wenn sie angerufen wird. Dabei ist zumeist festgelegt, daß
die Anrufung durch eine Seite genügt.

Kommt es im Zuge der Verhandlungen vor der Schlichtungsstelle zu einer   320
Einigung zwischen den Tarifvertragsparteien, so endet damit das Schlichtungsverfahren. Ist das nicht der Fall, sehen die Schlichtungsabkommen
durchweg vor, daß die Schlichtungsstelle einen Schlichtungsspruch fällt.
Verbindlichkeit kommt dem Schlichtungsspruch auch hier dann zu, wenn
die Tarifparteien ihn nachträglich annehmen oder sich ihm vorher unter-

---

8 RdA 1954, 383 f.

worfen haben. Teilweise bestimmen die Schlichtungsabkommen außerdem, daß ein einstimmiger oder mit qualifizierter Mehrheit gefällter Schlichtungsspruch verbindlich ist. In der chemischen Industrie genügt sogar die einfache Mehrheit der Stimmen.

III. Einfache Schlichtung, Schlichtungszwang und Zwangsschlichtung

321   Der Intensität nach lassen sich drei Formen der Schlichtung unterscheiden: Sie kann als *einfache Schlichtung* lediglich in einem Verfahren bestehen, dessen sich die Konfliktparteien bedienen können, aber nicht bedienen müssen. Eine solche einfache Schlichtung stellt die staatliche Schlichtung nach dem Kontrollratsgesetz Nr. 35 dar.

322   Die Schlichtung kann aber auch einen Schlichtungszwang vorsehen, also die Parteien verpflichten, sich auf Verlangen der jeweils anderen auf das Schlichtungsverfahren *einzulassen*. So verhält es sich nach den meisten tariflichen Schlichtungsordnungen. Davon abgesehen ergibt sich ein solcher Schlichtungszwang richtigerweise aus dem arbeitskampfrechtlichen Ultima-ratio-Prinzip[9].

323   Schließlich kann die Schlichtung als *Zwangsschlichtung* eine verbindliche Entscheidung des Regelungsstreites durch die Schlichtungsinstanz vorsehen. Dies ist nach tariflichen Ordnungen nur noch ganz ausnahmsweise der Fall. Eine staatliche Zwangsschlichtung ist im KRG Nr. 35 nicht vorgesehen. Sie wäre auch, von Ausnahmefällen (Arbeitsbedingungen von besonders hohem Allgemeininteresse, Notstandssituation) abgesehen, nicht mit dem aus Art. 9 Abs. 3 GG abzuleitenden Verbot der Staatsintervention in die Tarifvertragsordnung zu vereinbaren[10].

---

9 Vgl. dazu Rdnr. 330.
10 *Rüthers*, a.a.O. S. 32; *Löwisch/Rieble*, a.a.O. Rdnr. 26 ff. m.w.N.

IV. Schlichtung und Friedenspflicht

1. Kein Schlichtungsverfahren zur Abänderung eines laufenden Tarifvertrags

Die mit jedem Tarifvertrag für seine Laufzeit verbundene relative Friedens-   324
pflicht steht nicht nur Kampfmaßnahmen zur Änderung oder Neuregelung
der tariflich geregelten Materie entgegen, sondern auch der Einleitung eines
Schlichtungsverfahrens zu diesem Zweck. Auch die Durchführung eines
Schlichtungsverfahrens, insbesondere ein – wenn auch unverbindlicher –
Schlichtungsspruch, stellt die Ordnung des im Tarifvertrag geregelten Be-
reichs der Arbeitsbedingungen in Frage und bringt die Gefahr mit sich, daß
sich die Beteiligten nicht mehr an den Tarifvertrag halten.

2. Friedenspflicht aus Schlichtungsabkommen

Ob aus den Schlichtungsabkommen unabhängig von etwa bestehenden Ta-   325
rifverträgen eine Friedenspflicht folgt, ist eine Frage des Parteiwillens. Meist
ist diese ausdrücklich geregelt. So untersagen etwa die Schlichtungsabkommen für den öffentlichen Dienst, das Baugewerbe und die chemische Industrie Arbeitskampfmaßnahmen bis zum Abschluß des Schlichtungsverfahrens, während in der Metallindustrie lediglich für eine Frist von vier Wochen nach Ablauf eines Tarifvertrags keine Kampfmaßnahmen ergriffen
werden dürfen.

Welche Kampfmaßnahmen die aus einem Schlichtungsabkommen folgende   326
Friedenspflicht untersagt, ist ebenfalls eine Frage der Auslegung. Sofern nur
allgemein von der Friedenspflicht und von dem Verbot von Streik und Aussperrung die Rede ist, wird man davon auszugehen haben, daß alle Maßnahmen, mit denen kollektiver Druck auf die Gegenseite ausgeübt werden
soll, verboten sein sollen, insbesondere auch Warnstreiks[11]. Hingegen wird
man Maßnahmen, die Arbeitskämpfe vorbereiten, insbesondere Urabstimmungen, nur dann als Verstoß gegen die Friedenspflicht aus einem Schlich-

---

11 Für die vierwöchige Friedenspflicht nach § 3 Abs. 1 der Schlichtungs- und Schiedsvereinbarung für die Metallindustrie BAG vom 12. 9. 1984, AP Nr. 81 zu Art. 9 GG Arbeitskampf, Leitsatz 1 = DB 1984, 2563 = NZA 1984, 393 = NJW 1985, 85 = EzA Art. 9 GG Arbeitskampf, Nr. 54.

tungsabkommen ansehen können, wenn sie ausdrücklich für unzulässig erklärt worden sind[12].

V. Schlichtung im Bereich der Kirchen

327   Die überwiegende Zahl der bei den beiden großen Kirchen angestellten Mitarbeiter ist aufgrund eines Arbeitsvertrages in abhängiger Stellung tätig und damit Arbeitnehmer. In welchem Verfahren die Arbeitsbedingungen für die kirchlichen Mitarbeiter festzulegen sind, ist heftig umstritten.

328   Die frühere einseitige Festlegung durch die kirchlichen Leitungsorgane („erster Weg") ist als nicht mehr sach- und zeitgerecht von den Kirchen aufgegeben worden. Auch der an sich mögliche Abschluß von Tarifverträgen („zweiter Weg") wird von der Mehrzahl der Kirchen abgelehnt; lediglich die nordelbische evangelisch-lutherische Kirche und die evangelische Kirche in Berlin-Brandenburg schließen Tarifverträge ab. Die Kirchen haben statt dessen ein eigenständiges Arbeitsrechtregelungsverfahren, den sogenannten „dritten Weg", entwickelt. Dieser besteht in einer Beteiligung der Mitarbeiter und ihrer Verbände an der Regelung der Arbeitsbedingungen im Rahmen sogenannter arbeitsrechtlicher Kommissionen und für den Fall des Scheiterns der Verhandlungen in diesen Kommissionen in einer verbindlichen Schlichtung[13].

VI. Rechtslage in der DDR

329   Im Gebiet der früheren DDR bestanden bis zum Beitritt weder gesetzliche noch tarifliche Schlichtungsregelungen. Nunmehr gilt auch dort das KRG Nr. 35 als Bundesrecht fort.

---

12 Dies ist der Fall in der Schlichtungsregelung für die Chemische Industrie, nach deren § 8 sich die Friedenspflicht ausdrücklich auf Urabstimmungen erstreckt, wobei allerdings rein interne vorsorgliche organisatorische Maßnahmen zur Vorbereitung einer Urabstimmung nicht erfaßt werden. Ebenso ist nach § 16 des Schlichtungsabkommens für das Baugewerbe die „Durchführung von Urabstimmungen, Streiks, Aussperrungen oder sonstigen Kampfmaßnahmen" untersagt. Weiter geht das BAG vom 31. 10. 1958, AP Nr. 2 zu § 1 TVG Friedenspflicht, das Urabstimmungen allgemein als Verstoß gegen die tarifliche und damit auch gegen die aus Schlichtungsabkommen folgende Friedenspflicht werten will.

13 Siehe zu den Einzelheiten *Löwisch/Rumler*, a.a.O. Rdnr. 209 ff.

VII. Kontrollfragen

Frage 23: Wie unterscheiden sich Schlichtungsverfahren und schiedsgerichtliche Verfahren?

Frage 24: Welche Rechtswirkung hat ein verbindlicher Schlichtungsspruch?

§ 9 Arbeitskampfrecht

Literaturangaben: *Benda,* Sozialrechtliche Eigentumspositionen im Arbeitskampf (1986); *Birk/Konzen/Löwisch/Raiser/Seiter,* Gesetz zur Regelung kollektiver Arbeitskonflikte — Entwurf und Begründung — 1988 (der Entwurf ist auch abgedruckt in *Löwisch,* Schlichtungs- und Arbeitskampfrecht C Anhang 8); *Brox/Rüthers,* Arbeitskampfrecht 2. Aufl. 1982; *Buchner,* Das Arbeitskampfrecht unter den Anforderungen der Verhandlungsparität und der Staatsneutralität, RdA 1986, 1 ff.; *Däubler* (Hrsg.), Arbeitskampfrecht, 2. Aufl. 1984; *Dütz,* Vorläufiger Rechtsschutz im Arbeitskampf, BB 1980, 533 ff.; *Ehmann,* Betriebsrisikolehre und Kurzarbeit (1979); *Friedrich,* Betriebsbesetzungen als Mittel des Arbeitskampfes, DÖV 1988, 194 ff.; *Konzen,* Streikrecht und Boykott, FS K. Molitor (1988) S. 181 ff.; *Löwisch* (Hrsg.), Schlichtungs- und Arbeitskampfrecht, 1989; *ders.,* Die Neuregelung der Neutralität der Bundesanstalt für Arbeit und die arbeitskampfrechtliche Parität nach der Rechtsprechung des BAG, DB 1987, 1351 ff.; *ders.,* Zur rechtlichen Beurteilung besonderer Arbeitskampfmaßnahmen im Medienbereich, RdA 1987, 219 ff.; *ders.,* Besteht ein Grund, die Rechtsprechung des Bundesarbeitsgerichts zur Aussperrung zu ändern?, RdA 1980, 1 ff.; *ders.,* Richterliches Arbeitskampfrecht und der Vorbehalt des Gesetzes, DB 1988, 1013 ff.; *ders.,* Das Gesetz zur Sicherung der Neutralität der Bundesanstalt für Arbeit im Arbeitskampf, NZA 1986, 345 ff.; *ders.* Reichweite und Durchsetzung der tariflichen Friedenspflicht am Beispiel der Metallindustrie 1987, NZA 1988, Beilage 2; *ders.,* Arbeitskampf und Vertragserfüllung, AcP 174 (1974) S. 202 ff.; *Löwisch/Hartje,* Der wilde Streik nach dem Recht der Bundesrepublik, RdA 1970, 321 ff.; *Loritz,* Betriebsbesetzungen — Ein rechtswidriges Mittel im Arbeitskampf, DB 1987, 223 ff.; *Otto,* Die Verteilung des Arbeitskampfrisikos und die Neuregelung des § 116 AFG 1986, RdA 1987, 1 ff.; *Picker,* Die Regelung der „Arbeits- und Wirtschaftsbedingungen" — Vertragsprinzip oder Kampfprinzip (1988); *Richardi,* Das Ordnungsmodell des Tarifvertragssystems und der Arbeitskampf, JZ 1985, 410 ff.; *ders.,* Auswirkung eines Arbeitskampfes auf Schuldverhältnisse mit Dritten, JuS 1984, 825 ff.; *Seiter,* Streikrecht und Aussperrungsrecht, 1975; *ders.,* Die neue Betriebsrisiko- und Arbeitskampfrisikolehre, DB 1981, 578 ff.; *ders.,* Staatsneutralität im Arbeitskampf, 1987.

I. Konfliktlösung in der Tarifvertragsordnung als Funktion des Arbeitskampfes

330   Der Arbeitskampf erfüllt in unserem Rechts- und Wirtschaftssystem die Funktion eines Konfliktlösungsmittels. Kann über die Festlegung von Arbeitsbedingungen durch einen Tarifvertrag zwischen den Tarifvertragsparteien auf der Verhandlungsbasis keine Einigung erzielt werden, so muß diese auf anderem Wege erfolgen. Da unsere Rechtsordnung eine staatliche Zwangsschlichtung nicht kennt und wegen der Tarifautonomie auch nicht zulassen kann[1], bleibt nichts übrig, als die Konfliktlösung letztlich dem Ar-

---

1 Siehe Rdnr. 323.

beitskampf der Beteiligten zu überlassen. Der Große Senat des BAG hat das in seinem Beschluß vom 21. 4. 1971 in dem Satz zusammengefaßt:

„Arbeitskämpfe müssen . . . . . nach unserem freiheitlichen Tarifvertragssystem möglich sein, um Interessenkonflikte über Arbeits- und Wirtschaftsbedingungen im äußersten Fall austragen und ausgleichen zu können."[2]

Zentrale Kampfmittel sind dabei auf der Arbeitnehmerseite der *Streik*, also die planmäßige Einstellung der Arbeit durch eine Gruppe von Arbeitnehmern, und auf der Arbeitgeberseite die *Aussperrung*, also die Ausschließung einer Gruppe von Arbeitnehmern von der Arbeit und vom Bezug des Arbeitsentgelts.

Streik und Aussperrung sind, weil zum Funktionieren der Tarifautonomie notwendig, durch Art. 9 Abs. 3 GG verfassungsrechtlich garantiert[3]. Für den Streik leuchtet das unmittelbar ein. Es gilt aber auch für die Aussperrung. Auch die Arbeitgeberseite muß aktiven Einfluß auf die Tarifauseinandersetzung nehmen können. So in den Worten des Großen Senats des BAG:

„Könnte die eine Seite, nämlich die Arbeitnehmerschaft vertreten durch die Gewerkschaft, allein das Kampfgeschehen bestimmen und wäre der Arbeitgeber auf ein Dulden und Durchstehen des Arbeitskampfes beschränkt, so bestünde die Gefahr, daß die Regelung der Arbeitsbedingungen nicht mehr auf einem System freier Vereinbarung beruht, das Voraussetzung für ein Funktionieren und innerer Grund des Tarifvertragssystems ist."[4]

Das führt in erster Linie zur verfassungsrechtlichen Garantie der Abwehraussperrung. Aber in besonderen Situationen, etwa bei gesamtwirtschaftlichen Krisen, steht der Arbeitgeberseite auch das Recht zur Aussperrung als „ersten Akt eines Arbeitskampfes" zu[5]. Verzichten ließe sich auf die Aussperrung nur, wenn entweder das Recht zum Streik stark beschränkt würde oder wenn die Möglichkeit bestünde, Arbeitskämpfe durch staatliche Intervention zu verhindern oder zu beenden.

Charakteristischerweise hatte deshalb selbst das inzwischen wieder aufgehobene[6] Gesetz über die Rechte der Gewerkschaften in der DDR vom 12. 3. 1990[7] in § 18 das Aussperrungsverbot mit der Befugnis der Regierung verbunden, einen Streik aus Gründen des Gemeinwohls auszusetzen.

331

332

333

---

2 AP Nr. 43 zu Art. 9 GG Arbeitskampf = DB 1971, 1061 = BB 1971, 701 = NJW 1971, 1668.
3 Siehe Rdnr. 104 f.
4 BAG vom 21. 4. 1971 a.a.O. Teil III B 1.
5 BAG, GS a.a.O.
6 Vgl. Art. 2 Abs. 2 des Staatsvertrages über die Schaffung einer Währungs-, Wirtschafts- und Sozialunion.
7 Gesetzblatt der DDR 1990, 110.

334   Möglich wäre auch die Zulassung *anderer Arbeitskampfmittel*, etwa des Boy-
kotts, der Betriebsbesetzung oder der Betriebsblockade. Diese sind aber,
weil für das Funktionieren der Tarifautonomie nicht unerläßlich, nicht
durch Art. 9 Abs. 3 GG garantiert, sondern nur aufgrund der allgemeinen
Handlungsfreiheit zulässig. Das hat nach Art. 2 Abs. 1 GG zur Folge, daß sie
den Rahmen der verfassungsmäßigen Ordnung einhalten müssen, zu der
die allgemeinen Gesetze, insbesondere die zivil- und strafrechtlichen Ver-
botstatbestände gehören[8]. Weil es an einem Arbeitskampfgesetz fehlt, das
diese Arbeitskampfmittel zuläßt, sind sie nach diesen Verbotstatbeständen
weitgehend unzulässig[9].

II. Zulässigkeit von Arbeitskämpfen

1. *Zulässigkeit von Streik und Aussperrung*

a) Bindung an die Konfliktlösungsfunktion

Fall 19: *Die Bundesregierung plant eine Änderung der Vorschriften des AFG über die Zahlung von Arbeitslosengeld an von Arbeitskämpfen betroffene Arbeitnehmer. Die Gewerkschaften fürchten, daß die Durchführung dieses Plans ihrer Durchsetzungskraft in Tarifauseinan-
dersetzungen beeinträchtigt. Sie rufen deshalb zu einem vierundzwanzigstündigen Warnstreik auf.*

Fall 20: *Nach Abschluß eines neuen Lohntarifvertrages weigert sich ein dem Arbeitgeberverband angehöriger Arbeitgeber unter Hinweis auf die schlechte Geschäftslage, seinen Arbeitnehmern die erhöhten Löhne zu zahlen. Die zuständige Gewerkschaft ruft daraufhin die betroffenen Arbeitnehmer zu einem Streik auf, um der Forderung nach Zahlung der erhöhten
Löhne Nachdruck zu verleihen.*

Fall 21: *In einem Tarifgebiet der Metallindustrie ziehen sich die Verhandlungen seit Monaten
hin. Ohne daß die IG Metall das beschlossen hätte, entschließen sich daraufhin 200 Arbeitnehmer des Unternehmens X zu einem Streik, um die Unternehmensleitung zu veranlassen, im
Arbeitgeberverband auf ein baldiges Nachgeben hinzuwirken.*

335   Die Bindung des Arbeitskampfes an die Konfliktlösungsfunktion in der Tarifvertragsordnung führt dazu, daß Streik und Aussperrung insoweit, aber
auch nur insoweit zulässig sind, als sie um den *Abschluß eines Tarifvertrages*

---

8 BGH vom 19 .10. 1954, AP Nr. 1 zu § 125 StGB; BAG vom 15. 2. 1978, AP Nr. 59 zu Art. 9
GG Arbeitskampf = DB 1978, 1403 = BB 1978, 1115 = NJW 1979, 239; BAG vom 21. 6. 1988,
AP Nr. 108 zu Art. 9 GG Arbeitskampf = BB 1988, 2461 = DB 1988, 1952 = NJW 1989, 57 =
NZA 1988, 846 = EzA Art. 9 GG Arbeitskampf Nr. 75 und vom 8 .11. 1988, AP Nr. 111 zu
Art. 9 GG Arbeitskampf = DB 1988, 1067 = NZA 1989, 475 = EzA Art. 9 GG Arbeitskampf
Nr. 91.
9 Siehe Rdnr. 363 ff.

geführt werden. Nur insoweit ist der Eingriff in die Arbeitsverträge und die sonstigen Rechte des Kampfgegners gerechtfertigt[10]. Daraus folgt:

Das inhaltliche Ziel des Arbeitskampfes muß tariflich regelbar sein. Der Ar-   336
beitskampf muß um den Inhalt, den Abschluß oder die Beendigung von Arbeitsverhältnissen, über betriebliche oder betriebsverfassungsrechtliche Fragen (§ 1 Abs. 1 TVG) oder Bestimmungen über gemeinsame Einrichtungen (§ 4 Abs. 2 TVG) oder um eine schuldrechtliche Tarifregelung geführt werden und dort die Grenzen der Tarifmacht nicht überschreiten[11]. Wird der Arbeitskampf um ein Ziel geführt, das mit der Regelung der Arbeitsbedingungen im Sinne des Tarifrechts nichts zu tun hat, richtet er sich etwa an den Gesetzgeber oder die Regierung, ist er unzulässig[12].

Daraus folgt die Rechtswidrigkeit des Warnstreiks in **Fall 19**. *Ihm geht es nicht um ein Verhalten der Arbeitgeberseite, sondern darum, den Gesetzgeber von einer bestimmten Maßnahme abzuhalten[13].*

Deshalb ist ein Arbeitskampf unzulässig, der zwar noch im Zusammenhang   337
mit den Arbeitsbedingungen steht, jedoch um ein Ziel geführt wird, dem *zwingendes staatliches Recht entgegensteht*, etwa die Grundrechte anderer Arbeitnehmer (Art. 3, Art. 9 Abs. 3 GG), zwingendes Arbeitnehmerschutzrecht oder zwingende wirtschaftsverfassungsrechtliche Vorschriften.

Ein Beispiel für das erstere bieten die sogenannten Differenzierungsklauseln[14]. Ein Beispiel für das zweite wäre etwa ein Streik, durch den der Arbeitgeber zur Nichtbeachtung von Beschäftigungsverboten veranlaßt werden soll. Zur dritten Gruppe würden Arbeitskämpfe zählen, mit denen eine Änderung der in den Mitbestimmungsgesetzen niedergelegten Unternehmensverfassung oder eine Abweichung von zwingenden Vorschriften des BetrVG erreicht werden soll.

Hierher gehört auch der Fall eines Arbeitskampfes, mit dem in die nach der   338
geltenden Wirtschaftsverfassung dem Unternehmer vorbehaltene Führung des Unternehmens eingegriffen werden soll. Weder die Organisation des Unternehmens, noch die Auswahl der Geschäftsleitung, noch das Verhalten des Unternehmers auf dem Markt (Preispolitik, Finanzpolitik, Produktpoli-

---

10 BAG vom 5. 3. 1985, AP Nr. 85 zu Art. 9 GG Arbeitskampf = DB 1985, 1695 = BB 1985, 524 = NJW 1985, 2545 = EzA Art. 9 GG Arbeitskampf Nr. 57.
11 Siehe Rdnr. 291 ff.
12 BAG vom 23 .10. 1984, AP Nr. 82 zu Art. 9 GG Arbeitskampf = DB 1985, 1239 = BB 1984, 2002 = NZA 1985, 459 = NJW 1985, 2440.
13 LAG Rheinland/Pfalz vom 5. 3. 1986, LAGE Nr. 26 zu Art. 9 GG Arbeitskampf.
14 Vgl. BAG vom 21. 3. 1978, AP Nr. 62 zu Art. 9 GG Arbeitskampf i. V.m. der Entscheidung des Großen Senats vom 29 .11. 1967, AP Nr. 13 zu Art. 9 GG.

tik) unterliegen der Tarifmacht. Damit können sie nicht Gegenstand eines Arbeitskampfes sein[15].

339   Eine Funktion bei der kollektiven Regelung von Arbeitsbedingungen können Streik und Arbeitskampf dort nicht erfüllen, wo eine für die Beteiligten verbindliche tarifliche Regelung des betreffenden Gegenstandes bereits besteht. Deshalb ist der *tarifwidrige Arbeitskampf* stets unzulässig[16].

340   Ein anderes Mittel zur Konfliktlösung steht bereit, wenn die Arbeitnehmerseite *Rechtsschutz*, namentlich Gerichtsschutz genießt. Deshalb ist ein Streik unzulässig, mit dem die tatsächliche Durchsetzung von durch Tarifvertrag der einzelnen Arbeitnehmer oder der Gewerkschaft eingeräumten Rechten erreicht werden soll. Soweit der Tarifvertrag normativ wirkt, entstehen aus ihm unmittelbar arbeitsvertragliche Rechte der Arbeitnehmer, die sie vor den Arbeitsgerichten durchsetzen können. Aus dem schuldrechtlichen Teil erwachsen gerichtlich durchsetzbare Ansprüche der Gewerkschaften wie der Arbeitgeberverbände.

> Der in **Fall 20** geführte Streik zur Durchsetzung der Lohnansprüche der Arbeitnehmer ist also unzulässig, weil diese Lohnansprüche vor dem Arbeitsgericht durchzusetzen sind.

341   Aber auch die Durchsetzung gesetzlicher, durch Betriebsvereinbarung oder durch Individualvereinbarung begründeter Rechte darf nicht im Wege des Arbeitskampfes erfolgen, sondern muß dem Rechtsweg überlassen bleiben[17].

342   Weiter scheidet ein Arbeitskampf dort aus, wo das Gesetz als Konfliktlösungsmittel ein *zwingendes Schlichtungsverfahren* vorsieht. Dies trifft für das Betriebsverfassungs- und Personalvertretungsrecht zu, wo Auseinandersetzungen zwischen Arbeitgeber- und Arbeitnehmerseite in besonderen, vom Betriebsverfassungsgesetz und den Personalvertretungsgesetzen zur Verfügung gestellten Verfahren auszutragen sind, in denen letztlich eine Einigungsstelle und notfalls die Arbeitsgerichte bzw. die Verwaltungsgerichte entscheiden (§ 76 BetrVG; § 71 BPersVG)[18].

---

15 BAG vom 26.10.1971, AP Nr. 44 zu Art. 9 GG = DB 1972, 143 = NJW 1972, 599 mit dem Beispiel der Forderung nach Übertragung eines Spielbankbetriebs auf eine der Gewerkschaft nahestehende Finanzgruppe.
16 Vgl. BAG Großer Senat vom 28.1.1951, AP Nr. 1 zu Art. 9 GG Arbeitskampf unter I 3 = DB 1955, 455 = BB 1955, 454 = NJW 1955, 882 und BAG vom 17.12.1958, AP Nr. 3 zu § 1 TVG Friedenspflicht = DB 1959, 378 = BB 1959, 304.
17 BAG vom 14.2.1978, AP Nr. 58 zu Art. 9 GG Arbeitskampf = DB 1978, 1501 = BB 1978, 1064 = NJW 1979, 233 = EzA Art. 9 GG Arbeitskampf Nr. 22.
18 BAG vom 17.12.1976, AP Nr. 52 zu Art. 9 GG Arbeitskampf = DB 1977, 824 = BB 1977, 595 = NJW 1977, 1079 = EzA Art. 9 GG Arbeitskampf Nr. 20.

Dies gilt auch für den häufigen Fall, daß durch Streik die Entlassung eines anderen Arbeitnehmers, etwa eines unbeliebten Vorgesetzten, erzwungen werden soll. Denn auch hierfür sieht das BetrVG in § 104 ein besonderes Verfahren vor[19].

Ebenso unzulässig ist ein Streik, mit der der Arbeitgeber gezwungen werden soll, einen Antrag beim Arbeitsgericht auf Ersetzung der Zustimmung des Betriebsrats zur Kündigung einer seiner Mitglieder zurückzunehmen. Denn § 103 BetrVG weist dafür einen eigenen Weg zur Konfliktlösung[20].

Tariffähig sind auf der Arbeitnehmerseite nur Gewerkschaften. Deshalb ist   343
der unabhängig von einer Gewerkschaft von einer Arbeitnehmergruppe geführte sogenannte *„wilde Streik"* an sich rechtswidrig[21]. Allerdings kann der wilde Streik nachträglich von der zuständigen Gewerkschaft übernommen werden und verliert dann rückwirkend den Makel der Rechtswidrigkeit, wenn die Gewerkschaft selbst zum Streik berechtigt war[22].

Der Streik im **Fall 21** *ist als „wilder Streik" also rechtswidrig, kann allerdings von der die Tarifauseinandersetzung führenden Gewerkschaft übernommen werden, womit er rechtmäßig würde.*

Wegen Fehlens der Konfliktlösungsfunktion der Tarifvertragsordnung sind   344
auch *Sympathiekampfmaßnahmen* regelmäßig unzulässig, denn sie richten sich nicht unmittelbar gegen den Tarifpartner, mit dem ein Tarifvertrag abgeschlossen werden soll[23]. Allerdings sind Sympathiekampfmaßnahmen ausnahmsweise dann zulässig, wenn sie zur Herstellung des Kampfgleichgewichts in einer Tarifauseinandersetzung erforderlich sind. Sind, wie das etwa in Wirtschaftszweigen mit überwiegend Kleinbetrieben und einfacher Arbeit zutreffen kann, die Belegschaften leicht austauschbar, kann die Arbeitgeberseite einem Streik im Tarifgebiet durch Ersetzung des Streikenden durch neue Arbeitnehmer möglicherweise jede Wirkung nehmen. Hier kann ein Sympathiestreik das Kampfgleichgewicht herstellen[24].

b) Begrenzung durch das Übermaßverbot

Fall 22: *In einem Tarifgebiet der Metallindustrie kommt es zu einem Arbeitskampf, in dessen Verlauf alle Arbeitnehmer der Firma X ausgesperrt werden. Unter ihnen befindet sich auch*

---

19 ArbG Nürnberg vom 8. 2. 1962, BB 1962, 336.
20 BAG vom 7. 6. 1988, AP Nr. 106 zu Art. 9 GG Arbeitskampf = DB 1988, 2104, BB 1988, 2467 = NZA 1988, 890 = NJW 1989, 315 = EzA Art. 9 GG Arbeitskampf Nr. 80
21 BAG vom 20 .12. 1963, AP Nr. 32 zu Art. 9 GG Arbeitskampf = DB 1964, 37 = BB 1964, 38 = NJW 1964, 883 und vom 7. 6. 1988 a.a.O.
22 BAG vom 20 .12. 1963 a.a.O.
23 BAG vom 5. 3. 1985, AP Nr. 85 zu Art. 9 GG Arbeitskampf = DB 1985, 1695 = BB 1985, 524 = NZA 1985, 504 = NJW 1985, 2545 = EzA Art. 9 GG Arbeitskampf Nr. 57 und vom 12. 1. 1988, AP Nr. 90 zu Art. 9 GG Arbeitskampf = DB 1988, 1270 = BB 1988, 978 = NJW 1988, 2061 = EzA Art. 9 GG Arbeitskampf Nr. 73.
24 Siehe im einzelnen zum Sympathiearbeitskampf *Löwisch/Rieble*, a.a.O. Rdnr. 358 ff.

der schwerbehinderte A, der schon vor Beginn der Aussperrung erkrankt war und dessen Erkrankung über das Ende des Arbeitskampfes hinaus fortdauerte. X verweigert ihm für die Dauer des Arbeitskampfes die Lohnfortzahlung im Krankheitsfalle.

345   Der Arbeitskampf greift in die Rechtsposition, insbesondere Vertragsrechte der Koalitionsmitglieder, nichtorganisierter Arbeitnehmer und Arbeitgeber, Dritter und der Allgemeinheit ein. Diese Rechtspositionen genießen nach Art. 12 (Berufsfreiheit), nach Art. 14 (Eigentum) und nach Art. 2 Abs. 1 GG (wirtschaftliche Entfaltungsfreiheit) selbst Verfassungsrang und beschränken deshalb die Koalitionsbetätigungsgarantie. Zu lösen ist dieser Konflikt im Wege praktischer Konkordanz nach dem verfassungsrechtlichen Übermaßverbot:

346   Arbeitskampfmaßnahmen müssen, gemessen an ihrer Funktion, wirtschaftlichen Druck zur Lösung eines Tarifkonfliktes auszuüben, *geeignet* und *erforderlich* sein; die durch sie ausgelösten Beeinträchtigungen jener Rechtspositionen dürfen nicht *außer Verhältnis* zu dieser Funktion stehen. In den Worten des BAG:

„In unserer verflochtenen und wechselseitigen, abhängigen Gesellschaft berühren aber Streik wie Aussperrung nicht nur die am Arbeitskampf unmittelbar Beteiligten, sondern auch Nichtstreikende und sonstige Dritte sowie die Allgemeinheit vielfach nachhaltig. Arbeitskämpfe müssen deshalb unter dem obersten Gebot der Verhältnismäßigkeit stehen."[25]

347   Aus dem zum Übermaßverbot gehörenden *Grundsatz der Erforderlichkeit* folgt, daß Arbeitskampfmaßnahmen nur ergriffen werden dürfen, wenn alle Verhandlungsmöglichkeiten ausgeschöpft sind. Solange die Tarifvertragsparteien noch in Verhandlungen stehen, ist jeder Arbeitskampf, auch der kurzzeitige Warnstreik unzulässig[26].

348   Freilich folgt aus dieser Verhandlungspflicht kein irgend gearteter Zwang zum Kompromiß. Vielmehr steht jeder Tarifvertragspartei die Entscheidung offen, den Verhandlungen noch eine Chance beizumessen oder sie für gescheitert zu erklären. Das BAG will sogar auf eine förmliche Erklärung des Scheiterns verzichten und den Kampfbeginn als konkludente Erklärung des

---

25 BAG Großer Senat vom 21. 4. 1971 a.a.O. Teil III A 1 der Gründe; zum Übermaßverbot siehe auch ausführlich *Birk/Konzen/u.a.*, a.a.O. S. 18 f.
26 BAG vom 21. 6. 1988, AP Nr. 108 zu Art. 9 GG Arbeitskampf = BB 1988, 2461 = DB 1988, 1952 = NJW 1989, 57 = NZA 1988, 846 = EzA Art. 9 GG Arbeitskampf Nr. 75 unter Aufgabe der früheren Rechtsprechung, die Warnstreiks als Mittel zur Beschleunigung laufender Tarifverhandlungen zugelassen hat: BAG vom 17 .12. 1976, AP Nr. 51 zu Art. 9 GG = DB 1977, 728 = BB 1977, 544 = NJW 1977, 918 und vom 12. 9. 1984, AP Nr. 81 zu Art. 9 GG Arbeitskampf = DB 1984, 2563 = NZA 1984, 393 = NJW 1985, 85 = EzA Art. 9 GG Arbeitskampf Nr. 54.

Scheiterns werten[27]. Das führt zu der problematischen Konsequenz, daß in Zukunft jeder Warnstreik mit einer Aussperrung beantwortet werden kann. Besser wäre es deshalb, eine förmliche Erklärung des Scheiterns zu verlangen, ehe mit normalen Kampfmaßnahmen begonnen werden kann, und vor dem Scheitern nach wie vor Warnstreiks zuzulassen, diese aber zeitlich zu begrenzen[28].

Nimmt man das Übermaßverbot ernst, kann sogar nach dem förmlichen Scheitern der Verhandlungen der Weg zu normalen Kampfmaßnahmen noch nicht offenstehen. Vielmehr muß zunächst die friedliche Konfliktlösung auf dem Weg der Schlichtung versucht werden. Erst wenn auch ein von einer Seite geforderter Schlichtungsversuch nicht zum Ziel geführt hat, ist der Arbeitskampf Ultima ratio[29].

Aus dem Übermaßverbot läßt sich nicht herleiten, daß Streiks erst nach   349
Durchführung einer *Urabstimmung* zulässig sind. Bei der Urabstimmung handelt es sich um ein Problem der Legitimation der streikführenden Gewerkschaft gegenüber ihren Mitgliedern, nicht aber gegenüber der Arbeitgeberseite[30].

Nach dem Grundsatz der Erforderlichkeit dürfen solche Arbeiten nicht ver-   350
weigert werden, die nur der Gefahrenabwehr und der Erhaltung der Produktionsanlagen dienen („sogenannte *Erhaltungsarbeiten*"). Dazu rechnen etwa Pförtner- und Wächterdienste, Feuer- und Wasserwehr, Erste-Hilfe-Bereitschaftsdienst, Schutz temperaturempfindlicher Anlagen, Überwachung der Heizungsanlage, Schutz vor Korrosion, Inbetriebhaltung von Anlagen, deren Stillegung zu ihrer Beschädigung führen würden, und die sachgerechte Stillegung von Anlagen[31].

Arbeiten, die nur die Weiterbeschäftigung arbeitswilliger Arbeitnehmer ermöglichen sollen, sind keine Erhaltungsarbeiten. Dies gilt auch für Arbeiten, die aufgrund öffentlich-rechtlicher Verpflichtungen zu leisten sind: Löst erst die Weiterarbeit Nichtstreikender die öffentlich-rechtliche Verpflichtung zu bestimmten Tätigkeiten, zum Beispiel zur Bereitstellung eines Erste-Hilfe-Dienstes aus, so brauchen sie von den Streikenden nicht erbracht zu werden.

Nach dem Grundsatz der Verhältnismäßigkeit im engeren Sinne dürfen   351
auch solche Erhaltungsarbeiten nicht verweigert werden, die zur Erhaltung der Produktionsanlagen nicht unbedingt erforderlich sind, deren Unterblei-

27 BAG vom 21. 6. 1988 a.a.O.
28 Für die Aufrechterhaltung der Zulässigkeit und gleichzeitige Begrenzung arbeitskampfbegleitender Warnstreiks auf eine Stunde: *Birk/Konzen/u.a.* in § 23 des Entwurfs; diesen folgend: *Löwisch/Rieble*, a.a.O. Rdnr. 337 ff.
29 Vgl. hierzu *Löwisch/Rieble*, a.a.O. Rdnr. 57 m.w.N. auch über die Gegenmeinung.
30 Siehe näher *Löwisch/Rieble*, a.a.O. Rdnr. 58.
31 BAG vom 30. 3. 1982, AP Nr. 74 zu Art. 9 GG Arbeitskampf = DB 1982, 2139 = BB 1982, 675 = NJW 1982, 2835 = EzA Art. 9 GG Arbeitskampf Nr. 46.

ben aber zu einer unverhältnismäßigen Schädigung des Arbeitgebers führen würden. Unter diesem Gesichtspunkt können in engen Grenzen sogenannte Abwicklungsarbeiten (Abnahme und Lagerung von Zulieferungen, Weiterverarbeitung verderblicher Werkstoffe) zu den Erhaltungsarbeiten gehören, etwa wenn in einem landwirtschaftlichen Betrieb oder Gärtnereibetrieb die gesamte Jahresernte zu verderben droht[32]. Erhaltungsarbeiten sind auch während einer Aussperrung zu leisten, weil auch hier das Ziel der Arbeitnehmerseite auf das einstweilige Vorenthalten der Arbeitsleistung gerichtet bleibt. Allerdings wird bei einer Aussperrung wegen der gesteigerten Intensität des Arbeitskampfes eine Unverhältnismäßigkeit der Verweigerung von Abwicklungsarbeiten kaum in Betracht kommen[33].

352   Nach der Auffassung des Großen Senats des BAG folgt aus dem Übermaßverbot auch, daß ein Arbeitskampf das *Gemeinwohl* „nicht offensichtlich verletzen darf"[34]. Daraus folgt aber keine Befugnis der Arbeitsgerichte zur Zensur von Tarifforderungen[35]. Wohl aber ergibt sich aus der Gemeinwohlbindung das Verbot, durch Arbeitskämpfe die für die Befriedigung der elementaren persönlichen, sozialen und staatlichen Bedürfnisse erforderliche Mindestversorgung nicht ernstlich zu gefährden. Sicherzustellen ist eine solche Mindestversorgung insbesondere in den Bereichen Nahrung und Gesundheit, Energie und Wasser, Verkehr, Post, Fernmeldewesen, Rundfunk und Fernsehen, Feuerwehr, Bestattung, Müllbeseitigung, Landesverteidigung und innere Sicherheit.

353   Das Übermaßverbot führt des weiteren zu einer *Begrenzung des Rechts der Arbeitgeberseite zur Aussperrung.* Soweit die Aussperrung nicht mehr notwendig ist, um Verhandlungsgleichgewicht gleichzustellen, ist sie rechtswidrig. Ein wichtiges Indiz ist dabei das Mißverhältnis zwischen der Zahl der Streikenden und der vom Aussperrungsbeschluß betroffenen Arbeitnehmer. Insbesondere eine bundesweite unbefristete Abwehraussperrung, mit der auf einen Streik in wenigen Betrieben reagiert wird, ist in aller Regel unverhältnismäßig[36].

Um das Gebot der Verhältnismäßigkeit der Aussperrungen praktisch handhabbar zu machen, hat das BAG für den Arbeitskampf um einen Verbandstarifvertrag in zwei Urteilen vom 10. 6. 1980 die sogenannte *Quotenregelung* entwickelt[37]. Nach ihr soll die Ar-

---

32 BAG a.a.O.; *Löwisch/Mikosch*, a.a.O. ZfA 1978, 162 f.
33 *Löwisch/Mikosch*, a.a.O. ZfA 1978, 160 f.
34 BAG GS vom 21. 4. 1971 a.a.O. Teil III A 1 der Gründe.
35 Vgl. Rdnr. 295.
36 BAG vom 12. 3. 1985, AP Nr. 84 zu Art. 9 GG Arbeitskampf = DB 1985, 1894 = BB 1985, 1532 = NJW 1985, 2548.
37 BAG vom 10. 6. 1980, AP Nr. 64 zu Art. 9 GG Arbeitskampf = DB 1980, 1274 = BB 1980, 2141 = NJW 1980, 1653 = EzA Art. 9 GG Arbeitskampf Nr. 37 und Nr. 65 zu Art. 9 GG

beitgeberseite auf einen Streik, der weniger als ein Viertel der Arbeitnehmer des Tarif-
gebiets erfaßt, ihrerseits ein weiteres Viertel der betreffenden Arbeitnehmer aussper-
ren dürfen. Sind bereits mehr als ein Viertel der Arbeitnehmer im Streik, soll sie lediglich dafür sorgen, daß insgesamt die Hälfte der Arbeitnehmer streiken oder ausgesperrt sind.

Die Quotenregelung ist vielfältiger Kritik ausgesetzt[38]. Sie hat sich aber in den seither
geführten Arbeitskämpfen als praktikabel erwiesen. Deshalb sollte an ihr schon im Interesse der gerade im Arbeitskampfrecht wichtigen Berechenbarkeit der Rechtsordnung festgehalten werden.

Aus dem Übermaßverbot folgt, daß die Aussperrung die Arbeitsverhältnisse   354
regelmäßig nur für die Dauer des Arbeitskampfes *suspendieren* kann, die
Rechte und Pflichten mithin für diesen Zeitraum ruhen. Eine lösende Aussperrung kommt nur ausnahmsweise in Betracht, wenn die Arbeitgeberseite
auf einen Streik nicht mit der Kampfausweitung auf andere Betriebe reagiert, sondern die Produktion fortzuführen versucht. Soweit dafür eine anderweitige Besetzung der Arbeitsplätze notwendig ist oder aber Arbeitsplätze durch Rationalisierungsmaßnahmen wegfallen, müssen streikende Arbeitnehmer lösend ausgesperrt werden können[39]. Auch dann besteht aber
eine Pflicht zur Wiedereinstellung, wenn sich nach Ende des Arbeitskampfes herausstellt, daß der bisherige Arbeitsplatz wieder zur Verfügung
steht.

Daß eine Reihe von Arbeitnehmergruppen, insbesondere Betriebs- und Per-   355
sonalratsmitglieder, Schwangere, Mütter, Schwerbehinderte und Erkrankte
besonderen arbeitsrechtlichen Schutz genießt, macht ihre suspendierende
Aussperrung nicht unverhältnismäßig; denn dieser Schutz will lediglich besondere Risiken wie Krankheit, Schwangerschaft usw. abdecken. Nicht sollen diese besonderen Arbeitnehmergruppen außerhalb der genannten Risiken im Verhältnis zu den übrigen Arbeitnehmern bessergestellt werden[40].

Im **Fall 22** *braucht X den Lohn an A für die Dauer der Aussperrung also nicht fortzuzahlen.*
Der Lohnfortzahlungsanspruch nach dem Lohnfortzahlungsgesetz will nur das Risiko der
Krankheit, nicht auch das des Arbeitskampfes abdecken, und das Schwerbehindertengesetz
gibt keinen unbedingten, gegen Arbeitskampfmaßnahmen gefeiten Beschäftigungsanspruch.

Soweit diese Schutzgesetze den Arbeitnehmer allerdings gegen den Verlust   356
des Arbeitsplatzes sichern, wie das für Betriebs- und Personalratsmitglieder
gemäß § 15 KSchG, für Schwangere und Mütter nach § 9 MuSchG und für

---

Arbeitskampf = DB 1980, 1274 = BB 1980, 2141 = NJW 1980, 1653 = EzA Art. 9 GG Arbeitskampf Nr. 36.
38 Dazu siehe im einzelnen Nachweise bei *Löwisch/Rieble*, a.a.O. Rdnr. 369 ff.
39 BAG GS vom 21. 4. 1971, a.a.O.
40 BAG vom 7. 6. 1988, AP Nr. 107 zu Art. 9 GG Arbeitskampf = BB 1988, 2111 = DB 1988,
2101 = NJW 1989, 315.

Schwerbehinderte gemäß § 15 SchwbG zutrifft, scheidet eine lösende Aussperrung solcher Arbeitnehmer aus[41].

c) Beteiligung Nichtorganisierter

357   An dem von einer Gewerkschaft geführten Streik dürfen sich auch nicht- und andersorganisierte Arbeitnehmer beteiligen. Die Funktionsfähigkeit des Arbeitskampfsystems erfordert diese Teilnahmemöglichkeit. Das Arbeitskampfrecht kann sich insoweit nicht der Tatsache verschließen, daß der Organisationsgrad der Arbeitnehmer in den Gewerkschaften lediglich etwa ein Drittel erreicht, so daß ohne die Beteiligung der nicht- und andersorganisierten Arbeitnehmer die Parität vielfach nicht gewährleistet wäre[42].

Allerdings darf die aus einem anderen Tarifvertrag fließende Friedenspflicht nicht in Frage gestellt werden. Arbeitnehmer, für die ein anderer Tarifvertrag in Geltung ist − sei es ein von der kampfführenden Gewerkschaft abgeschlossener Tarifvertrag mit einem anderen persönlichen Geltungsbereich, sei es der Tarifvertrag einer anderen Gewerkschaft −, dürfen sich am Streik deshalb nicht beteiligen[43].

358   Aus den gleichen Gründen dürfen nicht- und andersorganisierte Arbeitnehmer auch ausgesperrt werden. Aus Art. 9 Abs. 3 GG folgt sogar, daß die selektive Aussperrung nur von Gewerkschaftsmitgliedern unzulässig ist[44].

d) Abwehrkampf gegen unzulässige Kampfmaßnahmen

359   Rechtswidrigen Arbeitskämpfen kann mit Kampfmaßnahmen begegnet werden. Diesen kommt insofern konfliktlösende Funktion zu, als mit der erstrebten Aufgabe des rechtswidrigen Arbeitskampfes der Arbeitsfrieden wieder hergestellt wird.

360   Gegenüber einem unzulässigen Streik kommt dabei als Abwehrreaktion nicht nur die suspendierende, sondern auch die lösende Aussperrung in Betracht[45]. Nur sie enthält gegenüber den unzulässig Streikenden noch ein effektives Mittel der Verteidigung und ist auf der anderen Seite gegenüber der individualrechtlichen Reaktion durch fristlose Kündigung das mildere Mittel, weil sie mit dem Wiedereinstellungsanspruch nach billigem Ermessen

---

41 BAG GS vom 21. 4. 1971, a.a.O.
42 Vgl. BAG GS vom 21. 4. 1971 a.a.O., das insoweit mit Recht davon spricht, daß die soziale Wirklichkeit des Arbeitskampfgeschehens nicht ohne rechtliche Folge bleiben könne.
43 BAG GS vom 21. 4. 1971 a.a.O.
44 Siehe Rdnr. 125.
45 BAG GS a.a.O.

verbunden ist und auch nicht den mit der fristlosen Kündigung verbundenen Schuldvorwurf erhebt[46].

2. Zulässigkeit anderer Arbeitskampfmaßnahmen

a) Gebrauch von Vertragsrechten

Es ist möglich, daß Arbeitnehmer aus dem Arbeitsvertrag folgende Rechte   361
gemeinsam ausüben, um ein kollektives Ziel zu erreichen. Etwa können sie gemeinsam Zurückbehaltungsrechte geltend machen oder auch gemeinsam Kündigungen aussprechen, um eine Änderung der Arbeitsbedingungen zu erreichen. Umgekehrt kann der Arbeitgeber zur Durchsetzung eines Ziels gegenüber einer bestimmten Gruppe von Arbeitnehmern ebenfalls seine Vertragsrechte ausüben, insbesondere kündigen.

Dieser kollektive Gebrauch von Vertragsrechten ist zulässig, allerdings müs-   362
sen dabei die sich aus dem Arbeitsvertrag ergebenden Bindungen beachtet werden. Zurückbehaltungsrechte können nur geltend gemacht werden, wenn sie tatsächlich bestehen, etwa weil der Arbeitgeber mit der Entgeltzahlung in Verzug ist. Kündigungen müssen die Kündigungsfristen beachten und im Falle der vom Arbeitgeber ausgehenden Kündigung nach dem KSchG sozial gerechtfertigt sein[47].

b) Störungen der Unternehmenstätigkeit und der wirtschaftlichen Position der Arbeitnehmer

Wie in Rdnr. 334 ausgeführt, müssen sich Kampfmaßnahmen, die über   363
Streik und Aussperrung hinausgehen, an der allgemeinen Rechtsordnung messen lassen. Das gilt sowohl für weitergehende Störungen der Unternehmenstätigkeit, wie sie durch Betriebsbesetzungen, Betriebsblockaden und Boykottaufrufe eintreten, als auch für weitere Beeinträchtigungen der wirtschaftlichen Position der Arbeitnehmer, etwa für die Herausgabe schwarzer Listen über kampfbeteiligte Arbeitnehmer.

Relevant sind dabei, was die Störung der Unternehmenstätigkeit angeht,   364
die Vorschriften über den Besitz (§§ 854 ff. BGB) und im Zusammenhang damit § 123 StGB sowie das Recht der unerlaubten Handlungen (§§ 823 ff.

---

46 Siehe zum Abwehrkampf gegen unzulässige Kampfmaßnahmen *Löwisch/Rieble*, a.a.O. Rdnr. 441 ff.
47 Siehe ausführlich zum Gebrauch von Vertragsrechten als Arbeitskampfmaßnahmen *Löwisch/Rieble*, a.a.O. Rdnr. 448 ff.

BGB), insbesondere der Schutz des Eigentums und des Rechts am eingerichteten und ausgeübten Gewerbebetrieb. Hinsichtlich der Störungen der wirtschaftlichen Tätigkeit der Arbeitnehmer steht der Schutz des allgemeinen Persönlichkeitsrechts nach § 823 Abs. 1 BGB in Rede.

365   *Betriebsbesetzungen* sind danach von vornherein rechtswidrig, denn sie lassen sich mit dem gemäß § 855 BGB alleinigen Besitzrecht des Arbeitgebers an den Fabrikanlagen und regelmäßig auch mit seinem Eigentumsrecht an den Produktionsanlagen nicht vereinbaren[48].

366   Aber auch *Betriebsblockaden* sind unzulässig, denn sie beeinträchtigen durch die mit ihnen verbundene Gewalt das Recht des Arbeitgebers am Gewerbebetrieb in unangemessener Weise[49]. Zulässig ist nur der Versuch, mit friedlichen Mitteln der Überredung durch Streikposten die Arbeitswilligen von der Aufnahme der Arbeit abzuhalten.

Dabei muß den Arbeitswilligen ein leicht erkennbarer und genügend breiter Zugang zur Arbeitsstätte freigelassen werden, den sie ohne Besorgnis benutzen können. Dafür ist regelmäßig eine drei Meter breite, einfach begehbare Gasse hinreichend und erforderlich[50].

367   Was den *Boykott* angeht, sind Zuzugssperren, mit denen verhindert werden soll, daß Arbeitnehmer an die Stelle streikender oder ausgesperrter Arbeitnehmer treten, ebenso noch angemessen wie Aufrufe, Streikarbeit zu unterlassen. Wenn der Arbeitgeber im Arbeitskampf die Politik der offenen Tür verfolgen darf, muß umgekehrt die Arbeitnehmerseite dieser Bedrohung der Streikwirkung entgegentreten dürfen[51]. Auf der anderen Seite gehen Boykottaufrufe an die Abnehmer der Arbeitgeber, an Konsumenten, über das Angemessene hinaus.

368   Die *Herausgabe schwarzer Listen* durch Arbeitgeber ist ein unangemessener Eingriff in das allgemeine Persönlichkeitsrecht. Es geht zu weit, den Arbeitnehmer planmäßig überhaupt an der Verwendung seiner Arbeitskraft zu hindern oder in seine allgemeinen privatrechtlichen Beziehungen zu Dritten einzugreifen.

---

48 BAG vom 14. 2. 1978, AP Nr. 59 zu Art. 9 GG Arbeitskampf = DB 1978, 1403 = BB 1978, 1115 = NJW 1979, 239 = EzA Art. 9 GG Arbeitskampf Nr. 24 und m.w.N. *Löwisch/Rieble,* a.a.O. Rdnr. 467 ff.
49 BAG vom 21. 6. 1988, AP Nr. 109 zu Art. 9 GG Arbeitskampf = BB 1988, 2111 = DB 1988, 2647 = NJW 1989, 61 = NZA 1988, 884..
50 LAG Köln vom 2. 7. 1984, LAGE Nr. 15 zu Art. 9 GG Arbeitskampf mit zahlreichen Nachweisen.
51 BAG vom 20 .12. 1963, AP Nr. 34 zu Art. 9 GG Arbeitskampf unter I der Gründe = DB 1964, 75 = BB 1964, 552 = NJW 1964, 1291.

c) Verweigerung von Streikarbeit

Durch den Arbeitskampf wird die Arbeitspflicht der nicht am Arbeitskampf 369
beteiligten Arbeitnehmer nicht erweitert. Die Arbeitnehmer sind deshalb
nicht verpflichtet, zur Abwendung von Produktionsausfällen eine vertraglich sonst nicht geschuldete Leistung zu erbringen[52]. Auf der anderen Seite
ist der Arbeitnehmer nicht berechtigt, die ihm bislang obliegende Arbeitsleistung zu verweigern, um damit den Streik von Kollegen oder von Arbeitnehmern anderer Betriebe zu verschärfen. Will der Arbeitnehmer auf diese
Weise den Arbeitskampf beeinflussen, muß er sich − soweit das zulässig
ist − dem Arbeitskampf selbst anschließen[53].

Wo der Arbeitgeber vom Arbeitnehmer eine bislang nicht verrichtete Arbeit 370
verlangt, die aber aufgrund des Weisungsrechts an sich von ihm gefordert
werden kann, darf der Arbeitnehmer diese nach § 242 BGB verweigern, weil
es ihm unzumutbar ist, den Arbeitskampf seiner Kollegen zu unterlaufen.
Er muß nicht dazu beitragen, daß der Streik wirkungslos bleibt, und ist auch
nicht gehalten, die Arbeitgeberseite vor den Folgen einer Aussperrung zu
bewahren[54].

Eine besondere Regelung hat die Verweigerung von Streikarbeit in § 11 Abs. 5 AÜG
gefunden. Danach ist der Leiharbeitnehmer generell nicht verpflichtet, bei einem Entleiher tätig zu sein, soweit dieser durch einen Arbeitskampf unmittelbar betroffen ist,
und es hat der Verleiher den Leiharbeitnehmer auf dieses Leistungsverweigerungsrecht hinzuweisen.

Im Falle eines Arbeitskampfes im öffentlichen Dienst ist der Einsatz von Beamten zur
Aufrechterhaltung des Dienstbetriebs zulässig, soweit nach Beamtenrecht eine Pflicht
des Beamten zur Übernahme der anderweitigen Tätigkeit besteht[55].

3. *Arbeitskampf und Friedenspflicht*

Eine nach allgemeinen Grundsätzen legitime Kampfmaßnahme kann den- 371
noch rechtswidrig sein, wenn sie gegen einen noch bindenden Tarifvertrag

---

52 BAG vom 25. 7. 1957, AP Nr. 3 zu § 615 BGB Betriebsrisiko = DB 1957, 922 = BB 1957, 965;
   BGH vom 19. 1. 1978, AP Nr. 56 zu Art. 9 GG Arbeitskampf = DB 1978, 687 = BB 1979,
   555.
53 *Zöllner*, a.a.O. § 12 III 1 e; *Söllner* in FS Molitor, S. 333, 347 f.
54 *Söllner*, a.a.O., *Zöllner*, a.a.O.; ausführlich *Rüthers*, Solidaritätsprinzip und Vertragstreue
   im Arbeitskampf, ZfA 1972, 403 ff., insbesondere 418 ff.
55 BVerwG vom 10. 5. 1984, AP Nr. 87 zu Art. 9 GG Arbeitskampf und BAG vom 10. 9.
   1985, AP Nr. 86 zu Art. 9 GG Arbeitskampf = DB 1985, 2345 = BB 1985, 1791 = NZA 1985,
   814 = NJW 1986, 210 = EzA Art. 9 GG Arbeitskampf Nr. 60.

verstößt, also die für die Tarifvertragspartei bestehende relative Friedenspflicht verletzt[56].

III. Rechtsfolgen des Arbeitskampfes für das Arbeitsverhältnis

1. Rechtsfolgen zulässiger Arbeitskämpfe

372   Der zulässige Streik und die zulässige Aussperrung *suspendieren* für ihre Dauer die arbeitsvertraglichen Pflichten: Der Arbeitnehmer ist nicht zur Arbeitsleistung, der Arbeitgeber nicht zur Beschäftigung und Entgeltzahlung verpflichtet. Auf die Länge der Arbeitskampfmaßnahme kommt es dabei nicht an. Auch während eines Warnstreiks oder einer kurzfristigen Aussperrung ruhen die beiderseitigen Pflichten aus dem Arbeitsverhältnis[57].

373   Für den Eintritt der suspendierenden Wirkung ist es erforderlich, daß die Arbeitnehmer dem Arbeitgeber den Streik bzw. Arbeitgeber den Arbeitnehmern die Aussperrung ausdrücklich oder konkludent erklären; umgekehrt setzt das Ende der suspendierenden Wirkung die Erklärung der Beendigung der Kampfmaßnahme voraus[58]. Nur wenn man die Ausübung der Kampfbefugnisse als rechtsgeschäftsähnlicher Handlung auffaßt, können die legitimen Interessen der von der Kampfmaßnahme Betroffenen ausreichend gewahrt werden. Der Arbeitgeber muß wissen, ob der Arbeitnehmer nun wegen der Teilnahme an einem Streik oder aus anderen Gründen der Arbeit fernbleibt. Der Arbeitnehmer muß Gewißheit haben, aus welchen Gründen er kein Entgelt erhält, schon um etwaige Unterstützungsansprüche gegenüber seiner Gewerkschaft oder gegenüber öffentlichen Stellen geltend machen zu können.

374   Sind Streik und Aussperrung zulässig, stellt die Teilnahme an ihnen auch *keinen Arbeitsvertragsbruch* dar. Daraus folgt, daß sie in aller Regel auch keinen wichtigen Grund i.S.v. § 626 BGB zur fristlosen Kündigung des Arbeitsverhältnisses darstellen.

---

56 Siehe Rdnr. 296 ff.
57 BAG vom 21. 3. 1984, AP Nr. 22 zu § 611 BGB Bühnenengagementvertrag = DB 1984, 1581 = NJW 1985, 2156 = EzA § 611 BGB Nr. 26.
58 BAG vom 31. 5. 1988, AP Nr. 56 zu § 1 Feiertagslohnzahlungsgesetz = DB 1988, 2260 = BB 1988, 2465 = NZA 1988, 886 = NJW 1989, 122 = EzA Art. 9 GG Arbeitskampf Nr. 81.

Da Streik und Aussperrung nicht arbeitsvertragswidrig sind, kann die mit   375
ihnen verbundene Nichterfüllung arbeitsvertraglicher Pflichten auch *keine*
Schadensersatzansprüche der betroffenen anderen Arbeitsvertragspartei begründen. Den Arbeitnehmern dürfen wegen der Teilnahme am Streik auch
sonst keine Nachteile zugefügt werden. Insbesondere dürfen sie nicht von
späteren Entgelterhöhungen ausgeschlossen werden. Das ergibt sich aus
dem Maßregelungsverbot des § 612a BGB.

2. Rechtsfolgen unzulässiger Arbeitskämpfe

Als Verletzung des Arbeitsvertrags kann die Teilnahme am unzulässigen   376
Streik dem Arbeitgeber sowohl ein *Recht zur Kündigung* des Arbeitsverhältnisses aus wichtigem Grund nach § 626 BGB wie zu einer verhaltensbedingten ordentlichen Kündigung nach § 1 KSchG geben. Sowohl die Kündigung
nach § 626 BGB wie die verhaltensbedingte ordentliche Kündigung setzen
dabei in jedem Falle eine vorhergehende Abmahnung des arbeitsvertragswi-
drigen Verhaltens voraus[59].

Als Vertragsverletzung verpflichtet die Teilnahme an einem *unzulässigen*   377
Streik den Arbeitnehmer zum Schadensersatz, sofern ihm ein Verschulden
zur Last fällt. Ein solches Verschulden liegt in aller Regel vor, wenn es sich
um einen wilden Streik handelt oder wenn der Streik nicht um die tarifliche
Regelung von Arbeitsbedingungen geführt wird. Denn dann ist für den Arbeitnehmer ohne weiteres erkennbar, daß er sich an einem unzulässigen
Streik beteiligt. Handelt es sich dagegen um einen von einer Gewerkschaft
um eine Tarifregelung geführten Streik, so wird der Arbeitnehmer meist
darauf vertrauen können, daß seine Gewerkschaft ihn zu einem zulässigen
Streik aufgerufen hat[60]. Häufig werden solche Schadensersatzansprüche allerdings durch sogenannte Maßregelungsverbote ausgeschlossen, die in
dem letztlich vereinbarten Tarifvertrag aufgenommen werden und als Inhaltsnormen für die Arbeitsverhältnisse Geltung erlangen[61].

Mit der *Aussperrung* verweigert der Arbeitgeber die Erfüllung der sich aus   378
dem Arbeitsvertrag ergebenden Pflicht zur Entgeltzahlung und Beschäftigung. Ist die Aussperrung unzulässig, so ist diese Erfüllungsverweigerung
nicht gerechtfertigt. Der Arbeitnehmer hat nach wie vor den einklagbaren

---

59 BAG vom 17.12. 1976, AP Nr. 52 zu Art. 9 GG Arbeitskampf = DB 1977, 728 = BB 1977,
   544 = NJW 1977, 918.
60 BAG vom 29.11. 1983, AP Nr. 78 zu § 626 BGB unter III 1 b der Gründe = DB 1984, 1147 =
   BB 1984, 983 = NJW 1984, 1371.
61 Siehe zu solchen Maßregelungsverboten näher *Löwisch/Krauß*, a.a.O. Rdnr. 579 ff.

Anspruch auf Entgeltzahlung und Beschäftigung. Eine Pflicht zur Nachleistung der Arbeit besteht nicht, weil der Arbeitgeber mit der Aussperrung die Abnahme der Arbeitsleistung verweigert und damit in Annahmeverzug gerät (§§ 615 Satz 1, 293 BGB). Als Vertragsverletzung verpflichtet die rechtswidrige Aussperrung den Arbeitgeber auch zum Schadensersatz. Hat etwa der Arbeitnehmer in Folge der fehlenden Lohnzahlung Kredit aufnehmen müssen, um Ratenzahlungsverpflichtungen nachzukommen, so sind die Kreditkosten nach § 286 BGB zu ersetzen. Ebenso wie der rechtswidrige Streik dem Arbeitgeber, gewährt die rechtswidrige Aussperrung dem Arbeitnehmer das Recht, das Arbeitsverhältnis aus wichtigem Grund nach § 626 BGB zu kündigen.

IV. Rechtsschutz bei rechtswidrigen Kampfmaßnahmen

1. Deliktsschutz

379   Der Streik stellt tatbestandsmäßig einen Eingriff in das Recht des bestreikten Arbeitgebers an seinem eingerichteten und ausgeübten *Gewerbebetrieb* dar. Verletzt der Streik die Bindung an die Konfliktlösungsfunktion der Tarifvertragsordnung[62] oder verstößt er gegen das Übermaßverbot[63], ist er im Sinne von § 823 Abs. 1 BGB rechtswidrig und verpflichtet die streikenden Arbeitnehmer und gegebenenfalls die streikführende Gewerkschaft zum Schadenersatz — sofern nicht ausnahmsweise das Verschulden, etwa wegen eines unvermeidbaren Rechtsirrtums, zu verneinen ist — und nach § 1004 BGB zur Unterlassung.

380   Umgekehrt stellt die Aussperrung, wenn sie unzulässig ist, einen rechtswidrigen Eingriff in das als Teil des allgemeinen Persönlichkeitsrechts nach § 823 BGB geschützte Betätigungsrecht des Arbeitnehmers dar und verpflichtet den aussperrenden Arbeitgeber und gegebenenfalls seine Koalition ebenfalls zum Schadenersatz und nach § 1004 BGB zur Unterlassung.

Im Falle von *Betriebsbesetzungen und Betriebsblockaden* haften deliktisch einmal die daran beteiligten Arbeitnehmer selbst. Sind sie zu diesen Maßnahmen von den Mitgliedern der betrieblichen, örtlichen oder regionalen Arbeitskampfleitung oder der arbeitskampfführenden Koalition veranlaßt worden oder werden sie von diesen unterstützt, haften gemäß § 830 Abs. 2 BGB auch diese ebenso auf Schadensersatz, Beseitigung und Unterlassung. Aber auch, wenn eine Anstiftung oder Beihilfe von seiten der Mitglieder der Arbeitskampfleitung oder der arbeitskampfführenden Koalitionen selbst

---

62 Vgl. Rdnr. 335.
63 Vgl. Rdnr. 345 ff.

nicht festgestellt werden kann, können diese nach den §§ 1004, 823 Abs. 1 BGB auf Beseitigung, Unterlassung und Schadensersatz in Anspruch genommen werden. Denn sie trifft im Rahmen des Zumutbaren eine Überwachungs- und Steuerungspflicht in bezug auf die Durchführung des Arbeitskampfes[64].

2. Besitzschutz

Da der Arbeitgeber nach § 855 BGB im Verhältnis zum Arbeitnehmer alleiniger Besitzer ist, stellen Betriebsbesetzungen, gleichgültig ob sie im Zuge eines Streiks, als Reaktion auf eine Aussperrung oder in einem mittelbar von einem Arbeitskampf betroffenen Betrieb erfolgen, eine verbotene Eigenmacht i.s.v. § 858 BGB dar[65]. Der Arbeitgeber darf sich ihrer nach § 859 BGB mit Gewalt erwehren, etwa den Werksschutz einsetzen, sofern die Betriebsbesetzung nicht auf andere Weise, insbesondere durch die Polizei beendet wird. Auch steht dem Arbeitgeber der besitzrechtliche Beseitigungs- und Unterlassungsanspruch des § 862 Abs. 1 BGB zu.

381

3. Einstweilige Verfügung

Die sich aus § 823 Abs. 1 i.V.m. § 1004 BGB und evtl. § 862 BGB ergebenden Ansprüche auf Unterlassung rechtswidriger Arbeitskampfmaßnahmen können im Wege einstweiliger Verfügung durchgesetzt werden. In Betracht kommt eine Regelungsverfügung nach § 940 ZPO, die sich, weil sie zu einer jedenfalls zeitweisen Erfüllung des Unterlassungsanspruchs führt, als sogenannte „Leistungsverfügung" darstellt[66]. In Rechtsprechung und Literatur ist die Auffassung verbreitet, einstweilige Verfügungen, in denen die Unterlassung von Arbeitskampfmaßnahmen der Arbeitnehmerseite, insbesondere von Streiks, angeordnet werden, seien nur eingeschränkt zulässig.

382

Teils wird dies mit dem Argument begründet, daß eine solche Unterlassungsverfügung einen schwerwiegenden Eingriff in die gewerkschaftliche Mobilisierungs- und Kampfstrategie und damit in deren durch Art. 9 Abs. 3 GG gewährte Betätigungsgarantie darstelle, der nur zulässig sein könne, wenn die dem Verfügungskläger drohenden Nachteile ganz schwerwiegend seien[67]. Teils wird darauf abgestellt, daß die Ge-

---

64 BAG vom 8 .11. 1988, AP Nr. 111 zu Art. 9 GG Arbeitskampf = DB 1989, 1067 = NZA 1989, 475 = EzA Art. 9 GG Arbeitskampf Nr. 91.
65 Vgl. im einzelnen *Löwisch/Krauß*, a.a.O. Rdnr. 728 ff.
66 BAG vom 21. 3. 1978, AP Nr. 62 zu Art. 9 GG Arbeitskampf = DB 1978, 1647 = BB 1978, 1466 = NJW 1978, 2114 = EzA Art. 9 GG Arbeitskampf Nr. 25.
67 In diesem Sinne LAG Baden-Württemberg vom 8. 8. 1973, AR-Blattei Arbeitskampf IV: Entscheidung 1; LAG Hamm vom 17. 3. 1987, LAGE Nr. 31 zu Art. 9 GG Arbeitskampf = NZA 1988 Beilage 2, S. 26; LAG Hamburg vom 24. 3. 1987, LAGE Nr. 33 zu Art. 9 GG Arbeitskampf = NZA 1988 Beilage 2, S. 27; LAG Schleswig-Holstein vom 25. 3. 1987, LAGE Nr. 32 zu Art. 9 GG Arbeitskampf = NZA 1988 Beilage 2, S. 31; *Henniges*, Einstweiliger

werkschaften bei ihrer zentralen Aufgabe, die Arbeits- und Wirtschaftsbedingungen ihrer Miglieder zu regeln und zu fördern, von Fall zu Fall auch rechtlich noch nicht abgesichertes Neuland betreten müssen. Solche tarifvertraglichen „Grenzinitiativen" dürften ihnen nicht in dem summarischen Verfahren der einstweiligen Verfügung von vornherein aus der Hand geschlagen werden[68]. Diesen einschränkenden Tendenzen kann letztlich nicht gefolgt werden. Bei unmittelbar drohenden Kampfmaßnahmen ist der Anspruch auf Unterlassung derart zeitgebunden, daß sowohl das Handlungsverbot als auch seine Ablehnung irreversible Verhältnisse schaffen. Deshalb ist ein Verfügungsgrund für das Handlungsverbot regelmäßig dann gegeben, wenn nach der Überzeugung des über den Antrag entscheidenden Gerichts der streitige Unterlassungsanspruch besteht. Auf andere Weise kann dann nämlich der durch das Rechtsstaatsprinzip verbürgte Rechtsschutz des Antragstellers überhaupt nicht verwirklicht werden[69].

V. Entgeltzahlung in mittelbar betroffenen Betrieben

Fall 23: *Nachdem zwischen dem zuständigen Arbeitgeberverband und der Industriegewerkschaft Metall geführte Lohntarifverhandlungen für die Arbeitnehmer der Metallindustrie im Tarifgebiet Nord-Württemberg/Nord-Baden gescheitert sind, ruft die Industriegewerkschaft Metall etwa ein Zwanzigstel der im Tarifgebiet beschäftigten Arbeitnehmer, darunter die Belegschaft des Kühlerherstellerwerks A, zum Streik auf. Der Streikaufruf wird befolgt. Drei Tage später beschließt der zuständige Arbeitgeberverband die Aussperrung von weiteren rund vier Zwanzigstel der im Tarifgebiet beschäftigten Arbeitnehmer, darunter die Belegschaft des PKW-Werkes B. Auch der Aussperrungsbeschluß wird befolgt.*

Nachdem der Arbeitskampf eine weitere Woche gedauert hat, kündigen der LKW-Hersteller C und der Scheibenwischerhersteller D, die beide ihren Sitz in Bayern haben und dem dortigen Arbeitgeberverband der Metallindustrie angehören, in Aushängen im Betrieb an, daß sie ihre Produktion am nächsten Tag einstellen würden. C begründet das damit, daß infolge des Ausbleibens von Lieferungen der Firma A keine LKW mehr hergestellt werden können. D weist darauf hin, daß die Scheibenwischer zu 100% an die Firma B geliefert würden; diese nehme keine Scheibenwischer mehr ab. Gleiches kündigt der in Niedersachsen ansässige Reifenhersteller E an.

Rechtsschutz gegen gewerkschaftliche Streiks? S. 22 ff.; *Däubler/Colneric*, Rdnr. 1305 ff., jeweils m.w.N.

68 Hierzu vor allem *Piehler*, Einstweiliger Rechtsschutz im materiellen Recht (1980), S. 252 f.; in die gleiche Richtung noch *Löwisch*, Anm. zu LAG Baden-Württemberg, a.a.O.

69 LAG München vom 19 .12. 1979, EzA Nr. 35 zu Art. 9 GG Arbeitskampf = NJW 1980, 957; LAG Niedersachsen vom 25. 3. 1987, LAGE Nr. 35 zu Art. 9 GG Arbeitskampf = NZA 1988 Beilage 2, S. 35; LAG Düsseldorf vom 31. 7. 1985, LAGE Nr. 21 zu Art. 9 GG Arbeitskampf; im Ergebnis auch LAG Frankfurt vom 23. 4. 1985, LAGE Nr. 1 zu § 1 TVG Friedenspflicht; *Brox-Rüthers/Brox*, Rdnr. 767; *Dütz*, Vorläufiger Rechtsschutz im Arbeitskampf, BB 1980, 539, jeweils m.w.N.

1. Arbeitskampfrechtsordnung und Risikoverteilung im Arbeitsverhältnis

Arbeitskämpfe ziehen in der arbeitsteiligen Wirtschaft neben den unmittel-   383
bar betroffenen Betrieben gewöhnlich auch sehr rasch andere Betriebe in
Mitleidenschaft: Für die Produktion benötigte Zulieferungen aus einem bestreikten oder aussperrenden Betrieb bleiben aus, oder Produkte können
von einem im Arbeitskampf stehenden Betrieb nicht mehr abgenommen
werden. In diesen Fällen fragt es sich, ob die Arbeitnehmer in dem mittelbar
betroffenen Betrieb nach wie vor Lohnzahlung verlangen können oder ob
wegen der Arbeitskampfbedingtheit des Arbeitsausfalls der Entgeltanspruch ausgeschlossen ist.

Würde man die allgemeinen Grundsätze über die Tragung des Lohnrisikos   384
bei Arbeitsausfällen zugrunde legen, würde der Entgeltanspruch bestehenbleiben. Denn nach diesen Grundsätzen trägt der Arbeitgeber als Unternehmer Verantwortung dafür, daß er seine Arbeitnehmer entsprechend ihren
Arbeitsverhältnissen beschäftigen kann[70]. Indessen geraten diese Grundsätze in Konflikt mit der Arbeitskampfrechtsordnung: Soweit die Auswirkungen eines Arbeitskampfes in anderen Betrieben für die kämpfenden Parteien
Bedeutung gewinnen, weil sie deren Verhandlungsstärke beeinflussen,
müssen sie im Arbeitskampfrecht berücksichtigt werden. Insoweit kann den
betroffenen Arbeitgebern das Beschäftigungs- und Lohnrisiko nicht aufge-
bürdet werden, weil sie sonst stärker belastet würden als die unmittelbar bestreikten Arbeitgeber. Sonst ergäbe sich ein wesentlicher, kampftaktischer
Vorteil für die Gewerkschaften. Diese könnten sich darauf beschränken, besonders wichtige Schlüsselbetriebe oder kleine Funktioneliten in einen Teilstreik zu führen, ohne die erheblichen Fernwirkungen einer solchen Kampftaktik mit Lohneinbußen erkaufen zu müssen; gleichzeitig stünden die bestreikten Arbeitgeber unter dem latenten oder sogar aktuellen Druck der
mittelbar betroffenen Arbeitgeber, den Forderungen der Gewerkschaften
nachzugeben[71].

---

70 Siehe dazu Rdnr. 993.
71 BAG vom 22 .12. 1980, AP Nr. 70 zu Art. 9 GG Arbeitskampf = DB 1981, 321 = BB 1981,
   609 = EzA § 615 BGB Betriebsrisiko Nr. 7.

2. *Voraussetzungen der Verlagerung des Lohnrisikos*

385   Die Kampfparität erfordert die Verlagerung des Lohnrisikos auf die Arbeitnehmer sicher dann, wenn der Arbeitsausfall von einem Arbeitskampf herrührt, der im *gleichen Unternehmen* stattfindet. Nähme man sie nicht vor, würde sich das Unternehmen nicht nur dem Nachteil des Produktionsstillstandes bei fortlaufenden Kosten ausgesetzt sehen, sondern zusätzlich auch noch dem Nachteil der Lohnfortzahlung, während die Arbeitnehmerseite vom Nachteil des Lohnverlustes befreit würde. Von dieser Kostenlast, die die bei einem Vollstreik oder einer Vollaussperrung gegebene beträchtlich übersteigt, ginge ein Druck aus, der das Verhandlungsgleichgewicht störte.

386   Aus dem gleichen Grund muß das arbeitskampfbedingte Lohnrisiko auch dort auf die Arbeitnehmer verlagert werden, wo das mittelbar betroffene Unternehmen mit den kämpfenden Unternehmen, dessen Zulieferungen ausbleiben oder das Leistungen nicht abnimmt, in einem *Verhältnis wirtschaftlicher Abhängigkeit* steht: Sind unmittelbar und mittelbar kampfbetroffene Unternehmen in dem Sinne wirtschaftlich verbunden, daß Kostenbelastungen des einen auch beim anderen zu Buche schlagen, so übt die Lohnfortzahlungspflicht im mittelbar betroffenen Unternehmen beim kämpfenden Unternehmen einen erhöhten Kostendruck aus mit der Folge, daß ein zur Wahrung des Verhandlungsgleichgewichts notwendiges Durchhaltevermögen geschwächt ist[72].

387   Verlagert wird das Lohnrisiko auch dann auf die Arbeitnehmer, wenn zwischen unmittelbar und mittelbar kampfbetroffenen Arbeitgebern auf der einen Seite und unmittelbar und mittelbar betroffenen Arbeitnehmern auf der anderen Seite *koalitionspolitische Verbindungen* bestehen. Daß eine solche Verbindung relevant für die Kampfparität ist, trifft sicher zu, wenn unmittelbar und mittelbar betroffene Unternehmen demselben Arbeitgeberverband und unmittelbar und mittelbar betroffene Arbeitnehmer derselben Gewerkschaft angehören.

388   Paritätsrelevant ist aber auch noch eine Verbindung, bei der zwar keine Identität der Verbände besteht, jedoch Verhandlungspolitik und Kampftaktik von einer Stelle koordiniert werden, wie das für eine Branche bei den zentralisiert organisierten Industriegewerkschaften ohnehin und auf der Arbeitgeberseite über fachliche Gesamtverbände in weitem Umfang geschieht; denn dann werden die mittelbar betroffenen Arbeitgeber und Arbeitnehmer ihre Einflußmöglichkeit auf dem Willensbildungsprozeß dieser Stelle nutzen

---

72 BAG vom 22 .12. 1980, a.a.O.

und eine Berücksichtigung der mittelbaren Schäden verlangen. Auch könnte, wenn eine Verlagerung des Lohnrisikos nicht einträte, die Gewerkschaftsseite ihre Kampftaktik darauf ausrichten, daß möglichst viele Fälle mittelbarer Betroffenheit hervorgerufen würden, ohne daß ein angemessener Kostendruck anstünde[73].

Ist die Kampfparität maßgebliches Kriterium der Verlagerung des Lohnrisikos auf die Arbeitnehmer, muß unerheblich sein, ob die Betriebsstörung auf *Streik oder Aussperrung* beruht. Da die Aussperrung die Funktion hat, Kampfparität herzustellen, muß sich im Prinzip auch bei ihr der beiderseitige Kostendruck über die unmittelbar Kampfbeteiligten hinaus bei den Drittbetroffenen fortsetzen[74].

Die Verlagerung des Lohnrisikos auf die Arbeitnehmer kann nur eintreten, wenn der Arbeitsausfall *durch den Arbeitskampf bedingt* ist. Das ist der Fall, wenn die Arbeit infolge des Arbeitskampfes *technisch unmöglich* geworden ist, insbesondere wenn die Zulieferung für die Produktion notwendiger Rohstoffe oder Halbzeuge, sei es aus dem eigenen Betrieb oder Unternehmen, sei es von dritten Lieferanten ausbleibt oder die benötigte Energiezufuhr unterbrochen wird. Unmöglich ist die Arbeitsleistung aber auch dann, wenn das Ausbleiben der Arbeit eines kämpfenden Arbeitnehmers andere Arbeitnehmer an der Arbeit hindert, sie etwa eine Maschine nicht bedienen oder am Fließband nicht weiterarbeiten können. 389

Unter Paritätsgesichtspunkten ist auch der Arbeitsausfall arbeitskampfbedingt, der eintritt, weil der Arbeitgeber auf die Erbringung *wirtschaftlich sinnloser Arbeitsleistung* verzichtet[75]. Die wirtschaftliche Sinnlosigkeit kann wiederum auf den betriebs- oder unternehmensinternen Verhältnissen beruhen. Ein Teilstreik in der Weiterverarbeitung etwa kann die Produktion von Halbzeugen sinnwidrig machen. Sie kann sich aber auch aus den Außenbeziehungen des Unternehmens ergeben: So verhält es sich bei Zulieferbetrieben, die mit ihrer Produktion ganz auf die — infolge des Arbeitskampfes ausfallende — Produktion eines anderen Unternehmens ausgerichtet sind, oder wenn ein Arbeitskampf einen Strukturwandel auslöst, der zu einer Substitution der Produkte des betroffenen Unternehmens führt[76]. 390

---

73 BAG vom 22 .12. 1980, a.a.O. unter C I 2 b (4) für den Fall der mittelbaren Auswirkungen eines Arbeitskampfes in der Metallindustrie auf andere Unternehmen der Metallindustrie.
74 BAG vom 22 .12. 1980, a.a.O.
75 BAG von 22 .12. 1980, a.a.O.
76 BAG vom 26 .10. 1971, AP Nr. 45 zu Art. 9 GG Arbeitskampf.

391   Ein Problem ist in diesen Fällen häufig die Frage, unter welchen Voraussetzungen von wirtschaftlicher Sinnlosigkeit einer an sich möglichen Arbeitsleistung gesprochen werden kann. Maßstab müssen die Grundsätze wirtschaftlicher Unternehmensführung sein: Würde ein vernünftiger Unternehmer die Betriebstätigkeit fortführen, ist der Arbeitsausfall nicht durch den Arbeitskampf bedingt, sondern muß der unternehmerischen Fehlentscheidung zugerechnet werden[77].

*In **Fall 23** brauchen weder C noch D nach der Einstellung der Produktion die Entgelte an ihre Arbeitnehmer fortzuzahlen: Bei beiden besteht die notwendige koalitionspolitische Verbindung über den Gesamtverband der Metallarbeitgeberverbände einerseits und die IG Metall andererseits zu den Firmen A und B. Daß die Firma B nicht bestreikt wird, sondern ausgesperrt hat, spielt ebensowenig eine Rolle wie die Tatsache, daß sie Abnehmer und nicht Zulieferer ist. Hingegen muß E die Entgelte fortbezahlen, weil er als Reifenhersteller einer anderen Branche angehört, für die andere Koalitionen zuständig sind. Ihm bleibt nur die Möglichkeit, auf normalem Weg Kurzarbeit einzuführen. Anders wäre es nur, wenn E von B oder C wirtschaftlich abhängig wäre.*

3. Auswirkungen der Risikoverlagerung

392   Der arbeitskampfbedingte Arbeitsausfall führt zum Verlust des Anspruchs des Arbeitnehmers auf Entgelt. Dieser Verlust tritt *automatisch* ein. Ihren Auswirkungen nach stellt die Überbürdung des arbeitskampfbedingten Lohnrisikos auf die Arbeitnehmer eine Unterausnahme von der Auferlegung des allgemeinen Betriebs- und Wirtschaftsrisikos auf den Arbeitgeber dar, die wiederum eine Ausnahme von dem sich aus § 323 BGB ergebenden Grundsatz ist, daß ohne Arbeitsleistung kein Entgeltanspruch besteht. Der Verlust des Entgeltanspruchs umfaßt alle Entgeltteile, die angefallen wären, wenn der Arbeitnehmer zur Zeit des Arbeitsausfalls gearbeitet hätte, einschließlich von Lohnersatzleistungen wie zum Beispiel die Entgeltfortzahlung im Krankheitsfall[78].

393   Da der Arbeitgeber von der Entgeltzahlungspflicht befreit ist, bietet der arbeitskampfbedingte Arbeitsausfall regelmäßig keinen Grund zur Kündigung der Arbeitsverhältnisse. Etwas anderes kommt nur in Betracht, wenn die Betriebsstörung zu dauerhaften Veränderungen der Beschäftigungssituation in dem betroffenen Betrieb, etwa zu einem dauerhaften Verlust von Absatzmärkten geführt hat.

---

77 Vgl. hierzu § 30 Abs. 2 des Entwurfes von *Birk/Konzen u.a.*, a.a.O., nebst Begründung S. 91 f.
78 Vgl. zu den Einzelheiten *Löwisch/Bittner*, a.a.O. Rdnr. 644 ff.

4. Beteiligung des Betriebsrats

Geht es um die Einführung von Kurzarbeit wegen arbeitskampfbedingten 394
Arbeitsausfalls in einem Betrieb, dessen *Belegschaft zum Teil* selbst streikt
oder ausgesperrt ist, befindet sich der Betriebsrat in einer Konfliktsituation:
Stimmt er einer solchen Maßnahme zu, kann ihm das, auch wenn die gesetzlichen Voraussetzungen an sich gegeben sind, von dem im Arbeitskampf stehenden Teilnehmern der Belegschaft leicht als illoyales Verhalten
ausgelegt werden. Verweigert er, um diesen Eindruck zu vermeiden, seine
Zustimmung auch dort, wo die Voraussetzungen gegeben sind, verstößt er
gegen seine aus § 74 Abs. 2 BetrVG folgende Pflicht zur Neutralität im Arbeitskampf. Das BAG hat deshalb das Mitbestimmungsrecht nach § 87
Abs. 1 Nr. 3 BetrVG[79] in diesem Fall zu Recht ausgeschlossen[80].

In allein von den Fernwirkungen eines Arbeitskampfes betroffenen Betrie- 395
ben ist die Konfliktsituation für den Betriebsrat nicht so gravierend, als daß
es gerechtfertigt wäre, sein Mitbestimmungsrecht nach § 87 Abs. 1 Nr. 3
BetrVG von vornherein auszuschließen. Indessen ergeben sich bei der Anwendung dieser Mitbestimmungsvorschrift Besonderheiten:

Das Mitbestimmungsrecht des Betriebsrates bei der Einführung von Kurzar- 396
beit hat an sich die Funktion, den Betriebsrat mitentscheiden zu lassen, ob
eine Ausnahme von dem Grundsatz gemacht werden soll, daß der Arbeitgeber das Betriebs- und Wirtschaftsrisiko bis zu einer möglichen Kündigung
des Arbeitsverhältnisses trägt. Diese Funktion kann es beim arbeitskampfbedingten Arbeitsausfall nicht erfüllen, weil insoweit schon die Arbeitskampfrechtsordnung bestimmt, daß und wann das Lohnrisiko auf die Arbeitnehmer verlagert wird. Dem Mitbestimmungsrecht kann hier im wesentlichen nur die Funktion einer zusätzlichen Richtigkeitskontrolle der Verlagerung des Lohnrisikos, insbesondere der Arbeitskampfbedingtheit und
Unvermeidbarkeit des Arbeitsausfalls zukommen. Für ein echtes Mitbestimmungsrecht bleibt nur die Regelung der Modalitäten dieser Verlagerung,
insbesondere die Verteilung des Arbeitsausfalls, die sonst dem Direktionsrecht unterliegt[81].

---

79 Siehe dazu Rdnr. 604 f.
80 BAG vom 22.10. 1980, AP Nr. 71 zu Art. 9 GG Arbeitskampf = DB 1981, 327 = BB 1981,
   609 = EzA § 615 BGB Betriebsrisiko Nr. 8.
81 BAG vom 22.12. 1980, a.a.O. unter C 2 der Gründe; LAG Hamm vom 27. 3. 1985, LAGE
   Nr. 20 zu Art. 9 GG Arbeitskampf = NZA 1985, 631; zu den Konsequenzen dieser beschränkten Funktion dieses Mitbestimmungsrechts siehe *Löwisch/Bittner*, a.a.O. Rdnr.
   654 ff.

397   In Fällen, in denen das arbeitskampfbedingte Lohnrisiko nicht auf die Arbeitnehmer verlagert wird, also insbesondere, wenn es an der konzernmäßigen oder koalitionspolitischen Verbindung zwischen Kampfbetrieb und mittelbar betroffenem Betrieb fehlt, ergeben sich bei der Einführung von Kurzarbeit für das Mitbestimmungsrecht des Betriebsrates nach § 87 Abs. 1 Nr. 3 BetrVG allerdings keine Besonderheiten. Das Mitbestimmungsrecht erfüllt in diesem Falle gerade seine Funktion, den Betriebsrat mitentscheiden zu lassen, ob das zunächst beim Arbeitgeber verbleibende Lohnrisiko doch auf die Arbeitnehmer verlagert werden soll, insbesondere um den Arbeitgeber durch die in Anspruchnahme von Kurzarbeitergeld der Bundesanstalt für Arbeit durch die Arbeitnehmer zu entlasten[82].

VI. Arbeitskampf und Sozialrecht

398   Der Arbeitskampf hat auch sozialrechtliche Auswirkungen. Im Vordergrund steht dabei die Frage, inwieweit im Arbeitskampf Arbeitslosengeld, Arbeitslosenhilfe und Kurzarbeitergeld beansprucht werden können. Geregelt ist dieser Fragenkreis in § 116 AFG, der nach § 70 AFG auch für das Kurzarbeitergeld gilt. Danach haben Arbeitnehmer, die selbst streiken oder ausgesperrt sind, keine Ansprüche (§ 116 Abs. 2 AFG), während für Arbeitnehmer, die von einem Arbeitskampf mittelbar betroffen sind, in den Absätzen 3 bis 6 der Vorschrift eine differenzierende Regelung enthalten ist, die vor allem darauf abstellt, ob die Arbeitnehmer im mittelbar betroffenem Betrieb vom umkämpften Tarifvertrag profitieren würden, weil sie seinem fachlichen Geltungsbereich zuzuordnen sind[83].

399   Das sozialversicherungsrechtliche Beschäftigungsverhältnis i.S.d. § 7 SGB IV besteht während des Arbeitskampfes grundsätzlich fort[84]. Das *Rentenversicherungsverhältnis* wird demgemäß während des Arbeitskampfes nicht unterbrochen, sondern lediglich suspendiert.

Für die *Krankenversicherung* findet sich jetzt eine ausdrückliche Regelung in § 192 Abs. 1 Nr. 1 SGB V. Danach bleibt der Arbeitnehmer bei einem rechtmäßigen Arbeitskampf für dessen ganze Dauer voll krankenversichert, während im Falle eines rechtswidrigen Streiks die Mitgliedschaft nach einem Monat endet.

---

82 Zur Mitbestimmung nach § 87 Abs. 1 Nr. 3 siehe Rdnr. 604.
83 Siehe dazu die Darstellung bei *Schulin*, Sozialrecht Rdnr. 672 ff. sowie ausführlich *Löwisch/Bittner*, a.a.O. Rdnr. 791 ff. m.w.N.
84 BSG GS vom 11 .12. 1973, BSGE 37, 10 = AP nr. 48 zu Art. 9 GG Arbeitskampf = BB 1974, 740.

Soweit der unmittelbar oder mittelbar von einem Arbeitskampf betroffene   400
Arbeitnehmer kein Arbeitsentgelt und keine Leistungen der Arbeitslosenversicherung erhält und deshalb seinen notwendigen Lebensunterhalt nicht
selbst bestreiten kann, hat er nach Maßgabe der §§ 11ff. BSHG Ansprüche
auf Hilfe zum Lebensunterhalt gegen den zuständigen örtlichen *Träger der
Sozialhilfe*, das heißt denjenigen Stadt- oder Landkreis, in dem er sich tatsächlich aufhält (§§ 96f. BSHG)[85].

VII. Rechtslage in der DDR

Schon nach Art. 17 des Staatsvertrags über die Währungs-, Wirtschafts-und   401
Sozialunion galt im Gebiet der früheren DDR ein dem Recht der Bundesrepublik entsprechendes Arbeitskampfrecht. Gesetzliche Bestimmungen hierüber hat die DDR bis zum Beitritt nicht erlassen. Es ist deshalb Sache der Gerichte, die vom BAG entwickelten Grundsätze auch in der DDR anzuwenden.

VIII. Kontrollfragen

Frage 25: Welche Funktion erfüllt der Arbeitskampf in der Tarifvertragsordnung und welche Folgerungen zieht man daraus für seine rechtliche Bewertung?

Frage 26: Was bedeutet die sogenannte Quotenregelung der Ausesper-
rung?

Frage 27: Welche Vorschriften gewähren im Fall von Betriebsbesetzungen
Rechtsschutz?

Frage 28: In welchen Fällen wird das Entgelt in mittelbar vom Arbeitskampf
betroffenen Betrieben nicht fortgezahlt?

---

85 Siehe zu den Einzelheiten *Löwisch/Bittner*, a.a.O. Rdnr. 837 ff.

B. Betriebs-, Personal- und Unternehmens-verfassungsrecht

§ 10 Betriebsverfassungsrecht*

Literaturangaben:

Kommentare: *Dietz/Richardi*: Betriebsverfassungsgesetz, 6. Aufl. Band 1, 1981; Band 2, 1982; *Fabricius/Kraft/Thiele/Wiese/Kreutz*: Betriebsverfassungsrecht, Band I, 4. Aufl. 1987; Band II, 4. Aufl. 1990 (zit.: GK/Bearb.); *Fitting/Auffarth/Kaiser/Heither*: Betriebsverfassungsgesetz, 16. Aufl. 1990; *Galperin/Löwisch*: Kommentar zum Betriebsverfassungsgesetz, Band I und II, 6. Aufl. 1982; *Gnade/Kehrmann/Schneider/Blanke*: Betriebsverfassungsgesetz, 2. Aufl. 1983; *Hess/Schlochauer/Glaubitz*: Betriebsverfassungsgesetz, 3. Aufl. 1986; *Löwisch*: Betriebsverfassungsgesetz, 2. Aufl. 1989; *Stege/Weinspach*: Betriebsverfassungsgesetz, 6. Aufl. 1990.

Grundrisse: *Etzel*: Betriebsverfassungsrecht, 3. Aufl. 1987; *von Hoyningen-Huene*: Betriebsverfassungsrecht, 2. Aufl. 1990.

Monographien und Aufsätze: *Belling*, Das Mitbestimmungsrecht des Betriebsrats bei Versetzungen, DB 1985, 335; *Beuthien*, Sozialplan und Unternehmensverschuldung, 1980; *Birk*, Innerbetriebliche Ansprachen, ZfA 1985, 73; *Buchner*, Das Gesetz zur Änderung des Betriebsverfassungsgesetzes, über Sprecherausschüsse der leitenden Angestellten zur Sicherung der Montanmitbestimmung, NZA 1989, Beilage 1, 5; *ders.*, Kooperation als Leitmaxime des Betriebsverfassungsrechts, DB 1974, 530; *Eich*, Rechtsmißbräuchliche Nutzung von Mitbestimmungsrechten durch den Betriebsrat (Koppelungsgeschäfte), ZfA 1988, 93; *Gamillscheg*, Betriebsrat und Kündigung, in: 25 Jahre Bundesarbeitsgericht, 1979, 117; *Heinze*, Nichtsozialplanpflichtige Betriebsänderung, NZA 1987, 41; *Joost*, Betrieb und Unternehmen als Grundbegriffe des Arbeitsrechts, 1988; *ders.*, Inhalt und Grenzen betriebsverfassungsrechtlicher Rechte, ZfA 1988, 53; *Kissel*, Das Spannungsfeld zwischen Betriebsvereinbarung und Tarifvertrag, NZA 1986, 73; *Kraft*, Der Informationsanspruch des Betriebsrats, Grundlagen, Grenzen und Übertragbarkeit, ZfA 1983, 171; *Löwisch*, Die Mitbestimmung des Betriebsrats bei der Einführung arbeitsfreier Tage, FS für Molitor 1988, S. 225; *ders.*, Probleme des Interessenausgleichs, RdA 1989, 216; *Meisel*, Die Mitwirkung und Mitbestimmung des Betriebsrats in personellen Angelegenheiten, 5. Aufl. 1984; *Planda*, Einflußmöglichkeiten von Personal- und Betriebsrat beim Abschluß befristeter und bei der Kündigung unbefristeter Arbeitsverträge, RdA 1985, 223; *Pünnel*, Die Einigungsstelle des Betriebsverfassungsgesetzes 1972, 3. Aufl. 1990; *Rieble*, Die Kontrolle des Ermessens der betriebsverfassungsrechtlichen Einigungsstelle, 1989; *Rumpff/Boewer*, Mitbestimmung in wirtschaftlichen Angelegenheiten, 2. Aufl. 1990: *Schwerdtner*, Grenzen der Zulässigkeit des Nachschiebens von Kündigungsgründen im Kündigungsschutzprozeß, NZA 1987,

---

* Paragraphen ohne Gesetzesangabe sind solche des BetrVG 1972.

361; *Wlotzke*, Die Änderungen des Betriebsverfassungsgesetzes und das Gesetz über Sprecherausschüsse der leitenden Angestellten (I), DB 1989, 118.

I. Grundgedanken und Entwicklung

1. Grundgedanken

402   Gegenstand des Betriebsverfassungsrechts ist die Stellung der Arbeitnehmer in der arbeitsteiligen Organisation des Betriebs[1]. Das geltende Betriebsverfassungsrecht wird dabei von folgenden Grundgedanken geprägt:

Im Vordergrund steht die *Interessenvertretung*. Auch im Betrieb gibt es zwei beteiligte Seiten, die Arbeitnehmer und den Unternehmer. Sie haben widerstreitende Interessen. Diese Interessen müssen zur Geltung und zum Ausgleich gebracht werden. Deshalb erhalten die Arbeitnehmer in Gestalt des Betriebsrates eine Interessenvertretung und diesem werden vom Gesetz bestimmte Rechte gegenüber dem Unternehmer eingeräumt. Freilich entsteht diese Interessenvertretung nicht automatisch. Der Gesetzgeber erstrebt zwar, daß überall Betriebsräte errichtet werden und schaltet zur Errichtung dieses Ziels die im Betrieb vertretenen Gewerkschaften ein (§§ 14 Abs. 5, 16 Abs. 2, 17 Abs. 2 und 3). Findet sich aber kein Arbeitnehmer zur Teilnahme an der Wahl oder zur Kandidatur bereit, kann ein Betriebsrat nicht gebildet werden.

403   Als zweiten Grundgedanken kann man den der *Mitverwaltung* der Betriebe durch die Arbeitnehmer bezeichnen. Diese sollen an der Regelung der auch sie betreffenden wirtschaftlichen Fragen des Betriebs teilhaben, in dem sie tätig sind. Sie wählen deshalb Vertreter, die diese Mitverwaltungsrechte ausüben.

Mit dem Mitverwaltungsgedanken zusammen hängt der Gedanke der *betrieblichen Partnerschaft*. Bei aller Anerkennung der widerstreitenden Interessen von Arbeitnehmern und Unternehmer läßt sich nicht leugnen, daß beide auch ein gemeinsames Interesse daran haben, daß das Unternehmen floriert. Das drängt zur betrieblichen Zusammenarbeit. Auch das kommt in den Regelungen des Betriebsverfassungsrechts zum Ausdruck.

404   Schließlich ist seit der Novellierung des Jahres 1972 im Betriebsverfassungsrecht das Bestreben unverkennbar, etwa durch Regelungen über den Ar-

---

1 Vgl. Rdnr. 40.

beitsablauf und die Arbeitsumgebung (§§ 90 f.), dem Gedanken der *Humanisierung der Arbeitswelt* Rechnung zu tragen.

Gegenstand des Betriebsverfassungsrechts ist die Regelung der Mitwirkung   405
der Arbeitnehmer auf der Ebene des Betriebs, also der organisatorischen
Einheit, innerhalb der bestimmte arbeitstechnische Zwecke fortgesetzt verfolgt werden. Vom Betriebsverfassungsrecht in diesem Sinne ist das *Unternehmensverfassungsrecht* zu trennen, das die Mitwirkung der Arbeitnehmer
auf der Ebene des Unternehmens, also der wirtschaftlichen Einheit, regelt[2].

2. Entwicklung

Der erste Versuch einer Einrichtung von Vertretungen der Arbeitnehmer in   406
den Betrieben ist von einer Minderheit der Frankfurter Nationalversammlung von 1848/49 ausgegangen. Ihr Entwurf sah die Bildung eines aus Arbeitgeber- und Arbeitnehmervertretern zusammengesetzten Fabrikausschusses vor, der unter anderem für die Festlegung der Arbeitsordnung und
die Verwaltung von Krankenkassen zuständig sein sollte[3]. Dieser Vorschlag
ist nicht Gesetz geworden. Erst das Arbeiterschutzgesetz von 1891 ermöglichte die Einrichtung von *Arbeiterausschüssen*. Es machte außerdem den Erlaß von Arbeitsordnungen durch den Arbeitgeber nach Anhörung der Arbeitnehmerschaft obligatorisch. Die Einrichtung von Arbeiterausschüssen
wurde 1905 für preußische Bergwerke und 1916 im vaterländischen Hilfsdienst dann allgemein vorgeschrieben.

Nach Ende des Ersten Weltkrieges wurden, zuerst aufgrund einer Vereinba-   407
rung zwischen Arbeitgeberverbänden und Gewerkschaften vom 15. 11.
1918, sodann aufgrund einer Verordnung des Rates der Volksbeauftragten
vom 22. 12. 1918, *Arbeiter- und Angestelltenausschüsse* mit weitgehenden Befugnissen eingerichtet. Ihre Bildung wurde auch in Artikel 165 der Weimarer
Reichsverfassung vorgeschrieben und fand schließlich eine ausführliche Regelung im Betriebsrätegesetz vom 4. 2. 1920. Durch diese Entwicklung wurden zugleich die in der Novemberrevolution von 1918 errichteten Arbeiter-
und Soldatenräte, die teilweise auch in den Betrieben die wirtschaftliche
Macht übernommen hatten, politisch überholt.

---

2 Siehe dazu § 13 (Rdnr. 836 ff.).
3 *Otto*, Der Arbeitnehmer im Betrieb, in: *Löwisch* (Hrsg.), Einführung in das Wirtschafts-, Arbeits- und Sozialversicherungsrecht, 1985, 94.

408 In der Zeit des Nationalsozialismus wurden die gewählten Arbeitnehmervertretungen durch Vertrauensräte unter Reichstreuhändern der Arbeit ersetzt. Sie hatten lediglich beratende Funktion.

409 Nach Ende des Zweiten Weltkrieges wurden erneut gewählte Arbeitnehmervertretungen geschaffen, denen in vielen Punkten weitergehende Beteiligungsrechte zukamen, als sie in der Weimarer Zeit gewährt worden waren. Die Entwicklung mündete zunächst in das Betriebsverfassungsgesetz vom 11. 10. 1952, das dann durch das heute geltende Betriebsverfassungsgesetz vom 15. 1. 1972 abgelöst worden ist. Dieses ist in einer Reihe von Punkten durch das Gesetz zur Änderung des Betriebsverfassungsgesetzes, über Sprecherausschüsse der leitenden Angestellten und zur Sicherung der Montan-Mitbestimmung vom 20. 12. 1988 weiterentwickelt worden.

II. Regelungsbereich

1. Betrieb als Anknüpfungspunkt der Betriebsverfassung

Fall 24: *Die Versicherungsgesellschaft X, die das Lebensversicherungsgeschäft betreibt, und die Versicherungsgesellschaft Y, die auf dem Gebiet der Sachversicherung tätig ist, beschließen aus Rationalisierungsgründen ihre Geschäftsbetriebe in einem Gebäude zusammenzulegen und eine gemeinsame Personalverwaltung zu schaffen. Ihre gesellschaftsrechtliche Selbständigkeit soll davon aber unberührt bleiben. Anläßlich der nächsten Betriebsratswahl entsteht die Frage, ob wie bisher zwei Betriebsräte zu wählen sind oder nur einer.*

a) Betriebsbegriff

410 Nach § 1 sind Betriebsräte in Betrieben zu errichten. Der Betriebsbegriff wird dabei nicht näher definiert. Gemeint ist die organisatorische Einheit von Arbeitsmitteln, mit deren Hilfe der Arbeitgeber gemeinsam mit seinen Arbeitnehmern einen oder mehrere arbeitstechnische Zwecke verfolgt[4].

411 Voraussetzung für einen selbständigen Betrieb ist das Vorhandensein einer *einheitlichen Betriebsorganisation*. Ausschlaggebend ist dabei, wo die Entscheidungen des Arbeitgebers gegenüber den Arbeitnehmern fallen[5]. Auch beim Bestehen einer eigenen technischen Leitung, etwa einer Werkstätte, kann daher von einem selbständigen Betrieb nicht gesprochen werden, wenn die-

---

4 BAG vom 23. 9. 1982, AP Nr. 3 zu § 4 BetrVG 1972 = DB 1983, 1498 = BB 1983, 1534 = EzA § 1 BetrVG 1972 Nr. 3.
5 Vgl. BAG vom 29. 3. 1977, ArbuR 1978, 254.

se Leitung in personellen und sozialen Fragen nicht selbst entscheiden kann[6].

Die betriebsverfassungsrechtlichen Mitbestimmungsverfassungen können nur funktionieren, wenn auf der Seite des Arbeitgebers eine einheitliche Willensbildung ebenso stattfinden kann, wie sie auf der Seite des Betriebsrats möglich ist. Deshalb kann man als Betrieb i.S.d. BetrVG nur ein Gebilde auffassen, das einen zu solcher einheitlichen Willensbildung fähigen Inhaber hat. Das ist von Bedeutung vor allem für den Fall, daß *mehrere rechtlich selbständige Unternehmen* ihre Geschäfte gemeinsam betreiben. Einen einheitlichen Betrieb kann man hier nur annehmen, wenn sich die betreffenden Unternehmen rechtlich zur einheitlichen Leitung des gemeinsamen Betriebes verbunden haben[7]. Eine solche Vereinbarung ist regelmäßig anzunehmen, wenn die Arbeitgeberfunktionen im Bereich der sozialen und personellen Angelegenheiten einheitlich wahrgenommen werden[8].   412

In **Fall 24** *ist diese Voraussetzung gegeben, denn die beiden selbständigen Versicherungsgesellschaften haben für ihren gemeinsamen Geschäftsbetrieb eine einheitliche Personalverwaltung gebildet.*

b) Mindestgröße

Betriebsräte werden nach § 1 nur in Betrieben mit in der Regel mindestens fünf wahlberechtigten (§ 7) Arbeitnehmern, von denen drei wählbar sind (§ 8), gewählt.   413

In Betrieben, die wegen Unterschreitens der Mindestgröße oder auch weil eine Wahl nicht stattfindet, betriebsratslos bleiben, gibt es keine Beteiligungsrechte der Arbeitnehmer. Vielmehr regelt der Arbeitgeber die sonst mitbestimmungspflichtigen Angelegenheiten im Rahmen seines Weisungsrechts[9].   414

c) Nebenbetriebe und Betriebsteile

§ 4 enthält eine nicht leicht zu verstehende Regelung für die Errichtung von Betriebsräten in Nebenbetrieben und Betriebsteilen. Das Gesetz verfolgt mit ihr einen doppelten Zweck: Einmal soll die Bildung von Betriebsräten mög-   415

---

6 Vgl. BAG vom 23. 9. 1982, BB 1983, 1534.
7 BAG vom 23. 3. 1984, AP Nr. 4 zu § 23 KSchG 69 = DB 1984, 1684 = NZA 1984, 88 = EzA § 23 KSchG Nr. 7.
8 BAG vom 29. 1. 1987, AP Nr. 6 zu § 1 BetrVG = DB 1987, 1539 = BB 1987, 2017 = NZA 1987, 707 = EzA § 1 BetrVG 1972 Nr. 5 und BAG vom 14. 9. 1988, AP Nr. 9 zu § 1 BetrVG = BB 1989, 495 = DB 1989, 127 = NZA 1989, 190 = EzA § 1 BetrVG 1972 Nr. 7.
9 Vgl. Rdnr. 865 f.

lichst nicht am Fehlen der Mindestarbeitnehmerzahl scheitern, zum anderen soll bei bloß einem Betrieb i.S.d. Betriebsbegriffs die Bildung mehrerer Betriebsräte ermöglicht werden, wo das praktisch sinnvoll ist.

416   Um den ersten Zweck zu erreichen, bestimmt § 4 Satz 2, daß *Nebenbetriebe*, also solche die arbeitstechnische Hilfsfunktionen gegenüber einem Hauptbetrieb haben (z.b. ein Kartonagenbetrieb einer Zigarettenfabrik), trotz ihrer Selbständigkeit dem Hauptbetrieb zuzuordnen sind, wenn sie nicht schon für sich die Mindestgröße des § 1 aufweisen. Dem hat die Rechtsprechung inzwischen den Fall gleichgestellt, daß ein Kleinbetrieb zwar kein Nebenbetrieb ist, in ihm aber vom Arbeitgeber der gleiche Zweck verfolgt wird wie in einem anderen ihm gehörenden betriebsratsfähigen Betrieb[10].

417   Dem zweiten Zweck dient § 4 Satz 1. Nach ihm gelten bloße *Betriebsteile* als selbständige Betriebe, wenn sie räumlich weit vom Hauptbetrieb entfernt sind, insbesondere in einem anderen Ort liegen oder wenn sie über einen eigenständigen Aufgabenbereich oder eine eigenständige Organisation verfügen.

2. Arbeitnehmer im Sinne des Betriebsverfassungsgesetzes

Fall 25: *Frau A ist in der Niederlassung Freiburg einer größeren Versicherungsgesellschaft seit fünf Jahren tätig. Zum 1. 1. 1990 ist ihr i.S.d. §§ 48 ff. HGB Prokura erteilt worden. Das entsprechende Schreiben der Geschäftsleitung enthält den Passus: Vertragsabschlüsse sowie die Anerkennung von Versicherungsfällen bedürfen weiterhin der Gegenzeichnung der Geschäftsleitung. Bei den Wahlen zum Betriebsrat und zum Sprecherausschuß 1990 ist Frau A im Verfahren nach § 18a BetrVG gegen ihren Protest in die Wählerliste für den Betriebsrat eingetragen worden. Hiergegen will sie sich gerichtlich zur Wehr setzen.*

a) Arbeitnehmerbegriff

418   Wenn § 5 Abs. 1 davon spricht, Arbeitnehmer i.S.d. BetrVG seien „Arbeiter und Angestellte", so definiert er damit den Begriff des Arbeitnehmers nur scheinbar. Denn wie sich aus § 6 ergibt, rekurriert das Gesetz für die Begriffe des Arbeiters und Angestellten wieder auf den Begriff des Arbeitnehmers. Beide Vorschriften setzen den allgemeinen Begriff des Arbeitnehmers voraus[11]. Danach ist Arbeitnehmer derjenige, der aufgrund eines privatrechtlichen Vertrages in einem Verhältnis persönlicher Unselbständigkeit

---

10 BAG vom 3 .12. 1985, AP Nr. 28 zu § 99 BetrVG = DB 1986, 1076 = BB 1986, 1576 = NZA 1986, 334 = EzA § 4 BetrVG 1972 Nr. 4 mit dem Beispiel mehrerer Bildungsstätten eines Arbeitgebers, von denen nur eine betriebsratsfähig ist.
11 Zu ihm Rdnr. 4 ff.

Arbeitsleistungen erbringt. Beschäftigte, die persönlich selbständig, aber vom Betriebsinhaber wirtschaftlich abhängig und vergleichbar einem Arbeitnehmer sozial schutzbedürftig sind (sog. arbeitnehmerähnliche Personen), sind damit nicht Arbeitnehmer i.S.d. BetrVG. Jedoch gelten Heimarbeiter[12], die in der Hauptsache für denselben Betrieb arbeiten, nach § 6 Abs. 1 Satz 2 und Abs. 2 Satz 2 als Arbeiter bzw. als Angestellte und demgemäß nach § 5 Abs. 1 auch als Arbeitnehmer i.S.d. BetrVG.

b) Leitende Angestellte

aa) Begriff

Nach § 5 Abs. 3 Satz 1 findet das BetrVG, soweit in ihm nicht ausdrücklich etwas anderes bestimmt ist, keine Anwendung auf leitende Angestellte. Diese sind zwar Arbeitnehmer, können aber wegen ihrer arbeitgeberähnlichen Stellung im Betrieb oder wegen ihrer unternehmerischen Aufgaben und wegen ihrer besonderen Interessenlage der Belegschaft nicht zugerechnet werden. In Form der Sprecherausschüsse haben sie nunmehr eine eigene betriebsverfassungsrechtliche Vertretung[13].   419

Nach § 5 Abs. 3 Satz 2 ist leitender Angestellter,

wer nach Arbeitsvertrag und Stellung im Unternehmen oder im Betrieb:

1. zur selbständigen Einstellung und Entlassung von im Betrieb oder in der Betriebsabteilung beschäftigten Arbeitnehmern berechtigt ist oder

2. Generalvollmacht oder Prokura hat und die Prokura auch im Verhältnis zum Arbeitgeber nicht unbedeutend ist oder

3. regelmäßig sonstige Aufgaben wahrnimmt, die für den Bestand und die Entwicklung des Unternehmens oder eines Betriebs von Bedeutung sind und deren Erfüllung besondere Erfahrungen und Kenntnisse voraussetzt, wenn er dabei entweder die Entscheidungen im wesentlichen frei von Weisungen trifft oder sie maßgeblich beeinflußt; dies kann auch bei Vorgaben insbesondere aufgrund von Rechtsvorschriften, Plänen oder Richtlinien sowie bei Zusammenarbeit mit anderen leitenden Angestellten gegeben sein.

Alle drei Tatbestandsgruppen des § 5 Abs. 3 Satz 2 setzen nach dem Eingangshalbsatz der Vorschrift voraus, daß dem Angestellten die Position eines leitenden Angestellten nach seinem Arbeitsvertrag und nach seiner Stellung im Unternehmen oder im Betrieb zukommt. Das hat eine dreifache Bedeutung: Einmal wird mit dieser Voraussetzung klargestellt, daß es nicht genügt, wenn dem Angestellten lediglich pro forma im Arbeitsvertrag diejenigen Befugnisse zuerkannt werden, die nach den Tatbestandsgruppen der   420

---

12 Siehe zur Begriffsbestimmung § 2 HAG.
13 Dazu Rdnr. 748 ff.

Nummer 1 bis 3 die Stellung des leitenden Angestellten ausmachen. Zur vertraglichen Befugnis muß die *tatsächliche Ausübung* der betreffenden Funktion hinzukommen, um dem Angestellten die Eigenschaft eines leitenden Angestellten zu verleihen[14].

421   Umgekehrt stellt diese Voraussetzung auch klar, daß die in den Tatbestandsgruppen beschriebenen Funktionen vom leitenden Angestellten nicht nur tatsächlich wahrgenommen werden müssen, sondern daß ihm aufgrund seines Arbeitsvertrages auch die *rechtliche Befugnis* zu ihrer Wahrnehmung zukommen muß.

422   Schließlich kommt in dieser Voraussetzung zum Ausdruck, daß nicht schon die gelegentliche Ausübung der in Nummer 1 und 3 genannten Befugnisse genügt, um einen Angestellten zum leitenden Angestellten zu machen. Die Ausübung dieser Befugnisse muß einen *wesentlichen Teil der Tätigkeit* des Angestellten ausmachen, sie muß seine Stellung im Betrieb prägen. Ein Angestellter, der nur gelegentlich oder nebenbei die Funktion eines leitenden Angestellten wahrnimmt, ist kein leitender Angestellter. Eine bloße Aushilfstätigkeit oder die kommissarische Vertretung eines verhinderten leitenden Angestellten genügen also nicht[15].

423   Zur *selbständigen Einstellung und Entlassung* berechtigt (§ 5 Abs. 3 Satz 2 Nr. 1) ist der leitende Angestellte, wenn ihm in der betrieblichen Zuständigkeitsordnung die Entscheidungsbefugnis zukommt. Insbesondere muß er, etwa als Personalleiter oder Betriebsleiter, die Auswahl der Einzustellenden oder zu Entlassenden treffen können. Die Befugnis muß sich dabei auf Einstellung *und*[16] Entlassung beziehen. Hat also etwa ein Betriebsleiter, der Personal selbständig einstellen darf, bei Entlassungen die Personalabteilung einzuschalten, ist er nicht leitender Angestellter nach Nr. 1.

424   Die Berechtigung zur selbständigen Einstellung und Entlassung muß sich auf „im Betrieb oder in der Betriebsabteilung beschäftigte Arbeitnehmer", also nicht auf alle Arbeitnehmer des Betriebs oder Betriebsabteilung erstrecken. Indessen ergibt eine am Sinn des § 5 Abs. 3 Satz 2 orientierte Auslegung, daß die Befugnis sich auf eine bedeutende Zahl von Arbeitnehmern, etwa auf die gesamte Gruppe der Arbeiter und auf die gesamte Gruppe der

---

14 BAG vom 11. 3. 1982, AP Nr. 28 zu § 5 BetrVG 1972 = DB 1982, 1990 = BB 1982, 1729 = EzA § 5 BetrVG 1972 Nr. 41 und vom 27. 4. 1988, BB 1988, 2030 = NZA 1988, 809 = NJW 1989, 998 = EzA § 5 BetrVG 1972 Nr. 47.
15 BAG vom 23. 1. 1986, AP Nr. 32 zu § 5 BetrVG 1972 = DB 1986, 1131 = NZA 1986, 484 = NJW 1986, 2273 = EzA § 5 BetrVG 1972 Nr. 42.
16 Vgl. demgegenüber § 14 Abs. 2 Satz 1 KSchG; dazu Rdnr. 1388 ff.

Angestellten, erstreckt[17]. Auch muß der Bereich, in dem der Angestellte zu selbständigen Entscheidung über Einstellung und Entlassung berufen ist, einen gewissen Grad an Bedeutung im Rahmen des Unternehmens erreichen[18]. Der Leiter eines kleinen Lebensmittelfilialbetriebs, der die wenigen Verkäufer dieser Filiale einstellen und entlassen kann, ist deshalb kein leitender Angestellter. Hingegen kann die Befugnis den Leiter der Forschungsabteilung zum leitenden Angestellten machen, auch wenn die Zahl der wissenschaftlichen Angestellten, über deren Einstellung und Entlassung er entscheiden kann, nur gering ist.

Die Tatbestandsgruppe des § 5 Abs. 3 Satz 2 Nr. 2 setzt voraus, daß dem Angestellten vom Arbeitgeber *Generalvollmacht oder Prokura* erteilt worden ist. Nach dem Eingangshalbsatz müssen diese Befugnisse im Innenverhältnis zum Arbeitgeber auch ausgeübt werden dürfen. Diese Befugnis muß aber nicht für den gesamten gesetzlichen Umfang der Prokura bestehen. Vielmehr genügt, daß sie nicht unbedeutend ist, also in einem wesentlichen Bereich, z.b. im Einkauf oder im Verkauf, wahrgenommen werden kann.   425

> In **Fall 25** *fehlt es an der Befugnis zur Ausübung der Prokura, denn Frau A muß bei allen Vertragsschlüssen usw. die Zustimmung der Geschäftsleitung einholen. Die Prokura stellt praktisch nur einen Titel dar. Das reicht nicht aus, um ihr die Stellung eines leitenden Angestellten zu geben.*

Aus dem Wortlaut des § 5 Abs. 3 Satz 2 Nr. 3 ergibt sich, daß diese Tatbestandsgruppe des leitenden Angestellten durch zwei Merkmalgruppen umschrieben wird, eine *sachliche und eine persönliche.* Sachlich muß es sich um Aufgaben handeln, die für den Bestand und die Entwicklung des Unternehmens oder eines Betriebes von Bedeutung sind und deren Erfüllung besondere Erfahrungen und Kenntnisse voraussetzt. Persönlich muß der Angestellte bei der Erfüllung dieser Aufgaben eigenverantwortlich tätig sein, indem er entweder die Entscheidung im wesentlichen frei von Weisungen selbst trifft oder maßgeblich beeinflußt.   426

Mit *Bedeutung für den Bestand* und die Entwicklung des Unternehmens oder eines Betriebs ist gemeint, daß die dem Angestellten übertragene unternehmerische Aufgabe von einem Gewicht ist, welches sich deutlich von den Aufgaben abhebt, die eine normale Angestelltentätigkeit ausmachen. Dementsprechend genügt weder die Einschaltung des Angestellten bei der rein arbeitstechnischen, gleichsam „vorprogrammierten" Durchführung unternehmerischer Entscheidungen noch eine reine Aufsichts- und Überwachungsfunktion oder die Wahrnehmung von Sicherungsaufgaben. Auch die Höhe des vom Angestellten anzustrebenden oder erzielten Umsatzes und die Höhe der Budgetsumme und der Wert der Maschinen und Einrichtungen, für die er ver-

---

17 BAG vom 11. 3. 1982, a.a.O.
18 BAG vom 29. 1. 1980, AP Nr. 22 zu § 5 BetrVG 1972 = DB 1980, 1545 = BB 1980, 1374 = NJW 1980, 2665 = EzA § 5 BetrVG 1972 Nr. 35.

antwortlich ist, spielen für sich gesehen keine ausschlaggebende Rolle, denn bloße Sachverantwortung bedeutet noch keine Teilhabe an unternehmerischer Entscheidungskompetenz. Entgegen der Auffassung des BAG ist die Zahl der Arbeitnehmer, für die der Angestellte verantwortlich ist, durchaus von Wichtigkeit. Denn die Personalverantwortung für eine bedeutende Anzahl von Arbeitnehmern ist in der heutigen Betriebswirklichkeit mit ihren vielen tatsächlichen und rechtlichen Implikationen eine wichtige unternehmerische Teilaufgabe[19].

In persönlicher Hinsicht muß dem Angestellten die Wahrnehmung der unternehmerischen Aufgabe zur im wesentlichen *eigenverantwortlichen Erledigung* übertragen worden sein. Er muß im Rahmen seiner unternehmerischen Teilaufgaben einen erheblichen eigenen Entscheidungsspielraum haben[20]. Dabei ist es nicht notwendig, daß der Angestellte die maßgebliche Entscheidung letztlich auch selbst trifft. Es genügt, daß er diese Entscheidung so maßgeblich vorbereitet, daß die Unternehmensleitung an seiner Auffassung „nicht vorbeigehen kann"[21]. Nicht nur Angestellte in sogenannten Linienfunktionen, sondern auch solche in sogenannten Stabsfunktionen können leitende Angestellte sein. Der Angestellte braucht in seiner Entscheidung nicht völlig frei zu sein. Die Bindung an bestimmte allgemeine Richtlinien der Unternehmensleitung stehen der Eigenschaft als leitender Angestellter nicht entgegen, solange nicht durch solche Richtlinien die zu treffenden Entscheidungen in ihrer Mehrzahl vorprogrammiert sind.

427   Bei den Merkmalen der Tatbestandsgruppe des Satz 2 Nr. 3 handelt es sich um *unbestimmte Rechtsbegriffe*, deren Ausfüllung auch nach genauer Erforschung des Sachverhaltes zweifelhaft bleiben kann. Um in solchen Zweifelsfällen die Entscheidung zu erleichtern, sieht Abs. 4 vor, daß bei Vorliegen einer dort genannten objektiven Voraussetzung der betreffende Angestellte als leitender Angestellter anzusehen ist. Die Fallgruppen des Abs. 4 sind keine Regelbeispiele, bei deren Vorliegen die Eigenschaft als leitender Angestellter zu vermuten wäre, sondern *Auslegungsregeln*, die nur greifen, wenn die Auslegung des Abs. 3 Nr. 3 für sich allein noch nicht zu einem eindeutigen Ergebnis führt[22].

Nach Abs. 4 Nr. 1 ist in Zweifelsfällen als leitender Angestellter anzusehen, wer bei der letzten Betriebsrats-, Sprecherausschuß- oder Aufsichtsratswahl oder durch rechtskräftige Entscheidung im arbeitsgerichtlichen Beschlußverfahren[23] den leitenden Angestellten zugeordnet worden ist. Maßgeblich ist dabei immer die zeitlich letzte dieser Zuordnungen.

---

19 BAG vom 29. 1. 1980, a.a.O.
20 BAG vom 23. 1. 1986, a.a.O.
21 BAG vom 17 .12. 1974, AP Nr. 7 zu § 5 BetrVG 1972 = DB 1975, 1032 = BB 1975, 788 = NJW 1975, 1720 = EzA § 5 BetrVG 1972 Nr. 15 und vom 29. 1. 1980, a.a.O.
22 Vgl. die Begründung zum Koalitionsentwurf, BT-Drucksache 11/2503, 30 f.; *Martens*, Die Neuabgrenzung der leitenden Angestellten und die begrenzte Leistungsfähigkeit moderner Gesetzgebung, RdA 1989, 73, 81 ff.; *Müller*, Zur Präzisierung der Abgrenzung der leitenden Angestellten, DB 1988, 1697, 1699 ff.; *Löwisch*, TK-BetrVG § 5 Rdnr. 29.
23 Vgl. dazu Rdnr. 1498.

Insbesondere in größeren und mittleren Betrieben lassen sich in organisatorischer Hinsicht, zumeist aus Dienstplänen ersichtliche, verschiedene, einander nachgeordnete Leitungsebenen unterscheiden, denen die einzelnen Angestellten angehören. Daran knüpft Abs. 4 Nr. 2 an. Gehört der Angestellte, dessen Zuordnung zweifelhaft ist, zu einer Leitungsebene, auf der, gerechnet auf das ganze Unternehmen, mehrheitlich leitende Angestellte vertreten sind, ist auch er leitender Angestellter. Leitender Angestellter ist nach Nr. 3 in Zweifelsfällen auch derjenige Angestellte, der ein regelmäßiges Jahresarbeitsentgelt erhält, das für leitende Angestellte in dem Unternehmen üblich ist. Notwendig ist danach, daß der betreffende Angestellte ein regelmäßiges Jahresarbeitsentgelt erhält, daß die Höhe der Jahresarbeitsentgelte der Mehrzahl der leitenden Angestellten erreicht. Bleibt er unter diesem Entgelt und wird deshalb der Zweifel über seine Eigenschaft als leitender Angestellter durch Nummer 3 nicht ausgeräumt, ist er gleichwohl als leitender Angestellter anzusehen, wenn sein Jahresarbeitsentgelt das Dreifache der Bezugsgröße nach § 18 des 4. Buches des Sozialgesetzbuches[24] überschreitet (Nr. 4).

Die Beurteilung der Eigenschaft als leitender Angestellter i.S.d. Nummer 3 hat nunmehr also in zwei Stufen zu erfolgen: Zunächst ist zu fragen, ob die Eigenschaft als leitender Angestellter eindeutig bejaht oder eindeutig verneint werden kann. Ist das der Fall, steht die Entscheidung fest. Fehlt es an der Eindeutigkeit, ist zu überprüfen, ob eine der Voraussetzungen des Abs. 4 gegeben ist. Trifft das zu, ist der Betreffende leitender Angestellter. Trifft das nicht zu, gehört er zu den normalen Arbeitnehmern.

bb) Zuordnung

Wegen der Schwierigkeiten der Begriffsabgrenzung sieht § 18a für die Zuordnung der leitenden Angestellten ein bestimmtes Verfahren bei den Wahlen zum Betriebsrat und zum Sprecherausschuß vor. Sein Zweck ist eine rasche und kostengünstige Klärung der Zuordnung, um Unsicherheiten über die Wahlberechtigung zu vermeiden. Dementsprechend ist in § 18a Abs. 5 Satz 2 vorgesehen, daß die Anfechtung der Betriebsratswahl oder Sprecherausschußwahl wegen fehlerhafter Zuordnung nur eingeschränkt möglich ist[25].   428

Das Zuordnungsverfahren gilt nur für die Wahlen zum Betriebsrat und zum Sprecherausschuß. Ob ein Arbeitnehmer sonst den Status eines leitenden Angestellten hat oder nicht, ist unabhängig von der in diesem Verfahren erfolgten Zuordnung zu beurteilen. Die gerichtliche Klärung kann dabei im Beschlußverfahren nach § 2a Abs. 1 Nr. 1 ArbGG erfolgen.   429

---

24 Für 1991 beträgt die Bezugsgröße 40 320,- DM jährlich oder 3360,- DM monatlich.
25 Zu den Einzelheiten des Zuordnungsverfahrens vgl. *Löwisch*, TK-BetrVG § 18a Nr. 1 ff.

In **Fall 25** *kann Frau A also beim Arbeitsgericht die Feststellung beantragen, daß sie als leitende Angestellte anzusehen ist. Sie wird freilich nach dem oben Gesagten damit nicht durchdringen.*

cc) Betriebsverfassungsrechtliche Stellung

430   Aus der Nichtanwendbarkeit des BetrVG auf die leitenden Angestellten folgt, daß diese bei der Ermittlung der Betriebsgröße nicht mitzurechnen sind, daß sie weder das aktive noch das passive Wahlrecht zum Betriebsrat besitzen und daß sie nicht den Mitbestimmungsrechten des Betriebsrats bei persönlichen Einzelmaßnahmen unterliegen. Nach § 105 ist dem Betriebsrat eine beabsichtigte Einstellung oder personelle Veränderung eines leitenden Angestellten lediglich mitzuteilen. Nach § 107 Abs. 1 Satz 2 kann der Betriebsrat zu Mitgliedern des Wirtschaftsausschusses auch leitende Angestellte bestimmen. Nach § 108 Abs. 2 Satz 2 kann auch der Arbeitgeber seinerseits leitende Angestellte zu den Sitzungen des Wirtschaftsausschusses hinzuziehen[26].

3. Beschränkung auf die Privatwirtschaft

Fall 26: *Die Stadt X betreibt einige Omnibuslinien. Damit sind etwa 40 Arbeitnehmer beschäftigt. Die Stadt entschließt sich nunmehr, eine eigene Verkehrs GmbH für die Omnibuslinien zu schaffen. Als das geschehen ist, wollen die 40 Arbeitnehmer einen eigenen Betriebsrat wählen. Der Oberbürgermeister meint, es genüge, daß sie wie bisher an den Wahlen zum Personalrat der Stadt teilnehmen.*

431   Das Betriebsverfassungsgesetz regelt die Vertretungen der Arbeitnehmer in den Betrieben der privaten Wirtschaft. Für den Bereich des öffentlichen Dienstes gelten die Personalvertretungsgesetze des Bundes und der Länder (vgl. § 130).

432   Was die Wirtschaftsbetriebe der öffentlichen Hand angeht, so ist für die Abgrenzung zwischen privater Wirtschaft und öffentlichem Dienst *allein die Rechtsform* maßgebend, in der der betreffende Betrieb geführt wird[27].

In **Fall 26** *war es daher, solange die Omnibuslinie von der Stadt X als sogenannter Eigenbetrieb geführt wurde, richtig, daß die damit beschäftigten Arbeitnehmer an der Wahl zum Personalrat teilnahmen. Mit der Umwandlung in eine privatrechtliche GmbH unterstehen die Verkehrsbetriebe aber dem Betriebsverfassungsgesetz, so daß ein Betriebsrat gewählt werden kann.*

---

26 Zum Verhältnis zwischen Betriebsrat und Sprecherausschuß vgl. Rdnr. 750 f.
27 BAG vom 7. 11. 1975, AP Nr. 1 zu § 130 BetrVG 1972 = DB 1976, 248 = BB 1976, 270 = EzA § 118 BetrVG 1972 Nr. 8.

Aus § 130 folgt auch, daß das BetrVG auf diejenigen *Kirchen* von vornherein 433
keine Anwendung findet, die öffentlich-rechtlich organisiert sind. Dies gilt
auch für deren nicht verselbständigte Einrichtungen wirtschaftlicher Art,
z. B. für die Brauerei eines Ordens, der den Status einer Körperschaft des öffentlichen Rechts hat[28].

Auch soweit Religionsgemeinschaften nicht öffentlich-rechtlich organisiert 434
sind, sind sie und ihre karitativen und erzieherischen Einrichtungen nach
der Sondervorschrift des § 118 Abs. 2 aus dem Anwendungsbereich des
BetrVG ausgenommen. Damit wird der Kirchenautonomie[29] Rechnung getragen.

III. Betriebsvertretungen

1. Betriebsrat

Fall 27: *Die Maschinenfabrik X mit 100 Beschäftigten in Stuttgart hat 1989 eine Zweigniederlassung in Freiburg errichtet und 20 Arbeitnehmer dorthin versetzt. Bei der Betriebsratswahl 1990 ist von dem in Stuttgart und in Freiburg tätigen Arbeitnehmern gemeinsam ein
Betriebsrat gewählt worden. Zwischen diesem Betriebsrat und der Geschäftsleitung kommt es
zu Konflikten in Mitbestimmungsfragen. Daraufhin erklärt die Geschäftsleitung, sie betrach-
te den Betriebsrat als gar nicht existent, weil für den Stuttgarter und den Freiburger Betrieb
eigene Betriebsräte hätten gewählt werden müssen.*

Zentralorgan der Arbeitnehmer im Betrieb ist der von ihnen gewählte Be- 435
triebsrat. Ihm stehen die wesentlichen Befugnisse der Arbeitnehmerseite im
Rahmen der Betriebsverfassung zu. Der Betriebsrat besteht, je nach Größe
des Betriebes, aus einem bis zu über 30 Mitgliedern (§ 9). In Betriebsräten
mit mehreren Mitgliedern müssen Arbeiter und Angestellte entsprechend
ihrem zahlenmäßigen Verhältnis im Betrieb vertreten sein (siehe näher § 10),
sofern die Gruppen der Arbeiter und Angestellten nichts anderes beschließen (§ 12).

Wahlberechtigt sind alle Arbeitnehmer des Betriebes mit Ausnahme der lei- 436
tenden Angestellten, die das 18. Lebensjahr vollendet haben (§ 7). *Wählbar*
sind alle Wahlberechtigten, die sechs Monate dem Betrieb angehören und
nicht infolge strafgerichtlicher Verurteilung die Fähigkeit verloren haben,
Rechte aus öffentlichen Wahlen zu erlangen (siehe näher § 8).

---

28 BAG vom 30. 7. 1987, AP Nr. 3 zu § 130 BetrVG 1972 = DB 1987, 2658 = NZA 1988, 402 =
   NJW 1988, 993 = EzA § 130 BetrVG 1972 Nr. 2.
29 Siehe Rdnr. 112.

Betriebsräte werden *alle vier Jahre* in der Zeit vom 1. März bis zum 31. Mai gewählt (§ 13 Abs. 1). Die letzte dieser regelmäßigen Wahlen hat 1990 stattgefunden. Besteht in einem Betrieb kein Betriebsrat oder endet seine Wahlperiode aus besonderen Gründen vorzeitig, kann eine Wahl auch außerhalb dieser Zeit stattfinden (§ 13 Abs. 2).

437   Besteht der Betriebsrat aus mehr als einer Person, wählen die Arbeiter und Angestellten ihre Vertreter in *getrennten* Wahlgängen. Die gemeinsame Wahl ist möglich, wenn die Arbeiter und Angestellten das jeweils für sich beschließen (§ 14 Abs. 2).

438   Grundsätzlich gilt *Verhältniswahl*. Wird nur ein Wahlvorschlag eingereicht, gilt Mehrheitswahl (§ 14 Abs. 3). Mehrheitswahl gilt auch, wenn der Betriebsrat nur aus einer Person besteht oder wenn für die Angestellten oder die Arbeiter nur ein Vertreter zu wählen ist (§ 14 Abs. 4).

439   *Wahlvorschläge* können die im Betrieb mit mindestens einem Mitglied vertretenen Gewerkschaften und die wahlberechtigten Arbeitnehmer selbst machen (§ 14 Abs. 5). Wahlvorschläge der Arbeitnehmer selbst müssen von mindestens einem Zwanzigstel, mindestens jedoch von drei wahlberechtigten Arbeitern oder Angestellten unterzeichnet sein. Die Unterzeichnung durch 50 Arbeiter oder Angestellte genügt aber in jedem Fall (§ 14 Abs. 6)[30].

440   Die Wahl wird von einem *Wahlvorstand* durchgeführt, der grundsätzlich 10 Wochen vor Ablauf der Amtszeit vom Betriebsrat zu bestellen ist (§ 16 Abs. 1). Ist das acht Wochen vor Ablauf der Amtszeit des Betriebsrats noch nicht geschehen, wird der Wahlvorstand auf Antrag von mindestens drei Wahlberechtigten oder einer im Betrieb vertretenen Gewerkschaft durch das Arbeitsgericht bestellt (§ 16 Abs. 2).

441   In Betrieben, in denen noch kein Betriebsrat besteht, wird der Wahlvorstand in einer Betriebsversammlung gewählt, zu der drei wahlberechtigte Arbeitnehmer oder eine im Betrieb vertretene Gewerkschaft einladen können (§ 17 Abs. 1 und 2). Findet trotz Einladung keine Betriebsversammlung statt oder wählt diese keinen Wahlvorstand, so bestellt ihn das Arbeitsgericht auf Antrag von mindestens drei wahlberechtigten Arbeitnehmern oder einer im Betrieb vertretenen Gewerkschaft, wobei notfalls auch Mitglieder dieser Ge-

---

30 Früher verlangte das Gesetz die Unterzeichnung durch ein Zehntel oder mindestens 100 wahlberechtigten Arbeitern oder Angestellten. Darin lag nach der Rechtsprechung des Bundesverfassungsgerichts eine gegen Art. 3 Abs. 1 und 9 Abs. 1 GG verstoßende übermäßige Beschränkung der Allgemeinheit und Gleichheit der Betriebsratswahl, BVerfG vom 16. 10. 1984, BVerfGE 67, 369 ff.

werkschaft, die nicht dem Betrieb angehören, gewählt werden können (§ 17 Abs. 3). Die Durchführung der Wahl im einzelnen ist in § 18 und der Wahlordnung zum BetrVG geregelt.

§ 19 ermöglicht die gerichtliche *Anfechtung* einer rechtswidrigen Betriebsratswahl binnen einer Frist von zwei Wochen. Sie führt je nach dem vorliegenden Gesetzesverstoß zur Feststellung der Ungültigkeit der Wahl des gesamten Betriebsrates, der Betriebsratsmitglieder nur einer Gruppe oder eines einzelnen Betriebsratsmitglieds oder auch nur zur Richtigstellung des Wahlergebnisses. Wird die Wahl nicht innerhalb der Zweiwochenfrist angefochten, so ist sie von Anfang an gültig.   **442**

Eine Wahlanfechtung kommt zunächst dann in Betracht, wenn gegen Vorschriften über das Wahlrecht (§ 7) verstoßen worden ist. Hierher gehört die Zulassung nicht wahlberechtigter Arbeitnehmer oder die Nichtzulassung berechtigter Arbeitnehmer und die falsche Zuordnung von Arbeitern und Angestellten zur jeweils anderen Gruppe. Die Anfechtung wegen fehlerhafter Zuordnung als leitender Angestellter ist nach § 18a Abs. 5 hingegen regelmäßig ausgeschlossen[31]. Die Anfechtung kann weiter begründet sein, wenn Vorschriften über die Wählbarkeit (§ 8) nicht eingehalten sind[32], der Gewählte also nicht zu den Wahlberechtigten gehört, keine sechs Monate dem Betrieb angehört oder infolge strafgerichtlicher Verurteilung nicht wählbar ist (§ 8). Mängel der Wählbarkeit können auch noch nach Ablauf der Wahlanfechtungsfrist gem. § 24 Abs. 1 Nr. 4 und 6 geltend gemacht werden; ihre gerichtliche Feststellung führt zum Verlust des Betriebsratsamts[33]. Schließlich können Verstöße gegen wesentliche Vorschriften über das Wahlverfahren die Anfechtung begründen. Zu diesen Vorschriften gehört nach den §§ 9 bis 18 und der Wahlordnung auch § 20, der jedermann, insbesondere dem Arbeitgeber verbietet, die Wahl zu behindern sowie durch Zufügung oder Androhung von Nachteilen bzw. durch Gewährung oder Versprechen von Vorteilen zu beeinflussen. Solche Verstöße sind etwa die Wahl eines größeren als vorgeschriebenen Betriebsrates[34], fehlende Versiegelung der Wahlurnen[35], nichtöffentliche Stimmenauszählung[36] oder die finanzielle Unterstützung der Wahlwerbung bestimmter Kandidaten durch den Arbeitgeber[37].

Verstöße gegen die gesetzlichen Vorschriften, durch die das Wahlergebnis *weder geändert noch beeinflußt* werden konnte, begründen die Anfechtung nicht. Voraussetzung dafür ist, daß einwandfrei festgestellt werden kann, daß eine Beeinträchtigung des Wahlergebnisses nicht möglich gewesen ist.   **443**

---

31 Vgl. zur Zuordnung Rdnr. 428 f.
32 BAG vom 28. 11. 1977, AP Nr. 2 zu § 8 BetrVG 1972 = DB 1978, 450 = BB 1978, 255 = EzA § 8 BetrVG 1972 Nr. 4.
33 Siehe Rdnr. 468.
34 BAG vom 12. 10. 1976, AP Nr. 5 zu § 19 BetrVG 1972 = DB 1977, 212 = BB 1977, 244.
35 LAG Köln vom 16. 9. 1987, LAGE Nr. 5 zu § 19.
36 LAG Berlin vom 16. 11. 1987, LAGE Nr. 6 zu § 19.
37 BAG vom 4. 12. 1986, AP Nr. 13 zu § 19 BetrVG 1972 = DB 1987, 232 = BB 1987, 412 = NZA 1987, 166 = EzA § 19 BetrVG 1972 Nr. 24.

444   *Anfechtungsberechtigt* sind nach Abs. 2 mindestens drei wahlberechtigte Arbeitnehmer, eine im Betrieb vertretene Gewerkschaft und der Arbeitgeber. Nicht anfechtungsberechtigt sind der Betriebsrat, der Wahlvorstand als solcher oder einzelne Wahlbewerber[38].

445   Wird die Wahl des Betriebsrates insgesamt angefochten und stellt das Gericht fest, daß die *Anfechtung begründet* ist, so steht mit Eintritt der Rechtskraft der Entscheidung die Ungültigkeit der Betriebsratswahl fest. Der Betriebsrat ist neu zu wählen. Ist die Wahl eines einzelnen Betriebsratsmitglieds erfolgreich angefochten, so scheidet dieses mit Eintritt der Rechtskraft des arbeitsgerichtlichen Beschlusses aus dem Betriebsrat aus. Das Ersatzmitglied[39] rückt nach.

446   Die Anfechtungsentscheidung wirkt lediglich *für die Zukunft*. Die Ungültigkeit der Wahl kann im Interesse der Rechtsbeständigkeit der betriebsverfassungsrechtlichen Ordnung nicht mit rückwirkender Kraft festgestellt werden. Betriebsverfassungsrechtliche Handlungen und Maßnahmen des Betriebsrates bleiben daher auch nach einer erfolgreichen Anfechtung rechtswirksam.

447   Ist in so grober und offensichtlicher Weise gegen die gesetzlichen Wahlvorschriften verstoßen worden, daß auch der Anschein einer dem Gesetz entsprechenden Wahl nicht mehr vorliegt, so ist die Betriebsratswahl nicht bloß anfechtbar, sondern von Anfang an *nichtig*[40]. In Betracht kommt in erster Linie die Wahl eines Betriebsrates in einem nach § 1 überhaupt nicht betriebsratsfähigen Betrieb. Verstöße gegen die Verfahrensvorschriften für die Wahl führen nur in Ausnahmefällen zur Nichtigkeit, etwa bei einer Wahl ohne Wahlvorstand, bei einer Wahl durch Akklamation oder wenn anstatt der Wahl eine Auslosung vorgenommen wird. Die Nichtigkeit der Wahl kann jedermann in jedem Zusammenhang geltend machen. Eine entsprechende Feststellung kann auch in einem arbeitsgerichtlichen Beschlußverfahren getroffen werden.

In **Fall 27** *hätten zwar nach § 4 Satz 1 Nr. 1 wegen der räumlichen Entfernung in der Tat in Stuttgart und in Freiburg jeweils eigene Betriebsräte gewählt werden müssen. Indessen führt eine solche Verkennung des Betriebsbegriffs nicht zur Nichtigkeit, sondern nur zur Anfechtbarkeit der Wahl*[41]. *Die Verkennung des Betriebsbegriffs kann zwar im Einzelfall offensichtlich sein. Ihretwegen die Wahl für nichtig anzusehen, führt aber zu nicht erträglichen Folgen.*

---

38 Siehe im einzelnen *Löwisch*, TK-BetrVG § 19 Rdnr. 7.
39 Siehe Rdnr. 469 f.
40 BAG vom 28 .11. 1977, AP Nr. 6 zu § 19 BetrVG 1972 = DB 1978, 643 = BB 1978, 1011 = EzA § 19 BetrVG 1972 Nr. 14.
41 BAG vom 13. 9. 1984, AP Nr. 3 zu § 1 BetrVG 1972 = DB 1985, 711 = BB 1985, 997 = NZA 1985, 293 = EzA § 19 BetrVG Nr. 20.

Da die Anfechtungsfrist des § 19 Abs. 2 Satz 2 verstrichen ist, muß sich die Geschäftsleitung bis zur nächsten Wahl mit dem Betriebsrat beider Betriebe abfinden.

2. Gesamtbetriebsrat

Besteht ein Unternehmen aus mehreren Betrieben und hat es deshalb mehrere Betriebsräte, so ist gem. §§ 47 ff. ein Gesamtbetriebsrat zu bilden. Grundsätzlich entsendet jeder Betriebsrat ohne Rücksicht auf seine Mitgliederzahl zwei seiner Mitglieder in den Gesamtbetriebsrat, und zwar einen Arbeiter und einen Angestellten[42]. Jedes entsandte Mitglied hat so viele Stimmen, wie in dem Betrieb, in dem es gewählt wurde, wahlberechtigte Angehörige seiner Wählergruppe in die Wählerliste eingetragen sind (§ 47 Abs. 7).   448

Der Gesamtbetriebsrat steht *neben* den weiterhin für ihre Betriebe verantwortlichen Einzelbetriebsräten und ist ihnen weder über- noch untergeordnet. Er führt seine Geschäfte im Rahmen seiner eigenen Zuständigkeit unabhängig von den Einzelbetriebsräten[43].   449

Die Zuständigkeit des Gesamtbetriebsrates erstreckt sich nicht auf solche betriebsratsfähigen Betriebe eines Unternehmens, in denen kein Betriebsrat gewählt worden ist, weil dem Gesamtbetriebsrat die demokratische Legitimation zur Vertretung der Belegschaft in solchen Betrieben fehlt[44].   450

Der Gesamtbetriebsrat ist, wenn er einmal errichtet worden ist, vom Fortbestand und von der Amtsdauer der einzelnen Betriebsräte unabhängig. Der Ausschluß der Gesamtbetriebsratmitglieder nach § 48 wie auch ein Rücktritt berührt den Fortbestand des Gesamtbetriebsrates nicht. In diesem Falle sind die Einzelbetriebsräte verpflichtet, unverzüglich neue Vertreter zu entsenden. Der Gesamtbetriebsrat endet nur dann, wenn die gesetzlichen Voraussetzungen für seine Errichtung entfallen, indem die Gliederung des Unternehmens in mehrere Betriebe, etwa durch Zusammenlegung von Betrieben, entfällt oder nicht mehr in mindestens zwei Betrieben Betriebsräte existieren.   451

Nach § 50 Abs. 1 ist der Gesamtbetriebsrat zuständig für die Behandlung von Angelegenheiten, die das Unternehmen oder mehrere Betriebe des Unternehmens betreffen und nicht durch die einzelnen Betriebsräte innerhalb   452

---

42 Zu den Einzelheiten und Ausnahmen s. § 47 Abs. 2 bis Abs. 6.
43 Zur Geschäftsführung des Betriebsrates vgl. Rdnr. 473 ff.
44 BAG vom 16. 8. 1983, AP Nr. 5 zu § 50 BetrVG 1972 = DB 1983, 1875 = BB 1984, 598 = EzA § 50 BetrVG 1972 Nr. 9 = NJW 1984, 2966.

ihrer Betriebe behandelt werden können. Diese Vorschrift bedeutet keine allgemeine Zuständigkeit des Gesamtbetriebsrates für überbetriebliche Angelegenheiten. Vielmehr ist sie auf solche Fragen beschränkt, die einerseits das Gesamtunternehmen oder mehrere Betriebe betreffen und die andererseits von den einzelnen Betriebsräten innerhalb ihrer Betriebe *nicht geregelt werden können.* Letzteres ist nach der Rechtsprechung nicht schon dann der Fall, wenn eine einheitliche Regelung zweckmäßig ist, sondern erst, wenn ein zwingendes Erfordernis für eine einheitliche Regelung auf Unternehmensebene besteht[45]. Ein solches zwingendes Erfordernis ist dann gegeben, wenn das Betriebsverfassungsgesetz selbst an das Unternehmen anknüpft, wenn die Regelung aus Rechtsgründen, insbesondere wegen des Gleichbehandlungsgrundsatzes, einheitlich sein muß und schließlich dann, wenn die Regelung nur in einem Betrieb notwendig Auswirkungen auf die Regelung in anderen Betrieben haben müßte.

Danach ist der Gesamtbetriebsrat insbesondere zuständig für die Angelegenheit des Wirtschaftsausschusses, der für das Unternehmen gebildet wird (§ 106), für unternehmenseinheitlich geregelte Sozialleistungen, etwa eine betriebliche Altersversorgung oder ein System von Arbeitgeberdarlehen[46] und für Fälle, in denen einer arbeitstechnischen Verzahnung der Betriebe, etwa bei einer Arbeitsregelung, Rechnung getragen werden muß. Hingegen betreffen die sozialen Angelegenheiten i.S.d. § 87 im übrigen, die personellen Angelegenheiten (§§ 99 ff.) einzelner Arbeitnehmer und Betriebsänderungen (§§ 111 ff.) regelmäßig nur die einzelnen Betriebe, so daß auch die einzelnen Betriebsräte zuständig sind.

453   Nach § 50 Abs. 2 Satz 1 kann jeder Einzelbetriebsrat durch Mehrheitsbeschluß aller seiner Mitglieder dem Gesamtbetriebsrat die Behandlung weiterer Angelegenheiten übertragen, die an sich zu seiner eigenen Zuständigkeit gehören. Dem Einzelbetriebsrat bleibt es dabei überlassen, ob er sich die Entscheidung selbst vorbehalten will oder ob er dem Gesamtbetriebsrat in der übertragenen Angelegenheit auch die Befugnis zusprechen will, an seiner Stelle auch die Entscheidung zu treffen (Abs. 2 Satz 2).

3. Konzernbetriebsrat

454   Die §§ 54 bis 59 sehen für Konzerne, in denen ein herrschendes und ein oder mehrere abhängige Unternehmen unter der einheitlichen Leitung des herr-

---

45 BAG vom 23. 9. 1975, AP Nr. 1 zu § 50 BetrVG 1972 = DB 1976, 58 = BB 1976, 314 = EzA § 50 BetrVG 1972 Nr. 1.
46 Vgl. BAG vom 6. 12. 1988, AP Nr. 37 zu § 87 BetrVG Lohngestaltung Nr. 23 = BB 1989, 851 = DB 1989, 984 = NZA 1989, 479 = EzA § 87 BetrVG 1972, Betriebliche Lohngestaltung, Nr. 23.

schenden Unternehmens zusammengefaßt sind (Unterordnungskonzerne, § 18 Abs. 1 AktG) die Möglichkeit vor, durch Beschluß der Gesamtbetriebsräte der zum Konzern gehörenden Unternehmen einen Konzernbetriebsrat zu errichten.

Die Zuständigkeit eines solchen Konzernbetriebsrats erstreckt sich nach § 58   455
Abs. 1 auf die Angelegenheiten, die den Konzern oder mehrere Konzernunternehmen betreffen und nicht durch die einzelnen Gesamtbetriebsräte innerhalb ihrer Unternehmen geregelt werden können. Hierzu gehören insbesondere Sozialeinrichtungen, deren Wirkungsbereich sich auf den ganzen Konzern erstreckt (§ 87 Abs. 1 Nr. 8).

4. Betriebs- und Abteilungsversammlungen

Die Betriebsversammlung dient der Information der Belegschaft, hat jedoch   456
als Betriebsverfassungsorgan kein Weisungs- oder Absetzungsrecht gegenüber dem Betriebsrat (vgl. § 45 Satz 2).

An der Betriebsversammlung können nach § 42 Abs. 1 Satz 1 *alle Arbeitneh*   457
mer des Betriebs teilnehmen. Eine Teilnahmepflicht besteht nicht, allerdings bleiben Arbeitnehmer, die nicht teilnehmen, für die Dauer der Versammlung arbeitspflichtig[47].

Teilnahmeberechtigt an der Betriebsversammlung ist auch der *Arbeitgeber,* der unter Mitteilung der Tagesordnung zu ihr einzuladen ist (§ 43 Abs. 2 Satz 1). Auch Beauftragte der im Betrieb durch wenigstens ein Mitglied vertretenen *Gewerkschaften* können nach § 46 Abs. 1 Satz 1 an der Betriebsversammlung teilnehmen. Der Arbeitgeber kann nach § 46 Abs. 1 Satz 2 einen Beauftragten seines *Arbeitgeberverbandes* hinzuziehen. Andere Personen können zugelassen werden, wenn ihre Teilnahme sachdienlich ist, sie etwa Auskünfte zu in der Betriebsversammlung behandelten Themen geben sollen.

Im übrigen sind die Betriebsversammlungen *nicht öffentlich* (§ 42 Abs. 1   458
Satz 2). Dies bedeutet, daß eine öffentliche Berichterstattung durch Presse, Rundfunk und Fernsehen über den Verlauf der Betriebsversammlung unzulässig ist und den Reportern der Zutritt nicht gestattet werden kann.

Abweichend vom Regelfall können auf Beschluß des Betriebsrates *Teilver*   459
sammlungen durchgeführt werden, wenn eine Versammlung aller Arbeit-

---

47 Vgl. *Löwisch*, TK-BetrVG § 42 Rdnr. 4.

nehmer (Vollversammlung) zum gleichen Zeitpunkt „wegen der Eigenart des Betriebes" nicht stattfinden kann (§ 42 Abs. 1 Satz 3). Dies kann der Fall sein aufgrund der Größe der Belegschaft, bei weit auseinanderliegenden Betriebsstätten oder beim Schichtbetrieb.

460   Nach § 42 Abs. 2 sind für die Arbeitnehmer organisatorisch und räumlich abgegrenzter Betriebsteile *Abteilungsversammlungen* durchzuführen, wenn das für die Erörterung der besonderen Belange der dort tätigen Arbeitnehmer erforderlich ist. In diesem Fall sind nach § 43 Abs. 1 Satz 2 zwei der jährlichen Betriebsversammlungen als Abteilungsversammlungen durchzuführen.

461   Keine Betriebsversammlung i.S.d. Gesetzes sind *Belegschaftsversammlungen*, die der Arbeitgeber einberuft, um wichtige Angelegenheiten zu erörtern[48].

462   Nach § 43 Abs. 1 Satz 1 ist der Betriebsrat verpflichtet, in *jedem Kalendervierteljahr* eine Betriebsversammlung abzuhalten. Diese regelmäßigen Betriebsversammlungen finden grundsätzlich während der Arbeitszeit statt; die Zeit der Teilnahme an diesen Versammlungen ist wie Arbeitszeit zu vergüten (§ 44 Abs. 1). Nach § 43 Abs. 2 ist der Betriebsrat berechtigt, weitere außerordentliche Betriebs- und Abteilungsversammlungen durchzuführen, die allerdings außerhalb der Arbeitszeit stattfinden (§ 44 Abs. 2 Satz 1). Nach § 43 Abs. 3 ist der Betriebsrat verpflichtet, auf Verlangen des Arbeitgebers eine außerordentliche Betriebs- oder Abteilungsversammlung einzuberufen. Eine solche Versammlung findet nach § 44 Abs. 1 während der Arbeitszeit statt.

463   In der regelmäßigen Betriebsversammlung hat der Betriebsrat nach § 43 Abs. 1 Satz 1 einen *Tätigkeitsbericht* zu erstatten. Der Tätigkeitsbericht dient trotz seiner Bezeichnung nicht nur der Berichterstattung über Maßnahmen und Beschlüsse des Betriebsrates für die Zeit seit dem letzten Bericht. Der Betriebsrat kann vielmehr auch sonstige betriebliche Vorgänge, die die Belange der Arbeitnehmer berühren, erörtern und zu den eingetretenen oder zu erwartenden Auswirkungen Stellung nehmen.

464   Der *Arbeitgeber* oder sein Vertreter ist nach § 43 Abs. 2 Satz 3 verpflichtet, in jedem Kalenderjahr mindestens einmal in einer Betriebsversammlung einen Lagebericht zu erstatten. Der *Lagebericht* hat mündlich zu erfolgen. Er muß einen Überblick über die wirtschaftliche Lage, Produktion und Entwicklung des Betriebes sowie über durchgeführte und geplante Betriebsänderungen

---

48 BAG vom 27. 6. 1989 – 1 ABR 28/88.

(§§ 90, 111), ferner auch über das Personal- und Sozialwesen des Betriebes geben.

Eine Betriebsversammlung darf nach § 45 Abs. 1 Angelegenheiten einschließlich solcher tarifpolitischer, sozialpolitischer und wirtschaftlicher Art behandeln, die den Betrieb oder seine Arbeitnehmer unmittelbar betreffen. Es genügt demnach nicht, wenn diese nur in ihrer Eigenschaft als Staatsbürger oder als Gewerkschaftsmitglieder berührt werden. Auf der anderen Seite beschränkt sich die Zuständigkeit der Betriebsversammlung aber auch nicht nur auf innerbetriebliche Angelegenheiten. Vielmehr können auch außerbetriebliche Fragen, die die Arbeitnehmer des Betriebes unmittelbar berühren, behandelt werden: etwa Verkehrsprobleme wie die Einrichtung einer Werkshaltestelle des öffentlichen Nahverkehrs, Immissionen von dritter Seite, Errichtung oder Auflösung einer gemeindlichen Kindertagesstätte in der Nähe des Betriebes. 465

5. *Jugend- und Auszubildendenvertretung*

Für die Interessenvertretung der Jugendlichen und Auszubildenden sieht das Betriebsverfassungsgesetz eine besondere Vertretung vor (§§ 60 ff.). Sie hält eigene Sprechstunden ab (§ 69), hat das Recht, stimmberechtigte Vertreter zu Betriebsratssitzungen zu entsenden (§ 67) und kann gegen Beschlüsse des Betriebsrats, die Jugendliche oder Auszubildende betreffen, sogar ein aufschiebendes Veto einlegen (§ 66). 466

IV. Betriebsratsarbeit

1. *Amtszeit und Mitgliedschaft*

Die *Amtszeit des Betriebsrates* beginnt mit der Bekanntgabe des Wahlergebnisses durch den Wahlvorstand (§ 18 Abs. 3 Satz 1) an die Arbeitnehmer des Betriebs. Ist der frühere Betriebsrat bei der Wahl noch im Amt, beginnt die Amtszeit des neugewählten Betriebsrates erst mit dem Ablauf der Amtszeit des früheren Betriebsrates. Die Amtszeit endet im Regelfall nach Ablauf von vier Jahren, spätestens aber am 31. Mai des Jahres der regelmäßigen Betriebsratswahl. Ist bis dahin kein neuer Betriebsrat gewählt, wird der Betrieb vertretungslos. Endet die Wahlperiode aus den besonderen Gründen des § 13 Abs. 2 vorzeitig, führt das auch zum Ende der Amtszeit des Betriebsrates. Allerdings führt in einer Reihe dieser Fälle der Betriebsrat die Ge- 467 schäfte weiter, bis der neue Betriebsrat gewählt und das Wahlergebnis bekanntgegeben ist.

468   Die *Mitgliedschaft im Betriebsrat* endet nach § 24 regelmäßig mit dessen Amtszeit. Vorzeitig endet sie, wenn das Mitglied sein Amt niederlegt, wenn es aus dem Arbeitsverhältnis ausscheidet, wenn es die Wählbarkeit i.S.d. § 8 verliert, wenn es aus dem Betriebsrat ausgeschlossen wird oder wenn seine Nichtwählbarkeit zum Zeitpunkt der Wahl in einem Statusverfahren[49] gerichtlich festgestellt wird. Wird ein als Vertreter der Arbeiter gewähltes Mitglied Angestellter oder umgekehrt, so ändert das nichts an der Mitgliedschaft im Betriebsrat[50].

469   Scheiden Mitglieder aus dem Betriebsrat aus, so rücken nach § 25 Abs. 1 Satz 1 *Ersatzmitglieder* nach, die damit für die restliche Amtszeit des Betriebsrates die volle Rechtstellung eines Betriebsratsmitgliedes erwerben.

470   Nach § 25 Abs. 1 Satz 2 haben die Ersatzmitglieder auch die Funktion, *zeitweilig verhinderte* Betriebsratsmitglieder zu vertreten. Fälle solcher Verhinderung sind vor allem Beurlaubung, Krankheit, Einberufung zum Wehrdienst, aber auch kurzfristige Verhinderungen (Arztbesuch, Teilnahme an einer Beerdigung, kurze Dienstreisen, betriebliche Unabkömmlichkeit und sonstige persönlichen oder sachlichen Gründe, die der Teilnahme an einer Sitzung oder der Erfüllung einer Aufgabe entgegenstehen). Von der Beratung und Beschlußfassung des Betriebsrates in ihn selbst betreffenden personellen Angelegenheiten, zum Beispiel über seine Kündigung, ist das Mitglied ausgeschlossen, weil niemand Richter in eigener Sache sein kann[51]. Auch dies ist ein Fall der Verhinderung nach Abs. 1 Satz 2. Keine zeitweilige Verhinderung liegt dagegen vor bei Beratung und Beschlußfassung über innerorganisatorische Fragen des Betriebsrates, so über die Wahl des Vorsitzendes oder die Entsendung in die Gesamtgremien oder in die Ausschüsse.

471   Die *Stillegung des Betriebes* beendet nicht ohne weiteres die Amtszeit des Betriebsrates und auch nicht die Amtszeit der einzelnen Betriebsratsmitglieder. Deren Arbeitsverhältnisse müssen vielmehr unter Berücksichtigung der Bestimmung des § 15 KSchG unter Einhaltung ihrer Kündigungsfristen gekündigt werden[52]. Erst dadurch endet dann ihre Mitgliedschaft im Betriebsrat nach § 24, bis schließlich mit der Verringerung der noch weiterbeschäftigten Arbeitnehmerschaft auf weniger als fünf Arbeitnehmer die Vorausset-

---

49 Dazu Rdnr. 429.
50 Siehe im einzelnen zu diesen Fragen *Löwisch*, TK-BetrVG § 24.
51 BAG vom 23. 8. 1984, AP Nr. 17 zu § 103 BetrVG 1972 = DB 1985, 554 = BB 1985, 335 = NZA 1985, 254 = EzA § 103 BetrVG 1972 Nr. 30.
52 Dazu Rdnr. 512.

zungen für eine Ausübung der Betriebsratstätigkeit überhaupt entfallen. Darüber hinaus behält der Betriebsrat bei einer Betriebsstillegung zur Regelung noch anstehender Aufgaben, insbesondere eines Sozialplans, *ein Restmandat*, das auch das Ende der eigentlichen Wahlperiode überdauern kann[53].

Im Falle der *Übertragung des Betriebs* auf einen anderen Inhaber bleibt der Betriebsrat im Amt, da der neue Inhaber gemäß § 613a BGB kraft Gesetzes in die Arbeitsverhältnisse, die im Zeitpunkt des Betriebsübergangs bestehen, eintritt und die Betriebsidentität durch den Übergang als solche nicht verändert wird.   472

2. Geschäftsführung des Betriebsrates

a) Vorsitzender

Nach § 26 Abs. 1 Satz 1 hat jeder aus mehreren Personen bestehende Betriebsrat einen *Vorsitzenden* und dessen Stellvertreter zu wählen. Ist der Vorsitzende Arbeiter, soll bzw. muß der Stellvertreter Angestellter sein und umgekehrt (vgl. § 26 Abs. 1 und 2).   473

Nach § 26 Abs. 3 Satz 1 vertritt der Vorsitzende den Betriebsrat *im Rahmen der von diesem gefaßten Beschlüsse*. Er kann infolgedessen für den Betriebsrat wirksame Erklärungen nur abgeben, wenn insoweit diesen ein Betriebsratsbeschluß zugrunde liegt. Unbefugt abgegebene Erklärungen des Vorsitzenden, die nicht auf einem Beschluß des Betriebsrats fußen (etwa eine Äußerung zur Kündigung eines Arbeitnehmers vor Ablauf der Wochenfrist des § 102 Abs. 2), oder eine unbefugte Unterzeichnung einer vom Betriebsrat nicht beschlossenen Betriebsvereinbarung sind rechtsunwirksam[54].   474

Der Vorsitzende hat als Sprecher des Betriebsrates nicht nur dessen Beschlüsse durchzuführen, sondern muß alle Verhandlungen für den Betriebsrat mit dem Arbeitgeber und den Behörden führen und allen Arbeitnehmern für Rücksprachen und Auskünfte zur Verfügung stehen. Nach Abs. 3 Satz 2 ist der Vorsitzende befugt, alle für den Betriebsrat bestimmten *Erklärungen*, insbesondere diejenigen des Arbeitgebers, etwa die Mitteilung einer beabsichtigten Kündigung, *entgegenzunehmen*. Jede Erklärung, die dem Vorsit-   475

---

53 BAG vom 16. 6. 1987, AP Nr. 20 zu § 111 BetrVG 1972 = DB 1987, 2365 = BB 1987, 2231 = NZA 1987, 858 = EzA § 111 BetrVG 1972 Nr. 21; siehe zu diesem Fragenkomplex näher *Löwisch*, Betriebsratsamt und Sprecherausschußamt bei Betriebsübergang und Unternehmensänderung, BB 1990, 1698.
54 BAG vom 15. 12. 1961, AP Nr. 7 zu § 23 BetrVG 1952 = DB 1962, 306 = BB 1962, 220.

zenden gegenüber mündlich oder schriftlich abgegeben worden ist, ist damit zugleich dem Betriebsrat selbst zugegangen.

476   Der *Stellvertreter* hat nicht die gleichen Rechte wie der Vorsitzende. Er ist auch kein „zweiter Vorsitzender", sondern tritt lediglich im Falle der Verhinderung des Vorsitzenden zeitweilig an dessen Stelle. Dann aber hat er alle Befugnisse, die dem Vorsitzenden zustehen.

b) Ausschüsse

477   Um die Geschäftsführung größerer Betriebsräte zu erleichtern, sieht § 27 bei Betriebsräten mit neun oder mehr Mitgliedern die Bildung eines *Betriebsausschusses* vor. Der Betriebsausschuß besteht aus dem Vorsitzenden, dessen Stellvertreter und weiteren Mitgliedern, bei denen Arbeiter und Angestellte nach dem zahlenmäßigen Verhältnis ihrer Vertretung im Betriebsrat zu berücksichtigen sind.

478   Seit der Novellierung des BetrVG 1989 erfolgt die Wahl der weiteren Mitglieder nach den Grundsätzen der Verhältniswahl. Damit soll ein gewisser Minderheitenschutz gewährleistet werden[55].

479   Aufgabe der Betriebsausschüsse ist nach § 27 Abs. 3 Satz 1 die Führung der *laufenden Geschäfte*. Darunter sind solche Angelegenheiten zu verstehen, die mit einer gewissen Regelmäßigkeit auftreten und entweder ohne grundsätzliche Bedeutung für die Belegschaft oder ihrem Inhalt nach durch eine kollektiv-rechtliche Vereinbarung auf Betriebsebene oder einen Betriebsratsbeschluß vorherbestimmt sind.

Dabei beantwortet sich die Frage nach den Angelegenheiten ohne grundsätzliche Bedeutung für die Belegschaft nach den Gegebenheiten und der Größe des einzelnen Betriebes. In den Rahmen inhaltlich vorbestimmter Angelegenheiten können auch Aufgaben vorbereitenden Charakters fallen, zum Beispiel Entwürfe für die Betriebsversammlungen, Vorbesprechungen mit dem Arbeitgeber und den im Betriebsrat vertretenen Gewerkschaften sowie Einholung von Auskünften und Beschaffung von Unterlagen.

480   Die Ausübung der Mitbestimmung sowie Mitwirkungsrechte, vor allem in personellen Angelegenheiten, gehört nicht zur laufenden Geschäftsführung. Allerdings kann sie gemäß § 27 Abs. 3 Satz 2 und 3 durch besonderen Beschluß des Betriebsrats dem Betriebsausschuß übertragen werden. Lediglich der Abschluß von Betriebsvereinbarungen muß in jedem Fall dem Betriebsrat vorbehalten werden.

---

55 Vgl. im einzelnen hierzu *Löwisch*, TK-BetrVG § 27 Rdnr. 3 ff.

Nach § 28 Abs. 1 kann ein Betriebsrat mit neun oder mehr Mitgliedern ne-   481
ben dem Betriebsausschuß *weitere Fachausschüsse* (etwa einen Personal-, Ak-
kord-, Sozial- oder Berufsbildungsausschuß) oder auch Spezialausschüsse
zur Erledigung begrenzter Aufgaben (Stellungnahme zu Umgruppierungen
oder zur Ausgestaltung der Arbeitsplätze) oder von Einzelfällen (Arbeitszeitregelung zwischen Weihnachten und Neujahr) bilden und ihnen bestimmte Aufgaben übertragen.

§ 28 Abs. 3 gibt dem Betriebsrat schließlich die Möglichkeit, in entsprechen-   482
der Anwendung der Absätze 1 und 2 Betriebsratsmitgliedern, die er in einem gemeinsam mit dem Arbeitgeber gebildeten Ausschuß entsandt hat,
bestimmte Aufgaben zur selbständigen Entscheidung zu übertragen. Ein
derartiger Ausschuß (z.B. gemeinsame Akkordkommission, gemeinsamer
Verwaltungsausschuß einer Sozialeinrichtung, gemeinsame Personalaus-
schüsse für Arbeiter und Angestellte) kann dann die erforderlichen Entscheidungen treffen, ohne daß der Betriebsrat nochmals eingeschaltet werden muß.

c) Sitzungen und Beschlüsse

Abgesehen von der konstituierenden *Sitzung* werden die Sitzungen des Be-   483
triebsrates gemäß § 29 vom Vorsitzenden einberufen, der auch die Tagesordnung festsetzt und die Verhandlung leitet. Auf Antrag eines Viertels der
Mitglieder oder des Arbeitgebers hat er eine Sitzung einzuberufen und den
Gegenstand, dessen Beratung verlangt wird, auf die Tagesordnung zu setzen.

An den Sitzungen nehmen die gewählten Mitglieder des Betriebsrats teil, ist   484
ein Mitglied verhindert, so wird es durch sein Ersatzmitglied vertreten[56].
Zur Teilnahme berechtigt sind außerdem der Arbeitgeber sowie auf Antrag
eines Viertels der Mitglieder oder der Mehrheit der Arbeiter- oder Angestell-
tenvertreter ein Beauftragter einer im Betriebsrat durch mindestens ein Mitglied vertretenen Gewerkschaft (§ 31). Im übrigen sind die Sitzungen des
Betriebsrats nicht öffentlich (§ 30).

Die Sitzungen des Betriebsrats finden nach § 30 Satz 1 in der Regel *während*   485
der Arbeitszeit statt, wobei auf die betriebliche Notwendigkeit Rücksicht zu
nehmen ist (§ 30 Satz 2).

Entscheidungen in Mitwirkungs- und Mitbestimmungsangelegenheiten so-   486
wie in Fragen seiner eigenen Organisation trifft der Betriebsrat durch *Be-*

---

56 Siehe dazu Rdnr. 470.

schluß (§ 33). Beschlüsse des Betriebsrats können nur in einer ordnungsgemäß durch rechtzeitige Ladung sämtlicher Mitglieder (gegebenenfalls unter Heranziehung der Ersatzmitglieder) einberufenen Sitzung gefaßt werden, also nicht in einer formlosen Besprechung, die zufällig im Dienstzimmer eines Vorgesetzten zustande kommt. Sind jedoch sämtliche Mitglieder des Betriebsrats versammelt und unter Verzicht auf förmliche Ladung einstimmig mit einer Beschlußfassung einverstanden, so ist gegen die Rechtswirksamkeit einer solchen improvisierten Beschlußfassung nichts einzuwenden. Zur ordnungsgemäßen Ladung gehört auch die *Mitteilung der Tagesordnung.* Über nicht in der Tagesordnung enthaltene Gegenstände kann nur Beschluß gefaßt werden, wenn sich alle Betriebsratsmitglieder mit der Behandlung einverstanden erklären. Beschlußfassung im Wege des Umlaufverfahrens ist, wie aus dem Wortlaut des § 33 Abs. 1 Satz 1 folgt, nicht zulässig[57].

487   Nach § 33 Abs. 2 ist der Betriebsrat nur *beschlußfähig*, wenn mindestens die Hälfte aller Mitglieder selbst oder vertreten durch ein Ersatzmitglied teilnimmt. Teilnahme bedeutet dabei über die bloße Anwesenheit hinaus, daß diese Anzahl bei jeder Abstimmung mitstimmt. Erklärt daher ein im Sitzungssaal anwesendes Betriebsratsmitglied, daß es an einer bestimmten Abstimmung nicht teilnehmen wolle, darf es bei der Feststellung der Beschlußfähigkeit nicht mitgezählt werden.

488   Beschlüsse, die die Zuständigkeitsgrenzen des Betriebsrats überschreiten oder gegen ein Gesetz oder einen Tarifvertrag verstoßen, sind *nichtig*. Auch der Verstoß gegen Verfahrensvorschriften führt in groben Fällen sowie immer dann zur Nichtigkeit, wenn er Einfluß auf das Ergebnis der Beschlußfassung haben konnte. Die Nichtigkeit ist stets zu berücksichtigen. Einer besonderen Anfechtung der Betriebsratsbeschlüsse bedarf es nicht. Doch kann die Nichtigkeit im arbeitsgerichtlichen Beschlußverfahren festgestellt werden.

d) Sprechstunden

489   Nach § 39 Abs. 1 kann der Betriebsrat während der Arbeitszeit *Sprechstunden* für die Arbeitnehmer einrichten. Zeit und Ort sind im Einvernehmen mit dem Arbeitgeber festzulegen. Die Arbeitnehmer haben das Recht, nach Abmeldung bei ihrem Vorgesetzten in die Sprechstunden zu gehen. Die eintretende Versäumnis von Arbeitszeit berechtigt den Arbeitgeber nach § 39 Abs. 3 nicht zur Minderung des Arbeitsentgelts.

---

57 A. M. LAG München vom 6. 8. 1974, DB 1975, 1228.

e) Kosten

Fall 28: *Das gemäß § 47 Abs. 2 in den Gesamtbetriebsrat entsandte Betriebsratsmitglied A verunglückt auf der Fahrt zu einer Sitzung des Gesamtbetriebsrates auf vereister Straße. Der nicht kaskoversicherte PKW des A wird beschädigt. A will die Reparaturkosten in Höhe von DM 1500,— vom Arbeitgeber ersetzt verlangen.*

§ 40 verpflichtet den Arbeitgeber, die *Kosten* der Tätigkeit des Betriebsrats zu tragen und diesem im erforderlichen Umfang Räume, sachliche Mittel und Büropersonal zur Verfügung zu stellen. Demgegenüber ist eine Finanzierung der Betriebsratstätigkeit durch Umlage unter den Arbeitnehmern nach § 41 verboten.   490

Zu ersetzen sind nur die Kosten und der Aufwand, die bei pflichtgemäßer Beurteilung zur ordnungsgemäßen Durchführung der Betriebsratsaufgaben erforderlich sind. Dabei bedeutet Erforderlichkeit nicht nur, daß die Aufgabe, derer sich der Betriebsrat annimmt, im Zeitpunkt seines Tätigwerdens tatsächlich erfüllt werden muß. Es darf auch kein anderes geeignetes, weniger aufwendiges Mittel zur Erfüllung der Aufgabe zur Verfügung stehen. Deshalb kann der Betriebsrat regelmäßig keinen Personalcomputer verlangen[58]. Auch bei einem zur Erfüllung der Betriebsratsaufgaben an sich erforderlichen Mittel müssen die entstehenden Kosten in einem angemessenen Verhältnis zu der Bedeutung der betreffenden Aufgabe stehen. Sind diese Voraussetzungen nicht erfüllt, müssen die Betriebsratsmitglieder die entstandenen Kosten selbst tragen.   491

Zum erforderlichen Sachaufwand des Betriebsrats gehört auch eine arbeitsrechtliche Grundausstattung. Zu ihr zählt in jedem Fall eine arbeitsrechtliche Textsammlung, Texte der im Betrieb geltenden Tarifverträge und Unfallverhütungsvorschriften, die neuere Ausgabe eines Kommentars zum BetrVG sowie eine arbeitsrechtliche Fachzeitschrift. Diese Fachzeitschrift auszuwählen, ist Sache des Betriebsrates, dem deshalb nicht verwehrt werden kann, eine in einem gewerkschaftseigenen Verlag erscheinende Zeitschrift zu abonnieren[59].

In größeren Betrieben ist der Arbeitgeber verpflichtet, dem Betriebsrat für seine Bekanntmachungen an die Belegschaft ein „schwarzes Brett" zur Verfügung zu stellen. Je nach den Umständen des Falles und nach den Gegebenheiten des Betriebes kann sich der Betriebsrat auch anderer Informationsmittel, etwa schriftliche Mitteilungen (Rundschreiben) bedienen, deren Kosten, sofern sie einen vertretbaren Umfang nicht überschreiten, zu Lasten   492

---

[58] LAG Niedersachsen vom 13. 12. 1989, CR 1989, 917 mit Anm. *Rieble.*
[59] BAG vom 21. 4. 1983, AP Nr. 20 zu § 40 BetrVG 1972 = DB 1984, 248 = BB 1984, 469 = NJW 1984, 2309 = EzA § 40 BetrVG 1972 Nr. 53.

des Arbeitgebers gehen. Auf die Herausgabe eines regelmäßigen Informationsblattes an die Belegschaft hat der Betriebsrat keinen Anspruch[60].

493   Die Kostenpflicht umfaßt auch die *Aufwendungen, die den einzelnen Betriebsratsmitgliedern* durch ihre Tätigkeit entstehen, insbesondere Reisekosten oder Kosten für Briefporto und Ferngespräche und Kosten bei Schulungs- und Bildungsveranstaltungen[61]. Auch Schäden, die das Betriebsratsmitglied infolge seiner Betriebsratstätigkeit an seinen eigenen Sachen erleidet, sind vom Arbeitgeber nach § 40 zu ersetzen.

494   Ob Schäden an eigenen Sachen des Betriebsrats zu ersetzen sind, ist eine Frage des Einzelfalls. Voraussetzung ist, daß das Betriebsratsmitglied den Einsatz der eigenen Sache für erforderlich halten durfte, sei es, weil der Arbeitgeber ihn selbst gewünscht hat oder ein anderes taugliches Mittel zur Erledigung der Aufgabe nicht vorhanden war. Des weiteren kommt es darauf an, ob das Betriebsratsmitglied selbst ein Verschulden an der Entstehung des Schadens trifft. Insoweit ist es nicht anders als allgemein beim Ersatz von Schäden im Rahmen des Aufwendungsersatzes nach §§ 670, 675 BGB[62]. Dabei kommen dem Betriebsratsmitglied, wie jedem Arbeitnehmer, auch die Grundsätze zur Einschränkung der Arbeitnehmerhaftung bei gefahrengeneigter Arbeit[63] zugute, und es ist auch § 254 BGB entsprechend anzuwenden[64].

Lag es in **Fall 28** *also so, daß A den eigenen PKW vernünftigerweise für die Fahrt zur Gesamtbetriebsratssitzung benutzen durfte und trifft ihn am Unfall auch höchstens leichte Fahrlässigkeit, muß ihm der Arbeitgeber den Schaden ersetzen[65].*

495   Personenschäden, die Betriebsratsmitglieder bei Unfällen aus Anlaß der Betriebsratstätigkeit erleiden, lösen Ansprüche gegen die gesetzliche Unfallversicherung aus, weil es sich um Ansprüche aus den §§ 548 und 539 RVO handelt.

---

60 BAG vom 28. 11. 1979, BB 1979, 523; *Löwisch*, FS Hilger/Stumpf, S. 431 ff.; a.M. *Hoffmann*, ArbuR 1974, 266 f.
61 Vgl. *Löwisch*, TK-BetrVG § 40 Rdnr. 10 ff.
62 BAG vom 3. 3. 1983, AP Nr. 8 zu § 20 BetrVG 1972 = DB 1983, 1366 = BB 1983, 1922 = NJW 1984, 198 = EzA § 20 BetrVG 1972 Nr. 12.
63 Dazu Rdnr. 1166 ff.
64 Siehe dazu Rdnr. 1170.
65 Vgl. *Löwisch*, Anm. zu BAG a.a.O.

3. Rechtsstellung der Betriebsräte

Fall 29: *A ist als Abteilungsleiter in einem Warenhaus in Aurich tätig und gehört dem dort gewählten Betriebsrat an. Der Konzern, zu dem das Warenhaus gehört, ordnet es im Zuge organisatorischer Änderungen als sogenanntes Anschlußhaus dem Stammhaus in Bremen zu. Im Zusammenhang damit werden die Positionen der Abteilungsleiter gestrichen. Den bisherigen Stelleninhabern wird wahlweise der Wechsel in das Stammhaus oder eine Zurückstufung zum bloßen Bereichsleiter in Aurich angeboten. Als A sich weder auf das eine noch das andere einläßt, spricht ihm die Geschäftsleitung eine Änderungskündigung mit dem Ziel der Zurückstufung zum Bereichsleiter aus.*

a) Freistellung von der Arbeit

Das Betriebsratsamt ist nach § 37 Abs. 1 ein *Ehrenamt*, das unentgeltlich ge-   496
führt wird. Jedoch sind die Mitglieder des Betriebsrats nach § 37 Abs. 2 von ihrer beruflichen Tätigkeit ohne Minderung des Arbeitsentgelts zu befreien, soweit das zur ordnungsgemäßen Durchführung ihrer Aufgaben erforderlich ist. Muß Betriebsratstätigkeit aus betriebsbedingten Gründen außerhalb der Arbeitszeit ausgeführt werden, entsteht ein Anspruch auf entsprechende Arbeitsbefreiung unter Fortzahlung des Entgelts (§ 37 Abs. 2).

Wenn § 37 Abs. 2 davon spricht, daß die Betriebsratsmitglieder von ihrer Ar-   497
beitstätigkeit „zu befreien" seien, ist damit nicht gemeint, daß ein nur erst bei Gericht durchzusetzender Anspruch auf Arbeitsbefreiung bestünde. Vielmehr zielt die Vorschrift nur auf eine Verpflichtung des Mitglieds, sich von seinem Arbeitsplatz abzumelden. Verweigert der Arbeitgeber die Arbeitsbefreiung, darf sich das Betriebsratsmitglied gleichwohl von seinem Arbeitsplatz entfernen, soweit das objektiv tatsächlich erforderlich ist[66].

In größeren Betrieben, in denen erfahrungsgemäß auch in erheblichem Um-   498
fang Betriebsratstätigkeit anfällt, ist nach näherer Maßgabe des § 38 Abs. 1 eine bestimmte Anzahl von Betriebsratsmitgliedern von der beruflichen Tätigkeit vollständig freizustellen.

b) Schulungs- und Bildungsveranstaltungen

Nach § 37 Abs. 6 haben Betriebsräte Anspruch auf Arbeitsbefreiung unter   499
Fortzahlung des Entgelts, wenn sie an Schulungs- und Bildungsveranstaltungen teilnehmen, in denen für die Betriebsratsarbeit erforderliche Kenntnisse vermittelt werden. Zu den erforderlichen Kenntnissen gehört etwa bei neugewählten Betriebsräten die Vermittlung von Grundkenntnissen allgemeiner, insbesondere arbeitsrechtlicher Art, während nach langjähriger Tä-

---

66 BAG vom 6. 8. 1981, AP Nr. 39 zu § 37 BetrVG 1972 = EzA § 37 BetrVG 1972 Nr. 73.

tigkeit aber regelmäßig davon auszugehen ist, daß die notwendigen Kenntnisse vorhanden sind[67].

500   Unabhängig von § 37 Abs. 6 gibt § 37 Abs. 7 jedem Betriebsratsmitglied einmal in jeder Wahlperiode für drei Wochen (bei erstmaliger Wahl vier Wochen) einen Anspruch auf Arbeitsbefreiung unter Fortzahlung des Arbeitsentgelts zur Teilnahme an Schulungs- und Bildungsveranstaltungen, die durch die oberen Arbeitsbehörden des Landes als geeignet anerkannt sind. Solche Schulungsveranstaltungen werden insbesondere von Gewerkschaften, aber auch von Arbeitgebervereinigungen angeboten.

c) Benachteiligungs- und Begünstigungsverbot

501   Nach § 78 Satz 1 dürfen Betriebsratsmitglieder und Mitglieder der anderen dort genannten Organe in der Ausübung ihrer Tätigkeit *nicht gestört oder behindert* werden, insbesondere darf ihnen der Arbeitgeber nicht den Zugang zum Betrieb oder zum Sitzungsraum verwehren.

502   § 78 Satz 1 schützt *auch den Betriebsrat* selbst gegen Störungen und Behinderungen. Der Arbeitgeber darf weder Sitzungen des Betriebsrats noch Betriebsversammlungen verhindern oder erschweren, etwa durch die Aufforderung an die Arbeitnehmer, keine Betriebsversammlungen mehr zu besuchen[68]. Auch die eigenmächtige Entfernung von Anschlägen des Betriebsrats am schwarzen Brett stellt eine Störung der Betriebsratstätigkeit dar.

503   § 78 Satz 2 verbietet jegliche *Benachteiligung oder Begünstigung* der Betriebsratsmitglieder im Vergleich zu den übrigen Arbeitnehmern des Betriebes. Ein Amt im Rahmen der Betriebsverfassung darf nicht zum Anlaß genommen werden, den Funktionsinhaber in dieser Eigenschaft zu maßregeln oder durch Gewährung von Vergünstigungen zu beeinflussen[69].

d) Geheimhaltungs- und Verschwiegenheitspflicht

504   Nach § 79 Abs. 1 müssen die Mitglieder und Ersatzmitglieder des Betriebsrates, nach § 79 Abs. 2 auch die Mitglieder anderer Vertretungsorgane des Betriebs und die Vertreter von Gewerkschaften und Arbeitgebervereinigungen Betriebs- und Geschäftsgeheimnisse geheimhalten.

---

67 BAG vom 16.10. 1986, AP Nr. 58 zu § 37 BetrVG 1972 = BB 1987, 1459 = DB 1987, 899 = NZA 1987, 643 = EzA § 37 BetrVG 1972 Nr. 87; zu den Einzelheiten siehe *Löwisch*, TK-BetrVG § 37 Rdnr. 19 ff.
68 OLG Stuttgart vom 9. 9. 1988, BB 1988, 2245.
69 Vgl. zu den Einzelheiten *Löwisch*, TK § 78 Rdnr. 4 ff.

Der *Begriff des Betriebs- und Geschäftsgeheimnisses* ist der gleiche wie in § 17   505
UWG. Es sind darunter Tatsachen zu verstehen, die im Zusammenhang mit
dem technischen Betrieb oder der wirtschaftlichen Betätigung des Unternehmens stehen, allenfalls einem kleinen Personenkreis bekannt, also nicht
offenkundig sind und an deren Geheimhaltung der Arbeitgeber, insbesondere in seiner Eigenschaft als Wettbewerber, ein begründetes Interesse
hat.

Beispiele für Betriebsgeheimnisse sind etwa Modelle, ein Geheimverfahren und
Diensterfindungen. Sind letztere aber zum Patent oder Gebrauchsmuster angemeldet,
stellen sie keine Betriebsgeheimnisse mehr dar. Als Geschäftsgeheimnisse kommen in
Betracht: Kundenlisten, Vertreterverzeichnisse, Musterstücke, Preisberechnungen,
Kalkulationsunterlagen oder Jahresabschlüsse, solange sie nicht veröffentlicht sind,
sowie die innerbetriebliche Lohn- und Gehaltsstruktur.

Um Klarheit zu schaffen, welche Betriebs- oder Geschäftsgeheimnisse ge-   506
heimzuhalten sind, fordert das Gesetz, daß der Arbeitgeber oder ein von
ihm bestimmter Vertreter die Angelegenheit *ausdrücklich als geheimhaltungs-
bedürftig* bezeichnet. Andernfalls wird eine Schweigepflicht nach § 79 nicht
begründet.

§ 79 verbietet den zur Geheimhaltung verpflichteten Personen, die ihnen be-   507
kanntgewordene Geheimnisse zu offenbaren, das heißt unbefugten Dritten zugänglich zu machen oder zu verwerten, das heißt die Ausnutzung des
Geheimnisses im eigenen Interesse zu eigenen Zwecken. Diese Verpflichtung besteht auch nach dem Ausscheiden aus dem Betriebsrat oder einer der
in § 79 Abs. 1 und 2 genannten Institutionen, sogar nach dem Ausscheiden
aus dem Betrieb selbst.

Die Kenntnis persönlicher Angelegenheiten der Arbeitnehmer des Betriebs   508
begründet keine Geheimhaltungspflicht nach § 79. Soweit solche Tatsachen
dem Betriebsrat im Rahmen der Mitbestimmung bei personellen Einzelmaßnahmen, anläßlich der Erörterung der Leistungsbeurteilung des Arbeitnehmers oder aus den Personalakten bekannt werden, ist er aber nach §§ 82
Abs. 2 Satz 3, 83 Abs. 1 Satz 3, 99 Abs. 1 Satz 3 und 102 Abs. 2 Satz 5 zur Ver-
schwiegenheit verpflichtet.

Die Verletzung der Geheimhaltungs- und Verschwiegenheitspflicht ist nach   509
§ 120 strafbar. Außerdem kann sie den Ausschluß aus dem Betriebsrat gemäß § 23 Abs. 1 rechtfertigen[70].

---

70 Dazu Rdnr. 575.

e) Entgeltgarantie und Kündigungsschutz

510   § 37 Abs. 4 garantiert den Mitgliedern des Betriebsrats für die Dauer ihrer Amtszeit und ein weiteres Jahr das Arbeitsentgelt, das vergleichbare Arbeitnehmer mit betriebsüblicher beruflicher Erfahrung erzielen. Nach § 37 Abs. 5 müssen sie in diesem Zeitraum grundsätzlich mit Tätigkeiten beschäftigt werden, die den Tätigkeiten dieser vergleichbaren Arbeitnehmer gleichwertig sind.

511   Das Amt des Betriebsrats und die anderen Ämter der Betriebsverfassung haben ihre Grundlage im Arbeitsverhältnis des Amtsträgers. *Endet das Arbeitsverhältnis*, so endet auch das Amt (§ 24 Abs. 1 Nr. 3). Im Interesse der Funktionsfähigkeit der Organe der Betriebsverfassungen und im Interesse der unbefangenen Amtsausübung der gewählten Organmitglieder müssen die Amtsinhaber deshalb arbeitsvertraglich abgesichert werden.

512   Um dieses Ziel zu erreichen, erklärt das Gesetz in den §§ 15 f. KSchG die *ordentliche Kündigung* von Betriebsrat und anderen Amtsträgern mit Ausnahme des Falles der Betriebsstillegung für schlechthin *unzulässig*. Der Kündigungsschutz gilt nicht nur für die Amtszeit, sondern gemäß § 15 Abs. 2 Satz 2 KSchG auch für ein Jahr nach Beendigung der Amtszeit. Ersatzmitglieder genießen den Kündigungsschutz nicht nur, wenn sie in den Betriebsrat nachgerückt sind, sondern auch, wenn sie ein Betriebsratsmitglied zeitweilig vertreten. Kündigungsschutz gilt dann für die Dauer der Vertretung und – nach der weitgehenden Rechtsprechung des BAG – auch für jeweils ein Jahr nach Beendigung des Vertretungsfalles[71].

513   Auch Mitglieder eines *Wahlvorstands und Wahlbewerber* sind gegen ordentliche Kündigungen geschützt (§ 15 Abs. 3 Satz 1 KSchG). Der nachwirkende Kündigungsschutz beschränkt sich bei ihnen aber auf sechs Monate nach Bekanntgabe des Wahlergebnisses (§ 15 Abs. 3 Satz 2).

514   § 15 KSchG schützt die Betriebsratsmitglieder und die anderen dort genannten Personen *auch gegen ordentliche Änderungskündigungen*, also Kündigungen, die mit dem Angebot der Fortsetzung des Arbeitsverhältnisses zu geänderten Bedingungen verbunden werden. Dies gilt nach der Rechtsprechung des BAG sogar dann, wenn es sich um eine Massenänderungskündigung handelt, durch die Arbeitsbedingungen aller Arbeitnehmer oder einer Arbeitnehmergruppe geändert werden soll[72].

---

71 BAG vom 6. 9. 1979, AP Nr. 7 zu § 15 KSchG 69 = DB 1980, 451 = BB 1980, 317 = EzA § 15 KSchG n.F. Nr. 23; kritisch dazu *Herschel/Löwisch*, § 15 Rdnr. 28 f.
72 BAG vom 6. 3. 1986, AP Nr. 19 zu § 15 KSchG 69 = DB 1986, 2605 = BB 1986, 2419 = NZA 1987, 102 = EzA § 15 KSchG n.F. Nr. 34; kritisch *Herschel/Löwisch*, § 15 Rdnr. 43.

Das Recht, Betriebsratsmitglieder, andere Amtsträger und Wahlbewerber   515
nach § 626 BGB *außerordentlich zu kündigen*, wird vom Kündigungsschutzgesetz nicht ausgeschlossen. Jedoch bestimmt § 103, daß eine solche Kündigung erst erfolgen darf, wenn ihr der Betriebsrat zugestimmt hat oder diese
Zustimmung durch das Arbeitsgericht ersetzt ist. Mit dieser Regelung wird
mißbräuchlichen Kündigungen vorgebeugt. Die Betriebsratsmitglieder müssen nicht mehr, wie das vor der Einführung des § 103 der Fall war, Kündigungen bis zu einem späteren Erfolg im Kündigungsschutzprozeß zunächst
faktisch hinnehmen.

Die Erteilung der Zustimmung setzt einen entsprechenden Beschluß des Be-   516
triebsrats voraus. Das von der Kündigung betroffene Betriebsratsmitglied ist
von der Beratung und Beschlußfassung ausgeschlossen. Es gilt als zeitweilig
verhindert i.S.d. § 25 Abs. 1 Satz 2 und wird durch ein Ersatzmitglied vertreten[73]. Der Betriebsrat darf seine Zustimmung zur außerordentlichen Kündigung nur dann verweigern, wenn er der Auffassung ist, die Kündigung sei
unwirksam, weil ein wichtiger Grund i.S.d. § 626 Abs. 1 BGB nicht vorliege
oder ein anderer Unwirksamkeitsgrund gegeben, etwa die Frist des § 626
Abs. 2 BGB versäumt sei. § 103 will den Betriebsrat nicht an der Entscheidung des Arbeitgebers beteiligen, ob er von einem gegebenen Kündigungsrecht nach § 626 BGB Gebrauch macht, sondern lediglich eine Vorprüfung
durch ihn ermöglichen.

Bei der Frage, ob ein wichtiger Grund i.S.d. § 626 Abs. 1 BGB vorliegt,   517
kommt es nicht allein auf die allgemein dafür in der Rechtsprechung entwickelten Grundsätze an. Vielmehr sind auch die kollektiven Interessen des
Betriebsrats und der Belegschaft in Rechnung zu stellen, und es muß weiter
beachtet werden, daß bei der Verletzung von Amtspflichten § 23 ein Aus-
schlußverfahren ermöglicht. Stellt eine Handlung des Betriebsratsmitglieds
sowohl eine Amtspflichtverletzung als auch einen Verstoß gegen die Pflichten aus dem Arbeitsverhältnis dar, so ist deshalb die außerordentliche Kündigung nur gerechtfertigt, wenn unter Anlegung eines besonders strengen
Maßstabs das pflichtwidrige Verhalten als ein schwerer Verstoß gegen die
Pflichten aus dem Arbeitsverhältnis zu werten ist. Ein Beispiel dafür ist etwa
die Bereitschaft, in einem Rechtsstreit gegen den Arbeitgeber vorsätzlich
falsch auszusagen[74].

Verweigert der Betriebsrat seine Zustimmung, so kann der Arbeitgeber nach   518
Abs. 2 beim *Arbeitsgericht deren Ersetzung* beantragen. Das gleiche gilt, wenn

---

73 Siehe Rdnr. 470.
74 BAG vom 16. 10. 1986, AP Nr. 95 zu § 626 BGB = DB 1987, 1304 = BB 1987, 1952; weitere
   Beispiele bei *Löwisch*, TK-BetrVG § 103 Rdnr. 10.

der Betriebsrat die Zustimmung zwar nicht ausdrücklich verweigert, sich aber zu dem Zustimmungsverlangen des Arbeitgebers nicht unverzüglich, spätestens jedoch innerhalb von drei Tagen äußert (vgl. § 102 Abs. 2 Satz 3). Nach § 626 Abs. 2 BGB kann die außerordentliche Kündigung an sich nur innerhalb von zwei Wochen nach dem Zeitpunkt erklärt werden, in dem der Kündigungsberechtigte von den für die Kündigung maßgebenden Tatsachen Kenntnis erlangt[75]. Im Falle des § 103 genügt es aber, daß der Arbeitgeber innerhalb dieser Frist die Zustimmung beim Betriebsrat beantragt und bei Verweigerung der Zustimmung das Verfahren beim Arbeitsgericht einleitet.

519 Das Arbeitsgericht hat nachzuprüfen, ob die Kündigung wirksam ist oder nicht, insbesondere ob ein wichtiger Grund für die Kündigung nach § 626 BGB vorliegt oder nicht und ob die Ausschlußfrist des § 626 Abs. 2 BGB eingehalten ist. Das Arbeitsgericht trifft eine Rechtsentscheidung, die praktisch den Kündigungsprozeß vorwegnimmt[76]. Ersetzt das Arbeitsgericht die Zustimmung, trifft es damit zugleich für einen etwa nachfolgenden Kündigungsschutzprozeß die bindende Feststellung, daß die außerordentliche Kündigung gerechtfertigt ist. Das Betriebsratsmitglied kann im Kündigungsschutzprozeß die Unrichtigkeit der Entscheidung nur geltend machen, wenn es neue Tatsachen vorträgt, die im Beschlußverfahren noch nicht berücksichtigt werden konnten[77]. Das Betriebsratsmitglied ist deshalb gut beraten, wenn es von seiner Befugnis als Beteiligter des Verfahrens über die Ersetzung der Zustimmung (§ 103 Abs. 2 Satz 2) Gebrauch macht und dort den Instanzenzug ausschöpft.

520 Wenn der Betriebsrat die Zustimmung zur außerordentlichen Kündigung verweigert, so hat der Arbeitnehmer, solange die Zustimmung nicht vom Arbeitsgericht rechtskräftig ersetzt ist, einen Anspruch aus dem Arbeitsverhältnis auf Zahlung seiner Bezüge und auf Beschäftigung und damit gleichzeitig die Möglichkeit, sein betriebsverfassungsrechtliches Amt auszuüben. Darin liegt gerade der Sinn der Regelung des § 103.

*In **Fall 29** kann die Geschäftsleitung ihr Ziel mit einer ordentlichen Änderungskündigung nicht erreichen, weil diese gemäß § 15 KSchG ausgeschlossen ist. In Betracht kommt aber eine außerordentliche Änderungskündigung. Der Umstand, daß eine Beschäftigungsmöglichkeit als Abteilungsleiter in Aurich nicht mehr vorhanden ist, kann als wichtiger Grund für die da-*

---

75 Siehe dazu noch Rdnr. 1262 f.
76 BAG vom 22. 8. 1974, AP Nr. 1 zu § 103 BetrVG 1972 = DB 1974, 2310 = BB 1974, 1578 = NJW 1975, 181.
77 Eingehend zum Verhältnis von Beschlußverfahren und Individualrechtsstreit *Otto*, Entscheidungsharmonie, Verfahrensökonomie und rechtliches Gehör bei Streitigkeiten mit kollektivem Bezug, RdA 1990, 247 ff.

mit unabweisbare Zurückstufung zum Bereichsleiter angesehen werden[78]. Damit A nicht schlechter gestellt wird als die Abteilungsleiter, die nicht Betriebsratsmitglied sind, muß die Kündigung aus wichtigem Grund dabei aber die Frist wahren, die bei einer ordentlichen Kündigung einzuhalten wäre. Um diese Kündigung aussprechen zu können, muß die Geschäftsleitung nach § 103 zunächst die Zustimmung des Betriebsrats herbeiführen.

Bei Auszubildenden, die ein Amt in der Betriebsverfassung innehaben, reicht der Schutz gegen eine Kündigung nicht aus, weil Ausbildungsverhältnisse nach § 14 Abs. 2 BBiG mit dem Bestehen der Abschlußprüfung automatisch enden[79]. Deshalb gewährt ihnen § 78a einen Anspruch auf Abschluß eines Arbeitsverhältnisses nach Ende der Ausbildungszeit. Der Arbeitgeber kann die Weiterbeschäftigung nur ablehnen, wenn sie ihm aus besonderen Gründen, z.b. mangels eines Arbeitsplatzes, unzumutbar ist[80].   521

4. Stellung der Koalition im Betrieb

Fall 30: *In einem Betrieb zur Aufbereitung von Sand und Kies ist das Tragen von Schutzhelmen durch die Unfallverhütungsvorschriften vorgeschrieben. Teilweise verwenden die Arbeitnehmer eigene Schutzhelme, teilweise werden diese vom Betrieb gestellt. Die der IG Bau, Steine, Erden angehörenden Arbeitnehmer wollen auf den Schutzhelmen das Gewerkschaftsemblem anbringen. Der Arbeitgeber will das nicht dulden.*

a) Betriebsverfassungsrechtliche Befugnisse

Dem deutschen Recht ist die grundsätzliche Trennung von Organisation und Aufgaben der Organe der Betriebsverfassung einerseits und der *Gewerkschaften* andererseits im Unterschied zu anderen Rechtsordnungen eigentümlich. Der Betriebsrat ist ein von allen Arbeitnehmern gewähltes Organ der gesamten Arbeitnehmerschaft. Die Gewerkschaft ist die Koalition ihrer Mitglieder. Aber auch in Deutschland ist diese Trennung nicht völlig durchgeführt. Vielmehr haben die im Betrieb durch wenigstens ein Mitglied vertretenen Gewerkschaften umfangreiche Initiativ-, Beratungs- und Kontrollrechte. So können die Gewerkschaftsvertreter bei der Einleitung der Betriebsratswahl, insbesondere der Bildung eines Wahlvorstandes, initiativ werden (§§ 16 Abs. 2, 17 Abs. 2 und 3). Sie haben ein selbständiges Wahlvorschlagsrecht (§ 14 Abs. 5, Abs. 8). Sie können die Arbeitnehmervertretungen beraten und unterstützen, insbesondere an Betriebsversammlungen (§ 46 Abs. 1) und auf Wunsch eines Viertels der Betriebsratsmitglieder auch an Betriebsratssitzungen teilnehmen (§ 31). Sie können die Abhaltung einer   522

---

78 BAG vom 6. 3. 1986, a.a.O.
79 Dazu Rdnr. 1429.
80 Siehe im einzelnen *Löwisch*, TK-BetrVG § 78 a Rdnr. 1 ff.

Betriebsversammlung erzwingen (§ 43 Abs. 4). Ihnen kommt das Recht zu, gegen den Arbeitgeber bei Verstößen gegen die Betriebsverfassung Zwangsmaßnahmen zu beantragen (§ 23 Abs. 3), den Ausschluß eines Mitglieds aus dem Betriebsrat oder die Auflösung des Betriebsrats bei grober Verletzung der Pflichten zu verlangen (§ 23 Abs. 1).

523   Zur Wahrnehmung dieser Befugnisse haben die im Betrieb vertretenen Gewerkschaften das Recht, Beauftragte in die Betriebe zu entsenden. Der Arbeitgeber hat ihnen Zugang zu gewähren, sofern nicht Gründe des Betriebsablaufs, zwingende Sicherheitsvorschriften oder Schutz von Betriebsgeheimnissen entgegenstehen (§ 2 Abs. 2).

524   Eine betriebsverfassungsrechtliche Befugnis von *Arbeitgeberverbänden* sieht nur § 46 Abs. 1 Satz 2 vor. Danach kann der Arbeitgeber einen Beauftragten des Arbeitgeberverbandes, dem er angehört, zur Betriebsversammlung hinzuziehen.

b) Koalitionsrechtliche Befugnisse

525   Nach § 2 Abs. 3 werden die Aufgaben der Gewerkschaft und der Arbeitgeberverbände durch das BetrVG nicht berührt. Das Gesetz respektiert damit das aus Art. 9 Abs. 3 GG folgende Recht der Koalition zur Betätigung auch in den Betrieben. Zu den koalitionsrechtlichen Befugnissen der Gewerkschaft im Betrieb gehört zunächst das Recht, als Bindeglied zwischen dem hauptamtlichen Funktionärskörper und den Gewerkschaftsmitgliedern im Betrieb bestimmte Mitglieder zu *Vertrauensleuten* für ihren Betrieb oder für eine Betriebsabteilung zu bestellen[81]. Aus Art. 9 Abs. 3 GG folgt weiter das Recht der Gewerkschaften, bei betrieblichen Wahlen *Wahlwerbung* für die Listen ihrer Mitglieder zu betreiben[82]. Die Gewerkschaften haben schließlich das Recht, ihre Mitglieder im Betrieb zu *informieren* und dort neue Mitglieder zu *werben*[83]. Der Arbeitgeber muß daher die Verteilung von gewerkschaftlichem Informations- und Werbematerial in seinem Betrieb dulden. Dies gilt auch für die Verteilung von Gewerkschaftszeitungen[84]. Zur Verteilung von

---

81 BAG vom 8. 12. 1978, AP Nr. 28 zu Art. 9 GG = DB 1979, 1043 = BB 1979, 1400 = NJW 1979, 1847 = EzA Art. 9 GG Nr. 28; zu den Einzelheiten siehe *Löwisch*, TK-BetrVG § 2 Rdnr. 20 f.

82 BVerfG vom 30. 11. 1965, BVerfGE 19, 303 = AP Nr. 7 zu Art. 9 GG = DB 1966, 229 = BB 1966, 206 = NJW 1966, 491 und vom 28. 4. 1976, BVerfGE 42, 133 = AP Nr. 2 zu § 74 BetrVG 1972 = DB 1976, 1485 = BB 1976, 1026 = NJW 1976, 1627.

83 BVerfG vom 26. 5. 1970, BVerfGE 28, 295 = AP Nr. 16 zu Art. 9 GG = DB 1970, 1443 = BB 1970, 1135 = NJW 1970, 1637.

84 BAG vom 23. 2. 1979, AP Nr. 29 zu Art. 9 GG = DB 1979, 1185 = BB 1979, 887 = EzA Art. 9 GG Nr. 30.

Informations- und Werbematerial berechtigt sind aber im Regelfall nur betriebsangehörige Gewerkschaftsmitglieder[85].

Der Arbeitgeber hat die mit der Werbetätigkeit notwendig verbundene *Inan-*   526
spruchnahme der betrieblichen Räume zu dulden. Er muß deshalb insbesondere die Anbringung entsprechenden Schriftguts an den Bekanntmachungstafeln des Betriebs hinnehmen[86]. Daß die Gewerkschaftsmitglieder die Betriebsmittel, etwa Maschinen, firmeneigene Kraftfahrzeuge oder die vom Arbeitgeber gestellte Arbeitskleidung als Werbeträger verwenden, braucht der Arbeitgeber aber nicht zu dulden[87].

*Für **Fall 30** ergibt sich daraus, daß der Arbeitgeber das Anbringen des Gewerkschaftsemblems auf den von ihm gestellten Schutzhelmen tatsächlich nicht zu dulden braucht. Daß die Arbeitnehmer auf ihren eigenen Schutzhelmen in angemessener Form für ihre Gewerkschaft werben, kann er aber nicht verhindern.*

V. Grundsätze für die Beziehungen zwischen Arbeitgeber und Betriebsrat

1. Zusammenarbeit

Fall 31: *Im Bundestagswahlkampf 1980 erschien im Kaufhaus X eine Reihe von Mitarbeitern, darunter auch Betriebsräte, mit Plaketten an der Kleidung. Sie trugen die Aufschrift: „Unser Kanzler, Franz Josef Strauß." Andere trugen Plaketten mit dem Satz: „Zieh mit — wähl Schmidt."*

a) Grundsatz zur vertrauensvollen Zusammenarbeit

Ob in einem Betrieb ein gutes Klima herrscht, hängt nicht zuletzt von dem   527
Verhältnis zwischen Betriebsrat und Arbeitgeber ab. § 2 Abs. 1 verpflichtet deshalb Arbeitgeber und Betriebsrat zur vertrauensvollen Zusammenarbeit.

Was mit vertrauensvoller Zusammenarbeit im einzelnen gemeint ist, hat das   528
BetrVG in einer Reihe von Vorschriften näher ausgeführt. Zu nennen sind in erster Linie die in § 74 niedergelegten Grundsätze[88]: das Gleichbehand-

---

85 BVerfG vom 17. 2. 1981, BVerfGE 57, 220 = AP Nr. 9 zu Art. 140 GG = DB 1981, 1437 = BB 1981, 1150 = NJW 1981, 1829.
86 BAG vom 14. 2. 1978, AP Nr. 26 zu Art. 9 GG = DB 1978, 892 = BB 1978, 710 = NJW 1979, 1844 = EzA Art. 9 GG Nr. 25.
87 BAG vom 23. 2. 1979, AP Nr. 29 zu Art. 9 GG = DB 1979, 1185 = BB 1979, 887 = EzA Art. 9 GG Nr. 30.
88 Dazu Rdnr. 529.

lungsgebot und das Gebot zu Schutz und Forderung des Persönlichkeitsrechts[89], die Pflicht der Betriebsratsmitglieder zur Wahrung der Betriebs- und Geschäftsgeheimnisse[90] und das an den Betriebsrat gerichtete Verbot, durch einseitige Handlungen in die Leitung des Betriebs einzugreifen. Aber auch sonst gilt dieser Grundsatz. Arbeitgeber und Betriebsrat sollen bei allen Erklärungen, Maßnahmen und Entscheidungen Offenheit und Ehrlichkeit walten lassen und den Argumenten der anderen Seite Verständnis entgegenbringen.

b) Besprechungs- und Verhandlungspflicht

529   § 74 Abs. 1 verpflichtet Arbeitgeber und Betriebsrat zu monatlichen Besprechungen und zur Verhandlung über streitige Fragen. Arbeitgeber und Betriebsrat müssen immer zuerst selbst einen Ausgleich versuchen. Erst wenn dieser mißlingt, können sie, soweit das vorgesehen ist, die Einigungsstelle[91] oder das Arbeitsgericht anrufen.

530   Ergänzt wird § 74 Abs. 1 durch § 2 Abs. 2 SprAuG, der einmal im Kalenderjahr eine gemeinsame Sitzung von Betriebsrat und Sprecherausschuß der leitenden Angestellten vorsieht und auch darüber hinaus Betriebsrat und Sprecherausschuß ermöglicht, die Teilnahme an Sitzungen des jeweils anderen Gremiums zuzulassen.

c) Arbeitskampfverbot

531   § 74 Abs. 2 Satz 1 verbietet Arbeitskampfmaßnahmen von Arbeitgeber und Betriebsrat gegeneinander. Konfliktlösungsmittel zwischen Arbeitgeber und Betriebsrat ist die Schlichtung über die Einigungsstelle.

532   Arbeitskämpfe *auf der tariflichen Ebene* werden dadurch aber nicht ausgeschlossen, und zwar auch nicht, soweit es um einen Firmentarifvertrag geht. Als Arbeitnehmer können die Betriebsratsmitglieder an einem solchen zulässigen Arbeitskampf auch teilnehmen (§ 74 Abs. 3), sie dürfen nur nicht das Betriebsratsamt mit dem Arbeitskampf verquicken, z.B. eine Betriebsversammlung einberufen, um die Führung eines Warnstreiks zu erörtern[92].

---

89 Vgl. dazu Rdnr. 156.
90 Vgl. dazu Rdnr. 504 ff.
91 Dazu Rdnr. 556 ff.
92 Zur Aussperrung von Betriebsratsmitgliedern siehe Rdnr. 355.

Daß im Betrieb ein Arbeitskampf stattfindet, macht den Betriebsrat als Or-   533
gan *nicht funktionsunfähig*[93]. Doch werden seine Mitwirkungsrechte eingeschränkt, soweit dies das Funktionieren der Arbeitskampfrechtsordnung,
insbesondere der Grundsatz der Kampfparität erfordert.

Mitbestimmungsfrei sind danach insbesondere die Aussperrung und alle mit ihr in un-
trennbarem Zusammenhang stehenden Maßnahmen, wie etwa die Kennzeichnung
des Werksausweises nicht ausgesperrter Arbeitnehmer[94]. Muß infolge des Arbeitskampfes in einem Betriebsteil Mehr- oder Kurzarbeit eingeführt werden, so entfällt das
Mitbestimmungsrecht nach § 87 Abs. 1 Nr. 3[95]. Bei der Entscheidung über arbeitskampfbedingte Mehr- oder Kurzarbeit in mittelbar vom Arbeitskampf betroffenen Betrieben beschränkt es sich auf die Regelung der Modalitäten[96]. Mitbestimmungspflichtig bleiben im Arbeitskampf aber Arbeitgebermaßnahmen, denen ein näherer Zusammenhang zum Arbeitskampf fehlt, wie etwa solche der Berufsbildung.

d) Pflicht zur Erhaltung des Betriebsfriedens

Nach § 74 Abs. 2 Satz 2 haben Arbeitgeber und Betriebsrat Betätigungen zu   534
unterlassen, durch die der Arbeitsablauf oder der Frieden des Betriebs beeinträchtigt werden. Mit Arbeitsablauf meint das Gesetz dabei die eigentliche Durchführung der im Betrieb anfallenden Arbeiten, während unter Frieden mehr die Atmosphäre friedlicher Zusammenarbeit sowohl zwischen Arbeitgeber und Arbeitnehmer, als auch unter den Arbeitnehmern sowie zwischen Arbeitgeber und Betriebsrat gemeint ist. Der Arbeitsablauf wird etwa
beeinträchtigt, wenn die Arbeitnehmer in bezug auf durchzuführende Arbeiten dadurch verunsichert werden, daß der Betriebsrat sie auffordert,
Weisungen nicht mehr zu folgen. Eine Beeinträchtigung des Betriebsfriedens kann in einem gewaltsamen Vorgehen liegen, etwa der Entfernung
von Anschlägen des anderen Betriebspartners vom schwarzen Brett.

e) Verbot parteipolitischer Betätigung

Mit dem Verbot parteipolitischer Betätigung will § 74 Abs. 2 Satz 3 den Be-   535
trieb aus dem Meinungsstreit einzelner Gruppen heraushalten und die *Mei-
nungs- und Wahlfreiheit* der einzelnen Arbeitnehmer schützen[97].

---

93 BAG vom 5. 5. 1987, AP Nr. 4 zu § 44 BetrVG 1972 = DB 1987, 1155 = BB 1988, 343 = NZA
   1987, 853 = EzA § 44 BetrVG Nr. 7.
94 BAG vom 16. 12. 1986, AP Nr. 13 zu § 87 BetrVG 1972 Ordnung des Betriebes = DB 1987,
   791 = BB 1987, 683 = NJW 1987, 1358 = EzA Art. 9 GG Arbeitskampf Nr. 64.
95 BAG vom 24. 4. 1979, AP Nr. 63 zu Art. 9 GG Arbeitskampf = DB 1979, 1655 = BB 1979,
   1348 = NJW 1980, 140 = EzA Art. 9 GG Arbeitskampf Nr. 34.
96 BAG vom 22. 12. 1980, AP Nr. 70 zu Art. 9 GG Arbeitskampf = DB 1981, 321 = BB 1981,
   609 = EzA § 615 BGB Betriebsrisiko Nr. 7.
97 BAG vom 13. 9. 1977, AP Nr. 1 zu § 42 BetrVG 1972 = DB 1977, 2452 = BB 1978, 43 = NJW
   1978, 287 = EzA § 45 BetrVG Nr. 1.

536   Verboten ist in erster Linie die unmittelbare Betätigung durch Verbreiten von politischen Zeitungen, Druckschriften, Anschlägen oder Flugblättern oder das Tragen von Meinungsplaketten innerhalb der Betriebsräume. Aber auch politische Abstimmungen oder Umfragen brauchen weder der Arbeitgeber noch der Betriebsrat im Betrieb zu dulden. Verboten ist lediglich die parteipolitische Betätigung *im Betrieb*, doch genügt, daß die Auseinandersetzung in den Betrieb hineingetragen wird. Deshalb ist das Verteilen von Flugblättern usw. unmittelbar vor den Werkstoren ebenso unzulässig wie die Einladung eines im Wahlkampf stehenden Politikers zu einem Referat in der Betriebsversammlung, auch wenn es sich um ein an sich „neutrales" Thema handelt[98].

537   Die Arbeitnehmer des Betriebes werden durch § 74 Abs. 2 Satz 2 unmittelbar nicht betroffen. Für sie ergibt sich freilich aus dem Arbeitsvertrag, daß sie parteipolitische Betätigungen im Betrieb insoweit unterlassen müssen, als dadurch das Arbeitsverhältnis beeinträchtigt wird, sei es im Leistungsbereich, sei es im Bereich der betrieblichen Verbundenheit aller Mitarbeiter (Betriebsordnung, Betriebsfrieden), im personalen Vertrauensbereich der Vertragspartner oder auch im Unternehmensbereich (Betriebsgefährdung).

*In **Fall 31** ist das Tragen der Plaketten nicht nur den Betriebsratsmitgliedern untersagt. Aufgrund der besonderen Situation des Betriebes (Kaufhaus und damit möglicherweise Publikumsverkehr, der daran Anstoß nimmt) wird bei den übrigen Arbeitnehmern der Leistungsbereich des Arbeitsverhältnisses beeinträchtigt.*

2. Betriebsvereinbarung als Regelungsinstrument

Fall 32: *In einem südbadischen Unternehmen mit 200 Beschäftigten ist eine Betriebsvereinbarung über die Gewährung eines Familienurlaubs im Anschluß an den gesetzlichen Erziehungsurlaub geschlossen worden. Als ein Arbeitnehmer den Familienurlaub in Anspruch nehmen will, beruft sich der nicht dem Arbeitgeberverband der Metallindustrie Südbaden angehörende Arbeitgeber darauf, daß § 13.4 des Manteltarifvertrages einen Familienurlaub nur für Betriebe mit mehr als 500 Arbeitnehmern vorsehe. Diese Regelung gehe der Betriebsvereinbarung vor.*

a) Funktion

538   Das Betriebsverfassungsgesetz räumt den Betriebsräten insbesondere in den sozialen Angelegenheiten[99] eine Vielzahl von Mitbestimmungsrechten ein.

---

98 BAG vom 13. 9. 1977, a.a.O.; vgl. auch *Löwisch*, DB 1976, 676.
99 Dazu Rdnr. 586 ff.

In diesen Fällen erfordert die Regelung der Angelegenheiten im Betrieb eine Einigung zwischen Arbeitgeber und Betriebsrat. Das gesetzliche Instrument dieser Einigung ist die Betriebsvereinbarung.

b) Zustandekommen

Trotz des eigentümlichen Wortlauts von § 77 Abs. 3 („gemeinsam zu beschließen") kommt die Betriebsvereinbarung ebenso wie der Tarifvertrag *als Vertrag*, nämlich durch übereinstimmende Willenserklärung von Arbeitgeber und Betriebsrat zustande, die nach § 77 Abs. 2 der Schriftform bedarf. Auf seiten des Betriebsrats setzt der Abschluß von Betriebsvereinbarungen einen entsprechenden Beschluß des Betriebsrats voraus[100].   539

Bezugnahmen, die hier häufig in Gestalt der Bezugnahme auf den Tarifvertrag erfolgen, sind unter den gleichen Voraussetzungen zulässig wie beim Tarifvertrag[101].   540

c) Normativer Teil

Ebenso wie der Tarifvertrag enthält die Betriebsvereinbarung Rechtsnormen, die unmittelbar und zwingend gelten (§ 77 Abs. 4 Satz 1). Regelt die Betriebsvereinbarung den *Inhalt* der einzelnen Arbeitsverhältnisse, so werden diese entsprechend umgestaltet bzw. ausgestaltet: Abweichendes wird verdrängt, fehlendes wird ergänzt. Auch sogenannte negative Inhaltsnormen, z.B. ein Verbot der Vereinbarung von Arbeit auf Abruf, sind möglich[102].   541

Adressat von *Abschlußnormen* der Betriebsvereinbarung ist der Arbeitgeber. Verstößt er gegen sie, erhält der Betriebsrat gem. § 99 Abs. 2 Nr. 1 das Recht, die Zustimmung zu der betreffenden personellen Einzelmaßnahme, z.B. einer Einstellung, zu verweigern[103].   542

Nach dem Vorbild des § 4 Abs. 4 Satz 1 TVG ordnet § 77 Abs. 4 Satz 2 an, daß ein *Verzicht* auf Rechte, die den Arbeitnehmern durch Betriebsvereinbarung eingeräumt werden, nur mit Zustimmung des Betriebsrats zulässig ist. Verzicht ist der Erlaß von Ansprüchen sowie das negative Schuldanerkenntnis (§ 397 Abs. 1 und 2 BGB), also insbesondere die sogenannte Ausgleichsquittung. § 77 Abs. 4 Satz 3 schließt auch die *Verwirkung* solcher Rechte   543

---

100 Vgl. Rdnr. 486.
101 Vgl. Rdnr. 244 f.
102 BAG vom 13. 10. 1987, AP Nr. 2 zu § 77 BetrVG 1972 „Auslegung" = DB 1988, 345 = BB 1988, 275 = NZA 1988, 253 = EzA § 611 BGB Teilzeitarbeit Nr. 2.
103 Dazu Rdnr. 655 ff.

aus. Der Arbeitgeber kann sich also den Arbeitnehmern gegenüber nicht darauf berufen, dessen Forderungen seien zwar noch nicht verjährt, er mache sie aber treuwidrig zu spät geltend. Auch *Ausschlußfristen* für durch Betriebsvereinbarung eingeräumte Rechte und die nach § 225 BGB an sich zulässige *Verkürzung von Verjährungsfristen* für diese sind nach § 77 Abs. 4 Satz 4 grundsätzlich unwirksam. Etwas anderes gilt nur, wenn dies in einer Betriebsvereinbarung oder in einem Tarifvertrag vereinbart ist[104].

544   Nach ständiger Rechtsprechung des BAG unterliegen Betriebsvereinbarungen anders als Tarifverträge einer *allgemeinen Billigkeitskontrolle* durch die Arbeitsgerichte[105]. Die Billigkeitskontrolle betrifft die billige *Behandlung des einzelnen Arbeitnehmers* durch eine Betriebsvereinbarung. Insbesondere kann geprüft werden, ob die Schlechter- oder Besserstellung bestimmter Arbeitnehmer oder Arbeitnehmergruppen angemessen ist[106], und ob bei dem Entzug von Leistungen durch eine spätere Betriebsvereinbarung der Vertrauensschutzgedanke beachtet ist[107]. Ob eine Betriebsvereinbarung im *Verhältnis von Arbeitgeber und Belegschaft* der Billigkeit entspricht, unterliegt nicht der allgemeinen Billigkeitskontrolle, sondern ist nur nachprüfbar, wenn die Betriebsvereinbarung auf einem Spruch der Einigungsstelle beruht (§ 76 Abs. 5 Satz 4)[108].

545   Die Betriebsvereinbarung muß sich im Rahmen des *zwingenden staatlichen Rechts* halten. Anders als gegenüber dem Tarifvertrag kennt das staatliche Recht dabei kein „betriebsvereinbarungsdispositives" Recht[109]. Als Arbeitnehmerschutzrecht ist das staatliche Arbeitsrecht häufig nur einseitig zwingend. Für die Arbeitnehmer günstigere Regelungen sind zulässig. Indessen enthält das Gesetz insoweit für erzwingbare Betriebsvereinbarungen in sozialen Angelegenheiten eine wichtige Einschränkung in Gestalt des in § 87 Abs. 1 angeordneten Sperrvorrangs der gesetzlichen Regelung[110].

---

104 Eine entsprechende Vereinbarung in einem Tarifvertrag gilt nur für Arbeitnehmer, die an diesen Tarifvertrag gebunden sind. Es handelt sich um eine Inhaltsnorm des Tarifvertrages, nicht um eine Norm über betriebliche Fragen i.S.d. § 3 Abs. 2 TVG.
105 Nachweise – auch zur Literatur – bei *Löwisch*, TK-BetrVG § 77 Rdnr. 14.
106 BAG vom 14. 2. 1984, AP Nr. 21 zu § 112 BetrVG 1972 = DB 1984, 1527 = NZA 1984, 201 = EzA § 112 BetrVG Nr. 30.
107 BAG vom 8. 12. 1981, AP Nr. 1 zu BetrAVG Unterstützungskassen = DB 1982, 336 = BB 1982, 246 = EzA Nr. 97 zu § 42 BGB = NJW 1982, 1773 für den Entzug noch nicht erdienter Ruhegeldanwartschaften.
108 Dazu Rdnr. 569 ff.
109 Vgl. aber § 4 Abs. 1 des Entwurfs eines Arbeitszeitgesetzes vom 25. 5. 1987, BT-Drucksache 11/360.
110 Dazu Rdnr. 594 f.

d) Schuldrechtliche Pflichten

Nicht anders als der Tarifvertrag enthält auch die Betriebsvereinbarung   546
Rechte und Pflichten von Arbeitgeber und Betriebsrat. Der Betriebsrat kann
vom Arbeitgeber die Durchführung der Betriebsvereinbarung verlangen
und ihn auf die Unterlassung vereinbarungswidriger Maßnahmen in Anspruch nehmen[111]. Aber auch auf seiten des Betriebsrats können sich Pflichten zur Mitwirkung, etwa bei der Errichtung, Verwaltung oder Ausgestaltung einer Sozialeinrichtung ergeben, auf deren Erfüllung er vom Arbeitgeber in Anspruch genommen werden kann.

e) Beendigung

Die Betriebsvereinbarung endet, wenn sie befristet ist, mit Ablauf der be-   547
stimmten Frist, sonst durch Aufhebungsvertrag oder Kündigung. Dabei gilt
für die Kündigung eine Frist von drei Monaten, wenn nichts anderes vereinbart ist (§ 77 Abs. 5). Nach dem Grundsatz, daß jede zeitlich jüngere Rechtsnorm eine entgegenstehende ältere Rechtsnorm beseitigt, setzt auch jede
Betriebsvereinbarung selbsttätig diejenigen Bestimmungen älterer Betriebsvereinbarungen außer Kraft, die denselben Gegenstand betreffen[112]. Nach
§ 77 Abs. 6 gelten die Rechtsnormen einer Betriebsvereinbarung nach deren
Ablauf weiter, bis sie durch eine andere „Abmachung" ersetzt werden
(Nachwirkung). Als andere Abmachung kommt dabei sowohl eine Betriebsvereinbarung wie eine arbeitsvertragliche Abrede zwischen Arbeitgeber und
Arbeitnehmer in Betracht. Allerdings ist eine arbeitsvertragliche Einheitsregelung nicht in der Lage, die Nachwirkung auszuschließen. Dies würde eine
Umgehung des Mitbestimmungsrechts des Betriebsrats darstellen.

Die Nachwirkung gilt nur in den Angelegenheiten, in denen ein Spruch der   548
Einigungsstelle die Einigung zwischen Arbeitgeber und Betriebsrat ersetzt,
weil nur hier jeder der Beteiligten die Ablösung der nachwirkenden Normen
durch eine neue Betriebsvereinbarung erzwingen kann. Bei Ablauf lediglich
freiwilliger Betriebsvereinbarungen tritt der ohne diese geltende Rechtszustand wieder ein[113]. Ist z.B. eine ursprünglich in einer arbeitsvertraglichen
Einheitsregelung enthaltene betriebliche Altersversorgung danach in einer
Betriebsvereinbarung geregelt worden und wird diese später wieder gekün-

---

111 BAG vom 13. 10. 1987, AP Nr. 2 zu § 77 BetrVG 1972 „Auslegung" = DB 1988, 345 = BB
    1988, 275 = NZA 1988, 253 = EzA § 611 Teilzeitarbeit Nr. 2 und vom 10. 11. 1987, AP
    Nr. 24 zu § 77 BetrVG 1972 = DB 1987, 2420 = BB 1988, 911 = NZA 1988, 255 = EzA § 77
    BetrVG Nr. 19.
112 BAG vom 17. 3. 1987, AP Nr. 9 zu § 1 BetrAVG Ablösung = DB 1987, 1639 = BB 1987,
    1673 = NZA 1987, 855 = EzA Nr. 48 zu § 1 BetrAVG.
113 BAG vom 12. 8. 1982, AP Nr. 5 zu § 77 BetrVG 1972 = BB 1983, 249 = DB 1982, 2301.

digt, leben die arbeitsvertraglichen Ansprüche wieder auf − freilich nur in ihrem ursprünglichen Umfang[114].

f) Verhältnis zu tariflicher Regelung

549   Im Prinzip gehen Tarifverträge Betriebsvereinbarungen im Rang vor und setzen daher in ihrem Geltungsbereich ohne Rücksicht auf die zeitliche Reihenfolge widersprechende „tarifwidrige" Bestimmungen einer Betriebsvereinbarung außer Kraft.

Tarifrechtlich gilt dieser Grundsatz aber nicht uneingeschränkt: Nach § 4 Abs. 3 TVG sind abweichende Betriebsvereinbarungen zulässig, soweit sie der Tarifvertrag selbst gestattet oder soweit die ihnen enthaltenen Regelungen günstiger sind als die des Tarifvertrags. Nach § 4 Abs. 5 TVG kann ein nur noch nachwirkender Tarifvertrag[115] auch durch eine Betriebsvereinbarung ersetzt werden.

550   Das *Betriebsverfassungsrecht* verstärkt den Vorrang des Tarifvertrages aber wieder: § 77 Abs. 3 Satz 1 erklärt Betriebsvereinbarungen schlechthin für unzulässig, soweit sie Regelungen über solche Arbeitsentgelte und sonstige materielle Arbeitsbedingungen enthalten, die durch Tarifverträge *geregelt sind oder üblicherweise geregelt werden*. Betriebsvereinbarungen sind nach § 77 Abs. 3 Satz 2 in diesem Bereich nur möglich, wenn sie der betreffende Tarifvertrag ausdrücklich zuläßt. Der Sinn dieser Sperrwirkung liegt in einer funktionellen Zuständigkeitsabgrenzung: Um der Tarifautonomie genügend Raum zu lassen, sollen die Tarifpartner im Bereich der materiellen Arbeitsbedingungen den unbedingten Vorrang haben.

Ergänzt wird diese Sperrwirkung durch § 87 Abs. 1, der die Mitbestimmungsrechte des Betriebsrats in sozialen Angelegenheiten ausschließt, wenn diese durch einen Tarifvertrag geregelt sind oder werden. Für den allgemeinen Vorrang des Tarifvertrages bleiben also nur die Fälle, in denen es nicht um Arbeitsentgelte und sonstige Arbeitsbedingungen geht, die den Umfang der Arbeitsleistung des Arbeitnehmers und die Gegenleistung des Arbeitgebers betreffen, und die auch nicht zu den mitbestimmungspflichtigen Angelegenheiten des § 87 Abs. 1 Nr. 1 bis 12 gehören. Zu denken ist etwa an zusätzliche Maßnahmen zum Schutz vor Arbeitsunfällen und Gesundheitsschädigungen (vgl. § 88).

551   Die *Sperrwirkung des § 77 Abs. 3* beschränkt sich auf den jeweiligen Bereich, in dem eine bestimmte inhaltliche tarifliche Regelung besteht oder als üblich festgestellt werden kann. Maßgebend ist der räumliche, fachliche und persönliche Geltungsbereich dieser Regelung. Demgegenüber spielt die Tarif-

---

114 BAG vom 21. 9. 1989, AP Nr. 43 zu § 77 BetrVG 1972.
115 Vgl. Rdnr. 280.

gebundenheit keine Rolle. Die Sperrwirkung hat gerade auch den Zweck, den Gewerkschaften die Erstreckung von Tarifregelungen auf bisher nicht tarifgebundene Arbeitgeber, z.B. durch das Verlangen nach Unternehmenstarifverträgen[116], zu erleichtern. Rechtfertigen läßt sich der Ausschluß von Betriebsvereinbarungen auf der anderen Seite aber nur, wenn die Tarifregelung in dem betreffenden Bereich schon repräsentativ ist. Die Zahl der in den tarifgebundenen Betrieben regelmäßig beschäftigten Arbeitnehmer muß größer sein als die der in den nicht tarifgebundenen Betrieben regelmäßig Beschäftigten[117].

In Fall 32 ist die Betriebsvereinbarung wirksam. Zwar scheitert die Anwendung von § 77 Abs. 3 nicht daran, daß das Unternehmen dem tarifschließenden Arbeitgeberverband nicht angehört. Aber der fachliche Geltungsbereich der tariflichen Bestimmungen über den Familienurlaub erstreckt sich nicht auf Betriebe mit weniger als 500 Arbeitnehmern und entfaltet deshalb keine Sperrwirkung.

g) Verhältnis zu arbeitsvertraglicher Regelung

Die Regelungen der Betriebsvereinbarung gehen kraft ihrer unmittelbaren und zwingenden Wirkung entsprechenden Bestimmungen von Einzelarbeitsverträgen grundsätzlich vor (§ 77 Abs. 4 Satz 1). Obwohl § 77 Abs. 4 keine dem § 4 Abs. 3 TVG entsprechende Bestimmung enthält, muß man davon ausgehen, daß die Betriebsvereinbarung abweichende Vereinbarungen zwischen Arbeitgeber und Arbeitnehmer zulassen kann. Zwischen Betriebsvereinbarung und Einzelarbeitsvertrag gilt auch das *Günstigkeitsprinzip*[118]. Zum Beispiel kann arbeitsvertraglich für den Arbeitnehmer, etwa mit Rücksicht auf Verkehrsverbindungen, ein abweichender Arbeitsbeginn festgelegt werden.

552

Problematisch ist die Geltung des Günstigkeitsprinzips im Verhältnis zwischen Betriebsvereinbarung und sogenannten „arbeitsvertraglichen Einheitsregelungen"[119]. Die Frage stellt sich insbesondere dort, wo bisher in einer arbeitsvertraglichen Einheitsregelung festgelegte Sozialleistungssysteme durch ein neues in einer Betriebsvereinbarung festgelegtes System abgelöst werden soll. Der Große Senat der BAG hat sich insoweit für eine Mittellösung entschieden. Danach muß der einzelne Arbeitnehmer die Wirkung der Betriebsvereinbarung hinnehmen, auch wenn sie für ihn selbst ungünstiger ist. Für die Gesamtheit der betroffenen Arbeitnehmer darf die Neuregelung in der Betriebsvereinbarung aber nicht ungünstiger sein als die in der arbeitsvertraglichen Einheitsregelung getroffene (sogenannter „kollektiver Günstigkeitsver-

---

116 Vgl. Rdnr. 236.
117 BAG vom 6. 12. 1963, AP Nr. 23 zu § 59 BetrVG = DB 1963, 1774 = BB 1964, 307; streitig.
118 BAG vom 18. 8. 1987, AP Nr. 23 zu § 77 BetrVG 1972 = DB 1987, 2257 = BB 1987, 2160 = NJW 1988, 510 = NZA 1987, 779 = EzA § 77 BetrVG Nr. 18; *Löwisch*, SAE 1988 S. 105.
119 Vgl. hierzu Rdnr. 48.

gleich")[120]. Eine Abänderung, die auch insgesamt zu einer Verschlechterung führt, ist nur auf individualrechtlichem Wege möglich, also durch Änderungsvertrag, Ausübung eines vorbehaltenen Widerrufsrechts oder Änderungskündigung[121].

Keine Rolle spielt das Günstigkeitsprinzip dort, wo die arbeitsvertragliche Regelung eine — wenn auch nur stillschweigende — Ermächtigung zur Änderung durch Betriebsvereinbarung enthält. Dann ist die Änderung ohne weiteres möglich[122].

h) Regelungsabrede

553   Die Betriebsvereinbarung ist nicht das einzige Instrument für die Ausübung der Mitbestimmung durch den Betriebsrat. Als formgebundene normativ wirkende Regelung genügt sie den Bedürfnissen der Betriebspraxis nicht immer. Insbesondere bei der Regelung von Einzelfragen, die der Mitbestimmung unterliegen, z.b. der Festlegung rasch notwendig werdender Mehrarbeit (vgl. § 87 Abs. 1 Nr. 3), ist sie zu schwerfällig. Daher ist anerkannt, daß die Einigung der Betriebspartner auch formlos als sogenannte *„Regelungsabrede"* getroffen werden kann. Im Gegensatz zur Betriebsvereinbarung kommt der Regelungsabrede keine normative, die einzelnen Arbeitsverhältnisse unmittelbar gestaltende Rechtswirkung zu.

554   Praktische Bedeutung hat die Regelungsabrede auch im Zusammenhang mit vertraglichen Einheitsregelungen. Betreffen diese auch Mitbestimmungsrechte des Betriebsrats, wie eine Zulagen- oder Ruhegeldordnung, (§ 87 Abs. 1 Nr. 10), kann die Mitbestimmung des Betriebsrats durch formlose Zustimmung zu der arbeitsvertraglichen Einheitsregelung bzw. deren Änderung erfolgen[123].

i) Durchführung durch den Arbeitgeber

555   Die in Betriebsvereinbarungen getroffenen Regelungen durchzuführen, ist nach § 77 Abs. 1 Satz 1 grundsätzlich Sache des Arbeitgebers. Insbesondere bestimmt er, welche Personen er mit der Durchführung betraut[124]. Nach § 77 Abs. 1 Satz 1 ist aber eine Abmachung zulässig, durch die im Einzelfall dem Betriebsrat ausnahmsweise die Ausführung von Vereinbarungen mit

120 BAG GS vom 16. 9. 1986, AP Nr. 17 zu § 77 BetrVG 1972 = DB 1987, 383 = BB 1987, 265 = NZA 1987, 168 = EzA § 77 BetrVG 1972 Nr. 17; ausführlich zur Problematik *Löwisch*, SAE 1987, 185.
121 BAG GS a.a.O.
122 BAG GS a.a.O.
123 BAG vom 9. 7. 1985, AP Nr. 6 zu § 1 BetrAVG Ablösung = DB 1986, 1231 = BB 1986, 1088 = NZA 1986, 517 = EzA Nr. 37 zu § 1 BetrAVG.
124 BAG vom 16. 3. 1982, AP Nr. 2 zu § 87 BetrVG 1972 Vorschlagswesen = DB 1982, 1468 = BB 1983, 963 = EzA § 87 BetrVG Vorschlagswesen Nr. 3.

dem Arbeitgeber übertragen wird. Ein Beispiel ist die Überlassung der Verwaltung einer Sozialeinrichtung an den Betriebsrat[125].

3. Einigungsstelle als Konfliktlösungsmittel

a) Funktion

Mit der Institution der Einigungsstelle in § 76 konkretisiert das BetrVG das   556
Gebot vertrauensvoller Zusammenarbeit: Wo sich Arbeitgeber und Betriebsrat trotz Besprechung und Verhandlung nicht einigen können, soll die Einigung über die paritätisch besetzte Einigungsstelle doch noch zustande gebracht werden. Dabei ist zu unterscheiden: Wo der Betriebsrat nach dem Gesetz nur Mitwirkungsrechte hat, tritt die Einigungsstelle nur in beiderseitigem Einverständnis in Funktion (§ 76 Abs. 6). Wo das Gesetz dem Betriebsrat eine erzwingbare Mitbestimmung einräumt, entscheidet die Einigungsstelle auf Antrag einer Seite verbindlich (§ 76 Abs. 5).

Der von der Einigungsstelle zu entscheidende Konflikt geht in der Mehrzahl   557
der Fälle (insbesondere bei den praktisch im Vordergrund stehenden sozialen Angelegenheiten des § 87) darum, wie die Gestaltung einer mitbestimmungspflichtigen Angelegenheit in Zukunft aussehen soll. Es muß eine Regelung getroffen werden, weswegen man insoweit von einem *„Regelungsstreit"* spricht. In einer Reihe von Fällen, etwa hinsichtlich der Information des Wirtschaftsausschusses (vgl. § 109) entscheidet die Einigungsstelle auch über unbestimmte Rechtsbegriffe, weswegen man bislang annahm, daß die Entscheidung in solchen „Rechtsstreitigkeiten" einer gerichtlichen Vollkontrolle unterläge. Das BAG gesteht der Einigungsstelle nunmehr aber einen Beurteilungsspielraum zu, der nicht anders als das Regelungsermessen nur beschränkt gerichtlich kontrolliert wird[126].

b) Organisation

§ 76 Abs. 1 Satz 1 sieht es als die Regel an, daß eine Einigungsstelle zur Beile-   558
gung einer konkreten Meinungsverschiedenheit, also „ad hoc" gebildet wird. § 76 Abs. 1 Satz 2 eröffnet aber auch die Möglichkeit, durch Betriebsvereinbarung eine ständige Einigungsstelle zu bilden, die dann in jedem auftretenden Streit tätig wird.

---

125 BAG vom 24. 4. 1986, AP Nr. 7 zu § 87 BetrVG 1972 Sozialeinrichtung = DB 1986, 2680 = BB 1987, 545 = NZA 1987, 100 = EzA § 1 BetrVG 1972 Nr. 4.
126 Zur gerichtlichen Kontrolle von Entscheidungen der Einigungsstelle siehe unten Rdnr. 701.

559   Die Einigungsstelle besteht zunächst aus einer gleichen Anzahl von Beisitzern, die vom Arbeitgeber und Betriebsrat bestimmt werden. Die Zahl der Beisitzer hat sich nach Art und Umfang des Falles zu richten, der von der Einigungsstelle zu entscheiden ist. Die Bestellung von zwei Beisitzern jeder Seite kann als Regelbesetzung angesehen werden, von der in besonders einfach gelagerten Fällen nach unten und bei schwierigen und differenziert zu beurteilenden Verhandlungsgegenständen nach oben abgewichen werden kann. Im Streitfalle entscheidet über die Zahl der Beisitzer der Vorsitzende des Arbeitsgerichts (§ 76 Abs. 2 Satz 3 BetrVG i.V.m. § 98 Abs. 1 Satz 1 ArbGG). Die Beisitzer müssen nicht Betriebsangehörige sein, insbesondere kommen auch Gewerkschaftsvertreter oder Vertreter eines Arbeitgeberverbandes in Betracht.

560   Die Einigungsstelle besteht weiter aus einem unparteiischen Vorsitzenden, auf dessen Person sich beide Seiten einigen müssen. Kommt eine Einigung über die Person des Vorsitzenden nicht zustande, so bestellt ihn der Vorsitzende des Arbeitsgerichts (§ 76 Abs. 2 Satz 2 BetrVG i.V.m. § 98 Abs. 1 Satz 1 ArbGG).

§ 76 Abs. 2 Satz 2 gilt auch in dem Fall, daß Arbeitgeber oder Betriebsrat die Mitwirkung bei der Bestellung des Vorsitzenden deshalb verweigern, weil sie der Meinung sind, es sei überhaupt kein Fall gegeben, in dem die Einigungsstelle zum Tätigwerden berufen ist. Die damit entstehende Frage, inwieweit in dem Verfahren nach § 76 Abs. 2 Satz 2 nachzuprüfen ist, ob die Einigungsstelle für den Streit, um den es geht, überhaupt zuständig ist, hat § 98 Abs. 1 Satz 2 ArbGG dahin entschieden, daß der Antrag auf Bestellung des Vorsitzenden nur dann zurückgewiesen werden kann, wenn die Einigungsstelle offensichtlich unzuständig ist. Das Arbeitsgericht muß den Vorsitzenden also schon dann bestellen, wenn die funktionale Zuständigkeit der Einigungsstelle aus rechtlichen oder tatsächlichen Gründen jedenfalls nicht auszuschließen ist.

561   Die Kosten des Verfahrens der Einigungsstelle trägt der Arbeitgeber. Die Einzelheiten dieser Kostentragungspflicht sind in § 76a geregelt.

562   § 76 Abs. 8 gibt den Tarifvertragsparteien die Möglichkeit, an die Stelle der Einigungsstelle eine *tarifliche Schlichtungsstelle* zu stellen. Die entsprechende Bestimmung eines Tarifvertrages gilt als betriebsverfassungsrechtliche Norm für alle Betriebe, deren Arbeitgeber tarifgebunden sind, ohne Rücksicht auf die Tarifgebundenheit der Arbeitnehmer (§ 3 Abs. 2 TVG).

c) Verfahren und Beschlußfassung

563   Wer das Verfahren vor der Einigungsstelle einleiten kann, hängt davon ab, ob die Entscheidung der Einigungsstelle verbindlich ist oder nicht. Ist diese nicht verbindlich, so wird die Einigungsstelle nur tätig, wenn beide Seiten es beantragen, oder bei Antrag nur einer Seite, wenn die andere sich auf das

Verfahren einläßt (§ 76 Abs. 6 Satz 1). Entscheidet die Einigungsstelle verbindlich, so wird sie auf Antrag einer Seite tätig (§ 76 Abs. 5 Satz 1).

Das Gesetz stellt keine besonderen Grundsätze für das *Verfahren* vor der Einigungsstelle auf. Doch gelten die elementaren Grundsätze für ein rechtsstaatliches Verfahren – ebenso wie im schiedsrichterlichen Verfahren (§ 1034 ZPO) – auch hier. Insbesondere muß jedem der Beteiligten rechtliches Gehör gewährt werden.   564

Der Gang der *Beratung und Beschlußfassung* ist in § 76 Abs. 3 näher geregelt. Die Beratung hat mündlich zu erfolgen. Bei der Beschlußfassung sind Stimmenthaltungen, abgesehen vom Vorsitzenden, im ersten Abstimmungsgang nicht zulässig. Wo die Einigungsstelle verbindlich entscheidet, findet eine Beschlußfassung auch statt, wenn eine Seite keine Mitglieder benennt oder die von einer Seite genannten Mitglieder trotz rechtzeitiger Ladung der Sitzung fernbleiben (§ 76 Abs. 5 Satz 2).   565

Die Einigungsstelle muß sich bei ihrer Beschlußfassung im *Rahmen ihrer Zuständigkeiten* halten. Dazu gehört nicht nur, daß sie in einer Angelegenheit überhaupt zur Entscheidung berufen ist. Vielmehr muß sie im Falle einer verbindlichen Entscheidung auch die Grenzen beachten, die den Mitbestimmungsrechten des Betriebsrats gezogen sind.   566

Für diesen Fall der verbindlichen Entscheidung hat die Einigungsstelle außerdem als Maßstab die angemessene Berücksichtigung der Belange des Betriebs und der betroffenen Arbeitnehmer nach billigem Ermessen zugrunde zu legen (§ 76 Abs. 5 Satz 3). Die Einigungsstelle hat so zu entscheiden, wie Arbeitgeber und Betriebsrat sich vernünftigerweise hätten einigen können. Die Abwägung der Belange des Betriebs und der betroffenen Arbeitnehmer braucht dabei keineswegs immer zu einem Kompromiß zwischen den Vorstellungen des Arbeitgebers und denen des Betriebsrats zu führen.   567

Die Beschlüsse der Einigungsstelle sind schriftlich niederzulegen, vom Vorsitzenden zu unterschreiben und Arbeitgeber und Betriebsrat zuzuleiten (§ 76 Abs. 3 Satz 3). Soweit in Regelungsstreitigkeiten die Entscheidung der Einigungsstelle an die Stelle einer Betriebsvereinbarung tritt, also insbesondere im Falle des § 87 Abs. 2, kommt ihr auch deren Wirkung zu. Sie erzeugt wie diese Rechte und Pflichten von Arbeitgeber und Betriebsrat und wirkt normativ auf die Arbeitsverhältnisse ein.   568

d) Kontrolle

569   Die Sprüche der Einigungsstelle unterliegen der *vollen Rechtskontrolle* durch die Arbeitsgerichte. Die Rechtskontrolle erstreckt sich dabei zunächst auf die verfahrensrechtliche Seite, wie die Einhaltung des § 76 Abs. 2, 3 und 6 und die Gewährung des rechtlichen Gehörs. Wo Regelungsstreitigkeiten entschieden werden, erstreckt sich die Nachprüfung auf die Frage, ob sich die Einigungsstelle bei ihrer Entscheidung an dem durch das Recht gezogenen Rahmen gehalten hat, also insbesondere die Mitbestimmungsvorschriften des BetrVG nicht überschritten und die Grundsätze des § 75, das übrige zwingende Arbeitsrecht und die Tarifverträge beachtet[127]. Zur Kontrolle bei Entscheidungen über Rechtsfragen vgl. Rdnr. 701.

570   Auch die Frage, ob die Einigungsstelle Regelungsstreitigkeiten unter angemessener Berücksichtigung der Belange des Betriebs und der betroffenen Arbeitnehmer nach billigem Ermessen entschieden hat (§ 76 Abs. 5 Satz 3), unterliegt der Nachprüfung durch das Arbeitsgericht. Allerdings kann dieses nicht sein Ermessen an die Stelle des Ermessens der Einigungsstelle setzen, vielmehr nur die Einhaltung der *Ermessensgrenzen* kontrollieren[128]. Die Grenzen des Ermessens sind sicher dann nicht gewahrt, wenn die getroffene Regelung die Belange des Betriebes und die betroffenen Arbeitnehmer nicht angemessen berücksichtigt und billigem Ermessen nicht entspricht. Entgegen der Auffassung des BAG sind sie aber auch dann nicht gewahrt, wenn eine an sich noch im Rahmen des § 76 Abs. 5 Satz 3 liegende Regelung nach sachfremden Motiven gefällt wurde[129].

571   Nach § 76 Abs. 5 Satz 4 kann die Überschreitung der Grenzen des Ermessens von Arbeitgeber und Betriebsrat nur binnen einer Frist von zwei Wochen vom Tage der Zuleitung des Beschlusses der Einigungsstelle an (vgl. § 76 Abs. 3 Satz 3) beim Arbeitsgericht geltend gemacht werden. Ist das Arbeitsgericht der Auffassung, die Einigungsstelle habe einen Rechts- oder Ermessensfehler begangen, so stellt es die Unwirksamkeit des Spruchs der Einigungsstelle fest. Eine „Zurückverweisung" an die Einigungsstelle gibt es nicht. Soweit eine Rechtsfrage in Rede steht, ist diese mit der Entscheidung des Arbeitsgerichts verbindlich entschieden. In Regelungsstreitigkeiten liegt es an Arbeitgeber und Betriebsrat, ob sie von einer Regelung der Angelegen-

---

127 *Löwisch*, ArbuR 1987, 100.
128 BAG vom 31. 8. 1982, AP Nr. 8 zu § 87 BetrVG 1972 Arbeitszeit = DB 1983, 453 = BB 1983, 1597 = NJW 1983, 953 = EzA § 87 BetrVG Arbeitszeit Nr. 13; eingehend *Rieble*, Die Kontrolle des Ermessens der betriebsverfassungsrechtlichen Einigungsstelle (1989).
129 Vgl. ausführlich *Löwisch*, SAE 1983, 143 und ArbuR 1987, 100; *Rieble*, a.a.O., S. 152 ff., 163 ff.

heit nach dem Spruch des Arbeitsgerichts absehen, über eine Einigung verhandeln oder erneut die Einigungsstelle anrufen wollen.

4. Sanktionen gegen Arbeitgeber und Betriebsrat

Fall 33: *X plant, die Lohnbuchhaltung für seine Belegschaft auf EDV umzustellen. Der Betriebsrat ist der Auffassung, ihm stehe insoweit nach § 87 Abs. 1 Nr. 6 ein Mitbestimmungsrecht zu. X verneint das, weil — was zutrifft — das vorgesehene EDV-Programm für Überwachungsaufgaben nicht geeignet ist, und beginnt mit der Umstellung. Der Betriebsrat will ihm das bis zur Entscheidung der von ihm angerufenen Einigungsstelle verbieten lassen.*

a) gegen den Arbeitgeber

Nach § 23 Abs. 3 kann der Betriebsrat und jede im Betrieb vertretene Gewerkschaft gegen den Arbeitgeber ein gerichtliches Erzwingungsverfahren durchführen, wenn er einen groben Verstoß gegen seine Verpflichtungen aus dem BetrVG begangen hat. Die Vorschrift übernimmt und modifiziert an sich nur die Zwangsvollstreckungsvorschriften der §§ 888, 890 ZPO, die gemäß § 85 ArbGG im arbeitsgerichtlichen Beschlußverfahren und damit auch in Betriebsverfassungssachen ohnehin anwendbar wären. In ihr kommt aber auch der Wille des BetrVG zum Ausdruck, in Fällen der Verletzung von Mitbestimmungsrechten durch den Arbeitgeber dem Betriebsrat ein Einschreiten nur bei groben Verstößen zu ermöglichen. Der Betriebsablauf soll in zweifelhaften Fällen nicht bis zur Klärung der Rechtslage verzögert werden dürfen[130]. Die Anforderungen an das Vorliegen eines groben Verstoßes dürfen freilich nicht überspannt werden. Die Voraussetzungen für das Erzwingungsverfahren sind jedenfalls dann gegeben, wenn der Arbeitgeber mehrfach Mitbestimmungsrechte des Betriebsrats übergangen hat, wobei es weder auf ein Verschulden des Arbeitgebers noch auf das Vorliegen einer Wiederholungsgefahr ankommt[131].

    572

*Für **Fall 33** gilt folgendes: Ob bei der Einführung der Datenverarbeitung in der Lohnbuchhaltung das Mitbestimmungsrecht des § 87 Abs. 1 Nr. 6 eingreift, hängt nach der derzeitigen Rechtsprechung des BAG davon ab, inwieweit das verwendete Programm objektiv geeignet ist, Daten über Verhalten und Leistung von Arbeitnehmern aufzunehmen[132]. Da die EDV-Anlage in Fall 33 diese Eigenschaft nicht hat, liegt bei Zugrundelegung der Rechtsprechung des BAG eine Verletzung des Mitbestimmungsrechts des Betriebsrats nicht vor. Selbst*

---

130 BAG vom 22. 2. 1983, AP Nr. 2 zu § 23 BetrVG 1972 = DB 1983, 1926 = BB 1983, 1724 = NJW 1984, 196 = EzA § 23 BetrVG Nr. 9; die Frage ist in Rechtsprechung und Literatur außerordentlich streitig, vgl. dazu *Löwisch*, TK-BetrVG § 23 Rdnr. 10.

131 BAG vom 18. 4. 1985, AP Nr. 5 zu § 23 BetrVG 1972 = DB 1985, 2511 = BB 1986, 1358 = NZA 1985, 783 = EzA § 23 BetrVG Nr. 10.

132 Vgl. dazu Rdnr. 612.

wenn man sich aber auf den in der Literatur teilweise vertretenen Standpunkt stellt, es genüge für die Anwendung des § 87 Abs. 1 Nr. 6, daß die Anlage mit einem entsprechenden Überwachungsprogramm versehen werden könne und auch das vom Betriebsrat um die einstweilige Verfügung angegangene Arbeitsgericht diesen Standpunkt teilt, reicht das jedenfalls nicht aus, um einen groben Verstoß anzunehmen, der erst den Erlaß einer einstweiligen Verfügung rechtfertigen könnte.

573   Die Durchsetzung von sich aus dem BetrVG unmittelbar ergebenden Ansprüchen gegen den Arbeitgeber auf Geld oder Sachleistungen (§ 40 Abs. 1), auf Unterrichtung des Betriebsrats (§§ 80 Abs. 2, 90, 92, 106 Abs. 1, 111) oder auf Vorlage von Unterlagen (§§ 80 Abs. 2, 92 Abs. 1, 99 Abs. 1, 106 Abs. 2) kann *unabhängig von § 23 Abs. 3* erfolgen. Es ist nicht der Sinn dieser Vorschrift, die Durchsetzung dieser Ansprüche auf die Fälle zu beschränken, in denen die Nichterfüllung sich als grober Pflichtenverstoß des Arbeitgebers darstellt[133]. Ebenso sind Ansprüche, die sich aus einer Betriebsvereinbarung ergeben, unabhängig von § 23 Abs. 3 durchsetzbar, z.B. der Anspruch, ein Alkoholverbot nur durch Vorgesetzte, nicht aber durch den Einsatz von Dedektiven zu überwachen[134].

574   Die Verletzung bestimmter betriebsverfassungsrechtlicher Pflichten, so das Behinderungs- und Begünstigungsverbot[135], ist nach § 119 strafbar; die Verletzung einer Reihe von Aufklärungs- und Auskunftspflichten nach § 121 ordnungswidrig.

b) gegen den Betriebsrat

575   Verletzt ein Betriebsratsmitglied seine Pflichten aus dem BetrVG grob, bricht es etwa Betriebs- oder Geschäftsgeheimnisse oder mißbraucht es sein Amt, um Arbeitnehmer unter Ausübung von Druck zum Eintritt in die Gewerkschaft zu bewegen, kann es nach § 23 Abs. 1 durch Beschluß des Arbeitsgerichts aus dem Betriebsrat *ausgeschlossen* werden. Einen entsprechenden Antrag können ein Viertel der wahlberechtigten Arbeitnehmer, der Arbeitgeber oder eine im Betrieb vertretene Gewerkschaft oder der Betriebsrat als Organ stellen.

576   Verletzt das Betriebsratsmitglied durch ein und dieselbe Handlung sowohl seine Amtspflicht als auch seine arbeitsvertraglichen Pflichten, inszeniert es z.B. einen unzulässigen wilden Streik oder betreibt im Betrieb politische Agitation, kommt unabhängig vom Verfahren nach § 23 Abs. 1 eine Kündi-

---

133 BAG vom 17. 5. 1983, AP Nr. 19 zu § 80 BetrVG 1972 = DB 1983, 1986 = BB 1983, 1984 = EzA Nr. 25 zu § 80 BetrVG.
134 BAG vom 10. 11. 1987, AP Nr. 24 zu § 77 BetrVG 1972 = DB 1987, 2420 = BB 1988, 911 = NZA 1988, 255 = EzA Nr. 90 zu § 77 BetrVG.
135 Vgl. dazu Rdnr. 501 ff.

gung des Arbeitsverhältnisses nach § 626 BGB in Betracht, die freilich der vorherigen Zustimmung des Betriebsrats bedarf[136].

Auch Betriebsratsmitglieder unterstehen Strafvorschriften. Strafbar ist für   577
sie insbesondere die Verletzung von Geheimnissen (§ 120).

Verletzt der *Betriebsrat als Organ* in grober Weise seine Amtspflichten, unter-   578
läßt er etwa ständig die Einberufung von Betriebsversammlungen, kann er
nach § 23 Abs. 3 auf einen entsprechenden Antrag durch Beschluß des Arbeitsgerichts aufgelöst werden.

VI. Allgemeine Aufgaben des Betriebsrats nach § 80

1. Interessenwahrnehmung als allgemeine Aufgabe

Der Schwerpunkt der Wahrnehmung der Interessen der Belegschaft durch   579
den Betriebsrat liegt bei den konkreten Mitbestimmungsrechten in sozialen
Angelegenheiten (§§ 87 bis 89), bei der Gestaltung des Arbeitsplatzes, von
Arbeitsablauf und Arbeitsumgebung (§ 90), in personellen Angelegenheiten
(§§ 92 bis 105) und in wirtschaftlichen Angelegenheiten (§§ 106 bis 113).

§ 80 Abs. 1 weist ihm aber auch eine Reihe allgemeiner Aufgaben bei der In-   580
teressenwahrnehmung zu:

–   Nach Nr. 1 hat er darüber zu wachen, daß die zugunsten der Arbeitnehmer gelten-
    den Gesetze (einschließlich der ungeschriebenen arbeitsrechtlichen Grundsätze,
    wie z. B. der Gleichbehandlungsgrundsatz), Verordnungen, Unfallverhütungs-
    vorschriften, Tarifverträge und Betriebsvereinbarungen durchgeführt werden.

–   Nach Nr. 2 kann er auch außerhalb der seiner Mitwirkung und Mitbestimmung
    unterliegenden Angelegenheiten Maßnahmen, die dem Betrieb und der Beleg-
    schaft dienen, beim Arbeitgeber beantragen.

–   Nach Nr. 3 hat er Anregungen von Arbeitnehmern, der Jugend- und Auszubil-
    dendenvertretung, etwa Vorschläge für den Betriebsablauf oder Hinweise auf Pro-
    bleme von Arbeitnehmern entgegenzunehmen und beim Arbeitgeber zu verfol-
    gen.

–   Nr. 5 verpflichtet ihn, die Wahl der Jugend- und Auszubildendenvertretung vor-
    zubereiten, durchzuführen und mit dieser zusammenzuarbeiten.

–   Die Nr. 4, 6 und 7 verpflichten ihn, die Eingliederung und Beschäftigung beson-
    ders schutzbedürftiger Personen, nämlich von Schwerbehinderten, älteren und
    ausländischen Arbeitnehmern zu fördern.

---

136 Vgl. dazu Rdnr. 667.

2. Informationsrecht

Fall 34: *Der Betriebsrat eines größeren Unternehmens will sich einen Überblick über die Lohn- und Gehaltssituation verschaffen. Er verlangt deshalb vom Arbeitgeber Einblick in Unterlagen, aus denen sich ergibt:*

a) wer in welche Tarifgruppen eingereiht ist,

b) wer welche übertarifliche Zulage erhält,

c) was an die AT-Angestellten gezahlt wird.

581   Um dem Betriebsrat die Wahrnehmung der allgemeinen Aufgaben nach § 80 Abs. 1, aber auch die Wahrnehmung seiner sonstigen Rechte nach dem BetrVG, insbesondere seiner Mitwirkungs- und Mitbestimmungsrechte zu erleichtern, gibt ihm § 80 Abs. 2 einen Anspruch auf *rechtzeitige und umfassende Information* durch den Arbeitgeber. Da dort, wo besondere Mitbestimmungsrechte vorgesehen sind, gewöhnlich auch besonders ausgestaltete Unterrichtungspflichten bestehen (vgl. §§ 89, 90, 92 Abs. 1, 99 Abs. 1, 100 Abs. 2, 102 Abs. 1, 105, 106 Abs. 2 und 111), wird dieses Informationsrecht insbesondere dort erforderlich, wo es um die Einhaltung von Rechtsvorschriften nach § 80 Abs. 1 Nr. 1 geht oder wo der Betriebsrat die Initiative für bestimmte Maßnahmen ergreifen will. Etwa muß der Arbeitgeber dem Betriebsrat darlegen, wie er die Arbeitszeitvorschriften der AZO und eines einschlägigen Tarifvertrags durchführt und ihn über die Situation der ausländischen Arbeitnehmer im Betrieb informieren, wenn der Betriebsrat ein Konzept für deren Eingliederung erarbeiten will.

582   Dem Betriebsrat sind auf sein Verlangen die zur Durchführung seiner Aufgaben *erforderlichen Unterlagen* zur Verfügung zu stellen. Unterlagen sind dabei nicht nur schriftliche oder auf Datenträger der EDV festgehaltene Informationen wie Urlaubslisten, Überstundenaufstellungen, vom Arbeitgeber eingeholte Gutachten über die Gestaltung der Arbeitsplätze usw., sondern auch andere Beweisstücke. Etwa kann der Betriebsrat die Vorlage von Ausschußstücken verlangen, um festzustellen, ob eine im Tarifvertrag vorgesehene Minderung von Prämien zu Recht erfolgt ist.

583   Der Betriebsrat kann vom Arbeitgeber aber *nur vorhandene oder jederzeit erstellbare* Unterlagen verlangen. Einen Anspruch, Unterlagen eigens herzustellen, etwa durch Installierung von Meßgeräten, hat der Betriebsrat nicht[137]. Zu den Unterlagen, die zur Verfügung zu stellen sind, zählen *nicht*

---

[137] BAG vom 7. 8. 1986, AP Nr. 25 zu § 80 BetrVG 1972 = DB 1986, 1784 = BB 1987, 195 = NZA 1987, 134 = EzA Nr. 27 zu § 80 BetrVG 1972.

die Personalakten der einzelnen Arbeitnehmer. Für sie enthält § 83 Abs. 1 eine Sonderregelung, nach der es vom Arbeitnehmer abhängt, ob er bei der Einsichtnahme der Personalakte ein Betriebsratsmitglied zuziehen will oder nicht. Damit würde sich ein eigenes Einsichtsrecht des Betriebsrats nicht vertragen.

§ 80 Abs. 2 gewährt dem Betriebsausschuß oder einem nach § 28 gewählten Ausschuß, soweit solche Ausschüsse nicht gebildet werden können, dem Betriebsratsvorsitzenden[138] ein Einblicksrecht in die Liste der Bruttolöhne und -gehälter. Dabei ist, wie sonst auch notwendig, daß die Einblicknahme zur Wahrnehmung einer gesetzlichen Aufgabe des Betriebsrats erfolgt.   584

Eine solche ist aber regelmäßig gegeben, wie sich an **Fall 34** *zeigen läßt: Da es nach § 80 Abs. 1 Nr. 1 zur Aufgabe des Betriebsrats gehört, darüber zu wachen, daß die geltenden Tarifverträge eingehalten werden, hat der Betriebsrat ohne weiteres das Recht auf Einblick in die Unterlagen, aus denen sich die Einreihung in die Tarifgruppen ergibt. Bezüglich der übertariflichen Zulagen kann sich der Betriebsrat darauf berufen, daß er überwachen muß, ob der arbeitsrechtliche Gleichbehandlungsanspruch eingehalten ist. Hinsichtlich der außertariflichen Angestellten bleibt wenigstens die Aufgabe, sich Kenntnis von der tatsächlichen Entgeltgestaltung zu verschaffen, um Überlegungen anstellen zu können, ob eine Initiative für die Einführung bestimmter Entgeltregeln entfaltet werden soll[139].*

Soweit es zur ordnungsgemäßen Erfüllung der Aufgaben nach dem BetrVG erforderlich ist, kann der Betriebsrat nach Vereinbarung mit dem Arbeitgeber *Sachverständige* auf dessen Kosten hinzuziehen (§ 80 Abs. 3)[140]. Dies kommt etwa hinsichtlich der arbeitsmedizinischen Auswirkungen von bestimmten Maßnahmen, bei technischen Kontrolleinrichtungen, in Fragen der Arbeitswissenschaft oder versicherungsmathematischen Fragen im Zusammenhang mit der betrieblichen Altersversorgung in Betracht. Notwendig ist aber eine Vereinbarung mit dem Arbeitgeber. Dies bedeutet, daß ohne Zustimmung des Arbeitgebers eine Herbeiziehung von Sachverständigen nicht zulässig ist. Im Nichteinigungsfalle muß der Betriebsrat eine gerichtliche Entscheidung herbeiführen.   585

---

138 BAG vom 23. 2. 1973, AP Nr. 2 zu § 80 BetrVG 1972 = DB 1973, 799 = BB 1973, 1255 = NJW 1973, 1472.
139 BAG vom 30. 6. 1981, AP Nr. 15 zu § 80 BetrVG 1972 = DB 1981, 2186 = BB 1981, 1950 = EzA Nr. 19 zu § 80 BetrVG 1972.
140 Dazu *Rieble*, Anm. zu BAG vom 19. 4. 1989, SAE 1990, 11 ff.

VII. Mitbestimmung in sozialen Angelegenheiten

1. *Allgemeines*

a) Umfang der Mitbestimmung

586   § 87 ist die Zentralvorschrift für die Mitbestimmung des Betriebsrats in sozialen Angelegenheiten. Mit ihr will das Gesetz die Arbeitsbedingungen erfassen, welche in jedem Betrieb gesonderter Regelung bedürfen, andererseits aber auch nicht der arbeitsvertraglichen Vereinbarung zwischen Arbeitgeber und Arbeitnehmer überlassen werden können. Das Schwergewicht liegt dementsprechend auf den *näheren betrieblichen Umständen* der Erbringung von Leistung und Gegenleistung im Arbeitsverhältnis. Die Festsetzung von Leistung und Gegenleistung selbst ist dagegen in erster Linie Sache des Tarifvertrages und der einzelnen Arbeitsverträge. Das bedeutet auf der anderen Seite aber nicht, daß die materiellen Arbeitsbedingungen in jedem Falle aus der Mitbestimmung ausgeschlossen wären. Vielmehr muß für jede Nummer des Katalogs des § 87 festgestellt werden, inwieweit sie die materielle Seite der betreffenden Angelegenheiten in die Mitbestimmung einbeziehen will.

587   Die Mitbestimmungsrechte des Betriebsrats nach § 87 stehen nicht unter dem allgemeinen Vorbehalt, daß durch sie nicht in die *unternehmerische Entscheidungsfreiheit* eingegriffen werden dürfte, denn der Gesetzgeber hat den Konflikt zwischen unternehmerischer Entscheidungsfreiheit und Wahrnehmung der Arbeitnehmerinteressen durch den Betriebsrat sowie die Festlegung von Art und Ausmaß der in § 87 gewährten Mitbestimmungsrechte bereits geregelt. Deshalb steht etwa der Wille eines Einzelhandelsunternehmens, die gesetzlichen Ladenschlußzeiten auszuschöpfen, nicht von vornherein einer Arbeitszeitregelung nach § 87 Abs. 1 Nr. 2 entgegen, die diese Ausschöpfung unmöglich macht[141]. Dies entbindet Arbeitgeber und Betriebsrat und vor allem die Einigungsstelle aber nicht von der Beachtung getroffener unternehmerischer Entscheidungen; vielmehr müssen bei der Abwägung der betrieblichen Belange gegen die Belange der betroffenen Arbeitnehmer (vgl. § 76 Abs. 5 Satz 3) die ersteren so zugrunde gelegt werden, wie sie sich aufgrund der getroffenen unternehmerischen Entscheidung darstellen. Im genannten Beispiel darf also nicht gefragt werden, ob sich die Ausschöpfung der Ladenschlußzeiten unternehmerisch überhaupt lohnt. Gefragt werden darf nur, ob sie, auch wenn sie sich lohnt, hinter den Interes-

---

141 BAG vom 31. 8. 1982, AP Nr. 8 zu § 87 BetrVG 1972 = DB 1983, 453 = BB 1983, 1597, NJW 1983, 953 = EzA Nr. 12 zu § 87 BetrVG 1972 Arbeitszeit.

sen der Arbeitnehmer an kürzeren Ladenöffnungszeiten zurückstehen muß[142].

Der Kreis der mitbestimmungspflichtigen sozialen Angelegenheiten kann   588
durch Tarifvertrag erweitert werden. §§ 1, 3 Abs. 2 TVG sprechen dem Tarifvertrag auch die Kraft zu, betriebverfassungsrechtliche Fragen mit normativer Wirkung für alle Arbeitnehmer tarifgebundener Arbeitgeber zu regeln. Das schließt grundsätzlich auch die Möglichkeit ein, weitere Angelegenheiten dem Mitbestimmungsrecht des Betriebsrats zu unterstellen[143]. Allerdings kann mit Hilfe derartiger betriebsverfassungsrechtlicher Tarifnormen die mangelnde Tarifbindung nichtorganisierter Arbeitnehmer hinsichtlich des Inhalts ihrer Arbeitsverhältnisse nicht überspielt werden. Deshalb ist die Einräumung eines Mitbestimmungsrechts über die Dauer der Arbeitszeit bei gleichzeitiger Bindung von Arbeitgeber und Betriebsrat an Vorgaben des Tarifvertrages − entgegen der Auffassung des BAG[144] − nicht möglich[145].

Die Mitbestimmungsrechte nach § 87 Abs. 1 geben dem Betriebsrat *auch ein*   589
Initiativrecht. Er ist nicht darauf beschränkt, bei einer vom Arbeitgeber erstrebten Regelung mitzubestimmen. Vielmehr kann er auch seinerseits initiativ werden, um die Regelung einer mitbestimmungspflichtigen Angelegenheit herbeizuführen. Etwa kann der Betriebsrat unter Berufung auf sein Mitbestimmungsrecht nach § 87 Abs. 1 Nr. 3 die Einigungsstelle anrufen, um zur Vermeidung von Entlassungen Kurzarbeit einzuführen[146].

b) Wirkungsweise der Mitbestimmung

Fall 35: *Im Betrieb X will der Arbeitgeber Kurzarbeit einführen. Da er den Betriebsrat als störrisch einschätzt, wendet er sich direkt an seine 50 Arbeitnehmer. Unter Hinweis auf die schlechte Lage und die Möglichkeit des Kurzarbeitergeldes gelingt es ihm, 40 zu überreden, schriftlich für acht Wochen Kurzarbeit zu vereinbaren. Den 10 weiteren stellt er eine entsprechende Änderungskündigung zu.*

An sich könnten die in § 87 genannten Angelegenheiten durch Einzelar-   590
beitsvertrag, zum Teil auch aufgrund des Weisungsrechts einseitig vom Arbeitgeber geregelt werden. Gerade diese Möglichkeiten sollen durch das dem Betriebsrat in § 87 verliehene Mitbestimmungsrecht eingeengt werden.

142 *Löwisch*, SAE 1983, 141 ff.
143 BAG vom 10. 2. 1988, AP Nr. 53 zu § 99 BetrVG 1972 = BB 1988, 1386 = DB 1988, 1397 = EzA § 1 TVG Nr. 34.
144 BAG vom 18. 8. 1987, AP Nr. 23 zu § 77 BetrVG 1972 = DB 1987, 2257 = BB 1987, 2161 = NZA 1987, 779 = EzA § 77 BetrVG 1972 Nr. 18.
145 Dazu ausführlich *Löwisch*, SAE 1988, 104 f.; *Buchner*, RdA 1990, 1, 5 ff.
146 BAG vom 4. 3. 1986, AP Nr. 3 zu § 87 BetrVG 1972 Kurzarbeit = DB 1986, 1395 = BB 1986, 1641 = NJW 1987, 1844 = NZA 1986, 412 = EzA Nr. 17 zu § 87 BetrVG 1972 Arbeitszeit.

Mitbestimmung bedeutet deshalb ihrem Sinn nach, daß eine für mitbestimmungspflichtig erklärte Angelegenheit nicht ohne Zustimmung des Betriebsrats geregelt werden kann. Die Mitbestimmung des Betriebsrats im Wege der Betriebsvereinbarung oder der Regelungsabrede ist *Wirksamkeitsvoraussetzung* mit der Folge, daß ohne Zustimmung des Betriebsrats getroffene Maßnahmen unwirksam sind.

Da es sich bei der Einführung von Kurzarbeit in **Fall 35** *um eine nach § 87 Abs. 1 Nr. 3 mitbestimmungspflichtige Angelegenheit handelt, sind daher die schriftlichen Vereinbarungen mit den Arbeitnehmern über die Kurzarbeit ebenso nichtig wie die vom Arbeitgeber ausgesprochenen Änderungskündigungen. Die Arbeitnehmer haben nach wie vor Anspruch auf die volle Vergütung.*

591   Hingegen bedeutet Wirksamkeitsvoraussetzung nicht, daß bei Durchführung einer vom Arbeitgeber einseitig getroffenen Regelung nicht auch *Rechte für die Arbeitnehmer* entstehen könnten. Unzulässige Mehrarbeit oder Nachtarbeit muß ebenso vergütet werden, wie eine ohne Zustimmung des Betriebsrats getroffene Entlohnungsregelung insoweit befolgt werden muß, als der Arbeitnehmer nach ihr gearbeitet hat.

592   Nicht notwendig ist, daß alle Einzelheiten zwischen Arbeitgeber und Betriebsrat geregelt werden. Vielmehr kann sich die Regelung auf die *Grundsätze beschränken* und die Durchführung dem Arbeitgeber überlassen werden. Etwa genügt bei der Einführung von Schichtarbeit die Festlegung von Vorgaben für die Schichtpläne, die dann im einzelnen vom Arbeitgeber aufgestellt werden[147].

593   Das Gesetz fordert auch nicht, daß zu jeder einzelnen mitbestimmungspflichtigen Maßnahme jeweils die Zustimmung des Betriebsrats eingeholt wird. Vielmehr kann der Betriebsrat für gleichliegende, immer wieder auftretende Fälle seine *Zustimmung im voraus* erteilen[148]. Nicht ausreichend ist auf der anderen Seite, wenn der Betriebsrat einer getroffenen Regelung lediglich nachträglich zustimmt[149], auch nicht wenn es sich um einen sogenannten Eilfall handelt[150].

---

147 BAG vom 28. 10. 1986, AP Nr. 20 zu § 87 BetrVG 1972 Arbeitszeit = DB 1987, 692 = BB 1987, 404 = NZA 1987, 248 = EzA Nr. 20 zu § 87 BetrVG 1972 Arbeitszeit.
148 BAG vom 2. 3. 1982, AP Nr. 6 zu § 87 BetrVG 1972 Arbeitszeit = DB 1982, 1115 = BB 1982, 1236 = EzA Nr. 11 zu § 87 BetrVG 1972 Arbeitszeit.
149 BAG vom 5. 3. 1974, AP Nr. 1 zu § 87 BetrVG 1972 Kurzarbeit = DB 1974, 1389 = BB 1974, 931 = NJW 1974, 1724.
150 BAG vom 2. 3. 1982, a.a.O.; ausführlich zur Frage des Eilfalls: *Löwisch*, TK-BetrVG § 87 Rdnr. 9.

c) Vorrang von Gesetz und Tarifvertrag

Fall 36: *In einem Tarifvertrag heißt es über die Arbeitszeit: „Die Arbeitszeit beträgt wöchentlich 38 Stunden. Die Arbeitszeit ist gleichmäßig auf die Tage Montag bis Freitag zu verteilen." In einem Betrieb, für den der Tarifvertrag gilt, will der Betriebsrat gleitende Arbeitszeit einführen. Außerdem soll die Arbeitszeit Montag bis Donnerstag acht Stunden und Freitag nur sechs Stunden betragen.*

Mitbestimmungsrechte können dem Betriebsrat nur insoweit zukommen, wie der *Arbeitgeber selbst einen Entscheidungsspielraum* hat. Schreibt eine staatliche Regelung dem Arbeitgeber zwingend ein bestimmtes Verhalten vor, könnte daran eine Betriebsvereinbarung als schwächere Rechtsquelle nichts ändern. Ein Mitbestimmungsrecht wäre funktionslos. § 87 Abs. 1 Eingangssatz bringt diesen an sich selbstverständlichen Gedanken dadurch zum Ausdruck, daß er die Mitbestimmungsrechte nur gewährt, soweit nicht eine gesetzliche Regelung besteht.   594

Der *Vorrang des Gesetzes* greift zunächst dort, wo staatliche Gesetze oder Verordnungen bestimmte Arbeitsbedingungen zwingend festlegen. Etwa findet das Mitbestimmungsrecht des § 87 Abs. 1 Nr. 2 über die Lage der Arbeitszeit seine Grenze an den *zwingenden* Regelungen der AZO über Pausen und Ruhezeiten. Aber auch Verwaltungsakte und Gerichtsurteile, die aufgrund einer gesetzlichen Ermächtigung ergehen und den Arbeitgeber binden, schließen – soweit die Bindung reicht – ein Mitbestimmungsrecht aus. Etwa scheidet das Mitbestimmungsrecht nach § 87 Abs. 1 Nr. 1 in Fragen der Arbeitsordnung aus, soweit dem Arbeitgeber eines kerntechnischen Betriebes in der Genehmigung die Auflage gemacht worden ist, Torkontrollen bestimmter Art und bestimmten Ausmaßes durchzuführen[151].   595

§ 87 Abs. 1 Eingangssatz schließt die Mitbestimmungsrechte auch aus, soweit eine *tarifliche Regelung* besteht. Es räumt damit auch dem Tarifvertrag den Vorrang vor der betrieblichen Regelung ein.   596

Dieser Vorrang ergänzt die Sperrwirkung des § 77 Abs. 3[152]. Im Unterschied zu § 77 Abs. 3 ist Voraussetzung, daß eine tarifliche Regelung der betreffenden betrieblichen Frage *tatsächlich besteht*. Bloße Tarifüblichkeit genügt nicht, weil dies die Arbeitnehmer in Betrieben, für die der Tarifvertrag nicht gilt, in zentralen Fragen der betrieblichen Ausgestaltung ihrer Arbeitsverhältnisse schutzlos stellen würde. Daraus folgt dann auch, daß die Sperre des § 77   597

---

151 BAG vom 26. 5. 1988, AP Nr. 14 zu § 87 BetrVG 1972 Ordnung des Betriebes = BB 1988, 2316 = DB 1988, 1276 = NZA 1988, 811 = EzA § 87 BetrVG 1972 Nr. 11 mit Anmerkung *Löwisch* = BB 1988, 2316.
152 Vgl. dazu Rdnr. 550 f.

Abs. 3 nicht zusätzlich zum Tarifvorrang des § 87 Abs. 1 eingreifen kann[153].

598   Wie sich aus § 3 Abs. 2 TVG ergibt, genügt für das Bestehen einer tariflichen Regelung i.S.d. § 87 Abs. 1, daß der Arbeitgeber tarifgebunden ist. Ob und wie viele Arbeitnehmer der tarifschließenden Gewerkschaft angehören, spielt keine Rolle[154].

In Fall 36 betrifft an sich sowohl die Einführung der gleitenden Arbeitszeit wie die Verteilung der Arbeitszeit auf die Wochentage eine mitbestimmungspflichtige Angelegenheit i.S.d. § 87 Abs. 1 Nr. 2. Nur der erste Punkt kann aber durch Betriebsvereinbarung geregelt werden, denn die gleichmäßige Verteilung der Arbeitszeit auf die Arbeitstage ist durch den Tarifvertrag bereits festgelegt. Daß die Arbeitnehmer eine Verkürzung der Arbeitszeit am Freitag zu Lasten längerer Arbeitszeit an übrigen Tagen möglicherweise als günstiger empfinden, spielt keine Rolle, denn im Verhältnis von Betriebsvereinbarung und Tarifvertrag gilt wegen des Zwecks des Tarifvorrangs das Günstigkeitsprinzip nicht. Möglich ist nur, daß einzelne Arbeitnehmer mit dem Arbeitgeber eine abweichende Verteilung der Arbeitszeit vereinbaren, denn im Verhältnis zwischen Tarifvertrag und Arbeitsvertrag gilt das Günstigkeitsprinzip ebenso wie es im Verhältnis von Betriebsvereinbarung und Arbeitsvertrag gilt[155].

2. Mitbestimmungsangelegenheiten im einzelnen

a) Ordnung und Verhalten (§ 87 Abs. 1 Nr. 1)

599   Gegenstand der Mitbestimmung nach Nr. 1 ist die *innere soziale Ordnung* des Betriebes. In Betracht kommt in erster Linie die Aufstellung verbindlicher Verhaltensvorschriften, z.B. über die Benutzung von Werksausweisen, Torkontrollen, Rauchverbote, Alkoholverbote, Verbote des Radiohörens usw.

600   *Nicht* zu den Fragen der Ordnung und des Verhaltens der Arbeitnehmer im Betrieb rechnet die der Konkretisierung der eigentlichen Arbeitspflicht dienende *Arbeitsanweisung*, also etwa die Weisung, bei der Herstellung eines bestimmten Arbeitsstücks in einer bestimmten Reihenfolge vorzugehen oder ein bestimmtes Werkzeug zu benutzen.

601   Die Mitbestimmung nach Nr. 1 findet dort ihre Grenze, wo gesetzliche Vorschriften eine bestimmte Ordnung oder ein bestimmtes Verhalten vorschreiben (Rauchverbote an einer Tankstelle, Alkoholverbot für Kraftfahrer).

---

153 BAG vom 24. 2. 1987, AP Nr. 21 zu § 77 BetrVG 1972 = DB 1987, 1435 = BB 1987, 1246 = NZA 1987, 639 = EzA Nr. 10 zu § 87 BetrVG 1972.
154 BAG vom 24. 2. 1987 a.a.O.
155 Vgl. Rdnr. 552.

Der Mitbestimmungstatbestand der Nr. 1 erstreckt sich auch auf *Betriebs-* **602**
strafenordnungen, die der Durchsetzung von Verhaltens- und Ordnungsvor-
schriften dienen sollen. Mitbestimmungspflichtig ist dabei nicht nur die
Aufstellung der Betriebsstrafenordnung, sondern auch die Verhängung der
Betriebsstrafen im einzelnen Fall[156].

b) Arbeitszeit (§ 87 Abs. 1 Nr. 2 und 3)

Nach Nr. 2 und 3 unterliegen die *Lage* der Arbeitszeit und ihre *vorübergehen-* **603**
de Verkürzung oder Verlängerung der Mitbestimmung. Die regelmäßige Dauer
der Arbeitszeit ist aus dem Mitbestimmungsrecht ausgeklammert. Sie richtet
sich nach Gesetz, Tarifvertrag oder Einzelarbeitsvertrag und kann nur Gegenstand einer freiwilligen Betriebsvereinbarung nach § 88 sein.

Zur mitbestimmungspflichtigen Lage der Arbeitszeit gehören der tägliche
Beginn und das tägliche Ende der Arbeitszeit, die Pausen und die Verteilung
der Arbeitszeit auf die Arbeitstage der Woche. Mitbestimmungspflichtig ist
dabei auch die Regelung von Schicht- und Dienstplänen. Dabei genügt es
aber, daß die Grundsätze, nach denen bei der Aufstellung der Pläne verfahren werden soll, durch Betriebsvereinbarung oder Regelungsabrede festgelegt werden. Die Aufstellung der Pläne im einzelnen kann dem Arbeitgeber
überlassen werden[157].

Das Mitbestimmungsrecht der Nr. 3 hat eine *Doppelfunktion*. Einerseits bin- **604**
det es den Arbeitgeber bei der Einführung von Kurz- oder Mehrarbeit an die
Zustimmung des Betriebsrats. Entsprechende arbeitsvertragliche Vereinbarungen sind nur möglich, wenn der Betriebsrat zustimmt. Andererseits liegt
in dem Mitbestimmungsrecht die Ermächtigung, durch eine gem. § 77
Abs. 4 gegenüber dem Arbeitsvertrag unmittelbar und zwingend wirkende
Betriebsvereinbarung Kurz- oder Mehrarbeit auch dort einzuführen, wo
dies nicht bereits tarifvertraglich oder durch Arbeitsvertrag vorgesehen
ist[158].

Das Mitbestimmungsrecht nach Nr. 3 bezieht sich auf alle Fälle, in denen ei- **605**
nem betrieblichen Bedürfnis nach erweiterter oder verminderter Arbeitsleistung Rechnung getragen werden soll, auch wenn nur einzelne oder wenige
Arbeitnehmer betroffen sind. Auch die Anordnung von Überstunden für
den einzigen Pförtner des Betriebs unterliegt der Mitbestimmung.

---

156 BAG vom 5. 12. 1975, AP Nr. 1 zu § 87 BetrVG 1972 Betriebsbuße = DB 1976, 583 = BB
    1976, 415 = NJW 1976, 870 = EzA § 87 BetrVG 1972 Betriebliche Ordnung Nr. 1.
157 Vgl. Rdnr. 592.
158 BAG vom 21. 12. 1982, AP Nr. 9 zu § 87 BetrVG 1972 Arbeitszeit = DB 1983, 611 = BB
    1983, 503 = NJW 1983, 1135 = EzA § 87 BetrVG 1972 Arbeitszeit Nr. 16.

c) Auszahlung der Arbeitsentgelte (§ 87 Abs. 1 Nr. 4)

606   Gegenstand der Mitbestimmung in Nr. 4 ist vor allem die Frage, ob das Arbeitsentgelt bar ausgezahlt oder auf ein Bankkonto überwiesen wird. Das Mitbestimmungsrecht erstreckt sich dabei auch auf die Tragung der anteiligen Kontoführungsgebühren.

d) Urlaub (§ 87 Abs. 1 Nr. 5)

607   Gemäß Nr. 5 sind zunächst die *allgemeinen Regeln* mitbestimmungspflichtig, nach denen dem einzelnen Arbeitnehmer vom Arbeitgeber im Einzelfall Urlaub zu gewähren ist oder aber nicht gewährt werden darf oder soll. Hierunter fallen etwa die Fragen, welchen Einfluß das Vorhandensein schulpflichtiger Kinder auf die zeitliche Lage des Urlaubs haben soll, und ob im ganzen Betrieb oder einzelnen Betriebsabteilungen für eine bestimmte Zeit Betriebsferien gemacht werden sollen oder nicht.

Der *Urlaubsplan* ist das Programm für die zeitliche Ordnung, in der den einzelnen Arbeitnehmern der Urlaub im Laufe des Kalenderjahres gewährt werden soll. Zum Urlaubsplan gehört auch der Plan der Vertretung der im Urlaub befindlichen Arbeitnehmer.

608   Nr. 5 erstreckt das Mitbestimmungsrecht des Betriebsrats auch auf die *Urlaubsfestsetzung für die einzelnen Arbeitnehmer*, sofern über diese Streit zwischen Arbeitgeber und Arbeitnehmer besteht. Damit erhält der Arbeitnehmer eine zusätzliche Möglichkeit, seinen sich aus § 7 Abs. 1 BUrlG ergebenden Anspruch auf Berücksichtigung seiner Urlaubswünsche zu verfolgen[159].

e) Technische Überwachungseinrichtungen (§ 87 Abs. 1 Nr. 6)

609   Nr. 6 verstärkt das Mitbestimmungsrecht der Nr. 1: Werden Verhalten und Leistung mittels technischer Einrichtungen überwacht, übt das einen besonderen Druck auf die Arbeitnehmer aus. Sie sehen sich nicht einem Vorgesetzten gegenüber, mit dem man sprechen kann, sondern einer anonymen Maschine. Das hat den Gesetzgeber veranlaßt, die Einführung und Anwendung solcher technischer Überwachungseinrichtungen in Nr. 6 einem eigenen Mitbestimmungsrecht zu unterstellen.

610   Der Begriff der technischen Einrichtung ist dabei *umfassend*. In Betracht kommen Stechuhren, bei Beginn und Ende einzelner Arbeitsvorgänge zu bedie-

---

159 Siehe dazu Rdnr. 1015 ff.

nende Zeitstempler, elektronische Zeiterfassungssysteme, Fernsehanlagen, Mikrofone, Filmkameras, Produktografen, Telefonabhöranlagen, aber auch Geräte zur Erfassung von Telefongesprächen, Datenverarbeitungsanlagen einschließlich Bildschirmarbeitsgeräte, ebenso die mit einer Datenverarbeitungsanlage verbundenen Codekarten im Rahmen eines Zeiterfassungs- oder Zugangskontrollsystems.

Nach der grundlegenden Entscheidung des BAG vom 14. 9. 1984[160] kommt   611 es nicht darauf an, ob die technische Einrichtung die leistungs- oder verhaltensbezogenen Daten des Arbeitnehmers selbst gewinnt oder ob sie lediglich bei der Auswertung manuell, durch die betroffenen Arbeitnehmer selbst oder andere betriebliche Stellen, erfaßter Daten eingesetzt wird. Deshalb zählen auch EDV-Anlagen, in denen Arbeitnehmerdaten gesammelt oder verwertet werden (sogenannte Personalinformationssysteme) zu den technischen Einrichtungen i.S.d. Nr. 6. Notwendig ist aber immer, daß der *Überwachungseffekt durch die technische Einrichtung selbst* erzielt wird. Diese muß die erfaßten oder eingegebenen Daten selbst „zu Aussagen" über Verhalten und Leistung verarbeiten. EDV-Anlagen müssen ein entsprechendes Programm enthalten. Das ist der Fall, wenn Aussagen über die Aktivitäten, den Zeitaufwand und von den Arbeitnehmern verursachten Kosten getroffen oder wenn auf einzelne Arbeitnehmer bezogene Aussagen über krankheitsbedingte oder unentschuldigte Fehlzeiten erarbeitet werden[161]. Hingegen greift das Mitbestimmungsrecht nicht ein, soweit Systeme lediglich betriebsbezogene, etwa produktions- oder lagerhaltungsbezogene Informationen verarbeiten oder als Personalinformationssysteme ein Programm zur Verarbeitung nicht leistungs- oder verhaltensbezogener Daten, etwa ein Lohnabrechnungsprogramm, enthalten.

Nach dem Wortlaut der Vorschrift muß die Einrichtung dazu bestimmt sein,   612 Leistung oder Verhalten des Arbeitnehmers zu überwachen. „Bestimmt sein" heißt in diesem Zusammenhang nicht, daß die Überwachung von Leistung und Verhalten der eigentliche Zweck sein muß, den der Arbeitgeber mit der Einrichtung verfolgt. Aus der Zielsetzung der Vorschrift, nämlich die Persönlichkeit der Arbeitnehmer zu schützen, ergibt sich vielmehr, daß es für die Anwendung der Nr. 6 genügen soll, wenn die Anlage eine Überwachung von Leistung oder Verhalten des Arbeitnehmers notwendig mit sich

---

160 BAG AP Nr. 9 zu § 87 BetrVG 1972 Überwachung = DB 1984, 2513 = BB 1985, 193 = NJW 1985, 450 = NZA 1985, 28 = EzA § 87 Kontrolleinrichtungen Nr. 11 mit Anmerkung *Löwisch*.

161 BAG vom 11. 3. 1986, AP Nr. 14 zu § 87 BetrVG 1972 Überwachung = DB 1986, 1469 = BB 1986, 1291 = NJW 1986, 2724 = NZA 1986, 526 = EzA § 87 Kontrolleinrichtung Nr. 15.

bringt. Daraus folgt insbesondere, daß sogenannte Multimomentkameras, zeitgeeichte Filmkameras und Produktografen unter die Vorschrift fallen, auch wenn sie in erster Linie der Überwachung von Maschinen oder der Ermittlung des für die Entlohnung maßgeblichen Arbeitsergebnisses dienen und die Überwachung des Arbeitnehmers nur ein Nebeneffekt ist[162].

613   Eine Mitbestimmung nach Nr. 6 kommt dort nicht in Betracht, wo die Überwachungseinrichtung *gesetzlich vorgeschrieben* ist. Dies ist etwa bei den Fahrtenschreibern in Lastkraftwagen und Omnibussen gem. § 57a StVZO der Fall.

f) Arbeitsschutz (§ 87 Abs. 1 Nr. 7 und § 89)

614   Nr. 7 unterstellt Regelungen über den Arbeits- und Gesundheitsschutz der Mitbestimmung. Das Mitbestimmungsrecht hat aber nur eingeschränkte Bedeutung, weil es an den vorgegebenen *Rahmen* der gesetzlichen Vorschriften und der Unfallverhütungsvorschriften gebunden ist. Diese schreiben die zu treffenden Maßnahmen des Arbeits- und Gesundheitsschutzes gewöhnlich bis in die Einzelheiten vor, so daß für eine Konkretisierung durch Betriebsvereinbarungen kaum Raum bleibt[163].

615   Von größerer praktischer Bedeutung ist das Mitwirkungsrecht des Betriebsrats bei der Bekämpfung von Unfall- und Gesundheitsgefahren nach § 89. Es gibt ihm die Möglichkeit, sich in Untersuchungen, Besichtigungen und Besprechungen der für den Arbeitsschutz zuständigen Stellen mit dem Arbeitgeber einzuschalten, sich zu orientieren und dort eigene Anregungen für die Verbesserung des Unfall- und Gesundheitsschutzes zu geben[164].

g) Sozialeinrichtungen (§ 87 Abs. 1 Nr. 8)

616   Nr. 8 unterstellt Sozialeinrichtungen, also Werkswohnungen, für die Nr. 9 noch eine besondere Regelung enthält, Ruhegeldeinrichtungen, Betriebskindergärten, Kantinen, Sportanlagen, Ferienheime usw. der Mitbestimmung. Getragen wird das Mitbestimmungsrecht von dem Gedanken, daß solche Einrichtungen für die Arbeitnehmer auch von deren Repräsentanten mitverwaltet werden sollen. Dementsprechend liegt eine *Einrichtung* nur vor, wenn ein Ansatz für eine solche Mitverwaltung durch den Betriebsrat vorhanden ist. Es muß sich um einen abgesonderten Teil konkreter Mittel

---

162 BAG vom 14. 5. 1974, AP Nr. 1 zu § 87 BetrVG 1972 Überwachung = DB 1974, 1868 = BB 1974, 1164 = NJW 1974, 2023.
163 Zur Hilfsfunktion des Betriebsrats vgl. Rdnr. 1125.
164 Zur Zusammenarbeit des Betriebsrats mit den Betriebsärzten und Fachkräften für Arbeitssicherheit siehe Rdnr. 1128.

mit einer gewissen Organisation handeln[165]. Reine Sozialleistungen, wie direkt vom Arbeitgeber zu zahlende Ruhegelder oder Arbeitgeberdarlehen, genügen dafür nicht. Insoweit kommt nur eine Mitbestimmung nach Nr. 10 in Betracht[166].

Nr. 8 erstreckt die Mitbestimmung zunächst auf die *Form* der Sozialeinrichtung. Mitbestimmungspflichtig ist insbesondere die Frage, ob die Sozialeinrichtung unselbständiger Teil des Betriebs sein oder in Form einer Gesellschaft oder eines Vereins betrieben werden soll und ob eine solche Gesellschaft oder ein solcher Verein eigene Rechtspersönlichkeit erhalten soll.   617

Mitbestimmungspflichtig ist weiter die *Verwaltung*. Bei unselbständigen Sozialeinrichtungen unterliegt jede Verwaltungsmaßnahme der Mitbestimmung. Bei selbständigen Sozialeinrichtungen müssen entsprechend die Organe paritätisch besetzt sein oder zwischen Arbeitgeber und Betriebsrat im Einzelfall festgelegt werden, wie die Organe verfahren sollen[167].   618

Bei der ebenfalls mitbestimmungspflichtigen *Ausgestaltung* handelt es sich um die nähere Konkretisierung der Zweckbestimmung der sozialen Einrichtung, z.B. die Festlegung allgemeiner Benutzungsgrundsätze einer Kantine oder den Leistungsplan einer Ruhegeldeinrichtung.   619

Die Entscheidung, ob eine Sozialeinrichtung *errichtet* werden soll oder nicht, überläßt das Gesetz eindeutig dem Arbeitgeber. Dies folgt aus § 88 Nr. 2, der die Errichtung von Sozialeinrichtungen der freiwilligen Mitbestimmung zwischen Arbeitgeber und Betriebsrat überantwortet. Ob eine geplante betriebliche Altersversorgung über eine Sozialeinrichtung oder über Direktzusagen und damit ohne Sozialeinrichtung abgewickelt wird, unterliegt deshalb nicht der Mitbestimmung. Zur Errichtung gehört auch die *Zweckbestimmung* der Sozialeinrichtung. Wenn der Arbeitgeber eine betriebliche Ruhegeldeinrichtung schaffen will, so kann daraus nicht auf dem Wege über die Mitbestimmung bei der Ausgestaltung etwas anderes gemacht werden, etwa eine Einrichtung, die Werkswohnungen oder Ferienheime betreibt. Eng verbunden mit der Gründung einer sozialen Einrichtung ist auch deren *finanzielle Dotierung*. Auch die Entscheidung hierüber ist deshalb dem Arbeitgeber vorbehalten. Das ist vor allem für den Leistungsplan von Bedeutung: Der Betriebsrat kann hier eigene Vorstellungen nur verwirklichen, soweit für den Arbeitgeber entstehende Mehraufwendungen durch Einsparungen an anderen Stellen ausgeglichen werden. Das gilt auch, wenn der Arbeitge-   620

---

165 BAG vom 9. 2. 1980, AP Nr. 5 zu § 87 BetrVG 1972 Lohngestaltung = DB 1981, 996 = BB 1981, 735 = NJW 1982, 253 = EzA § 87 Betriebliche Lohngestaltung Nr. 1.
166 Vgl. Rdnr. 623 ff.
167 Vgl. zu den Einzelheiten *Löwisch*, TK-BetrVG § 87 Rdnr. 70 f.

ber die Dotierung kürzt und nunmehr von Betriebsrat und Einigungsstelle eine Anpassung der sozialen Einrichtung an die veränderte Dotierung verlangt.

h) Werkmietwohnungen (§ 87 Nr. 9)

621   Nr. 9 erstreckt die Mitbestimmung des Betriebsrats hinsichtlich der Sozialeinrichtung „Werkswohnung" auf jeden Einzelfall der *Zuweisung oder Kündigung*. Der Betriebsrat soll bei der Zuweisung die sozialen Belange aller Bewerber und bei der Kündigung die des betroffenen Arbeitnehmers in die Entscheidung einbringen können. Diesem Zweck entspricht es, daß die Kündigung erst wirksam wird, wenn die Zustimmung des Betriebsrats vorliegt. Das Fehlen der Zustimmung kann der Arbeitnehmer in einem anhängigen Mietprozeß einwenden.

622   Auch die *allgemeine Festlegung der Nutzungsbedingungen* für die Werkswohnungen ist mitbestimmungspflichtig. Zu ihr gehören auch die Grundsätze für die Mietzinsbildung, wobei allerdings wiederum die durch den Arbeitgeber vorgegebene Dotierung beachtet werden muß.

i) Lohnfragen (§ 87 Abs. 1 Nr. 10 und Nr. 11)

623   Nr. 10 unterstellt die Art und Weise der Ermittlung des Arbeitsentgelts im Betrieb der Mitbestimmung. Durch die Mitbestimmung über die „Strukturformen des Entgelts einschließlich ihrer näheren Vollziehungsformen" sollen die Arbeitnehmer vor einer einseitig an den Interessen des Unternehmens orientierten oder willkürlichen Lohngestaltung geschützt werden. Der Zweck ist die Sicherung der „Angemessenheit und Durchsichtigkeit des innerbetrieblichen Lohngefüges"[168].

624   *Entlohnungsgrundsätze* sind das System, nach dem das Entgelt für den Betrieb, für bestimmte Betriebsabteilungen oder für Gruppen von Arbeitnehmern ermittelt werden soll. Beispiele sind insbesondere das Zeitlohnsystem, das Akkordlohnsystem oder das Prämienlohnsystem. Aber auch das System, nach dem übertarifliche Zulagen zum Arbeitsentgelt bestimmt werden, gehört zu den Entlohnungsgrundsätzen. *Entlohnungsmethode* ist die Art und Weise, in der das gewählte Entlohnungssystem verfahrensmäßig durchgeführt wird. Dabei geht es einmal um die Findung des Arbeitswerts, also des Schwierigkeitsgrades der Arbeit, von dem die Zuordnung zu der Entgeltgruppe abhängt. Hier kommen Punktbewertungssysteme, die die

---

168 BAG vom 22. 1. 1980, AP Nr. 3 zu § 87 BetrVG 1972 Lohngestaltung = DB 1980, 1895 = BB 1982, 432 = NJW 1981, 75 = EzA § 87 Lohn- und Arbeitsentgelt Nr. 11.

Schwierigkeitsgrade jeder Arbeit durch Punkte ausdrücken, ebenso in Betracht wie Leistungsgruppensysteme, über die bestimmte Typen von Arbeiten bestimmten Gruppen zugeordnet werden. Zum anderen geht es um die Art und Weise, in der der Leistungsgrad des einzelnen Arbeitnehmers, insbesondere beim Akkord- und Prämienlohn, ermittelt wird. Auf die Entgelthöhe erstreckt sich die Mitbestimmung nicht, in der „Dotierung" ist der Arbeitgeber auch beim Entgelt frei[169].

Nr. 11 verstärkt das Mitbestimmungsrecht des Betriebsrats in Lohnfragen für den *Akkordlohn* in doppelter Richtung. Einmal wird die Festsetzung der Vorgabezeit in jedem einzelnen Fall der Mitbestimmung des Betriebsrats unterstellt, zum anderen erstreckt sich diese auch auf den Geldfaktor. Letzteres spielt wegen des Tarifvorrangs dort keine Rolle, wo der Geldfaktor bereits tariflich festgesetzt ist. Fehlt aber eine solche tarifliche Festsetzung, wird damit beim Akkordlohn auch die Lohnhöhe der Mitbestimmung unterstellt[170]. Nr. 11 gilt auch für den Prämienlohn und andere vergleichbar leistungsbezogene Entgeltformen. Er hat dort aber nur geringe praktische Bedeutung, denn die Voraussetzungen für diese Entgelte sind gewöhnlich schon in den Entlohnungsgrundsätzen der Nr. 10, beim Prämienlohn in der Prämienkurve festgelegt.   625

Das Mitbestimmungsrecht bei der Lohngestaltung nach Nr. 10 betrifft nicht nur das eigentliche Arbeitsentgelt, sondern *alle Vergünstigungen und sonstigen Vorteile*, die mit Rücksicht auf die Arbeitsleistung gewährt werden, also auch Leistungen der betrieblichen Altersversorgung, Gratifikation, Urlaubsgelder, Arbeitgeberdarlehen usw. Da sich Nr. 10 nicht auf die Entgelthöhe erstreckt, bleibt aber die Einführung, Zweckbestimmung und Dotierung solcher Sozialleistungen mitbestimmungsfrei, lediglich die nähere Ausgestaltung bestimmt der Betriebsrat mit, ähnlich wie bei den Sozialeinrichtungen[171].   626

j) Betriebliches Vorschlagswesen (§ 87 Abs. 1 Nr. 12)

Nach Nr. 12 sind Grundsätze über das betriebliche Vorschlagswesen, insbesondere Prämiengrundsätze und Bewertungsmaßstäbe für Verbesserungsvorschläge, nicht aber die Höhe etwaiger Prämien mitbestimmungspflichtig[172].   627

---

169 Zu den Entgeltsystemen siehe im einzelnen Rdnr. 954 ff.
170 BAG vom 13. 9. 1983, AP Nr. 3 zu § 87 BetrVG 1972 = DB 1983, 2470 = BB 1983, 2051 = EzA § 87 Leistungslohn Nr. 8.
171 Vgl. hier *Löwisch*, TK-BetrVG § 87 Rdnr. 90.
172 Vgl. zum betrieblichen Vorschlagswesen noch Rdnr. 1102 ff.

k) Arbeitsplatz, Arbeitsablauf und Arbeitsumgebung

628   Nach § 90 hat der Arbeitgeber den Betriebsrat über die Planung von Bauten, von technischen Anlagen, von Arbeitsverfahren und -abläufen und der Arbeitsplätze zu unterrichten. Er hat diese Maßnahmen mit dem Betriebsrat im Hinblick auf deren Auswirkungen auf die Arbeitnehmer, insbesondere auf die Art ihrer Arbeit, die Anforderungen an ihre berufliche Qualifikation und die wirtschaftlichen Folgen für sie zu beraten.

629   § 91 gibt dem Betriebsrat bei Änderungen der Arbeitsplätze, des Arbeitsablaufs und der Arbeitsumgebung nur ein eingeschränktes Mitbestimmungsrecht: Widersprechen die Änderungen offensichtlich den gesicherten arbeitswissenschaftlichen Erkenntnissen über die menschengerechte Gestaltung der Arbeit und werden die Arbeitnehmer dadurch besonders belastet, kann der Betriebsrat angemessene Maßnahmen zur Abwendung, zur Milderung oder zum Ausgleich verlangen. Etwa können der Einsatz von Servosystemen zur Abwendung übermäßiger körperlicher Belastungen oder Vorsorge und Überwachungsmaßnahmen bei gesundheitsgefährdenden Arbeiten verlangt werden. Wo das nicht möglich ist, kommt als Ausgleichsmaßnahme etwa die Gewährung von Zusatzurlaub in Betracht[173].

3. Freiwillige Betriebsvereinbarungen

630   § 88 verleiht Arbeitgeber und Betriebsrat eine umfassende Zuständigkeit zur Regelung sozialer Angelegenheiten durch freiwillige Betriebsvereinbarungen. Die lediglich drei Beispielsfälle für die Zuständigkeit in der Vorschrift des BetrVG sind um die amtliche Überschrift des dritten Abschnitts „Soziale Angelegenheiten" zu ergänzen und wie folgt zu lesen: „Durch Betriebsvereinbarung können soziale Angelegenheiten geregelt werden, insbesondere . . ." Erfaßt werden können damit Löhne und sonstige Leistungen des Arbeitgebers, die Dauer der Arbeitszeit und „Daten" für persönliche Einzelmaßnahmen wie etwa die Vorschrift, daß Teilzeitarbeitsverträge nur mit festen Arbeitszeiten abgeschlossen werden dürfen[174].

---

173 Zur Unterrichtung der einzelnen Arbeitnehmer über Änderungen der Arbeitsplatzgestaltung siehe Rdnr. 729.
174 BAG vom 13. 10. 1987, AP Nr. 2 zu § 77 BetrVG 1972 Auslegung = DB 1988, 345 = BB 1988, 275 = NZA 1988, 283 = EzA § 611 BGB Teilzeitarbeit Nr. 2.

Soweit freiwillige Betriebsvereinbarungen Arbeitsentgelt und andere mate-   631
rielle Arbeitsbedingungen regeln sollen, muß die Tarifsperre des § 77 Abs. 3
beachtet werden[175].

VIII. Mitbestimmung in personellen Angelegenheiten

1. Mitwirkung und Mitbestimmung bei allgemeinen personellen Maßnahmen

Fall 37: *In der Firma X sollen für Einstellungen Personalfragebogen verwendet werden. Der Betriebsrat stimmt zu, nachdem sich X bereit erklärt hat, die an sich vorgesehene Frage nach dem Bestehen einer Schwangerschaft auf dem Fragebogen zu streichen. Gleichwohl verwendet X danach in einer Reihe von Fällen Fragebogen, die diese Frage enthalten. Die Bewerberin A beantwortet die Frage mit Nein, obwohl sie schwanger ist. Nachdem X davon erfährt, ficht er den Arbeitsvertrag an.*

a) Personalplanung (§ 92)

Zur Führung eines Betriebs gehört die Personalplanung: Es muß festgestellt   632
werden, wie viele Arbeitskräfte für die gegenwärtigen und künftigen Aufgaben benötigt werden und welche Kenntnisse und Fertigkeiten diese Arbeits-
kräft haben müssen („Personalbedarfsplanung"), und es muß geplant werden, wie der festgestellte Bedarf zu decken („Personaldeckungsplanung")
und wie eine etwa vorhandene Überdeckung zu beseitigen ist („Personalab-
bauplanung"). In diesen für die Arbeitnehmer wichtigen Fragen hat der Betriebsrat nach § 92 Abs. 1 Satz 1 ein umfassendes *Unterrichtungsrecht*, wobei
ihm auch Unterlagen, wie Stellenpläne, Personalstatistiken usw. zugänglich
gemacht werden müssen.

Hinsichtlich der Personaldeckungsplanung und der -abbauplanung wird   633
dieses Informationsrecht in § 91 Abs. 1 Satz 2 durch ein *Mitberatungsrecht* ergänzt. Insbesondere muß der Arbeitgeber mit dem Betriebsrat erörtern, ob
und inwieweit ein Bedarf durch Maßnahmen der betrieblichen Berufsbildung gedeckt werden soll und wie bei einem Personalabbau Härten vermieden werden können.

b) Ausschreibung von Arbeitsplätzen (§ 93)

Nach § 93 kann der Betriebsrat verlangen, daß die Arbeitsplätze *innerhalb*   634
des Betriebes ausgeschrieben werden. Kommt der Arbeitgeber einem sol-

---

175 Dazu Rdnr. 550 f.

chen Verlangen nicht nach, kann der Betriebsrat nach § 99 Abs. 2 Nr. 5 die Zustimmung zu einer Einstellung oder Versetzung auf den Arbeitsplatz verweigern.

c) Personalfragebogen und Beurteilungsgrundsätze (§ 94)

635   § 94 unterstellt den Inhalt von Personalfragebogen und das Erfragen persönlicher Angaben in Formulararbeitsverträgen einem Zustimmungsrecht des Betriebsrats. Damit wird eine Art „Vorkontrolle" erreicht. Der Betriebsrat kann den Arbeitnehmer gegen eine ungerechtfertigte Ausforschung der persönlichen Verhältnisse schützen. Gleichzeitig trägt das Zustimmungsrecht zur Vermeidung von Streitigkeiten zwischen Arbeitgeber und einzelnen Arbeitnehmern über die Zulässigkeit von Fragen aus Anlaß des Abschlusses des Arbeitsvertrages bei. Eine Frage, die schon den Filter des Zustimmungsrechts des Betriebsrat nicht passiert hat, darf vom Arbeitgeber nicht gestellt werden.

Stellt der Arbeitgeber wie in **Fall 37** *eine unzulässige Frage trotzdem, darf sie vom Bewerber falsch beantwortet werden, ohne daß dies den Arbeitgeber zur Anfechtung wegen arglistiger Täuschung nach § 123 Abs. 1 BGB berechtigen würde. Dabei kommt es nicht darauf an, ob die Frage nach allgemeinen Grundsätzen zulässig ist oder nicht. § 94 bezweckt gerade auch den Schutz von Bewerbern gegenüber Fragen, deren Zulässigkeit zweifelhaft ist, wie das auf die Frage nach der Schwangerschaft zutrifft*[176].

636   Gegenstand des Zustimmungsrechts sind nach § 94 Abs. 2 auch allgemeine Grundsätze, nach denen der Arbeitgeber bei der *Beurteilung* der Arbeitnehmer sowie neu einzustellender Bewerber in fachlicher oder persönlicher Hinsicht verfahren will. Gegenüber Bewerbern kommen insbesondere Systeme der Auswertung von Bewerbungsunterlagen, psychologische Testverfahren und Einstellungsprüfungen in Frage. Gegenüber den Arbeitnehmern des Betriebs geht es vor allem um Grundsätze für die Beurteilung der Arbeitsleistung im weitesten Sinne, also vom Arbeitsergebnis über die Arbeitsausführung, den Arbeitseinsatz und die Arbeitssorgfalt, die betriebliche Zusammenarbeit bis hin zur Überzeugungsfähigkeit und zum Führungsverhalten bei Vorgesetzten.

637   § 94 beschränkt den Betriebsrat auf ein *Zustimmungsrecht*. Er kann also nicht seinerseits initiativ werden, um Personalfragebogen oder Beurteilungsgrundsätze einzuführen. Vielmehr liegt es in der Entscheidung des Arbeitgebers, ob er sich dieser personalpolitischen Instrumente überhaupt bedienen will oder nicht.

---

176 Dazu Rdnr. 1212.

d) Auswahlrichtlinien

Das aus § 92 folgende Mitberatungsrecht des Betriebsrats bei der Personal-   638
planung wird durch § 95 in einem für die Arbeitnehmer besonders wichtigen Punkt verstärkt: Bei der Aufstellung von Auswahlrichtlinien für Perso-
nalbeschaffung und Personalabbau erhält der Betriebsrat in Betrieben mit
bis zu 1000 Arbeitnehmern ein Zustimmungsrecht (Abs. 1) und in Betrieben
mit mehr als 1000 Arbeitnehmern ein — das Initiativrecht umfassendes —
Mitbestimmungsrecht (Abs. 2).

Die Richtlinien können sich, wie sich aus § 95 Abs. 2 Satz 1 ergibt, auf die bei   639
der Auswahl zu beachtenden fachlichen und persönlichen Voraussetzungen
sowie sozialen Gesichtspunkte beziehen. Die fachlichen Voraussetzungen
können sowohl an einen fachlichen Ausbildungsabschluß als auch an die
praktische Beherrschung bestimmter Kenntnisse und Fertigkeiten (z.b. die
Beherrschung des Umgangs mit elektronischen Textverarbeitungsanlagen
bei Sekretärinnen oder eine bestimmte Fahrpraxis bei Kraftfahrern) geknüpft werden. Die persönlichen Voraussetzungen können einerseits phy-
sischer und physiologischer Art sein, wie z.b. Muskelkraft oder Sehlei-
stung. Andererseits gehört hierher auch die Dauer der Betriebszugehörigkeit.

Zu den in § 95 Abs. 2 Satz 1 weiter genannten sozialen Gesichtspunkten ge-   640
hört die Frage, ob bei der Besetzung von Arbeitsplätzen bei gleicher Qualifikation betriebsangehörige Arbeitnehmer vorzuziehen sind sowie die Berücksichtigung der in § 80 Abs. 1 Nr. 4, 6 und 7 enthaltenen Schutzaufträge
bei der Beförderungspolitik. Bei der Kündigung geht es um die Berücksichtigung der sozialen Verhältnisse der für die Kündigung in Betracht kommenden Arbeitnehmer.

Verstößt der Arbeitgeber bei einer Einstellung, Versetzung oder Umgrup-   641
pierung gegen eine Auswahlrichtlinie, so gibt dies dem Betriebsrat einen
Grund, seine Zustimmung zu verweigern (§ 99 Abs. 2 Nr. 2). Der Verstoß
gegen eine Auswahlrichtlinie für Kündigungen gibt dem Betriebsrat das
Recht, der ordentlichen Kündigung zu widersprechen (§ 102 Abs. 3 Nr. 2).
Auch kann der Arbeitnehmer sich nach § 1 Abs. 2 Satz 2 Nr. 1 KSchG im
Kündigungsprozeß auf den Verstoß gegen die Auswahlrichtlinie beru-
fen[177].

---

177 Zum Verhältnis von Auswahlrichtlinien und Kündigungsschutz siehe noch Rdnr.
1357.

e) Berufsbildungsmaßnahmen

642   § 96 Abs. 1 Satz 1 verpflichtet Arbeitgeber und Betriebsrat zur *Förderung der Berufsbildung* der Arbeitnehmer des Betriebs. Nach § 96 Abs. 2 haben sie insbesondere darauf zu achten, daß den Arbeitnehmern die Teilnahme an den betrieblichen oder außerbetrieblichen Maßnahmen der Berufsbildung ermöglicht wird.

643   § 96 Abs. 1 Satz 2 und 3 gibt dem Betriebsrat ein *Beratungs- und Vorschlagsrecht* in Fragen der Berufsbildung. Dieses bezieht sich nach § 97 besonders auf die Errichtung und Ausstattung betrieblicher Einrichtungen zur Berufsbildung und auf die Einführung betrieblicher Berufsbildungsmaßnahmen.

644   Nach § 98 hat der Betriebsrat in bestimmten Fragen der betrieblichen Berufsbildung auch ein Mitbestimmungsrecht. Es erstreckt sich nach Abs. 1 auf die *Art und Weise*, in der die Berufsbildung — im Rahmen der staatlichen Vorschriften, insbesondere des BBiG und der Ausbildungsverordnunge — durchgeführt wird. Weiter erstreckt es sich nach § 97 Abs. 3 auf die *Auswahl der Teilnehmer* an betrieblichen und außerbetrieblichen Maßnahmen der Berufsbildung. Schließlich hat der Betriebsrat das Recht, der Bestellung einer mit der Durchführung der Berufsbildung beauftragten *Person zu widersprechen* oder deren Abberufung zu verlangen, wenn diese die notwendige Eignung nicht besitzt oder ihre Aufgaben vernachlässigt.

2. Mitbestimmung bei Einstellungen, Eingruppierungen, Umgruppierungen und Versetzungen im Einzelfall (§§ 99 bis 101)

a) Allgemeines

645   In Betrieben mit mehr als 20 wahlberechtigten Arbeitnehmern macht § 99 Einstellungen, Eingruppierungen, Umgruppierungen und Versetzungen von der Zustimmung des Betriebsrats abhängig, die dieser aber nur aus bestimmten im Gesetz aufgeführten Gründen verweigern kann. Das Zustimmungsrecht soll dem Betriebsrat einerseits eine gewisse Kontrolle darüber geben, ob der Arbeitgeber gesetzliche Vorschriften, Tarifverträge, Betriebsvereinbarungen und Auswahlrichtlinien einhält und seiner Ausschreibungspflicht nach § 93 nachkommt (§ 99 Abs. 2 Nr. 1, 2 und 5). Andererseits soll er Nachteile für die von einer personellen Maßnahme betroffenen Arbeitnehmer, aber auch Nachteile für andere Belegschaftsangehörige verhin-

dern können (Nr. 4 und 3). Schließlich soll er Gefahren für den Betriebsfrieden vorbeugen können (Nr. 6).

b) Mitbestimmungspflichtige Maßnahmen

Fall 38: *Um ihre Maschinen besser auszulasten, will die Firma X deren Wartung samstags vornehmen lassen. Als es ihr nicht gelingt, mit dem Betriebsrat eine Einigung über die notwendige Samstagsarbeit zu erzielen, beauftragt sie eine auf solche Wartungsarbeiten spezialisierte Firma mit deren Durchführung. Der Betriebsrat ist der Auffassung, er habe bei der Verwirklichung dieses Plans ein Zustimmungsrecht nach § 99.*

Unter *Einstellung* ist die *tatsächliche Eingliederung des Arbeitnehmers* in den Betrieb zu verstehen, nicht der Abschluß des Arbeitsvertrages. Dieser ist ohne Rücksicht auf die Zustimmung des Betriebsrats wirksam, so daß der Arbeitnehmer auch bei Verweigerung der Zustimmung seinen Entgeltanspruch entsprechend § 615 BGB behält, bis der Arbeitsvertrag vom Arbeitgeber wieder gekündigt ist[178].   646

Als Einstellung zu werten sind auch die Weiterbeschäftigung über die vertraglich vereinbarte Altersgrenze hinaus, die Weiterführung eines befristeten Arbeitsverhältnisses über den Beendigungstermin hinaus sowie die Überleitung eines Ausbildungsverhältnisses in ein Arbeitsverhältnis (vgl. § 17 BBiG), denn in allen diesen Fällen wird eine neue Entscheidung über die Besetzung eines Arbeitsplatzes getroffen. Die Beschäftigung von Leiharbeitnehmern stellt eine Einstellung in den Entleiherbetrieb dar (vgl. § 14 Abs. 3 AÜG).   647

In Fall 38 liegt entgegen einer vom Arbeitsgericht Freiburg[179] und vom LAG Baden-Württemberg[180] vertretenen Auffassung eine Einstellung nicht vor[181]. Zwar werden bei der Vergabe von Aufträgen an Fremdfirmen deren Arbeitnehmer im Betrieb tätig, aber es ist nicht der Sinn des Zustimmungsrechts des § 99, die Arbeitnehmer des Betriebes vor Nachteilen, die durch die Beauftragung von solchen Fremdfirmen entstehen können, zu schützen. Vielmehr liegt in dieser eine unternehmerische Entscheidung, die im Rahmen des § 99 so wenig kontrolliert werden kann, wie im Rahmen der Betriebsbedingtheit einer Kündigung nach § 1 Abs. 2 KSchG[182].

Versetzung ist nach der in § 95 Abs. 3 Satz 1 enthaltenen Definition die *Zuweisung eines anderen Arbeitsbereichs*, die voraussichtlich die Dauer von einem Monat überschreitet oder die mit einer erheblichen Änderung der Umstände   648

---

178 BAG vom 12. 7. 1988, AP Nr. 54 zu § 99 BetrVG 1972 = BB 1988, 2111 = DB 1989, 633 = NZA 1989, 225.
179 Vom 26. 1. 1988, AiB 1988, 112.
180 Vom 11. 5. 1988, AiB 1988, 114.
181 So auch BAG vom 28. 11. 1989 − 1 ABR 90/88 −.
182 Dazu Rdnr. 1336 ff.

verbunden ist, unter denen die Arbeit zu leisten ist. Unter Zuweisung eines anderen Arbeitsbereichs ist einerseits die Zuweisung eines anderen Arbeitsplatzes zu verstehen, z.b. die Entsendung in einen anderen Betrieb desselben Unternehmens oder der Wechsel aus einer Betriebseinheit in eine andere, etwa von der Forschungsabteilung in die Produktion. Zum anderen ist unter Zuweisung eines anderen Arbeitsbereichs die Zuweisung einer anderen Arbeitsaufgabe zu verstehen. Beispiele sind der Einsatz eines Sachbearbeiters als Abteilungsleiter, einer Stenotypistin als Chefsekretärin oder eines Arbeiters als Lagerverwalter.

649   Keine Veränderung der Arbeitsaufgabe liegt vor, wenn sich die Dauer der Beschäftigung oder die Lage der Arbeitszeit ändert. Deshalb ist weder der Übergang eines Arbeitnehmers von Teilzeitarbeit zu Vollzeitarbeit oder umgekehrt, noch der Übergang von normaler Arbeitszeit zum Schichtdienst oder von einer Schicht in die andere eine Versetzung.

Nach § 95 Abs. 3 Satz 2 gilt bei Arbeitnehmern, die nach der Eigenart ihres Arbeitsverhältnisses üblicherweise nicht ständig an einem bestimmten Arbeitsplatz beschäftigt sind, die Bestimmung des jeweiligen Arbeitsplatzes nicht als Versetzung. Der ständige Wechsel des Arbeitsplatzes muß bei Arbeitsverhältnissen dieser Art typisch sein. Dies ist etwa der Fall bei Montagearbeiten oder bei Arbeitnehmern im Baugewerbe.

650   Unter *Eingruppierung* ist die *erste Festsetzung* der für die Entlohnung des Arbeitnehmers maßgebende tarifliche oder sonstige *Lohn- bzw. Gehaltsgruppe* zu verstehen. Die Zugehörigkeit eines Arbeitnehmers zu einer Lohn- und Gehaltsgruppe ergibt sich automatisch aus seiner Tätigkeit. Maßgebend ist die Gruppe, deren Tätigkeitsmerkmale er erfüllt. Demgemäß ist die Eingruppierung kein Akt rechtlicher Gestaltung, sondern lediglich Rechtsanwendung durch den Arbeitgeber. Auch das Zustimmungsrecht des Betriebsrats ist deshalb hier lediglich ein Mitbestimmungsrecht, das der Richtigkeitskontrolle i.S.d. § 99 Abs. 2 Nr. 1 dient. Der betreffende Arbeitnehmer erhält neben der Möglichkeit, seinen Anspruch auf richtige Entlohnung selbst geltend zu machen, die Unterstützung durch den Betriebsrat, der sich seinerseits mit dem Arbeitgeber über die richtige Eingruppierung auseinandersetzen kann.

651   Unter *Umgruppierung* ist jede vom Arbeitgeber ausgesprochene *Änderung* der Zuordnung des Arbeitnehmers zu der für ihn maßgebenden *Lohn- bzw. Gehaltsgruppe* zu verstehen. Ob die Änderung durch eine Veränderung der Tätigkeit des Arbeitnehmers ausgelöst wird oder es sich um die Berichtigung der bisherigen Eingruppierung oder Veränderung der betrieblichen Stellung handelt, spielt keine Rolle. Auch das Zustimmungsrecht bei der Umgruppierung dient der zusätzlichen Richtigkeitskontrolle. Außerdem

wird eine Rückgruppierung solange nicht wirksam, wie die Zustimmung des Betriebsrats nicht vorliegt.

Geht der Streit zwischen Betriebsrat und Arbeitgeber nur um die Ein- oder Umgruppierung eines Arbeitnehmers, kann der Betriebsrat nicht aus diesem Grund seine Zustimmung zur Einstellung oder Versetzung verweigern.   652

c) Mitteilungspflicht des Arbeitgebers

Nach § 99 Abs. 1 Satz 1 und 2 hat der Arbeitgeber den Betriebsrat vor jeder Einstellung *umfassend zu unterrichten*: Er hat die erforderlichen Bewerbungsunterlagen vorzulegen, Auskunft über die Personen der Beteiligten und über die Auswirkungen der geplanten Maßnahmen zu geben und insbesondere den in Aussicht genommenen Arbeitsplatz und die vorgesehene Eingruppierung mitzuteilen. Der Kreis der beteiligten Personen umfaßt nicht nur den Bewerber, den der Arbeitgeber einstellen, sondern auch die Bewerber, die er nicht berücksichtigen will.   653

Bewerbungsunterlagen sind einmal die von den Bewerbern aus Anlaß ihrer Bewerbung eingereichten Unterlagen wie Arbeitszeugnisse, Lebenslauf usw. Zu den Bewerbungsunterlagen zählen aber auch die Unterlagen, die der Arbeitgeber anläßlich der Bewerbung erstellt, also insbesondere ausgefüllte Personalfragebogen, Ergebnisse von Einstellungsprüfungen und Tests. Da sich das Zustimmungsrecht des Betriebsrats nicht auf den Abschluß der Arbeitsverträge erstreckt, gehört deren Inhalt und insbesondere die vorgesehene Vergütung nicht zu den vorzulegenden Bewerbungsunterlagen.   654

d) Zustimmungsrecht des Betriebsrats

Fall 39: *In der Firma X muß die Stelle des Betriebsschlossers neu besetzt werden. Dem Arbeitgeber gelingt es, A, der mit seiner bisherigen Stellung als Schlosser in der Firma Y nicht mehr zufrieden ist, für den Posten zu gewinnen. Auf die Mitteilung, daß A eingestellt werden soll, erklärt der Betriebsrat schriftlich, er sei damit nicht einverstanden, für die Stelle kämen betriebsangehörige Arbeitnehmer in Betracht, die lediglich für diesen Posten umgeschult werden müßten. X will A trotzdem mit sofortiger Wirkung einstellen. A weiß nicht, ob er sich darauf einlassen soll.*

aa) Gründe für die Zustimmungsverweigerung
Der Betriebsrat hat ein Zustimmungsverweigerungsrecht zunächst bei einem *Verstoß gegen* eine der in § 99 Abs. 2 Nr. 1 genannten *Rechtsvorschriften*. Als Gesetze oder Verordnungen kommen insbesondere Beschäftigungsverbote, etwa nach der AZO, dem MuSchG oder dem JArbSchG in Betracht.   655

Auch das Verbot der Beschäftigung von Ausländern aus Nicht-EWG-Staaten ohne Arbeitserlaubnis (§ 19 AFG) zählt dazu. Darüber hinaus sind hierzu alle zugunsten der Arbeitnehmer geltenden arbeitsrechtlichen Gesetze zu zählen. Das Gesetz muß aber gerade der betreffenden personellen Einzelmaßnahme entgegenstehen. Verstöße allein des Arbeitsvertrages gegen zwingendes Recht begründen deshalb kein Zustimmungsverweigerungsrecht. Insbesondere kann die Zustimmung zu einer Einstellung nicht verweigert werden, weil der Arbeitsvertrag unzulässigerweise befristet ist[183].

656 *Tarifvertragliche* Bestimmungen i.S.d. Abs. 2 Nr. 1 sind hinsichtlich der Einstellung Abschlußverbote. Etwa kann die Beschäftigung bestimmter Arbeitnehmergruppen an bestimmten Arbeitsplätzen untersagt sein, insbesondere durch sogenannte Besetzungsregelungen[184]. Ihre eigentliche Bedeutung entfalten die Tarifverträge im Rahmen des § 99 Abs. 2 Nr. 1 aber bei der Eingruppierung und Umgruppierung[185].

657 Ein Verstoß gegen eine *gerichtliche Entscheidung* ist vor allem denkbar, wenn der Arbeitnehmer in einem Rechtsstreit mit dem Arbeitgeber eine bestimmte Eingruppierung gerichtlich durchgesetzt hat und diese nun wieder entgegen der Entscheidung geändert werden soll. *Behördliche Anordnungen* i.S.d. § 99 Abs. 2 Nr. 1 sind etwa die Untersagung der Einstellung von Auszubildenden und des Ausbilders gem. §§ 22, 24 BBiG und §§ 23, 24 Handwerksordnung sowie Anordnungen des Gewerbeaufsichtsbeamten nach § 120 GewO.

658 § 99 Abs. 2 Nr. 2 begründet ein Zustimmungsverweigerungsrecht bei Verstoß einer personellen Einzelmaßnahme *gegen eine Auswahlrichtlinie* i.S.d. des § 95. Aus Abs. 2 Nr. 2 folgt zugleich negativ, daß der Verstoß weitere Folgen für das Arbeitsverhältnis nicht hat. Stimmt der Betriebsrat der Maßnahme zu, so ist sie wirksam.

659 Das Zustimmungsverweigerungsrecht nach § 99 Abs. 2 Nr. 3 zielt in erster Linie auf eine *Verstärkung des Kündigungsschutzes*. Bei Einstellungen und Versetzungen soll präventiv geprüft werden, ob sie zu unnötigen Kündigungen anderer Arbeitnehmer des Betriebs führen. Aber auch die Besorgnis einer sonstigen Verschlechterung der Position anderer Arbeitnehmer, etwa die durch die Versetzung eines Arbeitnehmers eintretende erhöhte Belastung der verbleibenden Arbeitnehmer einer Arbeitsgruppe, gehört hierher.

---

183 BAG vom 16. 7. 1985, AP Nr. 21 zu § 99 BetrVG 1972 = DB 1986, 124 = BB 1986, 525 = NJW 1986, 2697 = EzA § 99 BetrVG 1972 Nr. 60.
184 Siehe Rdnr. 131.
185 Vgl. Rdnr. 650 und 651.

Nach § 99 Abs. 2 Nr. 4 kann der Betriebsrat seine Zustimmung verweigern,   660
wenn der von der Maßnahme selbst betroffene Arbeitnehmer durch die personelle Maßnahme *benachteiligt* wird, ohne daß dies aus betrieblichen oder in
der Person des Arbeitnehmers liegenden Gründen gerechtfertigt ist. Praktisch kommen für diese Vorschrift nur die Versetzung und die Umgruppierung in Betracht.

Nach § 99 Abs. 2 Nr. 5 kann die Zustimmung verweigert werden, wenn und   661
solange eine nach § 93 vom Betriebsrat verlangte *Ausschreibung* unterblieben
ist.

Schließlich kann der Betriebsrat nach § 99 Abs. 2 Nr. 6 die Zustimmung ver-   662
weigern, wenn die durch Tatsachen begründete *Besorgnis besteht*, daß für die
personelle Maßnahme ein in Aussicht genommener Bewerber oder Arbeitnehmer den Betriebsfrieden durch gesetzwidriges Verhalten oder durch
grobe Verletzung der in § 75 Abs. 1 enthaltenen Grundsätze stören werde.

bb) Erteilung und Versagung der Zustimmung

Ist der Betriebsrat vom Arbeitgeber von der geplanten personellen Einzel-   663
maßnahme unterrichtet, so kann er seine Zustimmung zu dieser innerhalb
einer Frist von einer Woche nach Unterrichtung *schriftlich verweigern* (§ 99
Abs. 3 Satz 1). Die Zustimmungsverweigerung muß unter Angabe von
Gründen erfolgen. Dabei genügt es, wenn die vom Betriebsrat vorgetragene
Begründung es als möglich erscheinen läßt, daß einer der Gründe des Abs. 2
geltend gemacht wird[186]. Wird die Zustimmungsverweigerung nicht innerhalb der Wochenfrist schriftlich oder ordnungsgemäß begründet eingereicht, so gilt die Zustimmung als erteilt (§ 99 Abs. 3 Satz 2).

cc) Ersetzung der Zustimmung durch das Arbeitsgericht

Hat der Betriebsrat seine Zustimmung zu der personellen Einzelmaßnahme   664
verweigert, so kann der Arbeitgeber, wenn er sich damit nicht abfinden will,
nach § 99 Abs. 4 beim Arbeitsgericht beantragen, die Zustimmung zu ersetzen.

dd) Vorläufige Durchführung durch den Arbeitgeber

Um aus dem Zustimmungsrecht des Betriebsrats für den Betriebsablauf   665
möglicherweise entstehende Unzuträglichkeiten zu vermeiden, räumt
§ 100 dem Arbeitgeber das Recht ein, die personelle Einzelmaßnahme vor

---

186 BAG vom 26. 1. 1988, AP Nr. 50 zu § 99 BetrVG 1972 = DB 1988, 1167 = BB 1988, 1327 =
NZA 1988, 476 = EzA § 99 BetrVG 1972 Nr. 58.

einer Äußerung des Betriebsrats oder trotz dessen Zustimmungsverweigerung vorläufig durchzuführen, wenn dies aus sachlichen Gründen dringend erforderlich ist. Eine solche vorläufige Maßnahme muß er dem Betriebsrat unverzüglich mitteilen. Bestreitet dieser die Erforderlichkeit, muß er binnen drei Tagen die Ersetzung der Zustimmung des Betriebsrats und die Feststellung der Erforderlichkeit der Maßnahme beim Arbeitsgericht beantragen. Die vorläufige Maßnahme bleibt dann bis zur Entscheidung des Gerichts bestehen. Ersetzt es die Zustimmung, wird sie endgültig; lehnt es die Ersetzung ab oder kommt es zum Ergebnis, daß die Maßnahme offensichtlich nicht erforderlich ist, endet diese mit einer Auslauffrist von zwei Wochen. Hält der Arbeitgeber sie trotzdem aufrecht, kann der Betriebsrat nach § 101 ein Zwangsgeld beantragen.

*In **Fall 39** liegt eine begründete, nämlich auf § 99 Abs. 1 Nr. 3 gestützte Zustimmungsverweigerung des Betriebsrats vor. Die Firma X kann A deshalb nur vorläufig einstellen und muß, wenn sich der Betriebsrat dagegen wendet, das Gericht anrufen. Damit ist für A in der Tat ein erhebliches Risiko verbunden. Zwar wird das Arbeitsgericht kaum je zum Ergebnis kommen, daß die vorläufige Maßnahme offensichtlich nicht erforderlich war. Ob das Gericht aber die Verweigerung der Zustimmung durch den Betriebsrat für berechtigt halten wird, läßt sich nur schwer vorhersagen.*

3. Mitbestimmungsrecht bei Kündigungen

a) Allgemeines

Fall 40: *X ist entschlossen, sich von A zu trennen, weil dieser im vergangenen halben Jahr mehrfach wegen Krankheit gefehlt hat. Er setzt ein Kündigungsschreiben auf und unterschreibt dies. Sodann unterrichtet er den Betriebsrat von der beabsichtigten Kündigung. Der Betriebsrat teilt ihm mit, er habe Bedenken gegen die Kündigung, weil es sich bei A um vorübergehende Erkrankungen gehandelt habe, dieser jetzt aber wieder vollständig wiederhergestellt sei. X heftet das Schreiben des Betriebsrats ab, ohne es zu lesen und händigt A die Kündigung aus.*

666   Der Schwerpunkt des Schutzes des Arbeitnehmers gegen unberechtigte Kündigungen liegt im Kündigungsschutzgesetz und in § 626 BGB. Ersteres erfordert für die ordentliche Kündigung eine soziale Rechtfertigung durch einen im Verhalten oder in der Person des Arbeitnehmers liegenden Grund oder durch dringende betriebliche Erfordernisse (vgl. § 1 Abs. 2 KSchG). § 626 BGB bindet die außerordentliche Kündigung an das Vorliegen eines wichtigen Grundes. Dieser individuelle Kündigungsschutz wird durch § 102 *ergänzt*, der vor Ausspruch einer Kündigung die Anhörung des Betriebsrats verlangt, diesem unter bestimmten Voraussetzungen ein Widerspruchsrecht gegen Kündigungen einräumt und im Falle eines solchen Wi-

derspruchs einen vorläufigen Weiterbeschäftigungsanspruch bis zum rechtskräftigen Abschluß eines Kündigungsschutzprozesses vorsieht.

b) Anhörungsrecht des Betriebsrats

aa) Unterrichtung des Betriebsrats durch den Arbeitgeber

Der Arbeitgeber hat den Betriebsrat vor *jeder* beabsichtigten Kündigung zu   667
unterrichten. Dazu gehört zunächst, daß er die Person des Arbeitnehmers, dem gekündigt werden soll, bezeichnet und angibt, ob eine ordentliche oder eine außerordentliche Kündigung erfolgen soll[187].

Gemäß § 102 Abs. 1 Satz 2 gehört zur Unterrichtung die *Mitteilung der Kündi-*   668
gungsgründe. Die Kündigungsgründe müssen vom Arbeitgeber so detailliert dargelegt werden, daß sich der Betriebsrat ein Bild über ihre Stichhaltigkeit machen und beurteilen kann, ob es sinnvoll ist, Bedenken zu erheben oder Widerspruch gegen die Kündigung einzulegen. Eine nur pauschale, schlagwort- oder stichwortartige Bezeichnung der Kündigungsgründe genügt in der Regel ebensowenig wie die Mitteilung eines Werturteils ohne Angabe der für die Bewertung maßgeblichen Tatsachen.

Bei einer personenbedingten Kündigung wegen *häufiger Kurzerkrankungen*[188] sind nicht nur die bisherigen Fehlzeiten und die Art der Erkrankungen mitzuteilen, sondern auch die wirtschaftlichen Belastungen und Betriebsbeeinträchtigungen, die infolge der Fehlzeiten entstanden sind und mit denen noch gerechnet werden muß; allerdings ist letzteres entbehrlich, wenn der Betriebsrat die Folgen wiederholter Fehlzeiten genau kennt[189], oder wenn der Arbeitnehmer dauernd arbeitsunfähig ist und der Arbeitgeber das dem Betriebsrat mitteilt.

Im Fall der Kündigung wegen dringender *betrieblicher Erfordernisse* muß dem Betriebsrat im einzelnen mitgeteilt werden, inwiefern der Arbeitsplatz des zu kündigenden Arbeitnehmers weggefallen ist; Pauschalhinweise auf Auftragsmangel, Arbeitsmangel oder Rationalisierungsmaßnahmen genügen nicht.

Die Mitteilung muß *vollständig* sein; etwa darf der Umstand, daß ein Tatzeu-   669
ge den Verdacht gegen den Arbeitnehmer nicht bestätigt hat, nicht verschwiegen werden. Auch Vorstellungen, die der Arbeitnehmer gegen die Kündigung erhoben hat, müssen mitgeteilt werden.

Für den Fall, daß einem oder mehreren Arbeitnehmern aus einer Reihe von   670
Arbeitnehmern mit vergleichbarer Tätigkeit gekündigt werden soll, müssen

---

187 Zur Bedeutung des § 102 bei der Umdeutung einer außerordentlichen Kündigung in eine ordentliche siehe Rdnr. 1228.
188 Dazu Rdnr. 1330.
189 BAG vom 24. 11. 1983, AP Nr. 30 zu § 102 BetrVG 1972 = DB 1984, 1149 = BB 1984, 1045 = NZA 1984, 93 = EzA § 102 BetrVG 1972 Nr. 54; BAG vom 30. 1. 1986, NZA 1987, 555.

dem Betriebsrat auch die Gesichtspunkte für die vom Arbeitgeber beabsichtigte *soziale Auswahl* (Alter, Dauer der Betriebszugehörigkeit, Familienstand und Zahl der Kinder) mitgeteilt werden, und zwar auch hinsichtlich der Arbeitnehmer, denen nicht gekündigt werden soll[190].

671   Will der Arbeitgeber im Wege der *Änderungskündigung* die Arbeitsbedingungen einseitig ändern, so hat er dem Betriebsrat das Änderungsangebot und die Gründe für die beabsichtigte Änderung der Arbeitsbedingungen mitzuteilen, sowie dann, wenn er sich eine Beendigungskündigung vorbehalten und dazu eine erneute Anhörung ersparen will, zugleich zu verdeutlichen, daß er im Falle der Ablehnung des Änderungsangebots durch den Arbeitnehmer die Beendigungskündigung beabsichtigt[191].

672   Der Arbeitgeber braucht nur die Kündigungsgründe mitzuteilen, die für seinen *Kündigungsentschluß maßgeblich* sind. Allerdings hindert ihn die unterlassene Mitteilung weiterer Gründe daran, im Kündigungsschutzprozeß die Kündigung auf diese zu stützen; etwa kann eine Kündigung wegen einer für nachgewiesen erachteten Straftat nicht nachträglich auf den Verdacht dieser Straftat gestützt werden. Zu Kündigungsgründen, die der Arbeitgeber beim Ausspruch der Kündigung gar nicht gekannt hat, ist eine nachträgliche Anhörung des Betriebsrats möglich; die Kündigungsgründe können noch nach erfolgter Anhörung im Kündigungsschutzprozeß *nachgeschoben* werden[192].

673   Von der geplanten Kündigung ist der Betriebsratsvorsitzende oder im Falle seiner Verhinderung dessen Stellvertreter zu unterrichten (§ 26 Abs. 3 Satz 2). Die Unterrichtung eines anderen Betriebsratsmitglieds genügt nur, wenn dieses vom Betriebsrat oder Betriebsratsvorsitzenden zur Entgegennahme der Mitteilung ermächtigt ist.

674   § 102 bezieht sich *nur auf Kündigungen*. Von der Absicht, mit dem Arbeitnehmer einen Aufhebungsvertrag zu schließen oder von dem bevorstehenden Ende eines nach § 620 Abs. 1 BGB befristeten Arbeitsvertrages braucht der Arbeitgeber den Betriebsrat nicht zu unterrichten.

bb) Äußerung des Betriebsrats

675   Ist der Betriebsrat vom Arbeitgeber von einer geplanten ordentlichen Kündigung ordnungsgemäß unterrichtet, so kann er gemäß § 102 Abs. 2 Satz 1 dem Arbeitgeber innerhalb einer Woche schriftlich und unter Angabe von

---

190 BAG vom 6. 7. 1978, AP Nr. 16 zu § 102 BetrVG 1972 = DB 1979, 316 = BB 1979, 627 = NJW 1979, 1672 = EzA § 102 BetrVG 1972 Nr. 37.
191 BAG vom 30. 11. 1989 — 2 AZR 197/89.
192 BAG vom 11. 4. 1985, AP Nr. 39 zu § 102 BetrVG 1972 = DB 1986, 1726 = NJW 1986, 3159 = NZA 1986, 674 = EzA § 102 BetrVG 1972 Nr. 62.

Gründen Bedenken gegen die Kündigung mitteilen. Bei einer außerordentlichen Kündigung kann sich der Betriebsrat nur unverzüglich, spätestens jedoch innerhalb von drei Tagen äußern.

Äußert sich der Betriebsrat innerhalb der Anhörungsfrist nicht, so ist das   676
Anhörungsverfahren beendet, der Arbeitgeber kann die Kündigung wirksam aussprechen. Äußert sich der Betriebsrat, so hat der Arbeitgeber diese Erklärung und gegebenenfalls nähere mündliche Erläuterungen zur Kenntnis zu nehmen. Eine Beratung mit dem Betriebsrat verlangt das Gesetz nicht. Vielmehr kann der Arbeitgeber nach der Kenntnisnahme die Kündigung aussprechen.

> In **Fall 40** schadet es zwar nicht, daß X die Kündigung schon unterschrieben hat. Denn solange er sie noch nicht aus der Hand gegeben hat, besteht immer noch die Möglichkeit, daß er sich durch den Betriebsrat umstimmen läßt[193]. Die Äußerung des Betriebsrats einfach nicht zur Kenntnis zu nehmen, macht das Anhörungsverfahren sinnlos. Die Anhörung ist damit nicht ordnungsgemäß erfolgt und die Kündigung daher unwirksam[194].

Für die Wirksamkeit des Anhörungsverfahrens kommt es grundsätzlich nicht darauf an, ob der Äußerung des Betriebsrats ein ordnungsgemäßer Beschluß des zustimmenden Gremiums zugrunde liegt. Hat der Arbeitgeber das Anhörungsverfahren ordnungsgemäß eingeleitet, so müssen Fehler in der Sachverhandlung zu Lasten des Betriebsrats gehen. Der Arbeitgeber kann deshalb nach Kenntnisnahme der Äußerung des Betriebsrats das Anhörungsverfahren als beendet ansehen und alsbald wirksam kündigen[195]. Es liegt insoweit anders als bei § 103[196]. Dort ist die Wirksamkeit der Kündigung selbst von der Zustimmung des Betriebsrats abhängig. Dafür ist ein ordnungsgemäßer Beschluß des Betriebsrats unabdingbar[197].

Anders verhält es sich beim Anhörungsverfahren aber dann, wenn der Arbeitgeber selbst durch unsachgemäßes Verhalten den Mangel bei der Beteiligung des Betriebsrats veranlaßt. Würde der Arbeitgeber sich hier auf den Standpunkt stellen, das Anhörungsverfahren sei ordnungsgemäß durchgeführt, so wäre das wegen widersprüchlichen Verhaltens rechtsmißbräuchlich. Es genügt deshalb nicht, wenn sich der Arbeitgeber nur die Zustimmung des Betriebsratsvorsitzenden zu einer Kündigung geben läßt.   677

---

193 BAG vom 28. 9. 1978, AP Nr. 19 zu § 102 BetrVG 1972 = DB 1979, 1135 = BB 1979, 1094 = NJW 1979, 2421 = EzA § 102 BetrVG 1972 Nr. 39.
194 Vgl. sogleich Rdnr. 678.
195 BAG vom 4. 8. 1975, AP Nr. 4 zu § 102 BetrVG 1972 = DB 1975, 2184 = BB 1975, 1435 = EzA § 102 BetrVG 1972 Nr. 14.
196 Siehe Rdnr. 515 ff.
197 BAG vom 25. 2. 1976, AP Nr. 6 zu § 103 BetrVG 1972 = DB 1976, 1337 = BB 1976, 932 = EzA Nr. 12 zu § 103 BetrVG 1972.

cc) Folgen der Nichtanhörung

678 Eine Kündigung, die ohne Anhörung des Betriebsrats erfolgt, ist nach § 102 Abs. 1 Satz 3 stets *unwirksam*. Bei dieser Unwirksamkeit handelt es sich um eine Rechtsunwirksamkeit aus anderen Gründen i.S.d. § 13 Abs. 3 KSchG. Eine Auflösung des Arbeitsverhältnisses gegen Abfindung gemäß den §§ 9, 10 KSchG kommt deshalb nicht in Betracht. Andererseits gilt auch die Klagefrist der §§ 13 Abs. 1, 4 KSchG nicht[198].

c) Widerspruchsrecht des Betriebsrats

Fall 41: *A ist gekündigt worden, weil sein Arbeitsplatz in Folge einer Rationalisierungsmaßnahme weggefallen ist. Während des Anhörungsverfahrens hatte er den Betriebsrat darauf hingewiesen, daß ein anderer Arbeitsplatz im Betrieb frei war, für den er die notwendige Qualifikation mitbringe. Der Betriebsrat konnte sich aber nicht entschließen, deswegen der Kündigung gegenüber dem Arbeitgeber zu widersprechen. A hält seine Kündigung gleichwohl für unberechtigt.*

aa) Widerspruchsgründe

679 Bei der ordentlichen Kündigung ist der Betriebsrat nicht nur berechtigt, dem Arbeitgeber etwaige Bedenken mitzuteilen, um so dessen Kündigungsentschluß zu beeinflussen. Vielmehr kann er nach § 102 Abs. 3 innerhalb der Wochenfrist der Kündigung auch *förmlich widersprechen*, wenn bestimmte Gründe vorliegen. Solche Widerspruchsgründe sind:

– Die nicht – oder nicht ausreichende – Beachtung sozialer Gesichtspunkte bei der Auswahl des zu kündigenden Arbeitnehmers im Falle einer Kündigung aus dringenden betrieblichen Erfordernissen (Nr. 1).

– Der Verstoß gegen eine Auswahlrichtlinie i.S.d. § 95 (Nr. 2)[199].

– Die Möglichkeit der Weiterbeschäftigung des Arbeitnehmers an einem anderen freien Arbeitsplatz im selben Betrieb oder in einem anderen Betrieb desselben Unternehmens (Nr. 3).

Dieser Widerspruchsgrund kommt in erster Linie bei dringenden betrieblichen Erfordernissen in Betracht, gilt aber auch bei personenbedingten Kündigungen, etwa wenn sich der Arbeitnehmer aus gesundheitlichen Gründen nicht mehr für den bisherigen, wohl aber für einen anderen Arbeitsplatz eignet. Hingegen kann einer verhaltensbedingten Kündigung nicht nach § 102 Abs. 3 Nr. 3 widersprochen werden. Hat der Arbeitnehmer eine Vertragsverletzung begangen, die so erheblich ist, daß die Kündigung als verhaltensbedingt angesehen werden muß, kann man dem Arbeitgeber nicht zumuten, es mit dem Arbeitnehmer an einem anderen Arbeitsplatz nochmals zu versuchen[200].

---

198 Siehe dazu im einzelnen Rdnr. 1360.
199 Vgl. dazu Rdnr. 658.
200 A.A BAG vom 22. 7. 1982, AP Nr. 5 zu § 1 KSchG 69 Verhaltensbedingte Kündigung = DB 1983, 180 = BB 1983., 834 = NJW 1983, 700 = EzA Nr. 10 zu § 1 KSchG Verhaltensbedingte Kündigung; vgl. auch *Herschel/Löwisch*, § 1 Anm. 93.

– Die Möglichkeit der Weiterbeschäftigung des Arbeitnehmers nach ihm oder dem Arbeitgeber zumutbaren Umschulungs- oder Fortbildungsmaßnahmen (Nr. 4).

– Die Möglichkeit der Weiterbeschäftigung unter geänderten Vertragsbedingungen, etwa nach Kürzung eines übertariflichen Gehalts oder Umstellung auf Teilzeitarbeit, wenn der Arbeitnehmer hiermit sein Einverständnis erklärt hat (Nr. 5).

bb) Widerspruchsverfahren

Der Widerspruch muß innerhalb der Wochenfrist des § 102 Abs. 2 Satz 1 *schriftlich* erhoben werden. Der Betriebsrat muß ihn mit *Gründen* versehen. Es gelten insoweit dieselben Erwägungen wie bei der Ausübung des Zustimmungsverweigerungsrechts nach § 99[201]. Auch hier genügt nicht eine formelhafte, nicht dem Einzelfall angepaßte Begründung, z.B. die bloße Bezugnahme auf eine der Nummern des Abs. 3. Wird der Widerspruch nicht innerhalb der Wochenfrist ordnungsgemäß vom Betriebsrat oder vom Personalausschuß beschlossen und dem Arbeitgeber mitgeteilt, so ist das Widerspruchsverfahren erledigt. Ist wirksam Widerspruch erhoben worden, so hat der Arbeitgeber, wenn er sich dennoch zur Kündigung entschließt, dem Arbeitnehmer mit der Kündigung eine Abschrift der Stellungnahme des Betriebsrats zuzuleiten (Abs. 4).

680

cc) Einführung des Widerspruchs in den Kündigungsschutzprozeß

§ 102 überläßt es dem Arbeitnehmer, ob er eine trotz Widerspruchs des Betriebsrats ausgesprochene Kündigung im Kündigungsschutzprozeß angreifen will. Tut er dies, so kann er sich dazu auf den Widerspruch des Betriebsrats stützen: Nach § 1 Abs. 2 Satz 2 und 3 KSchG ist die Kündigung auch sozial ungerechtfertigt, wenn einer der Widerspruchsgründe vorliegt und der Betriebsrat deswegen widersprochen hat. Das bedeutet auf der anderen Seite allerdings nicht, daß sich Arbeitnehmer im Kündigungsschutzprozeß auf die Möglichkeit ihrer anderweitigen Weiterbeschäftigung nur berufen könnten, wenn der Betriebsrat der Kündigung tatsächlich widersprochen hat. Auch ohne den Widerspruch ist die Kündigung in solchen Fällen unverhältnismäßig und damit unzulässig[202]. § 102 Abs. 3 will den Kündigungsschutz nach dem Kündigungsschutzgesetz nicht einschränken, sondern nur verstärken[203].

681

In **Fall 41** *hat A also Recht. Kann er an einem anderen freien Arbeitsplatz weiterbeschäftigt werden, ist seine Kündigung unzulässig. Daß der Betriebsrat davon abgesehen hat, Widerspruch einzulegen, spielt keine Rolle.*

---

201 Vgl. dazu Rdnr. 663.
202 Vgl. dazu Rdnr. 1356.
203 BAG vom 22. 7. 1982, a.a.O.

d) Anspruch auf vorläufige Weiterbeschäftigung

Fall 42: *A ist von seinem Arbeitgeber mit der Begründung gekündigt worden, er habe laufend mangelhafte Arbeitsleistungen erbracht. Weil A diese Vorwürfe bestreitet, hat der Betriebsrat unter Hinweis auf die Sachdarstellung des A Widerspruch erhoben. A, der gegen die Kündigung klagt, möchte bis zum Abschluß des Kündigungsschutzprozesses weiterbeschäftigt werden und sein Entgelt erhalten.*

682   Hat der Betriebsrat einer ordentlichen Kündigung innerhalb der Wochenfrist und unter Angabe von Gründen widersprochen und ist Kündigungsschutzklage erhoben, so kann der Arbeitnehmer nach § 102 Abs. 5 Weiterbeschäftigung bis zum rechtskräftigen Abschluß des Kündigungsschutzprozesses verlangen. Er behält so nicht nur bis zu diesem Zeitpunkt seinen Entgeltanspruch, sondern muß auch tatsächlich beschäftigt werden, so daß er den Kontakt zu seinem Arbeitsplatz nicht verliert. Diese Ansprüche kann er klageweise, notfalls auch im Wege der einstweiligen Verfügung nach § 940 ZPO i.V.m. § 62 Abs. 2 ArbGG durchsetzen, wobei Klage bzw. Antrag schon dann begründet sind, wenn der Arbeitnehmer die Frist und ordnungsgemäße Erhebung des Widerspruchs nachweist.

683   Das vorläufige Weiterbeschäftigungsverhältnis endet mit dem rechtskräftigen Abschluß des Kündigungsschutzprozesses: Obsiegt der Arbeitnehmer in diesem Verfahren, so steht fest, daß das Arbeitsverhältnis durch die Kündigung nicht aufgelöst worden ist. Unterliegt er oder nimmt er die Kündigungsschutzklage zurück, so endet damit auch die Verpflichtung zur vorläufigen Weiterbeschäftigung.

684   Nach § 102 Abs. 5 Satz 2 kann das Arbeitsgericht den Arbeitgeber auf seinen Antrag durch einstweilige Verfügung von der Verpflichtung zur Weiterbeschäftigung entbinden. In Betracht kommt das, wenn:

–   Die Klage des Arbeitnehmers keine hinreichende Aussicht auf Erfolg bietet oder mutwillig erscheint (Nr. 1), also nicht wenigstens eine gewisse Wahrscheinlichkeit dafür besteht, daß der Arbeitnehmer mit der Kündigungsschutzklage durchdringt.

–   Die Weiterbeschäftigung zu einer über die Verpflichtung zur Entgeltzahlung hinausgehenden unzumutbaren wirtschaftlichen Belastung des Arbeitgebers, z.B. zu Liquiditätsschwierigkeiten, führen würde (Nr. 2).

–   Der Widerspruch des Betriebsrats offensichtlich unbegründet war (Nr. 3), etwa der andere freie Arbeitsplatz, auf den der Betriebsrat hingewiesen hat, gar nicht vorhanden war.

685   Die Beschränkung der vorläufigen Weiterbeschäftigung nach § 102 Abs. 5 auf den Fall des Widerspruchs des Betriebsrats ist einmal deshalb unbefriedigend, weil der Schutz des Arbeitnehmers von der Aktivität des Betriebs-

rats abhängig ist. Zum anderen greift er nur bei Vorliegen eines der in § 102 Abs. 3 genannten Widerspruchsgründe. Die Kernfragen, um die es bei der sozialen Rechtfertigung einer Kündigung geht, ob nämlich der Arbeitnehmer eine die Kündigung rechtfertigende Vertragsverletzung begangen oder die für seine Arbeit erforderliche persönliche Eignung eingebüßt hat oder ob sein Arbeitsplatz weggefallen ist, sind gerade aus dem Widerspruchsrecht ausgenommen. Indessen wird insoweit von der Rechtsprechung inzwischen ein Weiterbeschäftigungsanspruch während des Kündigungsrechtsstreits auch außerhalb des § 102 Abs. 5 anerkannt, sofern die Kündigung offensichtlich unwirksam ist oder das Gericht erster Instanz die Unwirksamkeit festgestellt hat[204].

Hieraus ergibt sich die Lösung des **Falls 42**. *Ein Anspruch auf vorläufige Weiterbeschäftigung nach § 102 Abs. 5 hat A nicht, weil der Widerspruch nicht auf einen der in § 102 Abs. 3 genannten Widerspruchsgründe gestützt und damit nicht ordnungsgemäß ist. Obsiegt er aber im Kündigungsschutzprozeß in erster Instanz, kann er von da ab Weiterbeschäftigung bis zum endgültigen Abschluß des Kündigungsschutzprozesses verlangen.*

e) Bindung der Kündigung an die Zustimmung des Betriebsrats

Nach § 102 Abs. 6 können Arbeitgeber und Betriebsrat eine *freiwillige Betriebsvereinbarung* des Inhalts schließen, daß Kündigungen der Zustimmung des Betriebsrats bedürfen und daß bei Meinungsverschiedenheiten über die Berechtigung der Nichterteilung der Zustimmung die Einigungsstelle entscheidet. Der Betriebsrat hat es dann ähnlich wie im Falle des § 103[205] in der Hand, dem Arbeitnehmer die Weiterbeschäftigung zu sichern, bis über die Berechtigung der Kündigung endgültig entschieden ist. Das Zustimmungsrecht kann aber nichts am materiellen Kündigungsrecht, insbesondere an § 1 KSchG und § 626 BGB ändern, insbesondere kann mit seiner Hilfe der Kündigungsschutz nicht erweitert werden, vielmehr unterliegt die Entscheidung der Einigungsstelle der vollen Nachprüfung durch das Arbeitsgericht auf ihre Vereinbarkeit mit dem Kündigungsrecht.

686

f) Entfernung betriebsstörender Arbeitnehmer

Hat ein Arbeitnehmer durch gesetzwidriges Verhalten oder durch grobe Verletzung der in § 75 Abs. 1 enthaltenen Grundsätze den Betriebsfrieden wiederholt ernstlich gestört, so kann der Betriebsrat seine Entlassung oder Versetzung verlangen und gerichtlich durchsetzen (§ 104).

687

---

204 Vgl. dazu Rdnr. 1383 f.
205 Vgl. dazu Rdnr. 520.

IX. Mitwirkung und Mitbestimmung in wirtschaftlichen Angelegenheiten

1. *Allgemeines*

688 Die eigentliche *Mitbestimmung* in wirtschaftlichen Angelegenheiten ist keine Frage der Betriebsverfassung, sondern eine solche der Unternehmensverfassung, also der in den Mitbestimmungsgesetzen geregelten Beteiligung von Repräsentanten der Arbeitnehmer in den Unternehmensorganen, insbesondere in den Aufsichtsräten der Kapitalgesellschaften. Auf sie wird in § 13 dieses Buches eingegangen.

689 Soweit eine Mitwirkung der Betriebsräte in wirtschaftlichen Angelegenheiten vorgesehen ist, hat sie, wie die sonstige Mitwirkung und Mitbestimmung auch, soziale Schutzfunktion zugunsten der Arbeitnehmer: Einmal soll ihnen vornehmlich auf dem Weg über den Wirtschaftsausschuß, *umfassender Einblick in die wirtschaftliche Lage* des Unternehmens verschafft werden, so daß sie sich entsprechend einrichten können. Zum anderen sollen wichtige Veränderungen auf der *betrieblichen* Ebene mit ihren regelmäßig einschneidenden Folgen für die Arbeitnehmer vom Betriebsrat *mitberaten* und jene Folgen *sozial aufgefangen* werden können. Dem dient das Mitwirkungs- und Mitbestimmungsrecht bei Betriebsänderungen.

690 Eine *Erweiterung der Beteiligungsrechte* in wirtschaftlichen Angelegenheiten durch Betriebsvereinbarungen oder Tarifverträge ist *ausgeschlossen*. Die §§ 106 ff. wägen unter Berücksichtigung der in den Mitbestimmungsgesetzen geregelten Beteiligung der Arbeitnehmer auf Unternehmensebene die berechtigten Interessen der Arbeitnehmer in wirtschaftlichen Angelegenheiten und die unternehmerisch-wirtschaftliche Entscheidungsfreiheit des Betriebsinhabers sorgfältig ab. Sie sind infolgedessen kein bloßes Modell, sondern die vom Gesetzgeber für angemessen gehaltene Lösung, die durch Betriebsvereinbarung und Tarifvertrag nicht strukturell verändert werden kann.

2. *Wirtschaftsausschuß*

a) Bildung und Zusammensetzung

691 Nach § 106 Abs. 1 Satz 1 ist in Unternehmen mit mehr als 100 ständig Beschäftigten ein Wirtschaftsausschuß zu bilden. Das Gesetz knüpft bewußt

nicht an den Betrieb als die technisch organisatorische Einheit sondern an das *Unternehmen* als die übergeordnete wirtschaftliche Einheit an. Dementsprechend ist in Unternehmen mit mehreren Betrieben für die Bildung des Wirtschaftsausschusses gem. § 50 Abs. 1 der Gesamtbetriebsrat zuständig.

Nach § 107 Abs. 1 und 2 besteht der Wirtschaftsausschuß aus mindestens drei und höchstens sieben Mitgliedern, die vom Betriebsrat bzw. Gesamtbetriebsrat bestimmt werden. Die Wirtschaftsausschußmitglieder müssen dem Unternehmen angehören, können aber auch leitende Angestellte i.S.d. § 5 Abs. 3 sein. Eines der Mitglieder muß dem Betriebsrat angehören.   **692**

Nach § 107 Abs. 3 kann der Betriebsrat auf die Bildung eines besonderen Wirtschaftsausschusses verzichten und dessen Aufgaben einem nach § 28 gebildeten Ausschuß übertragen.   **693**

b) Informations- und Beratungsrechte des Wirtschaftsausschusses

Der Wirtschaftsausschuß hat nach § 106 Abs. 1 Satz 2 eine Doppelfunktion. Er soll einerseits die wirtschaftlichen Angelegenheiten mit dem Unternehmer beraten und andererseits den Betriebsrat unterrichten. Die Grundlage für die Erfüllung beider Aufgaben gibt ihm die Information durch den Unternehmer gem. § 106 Abs. 2.   **694**

Beratung mit dem Unternehmer bedeutet zunächst, daß der Wirtschaftsausschuß eine in einzelne gehende Erörterung der wirtschaftlichen Angelegenheiten durchführen kann, über die ihn der Unternehmer informiert hat. Der Wirtschaftsausschuß kann aber auch von sich aus wirtschaftliche Angelegenheiten zur Sprache bringen und eine Erörterung mit dem Unternehmer verlangen. Näher konkretisiert wird die Beratung mit dem Unternehmer durch § 108 Abs. 1 und 2, in denen die monatlich abzuhaltenden Sitzungen des Wirtschaftsausschusses geregelt sind.   **695**

Die Verpflichtung des Wirtschaftsausschusses, *den Betriebsrat* in den wirtschaftlichen Angelegenheiten *zu unterrichten*, wird durch § 108 Abs. 4 ergänzt, wonach dem Betriebsrat über jede Sitzung unverzüglich und vollständig berichtet werden muß.   **696**

Gegenstand der Unterrichtung sind *sämtliche wirtschaftliche Angelegenheiten* des Unternehmens, wobei sich die Unterrichtung auch auf die Auswirkungen der Personalplanung erstreckt.   **697**

Was zu den wirtschaftlichen Angelegenheiten gehört, ist in dem Katalog des § 106 Abs. 3 im einzelnen aufgeführt. Danach geht es nicht nur um die wirtschaftliche und finanzielle Situation des Unternehmens im eigentlichen Sinne (vgl. Nr. 1), sondern auch um Unternehmens- und Betriebsvorgänge, die für die wirtschaftliche Lage von Bedeutung sein können (Nr. 2 bis 9). Zudem werden durch eine Generalklausel auch alle sonstigen Vorgänge und Vorhaben, welche die wirtschaftlichen Interessen der Arbeitnehmer wesentlich berühren können, in die Unterrichtung einbezogen (Nr. 10)[206].

698 Die Unterrichtung hat unter Vorlage der dafür *erforderlichen Unterlagen* zu erfolgen. Als solche Unterlagen kommen Betriebsstatistiken, Kalkulationsgrundlagen, Investitionspläne, Kostenanalysen, Rationalisierungspläne, Entwürfe für neue Fabrikations- und Arbeitsmethoden, wichtige Verträge und Organisationsmodelle sowie Wirtschaftsprüfberichte[207] in Betracht. Nach § 108 Abs. 5 ist dem Wirtschaftsausschuß auch der Jahresabschluß, d.h. die Jahresbilanz sowie die Gewinn- und Verlustrechnung des Unternehmens (§ 242 HGB) zu erläutern[208].

699 Die Unterrichtung in wirtschaftlichen Angelegenheiten berührt die *Betriebs- und Geschäftsgeheimnisse*[209] in besonders großem Umfang. Deshalb begnügt sich das Gesetz hier nicht mit der allgemeinen Geheimhaltungspflicht des § 79, sondern spricht dem Arbeitgeber die Befugnis zu, die Unterrichtung in wirtschaftlichen Angelegenheiten dann zu beschränken, wenn durch die Unterrichtung die Betriebs- und Geschäftsgeheimnisse des Unternehmens gefährdet werden. Eine solche Gefährdung kommt in zwei Fallgruppen in Betracht. Einmal kann es an der Zuverlässigkeit der Mitglieder des Wirtschaftsausschusses oder der des von diesem unterrichteten Betriebsrat oder gem. § 31 zugezogener Gewerkschaftsbeauftragter fehlen, so daß das Vertrauen auf die Geheimhaltungspflicht des § 79 nicht ausreicht. Die andere Fallgruppe betrifft solche Betriebs- und Geschäftsgeheimnisse, die für das Unternehmen so wesentlich sind, daß auch schon die geringste Gefahr einer unbefugten Weitergabe vermieden werden muß. Dies kommt etwa in Betracht bei einem neuen, für das Unternehmen entscheidenden Fertigungsverfahren, an dem die Konkurrenz ebenfalls arbeitet, oder bei delikaten Verhandlungen über einen Großauftrag aus dem Ausland.

c) Entscheidung der Einigungsstelle bei Meinungsverschiedenheiten über die Auskunftspflicht

700 Kommt der Unternehmer seiner Unterrichtungspflicht nicht nach, so kann er dazu im Wege des arbeitsgerichtlichen Beschlußverfahrens angehalten

206 Zu den Einzelheiten vgl. *Löwisch*, TK-BetrVG § 106 Rdnr. 9 ff.
207 BAG vom 8. 8. 1989, NZA 1990, 150.
208 Vgl. im einzelnen *Löwisch*, TK-BetrVG § 108 Rdnr. 7 ff.
209 Vgl. Rdnr. 504 ff.

werden. Handelt es sich allerdings darum, daß der Unternehmer eine vom Wirtschaftsausschuß verlangte Auskunft nicht, nicht rechtzeitig oder nur ungenügend mitteilt, so findet das besondere Verfahren des § 109 Anwendung. Das Verfahren nach § 109 erstreckt sich dabei auch auf die Frage, ob eine konkrete Auskunft vom Unternehmer deshalb verweigert werden darf, weil dadurch Betriebs- oder Geschäftsgeheimnisse gefährdet werden[210].

Das Verfahren nach § 109 setzt ein ausdrückliches Auskunftsverlangen des   701
Wirtschaftsausschusses voraus. Der Wirtschaftsausschuß muß in einer bestimmten wirtschaftlichen Angelegenheit konkrete Fragen an den Unternehmer richten. Kommt der Unternehmer einem solchen Auskunftsverlangen nicht nach, so muß sich der Wirtschaftsausschuß an den Betriebsrat bzw. den Gesamtbetriebsrat wenden. Die Weiterführung des Verfahrens liegt dann bei diesen. Er hat eine Einigung mit dem Unternehmer zu versuchen. Kommt diese nicht zustande, können er oder der Unternehmer die Einigungsstelle anrufen, die über die Berechtigung des Auskunftsverlangens entscheidet.

Entgegen der überkommenen Meinung kann das Arbeitsgericht die Entscheidung der Einigungsstelle nicht voll überprüfen. Vielmehr kommt der Einigungsstelle auch bei sogenannten „Rechtsstreitigkeiten" ein Beurteilungsspielraum zu, der von den Arbeitsgerichten nach § 76 Abs. 5 Satz 3 und 4 nur beschränkt kontrolliert werden kann. Sonst verkäme die Einigungsstelle zur funktionslosen Vorschaltinstanz, obwohl sie gegenüber dem Arbeitsgericht den Vorteil sachnäher, betriebsinterner und schneller Konfliktlösung bietet[211].

d) Unterrichtung der Arbeitnehmer

In Unternehmen mit mehr als 1000 Arbeitnehmern hat der Unternehmer   702
mindestens einmal im Kalendervierteljahr nach vorheriger Abstimmung mit dem Wirtschaftsausschuß und dem Betriebsrat die Arbeitnehmer schriftlich über die wirtschaftliche Lage und Entwicklung des Unternehmens zu unterrichten (§ 110 Abs. 1). In Unternehmen mit weniger Arbeitnehmern kann diese Unterrichtung auch mündlich erfolgen. In Unternehmen mit nicht mehr als 20 Arbeitnehmern ist sie nicht erforderlich (§ 110 Abs. 2).

---

210 BAG vom 8. 8. 1989, NZA 1990, 150.
211 BAG vom 8. 9. 1989, NZA 1990, 150; eingehend *Rieble*, Die Kontrolle der Einigungsstelle in „Rechtsstreitigkeiten", demnächst in BB 1990.

3. Mitwirkung und Mitbestimmung bei Betriebsänderungen

a) Fälle der Betriebsänderung

703   Will der Unternehmer in Betrieben mit mehr als 20 Arbeitnehmern Betriebsänderungen vornehmen, unterliegt er dabei dem Mitwirkungs- und Mitbestimmungsrecht des Betriebsrats nach den §§ 111 ff. Was solche Betriebsänderungen sind, ist in § 111 Satz 2 näher aufgeführt, wobei im Vordergrund
die Einschränkung und Stillegung des ganzen Betriebes oder von wesentlichen Betriebsteilen (Nr. 1) steht.

704   *Stillegung* bedeutet die ernstliche und endgültige Aufgabe der Betriebs- und
Produktionsgemeinschaft für einen seiner Dauer nach unbestimmten, wirtschaftlich nicht unerheblichen Zeitraum. Notwendig ist, daß der Unternehmer die Stillegungsabsicht unmißverständlich kundgibt, die Betriebstätigkeit vollständig einstellt, allen Arbeitnehmern kündigt und die Betriebsmittel, über die er verfügen kann, veräußert[212]. Wird die betriebliche Arbeit infolge äußerer Einwirkung wie eine Naturkatastrophe lediglich unterbrochen, liegt keine Stillegung vor. Die Übernahme eines Betriebes durch einen
neuen Inhaber ist für sich allein keine Stillegung. Der Gesetzgeber hat die
hier auftretenden Probleme durch die Anordnung des Übergangs der Arbeitsverhältnisse nach § 613a BGB gelöst[213]. Auch die Aufspaltung eines Unternehmens in eine sogenannte Besitz- und eine sogenannte Betriebsgesell-
schaft gehört nicht hierher.

705   Unter § 111 Satz 2 Nr. 1 fallen nicht nur Betriebsstillegungen sondern auch
die *Betriebseinschränkungen*. Ob diese durch eine teilweise Außerbetriebset-
zung von Betriebsanlagen oder durch eine Herabsetzung der Zahl der regelmäßig beschäftigten Arbeitnehmer erfolgen, ist gleichgültig. Allerdings muß
ein *Personalabbau*, um als Betriebseinschränkung gewertet werden zu können, einen bestimmten Umfang erreichen. Die Rechtsprechung orientiert
sich dafür an den Zahlen und Prozentangaben, von denen § 17 KSchG die
Voraussetzungen der Massenentlassung abhängig macht. Danach müssen
in Betrieben mit 21 bis 59 Arbeitnehmern 6, in Betrieben mit 60 bis 499
10% oder 26 Arbeitnehmer und in Betrieben mit mindestens 500 Arbeitnehmern 30 zur Entlassung anstehen. Allerdings müssen stets mindestens 5%

---

212 BAG vom 17. 3. 1987, AP Nr. 18 zu § 111 BetrVG 1972 = DB 1987, 1540 = BB 1987, 1603 =
    NZA 1987, 523 = EzA Nr. 19 zu § 111 BetrVG 1972.
213 BAG vom 21. 10. 1980, AP Nr. 8 zu § 111 BetrVG 1972 = DB 1981, 698 = NJW 1981, 2599
    = EzA § 111 BetrVG 1972 Nr. 12; zum Betriebsübergang nach § 613a siehe noch Rdnr.
    1442 ff.

der Belegschaft betroffen sein[214]. Maßgebend sind im entsprechenden Schutzzweck der §§ 111 ff. nur die betriebsbedingten Kündigungen; die verhaltens- oder personenbedingten Kündigungen bleiben außer Betracht, ebenso Beendigungen von Arbeitsverhältnissen wegen Fristablauf und das Ausscheiden von Arbeitnehmern wegen Erreichens der Altersgrenze. Hingegen sind Aufhebungsverträge, die zum Zweck des Personalabbaus geschlossen werden, mitzuzählen (Argument aus § 112a Abs. 1 Satz 2), ebenso vom Arbeitgeber veranlaßte Eigenkündigungen[215].

Unter § 111 Satz 2 Nr. 1 fällt nicht nur die Einschränkung oder Stillegung des ganzen Betriebes, sondern auch die von wesentlichen Betriebsteilen. Um einen wesentlichen Betriebsteil − wiederum entsprechend der Schutzfunktion der §§ 111 ff. − handelt es sich immer dann, wenn ein erheblicher Teil der Belegschaft im eben erörterten Sinne betroffen ist.   706

Als Betriebsänderungen gelten nach § 111 Satz 2 weiter: 707

− Die Verlegung, also die Standortveränderung des Betriebs oder von wesentlichen Betriebsteilen (Nr. 2).

− Der Zusammenschluß von Betrieben (Nr. 3), sei es, daß ein Betrieb in einen anderen eingegliedert wird oder daß mehrere Betriebe zu einem neuen zusammengeschlossen werden. Der Zusammenschluß von Unternehmen, etwa die Verschmelzung von Aktiengesellschaften nach den §§ 339 ff. AktG, gehört nicht hierher. Er löst die Mitwirkungs- und Mitbestimmungsrechte der §§ 111 ff. nur aus, wenn es in seiner Folge zu einem Zusammenschluß von Betrieben kommt.

− Grundlegende Änderungen der Betriebsorganisation oder der Betriebsanlagen (Nr. 4). Grundlegend wird die Betriebsorganisation geändert, wenn der Betriebsaufbau, die Gliederung des Betriebes oder die Zuständigkeiten einschneidend geändert oder Betriebsteile mit erheblichem Gewicht ausgegliedert werden; die bloße Aufgliederung von Anhängseln genügt nicht. Von einer grundlegenden Änderung des Betriebszwecks ist bei einer das Gepräge des Betriebes völlig verändernden Umstellung des Gegenstandes der Betriebstätigkeit zu sprechen, etwa wenn ein bisheriger Produktionsbetrieb nur noch Dienstleistungen erbringt; bloße Veränderungen des Produkts genügen nicht. Ob die Änderung der Betriebsanlagen grundlegend ist, hängt in erster Linie vom Grad der technischen Änderung ab. Lassen die genannten Umstände eine zweifelsfreie Beurteilung der Frage nach der grundlegenden Änderung von Betriebsorganisation, -zweck und -anlagen nicht zu, ist entsprechend der sozialen Schutzfunktion des § 111 auf den Grad der nachteiligen Auswirkungen auf die betroffenen Arbeitnehmer abzustellen[216].

---

214 BAG vom 2. 8. 1983, AP Nr. 12 zu § 111 BetrVG 1972 = DB 1983, 2776 = BB 1984, 274 = NJW 1984, 1781 = EzA Nr. 16 zu § 111 BetrVG 1972.

215 BAG vom 23. 8. 1988, AP Nr. 17 zu § 113 BetrVG 1972 = DB 1988, 2413 = BB 1988, 2387 = NJW 1989, 1054 = EzA § 113 BetrVG 1972 Nr. 17 mit Anm. *Löwisch/Rieble.*

216 BAG vom 21. 10. 1980, AP Nr. 8 zu § 111 BetrVG 1972 = DB 1981, 698 = NJW 1981, 2599 = EzA § 111 BetrVG 1972 Nr. 12.

– Einführung grundlegend neuer Arbeitsmethoden und Fertigungsmethoden (Nr. 5). Beispiele sind etwa der Übergang von Einzel- zu Serienfertigung, von Fließband- zu Gruppenarbeit, von halbautomatischer zu vollautomatischer Fertigung, Einführung von Datensichtgeräten im Rechnungswesen oder die Einführung einer Inline-Produktionsablage in einer Druckerei.

708   Daß § 111 Satz 1 von Betriebsänderungen spricht, die wesentliche Nachteile für die Belegschaft oder erhebliche Teile der Belegschaft zur Folge haben können, hat nach der Rechtsprechung des BAG keine eigenständige Bedeutung. Sie geht davon aus, daß § 111 Satz 2 für die dort genannten Betriebsänderungen das Entstehen solcher Nachteile fingiert und erst bei der Aufstellung des Sozialplans zu prüfen ist, ob sie tatsächlich entstehen[217].

b) Unterrichtungs- und Beratungspflicht

709   § 111 Satz 1 verpflichtet den Unternehmer, den Betriebsrat über geplante Betriebsänderungen *rechtzeitig und umfassend zu unterrichten* und diese mit ihm zu beraten. Das das Unterrichtungs- und Beratungsrecht auslösende Planungsstadium ist erreicht, wenn Vorüberlegungen für Betriebsänderungen so konkretisiert werden, daß man sie als Vorgaben ansehen kann, nach denen der Unternehmer – vorbehaltlich der Beratung mit dem Betriebsrat – verfahren will[218]. Hat der Unternehmer den grundsätzlichen Entschluß zu einer Betriebsänderung gefaßt, so muß er den Betriebsrat zu so einem frühen Zeitpunkt unterrichten, daß sowohl die in § 111 Satz 1 vorgesehene Beratung wie die Verhandlungen über Interessenausgleich und Sozialplan ohne Zeitdruck durchgeführt werden können. Eine Unterrichtung, nachdem mit der Betriebsänderung begonnen worden ist, kommt in jedem Fall zu spät.

710   Die Verletzung der Unterrichtungspflicht stellt eine Ordnungswidrigkeit dar (§ 121 Abs. 1). Zu den Konsequenzen im übrigen siehe Rdnr. 726 f.).

c) Interessenausgleich

711   § 112 sucht den sozialen Schutz der Arbeitnehmer bei Betriebsänderungen auf doppelte Weise zu verwirklichen: durch die Einbeziehung der unternehmerischen Entscheidung über die Betriebsänderung in ein formalisiertes Mitberatungsverfahren (Interessenausgleich) durch die Einräumung eines Mitbestimmungsrechts für den Ausgleich der sozialen Folgen von Betriebsänderungen (Sozialplan). Interessenausgleich und Sozialplan sind dabei

---

217 BAG vom 16. 6. 1987, AP Nr. 19 zu § 111 BetrVG 1972 = DB 1987, 1842 = BB 1987, 1737 = NZA 1987, 671 = EzA Nr. 20 zu § 111 BetrVG 1972.
218 Vgl. zu dem parallelen Begriff der Planung in § 92 Rdnr. 632 f.

nicht isoliert zu sehen; vielmehr sollen sie bei der Lösung der bei einer Betriebsänderung anstehenden Probleme nach Möglichkeit ineinander greifen: Soweit es dem Unternehmer aus wirtschaftlichen Gründen vertretbar erscheint, soll er die Betriebsänderungen so vornehmen, daß die Interessen der Arbeitnehmer möglichst wenig beeinträchtigt werden. Soweit eine solche Beeinträchtigung unvermeidlich ist, sollen ihre Folgen ausgeglichen werden.

Gegenstand des *Interessenausgleichs*, um den es hier zunächst gehen soll, *ist* 712
die geplante Betriebsänderung selbst. Arbeitgeber und Betriebsrat sollen in dem in § 112 Abs. 2 bis 3 vorgesehenen Verfahren beraten, ob die geplante Betriebsänderung tatsächlich durchgeführt werden muß und welche Modifizierungen möglich sind, um den Interessen der betroffenen Arbeitnehmer Rechnung zu tragen. Solche Modifizierungen können etwa in einem zeitlichen Hinausschieben von Betriebsänderungen, in einer umfangmäßigen Beschränkung (z.B. Betriebseinschränkung statt Stillegung), aber auch in der Vornahme einer anderen als der geplanten Maßnahme (z.B. Wechsel der Produktion statt Stillegung) bestehen.

Kommt ein Interessenausgleich zustande, ist dieser nach § 112 Abs. 1 Satz 1 713
schriftlich niederzulegen und von Betriebsrat und Unternehmer zu unterzeichnen.

Wie sich aus § 113 Abs. 1 und 2 ergibt, hindert der Interessenausgleich den 714
Arbeitgeber aber nicht, die von ihm geplante Betriebsänderung so durchzuführen, wie er das ursprünglich beabsichtigt hatte. Er kann auch nicht auf seine Einhaltung vom Betriebsrat in Anspruch genommen werden. Besteht allerdings kein zwingender Grund für die Abweichung, ist der Unternehmer zur Zahlung von Abfindungen bzw. Ausgleich an die betroffenen Arbeitnehmer verpflichtet[219].

Kommt ein Interessenausgleich nicht zustande, kann jede Seite den Präsi- 715
denten des Landesarbeitsamts um Vermittlung ersuchen (§ 112 Abs. 2 Satz 1) oder die Einigungsstelle anrufen (§ 112 Abs. 2 Satz 2 und 3 und Abs. 3). Gelingt auch dabei keine Einigung, endet das Interessenausgleichsverfahren. Eine verbindliche Entscheidung der Einigungsstelle ist hier nicht vorgesehen.

d) Sozialplan

Fall 43: *Das Großhandelsunternehmen X plant die Verlegung seines Betriebes von Köln nach Berlin. Es ist bereit, sämtliche Arbeitnehmer in Berlin weiterzubeschäftigen sowie die Um-*

---

219 Vgl. *Löwisch*, RdA 1989, 216 (217).

zugskosten und innerhalb einer Übergangszeit für eine Trennungsentschädigung aufzukom-
men. Arbeitnehmer, die den Umzug nach Berlin ablehnen, sollen entlassen werden; irgend-
welche Leistungen hat das Unternehmen für sie nicht vorgesehen. Demgegenüber meint der
Betriebsrat, diese Arbeitnehmer müßten zumindest Abfindungen erhalten.

716   Gegenstand des Sozialplans sind der *Ausgleich oder die Milderung der wirt-*
schaftlichen Nachteile, die den Arbeitnehmern durch die geplante Betriebsänderung entstehen. Als solcher wirtschaftlicher Nachteil kommt in erster Linie der Verlust des Arbeitsplatzes, insbesondere bei einer Betriebseinschränkung, in Betracht. Er kann aber auch in einer schlechteren Bezahlung
infolge einer Versetzung oder des durch eine neue Fabrikationsmethode bedingten Übergangs vom Akkordlohn zum Zeitlohn liegen. Auch erhöhte
Aufwendungen, etwa höhere Fahrtkosten infolge einer Betriebsverlegung,
sind wirtschaftliche Nachteile.

717   Der *Inhalt des Sozialplans* kann in finanziellen Leistungen des Arbeitgebers
bestehen, insbesondere in Abfindungszahlungen im Fall von Entlassungen,
aber auch in der Übernahme von Umzugskosten, dem Ersatz zusätzlicher
Fahrtkosten, Beihilfen zu Umschulungen, Verdienstgarantien usw. Möglich
ist aber auch die Regelung anderer Arbeitsbedingungen, z.B. der betrieblichen Altersversorgung oder der Rückzahlungsmodalitäten für Arbeitgeberdarlehen.

718   Auch über den Sozialplan ist eine Einigung zunächst in Verhandlungen zwischen Betriebsrat und Arbeitgeber zu suchen. Kommt sie nicht zustande,
können wiederum der Präsident des Landesarbeitsamts um Vermittlung er-
sucht und die Einigungsstelle angerufen werden. Anders als über den Interessenausgleich entscheidet die Einigungsstelle über die Aufstellung des Sozialplans *verbindlich* (§ 112 Abs. 4).

719   Bei der verbindlichen Entscheidung über den Sozialplan hat die Einigungsstelle nach § 112 Abs. 5 Satz 1 die sozialen Belange der betroffenen Arbeitnehmer und die wirtschaftliche Vertretbarkeit des Sozialplans für das Unternehmen gegeneinander abzuwägen. Dabei gibt ihr § 112 Abs. 5 Satz 2 *genaue*
Ermessensrichtlinien[220] vor, die einer Ausuferung von Sozialplanleistungen
vorbeugen sollen, indem sie die Festlegung von Pauschalleistungen für regelmäßig unzulässig erklären (Nr. 1), die Berücksichtigung der Aussichten
der Arbeitnehmer auf dem Arbeitsmarkt vorschreiben (Nr. 2) und Sozialplanleistungen bei Gefahr für den Fortbestand des Unternehmens oder Ge-
fährdungen für die nach der Durchführung der Betriebsänderung verbleibenden Arbeitsplätze ausschließen (Nr. 3).

---

220 Dazu BAG vom 26. 5. 1988, AP Nr. 26 zu § 76 BetrVG 1972 = BB 1988, 2174 = NZA 1989,
    26.

In Fall 43 hat das Verlangen des Betriebsrats, Sozialplanleistungen auch für die Arbeitneh-
mer vorzusehen, die nicht bereit sind, nach Berlin umzuziehen, Aussicht auf Erfolg. Zwar
soll nach § 112 Abs. 5 Satz 2 Nr. 2 die Einigungsstelle Arbeitnehmer von Leistungen aus-
schließen, die in einem zumutbaren Arbeitsverhältnis im selben Betrieb weiterbeschäftigt wer-
den können und die Weiterbeschäftigung ablehnen, wobei die mögliche Weiterbeschäftigung
an einem anderen Ort für sich allein nicht die Unzumutbarkeit begründet. Aber die Zumut-
barkeit hat Grenzen. Selbst im Rahmen der Arbeitslosenversicherung wird Arbeitslosen nur
ein zeitlicher Mehraufwand für den Weg zwischen Wohnung und Arbeitsstätte von bis zu
zweieinhalb Stunden täglich zugemutet (vgl. § 3 Abs. 1 der zu § 103 AFG ergangenen Zu-
mutbarkeitsanordnung[221]), und es ist der Umzug an einen anderen Ort dann nicht zu verlan-
gen, wenn familiäre, gesundheitliche oder sonstige Umstände von Gewicht ihm entgegenste-
hen (vgl. § 4 Abs. 1 Zumutbarkeitsanordnung)[222].

§ 112a schränkt die Möglichkeit, einen Sozialplan zu erzwingen, in Fällen   720
des *Personalabbaus* und bei *Neugründungen von Unternehmen* ein: Nach Abs. 1
ist bei einer Betriebsänderung, die ausschließlich in der Entlassung von Arbeitnehmern besteht, ein Sozialplan nur erzwingbar, wenn die Zahl der betroffenen Arbeitnehmer doppelt so hoch ist wie das nach der Rechtsprechung für den Begriff der Betriebsänderung vorausgesetzt wird. Nach
Abs. 2 kann in Betrieben eines neu gegründeten Unternehmens in den ersten vier Jahren nach der Neugründung ein Sozialplan nicht erzwungen
werden, sofern die Neugründung nicht nur im Zusammenhang mit der Um-
strukturierung von Unternehmen und Konzernen erfolgt[223].

§ 112a schränkt nur die Erzwingbarkeit des Sozialplans ein. Die Unterrichtung und Beratung nach § 111 Satz 2 und das Verfahren über den Interessenausgleich nach § 112
Abs. 1 bis 3 sind auch in den von § 112a geregelten Fällen durchzuführen.

Die Grenze, die § 112 Abs. 4 und 5 sowie § 112a der Erzwingbarkeit eines So-   721
zialplans zieht, gilt nicht für Sozialpläne, auf die sich der Unternehmer mit
dem Betriebsrat, sei es in freien Verhandlungen, sei es unter Vermittlung
der Einigungsstelle, *einigt.* Solche freiwilligen Sozialpläne finden ihre
Rechtsgrundlage in § 88 und sind deshalb soweit möglich, wie die in dieser
Vorschrift enthaltene Generalermächtigung zur Regelung sozialer Angelegenheiten reicht.

Nach § 112 Abs. 1 Satz 3 hat der Sozialplan die *Wirkung einer Betriebsvereinba-*   722
rung. Für ihn gelten deshalb die für Betriebsvereinbarungen maßgebenden
Regelungen[224] entsprechend. Eine Ausnahme besteht nur für den Sperrvor-
rang des Tarifvertrags, der nach § 112 Abs. 1 Satz 4 bei Sozialplänen nicht
greift.

---

221 Siehe Nipperdey I, Nr. 713.
222 Siehe im einzelnen hierzu *Löwisch,* TK-BetrVG § 112 Rdnr. 12 ff.
223 Vgl. zu dieser Einschränkung BAG vom 13. 6. 1989 AR-Blattei, D-Blatt Sozialplan,
    Entsch. 40 mit Anm. *Löwisch.*
224 Dazu Rdnr. 538 ff.

723   Der Sozialplan ist wie jede Betriebsvereinbarung an das *zwingende staatliche Recht* gebunden. Von Bedeutung ist dabei insbesondere das *Kündigungsschutzgesetz*. Der Sozialplan hat weder die Kraft, eine nicht betriebsbedingte Kündigung sozial zu rechtfertigen, noch kann er die soziale Auswahl nach § 1 Abs. 3 KSchG präjudizieren. Er darf die Zahlung von Abfindungen an die infolge einer Betriebsänderung entlassenen Arbeitnehmer auch nicht davon abhängig machen, daß diese keine Kündigungsschutzklage erheben[225]. Erhebt der Arbeitnehmer ungeachtet der Geltung eines Sozialplans für ihn Kündigungsschutzklage und obsiegt, kann er jedoch nur die Fortsetzung des Arbeitsverhältnisses oder an deren Stelle eine Abfindung nach § 9 KSchG, nicht aber die Abfindung nach dem Sozialplan beanspruchen. Denn er hat dann nicht infolge der Betriebsänderung seinen Arbeitsplatz verloren.

724   Daß über das Vermögen eines Unternehmens der *Konkurs* eröffnet wird, ändert grundsätzlich nichts an den Beteiligungsrechten des Betriebsrats nach den §§ 111 ff. Daraus folgt insbesondere auch, daß im Konkursfalle zwischen Konkursverwalter und Betriebsrat ein Sozialplan zu vereinbaren ist. Dabei zieht das Gesetz über den Sozialplan im Konkurs- und Vergleichsverfahren[226] eine Obergrenze für die Höhe der Sozialplanleistungen.

e) Nachteilsausgleich

725   Wie unter c) ausgeführt, kann der Unternehmer von einem vereinbarten Interessenausgleich selbst dann abweichen, wenn dafür kein zwingender Grund besteht. Tut er das, muß er aber wirtschaftliche Nachteile, die Arbeitnehmer infolge der Abweichung erleiden, ausgleichen: Nach § 113 Abs. 1 haben Arbeitnehmer, die infolge der Abweichung entlassen werden, Anspruch auf Abfindung, die gemäß dem entsprechend anwendbaren § 10 KSchG bis zu 18 Monatsverdienste erreichen können. Erleiden Arbeitnehmer andere Nachteile, werden sie etwa versetzt, sind daraus entstehende Nachteile, z.B. erhöhte Fahrtkosten, bis zu einem Zeitraum von 12 Monaten zu ersetzen.

726   Ansprüche auf Nachteilsausgleich erwerben infolge einer Betriebsänderung entlassene oder sonst benachteiligte Arbeitnehmer nach § 113 Abs. 3 auch dann, wenn der Unternehmer die Betriebsänderung durchführt, ohne über sie einen *Interessenausgleich* mit dem Betriebsrat *versucht zu haben*. Das BAG legt diese Vorschrift dahin aus, daß der Unternehmer, wenn er den An-

---

225 BAG vom 20. 12. 1983, AP Nr. 117 zu § 112 BetrVG 1972 = DB 84, 723 = BB 84, 143 = NJW 84, 1581 = EzA § 112 BetrVG 1972 Nr. 29
226 *Nipperdey* I, Nr. 326

spruch auf Nachteilsausgleich vermeiden will, nicht nur mit dem Betriebsrat verhandeln muß, sondern im Falle des Nichtzustandekommens einer Einigung auch noch die Einigungsstelle anzurufen hat. Erst das Fehlschlagen auch der Schlichtungsversuche der Einigungsstelle gibt dann den Weg frei zur Durchführung der Betriebsänderung ohne Nachteilsausgleichsansprüche[227].

Führt der Unternehmer die Betriebsänderung durch, ohne einen Interessenausgleich versucht zu haben, so treffen ihn nur die Nachteilsausgleichsansprüche des § 113 Abs. 3. Ein durch *einstweilige Verfügung* zu sichernder Anspruch des Betriebsrats auf Unterlassung der Betriebsänderung bis zur Durchführung des Interessenausgleichsverfahrens besteht *nicht*, denn das würde der in § 113 Abs. 1 zum Ausdruck kommenden Wertung zuwiderlaufen, daß der Unternehmer letztlich allein entscheidet, ob er eine Betriebsänderung vornehmen will[228].   727

X. Rechte des einzelnen Arbeitnehmers nach dem Betriebsverfassungsgesetz

1. Informations-, Anhörungs- und Beschwerderechte des Arbeitnehmers

Fall 44: *Arbeitnehmer A hat Auseinandersetzungen mit seinem Vorgesetzten gehabt und ist von diesem mehrfach gerügt worden. Er fürchtet, daß Nachteiliges in seine Personalakten gekommen ist. Deshalb will er sich die Personalakten vorlegen lassen, daraus Abschriften machen und nötigenfalls den Akten eigene Erklärungen beifügen.*

a) Informationsrechte

Nach § 81 Abs. 1 hat der Arbeitgeber den Arbeitnehmer über dessen Aufgabe und Verantwortung sowie über die Art seiner Tätigkeit und ihre Einordnung in den Arbeitsablauf des Betriebs zu unterrichten sowie ihn über Unfall- und Gesundheitsgefahren zu belehren. Solange das nicht geschieht, hat der Arbeitnehmer ein *Zurückbehaltungsrecht* an seiner Arbeitsleistung.   728

---

227 BAG vom 18. 12. 1984, AP Nr. 11 zu § 113 BetrVG 1972 = DB 1985, 1293 = BB 1985, 1394 = NZA 1985, 400; kritisch dazu *Löwisch*, RdA 1989, 218 f.
228 *Löwisch*, RdA 1989, 219; LAG Düsseldorf vom 14. 11. 1983, DB 1984, 511; LAG Baden-Württemberg vom 28. 8. 1985, BB 1986, 1015; a.M. LAG Hamburg vom 5. 2. 1986, LAGE Nr. 5 zu § 23 BetrVG und LAG Frankfurt vom 30. 8. 1984, BB 1985, 659.

729   Nach § 81 Abs. 2 und Abs. 3 ist der Arbeitnehmer auch über Veränderungen in seinem Arbeitsbereich *rechtzeitig zu unterrichten.* Dazu gehört insbesondere die Information über die aufgrund einer Planung von technischen Anlagen, von Arbeitsverfahren und -abläufen oder von Arbeitsplätzen vorgesehenen Maßnahmen und ihre Auswirkungen auf seinen Arbeitsplatz, seine Arbeitsumgebung sowie auf den Inhalt und die Art seiner Tätigkeit. Die Vorschrift ist im Zusammenhang mit § 90 zu sehen[229]: Technische Veränderungen, die Auswirkungen auf die Gestaltung von Arbeitsplatz, Arbeitsablauf und Arbeitsumgebung haben können, sollen nicht nur mit dem Betriebsrat erörtert werden, sondern auch direkt den betroffenen Arbeitnehmern mitgeteilt werden, damit sich diese darauf einstellen können.

730   Ist über die Planung entschieden und steht fest, daß sich durch ihre Verwirklichung die Tätigkeit des Arbeitnehmers ändern wird und seine bisherigen Kenntnisse und Fähigkeiten für sie nicht mehr ausreichen, hat der Arbeitgeber nach § 81 Abs. 3 Satz 2 *mit dem Arbeitnehmer zu erörtern,* wie dessen berufliche Kenntnisse und Fähigkeiten den künftigen Anforderungen angepaßt werden können. Diese Pflicht ist für den Kündigungsschutz wichtig: Hat der Arbeitgeber die Erörterung mit dem Arbeitnehmer versäumt, muß er ihm später einen längeren Zeitraum zum Erwerb der für die veränderte Arbeit notwendigen Kenntnisse und Fertigkeiten lassen, ehe er zu einer personenbedingten Kündigung nach § 1 Abs. 2 KSchG schreiten kann[230]. In Betracht kommt auch ein Schadensersatzanspruch, etwa wenn der Arbeitnehmer die Chance zu einem Arbeitsplatzwechsel ausgelassen hat.

b) Anhörungsrechte

731   Gemäß § 82 hat der Arbeitnehmer das Recht, in Angelegenheiten, die seine Person betreffen, von der zuständigen Person *gehört* zu werden, Stellung zu nehmen und Vorschläge zu machen. Ebenso kann er verlangen, daß ihm die Berechnung und Zusammensetzung seines Arbeitsentgelts erläutert und daß mit ihm die Beurteilung seiner Leistung sowie die Möglichkeit seiner beruflichen Entwicklung im Betrieb erörtert werden. Der Arbeitnehmer kann dabei ein Mitglied des Betriebsrats hinzuziehen.

---

229 Dazu Rdnr. 628.
230 Vgl. Rdnr. 1332 f.

c) Recht auf Einsichtnahme in die Personalakte und Berichtigungsanspruch

Nach § 83 kann der Arbeitnehmer in die über ihn geführten Personalakten   732
Einsicht nehmen und den Personalakten Erklärungen beifügen. Auch hierfür kann er die Hilfe eines Betriebsratsmitglieds in Anspruch nehmen.

In **Fall 44** *kann sich A also sicher die Personalakten vorlegen lassen und ihnen eigene Erklärungen beifügen. Richtiger Auffassung nach kann er sich aber auch Notizen machen und Kopien aus den Personalakten fertigen. Dies entspricht der Bedeutung, die dem Begriff des Einsichtsrechts auch sonst, insbesondere im Rahmen der §§ 810 ff. BGB, zuerkannt wird.*

Ein Anspruch auf *Berichtigung der Personalakten* ergibt sich aus § 83 nicht. Er   733
kann aber aus § 242 BGB folgen. Insbesondere besteht ein Anspruch darauf, daß Leistungsbeurteilungen, die in tatsächlicher Hinsicht unrichtig sind oder unhaltbare Bewertungen enthalten, berichtigt oder aus den Personalakten entfernt werden[231]. Auch wenn der Arbeitnehmer zu Unrecht wegen eines angeblich vertragswidrigen Verhaltens abgemahnt und hierüber ein Vermerk zu den Personalakten genommen ist, kann die Entfernung dieses Vermerks verlangt werden[232]. Liegt hingegen tatsächlich eine Verletzung einzelvertraglicher Pflichten vor, so besteht kein Anspruch auf Entfernung einer entsprechenden Mißbilligung. Die Entfernung einer wahren Sachverhaltsdarstellung kann nur verlangt werden, wenn sie für die weitere Beurteilung des Arbeitnehmers überflüssig geworden ist und ihn in seiner beruflichen Entwicklung fortwirkend beeinträchtigen kann[233].

d) Beschwerderecht

§ 84 legt ein Beschwerderecht des Arbeitnehmers gegenüber betrieblichen   734
Stellen, und § 85 ein Beschwerderecht gegenüber dem Betriebsrat fest. Richtet der Arbeitnehmer eine Beschwerde an den Betriebsrat, so kann bei Meinungsverschiedenheiten zwischen Betriebsrat und Arbeitgeber über die Berechtigung der Beschwerde der erstere die Einigungsstelle anrufen, deren Spruch, soweit es nicht um Rechtsangelegenheiten geht, eine Einigung zwischen Arbeitgeber und Betriebsrat ersetzt[234].

---

231 BAG vom 27. 11. 1985, AP Nr. 93 zu § 611 BGB Fürsorgepflicht = DB 1986, 489 = BB 1986, 594 = NJW 1986, 1065 = NZA 1986, 227 = EzA § 611 BGB Fürsorgepflicht Nr. 38.
232 BAG vom 16. 3. 1982, AP Nr. 3 zu § 108 BetrVG 1972 = DB 1982, 1326 = BB 1982, 1857 = NJW 1982, 1831 = EzA § 108 BetrVG 1972 Nr. 5.
233 BAG vom 13. 4. 1988, AP Nr. 100 zu § 611 BGB Fürsorgepflicht = DB 1988, 1702 = BB 1988, 1467 = NZA 1988, 654 = EzA 611 BGB Fürsorgepflicht Nr. 47; zur vertraulichen Behandlung sensibler Daten siehe Rdnr. 155.
234 Vgl. dazu die Anmerkungen zu §§ 84 und 85 bei *Löwisch*, TK-BetrVG.

2. *Recht auf Gleichbehandlung und Schutz der Persönlichkeit*

735   § 75 verpflichtet Arbeitgeber und Betriebsrat auf die Wahrung des Gleichbe-handlungsgrundsatzes und des Rechts des Arbeitnehmers auf die freie Ent-faltung der Persönlichkeit auch im Betrieb[235].

XI. Tendenzschutz

1. *Zweck des Tendenzschutzes*

736   Es gibt Unternehmen, die sich nicht auf die erwerbswirtschaftliche Zweck-setzung beschränken, sondern bei denen die Verwirklichung von Zwecken im Vordergrund steht, die durch das Grundgesetz besonders geschützt sind, wie etwa Presseunternehmen. Die von den Beteiligungsrechten des Betriebsrats ausgehende Beschränkung der Unternehmerfreiheit kann bei ihnen nicht ohne weiteres hingenommen werden, sondern bedarf der Ein-grenzung nach dem verfassungsrechtlichen Prinzip der Verhältnismäßig-keit[236]. Dem dient der in § 118 Abs. 1 geregelte Tendenzschutz.

2. *Kreis der Tendenzbetriebe*

737   Nach § 118 Abs. 1 Satz 1 Nr. 1 genießen Tendenzschutz Unternehmen und Betriebe mit politischer, koalitionspolitischer, konfessioneller, karitativer, erzieherischer, wissenschaftlicher oder künstlerischer Bestimmung. Beispie-le sind die Parteien und die mit ihnen verbundenen Organisationen, etwa ihre Stiftungen, weiter Gewerkschaften und Arbeitsgeberverbände mit ih-ren Bildungs- und Schulungseinrichtungen, Jugendverbände der Kirchen, die Betriebe des Roten Kreuzes und der Wohlfahrtsverbände, Privatschulen und private Kindergärten, private Förderungseinrichtungen wie die Max-Planck-Gesellschaft oder die Fraunhofer-Gesellschaft, Theater, Orche-ster, Musikverlage und Schallplattenunternehmen.

Nach § 118 Abs. 1 Satz 1 Nr. 2 gehören zu den Tendenzunternehmen und -betrieben auch die, die Zwecken der Berichterstattung und Meinungsäuße-

---

235 Siehe dazu im einzelnen Rdnr. 156.
236 BVerfG vom 6. 11. 1979, AP Nr. 14 zu § 118 BetrVG 1972 = BVerfGE 52, 283 = DB 1980,
     259 = BB 1980, 886 = NJW 1980, 1084 = EzA § 118 BetrVG 1972 Nr. 23.

rung dienen, also Zeitungs- und Buchverlage sowie private Rundfunk- und Fernsehanstalten.

Der Tendenzschutz setzt voraus, daß Betrieb oder Unternehmen der ge-   738
schützten Tendenz unmittelbar und überwiegend dienen. Mit unmittelbar
ist gemeint, daß der Unternehmenszweck selbst auf die Tendenz ausgerichtet sein muß. Die Arbeitnehmer des Betriebes bzw. des Unternehmens müssen „direkt die Tendenz erarbeiten und damit beeinflussen können"[237].

Damit genießen im Bereich der Medien Tendenzschutz lediglich die Verlage und ihnen
vergleichbare Unternehmen und Betriebe, nicht aber Unternehmen und Betriebe der
Herstellung (Druckereien, Schallplatten- und Kassettenhersteller) und des Vertriebs
(Zeitschriften-, Buch-, Schallplatten- und Kassettenhandel).

Mit dem Merkmal „Überwiegen" wird dem Umstand Rechnung getragen,   739
daß sowohl auf der betrieblichen wie auf der Unternehmensebene tendenzgeschützte und nicht tendenzgeschützte Unternehmenszwecke nebeneinander verwirklicht werden können (sogenannte Mischbetriebe und Misch-
unternehmen). Hier soll nach dem Übergewicht der Zwecke entschieden
werden, ob § 118 Anwendung findet oder nicht.

Was den Pressebereich angeht, so hindert der Umstand, daß ein Verlagsbetrieb gleichzeitig eine Druckabteilung hat, in der die verlegten Werke gedruckt werden, sicher
nicht den Tendenzcharakter, und zwar auch dann noch nicht, wenn in der Druckabteilung gleichzeitig Fremdaufträge erledigt werden. Erst dann, wenn die letzteren ein solches Gewicht erlangen, daß man dem Gesamtgepräge nach nicht mehr nur von einem
Verlagsbetrieb mit Druckerei, sondern ebenso von einem Druckereibetrieb mit Verlag
sprechen kann, scheidet der Tendenzcharakter aus.

3. Ausschluß der Beteiligungsrechte in wirtschaftlichen Angelegenheiten mit Ausnahme des Sozialplans

Nach § 118 Abs. 1 Satz 2 sind die §§ 106 bis 110 auf Tendenzunternehmen   740
nicht anzuwenden. Hier ist also weder ein Wirtschaftsausschuß zu bilden
noch eine Unterrichtung der Arbeitnehmer gem. § 110 vorzunehmen.

Die §§ 111 bis 113 sind in Tendenzbetrieben nur insoweit anzuwenden, als   741
sie den Ausgleich oder die Milderung wirtschaftlicher Nachteile für die Arbeitnehmer infolge von Betriebsänderungen regeln. Im einzelnen bedeutet
das: Die Pflicht, den Betriebsrat über geplante Betriebsänderungen zu unterrichten und mit ihm zu beraten (§ 111 Satz 1), besteht auch hier. Die Bera-

---

237 BAG vom 31. 10. 1975, AP Nr. 3 zu § 118 BetrVG 1972 = BB 1976, 136 = EzA § 118
    BetrVG 1972 Nr 5.

tung erstreckt sich dabei jedoch nur auf die mit der Betriebsänderung verbundenen sozialen Auswirkungen, nicht auf die Betriebsänderung selbst. § 112 gilt nur insoweit, wie er sich mit dem Zustandekommen eines Sozialplans beschäftigt. Dagegen findet er insoweit keine Anwendung, als er den Interessenausgleich betrifft. Diesen braucht der Unternehmer in Tendenzbetrieben nicht zu versuchen. Damit ist auch § 113 nicht anwendbar.

4. Eingeschränkte Anwendung der übrigen Vorschriften des BetrVG

> **Fall 45:** *Die Privatschule X mit angeschlossenem Internat will ihren Betrieb auf Ganztagesunterricht umstellen. Zu diesem Zweck ändert sie die Dienstpläne der Lehrer dahin, daß diese nicht mehr so wie bisher nur vormittags, sondern auch nachmittags Unterricht zu geben und die Schüler zu betreuen haben. Der Betriebsrat ist der Auffassung, ihm stehe dabei ein Mitbestimmungsrecht zu.*

742   Soweit nicht die wirtschaftlichen Angelegenheiten betroffen sind, findet das BetrVG auch in Tendenzbetrieben und -unternehmen grundsätzlich Anwendung. Eine Ausnahme gilt nach § 118 Abs. 1 Satz 1 nur, soweit die Eigenart des Unternehmens oder des Betriebes der Anwendung entgegensteht.

743   In *sozialen Angelegenheiten* sind die Mitbestimmungsrechte regelmäßig nicht eingeschränkt. Bei der Regelung der dort genannten betrieblichen Fragen geht es normalerweise im Tendenzbetrieb um das gleiche Interesse des Arbeitgebers an einem reibungslosen effektiven Betriebsablauf wie in jedem anderen Betrieb. Der Tendenzcharakter des Betriebs spielt insoweit keine Rolle. Nur wo tendenzbedingte Gründe für die Regelung einer Angelegenheit des § 87 Abs. 1 den Ausschlag geben, entfällt die Mitbestimmung.

> *So liegt es allerdings in* **Fall 45** *hinsichtlich der Heranziehung der Lehrer an den Nachmittagen: Ob eine Schule als Ganztagesschule betrieben wird, ist eine unmittelbar auf die Erziehung gerichtete Entscheidung des Schulträgers, die von der Mitbestimmung des Betriebsrats frei bleiben muß*[238]. *Lediglich die Einzelheiten der Dienstpläne, nach denen die Lehrer nachmittags herangezogen werden, unterliegt dann wieder der Mitbestimmung*[239].

744   In *personellen Angelegenheiten* kommt eine Einschränkung der Beteiligungsrechte nur hinsichtlich solcher Arbeitnehmer in Betracht, die als sogenannte *Tendenzträger* unmittelbar an der Verwirklichung der geistig ideellen Zielsetzung des Unternehmens mitwirken. Tendenzträger sind etwa die Redakteu-

---

238 BAG vom 13. 1. 1987, AP Nr. 33 zu § 118 BetrVG 1972 = DB 1987, 967 = BB 1987, 190 = EzA § 118 BetrVG 1972 Nr. 39.
239 Vgl. für die Dienstpläne eines Dialysezentrums BAG vom 18. 4. 1989, AP Nr. 34 zu § 87 BetrVG 1972 Arbeitszeit = DB 1989, 1926 = BB 1989, 1622 = NJW 1989, 2771 = NZA 1989, 807 = EzA § 76 BetrVG 1972 Nr. 48.

re von Tageszeitungen, nicht aber die dort beschäftigten Schreibkräfte und Druckereiarbeiter.

Auch bei Tendenzträgern steht der Tendenzcharakter des Betriebs *Unterrichtungs- und Beratungsrechten* des Betriebsrats nicht entgegen. Deshalb sind die in den §§ 99 ff. und § 102 vorgesehenen Unterrichtungen, Beratungen und Anhörungen vom Arbeitgeber auch dann vorzunehmen, wenn die geplante personelle Maßnahme einen Tendenzträger betrifft, und zwar auch dann, wenn sie aus tendenzbedingten Gründen erfolgt[240].   745

Soweit in § 99 ein *Zustimmungsverweigerungsrecht* und in § 102 ein *Widerspruchsrecht* des Betriebsrats vorgesehen ist, kommt es für die Frage, ob sie bei einer einen Tendenzträger betreffenden Maßnahme ausgeübt werden können oder nicht, darauf an, ob die Maßnahme aus tendenzbedingten Gründen erfolgt oder nicht. Nur im ersteren Falle steht der Tendenzcharakter des Betriebs der Ausübung des Mitbestimmungsrechts entgegen.   746

Dabei spricht für die Tendenzbedingtheit der Einstellung oder Versetzung eines Tendenzträgers eine tatsächliche Vermutung. Es liegt auf der Hand, daß ein Orchestermusiker wegen seiner künstlerischen Fähigkeiten eingestellt wird. Hingegen ist die Mitbestimmung bei der Eingruppierung oder Umgruppierung eines Tendenzträgers als bloße Mitbeurteilung[241] regelmäßig neutral.

Was die Kündigung anlangt, so kommen zwar in gleicher Weise tendenzbedingte wie nicht tendenzbedingte Gründe in Betracht. Allerdings wird bei personen- oder betriebsbedingter Kündigung, an die das Widerspruchsrecht des § 102 Abs. 3 anknüpft, der Tendenzcharakter regelmäßig zu bejahen sein. Im ersten Fall geht es um die Fähigkeit des Tendenzträgers für seine tendenzbestimmte Arbeitsleistung, im zweiten Fall entweder um eine Einschränkung des Tendenzbetriebs oder um eine Auswahl zwischen mehreren für eine Kündigung in Betracht kommenden Tendenzträger. Der Betriebsrat darf sich dann allein zu den nicht tendenzbezogenen Gründen äußern[242].

XII. Rechtslage in der DDR

Wie in Art. 17 des Staatsvertrags über die Währungs-, Wirtschafts- und Sozialunion vorgesehen, ist das BetrVG in der DDR mit Wirkung vom 1. 7. 1990 in Kraft gesetzt worden. Betriebsräte, die vor Inkrafttreten nach demokratischen Grundsätzen gewählt worden sind, bleiben noch bis 30. 6. 1991 im Amt.   747

---

240 BAG vom 1. 9. 1987, AP Nr. 10 zu § 101 BetrVG 1972 = DB 1987, 2656 = BB 1988, 68 = NJW 1988, 370 = NZA 1988, 99 = EzA § 118 BetrVG 1972 Nr. 40.
241 Vgl. Rdnr. 650 f.
242 BAG vom 7. 11. 1979, AP Nr. 4 zu § 118 BetrVG = EzA § 118 BetrVG Nr. 9; BVerfG vom 6. 11. 1979, AP Nr. 14 zu § 118 BetrVG 1972 = EzA § 118 BetrVG Nr. 23.

XIII. Kontrollfragen

Frage 29: Welche Bedeutung hat § 5 Abs. 4 BetrVG für die Abgrenzung der leitenden Angestellten?

Frage 30: Welche Betriebe unterfallen dem BetrVG nicht?

Frage 31: Wie ist das Verhältnis von Betriebsrat und Betriebsversammlung?

Frage 32: Welche Auswirkungen hat der Übergang des Betriebs auf einen neuen Inhaber auf das Amt des Betriebsrats?

Frage 33: Inwieweit haben Betriebsräte Anspruch auf Arbeitsbefreiung unter Fortzahlung des Entgelts zur Teilnahme an Schulungs- und Bildungsveranstaltungen?

Frage 34: Was bezweckt das Verbot parteipolitischer Betätigung von Betriebsrat und Arbeitgeber?

Frage 35: Welcher Rechtszustand tritt ein, wenn eine freiwillige Betriebsvereinbarung endet?

Frage 36: Auf welche Fälle der Pflichtenverletzung des Arbeitgebers bezieht sich § 23 Abs. 3 BetrVG?

Frage 37: Was bedeutet der Vorrang der gesetzlichen Regelung in § 87 Abs. 1 BetrVG?

Frage 38: Inwiefern hat das Mitbestimmungsrecht des § 87 Abs. 1 Nr. 3 BetrVG eine Doppelfunktion?

Frage 39: Was ist unter Einstellung i.S.d. § 99 BetrVG zu verstehen?

Frage 40: Erstreckt sich die Mitteilungspflicht des Arbeitgebers bei Kündigungen auch auf Fragen der Sozialauswahl?

Frage 41: Welche Wirkung hat der Widerspruch des Betriebsrats bei einer ordentlichen Kündigung?

Frage 42: Wann kann dem Wirtschaftsausschuß eine Information wegen Gefährdung von Betriebs- oder Geschäftsgeheimnissen verweigert werden?

Frage 43: Wann gilt der Personalabbau als Betriebsänderung i.S.d. § 111 BetrVG?

Frage 44: Ergibt sich aus § 83 BetrVG ein Anspruch auf Berichtigung der Personalakten?

§ 11 Recht der Sprecherausschußverfassung

Literaturangaben: *Borgwardt/Fischer/Janert*, Sprecherausschußgesetz für leitende Angestellte, 2. Aufl. 1990; *Buchner*, Das Gesetz zur Neuregelung des Betriebsverfassungsgesetzes, über Sprecherausschüsse der leitenden Angestellten und zur Sicherung der Montanmitbestimmung, NZA 1989, Beilage 1 S. 1 ff.; *Löwisch*, Taschenkommentar zum Sprecherausschußgesetz, 1989; *Oetker*, Grundprobleme bei der Anwendung des Sprecherausschußgesetzes, ZfA 1990, S. 43 ff.; *Wlotzke*, Die Änderung des Betriebsverfassungsgesetzes und das Gesetz über Sprecherausschüsse der leitenden Angestellten, DB 1989 S. 173 ff.

I. Sprecherausschußverfassung und Betriebsverfassung

Wie oben Rdnr. 419 ausgeführt, nimmt das Betriebsverfassungsgesetz in seinem § 5 Abs. 3 die leitenden Angestellten aus seinem Anwendungsbereich heraus. Damit war früher eine große Gruppe von Arbeitnehmern — insgesamt dürfte es um 300 000 bis 400 000 Personen gehen — ohne gesetzliche Interessenvertretung. 748

Nachdem sich schon seit Anfang der siebziger Jahre in einer Reihe von größeren Unternehmen, vor allem der Metallindustrie und der chemischen Industrie, auf freiwilliger Basis Sprecherausschüsse der leitenden Angestellten gebildet hatten, hat der Gesetzgeber die Einrichtung solcher Sprecherausschüsse durch das Sprecherausschußgesetz vom 20. 12. 1988 auf eine gesetzliche Grundlage gestellt. Die ersten Wahlen nach dem Sprecherausschußgesetz haben in der Zeit vom 1. März bis zum 31. Mai 1990 stattgefunden. Sie haben dazu geführt, daß sich die Zahl der Sprecherausschüsse gegenüber der Zahl von 300 bis 400 bisher bestehenden freiwilligen Sprecherausschüssen etwa verdoppelt hat. 749

Das *Nebeneinander von Betriebsrat und Sprecherausschuß* wirft Probleme auf: Daß der Arbeitgeber mit zwei Interessenvertretungen zusammenarbeiten muß, kann zu Reibungsverlusten führen. Auch besteht die Gefahr, daß Betriebsrat und Sprecherausschuß mit verschiedenen Stimmen sprechen und damit die Effektivität der Interessenwahrnehmung leidet. Auf der anderen Seite besteht aber auch die Chance, daß sich die beiden Interessenvertretungen durch Informations- und Erfahrungsaustausch unterstützen. 740

Das Sprecherausschußgesetz hat sich mit Regelungen des Nebeneinanders zurückgehalten. Es verordnet keine Zusammenarbeit zwischen Sprecherausschuß und Betriebsrat, ermöglicht sie aber: Nach § 2 Abs. 2 Satz 1 und 2 751

SprAuG können Betriebsrat und Sprecherausschuß wechselseitig die Teilnahme von Mitgliedern des jeweils anderen Gremiums an ihren Sitzungen zulassen. Nach § 2 Abs. 2 Satz 3 soll einmal im Kalenderjahr eine gemeinsame Sitzung von Betriebsrat und Sprecherausschuß stattfinden.

Der urprüngliche Gesetzentwurf wollte dem Sprecherausschuß ein aufschiebendes Veto gegen Betriebsvereinbarungen einräumen, wenn diese die Interessen der leitenden Angestellten berührten. Darauf hat die endgültige Fassung des Gesetzes verzichtet. Übriggeblieben ist die Bestimmung des § 2 Abs. 1 Satz 2, nach der der Arbeitgeber den Sprecherausschuß anhören muß, bevor er in solchen Fällen eine Betriebsvereinbarung abschließt. Davon, daß die Interessen der leitenden Angestellten berührt werden, läßt sich einmal dann sprechen, wenn eine betriebseinheitliche Regelung der Angelegenheit zwingend ist, wie das etwa für die Regelung der Lage der Arbeitszeit, Urlaubsfragen, die Festlegung von Werksferien oder Maßnahmen der Unfallverhütung zutrifft. Zum anderen gehören hierher gemeinsame Einrichtungen für leitende Angestellte und andere Arbeitnehmer, etwa eine einheitliche betriebliche Altersversorgung.

752   Das Sprecherausschußgesetz ist in seiner Systematik wie in der Ausgestaltung der einzelnen Vorschriften stark an das Betriebsverfassungsgesetz angelehnt, zugleich aber bemüht, durch eine „Ausdünnung" ein kürzeres Gesetz zu schaffen. Das führt, wie zu zeigen sein wird, vor allem im organisatorischen Bereich zu einer Reihe von Friktionen.

II. Organisation der Sprecherausschüsse

1. *Betriebssprecherausschuß*

Wie das Betriebsverfassungsgesetz knüpft das Sprecherausschußgesetz organisatorisch *an den Betrieb* an: Nach § 1 Abs. 1 SprAuG werden in Betrieben mit in der Regel mindestens 10 leitenden Angestellten Sprecherausschüsse der leitenden Angestellten gewählt.

753   § 1 Abs. 2 SprAuG sieht vor, daß leitende Angestellte von Betrieben, die wegen zu geringer Zahl (weniger als 10 leitende Angestellte) nicht sprecherausschußfähig sind, dem *räumlich* nächstgelegenen Betrieb desselben Unternehmens zugerechnet werden. Das ist eine einfachere Lösung als sie in § 4 BetrVG für Nebenbetriebe und Betriebsteile getroffen ist. Sie entfaltet aber dort keinen Sinn, wo der zufällig räumlich nächste Betrieb sachlich mit dem sprecherausschußunfähigen Betrieb nichts zu tun hat, es sich etwa um eine Zweigniederlassung für einen ganz anderen Unternehmensbereich handelt. Abhilfe könnte insoweit aber nur eine Änderung des Gesetzes schaffen. Solange sie nicht erfolgt ist, läßt sich etwas Elastizität nur dadurch gewinnen,

daß man das Merkmal „räumlich nächstgelegen" dahin interpretiert, daß es nicht auf die geographische Nähe, sondern auf die günstigste Verkehrsverbindung ankommt.

Nach § 4 Abs. 1 SprAuG besteht der Sprecherausschuß in Betrieben mit 10 bis 20 leitenden Angestellten aus einer Person, in Betrieben mit 21 bis 100 leitenden Angestellten aus drei Mitgliedern, in Betrieben mit 101 bis 300 leitenden Angestellten aus fünf Mitgliedern und in Betrieben mit über 300 leitenden Angestellten aus sieben Mitgliedern.   754

Wie die Betriebsräte werden die Sprecherausschüsse für die Dauer von vier Jahren gewählt (§ 5 Abs. 1 Satz 1 SprAuG).   755

2. *Gesamtsprecherausschuß und Konzernsprecherausschuß*

Wie § 47 BetrVG für die Betriebsverfassung, sieht § 16 SprAuG für die Sprecherausschußverfassung die Bildung eines Gesamtsprecherausschusses vor, wenn in einem Unternehmen mehrere Sprecherausschüsse bestehen. Auch die Zuständigkeit des Gesamtsprecherausschusses ist der des Gesamtbetriebsrats nachgebildet: Nach § 18 Abs. 1 besteht sie dann, wenn die betreffende Angelegenheit nicht durch die einzelnen Sprecherausschüsse *behandelt werden kann*. Außerdem kann nach § 18 Abs. 2 der Betriebssprecherausschuß den Gesamtsprecherausschuß schriftlich beauftragen, eine Angelegenheit für ihn zu behandeln.   756

Wiederum parallel zur Betriebsverfassung (vgl. § 54 BetrVG) sieht § 21 SprAuG für Unterordnungskonzerne auch die Möglichkeit vor, durch Beschlüsse der einzelnen Gesamtsprecherausschüsse einen Konzernsprecherausschuß zu errichten.   757

3. *Unternehmenssprecherausschuß*

Eine Besonderheit gegenüber der Betriebsverfassung stellt die in § 20 vorgesehene Möglichkeit dar, in Unternehmen mit mehreren Betrieben als einziges Organ einen Unternehmenssprecherausschuß zu errichten. Die Vorschrift hat eine doppelte Funktion. Erstens ermöglicht sie die Errichtung eines Sprecherausschusses, wo Betriebssprecherausschüsse nicht errichtet werden *können*, weil ein Betrieb mit mindestens 10 leitenden Angestellten nicht vorhanden ist. Zweitens erlaubt sie aus Praktikabilitätsgründen, auf die an sich mögliche Errichtung mehrerer Betriebssprecherausschüsse und   758 damit verbunden eines Gesamtsprecherausschusses zugunsten eines Unternehmenssprecherausschusses zu verzichten. Voraussetzung ist in beiden Fällen, daß die Mehrheit der leitenden Angestellten die Bildung des Unternehmenssprecherausschusses verlangt (§ 20 Abs. 1 Satz 1 SprAuG).

4. Versammlung der leitenden Angestellten

759   Nach dem Vorbild der Betriebsversammlung sieht § 15 SprAuG Versammlungen der leitenden Angestellten vor. Allerdings soll eine solche Versammlung nur einmal im Kalenderjahr stattfinden. Auch besteht keine Möglichkeit der Abhaltung von Abteilungsversammlungen und Teilversammlungen, was bei einer Zurechnung von leitenden Angestellten auswärtiger Betriebe nach § 1 SprAuG und in Unternehmen, in denen sich die leitenden Angestellten für die Bildung von Unternehmenssprecherausschüssen nach § 20 SprAuG entschieden haben, zu Problemen führen kann.

760   Verfahren und Befugnisse der Versammlung der leitenden Angestellten sind ähnlich geregelt wie die der Betriebsversammlung. Insbesondere hat der Sprecherausschuß in der Versammlung einen Tätigkeitsbericht zu erstatten, und der Arbeitgeber muß über die Angelegenheiten der leitenden Angestellten und die wirtschaftliche Lage und Entwicklung des Betriebes berichten. Eine Teilnahme von Vertretern der Gewerkschaften der leitenden Angestellten ist aber nicht vorgesehen.

761   Nach § 15 Abs. 2 SprAuG soll auch die Versammlung der leitenden Angestellten während der Arbeitszeit stattfinden. Findet sie ausnahmsweise außerhalb der Arbeitszeit statt, besteht im Unterschied zur Betriebsversammlung kein Anspruch auf Vergütung der zusätzlich aufgewandten Zeit.

III. Wahlverfahren

1. Bildung des Wahlvorstands

762   § 7 Abs. 1 SprAuG geht für den Normalfall davon aus, daß der Sprecherausschuß 10 Wochen vor Ablauf seiner Amtszeit einen Wahlvorstand für die nächste Sprecherausschußwahl bestellt. Dieser führt dann, ohne daß weitere Voraussetzungen erfüllt sein müßten, die Sprecherausschußwahl durch.

Besteht in einem Betrieb noch kein Sprecherausschuß oder bestellt der Spre-   763
cherausschuß keinen Wahlvorstand, wird dieser in einer Versammlung von
der Mehrheit der anwesenden leitenden Angestellten gewählt (§ 7 Abs. 2
Satz 1 SprAuG). Der so bestimmte Wahlvorstand hat dann zunächst eine
Abstimmung darüber herbeizuführen, ob die leitenden Angestellten die
erstmalige oder erneute Wahl eines Sprecherausschusses überhaupt wünschen. Bei dieser Abstimmung ist die Mehrheit aller leitenden Angestellten
des Betriebs notwendig (§ 7 Abs. 2 Satz 3 und 4). Erst wenn diese Abstimmung positiv ausgegangen ist, kann der Wahlvorstand die Sprecherausschußwahl durchführen.

2. Zuordnungsverfahren

Erster Schritt zur Sprecherausschußwahl ist die Durchführung des Zuord-   764
nungsverfahrens nach § 18a BetrVG in Abstimmung mit dem Betriebsrat[1].

3. Wahlverfahren

Das Wahlverfahren ist in § 6 SprAuG und der zum Sprecherausschußgesetz   765
erlassenen Wahlordnung vom 28. 9. 1989 ähnlich geregelt wie die Betriebsratswahl. Die Wahl erfolgt nach den Grundsätzen der Verhältniswahl; wo
nur ein Wahlvorschlag eingereicht ist oder nur ein Mitglied zu wählen ist,
nach den Grundsätzen der Mehrheitswahl. Allerdings können Wahlvorschläge nur von den leitenden Angestellten selbst, nicht aber von im Betrieb
vertretenen Gewerkschaften der leitenden Angestellten gemacht werden.

4. Wahlanfechtung

Wie § 19 BetrVG für die Betriebsratswahl, sieht § 8 Abs. 1 SprAuG eine An-   766
fechtung der Sprecherausschußwahl vor, wenn gegen wesentliche Vorschriften über das Wahlrecht, die Wählbarkeit oder das Wahlverfahren verstoßen worden ist und nicht ausgeschlossen werden kann, daß durch den
Verstoß das Wahlergebnis geändert oder beeinflußt worden ist. Wegen fehlerhafter Zuordnung kann die Sprecherausschußwahl ebenso wie die Be-

---

1 Siehe dazu Rdnr. 428.

triebsratswahl nur angefochten werden, wenn die Fehlerhaftigkeit offensichtlich war (§ 18a Abs. 5 BetrVG).

767   Nicht anders als die Betriebsratswahl kann die Sprecherausschußwahl bei schweren Rechtsverstößen nichtig sein[2].

5. Sprecherausschußarbeit

768   Auch die Vorschriften des SprAuG über die Sprecherausschußarbeit sind denen des BetrVG über die Betriebsratsarbeit nachgebildet: Wie dort ist ein Vorsitzender zu wählen, der die Sitzungen einberuft und leitet, den Sprecherausschuß gegenüber dem Arbeitgeber vertritt und die laufenden Geschäfte wahrnimmt (§ 11 SprAuG). Für Sitzungen und Beschlüsse gelten nach §§ 12 f. SprAuG analoge Regelungen wie nach § 29 ff. für die Sitzungen des Betriebsrats; allerdings ist eine Teilnahme von Vertretern der Gewerkschaften der leitenden Angestellten nicht möglich. Wie in der Betriebsverfassung werden tatsächlich oder rechtlich verhinderte Sprecherausschußmitglieder durch ihre Ersatzmitglieder vertreten (§ 10 Abs. 1 Satz 2 SprAuG).

769   Ein Unterschied zur Betriebsverfassung besteht insofern, als das SprAuG die Übertragung von Aufgaben zur selbständigen Erledigung auf einen Unterausschuß nicht vorsieht. Der Gesetzgeber hat eine solche Möglichkeit im Hinblick darauf, daß der Sprecherausschuß höchstens sieben Mitglieder haben kann, offensichtlich für überflüssig gehalten. Dabei hat er nicht bedacht, daß er wegen der Verweisungsvorschrift des § 19 Abs. 1 SprAuG damit auch dem Gesamtsprecherausschuß die Bildung solcher Ausschüsse verwehrt hat. Dort aber kann jedenfalls im Großunternehmen mit zahlreichen Betrieben und damit mitgliederstarken Gesamtbetriebsräten durchaus ein Bedürfnis für die Bildung solcher Ausschüsse bestehen.

IV. Die Rechtsstellung der Sprecherausschußmitglieder

770   Das SprAuG mutet den Sprecherausschußmitgliedern größere zeitliche Opferbereitschaft zu als Betriebsratsmitgliedern: Sie sind zwar auch während ihrer Tätigkeit für den Sprecherausschuß von der Arbeit befreit und haben Anspruch auf Kostenersatz (§ 14 SprAuG). Sind sie außerhalb der Arbeits-

---

2 Siehe im einzelnen dazu Rdnr. 447.

zeit für den Sprecherausschuß tätig, entsteht kein Anspruch auf Freizeitausgleich, wie ihn § 37 Abs. 3 BetrVG für Betriebsratsmitglieder vorsieht. Auch eine Arbeitsbefreiung zur Teilnahme an Schulungs- und Bildungsveranstaltungen ist nicht vorgesehen.

Anders als Betriebsratsmitglieder nach § 15 KSchG, genießen Sprecheraus-   771
schußmitglieder auch keinen besonderen Kündigungsschutz. Ihnen kommt nur das Verbot der Benachteiligung wegen der Sprecherauschußtätigkeit (§ 2 Abs. 3 Satz 2 SprAuG) zugute. Zwar führt dieses Verbot dazu, daß eine Kündigung, die wegen der Sprecherausschußtätigkeit erfolgt, unwirksam ist. Aber die Beweisschwierigkeiten für den betroffenen leitenden Angestellten liegen auf der Hand.

V. Mitwirkungsrechte des Sprecherausschusses

1. Sprecherausschußgesetz als Mitwirkungsgesetz

Anders als das Betriebsverfassungsgesetz dem Betriebsrat, räumt das Spre-   772
cherausschußgesetz dem Sprecherausschuß *keine Mitbestimmungsrechte* ein. Es beschränkt ihn streng auf die Information durch den Arbeitgeber und die Beratung mit diesem. Die Informations- und Beratungsrechte sind aber, wie noch im einzelnen zu zeigen sein wird, umfassend. Werden sie von den Sprecherausschüssen ausgeschöpft und auf der anderen Seite vom Arbeitgeber in der vom Gesetzgeber erwarteten Weise respektiert, werden die Sprecherausschüsse beträchtlichen Einfluß auf die Regelung der Angelegenheiten der leitenden Angestellten gewinnen.

2. Vertrauensvolle Zusammenarbeit mit dem Arbeitgeber

Nach § 2 Abs. 1 Satz 1 SprAuG haben auch Arbeitgeber und Sprecheraus-   773
schuß vertrauensvoll zusammenzuarbeiten. Diese Zusammenarbeit erfolgt zum Wohl der leitenden Angestellten und des Betriebes. Dabei umfaßt der Betrieb auch die übrige Belegschaft. Die Sprecherausschüsse haben die Sonderinteressen der leitenden Angestellten dem Gesamtinteresse an der Förderung der Betriebsaufgaben und des Wohles der Gesamtbelegshaft unterzuordnen.

Das Gebot der vertrauensvollen Zusammenarbeit ist in § 2 Abs. 4 SprAuG   774
näher konkretisiert. Auch für den Sprecherausschuß gilt danach, daß er den

Betriebsfrieden zu wahren und den Arbeitsablauf nicht zu beeinträchtigen hat sowie jede parteipolitische Betätigung im Betrieb unterlassen muß.

Zur Zusammenarbeit von Sprecherauschuß und Betriebsrat siehe Rdnr. 750 f.

3. *Allgemeine Mitwirkungsrechte*

a) Wahrnehmung der kollektiven Belange der leitenden Angestellten

775   § 25 Abs. 1 SprAuG weist dem Sprecherausschuß in Form einer § 80 Abs. 1 BetrVG vergleichbaren Generalklausel die Vertretung der Belange der leitenden Angestellten als allgemeine Aufgabe zu. Gemeint ist damit die Wahrnehmung der Belange der leitenden Angestellten in ihrer Situation *als Arbeitnehmer*. Die Sprecherausschüsse sollen als eigenständiges Vertretungsorgan im Vergleich zu den Interessen übriger Arbeitnehmer deren spezifische Belange wirksam geltend machen können. Hingegen will das SprAuG die Sprecherausschüsse weder an der Unternehmens- oder Betriebsleitung beteiligen, noch sie in die Personalpolitik und -verwaltung gegenüber den übrigen Arbeitnehmern einschalten.

776   § 25 Abs. 1 SprAuG beschränkt die Sprecherausschüsse auf die Wahrnehmung der *kollektiven* Interessen der leitenden Angestellten. Die Wahrnehmung der individuellen Belange ist Sache des einzelnen leitenden Angestellten selbst (§ 25 Abs. 1 Satz 2). Ob er sich dabei der Hilfe des Sprecherausschusses bedient, bleibt, wie sich aus § 26 Abs. 1 SprAuG ergibt, seiner Entscheidung vorbehalten[3].

777   Die Aufgabe der Sprecherausschüsse zur Vertretung der Belange der leitenden Angestellten wird durch ihre Mitwirkungsrechte bei der Gestaltung von allgemeinen Arbeitsbedingungen und Beurteilungsgrundsätzen[4], bei personellen Einzelmaßnahmen[5] und in wirtschaftlichen Angelegenheiten[6] konkretisiert. Doch sind die Sprecherausschüsse nicht auf diese Mitwirkungsrechte beschränkt. Der Auftrag zur Wahrnehmung der kollektiven Arbeitnehmerinteressen der leitenden Angestellten ist *umfassend*. Etwa haben sie die Aufgabe, die Einhaltung der zugunsten der leitenden Angestellten gel-

---

3 Siehe dazu Rdnr. 781.
4 Siehe Rdnr. 787 ff.
5 Dazu Rdnr. 790 ff.
6 Dazu Rdnr. 796 ff.

tenden Gesetze, Verordnungen, Unfallverhütungsvorschriften, Tarifverträge und Richtlinien i.S.d. § 28 SprAuG zu *überwachen;* können in den Angelegenheiten der leitenden Angestellten *Initiativen* entfalten und haben das Recht, dem Arbeitgeber Anregungen für die Gestaltung des betrieblichen Geschehens zu geben. Es gilt für sie nichts anderes wie nach § 80 Abs. 1 BetrVG für den Betriebsrat in bezug auf die übrigen Arbeitnehmer des Betriebes.

b) Informationsrecht

Soweit die Sprecherausschüsse Aufgaben nach dem SprAuG durchzuführen haben, sind sie vom Arbeitgeber rechtzeitig und umfassend zu unterrichten (§ 25 Abs. 2 Satz 1 SprAuG). Da dort, wo besondere Mitwirkungsrechte vorgesehen sind, auch besonders ausgestaltete Unterrichtungspflichten bestehen (§§ 30 Satz 1, 31 Abs. 2, 32 Abs. 1 und 2 SprAuG), wird dieses Informationsrecht insbesondere praktisch, wenn es im Sinne des Gesagten[7] um die Einhaltung von Rechtsvorschriften, die Initiative zur Herbeiführung bestimmter Regelungen oder um Anregungen in betrieblichen Angelegenheiten geht.   778

Dabei sind dem Sprecherausschuß auf sein Verlangen auch die zur Durchführung seiner Aufgaben erforderlichen *Unterlagen* zur Verfügung zu stellen. Höchst umstritten ist insoweit, ob er, wenn er sich, sei es im Rahmen seines Mitwirkungsrechts nach § 30 SprAuG, sei es auf eigene Initiative, mit Gehaltsfragen befassen will, auch Einblick in die Bruttogehaltslisten der leitenden Angestellten verlangen kann. Meines Erachtens ist die Frage zu bejahen. Zwar erwähnt § 25 Abs. 2 SprAuG anders als § 80 Abs. 2 BetrVG ein Einblicksrecht in die Gehaltslisten nicht ausdrücklich. Daraus kann aber kein Gegenschluß gezogen werden, denn § 80 Abs. 2 BetrVG begründet nicht etwa die Informationspflicht bezüglich der Gehaltslisten, sondern setzt diese voraus und modifiziert sie nur durch die Einschaltung des Betriebsausschusses[8].   779

Anders als § 80 Abs. 3 BetrVG enthält § 25 SprAuG keine besondere Bestimmung über die Hinzuziehung von *Sachverständigen* durch den Sprecherausschuß und die Geheimhaltungspflicht solcher Sachverständiger. Daraus muß der Schluß gezogen werden, daß eine Hinzuziehung nur mit Einverständnis des Arbeitgebers in Betracht kommt: Betriebs- oder Geschäftsge-   780

---

7 Siehe Rdnr. 772.
8 Siehe näher *Löwisch,* TK-SprAuG § 25 Anm. 80; a.M. etwa *Wlotzke,* DB 1989 S. 177; differenzierend *Oetker,* ZfA 1990 S. 69, der das Einsichtsrecht auf den Vorsitzenden beschränken will.

heimnisse gegen den Willen des Arbeitgebers betriebsexternen Sachverständigen zugänglich zu machen, ohne daß diese einer Geheimhaltungspflicht unterliegen, ist nicht vertretbar[9].

c) Unterstützungsfunktion bei der Wahrnehmung individueller Belange des einzelnen leitenden Angestellten

781   Wie jeder Arbeitnehmer hat der leitende Angestellte das Recht, seine Belange gegenüber dem Arbeitgeber geltend zu machen. Die Wahrnehmung dieses Rechts ist, wie sich aus § 25 Abs. 1 Satz 2 SprAuG ergibt, an sich Sache des leitenden Angestellten selbst. Nach § 26 Abs. 1 SprAuG kann er dabei jedoch ein Mitglied des Sprecherausschusses als Vertrauensperson zur Vermittlung und Unterstützung hinzuziehen. Das kann zweckmäßig sein, um einen Zeugen zu haben. Vor allem aber kann die Mitwirkung des Sprecherausschußmitglieds dazu beitragen, festgefahrene Konflikte aufzulösen.

d) Einsichtnahme in die Personalakten

782   § 26 Abs. 2 SprAuG hat nunmehr auch für den leitenden Angestellten das Recht ausdrücklich festgelegt, in die über ihn geführten Personalakten Einsicht zu nehmen und diesen eigene Erklärungen beizufügen. Auch dazu kann der leitende Angestellte ein Sprecherausschußmitglied hinzuziehen, das dann hinsichtlich des Inhalts der Personalakten der Schweigepflicht unterliegt.

4. Richtlinien und Vereinbarungen als Mitwirkungsinstrument

783   Wenn das Sprecherausschußgesetz den Sprecherausschüssen auch keine Mitwirkungsrechte zubilligt, so sieht es in § 28 doch die Möglichkeit vor, die Angelegenheiten der leitenden Angestellten einverständlich zwischen Arbeitgeber und Sprecherausschuß zu regeln. Die Vorschrift ist § 88 BetrVG vergleichbar, nach dem Arbeitgeber und Betriebsrat freiwillige Betriebsvereinbarungen in allen sozialen Angelegenheiten der Arbeitnehmer des Betriebes beschließen können.

Gegenstand der einverständlichen Regelung zwischen Arbeitgeber und Sprecherausschuß können nach § 28 Abs. 1 Satz 1 SprAuG alle Fragen des Inhalts, des Abschlusses oder der Beendigung von Arbeitsverhältnissen der leitenden Angestellten sein. In Betracht kommen Richtlinien für die Gehalts-

---

9 A.M. Oetker, ZfA 1990 S. 62.

gestaltung einschließlich der Gehaltshöhe und etwaiger Sondervergütungen, für die betriebliche Altersversorgung, über Wettbewerbsverbote, über Reisekosten- und Spesenregelungen, über die Form und Fristen für Kündigungen und über Aufhebungsverträge.

Das Gesetz geht als Normalfall davon aus, daß sich Arbeitgeber und Spre-   784
cherausschuß auf die Vereinbarung von Richtlinien beschränken, *ohne* diesen unmittelbare und zwingende Wirkung für die Arbeitsverhältnisse der leitenden Angestellten beizulegen. Sie sind dann lediglich eine Handlungsmaxime für den Arbeitgeber, die dieser gegenüber den einzelnen leitenden Angestellten beachten soll, aber nicht unbedingt beachten muß.

§ 28 Abs. 2 SprAuG eröffnet aber auch die Möglichkeit, die *unmittelbare und*   785
zwingende Wirkung der Richtlinien für die Arbeitsverhältnisse zu vereinbaren. Geschieht das, so entstehen aus den Richtlinien Rechte und Pflichten von Arbeitgeber und leitenden Angestellten. Ihre Rechtswirkung entspricht dann der einer Betriebsvereinbarung.

5. Verpflichtung auf Gleichbehandlung und Persönlichkeitsschutz

§ 27 SprAuG verpflichtet Arbeitgeber und Sprecherausschuß auf die Wah-   786
rung der Grundrechte auch der leitenden Angestellten im Betrieb. Sie haben bei ihren Maßnahmen den Gleichbehandlungsgrundsatz und das Recht der leitenden Angestellten auf freie Entfaltung der Persönlichkeit zu beachten[10].

6. Mitwirkung bei Arbeitsbedingungen und Beurteilungsgrundsätzen

§ 30 SprAuG verpflichtet den Arbeitgeber bei Änderungen der Gehaltsge-   787
staltung und sonstiger allgemeiner Arbeitsbedingungen sowie der Einführung und Änderung allgemeiner Beurteilungsgrundsätze *von sich aus* den Sprecherausschuß rechtzeitig zu unterrichten und mit ihm die vorgesehene Maßnahme zu beraten.

Gehaltsgestaltung i.S.d. § 30 Satz 1 Nr. 1 SprAuG meint dabei zunächst das   788
System, das der Festlegung der Gehälter der leitenden Angestellten zugrunde gelegt wird, also etwa die Bildung von Gehaltsgruppen oder die Aufteilung des Gehalts in feste und variable Teile. Zur Gehaltsgestaltung gehört

---

10 Siehe Rdnr 156.

aber auch die Durchführung allgemeiner *Gehaltserhöhungen oder Gehaltskürzungen*. Da § 30 kein Mitbestimmungs-, sondern nur ein Mitwirkungsrecht vorsieht, besteht anders als bei § 87 Abs. 1 Nr. 10 BetrVG kein Grund, diese Fragen aus dem Anwendungsbereich der Vorschrift auszunehmen. Nicht erfaßt wird lediglich die Festlegung der Höhe des Gehalts *der einzelnen* leitenden Angestellten. Welcher Gehaltsgruppe ein leitender Angestellter zugeordnet wird, welche Zulage er erhält usw. ist keine Frage der allgemeinen Gehaltsgestaltung mehr.

789   *Allgemeine Beurteilungsgrundsätze* i.S.d. § 30 Satz 2 Nr. 2 SprAuG sind die Grundsätze, nach denen der Arbeitgeber bei der Beurteilung der leitenden Angestellten sowie von internen und externen Bewerbern um Positionen als leitender Angestellte verfahren will. Nicht hierher gehören Richtlinien, nach denen die leitenden Angestellten ihrerseits bei der Beurteilung nachgeordneter Arbeitnehmer zu verfahren haben. Insoweit handelt es sich nicht um Grundsätze, die die Position der leitenden Angestellten als Arbeitnehmer betreffen, sondern um Vorgaben für die Personalführung und -verwaltung, für die die Sprecherausschüsse nicht zuständig sind.

7. Mitwirkung bei personellen Maßnahmen

Fall 46: *A, Leiter einer Betriebsabteilung von 50 Beschäftigten, war bei den letzten Wahlen zum Betriebsrat und zum Sprecherausschuß den leitenden Angestellten zugeordnet und anschließend als Mitglied in den Sprecherausschuß gewählt worden. Ihm soll im Zuge von Rationalisierungsmaßnahmen gekündigt werden. Die Firmenleitung teilt das dem Sprecherausschuß mit. Dieser erhebt Bedenken gegen die Kündigung, weil A Sprecherausschußmitglied ist. Die Firmenleitung kündigt trotzdem. Nun macht A geltend, er sei gar kein leitender Angestellter, die Kündigung deshalb wegen fehlender Anhörung des Betriebsrats unwirksam.*

a) Mitwirkung bei Einstellung und personeller Veränderung

790   Nach § 31 Abs. 1 SprAuG hat der Arbeitgeber dem Sprecherausschuß beabsichtigte Einstellungen oder personelle Veränderungen leitender Angestellter rechtzeitig mitzuteilen. Der Sprecherausschuß soll dadurch einmal in den Stand versetzt werden, den betroffenen leitenden Angestellten oder Bewerber bei der Wahrnehmung seiner Belange gegenüber dem Arbeitgeber zu unterstützen. Zugleich soll er die von einer solchen Maßnahme berührten Interessen der übrigen leitenden Angestellten zur Geltung bringen können. Dementsprechend ist unter „Einstellung" nicht nur die Übertragung der Position eines leitenden Angestellten an einen externen Bewerber zu verstehen, sondern auch die Beförderung eines internen Bewerbers zum leiten-

den Angestellten. Denn diese berührt auch die Interessen der übrigen leitenden Angestellten, deren Vertretung Aufgabe des Sprecherausschusses ist.

Unter „personeller Veränderung" ist jede Änderung der Position eines lei- 791
tenden Angestellten zu verstehen, die dessen Belange oder die Belange der
übrigen leitenden Angestellten erheblich berührt. Gemeint ist insbesondere
die Versetzung. Aber auch der Eintritt in den Ruhestand und der Abschluß
eines Aufhebungsvertrages mit einem leitenden Angestellten gehören hierher. Für Kündigungen gilt hingegen das besondere Anhörungsrecht des
§ 31 Abs. 2[11].

Der Umfang der Mitteilungspflicht ist der gleiche wie der der Unterrich- 792
tungspflicht des Arbeitgebers gegenüber dem Betriebsrat nach § 99 BetrVG.
Auch hier gilt, daß der Inhalt des Anstellungsvertrages bzw. die für den Anstellungsvertrag vorgesehenen Änderungen nicht mitzuteilen sind, weil Gegenstand des Mitwirkungsrechts die Übertragung der Position als leitender
Angestellter ist, nicht aber die dieser Übertragung zugrundeliegende vertragliche Abmachung.

Ergänzt wird § 31 Abs. 1 SprAuG durch § 105 BetrVG, der eine gleiche Mit- 793
teilungspflicht gegenüber dem Betriebsrat vorsieht, damit dieser bei Einstellungen oder personellen Veränderungen leitender Angestellter die Interessen der übrigen Belegschaft artikulieren kann.

b) Mitwirkung bei Kündigungen nach § 31 Abs. 2 SprAuG

Parallel zu § 102 Abs. 1 BetrVG sieht § 31 Abs. 2 SprAuG ein Anhörungs- 794
recht des Sprecherausschusses bei der Kündigung von leitenden Angestellten vor. Im gleichen Umfang wie vor der Kündigung eines sonstigen Arbeitnehmers den Betriebsrat, muß der Arbeitgeber vor der Kündigung eines leitenden Angestellten den Sprecherausschuß unterrichten und darf eine Kündigung erst aussprechen, wenn sich der Sprecherausschuß zu der
Kündigungsabsicht geäußert oder eine Äußerungsfrist von einer Woche bei
der ordentlichen Kündigung und von drei Tagen bei der außerordentlichen
Kündigung hat verstreichen lassen ohne sich zu äußern.

Auch die Kündigung, die ohne die erforderliche Anhörung des Sprecher- 795
ausschusses erfolgt ist, ist stets unwirksam (§ 31 Abs. 2 Satz 3 SprAuG), wobei es sich auch hier um eine Rechtsunwirksamkeit aus anderen Gründen
i.S.d. § 13 Abs. 3 KSchG handelt.

---

11 Dazu Rdnr. 794 f.

In **Fall 46** *ist der Einwand des Sprecherausschusses unbeachtlich: Anders als Betriebsratsmitglieder genießen Sprecherausschußmitglieder keinen besonderen Kündigungsschutz*[12]. *Hingegen führt das Vorbringen von A, sollte es zutreffen, tatsächlich zur Unwirksamkeit der Kündigung: War A nicht leitender Angestellter, mußte zu seiner Kündigung gem. § 102 Abs. 1 BetrVG der Betriebsrat gehört werden. Die Zuordnung bei der Wahl ändert daran nichts, weil sie nur für die Wahl von Bedeutung ist*[13]. *Man sieht: Der Arbeitgeber ist gut beraten, wenn er in Zweifelsfällen der Zuordnung bei Kündigungen sowohl den Sprecherausschuß als auch den Betriebsrat anhört.*

8. Mitwirkungen in wirtschaftlichen Angelegenheiten

a) Unterrichtung in wirtschaftlichen Angelegenheiten

796   § 32 Abs. 1 Satz 1 SprAuG verpflichtet den Unternehmer zu umfassender Unterrichtung des Sprecherausschusses über die wirtschaftlichen Angelegenheiten des Betriebes und des Unternehmens. Für den Umfang der Unterrichtungspflicht knüpft er dabei an den Begriff der wirtschaftlichen Angelegenheiten i.S.d. § 106 Abs. 3 BetrVG an. Dabei findet die Unterrichtung nicht anders wie die des Wirtschaftsausschusses ihre Grenze an der Gefährdung der Betriebs- und Geschäftsgeheimnisse des Unternehmens.

797   Abweichend von den §§ 106 ff. BetrVG sieht § 32 Abs. 1 SprAuG keinen besonderen Wirtschaftsausschuß vor und schafft in Unternehmen mit mehreren Betrieben auch keine besondere Zuständigkeit des Gesamtsprecherausschusses. Das bedeutet, daß über die wirtschaftlichen Angelegenheiten die einzelnen Betriebssprecherausschüsse unterrichtet werden müssen[14].

798   Die Unterrichtungspflicht gilt nicht für Tendenzunternehmen und -betriebe i.S.d. § 118 BetrVG (§ 32 Abs. 1 Satz 2 SprAuG).

b) Mitwirkung bei Betriebsänderungen

799   Nach dem Vorbild von § 111 BetrVG verpflichtet § 32 Abs. 2 SprAuG den Unternehmer, den Sprecherausschuß von geplanten Betriebsänderungen zu unterrichten.

800   § 32 Abs. 2 Satz 1 macht das Unterrichtungsrecht davon abhängig, daß die Betriebsänderung auch wesentliche Nachteile für leitende Angestellte zur Folge haben kann. Anders als im Rahmen des § 111 BetrVG (vgl. dazu Rdnr. 708) kann die Möglichkeit des Entstehens solcher Nachteile nicht ein-

---

12 Siehe zum Kündigungsschutz von Betriebsratsmitgliedern Rdnr. 512 ff.
13 Siehe Rdnr. 429.
14 Vgl. näher *Löwisch*, TK-SprAuG § 32 Rdnr. 16.

fach vermutet werden. Daß von Betriebsänderungen auch leitende Angestellte betroffen werden, kann, muß aber nicht sein; bei Änderungen der Betriebsanlagen, der Arbeitsmethoden und Fertigungsverfahren und bei einem Personalabbau im Produktionsbereich liegt das sogar fern. Die Unterrichtungspflicht besteht deshalb nur, wenn auch bei Betrachtung der konkreten Betriebsänderung Nachteile für leitende Angestellte nicht ausgeschlossen werden können.

Entstehen leitenden Angestellten infolge der geplanten Betriebsänderung   801
tatsächlich wirtschaftliche Nachteile, verpflichtet § 32 Abs. 2 Satz 2 SprAuG
den Unternehmer, mit dem Sprecherausschuß Maßnahmen über den Ausgleich oder die Milderung dieser Nachteile zu beraten. Diese Beratung kann
in den Abschluß einer Vereinbarung solcher Maßnahmen einmünden. Für
diese gilt dann, da es sich um Regelungen für den Inhalt des Arbeitsverhältnisses der betreffenden leitenden Angestellten handelt, § 28 SprAuG. Insbesondere kann nach § 28 Abs. 2 Satz 1 SprAuG vereinbart werden, daß die
betroffenen leitenden Angestellten unmittelbare und zwingende Ansprüche
auf Ausgleichsleistungen gegen den Unternehmer erhalten. Praktisch kann
also nunmehr auch für die leitenden Angestellten ein *Sozialplan* vereinbart
werden.

VI. Rechtslage in der DDR

Nach II der Anlage VI zum Staatsvertrag über die Währungs-, Wirtschafts-   802
und Sozialunion gehörte das SprAuG zu den Regelungen, die erst für später
anzustreben waren. Seit dem Beitritt der DDR zur Bundesrepublik gilt das
SprAuG auch dort. Die erstmaligen Wahlen sollen bis 30. 6. 1991 stattfinden.

VII. Kontrollfragen

Frage 45: Warum sieht das Sprecherausschußgesetz die Möglichkeit der Bildung von Unternehmenssprecherausschüssen vor?

Frage 46: Welchem Instrument des Betriebsverfassungsrechts ist die Vereinbarung von Richtlinien mit unmittelbarer und zwingender Wirkung nach
§ 28 Abs. 2 SprAuG vergleichbar?

§ 12 Personalvertretungsrecht

Literaturangaben: *Dietz/Richardi*, Bundespersonalvertretungsgesetz, 2. Aufl. 1978; *Grabendorff/Windscheid/Ilbertz*, Bundespersonalvertretungsgesetz, 6. Aufl. 1986; *Söllner/Reinert*, Personalvertretungsrecht, 1985.

I. Regelungsbereich des Personalvertretungsrechts

803   Wie in Rdnr. 431 ff. ausgeführt, beschränkt sich das BetrVG auf die Regelung der Vertretungen der Arbeitnehmer in den Betrieben der privaten Wirtschaft. Demgegenüber ist die Vertretung der Bediensteten in den Verwaltungen und Eigenbetrieben des Bundes, der Länder, der Gemeinden und der übrigen Körperschaften und Anstalten des öffentlichen Rechts sowie in den Gerichten in den Personalvertretungsgesetzen enthalten. Diese erfassen nicht nur die Arbeitnehmer des öffentlichen Dienstes, sondern *auch die Beamten*. Lediglich für die Richter sind in den Richtergesetzen eigene Vertretungen vorgesehen.

Während das Betriebsverfassungsrecht nach Art. 74 Nr. 12 GG zur konkurrierenden Gesetzgebung des Bundes gehört, hat der Bund für das Personalvertretungsrecht des Bundesdienstes zwar die ausschließliche Gesetzgebungskompetenz (Art. 73 Nr. 8 GG), ist aber für den öffentlichen Dienst der Länder, Gemeinden und anderen Körperschaften des öffentlichen Rechts auf die Rahmengesetzgebung beschränkt (Art. 75 Nr. 1 GG). Dementsprechend enthält das BPersVG in seinem ersten Teil (§§ 1 bis 93) eine abschließende Regelung der Personalvertretungen im Bundesdienst, und in seinem zweiten Teil (§§ 94 bis 106) Rahmenvorschriften für die Landesgesetzgebung auf dem Gebiet des Personalvertretungsrechts; lediglich in den §§ 107 bis 109 sind einige unmittelbar für die Personalvertretungen der Länder geltende Vorschriften enthalten, die sich aber auf andere Kompetenzzuweisungen des Grundgesetzes an den Bund stützen können. Die Länder haben durchweg eigene Landespersonalvertretungsgesetze erlassen, die aber weitgehend den für den Bundesdienst geltenden Vorschriften des BPersVG gleichen. Diese werden deshalb auch der folgenden Darstellung zugrunde gelegt.

804   Anders als das Betriebsverfassungsrecht gehört das Personalvertretungsrecht zum *öffentlichen Recht*. Dementsprechend sind für die Entscheidung von Rechtsstreitigkeiten aus dem Personalvertretungsrecht nicht die Ar-

beitsgerichte, sondern die Verwaltungsgerichte zuständig (vgl. § 106 BPersVG).

II. Organisation der Personalvertretungen

1. *Bildung von Personalvertretungen bei den Dienststellen*

Die Personalvertretungen werden bei den Dienststellen, also den einzelnen   805
Behörden, Verwaltungsstellen und Betrieben des Bundes, der Länder, der
Gemeinden und der übrigen Körperschaften, Anstalten und Stiftungen des
öffentlichen Rechts sowie den Gerichten gebildet (vgl. § 6 Abs. 1
BPersVG).

Bei *gemeinsamen* Dienststellen des Bundes und der Länder, wie etwa den   806
Oberfinanzdirektionen, werden getrennte Personalvertretungen für die Bediensteten des Bundes und für die Bediensteten des betreffenden Landes
gebildet.

2. *Stufenvertretungen*

Eine Besonderheit des Personalvertretungsrechts sind die Stufenvertretun-   807
gen. Dem hierarchischen Aufbau der Verwaltung folgend erhalten die Bediensteten nicht nur eine Personalvertretung bei der Dienststelle, bei der sie
tätig sind („Personalrat"), sondern weitere bei den Behörden, die ihrer
Dienststelle vorgesetzt sind („Bezirkspersonalrat") sowie bei ihrer obersten
Dienstbehörde („Hauptpersonalrat"). Dementsprechend bestehen dann bei
den Ministerien als den obersten Dienstbehörden einmal ein Personalrat für
die dort tätigen Bediensteten und zum anderen ein Hauptpersonalrat für alle Bediensteten, die bei dem Ministerium und bei den nachgeordneten
Dienststellen tätig sind. Auch die Mitglieder der Bezirkspersonalräte und
der Hauptpersonalräte werden durch Wahl der Bediensteten bestimmt, für
die sie zuständig sind.

Die Stufenvertretungen entfalten ihre Funktion im Rahmen der Mitwirkung   808
und Mitbestimmung: Entsteht zwischen dem Leiter der Dienststelle und
dem Personalrat eine Meinungsverschiedenheit, ist diese zunächst der vorgesetzten Dienststelle und dem Bezirkspersonalrat, und wenn es dort nicht
zu einer Einigung kommt, der obersten Dienstbehörde und dem Hauptpersonalrat vorzulegen. Erst wenn auch dort keine Einigung erzielt wird, tritt
der Konfliktlösungsmechanismus über die Einigungsstelle in Aktion.

3. Wahl und Zusammensetzung der Personalräte

809   Die Personalräte werden ebenso wie die Betriebsräte auf die Dauer von vier Jahren gewählt (vgl. § 26 BPersVG). Wahlberechtigt sind alle Beschäftigten der Dienststelle, auch der Dienststellenleiter. Dieser, sein Vertreter und Beschäftigte, die zur selbständigen Entscheidung in Personalangelegenheiten der Dienststelle befugt sind, sind lediglich von der Wählbarkeit ausgeschlossen (vgl. § 14 Abs. 3 BPersVG).

810   Die Wahl erfolgt *getrennt für die Gruppen* der Beamten, der Angestellten und der Arbeiter (vgl. § 17 BPersVG). Die Differenzierung in diese drei Gruppen setzt sich auch in der Personalratsarbeit fort. Angelegenheiten, die lediglich die Angehörigen einer Gruppe betreffen, werden zwar gemeinsam im Personalrat beraten. An der Beschlußfassung nehmen aber nur die Vertreter der betreffenden Gruppe teil (vgl. § 38 BPersVG).

4. Rechtsstellung der Personalratsmitglieder

811   Die Rechtsstellung der Personalratsmitglieder ist ähnlich geregelt wie die der Betriebsräte. Auch sie führen ihr Amt unentgeltlich als Ehrenamt, haben aber Anspruch auf Befreiung von ihrer dienstlichen Tätigkeit ohne Minderung des Arbeitsentgelts (vgl. § 46 Abs. 1 bis 3 BPersVG).

812   Ebenso wie in der Betriebsverfassung ist in größeren Dienststellen eine bestimmte Anzahl von Personalratsmitgliedern ganz von ihrer dienstlichen Tätigkeit freizustellen (vgl. § 46 Abs. 4 BPersVG). Anders als die freigestellten Betriebsratsmitglieder erhalten diese freigestellten Personalratsmitglieder sogar eine monatliche Aufwandsentschädigung (vgl. § 46 Abs. 5 BPersVG).

813   Wie die Betriebsratsmitglieder haben die Mitglieder des Personalrats Anspruch auf Freistellung zur Teilnahme an Schulungs- und Bildungsveranstaltungen (vgl. § 46 Abs. 6 und 7 BPersVG).

814   Auch Personalratsmitglieder dürfen nicht behindert und wegen ihrer Tätigkeit benachteiligt oder begünstigt werden (vgl. § 8 BPersVG). Ebenso unterliegen sie einer Geheimhaltungspflicht (vgl. § 10 BPersVG).

815   Der Kündigungsschutz der Personalratsmitglieder, die Arbeitnehmer sind, ist in gleicher Weise geregelt wie der der Betriebsratsmitglieder: Ihre ordentliche Kündigung ist nach § 15 f. KSchG ausgeschlossen. Die außerordentliche Kündigung ist nur zulässig, wenn ihr zuvor der Personalrat zugestimmt

hat (vgl. § 47 BPersVG). Verweigert der Personalrat die Zustimmung, muß der Dienststellenleiter beim Verwaltungsgericht ihre Ersetzung beantragen.

III. Mitwirkung und Mitbestimmung der Personalvertretung

1. Allgemeines

Die Mitbestimmungs- und Mitwirkungsrechte der Personalvertretungen   816
dienen der *Interessenwahrnehmung*. Sie sollen es den Personalvertretungen ermöglichen, die Belange der Beschäftigten in den Dienststellen gegenüber dem Dienstherrn bzw. Arbeitgeber zur Geltung zu bringen. Die Personalvertretungsgesetze müssen dabei freilich auf die Besonderheiten des öffentlichen Dienstes Rücksicht nehmen. Etwa ist in Rechnung zu stellen, daß Beamte nicht aufgrund eines privatrechtlichen Arbeitsvertrages, sondern aufgrund eines öffentlich-rechtlichen Dienst- und Treueverhältnisses tätig sind. Auch ist im öffentlichen Dienst der Interessengegensatz zwischen dem Dienstherrn bzw. Arbeitgeber auf der einen Seite und den Beschäftigten auf der anderen Seite nicht so ausgeprägt wie der Interessengegensatz zwischen Arbeitgeber und Arbeitnehmer in der privaten Wirtschaft. Dienststelle und Beschäftigten und damit auch der Personalvertretung ist die Aufgabe gemeinsam, die Aufträge zu erfüllen, die der Dienststelle zugewiesen sind (vgl. § 2 Abs. 1 BPersVG).

Mitwirkung und Mitbestimmung der Personalvertretungen können in Kon-   817
kurrenz treten zur *parlamentarischen Verantwortung der Regierungsgewalt*: Die Bindung an Entscheidungen der Personalvertretung engt den Handlungsspielraum des Dienstherrn bzw. öffentlichen Arbeitgebers ein und erschwert es ihm, unabhängig und nur dem zuständigen Parlament verantwortlich zu handeln. Aufgrund des hier bestehenden Konflikts hat sich das Bundesverfassungsgericht schon früh veranlaßt gesehen, einen Vorbehalt der Regierungsgewalt gegenüber den Personalvertretungen zu formulieren. In einem vom Senat der Hansestadt Bremen herbeigeführten Urteil vom 27. 4. 1959 hat das Gericht ausgesprochen, daß Entscheidungen, die wesentlicher Bestandteil der Regierungsgewalt sind, nicht den Stellen entzogen werden dürfen, die der Volksvertretung verantwortlich sind[1]. Das hat zur Konsequenz, daß die Personalvertretungen in den Personalangelegenheiten

---

1 BVerfGE 9, 268 = AP Nr. 1 zu § 59 PersVG Bremen = NJW 1959, S. 1171; aus neuerer Zeit ebenso das Urteil des Staatsgerichtshofs des Landes Hessen vom 30. 4. 1986, DVBl. 1986, S. 936.

der Beamten und in grundlegenden organisatorischen Fragen auf bloße Mitwirkungsrechte zu beschränken sind. Eine entsprechende Rahmenvorschrift ist heute in § 104 BPersVG enthalten.

818   Die Personalvertretungsgesetze sind Teil des Rechts des öffentlichen Dienstes. Als solches verstehen sie sich *abschließend*. Deshalb bestimmt die Rahmenvorschrift des § 97 BPersVG, daß eine von den gesetzlichen Vorschriften abweichende Regelung des Personalvertretungsrechts durch Tarifvertrag oder Dienstvereinbarung nicht zulässig ist.

2. Mitbestimmung und Mitwirkung in sozialen Angelegenheiten der Angestellten und Arbeiter

a) in sozialen Angelegenheiten einzelner Beschäftigter

819   Nach den Personalvertretungsgesetzen hat der Personalrat in einigen Angelegenheiten einzelner Beschäftigter ein Mitbestimmungsrecht. Im Geltungsbereich des BPersVG gehören hierzu die Gewährung von Vorschüssen und Darlehen, die Zuweisung und Kündigung von Dienstwohnungen und die Zuweisung von Dienst- und Pachtland (§ 75 Abs. 2).

b) in allgemeinen sozialen Angelegenheiten

820   Die Personalvertretungsgesetze enthalten durchweg eine § 87 BetrVG vergleichbare Vorschrift, in der den Personalräten, soweit eine gesetzliche oder tarifliche Regelung nicht besteht, ein durch Dienstvereinbarung auszuübendes Mitbestimmungsrecht in sozialen Angelegenheiten eingeräumt wird. Teilweise greifen die dort enthaltenen Mitbestimmungstatbestände auch über den Katalog des § 87 BetrVG hinaus. Etwa enthalten die meisten Landespersonalvertretungsgesetze inzwischen eine Bestimmung, nach der die Einführung und Anwendung von Anlagen der Datenverarbeitung generell der Mitbestimmung unterliegt, so daß es − anders als nach § 87 Abs.1 Nr.6 BetrVG − auf ihre Bestimmung zur Verhaltenskontrolle nicht ankommt. Hierzu zählt auch die Einräumung eines Mitbestimmungsrechts bei Maßnahmen zur Hebung der Arbeitsleistung und zur Erleichterung des Arbeitsablaufs.

821   Die Systematik ist dabei nicht deckungsgleich mit der des BetrVG. Etwa sind die Mitbestimmungsrechte in allgemeinen sozialen Angelegenheiten im BPersVG in zwei Vorschriften, nämlich in § 75 Abs. 3 und in § 76 Abs. 2 ge-

regelt, wobei diesen Vorschriften auch im Betriebsverfassungsgesetz an anderer Stelle geregelte Mitbestimmungstatbestände, z.b. die über Personalfragebogen, Beurteilungsrichtlinien und Auswahlrichtlinien zugeordnet sind.

c) Durchführung der Mitbestimmung

Hinsichtlich der Durchführung der Mitbestimmung unterscheiden die Personalvertretungsgesetze danach, ob die Initiative zur Regelung der Angelegenheit vom Leiter der Dienststelle oder vom Personalrat ausgeht.   822

Will der Leiter der Dienststelle in einer mitbestimmungspflichten Angelegenheit eine Maßnahme treffen, hat er den Personalrat zu unterrichten und dessen Zustimmung zu beantragen. Kommt eine Einigung nicht zustande, so kann der Leiter der Dienststelle oder der Personalrat die Angelegenheit auf dem Dienstweg der übergeordneten Dienststelle, bei der eine Stufenvertretung besteht, vorlegen. Kommt auch dort eine Einigung nicht zustande, kann die Sache der obersten Dienstbehörde vorgelegt werden. Schlägt auch dort der Einigungsversuch fehl, entscheidet schließlich die paritätisch besetzte Einigungsstelle, wobei aber der Leiter der Dienststelle bei Maßnahmen, die der Sache nach keinen Aufschub dulden, bis zur endgültigen Entscheidung vorläufige Regelungen treffen kann (vgl. § 69 BPersVG).   823

Geht die Initiative vom Personalrat aus, hat er die Maßnahme schriftlich dem Leiter des Dienststelle vorzuschlagen. Entspricht dieser dem Antrag nicht, so gilt im Regelfalle dasselbe Verfahren wie bei einer Maßnahme, die der Leiter der Dienststelle treffen will. Es entscheidet also nach der Einschaltung der Stufenvertretungen letztlich die Einigungsstelle (vgl. § 70 Abs. 1 BPersVG)[2]. In einer Reihe von Fällen, z.B. hinsichtlich des Inhalts von Personalfragebogen und von Beurteilungsrichtlinien, entscheidet aber statt der Einigungsstelle die oberste Dienstbehörde endgültig (vgl. § 70 Abs. 2 BPersVG).   824

---

2 Zur gerichtlichen Kontrolle von Entscheidungen der personalvertretungsrechtlichen Einigungsstelle vgl. *Rieble*, Die Kontrolle des Ermessens der betriebsverfassungsrechtlichen Einigungsstelle, 1989, 26.

d) Mitwirkungsfälle

825 In Organisationsangelegenheiten[3] sehen die Personalvertretungsgesetze regelmäßig kein Mitbestimmungsrecht, sondern nur ein Mitwirkungsrecht vor (vgl. § 78 Abs. 1 Nr. 1 und 2 BPersVG). In diesen Fällen besteht nur eine Konsultationspflicht der Dienststelle, jedoch hat der Personalrat das Recht, die übergeordneten Dienststellen, bei denen Stufenvertretungen bestehen, anzurufen. Diese entscheiden dann nach Verhandlung mit der Stufenvertretung endgültig (vgl. § 72 BPersVG).

3. Mitbestimmung und Mitwirkung in personellen Angelegenheiten der Angestellten und Arbeiter

a) Mitbestimmungsfälle

826 Vergleichbar § 99 BetrVG bestimmen die Personalvertretungsgesetze, daß der Personalrat bei Einstellungen, Versetzungen und anderen personellen Einzelmaßnahmen mitzubestimmen hat (vgl. § 75 Abs. 1 BPersVG). Dabei ist auch der Personalrat auf bestimmte Zustimmungsverweigerungsgründe, nämlich den Verstoß gegen eine Rechtsvorschrift, die Besorgnis von Benachteiligung des betroffenen Beschäftigten oder anderer Beschäftigter und die Besorgnis der Störung des Friedens der Dienststelle beschränkt (vgl. § 77 Abs. 2 BPersVG). Allerdings werden auch in diesen Fällen die Stufenvertretungen eingeschaltet und zunächst entscheidet die Einigungsstelle (vgl. § 69 Abs. 4 Satz 1 BPersVG), ehe schließlich eine Entscheidung des Verwaltungsgerichts erfolgt.

b) Mitwirkung bei Kündigungen

827 § 79 BPersVG sieht für den Bereich des öffentlichen Dienstes des Bundes eine Mitwirkung des Personalrats bei Kündigungen von Angestellten und Arbeitern des öffentlichen Dienstes vor, die etwas anders ausgestaltet ist wie die Mitwirkung bei Kündigungen im Bereich der privaten Wirtschaft nach § 102 BetrVG: Vor der ordentlichen Kündigung ist der Personalrat zu *konsultieren*, d.h. die Kündigung ist mit ihm eingehend zu erörtern (vgl. § 79 Abs. 1 Satz 1 i.V.m. § 72 BPersVG). Vor außerordentlichen Kündigungen ist der Personalrat nur anzuhören, ohne daß das Konsultationsverfahren durchzuführen wäre (vgl. § 79 Abs. 3 BPersVG).

---

3 Dazu Rdnr. 834.

Ist der Personalrat nicht beteiligt worden, ist die Kündigung unwirksam (vgl. § 79 Abs. 4 BPersVG). Daß die durch den Arbeitgeber ausgesprochene Kündigung des Arbeitsverhältnisses eines Beschäftigten unwirksam ist, wenn die Personalvertretung nicht beteiligt worden ist, schreibt § 108 Abs. 2 BPersVG auch für die Landespersonalvertretungsgesetze zwingend vor.   828

Auch der Personalrat erhält das Recht, aus bestimmten Gründen gegen ordentliche Kündigungen Einwendungen zu erheben (vgl. § 79 Abs. 1 Satz 2 BPersVG). Erhebt er Einwendungen, kann sich der Arbeitnehmer auf sie im Kündigungsschutzprozeß berufen (vgl. § 1 Abs. 2 Satz 2 Nr. 2 KSchG) und erhält einen Anspruch auf vorläufige Weiterbeschäftigung (§ 79 Abs. 2).   829

Vor außerordentlichen Kündigungen ist der Personalrat nur anzuhören, ohne daß das Konsultationsverfahren durchzuführen wäre (vgl. § 79 Abs. 3 BPersVG).   830

4. Mitbestimmung und Mitwirkung in Angelegenheiten der Beamten

Die Personalvertretungsgesetze sehen ein Mitbestimmungsrecht des Personalrats in Personalangelegenheiten der Beamten vor: bei Einstellungen, Beförderungen, Übertragung einer höher oder niedriger zu bewertenden Tätigkeit, Versetzungen, Abordnungen für eine Dauer von mehr als drei Monaten, Anordnungen, die die Freiheit in der Wahl der Wohnung beschränken, Versagung oder Widerruf von Nebentätigkeitsgenehmigungen, Ablehnung eines Antrags auf Teilzeitbeschäftigung oder Urlaub und Hinausschieben des Eintritts in den Ruhestand wegen Erreichens der Altersgrenze (vgl. § 76 Abs. 1 BPersVG). Allerdings erhält der Personalrat insofern nur ein Zustimmungsverweigerungsrecht bei Verstoß gegen die Rechtsvorschriften sowie Besorgnis der Benachteiligung oder der Störung des Friedens in der Dienststelle (vgl. § 76 Abs. 2 BPersVG). Dieses Zustimmungsverweigerungsrecht kann letztlich nur zu einer Empfehlung der Einigungsstelle an die oberste Dienstbehörde führen (vgl. § 69 Abs. 4 Satz 3 und 4 BPersVG). Damit wird dem Vorbehalt der Regierungsgewalt Rechnung getragen[4].   831

Ein an sich echtes Mitbestimmungsrecht wird dem Personalrat in bestimmten allgemeinen Angelegenheiten der Beamten eingeräumt, nämlich bei der Auswahl der Teilnehmer an Fortbildungsveranstaltungen, beim Inhalt von Personalfragebogen, bei Beurteilungsrichtlinien und bei der Bestellung von Vertrauens- oder Betriebsärzten als Beamte (vgl. § 76 Abs. 2 BPersVG).   832

---

4 Dazu Rdnr. 817.

Auch insoweit endet die Mitbestimmung aber bei einer Empfehlung der Einigungsstelle an die oberste Dienstbehörde.

833   Schließlich sehen die Gesetze eine Mitwirkung des Personalrats bei der Einleitung von Disziplinarmaßnahmen gegen Beamte, bei der Entlassung von Beamten auf Probe oder auf Widerruf und bei vorzeitiger Versetzung in den Ruhestand vor (vgl. § 78 Abs. 1 Nr. 3 bis 5 BPersVG).

5. Mitwirkung in Organisationsangelegenheiten

834   Der Personalrat hat ein Mitwirkungsrecht bei der Vorbereitung von Verwaltungsanordnungen einer Dienststelle für die innerdienstlichen sozialen und persönlichen Angelegenheiten der Beschäftigten und bei der Auflösung, Einschränkung, Verlegung oder Zusammenlegung von Dienststellen oder wesentlichen Teilen von ihnen. Für dieses Mitwirkungsrecht gelten die Bestimmungen über die Konsultationspflicht (vgl. § 72 BPersV[5]).

IV. Rechtslage in der DDR

835   Art. 29 Satz 2 des Staatsvertrags über die Währungs-, Wirtschafts- und Sozialunion sah vor, daß für die Übergangszeit bis zur endgültigen staatlichen Einheit für den öffentlichen Dienst der DDR das *Bundespersonalvertretungsgesetz* sinngemäß Anwendung fand. Die nur sinngemäße Anwendung sollte Raum für die Berücksichtigung der besonderen Situation des öffentlichen Dienstes in der DDR lassen (vgl. Denkschrift zum Staatsvertrag, BT-Drucksache 11/7171, zu Art. 29). Nach dem Beitritt gilt das BPersVG für den öffentlichen Dienst des Bundes auch im Gebiet der früheren DDR. Da das BPersVG in seinem § 95 den Ländern die Verpflichtung auferlegt, durch Gesetz in ihren Verwaltungen, Gerichten und Betrieben sowie in den Verwaltungen und Betrieben der kommunalen Gebietskörperschaften und den sonstigen nicht bundesunmittelbaren Körperschaften, Anstalten und Stiftungen des öffentlichen Rechts die Bildung von Personalvertretungen vorzusehen, obliegt es den neu geschaffenen Ländern der ehemaligen DDR ebenso, Personalvertretungsgesetze zu erlassen. Bis dahin ist dort weiterhin das Bundespersonalvertretungsgesetz sinngemäß anzuwenden (vgl. Art. 40 Abs. 1 des Einigungsvertrags).

---

5 Vgl. dazu Rdnr. 827.

V. Kontrollfrage

Frage 47: Wie unterscheidet sich das Mitbestimmungsverfahren im Personalvertretungsrecht von dem im Betriebsverfassungsrecht?

§ 13   Unternehmensverfassung nach den Mitbestimmungsgesetzen

Literaturangaben: *Badura/Rittner/Rüthers*, Mitbestimmungsgesetz 1976 und Grundgesetz, 1977; Bericht der Unternehmensrechtskommission 1980, herausgegeben vom Bundesministerium der Justiz; *Böhm, F./Briefs, G.* Hrsg., Mitbestimmung – Ordnungselement oder politischer Kompromiß?, 2. Aufl. 1973; *Fabricius u.a.*, Gemeinschaftskommentar zum Mitbestimmungsgesetz, Loseblatt-Sammlung; *Fitting/Wlotzke/Wißmann*, Mitbestimmungsgesetz, 2. Aufl. 1978; *Hanau/Ulmer*, Mitbestimmungsgesetz, 1981; *Hofmann/Lehmann/Weinmann*, Mitbestimmungsgesetz 1978; *Kübler/Schmidt/Simitis*, Mitbestimmung als gesetzgebungspolitische Aufgabe, 1980; *Martens*, Das Recht der unternehmerischen Mitbestimmung, JuS 1983, 329; Mitbestimmung im Unternehmen, Bericht der Sachverständigenkommission (sog. Biedenkopf-Bericht 1970 – BT-Drucks. VI/334); *Raiser*, Mitbestimmungsgsetz, 2. Aufl. 1984.

I. Grundgedanke und Entwicklung

1. Grundgedanke

836   Die Arbeitsrechtsordnung beschränkt die Mitbestimmung der Arbeitnehmerseite nicht auf die betrieblichen, sozialen, personellen und wirtschaftlichen Angelegenheiten wie sie im BetrVG geregelt sind. Vielmehr beteiligt sie die Arbeitnehmer auch *an der Leitung der Unternehmen*, indem sie deren Organe, in erster Linie den Aufsichtsrat von Kapitalgesellschaften, auch mit Vertretern der Arbeitnehmer besetzt. Damit wird auf der einen Seite den Arbeitnehmern direkter Einfluß auf die Unternehmenspolitik eingeräumt, andererseits werden sie auch in die Verantwortung für diese Politik eingebunden.

2. Entwicklung

837   Eine Unternehmensmitbestimmung in diesem Sinne ist in Deutschland erstmals im Betriebsrätegesetz vom 4. 2. 1920 vorgesehen worden. Nach dessen § 70 waren in den Aufsichtsrat von Aktiengesellschaften und gleichartige Aufsichtsorgane anderer Unternehmen ein oder zwei Mitglieder des Betriebsrats zu entsenden.

838   Nach dem 2. Weltkrieg wurde zunächst für den Montanbereich durch das Mitbestimmungsgesetz vom 21. 5. 1951 wieder eine Unternehmensmitbe-

stimmung eingeführt. Danach erfolgte eine allgemeine Regelung in den §§ 76 ff. BetrVG 1952, die für kleinere Unternehmen heute noch fortgilt. Schließlich stellte das Mitbestimmungsgesetz 1976 die Unternehmensmitbestimmung für größere Unternehmen auf eine neue rechtliche Grundlage. Rechtspolitische Bestrebungen, ein einheitliches Unternehmensrecht zu schaffen, in das dann auch die Mitbestimmung der Arbeitnehmer integriert ist, haben bislang nicht zum Erfolg geführt[1].

II. Mitbestimmung nach dem Mitbestimmungsgesetz 1976

1. Geltungsbereich

Nach § 1 i.V.m. § 7 MitBestG 1976 besteht der Aufsichtsrat von Aktiengesellschaften, Kommanditgesellschaften auf Aktien, GmbH, bergrechtlichen Gewerkschaften und Erwerbs- und Wirtschaftsgenossenschaften, sofern diese Unternehmen in der Regel mehr als 2000 Arbeitnehmer beschäftigen, je zur Hälfte aus Vertretern der Anteilseigner und Vertretern der Arbeitnehmer.   839

Nach § 4 des Gesetzes werden bei der sog. GmbH & Co KG, also einer Kommanditgesellschaft, deren persönlich haftender Gesellschafter eine GmbH ist, die Arbeitnehmer der Kommanditgesellschaft als Arbeitnehmer der GmbH gerechnet. Damit wird erreicht, daß bei der entsprechenden Größenordnung die GmbH & Co KG über die Mitbestimmung im Aufsichtsrat der Komplementär-GmbH dem Gesetz ebenfalls untersteht.   840

§ 5 bezieht auch die Leitungsunternehmen von Unterordnungskonzernen in den Geltungsbereich des Gesetzes ein, sofern das Leitungsunternehmen in der Rechtsform einer der in § 1 MitBestG genannten Gesellschaften geführt wird. Dies geschieht auch in diesem Falle dadurch, daß die Arbeitnehmer der beherrschenden Unternehmen dem Leitungsunternehmen zugerechnet werden.   841

Keine Anwendung findet das Gesetz nach § 1 Abs. 4 auf Tendenzunternehmen[2].   842

---

1 Vgl. dazu den Bericht über die Verhandlungen der Unternehmensrechtskommission 1980, herausgegeben vom Bundesministerium für Justiz.
2 Zum Begriff des Tendenzunternehmens vgl. Rdnr. 737 ff.

2. Zusammensetzung und Bildung des Aufsichtsrats

843   Die Zahl der Vertreter der Anteilseigner und der Arbeitnehmer beträgt in Unternehmen mit bis zu 10 000 Arbeitnehmern je sechs, mit bis zu 20 000 Arbeitnehmern je acht und mit über 20 000 Arbeitnehmern je zehn Aufsichtsratsmitglieder. Unter den Aufsichtsratsmitgliedern der Arbeitnehmer müssen sich dabei Vertreter der im Unternehmen vertretenen Gewerkschaften befinden, und zwar bei sechs bis acht Aufsichtsratsmitgliedern der Arbeitnehmer zwei und bei zehn Aufsichtsratsmitgliedern der Arbeitnehmer drei solcher Vertreter.

844   Während die Aufsichtsratsmitglieder der Anteilseigner nach § 8 MitBestG 1976 einfach durch das Wahlorgan, also bei der Aktiengesellschaft durch die Hauptversammlung bestimmt werden, ist für die Wahl der Arbeitnehmervertreter in Unternehmen mit über 8000 Arbeitnehmern eine Wahl durch Wahlmänner, und in Unternehmen bis zu 8000 Arbeitnehmern unmittelbare Wahl durch die wahlberechtigten Arbeitnehmer des Unternehmens vorgesehen, sofern nicht in geheimer Abstimmung der wahlberechtigten Arbeitnehmer jeweils das andere Wahlsystem eingeführt wird (§ 9 MitBestG 1976). In beiden Wahlverfahren wird sichergestellt, daß unter den Aufsichtsratsmitgliedern der Arbeitnehmer sich Arbeiter und Angestellte entsprechend ihrem zahlenmäßigen Verhältnis im Unternehmen befinden und daß dem Aufsichtsrat *mindestens ein leitender Angestellter* angehört (vgl. im einzelnen §§ 11 Abs. 2, 15 Abs. 2 MitBestG 1976).

3. Verfahren und Befugnisse des Aufsichtsrats

Fall 47: *Die Hauptversammlung der X AG nimmt in ihre Satzung eine Bestimmung auf, nach der der Aufsichtsrat beschlußfähig sein soll, wenn mindestens die Hälfte der an der Beschlußfassung teilnehmenden Aufsichtsratsmitglieder Anteilseigner sind und sich unter ihnen der Aufsichtsratsvorsitzende befindet. Die Aufsichtsratsmitglieder der Arbeitnehmerseite erheben beim Landgericht Klage mit den Antrag, festzustellen, daß diese Bestimmung nichtig ist.*

845   Durch Vorschriften für die innere Ordnung des Aufsichtsrates stellt das Gesetz ein leichtes *Übergewicht der Anteilseignerseite* in diesem Organ sicher. Einmal bestimmt § 27 des Gesetzes, daß die Wahl des Aufsichtsratsvorsitzenden mit einer Zweidrittelmehrheit der Aufsichtsratsmitglieder zu erfolgen hat und daß, wenn diese Mehrheit nicht erreicht wird, die Anteilseignerseite allein den Aufsichtsratsvorsitzenden wählt, während auf die Arbeitnehmervertreter nur die Wahl von dessen Stellvertreter entfällt. Zum

anderen räumt § 29 im Falle der Stimmengleichheit bei einer Abstimmung im Aufsichtsrat dem Aufsichtsratsvorsitzenden (nicht aber dessen Stellvertreter) eine zweite Stimme ein, so daß er im Sinne der Anteilseigner den Ausschlag geben kann.

Dieses zweite Stimmrecht des Aufsichtsratsvorsitzenden kann vor allem bei der Bestellung der Mitglieder des Vertretungsorgans der Gesellschaft, bei der Aktiengesellschaft also des Vorstands, zur Geltung gebracht werden. Ist nämlich bei der Bestellung eines Mitgliedes des Vertretungsorgans in einer ersten Abstimmung keine Zweidrittelmehrheit und in einer zweiten Abstimmung keine einfache Mehrheit erreicht worden, so hat nach § 31 Abs. 4 bei einer weiteren Abstimmung der Aufsichtsratsvorsitzende wieder zwei Stimmen.   846

Schließlich ist nach § 28 MitBestG 1976 der Aufsichtsrat nur beschlußfähig, wenn mindestens die Hälfte der Mitglieder, aus denen er insgesamt zu bestehen hat, an der Beschlußfassung teilnimmt.   847

Im übrigen richtet sich das Verfahren des Aufsichtsrates für die Aktiengesellschaft nach §§ 107 ff. AktG und für die anderen Kapitalgesellschaften nach den entsprechenden Gesellschaftsgesetzen (§ 25 MitBestG).   848

Dabei steht es den Gesellschaftsorganen aber frei, für die Ausschüsse ähnliche Regelungen zu treffen, wie sie das Gesetz für den Aufsichtsrat geschaffen hat, insbesondere den Aufsichtsratsvorsitzenden auch in Aufsichtsratsausschüssen einen Stichentscheid zuzuweisen[3]. Solche Regelungen dürfen sich lediglich nicht mit den Prinzipien in Widerspruch setzen, die in den §§ 27 bis 29 MitBestG 1976 niedergelegt sind.   849

Deshalb ist die Satzungsbestimmung in **Fall 47** *unzulässig, weil sie gegen das Prinzip des § 28 MitBestG verstößt[4]. Da die Vorschriften der §§ 25 ff. MitBestG im öffentlichen Interesse gegeben sind, liegt ein Nichtigkeitsgrund i.S.d. § 241 Nr. 3 AktG vor, der gemäß § 249 AktG mit der Nichtigkeitsklage geltend gemacht werden kann. Die Aufsichtsratsmitglieder der Arbeitnehmerseite werden mit ihrer Klage also Erfolg haben.*

Die Arbeitnehmer haben im Aufsichtsrat genau die gleiche Stellung wie die anderen Aufsichtsratsmitglieder. Auch ändern die Regeln der Mitbestimmungsgesetze nichts an der Zuständigkeit des Aufsichtsrates, die sich auf die Bestellung der Mitglieder der Vertretungsorgane, die Überwachung von deren Tätigkeit und nur im Ausnahmefall auf grundsätzliche Maßnahmen   850

---

3 BGH vom 25. 2. 1982, AP Nr. 1 und 2 zu § 25 MitBestG 76 = BGHZ 83, 144 und 106 = BB 1982, Beilage 4 S. 1 und 3 = DB 1982, 745 und 742 = NJW 1982, 1528 und 1525 = EzA Nr. 5 und 6 zu §§ 25 bis 29 MitBestG 76.

4 BGH vom 25. 2. 1982, AP Nr. 1 zu § 28 MitBestG 76 = BGHZ 83, 151 = DB 1982, 747 = BB 1982, Beilage 4 S. 6 = NJW 1982, 1530 und EzA Nr. 4 zu §§ 25 bis 29 MitBestG 76.

der Geschäftsführung erstreckt (vgl. für die Aktiengesellschaft § 111 AktG).

4. Bestimmungen für das gesetzliche Vertretungsorgan

851   § 33 MitBestG 1976 sieht für das gesetzliche Vertretungsorgan eines dem Gesetz unterfallenen Unternehmens die Bestellung eines *Arbeitsdirektors* vor. Diese Bestimmung hat insofern Bedeutung, als sich aus ihr ergibt, daß das mitbestimmte Unternehmen ein für das Personal- und Sozialwesen zuständiges Mitglied des Vertretungsorgans haben muß. Doch hat die Arbeitnehmerseite im Aufsichtsrat keinen besonderen Einfluß auf die Bestellung des Arbeitsdirektors. Vielmehr wird er im gleichen Verfahren wie alle anderen Mitglieder des Vertretungsorgans bestimmt.

5. Verfassungsmäßigkeit

852   Das Bundesverfassungsgericht hat das Mitbestimmungsgesetz durch Beschluß vom 1. 3. 1979 für verfassungsgemäß erklärt. Der für das Bundesverfassungsgericht entscheidende Gesichtspunkt war dabei, daß das Gesetz insbesondere durch den Bestellungsmodus für den Aufsichtsratsvorsitzenden und durch dessen zweites Stimmrecht der Anteilseignerseite die Möglichkeit läßt, sich bei der Führung des Unternehmens letztlich durchzusetzen. Dadurch sei die Eigentumsgarantie des Art. 14 GG gewahrt und auch sichergestellt, daß die Arbeitgeberseite auf der Tarifebene den Gewerkschaften „unabhängig" gegenübertreten könne, so daß die durch Art. 9 Abs. 3 GG garantierte Tarifautonomie nicht berührt sei[5].

III. Montanmitbestimmung

853   Für den Bergbau und die eisen- und stahlerzeugenden Industrie legt das Montanmitbestimmungsgesetz vom 21. 5. 1951 eine echt paritätische Besetzung der Aufsichtsräte mit Arbeitnehmervertretern und Kapitaleignern fest[6]. Die Aufsichtsräte haben insgesamt 11 Mitglieder, darunter ein neutra-

---

5 BVerfG vom 1. 3. 1979, AP Nr. 1 zu § 1 MitBestG 1976 = NJW 1979, 593 = JuS 1979, 897 = DB 1979, Beilage 5 = BB 1979, Beilage 2 = EzA § 7 MitBestG 1976 Nr.1.
6 Zur Vereinbarkeit dieser Regeln mit Art. 9 Abs. 3 GG vgl. *Löwisch*, MünchArbR § 236 Rdnr. 46.

les Mitglied, auf das sich Arbeitnehmervertreter und Anteilseigner einigen müssen. Insgesamt drei der Arbeitnehmervertreter werden durch die Spitzenorganisation der Gewerkschaft nach Anhörung der Betriebsräte der Hauptversammlung vorgeschlagen, die an diesen Wahlvorschlag gebunden ist.

Das Montanmitbestimmungsgesetz sieht außerdem für den Vorstand der   854
Gesellschaft den sogenannten Arbeitsdirektor vor, der anders als der Arbeitsdirektor nach dem MitBestG 1976 nicht gegen Stimmen der Mehrheit der Arbeitnehmervertreter im Aufsichtsrat bestellt werden kann.

Ebenfalls eine echt paritätische Besetzung des Aufsichtsrats ist im Mitbe-   855
stimmungsergänzungsgesetz vom 7. 8. 1956 für herrschende Unternehmen festgelegt, deren Unternehmenszweck durch Konzernunternehmen und abhängige Unternehmen gekennzeichnet wird, die ihrerseits unter das Montanmitbestimmungsgesetz fallen. Dabei genügt es nach einer 1988 erfolgten Neufassung des Mitbestimmungsergänzungsgesetzes, wenn die dem MontanMitBestG unterliegenden Konzernunternehmen und abhängigen Unternehmen insgesamt mindestens 20% der Wertschöpfung des ganzen Konzerns erzielen und in der Regel mehr als 2000 Arbeitnehmer beschäftigen. Diese Regelung, mit der der schwindenden Bedeutung des Montanbereichs Rechnung getragen werden soll, ist in Hinblick auf Art. 3 Abs. 1 GG nicht unbedenklich.

IV. Mitbestimmung in kleineren Unternehmen

1. Bereich des BetrVG 1952

Nach den §§ 76, 77 BetrVG 1952, die noch fortgelten, hat der Aufsichtsrat   856
von Aktiengesellschaften und von anderen Kapitalgesellschaften, die mehr als 500 Arbeitnehmer beschäftigen, zu einem Drittel aus Arbeitnehmervertretern zu bestehen. Diese Arbeitnehmervertreter werden von den Arbeitnehmern des Betriebes gewählt. Sofern nur ein Arbeitnehmervertreter zu wählen ist, muß er Arbeitnehmer des Unternehmens sein. Bei zwei oder mehr Arbeitnehmervertretern müssen mindestens zwei Arbeitnehmer des Unternehmens sein, davon einer Arbeiter und einer Angestellter. Zu Wahlvorschlägen sind der Betriebsrat und ein Zehntel der Belegschaft oder 100 Arbeitnehmer berechtigt (§ 76 Abs. 3 BetrVG 1952).

2. Mitbestimmungsfreier Bereich

857   Keine Mitbestimmung bei der Leitung der Unternehmen findet bei allen Einzelunternehmen, allen Personalhandelsgesellschaften und allen Unternehmen statt, die weniger als 500 Arbeitnehmer beschäftigen. Bei diesen Unternehmen sind etwa zwei Drittel aller Arbeitnehmer beschäftigt.

V. Rechtslage in der DDR

858   Nach dem Staatsvertrag über die Währungs-, Wirtschafts- und Sozialunion gehörten die Mitbestimmungsgesetze zu den Rechtsvorschriften, die von der DDR in Kraft zu setzen waren. Dies ist zum 1. Juli 1990 geschehen.

VI. Kontrollfrage

Frage 48: Wie sichert das Mitbestimmungsgesetz 1976 der Anteilseignerseite das Übergewicht im Aufsichtsrat?

3. Kapitel

Recht des Arbeitsverhältnisses

A. Inhalt des Arbeitsverhältnisses

§ 14 Arbeitspflicht und Beschäftigungsanspruch

Literaturangaben: *Birk*, Die arbeitsrechtliche Leitungsmacht, 1973; *Bitter/Moll*, Die Arbeitspflicht des Arbeitnehmers, AR-Blattei, D, Arbeitspflicht I; *Buchner*, Das Wettbewerbsverbot während der Dauer des Arbeitsverhältnisses, AR-Blattei, D, Wettbewerbsverbot II; *Buchner*, Wettbewerbsverbot, Schriften zur AR-Blattei, 1980; *Grunsky*, Wettbewerbsverbote für Arbeitnehmer, 2. Aufl. 1987; *Schwerdtner*, Fürsorge- und Treuepflicht im Gefüge des Arbeitsverhältnisses, ZfA 1979, 1; *Söllner*, Einseitige Leistungsbestimmungen im Arbeitsverhältnis, 1966.

I. Arbeitspflicht

1. Dienstleistung in Person

a) Persönliche Verpflichtung

Der Arbeitnehmer muß die ihm nach dem Arbeitsvertrag obliegenden   859
Pflichten im Zweifel in Person leisten (§ 613 Satz 1 BGB). Er kann also keinen
Ersatzmann stellen. Nur wo etwas anderes vereinbart ist oder sich aus der
Natur der Sache ergibt, ist das möglich. So wird z.B. ein in der Fabrik wohnender Pförtner sich gelegentlich durch seine Ehefrau vertreten lassen können. Aus § 613 Satz 1 BGB folgt auch, daß mit dem Tode des Arbeitnehmers
die Arbeitspflicht erlischt und nicht etwa auf die Erben übergeht.

b) Unübertragbarkeit des Dienstleistungsanspruchs

Auch auf der Arbeitgeberseite ist der Anspruch auf Dienstleistung im Zwei-   860
fel an den Vertragspartner gebunden und nicht übertragbar (§ 613 Satz 2
BGB). Eine Ausnahme stellt die Arbeitnehmerüberlassung dar, bei der der
Arbeitgeber (Verleiher) seine Arbeitnehmer mit deren Einverständnis zur
Arbeitsleistung an einen Dritten (Entleiher) abgibt[1]. Aus der Unübertragbarkeit folgt, daß der Anspruch auf die Arbeitsleistung weder gepfändet (§ 851
ZPO) noch verpfändet (§ 1274 Abs. 2 BGB) werden kann.

---

1 Siehe dazu im einzelnen § 28 (Rdnr. 1468 ff.).

2. Art und Umfang der Arbeitspflicht

Fall 48: *A ist, wie es in ihrem Arbeitsvertrag heißt, als „Phonotypistin" von Rechtsanwalt X eingestellt worden. Nachdem sie einige Monate fast ausschließlich Schriftsätze nach Banddiktat geschrieben hat, erklärt ihr X, sie müsse nunmehr die Registratur der Praxis übernehmen. A meint, dazu sei sie nach ihrem Arbeitsvertrag nicht verpflichtet.*

861   Nach § 611 Abs. 1 BGB ist der Arbeitnehmer zur Leistung der versprochenen Dienste verpflichtet. Art und Umfang der Arbeitsverpflichtung ergeben sich also in erster Linie aus dem Arbeitsvertrag. Grundsätzlich legt dieser die Arbeitsverpflichtung durch eine Tätigkeitsbeschreibung näher fest. Wo das nicht der Fall ist, muß sie durch Auslegung nach § 157 BGB ermittelt werden.

Im **Fall 49** *ist die von A zu leistende Arbeitsleistung eindeutig als die einer Phonotypistin beschrieben. Sie ist deshalb grundsätzlich auch nur zu solchen Arbeiten verpflichtet. Zwar darf sie nicht kleinlich auf diesem Standpunkt beharren, sondern muß etwa bei anderen Tätigkeiten aushelfen, wenn sich dafür die Notwendigkeit im Betriebsablauf ergibt. Aber ausschließlich eine andere Tätigkeit zu verrichten, kann von ihr nicht verlangt werden. Wenn X sie also gegen ihren Willen zur Tätigkeit in der Registratur verpflichten will, geht das nur über eine Änderungskündigung des Arbeitsvertrages.*

862   Aus Treu und Glauben (§ 242 BGB) ergibt sich, daß der Arbeitnehmer in Notfällen, beispielsweise bei Ausbrechen eines Brandes oder bei der Gefahr, daß Ware verdirbt, auch Arbeiten leisten muß, die völlig aus seinem Pflichtenkreis herausfallen. Auch der Prokurist muß in solchen Fällen zupacken, etwa Ware in den Kühlraum transportieren.

863   Begrenzt wird die Arbeitspflicht durch *gesetzliche* und *tarifvertragliche* Bestimmungen. Etwa braucht der Arbeitnehmer keine Sonntagsarbeit zu leisten, wenn nicht eine Ausnahme vom gesetzlichen Sonntagsarbeitsverbot vorliegt[2], und kann auf Einhaltung eines tariflichen Samstagsarbeitsverbots bestehen.

864   Grenzen werden der Arbeitspflicht auch durch die *Mitbestimmungsrechte* des *Betriebsrats* gezogen. Insbesondere durch die Mitbestimmung über die Arbeitszeit (§ 87 Abs. 1 Nr. 2 und 3 BetrVG) und über das Verhalten bei der Arbeitsleistung (§ 87 Nr. 1 und 6 BetrVG)[3] erhält der Betriebsrat Einfluß auf Art und Umfang der Arbeitspflicht der im Betrieb beschäftigten Arbeitnehmer. Wird z.B. in einem Betrieb durch Betriebsvereinbarung Gleitzeitarbeit eingeführt, besteht außerhalb der Kernarbeitszeit keine Verpflichtung des Arbeitnehmers zur Arbeitsleistung.

---

2 Vgl. dazu Rdnr. 897 f.
3 Siehe dazu Rdnr. 603 ff., Rdnr. 599 ff. und 609 ff.

3. Direktionsrecht

Mit der Bestimmung von Art und Umfang der Arbeitsverpflichtung steht   865
noch nicht fest, welche konkrete Tätigkeit der Arbeitnehmer von Fall zu Fall
auszuführen hat. Dieses durch Weisungen festzulegen, ist Sache des Arbeitgebers. Er hat insoweit das Direktionsrecht. § 121 GewO drückt das in Bezug auf die gewerblichen Arbeitnehmer so aus:

„Gesellen und Gehilfen sind verpflichtet, den Anordnungen der Arbeitgeber in Beziehung auf die ihnen übertragenen Arbeiten... Folge zu leisten."

Rechtlich ist das Direktionsrecht als Leistungsbestimmungsrecht i.S.d. § 315   866
BGB zu qualifizieren. Der Arbeitgeber darf bei seinen Weisungen also nicht
willkürlich verfahren, sondern muß billiges Ermessen walten lassen[4]. Daraus folgt etwa, daß bei der Zuweisung von Arbeiten auf Gewissenskonflikte
des Arbeitnehmers Rücksicht zu nehmen ist[5].

4. Durchsetzung der Arbeitspflicht

Fall 49: *A, der als Dreher ausgelernt hat, schließt mit der Firma X einen Arbeitsvertrag als*
Dreher. Der Arbeitsvertrag enthält die Bestimmung: „Tritt A die Arbeit nicht an oder löst er
das Arbeitsverhältnis unter Vertragsbruch, hat er an die Firma eine Vertragsstrafe in Höhe ei-
nes Monatslohns zu zahlen. Die Geltendmachung eines weiteren Schadens ist nicht ausge-
schlossen." Als Termin für den Arbeitsantritt wird der 1.4. vereinbart. Nun bietet der Aus-
bildungsbetrieb dem A 100,− DM im Monat mehr. Daraufhin schließt A auch mit ihm einen
Vertrag und nimmt dort die Arbeit auf. X muß einen Ersatzmann einstellen, dem er ebenfalls
DM 100,− mehr bezahlen muß als er A zugesagt hat.

Erfüllt ein Arbeitnehmer ohne Grund seine Arbeitsverpflichtung nicht, tritt   867
er etwa seinen Dienst gar nicht an oder verläßt er nach Aussprechen einer
Kündigung seinen Arbeitsplatz vor Ablauf der Kündigungsfrist, steht dem
Arbeitgeber an sich ein Anspruch auf Erfüllung des Arbeitsvertrages zu, den
er vor dem Arbeitsgericht einklagen kann.

Praktisch wird eine solche Klage freilich kaum einmal erhoben werden. Denn zum einen wird die Dienstleistung eines hierzu verurteilten Arbeitnehmers in aller Regel
nicht gerade vorbildlich sein. Zum anderen ist auch die *Vollstreckung* eines solchen Urteils nur beschränkt möglich, nämlich nur, wenn es sich um vertretbare Dienste handelt, also um solche, die auch ein anderer leisten kann. Die Zwangsvollstreckung erfolgt dann nach § 887 ZPO, das heißt der Arbeitgeber kann sich ermächtigen lassen,
auf Kosten des verurteilten Arbeitnehmers die Arbeit durch einen anderen vornehmen
zu lassen. Handelt es sich dagegen um nicht vertretbare Dienste, beispielsweise um

---

4 Vgl. BAG vom 25. 10. 1989 − 2 ABR 633/88 -.
5 Vgl. dazu Fall 7 (vor Rdnr. 143).

die Dienste eines Spezialisten oder eines Angestellten, der eine besondere Vertrauensstellung inne hatte, dann ist eine Vollstreckung, die in der Erzwingung der Arbeitsleistung durch Geld- oder Haftstrafen nach § 888 Abs. 1 ZPO bestehen müßte, durch § 888 Abs. 2 ZPO ausgeschlossen. § 61 Abs. 2 ArbGG räumt dem Arbeitgeber nur die Möglichkeit ein, zu beantragen, daß das Gericht den Arbeitnehmer zur Zahlung einer vom Gericht nach freiem Ermessen festzusetzenden Entschädigung verurteilt, wenn er der Verurteilung zur Leistung der Dienste nicht nachkommt.

868 Erbringt der Arbeitnehmer seine Arbeitsleistung *schuldhaft* nicht, so ist er dem Arbeitgeber im Falle der Nachholbarkeit nach § 326 BGB, ansonsten nach § 325 BGB zum Schadensersatz verpflichtet. Als zu ersetzender Schaden kommen einmal die *Mehraufwendungen für einen Ersatzmann* in Betracht, allerdings nur bis zu dem Zeitpunkt, in dem der Arbeitnehmer sein Arbeitsverhältnis fristgemäß kündigen konnte; denn für die Zeit nach Ablauf der Kündigungsfrist kann er sich auf sein Recht zur Kündigung als mögliches rechtmäßiges Alternativverhalten berufen.

Auch wenn der Arbeitgeber, wie das in Kleinbetrieben vorkommen kann, durch *eigene zusätzliche Arbeit* die Lücke füllt, kann er für die Dauer der Kündigungsfrist Ersatz der Mehrkosten verlangen, die entstanden wären, wenn er eine Ersatzkraft eingestellt hätte[6].

869 Inwieweit der zu ersetzende Schaden die *Kosten einer Annonce* umfaßt, die der Arbeitgeber aufgibt, um eine Ersatzkraft für den Arbeitnehmer zu finden, der die Arbeit gar nicht antritt oder ohne Einhaltung der Kündigungsfrist verläßt, ist früher streitig gewesen. Das BAG hatte sich auf den Standpunkt gestellt, der Sanktionszweck der Schadensersatzpflicht erfordere, die Kosten ohne Rücksicht darauf ersetzen zu lassen, ob sie auch angefallen wären, wenn der Arbeitnehmer fristgerecht gekündigt hätte[7]. Demgegenüber wird inzwischen auch vom BAG anerkannt, daß auch hier das rechtmäßige Alternativverhalten zu berücksichtigen ist, so daß nur Annoncekosten zu ersetzen sind, die ohne die Arbeitspflichtverletzung nicht entstanden wären, etwa weil der Arbeitgeber mit Rücksicht auf den Abschluß des Arbeitsvertrages mit dem ungetreuen Arbeitnehmer einem anderen Bewerber abgesagt hat, den er sonst eingestellt hätte und den er jetzt nicht mehr bekommen kann[8].

---

6 BAG vom 24. 8. 1967, AP Nr. 7 zu § 249 BGB = DB 1967, 1944 = BB 1967, 1377 = NJW 1968, 221.
7 BAG vom 14. 11. 1975, AP Nr. 5 zu § 276 BGB Vertragsbruch = DB 1976, 538 = BB 1976, 229 = NJW 1976, 644 = EzA Nr. 6 zu § 249 BGB.
8 BAG vom 23. 3. 1984, AP Nr. 8 zu § 276 BGB Vertragsbruch = DB 1984, 1731 = BB 1984, 1684 = NJW 1984, 2846 = NZA 1984, 122 = EzA Nr. 16 zu § 249 BGB.

*In **Fall 49** hat X die Schwierigkeiten der Schadensberechnung durch Vereinbarung einer Ver-*
tragsstrafe vermieden. Das ist gemäß § 339 BGB zulässig[9]. Allerdings darf die Vertragsstrafe
nicht unverhältnismäßig hoch sein, sonst ist sie gemäß § 343 BGB gerichtlich auf den ange-
messenen Betrag herabzusetzen. Eine Vertragsstrafe in Höhe eines Monatslohns ist noch an-
gemessen. Aus § 888 Abs. 2 ZPO folgt nur ein Vollstreckungsverbot, kein Vertragsstrafen-
verbot. Dies gilt selbst dann, wenn die vom Arbeitnehmer geschuldeten Dienste unvertretbar
sind[10].

5. Vorübergehende Befreiung von der Arbeitspflicht

a) Unmöglichkeit und Unzumutbarkeit

Wird dem Arbeitnehmer die Arbeitsleistung unmöglich, etwa wegen einer   870
Erkrankung oder eines Unfalls, dann befreit ihn das von der Arbeitspflicht
(§ 275 BGB). Das gleiche gilt, wenn die Arbeitsleistung *unzumutbar* ist. Von
einer vorübergehenden Befreiung der Arbeitspflicht wegen Unzumutbarkeit ist in den Fällen auszugehen, in denen durch § 616 BGB eine Weiterzahlung des Arbeitsentgelts trotz Nichtleistung der Arbeit wegen Arbeitsverhinderung eines in der Person des Arbeitnehmers liegenden Grundes angeordnet ist[11]. Ob die Entgeltzahlungspflicht des Arbeitgebers im Einzelfall abbedungen ist, spielt dabei keine Rolle.

Nach § 45 Abs. 3 Satz 1 SGB V hat der Arbeitnehmer Anspruch auf unbe-   871
zahlte Freistellung für die Zeit, für die er nach § 45 Abs. 1 und Abs. 2 SGB V
Krankengeld für die Betreuung eines erkrankten Kindes erhält[12]. § 45 Abs. 3
Satz 1 SGB V regelt aber die Arbeitsbefreiung im Falle der Betreuung er-
krankter Familienangehöriger nicht abschließend. Auch wenn der nur für
fünf Arbeitstage bestehende Anspruch auf Krankengeld schon verbraucht
ist, kann der Arbeitnehmer wegen Unzumutbarkeit der Arbeit fernbleiben,
solange eine anderweitige Betreuung des Kindes nicht sichergestellt werden
kann. Gleiches gilt bei Familienangehörigen, die von § 45 SGB V von vornherein nicht erfaßt werden.

Häufig ist in Tarifverträgen in bestimmten Fällen, insbesondere bei Famili-   872
enereignissen, eine Freistellung von der Arbeit, meist unter Fortzahlung des
Entgelts, vorgesehen[13].

---

9 BAG vom 23. 5. 1984, AP Nr. 9 zu § 339 BGB = DB 1984, 2143 = BB 1984, 2268 = NJW
   1985, 91 = NZA 1984, 255.
10 BAG vom 23. 5. 1984 a.a.O.; in Fall 49 spielt das keine Rolle, weil die Dienste, die A als
   Dreher zu leisten hatte, vertretbar sind.
11 Vgl. Rdnr. 982 ff.
12 Siehe dazu noch Rdnr. 988.
13 Vgl. etwa § 13.2 des im Anhang 1 abgedruckten Manteltarifvertrages.

b) Zurückbehaltungsrecht

873   Erfüllt der Arbeitgeber seine ihm aus dem Arbeitsvertrag obliegenden
Pflichten nicht, verweigert er also etwa die Lohnzahlung oder unterläßt er
notwendige Sicherheitsmaßnahmen, so hat der Arbeitnehmer nach § 320
bzw. § 273 BGB ein Zurückbehaltungsrecht an der Arbeitsleistung.

c) Annahmeverzug des Arbeitgebers

874   Nimmt der Arbeitgeber die ihm angebotene Arbeitsleistung nicht ab, so
kann der Arbeitnehmer während dieser Zeit des Annahmeverzugs naturgemäß nicht arbeiten. Ob ihm die Arbeitsleistung dadurch unmöglich und er
nach § 275 BGB von ihr befreit wird oder nicht, hängt an sich von ihrer *Nachholbarkeit* ab. Doch braucht sie, auch wenn sie nachholbar ist, nach § 615
Satz 1 BGB nicht erbracht zu werden; vielmehr behält der Arbeitnehmer
auch so seinen Entgeltanspruch[14].

II. Beschäftigungsanspruch

875   Die Frage, ob der Pflicht des Arbeitnehmers zur Arbeitsleistung ein Anspruch auf Beschäftigung, das heißt Abnahme seiner Tätigkeit entspricht,
oder ob er auf seinen Vergütungsanspruch beschränkt ist, war lange Zeit
streitig. Die überwiegende Meinung ging dahin, daß nur in besonderen Fällen ein solcher Beschäftigungsanspruch bestehe, beispielsweise beim Künst-
ler, dessen Leistung beeinträchtigt wird, wenn er nicht ständig in Übung
bleibt. Inzwischen folgert man jedoch aus dem personenrechtlichen Charakter des Arbeitsverhältnisses, daß der Arbeitnehmer durch den Arbeitsvertrag in seiner ganzen Person erfaßt werde und der Arbeitgeber deswegen
den Arbeitnehmer *auch beschäftigen muß*[15]. Die Beschäftigung muß dabei der
vertraglich festgelegten Arbeitspflicht entsprechen. So hat etwa ein Angestellter des öffentlichen Dienstes Anspruch darauf, mit Aufgaben beschäftigt zu werden, die den Merkmalen seiner Vergütungsgruppe entsprechen[16].

876   Wird der Beschäftigungsanspruch nicht erfüllt, hat der Arbeitnehmer Anspruch auf Schadensersatz aus positiver Forderungsverletzung. Ein solcher

---

14 Siehe dazu noch Rdnr. 989 ff.
15 Zum Anspruch des Arbeitnehmers auf Weiterbeschäftigung während des Kündigungs-
   rechtsstreites siehe Rdnr. 682 ff. sowie Rdnr. 1383 f.
16 BAG vom 24. 10. 1979, AP Nr. 8 zu § 611 BGB Beschäftigungspflicht = DB 1981, 591 = BB
   1981, 496.

„Berufsschaden" kann etwa bei einem Bühnenkünstler entstehen, dessen künstlerisches Ansehen durch die zeitweise Nichtbeschäftigung beeinträchtigt wird. Dieser Schaden kann vom Gericht nach § 287 Abs. 1 ZPO geschätzt werden[17].

Eine *Ausnahme von der Beschäftigungspflicht* besteht dort, wo für die Arbeitsleistung, etwa wegen Betriebsstillegungen infolge Konkurses, kein Bedarf mehr besteht oder der Arbeitgeber sonst, z.b. wegen des Verdachts einer strafbaren Handlung, ein besonderes Interesse an der sofortigen Arbeitseinstellung hat.   877

III. Nebenpflichten

1. Auskunfts- und Rechenschaftspflicht

Aus § 675 i.V.m. §§ 666, 667 BGB folgt eine Auskunfts-, Rechenschafts- und Herausgabepflicht des Arbeitnehmers. Etwa hat er bei Entsendung ins Ausland dem Arbeitgeber von Zeit zu Zeit Mitteilung über den Stand der Arbeit zu machen. Unterlagen, Waren und Materialien, die ihm von Kunden übergeben werden, hat er dem Arbeitgeber herauszugeben. Sofern er Vermögensinteressen des Arbeitgebers wahrzunehmen hat, muß er diesem Rechenschaft legen.   878

2. Schutzpflichten

Aus § 242 BGB folgt, daß der Arbeitnehmer dem Arbeitgeber drohende Schäden, etwa bei Störungen an den Maschinen oder Materialfehler anzuzeigen hat. Wo Maßnahmen sonst zu spät kommen, muß er auch selber eingreifen, sofern er dazu in der Lage ist. Etwa muß er bei einem Schwelbrand zum Feuerlöscher greifen oder eine gebrochene Wasserleitung abstellen.   879

3. Verschwiegenheitspflicht

Nach § 17 UWG ist ein Arbeitnehmer strafbar, der ein Geschäfts- oder Betriebsgeheimnis, das ihm anvertraut oder zugänglich gemacht worden ist, unbefugt zu Zwecken des Wettbewerbs, aus Eigennutz, zugunsten eines Dritten oder in der Absicht weitergibt, seinem Arbeitgeber Schaden zuzufü-   880

---

17 BAG vom 12. 11. 1985, AP Nr. 23 zu § 611 BGB Bühnenengagementvertrag = BB 1986, 1366.

gen. Hinter dieser Strafvorschrift steht die aus Treu und Glauben abzuleitende arbeitsvertragliche Pflicht des Arbeitnehmers, Betriebs- und Geschäftsgeheimnisse zu wahren.

881   Diese gilt deshalb auch, wo der Arbeitnehmer nicht zu Zwecken des Wettbewerbs handelt. Wer als Arbeitnehmer ein Geschäftsgeheimnis seiner Gewerkschaft mitteilt, um diese über die wirtschaftliche Lage seines Arbeitgebers in Kenntnis zu setzen, macht sich zwar nicht strafbar, verletzt aber gleichwohl seinen Arbeitsvertrag. Er riskiert dann, sich wegen positiver Forderungsverletzung schadensersatzpflichtig zu machen und aus verhaltensbedingten Gründen (§ 1 Abs.2 KSchG) ordentlich oder bei schweren Verstößen aus wichtigem Grund gemäß § 626 BGB außerordentlich gekündigt zu werden.

4. Schmiergeldverbot

882   Nach § 12 Abs. 2 UWG wird ein Arbeitnehmer bestraft, der Schmiergelder dafür fordert, sich versprechen läßt oder annimmt, daß er einen anderen beim Bezug von Waren oder gewerblichen Leistungen im Wettbewerb in unlauterer Weise bevorzugt. Auch dem liegt eine arbeitsvertragliche Pflicht zugrunde, die unabhängig von einer Wettbewerbssituation besteht. Die Annahme von Schmiergeldern ist in jedem Fall unredlich. Wer sich etwa eine Vermittlungsgebühr dafür bezahlen läßt, daß er einen Arbeitsplatzbewerber seinem Arbeitgeber besonders empfiehlt, handelt arbeitsvertragswidrig[18]. Auch die Schmiergeldannahme kann zur Kündigung des Arbeitnehmers und zum Schadensersatz wegen positiver Forderungsverletzung führen. Soweit der Arbeitnehmer Schmiergelder bei Geschäftsabschlüssen annimmt, ist er nach § 687 Abs. 2 BGB zu deren Herausgabe an den Arbeitgeber verpflichtet, weil er damit unbefugt ein Geschäft des Arbeitgebers als ein eigenes behandelt[19].

---

18 *Löwisch*, Anm. zu BAG vom 24. 9. 1987 in EzA § 1 KSchG, Verhaltensbedingte Kündigung, Nr. 18; siehe auch Rdnr. 1321, insbesondere die Lösung zu Fall 81.
19 BAG vom 14. 7. 1961, AP Nr. 1 zu § 687 BGB = DB 1961, 1395 = BB 1961, 1127 = NJW 1961, 2036.

5. Pflicht zur Unterlassung von Wettbewerb während des Arbeitsverhältnisses[20]

§ 60 HGB bestimmt, daß ein Handlungsgehilfe ohne Einwilligung seines Prinzipals weder ein Handelsgewerbe betreiben, noch im Handelszweig des Prinzipals für eigene oder fremde Rechnung Geschäfte machen darf. Die Rechtsprechung wendet diese Bestimmung ensprechend auf andere Arbeitnehmer an, weil in ihr eine, jedem Arbeitnehmer obliegende Pflicht zum Ausdruck kommt[21].   883

Verstöße gegen dieses Wettbewerbsverbot begründen nicht nur ein Kündigungsrecht und Schadensersatzansprüche des Arbeitgebers aus positiver Forderungsverletzung. Vielmehr kann der Arbeitgeber nach § 61 Abs. 1 HGB auch in die vom Arbeitnehmer abgeschlossenen Geschäfte eintreten. Der Arbeitnehmer muß ihm alles aus den Geschäften Erlangte herausgeben und seine Forderungen abtreten, wofür umgekehrt der Arbeitgeber dem Arbeitnehmer seine Aufwendungen zu erstatten und die von ihm noch zu überbringenden Leistungen zu übernehmen hat.   884

6. Allgemeine Pflicht zu loyalem Verhalten

Die Zusammenarbeit in einem Betrieb verlangt gegenseitige Rücksichtnahme von Arbeitgebern und Arbeitnehmern und den Arbeitnehmern untereinander. Deshalb folgt aus dem Arbeitsvertrag auch eine Pflicht des Arbeitnehmers zur *Wahrung des Betriebsfriedens*. Tätlichkeiten gegen andere Arbeitnehmer stellen auch eine Arbeitsvertragsverletzung dar, ebenso politische Agitationen, die über einen maßvollen Gebrauch der Meinungsfreiheit[22] hinausgehen. Allgemein muß sich der Arbeitnehmer so verhalten, daß *konkrete* Störungen des Arbeitsverhältnisses, sei es im eigentlichen Leistungsbereich, im Bereich der betrieblichen Verbundenheit mit den übrigen Arbeitnehmern, sei es im Vertrauensbereich zum Arbeitgeber vermieden werden[23].   885

---

20 Zu den Wettbewerbsverboten für die Zeit nach Beendigung des Arbeitsverhältnisses siehe Rdnr. 1292 ff.
21 BAG vom 17. 10. 1969, AP Nr. 7 zu § 611 Treuepflicht = DB 1970, 497.
22 Dazu Rdnr. 134 f.
23 Siehe noch Rdnr. 1318.

IV. Rechtslage in der DDR

886   Die Arbeitspflicht war in dem mit Wirkung vom 1. 7. 1990 an geänderten Arbeitsgesetzbuch der DDR etwas abweichend geregelt. Insbesondere konnte der Arbeitnehmer bis zu vier Wochen in einem anderen Betrieb des Arbeitgebers beschäftigt werden (§ 85 Abs. 1 AGB). Der Beschäftigungsanspruch war ausdrücklich festgelegt (§ 72 AGB). Seit dem Beitritt der DDR zur Bundesrepublik gelten diese Vorschriften nicht mehr.

V. Kontrollfragen

Frage 49: Wie ist das Direktionsrecht rechtlich zu qualifizieren?

Frage 50: Inwiefern ergibt sich aus § 615 BGB eine vorübergehende Befreiung von der Arbeitspflicht?

Frage 51: Hat der Arbeitnehmer einen Anspruch auf Beschäftigung?

§ 15 Arbeitszeit

Literaturangaben: *Becker/Danne u.a.* GK-TZA 1987; *Buchner,* Die Umsetzung der Tarifverträge im Betrieb, RdA 1990, 1 ff.; *Denecke/Neumann,* AZO, 10. Aufl., 1987; *Hromadka*
(Hrsg.), Arbeitszeit im Umbruch, 1988; *Löwisch,* Arbeits- und sozialrechtliche Hemm-
nisse einer weiteren Flexibilisierung der Arbeitszeit, RdA 1984, 197; *Richardi,* Grenzen
industrieller Sonntagsarbeit, 1988; *Schüren,* Job Sharing, 1983. – Siehe zu Arbeitszeit
und Günstigkeitsprinzip auch die Literatur zu § 7.

I. Überblick

Auch heute noch findet sich die grundlegende *gesetzliche* Regelung der Ar-   887
beitszeit in der Arbeitszeitordnung (AZO) vom 30. 4. 1938. Pläne der Bundesregierung, die AZO durch ein neues Arbeitszeitgesetz abzulösen[1], haben
sich bisher nicht verwirklichen lassen.

Der in der AZO niedergelegte 8-Stunden-Tag bei einer 6-Tage-Arbeitswoche   888
ist durch tarifliche und arbeitsvertragliche Regelungen weitgehend überholt. Die durchschnittliche Wochenarbeitszeit (einschließlich Mehrarbeit
und Kurzarbeit) betrug 1988 bei den Arbeitern in der Industrie 40,2 Stunden[2].

Von größerer Bedeutung sind die Vorschriften der AZO über die Lage der   889
Arbeitszeit, Ruhezeiten und Pausen sowie über Mehrarbeit. Sie werden
durch eine Reihe anderer gesetzlicher Bestimmungen ergänzt, so die
§§ 105a ff. GewO über die Sonntagsarbeit und durch das Ladenschlußgesetz.

Für Schwangere und Mütter sowie für jugendliche Arbeitnehmer ist ein be-   890
sonderer Arbeitszeitschutz im Mutterschutzgesetz und im Jugendarbeitsschutzgesetz enthalten.

Regelungen für Teilzeitarbeit und andere Sonderformen der Arbeitszeit fin-   891
den sich im Beschäftigungsförderungsgesetz von 1985.

Gesetzliche Arbeitszeitvorschriften werden heute vielfach durch Tarifverträ-   892
ge ergänzt. Diese legen durchweg niedrigere Tages- und Wochenarbeitszeiten fest, als sie in der AZO vorgesehen sind. Etwa gilt in der Metallindustrie

---

1 Entwurf eines Arbeitszeitgesetzes vom 9. 1. 1985, BT-Drucksache 10/2706 und vom 25. 5.
  1987, BT-Drucksache 11/360.
2 Statistisches Jahrbuch 1989, S. 483.

ab 1995 die 35-Stunden-Woche[3]. Zudem enthalten sie Regeln über die Lage der Arbeitszeit, etwa über die Samstagsarbeit und über Pausen[4].

893   Im Rahmen der gesetzlichen und tariflichen Bestimmungen unterliegt die Regelung der Lage der Arbeitszeit sowie die Einführung von Mehrarbeit und Kurzarbeit der Mitbestimmung des Betriebsrats nach § 87 Abs. 1 Nr. 2 und 3 BetrVG[5].

Zum Verhältnis tariflicher und betrieblicher Arbeitszeitbestimmungen zu arbeitsvertraglichen Vereinbarungen über die Arbeitszeit siehe Rdnr. 863 f.

II. Arbeitszeitschutz

1. Höchstarbeitszeitbestimmungen

894   Nach § 3 AZO darf die werktägliche Arbeitszeit im Grundsatz acht Stunden nicht überschreiten. Doch ist dieser Grundsatz vielfach durchbrochen:

– Nach § 4 Abs. 1 Satz 1 i.V.m. Abs. 3 AZO ist eine Verlängerung bis zu 10 Stunden möglich, wenn ein entsprechender Ausgleich an anderen Werktagen derselben und der vorhergehenden oder der nachfolgenden Kalenderwoche erfolgt. Eine 40-Stunden-Woche kann damit ohne weiteres auf vier Werktage konzentriert werden.

– Nach § 4 Abs. 2 AZO kann – wiederum bis zur Höchstgrenze des 10-Stunden-Tages – die durch Betriebsfeiern, Volksfeste, öffentliche Veranstaltungen oder i.V.m. Feiertagen ausfallende Arbeitszeit auf die Werktage von fünf zusammenhängenden Wochentagen verteilt werden.

– Eine Ausdehnung der Arbeitszeit bis zu 10 Stunden täglich ist nach § 5 AZO bei Vor- und Abschlußarbeiten, z.B. bei Arbeiten zur Reinigung und Instandhaltung möglich.

– Ohne besonderen Grund kann nach § 6 AZO die Arbeitszeit an 30 Tagen im Jahr bis zu 10 Stunden verlängert werden.

– Tarifvertraglich kann über die genannten Fälle hinaus ebenfalls eine Arbeitszeitverlängerung bis zu 10 Stunden täglich erfolgen (§ 7 Abs. 1 AZO)[6].

– Schließlich kann nach § 8 AZO das Gewerbeaufsichtsamt eine Verlängerung der täglichen Arbeitszeit zulassen, und zwar soweit das aus dringenden Gründen des Gemeinwohls erforderlich ist, z.B. zur Versorgung der Bevölkerung, auch über 10 Stunden hinaus.

---

3 Vgl. dazu § 7.1 des in Anhang 1 abgedruckten Manteltarifvertrages.
4 Vgl. dazu § 7.5 des in Anhang 1 abgedruckten Manteltarifvertrages.
5 Siehe dazu Rdnr. 603 ff.
6 Von dieser Möglichkeit wird in Tarifverträgen regelmäßig Gebrauch gemacht – vgl. hierzu § 8.1 des in Anhang 1 abgedruckten Manteltarifvertrages.

– Verlängert werden kann die Arbeitszeit auch im Falle der Arbeitsbereitschaft[7].

Für Jugendliche gilt ebenfalls der Grundsatz des 8-Stunden-Tages. Dieser   895
wird aber durch den weiteren Grundsatz der 5-Tage-Woche bei 40 Wochen-
arbeitsstunden ergänzt (§ 8 Abs. 1, § 15 JArbSchG). Ausnahmen hiervon
sind nur in engem Rahmen zulässig.

2. Bestimmungen über die Lage der Arbeitszeit

a) Sonntagsarbeit

Fall 50: *Der Trainer eines Bundesligavereins ist mit den Leistungen nicht zufrieden, die seine Mannschaft bei einem Vorbereitungsspiel gezeigt hat. Deshalb setzt er ein Sondertraining für den nächsten Sonntagvormittag an. Spieler A erscheint zu dem Training nicht und soll daraufhin eine für Trainingsversäumnis in seinem Vertrag vorgesehene Geldstrafe von DM 500,– zahlen.*

Nach Art. 140 GG i.V.m. Art. 139 WRV sind der Sonntag und die staatlich   896
anerkannten Feiertage als Tage der Arbeitsruhe und der seelischen Erhebung gesetzlich geschützt. Seinen arbeitsrechtlichen Niederschlag hat dieses verfassungsrechtliche Gebot im Sonn- und Feiertagsarbeitsverbot der
§§ 105 ff. GewO gefunden. Demnach ist es grundsätzlich verboten, Arbeitnehmer an Sonn- und Feiertagen zu beschäftigen (§ 105b GewO), und es besteht keine rechtliche Verpflichtung der Arbeitnehmer, vereinbarte Sonntagsarbeit zu leisten (§ 105a GewO).

Vom Sonn- und Feiertagsarbeitsverbot machen die §§ 105c bis i GewO eine   897
Reihe von Ausnahmen. Sie betreffen einerseits das sogenannte Bedürfnisge-
werbe, also Betriebe, die täglich oder an Sonn- und Feiertagen besonders
hervortretende Bedürfnisse der Bevölkerung befriedigen, wie etwa die Ver-
sorgungsbetriebe, das Gaststätten- und das Verkehrsgewerbe.

Andererseits gelten Ausnahmen für die Arbeiten in Notfällen: der Bewa-   898
chung der Betriebsanlagen, der Verhütung des Verderbens von Rohstoffen
oder des Mißlingens von Arbeitserzeugnissen. Letzterer Fall hat gegenwär-
tig im Zusammenhang mit der Herstellung von Mikrochips praktische Bedeutung erlangt, weil die Produktionsunterbrechung über den Sonn- oder
Feiertag zu erheblichem Ausschuß führt[8].

---

7 Siehe dazu Rdnr. 924.
8 Vgl. dazu die Entscheidung des Regierungspräsidiums Stuttgart im Fall von IBM, über die
  – kritisch – von *Albrecht*, Sonntagsarbeit, Auswirkungen und rechtliche Probleme, ArbuR
  1989, S. 97, 108 f., berichtet wird.

In **Fall 50** *ist sedes materiae § 105i GewO. Nach dessen Abs. 1 gilt für Unterhaltungsbetriebe, zu denen ein Profifußballverein gehört, zwar nicht das Beschäftigungsverbot an Sonn- und Feiertagen des § 105b GewO. Nach § 105i Abs. 2 GewO besteht aber eine Verpflichtung zur Sonn- und Feiertagsarbeit in diesen Betrieben nur insoweit, als dieses nach der Natur des Betriebes einen Aufschub nicht gestattet. Das kann man allenfalls von einem Spiel am Sonntag sagen, weil das Publikum gewöhnlich nur am Wochenende zu Spielen geht. Auf ein Training, das ohne weiteres an anderen Wochentagen durchgeführt werden kann, trifft es nicht zu.*

War aber A nicht verpflichtet, zum Training zu erscheinen, braucht er auch keine Vertragsstrafe zu bezahlen (§ 344 BGB)[9].

b) Samstagsarbeit

899   Ein gesetzliches Samstagsarbeitsverbot besteht, abgesehen vom Ladenschlußgesetz[10] und vom Jugendarbeitsschutz[11] nicht. Jedoch sind Samstagsarbeitsverbote mit unterschiedlichen Ausnahmemöglichkeiten vielfach in Manteltarifverträgen enthalten. Etwa geht § 7.5 des in Anhang 1 abgedruckten Manteltarifvertrages von dem Grundsatz aus, daß die wöchentliche Arbeitszeit auf die Tage von Montag bis Freitag zu verteilen ist, und läßt Samstagsarbeiten nur in bestimmten Fällen zu.

900   Ob in einem Betrieb samstags gearbeitet wird oder nicht, unterliegt im übrigen der Mitbestimmung des Betriebsrats nach § 87 Abs. 1 Nr. 2 BetrVG[12].

c) Ladenschluß

901   Das rechtspolitisch höchst umstrittene Ladenschlußgesetz bestimmt, daß Ladengeschäfte und andere Verkaufsstellen zum Schutz der dort beschäftigten Arbeitnehmer an Sonn- und Feiertagen vollständig, montags bis freitags von 18.30 Uhr bis früh 7.00 Uhr, samstags bis 7.00 Uhr und ab 14.00 Uhr geschlossen bleiben müssen, wobei am ersten Samstag im Monat und an den vier aufeinanderfolgenden Samstagen vor dem 24.12. bis 18.00 Uhr, in den Monaten August bis September bis 16.00 Uhr, geöffnet bleiben darf. Außerdem ist seit 1989 donnerstags eine Öffnung bis 20.30 Uhr zulässig, wenn dadurch die sich sonst ergebende Gesamtöffnungszeit in der Woche nicht überschritten wird (sog. Dienstleistungsabend)[13].

---

9 Die Bedeutung von § 105i GewO ist verkannt in BAG vom 5. 2. 1986, AP Nr. 12 zu § 339 BGB = DB 1986, 1979 = NZA 1986, 782 = EzA § 939 BGB Nr. 2.
10 Vgl. Rdnr. 901.
11 Vgl. Rdnr. 1143 ff.
12 Vgl. dazu Rdnr. 603.
13 Vgl. *Anzinger/Koberski*, Das Gesetz zur Einführung eines Dienstleistungsabends und seine Auswirkungen auf individualarbeitsrechtliche, kollektivrechtliche und kartellrechtliche Fragen, NZA 1989, 737; sowie *Löwisch*, Dienstleistungsabend mit freiwilligen Mitarbeitern, NZA 1989, 959f.

d) Nachtbackverbot

Das Gesetz über die Arbeitszeit in Bäckereien und Konditoreien vom 29. 6. 1936[14] ordnet Arbeitsruhe für die Nachtzeit von montags bis freitags von 22.00 bis 4.00 Uhr und samstags von 22.00 bis 24.00 Uhr an.   902

e) Sonderbestimmungen für Frauen, Schwangere und Mütter

Nach dem auf ein ILO-Abkommen zurückgehenden § 19 AZO dürfen Arbeitnehmerinnen, die Arbeiterinnen sind, nicht in der Nachtzeit von 20.00 Uhr bis 6.00 Uhr und an den Tagen vor Sonn- und Feiertagen nicht nach 17.00 Uhr beschäftigt werden. Ausnahmen davon sind in mehrschichtigen Betrieben zulässig; allerdings muß jede Arbeiterin eine Nachtruhe von mindestens 7 Stunden haben.   903

Werdende und stillende Mütter dürfen grundsätzlich nichts nachts zwischen 20.00 und 6.00 Uhr beschäftigt werden. Auch ist bei ihnen das Sonn- und Feiertagsarbeitsverbot strenger ausgestaltet als bei anderen Arbeitnehmern (§ 8 MuSchG).   904

f) Jugendliche

Jugendliche, also Arbeitnehmer, die noch nicht 18 Jahre alt sind, dürfen nach § 14 JArbSchG grundsätzlich nur in der Zeit von 6.00 bis 20.00 Uhr beschäftigt werden. Ausnahmen gelten für ältere Jugendliche in bestimmten Gewerbezweigen, insbesondere in der Landwirtschaft und in Bäckereien. Für Jugendliche besteht weiter nach § 16 JArbSchG ein grundsätzliches Samstagsarbeitsverbot. Auch bei ihm ist das Sonn- und Feiertagsarbeitsverbot weiter ausgedehnt. Schließlich dürfen Jugendliche an Berufsschultagen nicht vor einem vor 9.00 Uhr beginnenden Unterricht und am Vortag nicht nach 20.00 Uhr beschäftigt werden (§§ 9 Abs. 1, 14 Abs. 4 JArbSchG).   905

3. Ruhezeiten und Pausen

§ 12 Abs. 1 AZO schreibt vor, daß grundsätzlich zwischen den Arbeitstagen eine ununterbrochene Ruhezeit von mindestens 11 Stunden zu liegen hat. Nach § 12 Abs. 3 müssen männlichen Arbeitnehmern bei einer Arbeitszeit von mehr als 6 Stunden mindestens eine halbstündige oder zwei viertelstündige Pausen gewährt werden. Weibliche Arbeitnehmer müssen bereits bei   906

---

14 Abgedruckt bei *Denecke/Neumann*, a.a.O., Anhang 4.

einer Arbeitszeit von mehr als 4 1/2 Stunden Ruhepausen erhalten. Bei jugendlichen Arbeitnehmern beträgt die Ruhezeit zwischen den Arbeitstagen mindestens 12 Stunden (§ 13 JArbSchG). Ihre Pausen betragen bei einer Arbeitszeit von mehr als 6 Stunden 60 Minuten, bei einer Arbeitszeit zwischen 4 1/2 und 6 Stunden 30 Minuten (§ 11 Abs. 1 JArbSchG).

907   Auch Ruhezeiten und Pausen können tarifvertraglich ausgedehnt sein und unterliegen der Mitbestimmung des Betriebsrats nach § 87 Abs. 1 Nr. 2, die durch Abschluß einer Betriebsvereinbarung auch zu einer solchen Ausdehnung führen kann.

908   Ruhezeiten und Pausen sind grundsätzlich keine Arbeitszeit. Allerdings kann auch insoweit tariflich etwas anderes bestimmt sein. Etwa erhalten nach § 8.8 des in Anhang 1 abgedruckten Manteltarifvertrages im Dreischichtbetrieb eingesetzte Arbeitnehmer mit dem Durchschnittsverdienst bezahlte Pausen zur Einnahme von Mahlzeiten.

III. Mehrarbeit und Kurzarbeit

1. Zulässigkeit von Mehrarbeit

Fall 51: *A, die im zweiten Monat schwanger ist, übernimmt eine Stelle als Schreibkraft bei einem Rechtsanwalt. In ihrem Anstellungsvertrag steht, daß bei entsprechendem Arbeitsanfall die Arbeitszeit bis zu 10 Stunden täglich verlängert werden könne. Nach einem Monat weigert sich A unter Berufung auf das MuSchG, länger als 8 1/2 Stunden täglich zu arbeiten. Der Rechtsanwalt meint, wenn sich Frau A schon auf das MuSchG berufe, müsse der ganze Vertrag als nichtig angesehen werden. Er wolle sich deshalb lieber eine neue Schreibkraft suchen.*

909   In welchem Umfang über die regelmäßige werktägliche Arbeitszeit über 8 Stunden hinaus nach der AZO Mehrarbeit zulässig ist, ist unter Rdnr. 894 bereits dargestellt. Gesetzliche Mehrarbeitsverbote bestehen für Jugendliche und für werdende und stillende Mütter.

910   Mehrarbeit von *jugendlichen Arbeitnehmern* ist nur hinsichtlich vorübergehender und unaufschiebbarer Arbeit in Notfällen zulässig, soweit erwachsene Beschäftigte nicht zur Verfügung stehen; die Mehrarbeit ist dann durch entsprechende Verkürzung der Arbeitszeit in den folgenden drei Wochen auszugleichen (§ 21 JArbSchG). Zusätzlich kann durch Tarifvertrag oder aufgrund eines Tarifvertrages in einer Betriebsvereinbarung Mehrarbeit zugelassen werden, die aber ebenfalls auszugleichen ist (§ 21a Abs. 1 Nr. 1 JArbSchG).

Mehrarbeit werdender und stillender Mütter über 8 1/2 Stunden oder 90 Stunden   911
in der Doppelwoche ist generell unzulässig (§ 8 Abs. 2 MuSchG). Ausnahmen können nur in Einzelfällen von der Aufsichtsbehörde zugelassen werden (§ 8 Abs. 6 MuSchG).

*Im **Fall 51** ist Frau A also in der Tat nicht verpflichtet, länger als 8 1/2 Stunden pro Tag zu*
arbeiten. Die Auffassung des Anwalts, der Arbeitsvertrag sei deshalb unwirksam, ist aber un-
richtig. Zwar stellt § 8 Abs. 2 MuSchG ein gesetzliches Verbot i.S. des § 134 BGB dar. Doch
führt der Verstoß nicht zur Nichtigkeit, sondern entsprechend dem Arbeitnehmerschutzzweck
der Vorschrift zu einer Reduktion des Arbeitsvertrages auf den zulässigen Inhalt, wobei es auf
§ 139 BGB nicht ankommt. Nur wenn der Inhalt des Arbeitsvertrages ausschließlich auf eine
unzulässige Beschäftigung gerichtet ist (Beispiel: Beschäftigung einer Schwangeren aus-
schließlich zur Nachtzeit), tritt Nichtigkeit ein, aber auch dann nur, wenn auszuschließen ist,
daß die Aufsichtsbehörde gem. § 8 Abs. 6 MuSchG eine Ausnahme zuläßt[15].

Tarifvertraglich ist die Zulässigkeit von Mehrarbeit häufig weitergehend be-   912
schränkt als nach der AZO. Insbesondere wird dort vielfach vorgesehen,
daß Ausgleich der Mehrarbeit durch bezahlte Freistellung verlangt werden
kann[16].

2. Einführung von Mehrarbeit

Vorübergehende Mehrarbeit kann vom Arbeitgeber an sich aufgrund des   913
Direktionsrechts[17] eingeführt werden. Nur wenn sie regelmäßig geleistet
werden soll, bedarf sie einer Änderung des Arbeitsverhältnisses und damit,
wenn der Arbeitnehmer nicht einverstanden ist, einer Änderungskündigung. Auch die Einführung vorübergehender Mehrarbeit ist aber nach § 87
Abs. 1 Nr. 3 BetrVG mitbestimmungspflichtig.

3. Mehrarbeitszuschlag

Nach § 15 AZO ist Mehrarbeit über die von der AZO vorausgesetzte regel-   914
mäßige Arbeitszeit von 8 Stunden täglich (die auf die Doppelwoche anders
verteilt werden kann) zuschlagspflichtig. Der Zuschlag beträgt 25%.

Diese Vorschrift ist heute zumeist durch tarifvertragliche Bestimmung über-   915
holt, nach denen der Mehrarbeitszuschlag schon bei Überschreitung der re-

---

15 BAG vom 8. 9. 1988, AP Nr. 1 zu § 8 MuSchG 1968 = DB 1989, 585 = BB 1989, 359 = NJW
   1989, 929 = NZA 1989, 178 = EzA Nr. 1 zu § 8 MuSchG 68.
16 Vgl. § 8.1 des in Anhang 1 abgedruckten Manteltarifvertrages.
17 Dazu Rdnr. 865 f.

gelmäßigen tariflichen Arbeitszeit anfällt und außerdem der Mehrarbeitszuschlag höher sein kann als der gesetzliche[18].

4. Einführung von Kurzarbeit

916   Die Einführung von Kurzarbeit setzt an sich eine Änderung des Arbeitsvertrages voraus, bedarf also, wenn der Arbeitnehmer mit ihr nicht einverstanden ist, der Änderungskündigung. Diese ist aber dann nicht notwendig, wenn die Kurzarbeit aufgrund einer Einigung zwischen Arbeitnehmer und Betriebsrat in Form einer Betriebsvereinbarung gem. § 77 Abs. 3 BetrVG eingeführt wird; die Arbeitsverträge werden dann gem. § 77 Abs. 4 BetrVG entsprechend umgestaltet[19].

917   Allerdings kann die Zulässigkeit der Einführung von Kurzarbeit tarifvertraglich eingeschränkt sein. So bestimmt etwa § 8.2.2 des in Anhang 1 abgedruckten Manteltarifvertrages, daß die Einführung einer Ankündigungsfrist von drei Wochen bedarf.

918   Ordnet das Landesarbeitsamt im Falle geplanter Massenentlassungen gem. § 18 KSchG eine zeitweise Entlassungssperre an[20], kann es zulassen, daß der Arbeitgeber für die Zwischenzeit Kurzarbeit einführt (§ 19 Abs. 1 KSchG). Auch damit müssen sich die Arbeitnehmer abfinden: Gemäß § 19 Abs. 2 KSchG kann der Arbeitgeber in diesem Fall das Arbeitsentgelt entsprechend kürzen.

919   Nach den §§ 63 ff. AFG haben Arbeitnehmer Anspruch auf *Kurzarbeitergeld* gegen die Bundesanstalt für Arbeit, wenn der Arbeitsausfall auf wirtschaftlichen Ursachen oder unabwendbaren Ereignissen beruht und unvermeidbar ist, und wenn in einem Zeitraum von mindestens vier Wochen für mindestens ein Drittel der Arbeitnehmer des Betriebs mehr als 10% der Arbeitszeit ausfällt. Das Kurzarbeitergeld beträgt rund zwei Drittel des Arbeitsentgelts[21]. Manche Tarifverträge sehen vor, daß die Differenz zwischen dem Kurzarbeitergeld und dem Arbeitsentgelt teilweise durch Zahlungen des Arbeitgebers auszugleichen ist[22].

---

18 Vgl. § 8 und 10 des in Anhang 1 abgedruckten Manteltarifvertrages.
19 Siehe dazu Rdnr. 541.
20 Vgl. Rdnr. 1405.
21 Zu den Einzelheiten siehe *Schulin*, Rdnr. 649 ff.
22 Vgl. hierzu § 8.2.4 des in Anhang 1 abgedruckten Manteltarifvertrages.

IV. Teilzeitarbeit und andere Sonderformen der Arbeitszeit

1. Teilzeitarbeit

Auch Teilzeitarbeitnehmer sind, selbst wenn sie ihre Tätigkeit nur als Ne-   920
benerwerb ausüben, Arbeitnehmer im Sinne des Arbeitsrechts. Die zwingenden arbeitsrechtlichen Gesetze, wie etwa das Bundesurlaubsgesetz, das
Mutterschutzgesetz und das Kündigungsschutzgesetz finden auf sie ebenso
Anwendung wie auf andere Arbeitnehmer. Lediglich das Lohnfortzahlungsgesetz bestimmt in seinem § 1 Abs. 3 Nr. 2, daß Arbeiter, deren regelmäßige Arbeitszeit wöchentlich 10 Stunden oder monatlich 25 Stunden nicht
übersteigt, keinen Anspruch auf Lohnfortzahlung gegen den Arbeitgeber
haben. Diese Bestimmung verstößt nach Ansicht des BAG gegen Art. 3
Abs. 1 GG, weil sie Arbeiter und Angestellte unterschiedlich behandelt. Das
BAG hat deshalb im Wege des konkreten Normenkontrollverfahrens nach
Art. 100 I GG das BVerfG angerufen[23].

Besondere arbeitsrechtliche Schutzvorschriften für die Teilzeitarbeit enthält   921
das BeschFördG. Nach seinem § 2 ist die unterschiedliche Behandlung von
Teilzeitarbeitnehmern wegen der Teilzeit verboten[24]. Nach § 3 hat der Arbeitgeber einen Arbeitnehmer, der ihm gegenüber den Wunsch nach einer
Veränderung der Dauer oder der Lage seiner Arbeitszeit angezeigt hat, über
entsprechende Arbeitsplätze zu unterrichten, die in dem Betrieb besetzt
werden sollen, wobei die Unterrichtung auch durch Aushang erfolgen
kann. Diese Unterrichtung hat so rechtzeitig zu erfolgen, daß der Arbeitnehmer eine Bewerbung einreichen kann.

Auch Tarifverträge enthalten neuerdings Schutzvorschriften für Teilzeitar-   922
beitnehmer. So bestimmt etwa § 7.3.3 des in Anhang 1 abgedruckten Manteltarifvertrages, daß die tägliche Arbeitszeit von Teilzeitarbeitnehmern
mindestens drei Stunden betragen soll und zusammenhängend erbracht
werden kann.

Teilzeitarbeitnehmer mit nur geringfügiger Beschäftigung (vgl. § 8 SGB IV)   923
sind sozialversicherungsfrei[25].

---

23 Vorlagebeschluß vom 5. 8. 1987, AP Nr. 72 zu § 1 LFG = DB 1987, 2572 = BB 1987, 2453 =
   NZA 1988, 586 = EzA § 1 LFG Nr. 87; siehe dazu auch *Löwisch*, Die Arbeitsrechtsordnung
   unter dem Grundgesetz, in: 40 Jahre Grundgesetz, 1990, S. 75; zum Schutz von Frauen,
   die in einem Teilzeitarbeitsverhältnis stehen siehe Rdnr.151.
24 Vgl. dazu ausführlich Rdnr. 149 ff.
25 Siehe dazu im einzelnen *Schulin*, Rdnr. 109 ff.

2. Arbeitsbereitschaft und Rufbereitschaft

924   Auch Zeiten, in denen der Arbeitnehmer nicht eigentlich arbeitet, aber an der Arbeitsstelle auf den Arbeitseinsatz wartet, wie das z.B. für Ärzte, Rettungssanitäter und Taxifahrer zutreffen kann, sind an sich Arbeitszeit, die regelmäßig als solche zu vergüten ist. § 7 Abs. 2 AZO erlaubt aber bei Anfall von *Arbeitsbereitschaft* in erheblichem Umfang eine Verlängerung der Arbeit auch über 10 Stunden hinaus. Wann Arbeitsbereitschaft vorliegt, ist im Einzelfall schwierig zu entscheiden. Die von der Rechtsprechung geprägte Formel von der „wachen Achtsamkeit im Zustande der Entspannung" hilft nicht viel weiter. Vielmehr sind Typisierungen notwendig. Sie hat das BAG etwa für Rettungssanitäter vorgenommen, in dem es bei ihnen Wartezeiten von mindestens 10 Minuten zwischen den Einsätzen als Arbeitsbereitschaft wertet[26].

925   Auch *Rufbereitschaft*, bei der sich der Arbeitnehmer zu Hause aufhält, aber jederzeit abgerufen werden kann, ist an sich Arbeitszeit. Arbeitszeitrechtlich gesehen handelt es sich aber um Ruhezeit, so daß sie eine zeitliche Grenze nur an § 12 AZO findet. Ob und wie die Rufbereitschaft vergütet wird, ist eine Frage der tariflichen oder vertraglichen Regelung.

3. Arbeit auf Abruf

926   Vor allem Teilzeitarbeitsverhältnisse werden heute vielfach als *„Arbeit auf Abruf"* ausgestaltet. Der Arbeitgeber erhält damit die Möglichkeit, die Arbeitsleistung zu dem Zeitpunkt abzurufen, zu dem sie im Betrieb gebraucht wird. Man spricht deshalb auch von kapazitätsorientierter variabler Arbeitszeit (KAPOVAZ).

927   Zum Schutz der Arbeitnehmer bestimmt § 4 Abs. 1 BeschFördG für die Arbeit auf Abruf, daß der Arbeitsvertrag eine bestimmte Dauer der Arbeitszeit festlegen muß und daß dort, wo dies nicht geschehen ist, eine wöchentliche Arbeitszeit von 10 Stunden als vereinbart gilt.

928   § 4 Abs. 2 BeschFördG bindet den Abruf der Arbeitsleistung an eine Ankündigungsfrist von vier Tagen. Der Ankündigungsfrist unterliegt der Abruf aus der Freizeit. Befindet sich ein Arbeitnehmer in sogenannter Rufbereitschaft, so ist der jederzeitige Abruf möglich, denn die Rufbereitschaft ist ih-

---

26 BAG vom 12. 2. 1986, AP Nr. 7 zu § 15 BAT = DB 1987, 995 = BB 1987, 1035 = NJW 1987, 2957.

rerseits als − regelmäßig zu vergütende − Arbeitszeit aufzufassen[27]. Nach
§ 4 Abs. 2 BeschFördG ist der Arbeitnehmer bei Nichteinhaltung der Ankündigungsfrist zur Arbeitsleistung lediglich nicht verpflichtet. Es steht ihm
deshalb frei, sie dennoch zu erbringen.

Dem Schutz des Arbeitnehmers vor einer zu weit gehenden Beschränkung   929
der Dispositionsmöglichkeit über seine Freizeit dient die Bestimmung des
§ 4 Abs. 3 BeschFördG, nach der der einzelne Abruf für mindestens drei aufeinanderfolgenden Stunden erfolgen muß. Allerdings legt diese Vorschrift
nur eine abdingbare Regel fest. Wie der Wortlaut der Vorschrift ergibt, kann
der Arbeitnehmer dem Arbeitgeber auch das Recht einräumen, ihn zu kürzeren Arbeitszeiteinsätzen abzurufen.

4. Arbeitsplatzteilung

Es ist möglich, daß sich zwei Teilzeitarbeitnehmer die Arbeitszeit an einem   930
Vollzeitarbeitsplatz teilen und dabei die Arbeitszeit und Aufgabenerfüllung
aufeinander abstimmen. Für solche Fälle der „Arbeitsplatzteilung" oder des
„Job-sharing" enthält § 5 BeschFördG eine Reihe von Regeln. Nach Abs. 1
dieser Bestimmung ist der Arbeitnehmer regelmäßig nur dann zur Vertretung des ausgefallenen Teampartners verpflichtet, wenn dies für den aufge-
tretenen Vertretungsfall eigens vereinbart wird. Allerdings kann aus Satz 2
die Pflicht zur Vertretung auch vorab für den Fall eines dringenden betrieblichen Bedürfnisses vereinbart werden, wobei aber der Arbeitnehmer zur
Vertretung nur verpflichtet ist, soweit diese ihm im Einzelfall zumutbar
ist.

Nach § 5 Abs. 2 Satz 1 BeschFördG ist im Falle der Arbeitsplatzteilung die   931
Kündigung des Arbeitsverhältnisses wegen des Ausscheidens eines anderen Arbeitnehmers aus der Arbeitsplatzteilung unwirksam. § 5 Abs. 2 Satz 1
BeschFördG steht aber einer Änderungskündigung wegen des Ausscheidens des anderen Arbeitnehmers einer Kündigung aus anderen Gründen
nicht entgegen (§ 5 Abs. 2 Satz 2). Insbesondere muß sich der Arbeitnehmer
unter Umständen eine Versetzung an einen anderen Arbeitsplatz oder eine
Änderung seines Arbeitsverhältnisses in ein Vollzeitarbeitsverhältnis gefallen lassen.

---

27 Vgl. Rdnr. 937.

V. Rechtslage in der DDR

932   Seit dem Beitritt der DDR gilt das Arbeitszeitrecht der Bundesrepublik mit wenigen Ausnahmen auch dort. Zum Auftrag an den gesamtdeutschen Gesetzgeber zur Schaffung eines neuen Arbeitszeitrechts siehe Rdnr. 81a.

VI. Kontrollfragen

Frage 52: In welchen Gesetzen ist die Arbeitszeit geregelt?

Frage 53: Welche rechtlichen Konsequenzen verbinden sich mit der Arbeitsbereitschaft?

§ 16 Arbeitsentgelt

Literaturangaben: *Boewer/Bommermann,* Lohnpfändung und Lohnabtretung, 1987; *Dörflinger,* Arbeitsrechtliche Probleme im Konkurs, 1988; *Ehmann,* Das Lohnrisiko im Arbeitsfrieden und im Arbeitskampf, Jura 1983, 181, 238; *Gaul,* Die Arbeitsbewertung und ihre rechtliche Bedeutung, 4. Aufl. 1981; *Lipke,* Gratifikationen, Tantiemen, Sonderzulagen, 1982; *Rückert,* Unmöglichkeit und Annahmeverzug im Dienst- und Arbeitsvertrag, ZfA 1983, 1.

I. Überblick

Der Arbeitsvertrag ist regelmäßig ein *gegenseitiger* Vertrag: Der Arbeitnehmer erhält für die Arbeitsleistung Arbeitsentgelt. Gewöhnlich wird die Vergütungspflicht im Arbeitsvertrag festgelegt. Eine Vergütung gilt nach § 612 Abs. 1 BGB aber auch dann als stillschweigend vereinbart, wenn die Dienstleistung den Umständen nach nur gegen eine Vergütung zu erwarten ist.   **933**

Auch die Höhe der *Vergütung* richtet sich nach dem Arbeitsvertrag. Sind die Arbeitsvertragsparteien an einen Tarifvertrag gebunden, ergibt sich aus diesem das Mindestarbeitsentgelt, das nach dem Günstigkeitsprinzip aber überschritten werden kann[1]. Fehlt es an einer Bestimmung über die Höhe der Vergütung, gilt die übliche Vergütung als vereinbart (§ 612 Abs. 2 BGB).   **934**

Die durchschnittlichen Bruttoarbeitsverdienste der Angestellten in Industrie und Handel lagen 1988 bei DM 4035,—. Der durchschnittliche Bruttostundenverdienst der Arbeiter in der Industrie erreichte 1988 DM 18,43[2]. Diese Verdienste liegen infolge gewährter arbeitsvertraglicher Zulagen regelmäßig etwa 15% bis 20% über dem Tariflohn (sogenannter „wage-drift")[3].   **935**

Von den Bruttoarbeitsentgelten gehen Sozialversicherungsbeiträge ab. Diese betrugen 1990 für den Arbeitnehmer in der Rentenversicherung die Hälfte von 8,7%, also 4,35%; in der Arbeitslosenversicherung die Hälfte von 4,3%, also 2,15%; und in der Krankenversicherung die Hälfte von — je nach Krankenkasse — ca. 12%, also ca. 6%. Insgesamt gehen damit vom Bruttoar-   **936**

---

1 Vgl. Rdnr. 284 f.
2 Statistisches Jahrbuch 1989, S. 491 und 483.
3 Aus der Existenz des „wage-drift" folgt übrigens, daß bei Tariflohnerhöhungen der Prozentsatz der tatsächlichen Entgeltsteigerung hinter dem Prozentsatz der vereinbarten Tarifsteigerung zurückbleibt: Bei DM 20,— Tariflohn plus DM 2,—Zulage = DM 22,— tatsächlicher Lohn, bedeutet eine fünfprozentige Tariflohnerhöhung von DM 1,— im Endeffekt nur eine Erhöhung des tatsächlichen Entgelts um 4,6%.

beitsverdienst rund 17,5% Sozialversicherungsbeiträge ab. Vom Bruttoarbeitsverdienst sind weiter Lohn- und gegebenenfalls Kirchensteuer zu entrichten, die vor allem nach Höhe des Entgelts und Familienstand des Arbeitnehmers unterschiedlich hoch sind.

II. Entgeltformen

1. Zeitentgelt

937   Beim Zeitentgelt werden Gehalt bzw. Lohn des Arbeitnehmers nach der von ihm aufgewandten Arbeitszeit *berechnet*. Die Berechnung kann nach Stunden, Tagen, Wochen oder Monaten erfolgen. Für Angestellte wird das Gehalt überwiegend nach Monaten berechnet, während bei der Mehrheit der Arbeiter eine stundenweise Berechnung erfolgt.

938   Unabhängig von der Berechnungsweise des Entgelts ist die *Auszahlungsweise*. Während das Gehalt der Angestellten schon fast ausnahmslos nach Monaten berechnet und monatlich ausgezahlt wird, kommt bei Arbeitern sowohl die wöchentliche wie die monatliche Lohnabrechnung und -auszahlung vor.

939   Das Zeitentgelt setzt sich zumeist aus einem Grundentgelt (das häufig dem Tarifentgelt entspricht) und unterschiedlichen Zulagen zusammen. Im Vordergrund stehen dabei Leistungszulagen, die nach einer Leistungsbeurteilung des Arbeitnehmers von Zeit zu Zeit neu festgesetzt werden.

2. Leistungsentgelt

940   Charakteristikum des Leistungsentgelts ist seine *unmittelbare* Abhängigkeit von der vom Arbeitnehmer erbrachten Arbeitsleistung. Der Arbeitnehmer kann das Arbeitsentgelt selbst beeinflussen, indem er mehr leistet.

941   Das Leistungsentgelt bringt die Gefahr des Raubbaues an der Gesundheit und damit an der Arbeitskraft mit sich. Dies gilt besonders dann, wenn – wie dies vor allem auf den Akkordlohn zutrifft – das erhöhte Entgelt durch eine Erhöhung des Arbeitstempos erreicht werden kann. Deshalb ist bei werdenden Müttern und bei Jugendlichen die Beschäftigung im Akkord verboten[4], sehen Tarifverträge besondere Sicherungen der Arbeitnehmer bei

---

4 Vgl. Rdnr. 1136 und 1145.

solchen Arbeiten vor[5], unterstellt § 87 Abs. 1 Nr. 11 BetrVG das Leistungsentgelt einem besonders weitgehenden Mitbestimmungsrecht[6].

a) Akkordlohn

Beim Akkordlohn hängt das Arbeitsentgelt von der Menge des geschaffenen   942
Arbeitsergebnisses ab. Gebräuchlich ist heute der sogenannte Zeitakkord.
Bei ihm wird – meist in Minuten – eine Zeit (Vorgabezeit) festgesetzt, binnen der ein normaler Arbeiter die geforderte Arbeit (Herstellung eines
Werkstücks oder eine ganze Serie von diesen) verrichten kann. Die Festsetzung der Vorgabezeit erfolgt nach wissenschaftlichen Methoden, mit deren
Ausarbeitung und Anwendung sich der paritätisch von Gewerkschaften
und Arbeitgebern besetzte Verband für Arbeitsstudien (Refa-Verband) befaßt. Für die Zeiteinheit wird ein bestimmter Geldbetrag festgelegt (bei Minuten ein Sechzigstel des Stundenlohnes). Das Arbeitsentgelt ergibt sich
dann aus der Multiplikation der erreichten Zeiteinheiten (Zeitfaktor) mit
dem festgesetzten Geldbetrag (Geldfaktor). Unterschreitet der Arbeiter die
Vorgabezeit, so erhält er eine längere als die tatsächlich verbrauchte Arbeitszeit gutgeschrieben und damit ein höheres Arbeitsentgelt als das Normal-
entgelt.

Der neuralgische Punkt am Akkordlohn ist die Ermittlung der Vorgabezeit.   943
Gelingt es dem Arbeiter im Laufe der Zeit, seine Arbeit in einer die Vorgabezeit wesentlich unterschreitenden Zeitspanne zu verrichten, dann steigt
sein Verdienst erheblich, und für den Arbeitgeber drängt sich der Versuch
auf, zu einer Veränderung der Vorgabezeit zu kommen, um wie man sagt:
Die „Akkordschere" in Gang zu setzen. Deshalb unterstellt § 87 Abs. 1
Nr. 11 BetrVG die Festlegung der Vorgabezeit auch im Einzelfall der Mitbestimmung des Betriebsrats[7].

Im allgemeinen ist die Frage, wann ein Akkord nach oben oder unten abgeändert werden kann, auch in Tarifverträgen sehr eingehend geregelt. Als Beispiel sei auf § 14 VIII
des Manteltarifvertrags für die Metallindustrie in Südbaden vom 1. Juni 1973[8] verwiesen, wo es heißt: „Festgesetzte Akkorde dürfen nach Zustimmung des Betriebsrates
durch Neuaufnahme herabgesetzt werden, wenn dies durch Verbesserung der Arbeitsmethoden, der Betriebsmittel, des Werkstoffs, der Werkstoffabmessungen, durch
Minderung der Güte des Arbeitsstücks, durch wesentliche Erhöhung der Stückzahl,
sonstige technische Veränderungen oder durch offensichtlichen Irrtum begründet ist.
Aus anderen Gründen ist eine Herabsetzung unzulässig. Festgesetzte Akkorde müs-

---

5 Vgl. Rdnr. 943.
6 Vgl. Rdnr. 625.
7 Siehe Rdnr. 625.
8 Dieser Tarifvertrag ist zwar längst gekündigt, wirkt aber nach § 4 Abs. 5 TVG immer noch
  nach.

sen auf Antrag des Arbeitnehmers oder Betriebsrates nach einer Neuaufnahme herauf-
gesetzt werden, wenn durch Änderung der Arbeitsmethode, Verschlechterung der
Betriebsmittel, des Werkstoffs, der Werkstoffabmessungen, durch Verbesserung der
Güte des Arbeitsstücks oder durch wesentliche Minderung der Stückzahl oder sonstige technische Veränderungen oder durch offensichtlichen Irrtum die Zeitvorgabe
nicht mehr so bemessen ist, daß bei Normalleistung der Akkordrichtsatz erreicht wird.
Vorübergehende Veränderungen können anstelle einer Neufestsetzung durch angemessene Zu- bzw. Abschläge bei den Vorgabezeiten berücksichtigt werden."

944   In erster Linie im Bergbau, aber auch in anderen Industriebereichen, wird
Akkordarbeit häufig an eine Gruppe von Arbeitnehmern vergeben. Die Regeln sind die gleichen wie beim normalen Akkord. Jedoch müssen bei einem
solchen *Gruppenakkord* die Gruppenangehörigen eine Vereinbarung darüber
treffen, in welcher Weise der Akkordverdienst unter sie verteilt wird.

b) Prämienlohn

945   Beim Prämienlohn erhält der Arbeitnehmer ein festes, nach der Arbeitszeit
berechnetes Grundentgelt und dazu eine von der Leistung abhängige Prämie. Auch bei der Prämie kann Anknüpfungspunkt die Menge des Arbeitsergebnisses sein. Möglich sind aber auch andere Anknüpfungspunkte, so
die Qualität des Arbeitsergebnisses, etwa der Prozentsatz des Ausschusses
oder die Ersparnis an Materialien oder Energie.

946   Der Prämienlohn läßt sich wesentlich elastischer handhaben als der Akkordlohn: einmal wegen der Möglichkeit, verschiedene Anknüpfungspunkte zu
wählen, zum anderen aber auch wegen der Möglichkeit, einen unterschiedlichen Verlauf der Prämienkurve festzulegen. Etwa kann bestimmt werden,
daß eine Erhöhung der Menge des Arbeitsergebnisses nur bis zu einem bestimmten Punkt zu einem höheren Arbeitsentgelt führt, so daß sich eine
weitere Steigerung des Arbeitstempos, die auf Kosten der Qualität des Arbeitsergebnisses gehen könnte, nicht mehr lohnt.

3. Provision

947   Bei der Provision wird das Arbeitsentgelt nach dem Umfang der vom Arbeitnehmer vermittelten oder abgeschlossenen Geschäfte berechnet. Dem auf
Provisionsbasis tätigen Arbeitnehmer wird gewöhnlich ein Fixum garantiert, das er ohne Rücksicht auf die verdienten Provisionen erhält.

948   Die Provision ist an sich die Entgeltform für den selbständigen Handelsvertreter und deshalb im Handelsvertreterrecht des HGB (§§ 87 ff. HGB) im einzelnen geregelt. Jedoch sind die meisten dieser Vorschriften nach § 65 HGB

auch auf Arbeitnehmer anwendbar, die auf Provisionsbasis tätig sind. Daraus ergibt sich insbesondere, daß der Arbeitnehmer Anspruch auf Provision für alle Geschäfte hat, die auf seine Tätigkeit zurückzuführen sind (§ 87 Abs. 1 Satz 3 HGB), daß die Provision grundsätzlich erst nach Ausführung des Geschäfts fällig wird (§ 87a HGB) und daß über die Provision monatlich abzurechnen ist (§ 87c HGB).

4. Tantiemen

Vor allem mit *leitenden Angestellten* wird vielfach vereinbart, daß sie zusätz-   949
lich zu ihrem Grundgehalt nach Schluß des Geschäftsjahres eine Gewinnbeteiligung erhalten. Mit solchen Tantiemen soll ein Anreiz für die betreffenden Angestellten geschaffen werden, zu einem möglichst guten Ergebnis des Unternehmens beizutragen.

Eine Beteiligung am im Geschäftsjahr erzielten Ergebnis wird in zahlreichen   950
Unternehmen aber auch anderen Arbeitnehmern, z.b. in Form der Ausgabe von Gratisaktien, gewährt. Während die Tantieme fester Bestandteil des Arbeitsentgelts ist, handelt es sich bei solchen Ergebnisbeteiligungen gewöhnlich um sogenannte „freiwillige Leistungen" des Arbeitgebers[9].

5. Sachleistungen

Es kommt vor, daß ein Teil des Arbeitsentgelts in Sachleistungen besteht.   951
Dabei sind die sogenannten Deputate, etwa Kohlendeputate im Bergbau oder der „Haustrunk" im Brauereiwesen nur noch von geringer Bedeutung. Im Vordergrund stehen Leistungen, wie die Zurverfügungstellung eines Kraftfahrzeugs auf Leasingbasis, wobei der Arbeitgeber die Leasingraten übernimmt, oder die Möglichkeit, zu günstigen Konditionen Produkte des Unternehmens, z.B. Kraftfahrzeuge („Jahreswagen") zu erwerben[10].

6. Zulagen

Vielfach werden zum eigentlichen Arbeitsentgelt besondere Zulagen be-   952
zahlt. Zu nennen sind Erschwerniszulagen, mit denen besonders widrige

---

9 Vgl. dazu Rdnr. 996 ff.
10 Zur rechtlichen Problematik solcher Leistungen siehe Rdnr. 970 f.

Umstände der Arbeitsleistung, z.B. der mit ihr verbundene Schmutz, ausgeglichen werden sollen. Möglich sind auch Anwesenheitsprämien, die für besonders geringe Fehlzeiten gezahlt werden[11], und Jubiläumszuwendungen.

953   Anknüpfungspunkt von Zulagen können auch soziale Gesichtspunkte sein. Etwa können Verheirateten-, Kinder-, Wohn- und Ortszuschläge, Trennungsentschädigungen oder Zuschüsse für die Kosten von Familienheimfahrten gewährt werden.

III. Bewertung der Arbeit

1. *Entgeltgruppensysteme*

954   Dem Charakter des Arbeitsvertrages als Austauschvertrag entspricht es, daß die Höhe des Arbeitsentgelts in *Relation zu dem* Wert der erbrachten Arbeitsleistung stehen muß. Für Hilfstätigkeiten kann nicht der gleiche Lohn gezahlt werden, wie für qualifizierte Facharbeiten. Die damit notwendige Bewertung der Arbeit wird regelmäßig nicht gesondert für jedes Arbeitsverhältnis zwischen Arbeitnehmer und Arbeitgeber ausgehandelt. Vielmehr bestehen auf tariflicher oder betrieblicher Ebene Entgeltgruppensysteme. Diese ordnen den vorkommenden Arbeiten unterschiedlich hohe Entgelte zu und sorgen damit für die Differenzierung der Entgelte nach dem Wert der Arbeiten.

In diesem Sinne bildet etwa der nachwirkende Manteltarifvertrag[12] für Angestellte der Metallindustrie Südbaden für kaufmännische Angestellte sieben Gehaltsgruppen, die von der Beschreibung „einfache Tätigkeiten, die nach entsprechender Einweisung ausgeführt werden können und die in der Regel keine vollendete Berufsausbildung oder entsprechend auf andere Weise erworbene Kenntnisse im Beruf voraussetzen" der Gruppe K1 bis: „verantwortliche kaufmännische Tätigkeiten mit Dispositionsbefugnissen oder hochwertige Tätigkeiten, zu denen besondere theoretische Fachkenntnisse und längere Erfahrungen erforderlich sind, die über die Merkmale von K6 hinausgehen, die Angestellten dieser Gruppe arbeiten im Rahmen der Betriebserfordernisse selbständig" der Gruppe K7 reichen.

955   Welche Gruppe zutrifft, wird erstmals bei der Einstellung des Arbeitnehmers festgelegt (Eingruppierung). Ändert sich die Tätigkeit, erfolgt eine neue Festlegung (Umgruppierung). Bei diesen Maßnahmen bestimmt der

---

11 Zur Vereinbarkeit solcher Prämien mit dem gesetzlichen Anspruch auf Entgeltfortzahlung im Krankheitsfall BAG vom 15. 2. 1990, BB 1990, 1275.
12 Vgl. Rdnr. 943.

Betriebsrat nach § 99 BetrVG mit[13]. Allerdings haben weder die Maßnahmen selbst, noch Entscheidungen, die im Rahmen des Mitbestimmungsverfahrens nach § 99 BetrVG erfolgen, konstitutiven Charakter. Vielmehr hat der Arbeitnehmer automatisch einen Rechtsanspruch auf das Entgelt der Gruppe, deren Tätigkeitsbeschreibung seiner Arbeit entspricht. Diesen Anspruch kann er im Wege einer entsprechenden Zahlungsklage oder im Wege der Feststellungsklage gerichtlich geltend machen, so daß letztlich die Gerichte über die richtige Ein- oder Umgruppierung entscheiden.

2. Analytische Arbeitsbewertung

Eine modernere Form des Entgeltgruppensystems ist die analytische Arbeitsbewertung. Bei ihr wird jede Arbeit auf das Vorliegen bestimmter Faktoren, etwa

956

— Kenntnisse, Ausbildung und Erfahrung,

— körperliche Belastung,

— Belastung der Sinne und Nerven,

— Verantwortung für die Arbeit,

— Umgebungseinflüsse (Schmutz, Hitze, Dämpfe, Kälte)

analysiert und auf einer Rangskala, die gewöhnlich von 1 bis 100 reicht, eingeordnet. Um die unterschiedliche Bedeutung der Faktoren für den Wert der Arbeit zum Ausdruck zu bringen, sind ihnen verschiedene Multiplikatoren zwischen 0,1 und 1,0 zugeordnet (z.B. 1,0 für Kenntnisse, Ausbildung und Erfahrung; 0,6 für Verantwortung für die Arbeit; 0,2 für Umgebungseinflüsse). Die Addition der so gewichteten Rangstufenzahlen ergibt den Arbeitswert, der wiederum über die Zuordnung der Entgeltgruppe entscheidet.

Das System der analytischen Arbeitsbewertung führt zu einer genaueren und damit gerechten Erfassung des Wertes der Arbeit. Die Kehrseite dieser genauen Erfassung ist aber das Durchschlagen von Automatisierungsmaßnahmen auf die Eingruppierung. Die Automatisierung führt häufig dazu, daß sich die Anforderungen an Kenntnisse, Ausbildung und Erfahrung der Arbeitnehmer vermindern und daß die mit der Arbeit verbundene körperliche Belastung herabgesetzt wird. Damit verringern sich die Arbeitswerte, so

957

---

13 Vgl. Rdnr. 650 f.

daß von der Art der Arbeit aus gesehen nunmehr die Voraussetzungen für eine niedrigere Lohngruppe gegeben sind. Um diese negativen Auswirkungen auf die Arbeitnehmer in Grenzen zu halten, wird die Einführung der analytischen Arbeitsbewertung häufig mit tarifvertraglichen Bestimmungen verbunden, die die Zulässigkeit von Herabgruppierungen einschränken und bei erfolgenden Herabgruppierungen eine zeitweilige Verdienstsicherung vorsehen.

IV. Modalitäten der Entgeltzahlung

1. Zahlungszeit, Zahlungsort und Zahlungsart

958   Wenn nichts anderes vereinbart ist, erfolgt die Zahlung des Entgelts *nachträglich*, nämlich nach dem Ablauf der Zeitabschnitte, nach denen es bemessen ist (§ 614 BGB).

959   Der *Erfüllungsort* für die Entgeltzahlungspflicht liegt gem. § 269 BGB beim Arbeitgeber. Ob er das Entgelt dem Arbeitnehmer an dessen Wohnsitz zu übermitteln hat, richtet sich nach der Parteivereinbarung. Die Auslegungsregel des § 270 BGB, nach der der Schuldner Geld im Zweifel auf seine Gefahr und auf seine Kosten zu übermitteln hat, greift nur ein, wenn das Arbeitsverhältnis endete und noch Entgelt zu bezahlen ist.

960   Auch die *Art der Entgeltzahlung* unterliegt der Parteivereinbarung. Zwar bestimmt § 115 Abs. 1 GewO für gewerbliche Arbeitnehmer, daß die Entgelte bar auszuzahlen sind, aber dieses Barzahlungsgebot verfolgt nur den Zweck, eine Abgeltung durch Sachleistungen aus der Produktion des Arbeitgebers zu verhindern. Einer Entgeltzahlung durch Überweisung auf ein Konto des Arbeitnehmers steht die Bestimmung nicht im Wege.

961   Nach § 134 Abs. 2 GewO ist gewerblichen Arbeitnehmern bei der regelmäßigen Entgeltzahlung ein *schriftlicher Beleg* (Lohnzettel, Lohntüte, Gehaltsstreifen) über den Betrag des verdienten Entgelts und die vorgenommenen Abzüge auszuhändigen. Für nicht gewerbliche Arbeitnehmer ergibt sich ein gleicher Anspruch des Arbeitnehmers aus Treu und Glauben (§ 242 BGB).

962   Zum Mitbestimmungsrecht des Betriebsrats bei der Festlegung von Zeit, Ort und Art der Auszahlung des Arbeitsentgelts siehe Rdnr. 606.

2. Verjährung und Ausschlußfristen

Fall 52: *A scheidet zum 31. 3. 1988 bei der Firma X aus. Mit der Schlußzahlung erhält er auch die Vergütung für die 1987 und 1988 geleisteten Überstunden, entsprechend einer vom Personalbüro gefertigten und ihm übergebenen Aufstellung. Am 15. 5. 1990 verlangt er die Nachzahlung einiger weiterer im März 1988 geleisteter Überstunden, von denen das Personalbüro im Zeitpunkt seines Ausscheidens nichts wußte.*

Entgeltansprüche *verjähren* nach § 196 Abs. 1 Nr. 8 und 9 BGB i.V.m. § 201   963
BGB in zwei Jahren seit dem Schluß des Jahres, in dem sie entstanden sind.

Häufig werden für Ansprüche aus dem Arbeitsverhältnis und damit auch   964
für die Entgeltansprüche *Ausschlußfristen* vereinbart, die wesentlich kürzer sind als die gesetzlichen Verjährungsfristen. Im Unterschied zur Verjährung, die gem. § 222 Abs. 1 BGB nur eine Einrede begründet, führt der Ablauf der Ausschlußfrist zum Untergang des betreffenden Anspruchs. Das hat etwa zur Konsequenz, daß eine Aufrechnung mit der Forderung nach Ablauf der Ausschlußfrist nicht möglich ist, auch wenn die Aufrechnungslage schon vorher bestand; § 390 Satz 2 BGB ist auf Ausschlußfristen weder direkt noch analog anwendbar[14].

Entgeltansprüche, die weder verjährt noch ausgeschlossen sind, können   965
ausnahmsweise *verwirkt* sein. Notwendig ist dafür, wie bei der Verwirkung sonst auch, ein längerer Zeitablauf sowie ein Verhalten des Arbeitnehmers, aus dem der Arbeitgeber schließen konnte, daß der Anspruch nicht mehr geltend gemacht werden würde.

In Fall 52 ist von einer Verwirkung auszugehen. Die Nachzahlungsforderung ist zwar noch nicht verjährt; doch sind seit der Entstehung des Anspruchs über zwei Jahre vergangen und hat A auf die Aufstellung über die Überstunden nicht reagiert und damit bei X den Eindruck erweckt, daß er weitere Forderungen nicht habe.

Für tarifliche Ansprüche können Ausschlußfristen nur im Tarifvertrag ver-   966
einbart werden, auch ist eine Verwirkung tariflicher Ansprüche ausgeschlossen[15].

Anders als für die Unterbrechung der Verjährung ist zur Wahrung von Aus-   967
schlußfristen gewöhnlich nicht die gerichtliche Geltendmachung des Anspruchs erforderlich, sondern genügt die schriftliche, mitunter auch die bloß mündliche Geltendmachung[16].

---

14 BAG vom 15. 11. 1967, AP Nr. 3 zu § 390 BGB = DB 1968, 358 = BB 1968, 292 = NJW 1968, 813.
15 Siehe dazu im einzelnen Rdnr. 288 f.
16 Vgl. hierzu § 18.1 und 2 des in Anhang 1 abgedruckten Manteltarifvertrages.

3. *Quittung und Ausgleichsquittung*

968   Gemäß § 368 BGB hat der Arbeitnehmer gegen Empfang des Entgelts dem Arbeitgeber auf dessen Verlangen eine Quittung auszustellen.

969   Von der Quittung als bloßem schriftlichem Empfangsbekenntnis zu unterscheiden ist die sogenannte Ausgleichsquittung. Die Ausgleichsquittung verbindet mit dem Empfangsbekenntnis ein negatives Schuldanerkenntnis i.S.d. § 397 Abs. 2 BGB und enthält damit einen Erlaß möglicherweise noch bestehender Ansprüche. Da Ausgleichsquittungen zu einem Anspruchsverzicht führen, können sie tarifliche Ansprüche wegen des Verbots des § 4 Abs. 4 Satz 1 TVG nicht erfassen[17].

Zum Verzicht auf den Kündigungsschutz in Ausgleichsquittungen siehe Rdnr. 1305.

V. Entgeltsicherung

1. *Barzahlungsgebot und Kreditierungsverbot*

Fall 53: *Die neu gegründete Automobilfirma X will ihren Arbeitnehmern die Möglichkeit einräumen, jedes Jahr einen PKW zu einem stark verbilligten Preis zu erwerben. Um den Arbeitnehmern den Einstieg in den Jahreswagenkauf zu erleichtern, soll die Bezahlung in der Weise erfolgen, daß die Hälfte des Kaufpreises angezahlt und der Rest in Monatsraten von DM 1000,– gegen den Entgeltanspruch verrechnet wird. Arbeiter A, der einen entsprechenden Vertrag mit X geschlossen hat, besteht nach drei Monaten auf der Vollauszahlung seines Entgelts. X hält sich dazu nicht verpflichtet, jedenfalls will sie den dem A überlassenen Jahreswagen zurückhaben.*

970   Nach § 115 Abs. 1 GewO ist der Arbeitgeber verpflichtet, die Entgelte seiner gewerblichen Arbeitnehmer in Deutscher Mark zu berechnen und bar auszuzahlen. Die Vorschrift verbietet zwar nicht die Vereinbarung von Sachleistungen *neben* dem in Geld festgesetzten Arbeitsentgelt[18], sie steht aber einer Abgeltung des Entgelts durch Warenlieferungen des Arbeitgebers entgegen (sogenanntes „Truck-Verbot").

971   Nach § 115 Abs. 2 Satz 1 GewO dürfen den Arbeitnehmern vom Arbeitgeber keine Waren kreditiert werden. Auch wenn die Entgelte vom Arbeitgeber

---

17 Siehe Rdnr. 287.
18 Vgl. *Neumann* in Landmann/Rohmer, Gewerbeordnung, 14. Aufl. Stand 1989, § 115 Anm. 15.

ordnungsgemäß ausgezahlt werden, sind Ratenzahlungskäufe des Arbeitnehmers beim Arbeitgeber also unzulässig.

Verträge, die gegen das Barzahlungsgebot oder das Kreditierungsverbot *verstoßen*, sind gem. § 117 Abs. 1 GewO nichtig. Der Arbeitnehmer kann Auszahlung des einbehaltenen Lohnes verlangen (§ 116 Satz 2 GewO). Dem Arbeitgeber steht weder ein Anspruch auf Bezahlung noch auf Herausgabe der gelieferten Ware zu (§ 118 Satz 1 GewO). Aber auch der Arbeitnehmer darf die Ware nicht behalten. Vielmehr bestimmt § 118 Satz 2 i.V.m. § 116 Satz 2 GewO in Abweichung von § 817 Satz 2 BGB, daß die Krankenkasse die Herausgabe der Ware von ihm verlangen kann.

Gegen die Einräumung des Rechts zum verbilligten Bezug sogenannter Jahreswagen, um die es in **Fall 53** *geht, bestehen im Prinzip keine Bedenken, weil es um einen Sachbezug neben dem in Geld festgesetzten Arbeitsentgelt geht. Sowohl die Bestimmung, daß der Kaufpreis mit den Entgeltansprüchen verrechnet werden soll, wie die Bestimmung, daß er teilweise in Raten zu entrichten ist, ist aber nichtig. Die Konsequenz ist, daß A sein volles Entgelt nachbezahlt verlangen kann und auf der anderen Seite den Wagen an die Krankenkasse, wenn diese das verlangt, herauszugeben hat.*

2. Pfändungsschutz

Das Arbeitsentgelt dient dem Arbeitnehmer typischerweise zum Lebensunterhalt. Es muß deshalb in entsprechendem Umfang vor dem Zugriff von Gläubigern geschützt werden. Die einschlägigen Bestimmungen sind in den §§ 850 ff. ZPO enthalten.   972

Nach § 850a ZPO sind bestimmte Teile des Arbeitseinkommens *unpfändbar*: so die Hälfte einer Mehrarbeitsvergütung, zusätzlich zum Arbeitsentgelt gewährte Urlaubsgelder soweit sie den Rahmen des üblichen nicht übersteigen, Aufwandsentschädigungen und Auslösungsgelder, Weihnachtsvergütungen bis zur Hälfte des monatlichen Arbeitseinkommens, höchstens aber bis zu 470,–, Heirats-, Geburts-, Sterbebeihilfen, Gnaden- und Blindenbezüge sowie Erziehungsbeihilfen.   973

Für das eigentliche Arbeitseinkommen setzt § 850c ZPO zur Zeit eine *Pfändungsgrenze* von DM 754,– monatlich (DM 174,– wöchentlich oder DM 34,80 täglich) fest, die sich noch erhöht, wenn der Schuldner seinem Ehegatten, einem früheren Ehegatten oder einem Verwandten Unterhalt zu gewähren hat. Nach § 850d ZPO kann wegen gesetzlicher Unterhaltsansprüche des Arbeitnehmers auch über die Grenzen des § 850c hinaus gepfändet werden. Doch ist dem Arbeitnehmer so viel zu belassen, wie er für seinen notwendigen Unterhalt benötigt.   974

975   Wird das Arbeitsentgelt des Arbeitnehmers auf ein Bankkonto überwiesen, muß er den Pfändungsschutz selbst geltend machen. Nach § 850k ZPO ist auf seinen Antrag eine Pfändung des Guthabens vom Vollstreckungsgericht insoweit aufzuheben, als er dem pfändungsfreien Betrag entspricht.

3. Konkursvorrecht und Konkursausfallgeld

976   Die Ansprüche auf Arbeitsentgelt für die Zeit der letzten sechs Monate vor Konkurseröffnung sind als Masseschulden im Konkurs des Arbeitgebers vorrangig zu berichtigen (§ 59 Abs. 1 Nr. 3 KO). Die Ansprüche auf Arbeitsentgelt für die Zeit bis zu einem Jahr vor Konkurseröffnung sind bevorrechtigte Konkursforderungen nach § 61 Abs. 1 Nr. 1 KO.

977   Da trotz dieser weitgehenden Bevorrechtigungen die Arbeitnehmer mit ihren Ansprüchen auf rückständiges Arbeitsentgelt in massearmen Konkursen häufig ausfallen würden, hat der Gesetzgeber das Institut des *Konkursausfallgeldes* geschaffen: Nach den §§ 151 ff. AFG hat der Arbeitnehmer für die letzten drei Monate *vor* Konkurseröffnung Anspruch auf Zahlung eines Beitrages in Höhe des Nettoentgeltes gegen die Bundesanstalt für Arbeit, wenn er mit seinem Arbeitsentgeltanspruch aus der Konkursmasse keine Befriedigung erlangen kann. Die dazu notwendigen Mittel werden durch eine Umlage aller Arbeitgeber aufgebracht, die über die Berufsgenossenschaften erhoben wird.

978   Entgeltansprüche des Arbeitnehmers für die Zeit nach Konkurseröffnung bis zur Beendigung des Arbeitsverhältnisses sind Masseansprüche nach § 59 Nr. 2 KO. Können sie vom Konkursverwalter nicht bezahlt werden, erhält der Arbeitnehmer nach § 117 Abs. 4 AFG Arbeitslosengeld. Der Anspruch auf Arbeitsentgelt geht mit dem Rang des Masseanspruchs gem. § 115 SGB X auf die Bundesanstalt für Arbeit über.

4. Abtretung, Verpfändung, Aufrechnung

Fall 54: *Arbeitnehmer A hat eine Wohnungseinrichtung auf Raten gekauft. Zur Sicherung hat er der Teilzahlungsbank seinen Gehaltsanspruch schriftlich abgetreten. A bezahlte mehrere Raten nicht. Daraufhin legt die Bank dem Arbeitgeber die Abtretungserklärung vor und verlangt von diesem, daß er künftig die gesamten Bezüge an sie überweise.*

979   Nach § 400 BGB kann eine Forderung nicht abgetreten werden, soweit sie der Pfändung nicht unterworfen ist. Nach § 1274 Abs. 2 BGB kann eine sol-

che Forderung auch nicht verpfändet werden. Damit wird sichergestellt, daß dem Arbeitnehmer das Arbeitseinkommen als Existenzgrundlage auch gegen eigene leichtsinnige Verfügungen erhalten bleibt.

Würde in **Fall 54** *der Arbeitgeber die gesamten Bezüge an die Bank überweisen, so ließe dies den Entgeltanspruch des A unberührt, soweit der unpfändbare Teil des Gehalts betroffen ist. Diesen müßte der Arbeitgeber nochmals an A bezahlen. Ihm bliebe nur übrig, diesen Betrag nach § 812 Abs. 1 Satz 1, 1. Alternative BGB von der Bank zurückzufordern. Arbeitgeber müssen deshalb, wenn sie sich Gehaltsabtretungen gegenübersehen, genau ausrechnen, welcher Teil der Bezüge pfändbar ist und welcher nicht.*

Nach § 394 Satz 1 BGB findet gegen unpfändbare Forderungen auch *keine*   980
Aufrechnung statt. Hat also etwa der Arbeitgeber gegen den Arbeitnehmer Ansprüche auf Rückzahlung eines Arbeitgeberdarlehens oder Schadensersatzansprüche, kann er mit diesen nur gegen den pfändbaren Teil des Entgelts aufrechnen. Allerdings gilt insoweit eine Ausnahme: Handelt es sich bei der Forderung des Arbeitgebers um eine solche aus vorsätzlicher unerlaubter Handlung, soll also z.B. der Arbeitnehmer wegen vorsätzlicher Beschädigung einer Maschine Ersatz leisten, ist eine Aufrechnung auch gegen den unpfändbaren Teil des Entgeltanspruchs möglich, wobei dem Arbeitnehmer aber das in § 850d ZPO festgelegte Existenzminimum belassen werden muß[19].

Der Pfändungsschutz darf auch nicht durch ein *Zurückbehaltungsrecht* am Arbeitsentgelt unterlaufen werden. Deshalb ist § 394 BGB auf die Geltendmachung eines solchen Zurückbehaltungsrechts analog anzuwenden[20].   981

VI. Lohnzahlung trotz Nichtleistung der Arbeit

Fall 55: *Die in einer süddeutschen Kreisstadt ansässige Firma X holt ihre in den umliegenden Orten wohnenden Arbeitnehmer mit dem Werksbus zur Arbeit ab. An einem Wintertag kann der Werksbus wegen extremer Eisglätte nicht verkehren. Auch die öffentlichen Verkehrsmittel fahren nicht. Die Arbeitnehmer gelangen deshalb für diesen Tag nicht an ihren Arbeitsplatz. X zieht ihnen bei der nächsten Entgeltzahlung einen Betrag ab, der dem Entgelt für diesen Tag entspricht.*

---

19 BAG vom 16. 6. 1960, AP Nr. 8 zu § 394 BGB = DB 1960, 1131; nach Auffassung des BAG gilt die Durchbrechung des Aufrechnungsverbots auch für vorsätzliche Vertragsverletzungen des Arbeitnehmers, vgl. BAG vom 31. 3. 1960, AP Nr. 5 zu § 394 BGB = DB 1960, 612 = BB 1960, 593 = NJW 1960, 1589; a.A. BGH vom 22. 4. 1959, AP Nr. 4 zu § 394 BGB = BGHZ 30, 36 = DB 1959, 650 = BB 1959, 575 = NJW 1959, 1275.
20 RGZ 85, 110.

1. Vorübergehende persönliche Verhinderung

982   § 616 Abs. 1 Satz 1 BGB bestimmt, daß ein Arbeitnehmer seinen Anspruch auf Vergütung nicht deshalb verliert, weil er für eine verhältnismäßig nicht erhebliche Zeit durch einen in seiner Person liegenden Grund ohne Verschulden an der Dienstleistung verhindert wird. Der sich aus § 323 Abs. 1 BGB ergebende Verlust des Entgeltanspruchs bei unterbleibender Arbeitsleistung erscheint dem Gesetz dort als unangemessen, wo die Verhinderung an der Arbeitsleistung aus der persönlichen Sphäre des Arbeitnehmers kommt, von ihm nicht verschuldet ist und nicht zu lange andauert.

983   Fälle der persönlichen Verhinderung sind einmal solche aus dem Bereich der Familie, wie eigene Eheschließung oder Eheschließung der Kinder, Niederkunft der Ehefrau, schwere Erkrankung oder Tod naher Angehöriger. Persönlich verhindert ist der Arbeitnehmer auch, wenn er persönliche Angelegenheiten zu einer Tageszeit erledigen muß, die zu seiner Arbeitszeit gehört. Hierzu gehören etwa Arztbesuche, die nicht in der Freizeit erfolgen können, Behördengänge, Wahrnehmung von Zeugenpflichten oder Schöffentätigkeit bei Gericht soweit nicht eine Entschädigung erfolgt. Schließlich liegt eine persönliche Verhinderung vor, wenn der Arbeitnehmer durch gerade ihn treffende Ereignisse, etwa durch einen Wasserrohrbruch in seinem Haus, oder durch einen Verkehrsunfall, den er auf dem Weg zur Arbeit erleidet, an der Arbeitsaufnahme gehindert wird.

984   Hingegen sind Ereignisse, die den Arbeitnehmer nur wie jeden anderen betreffen, keine *persönlichen* Hinderungsgründe. Witterungsbedingter Zusammenbruch des Verkehrs, Verkehrsverbote wegen Smogalarm oder der behördliche Ratschlag, bei einem Chemieunfall die Wohnung nicht zu verlassen, sind deshalb kein Anwendungsfall des § 616 Abs. 1 BGB.

*In **Fall 55** läßt sich der Entgeltzahlungsanspruch der Arbeitnehmer also nicht mit § 616 Abs. 1 Satz 1 BGB begründen. Der Zusammenbruch des Verkehrs wegen der extremen Eisglätte ist kein Fall der persönlichen Verhinderung[21].*

985   Die persönliche Verhinderung darf nicht vom Arbeitnehmer verschuldet sein. Hat er den Verkehrsunfall, der ihn hindert, rechtzeitig zur Arbeit zu kommen, verschuldet, besteht kein Entgeltanspruch.

986   Die Entgeltzahlung erfolgt nur bei Verhinderungen, die im Verhältnis zur Dauer des Arbeitsverhältnisses verhältnismäßig gering sind. Auch bei einem auf unbestimmte Zeit eingegangenen Arbeitsverhältnisses sind das nur

---

21 BAG vom 8. 9. 1982, AP Nr. 59 zu § 616 BGB = DB 1983, 397 = BB 1983, 901 = NJW 1983, 1078 = EzA Nr. 22 zu § 616 BGB.

wenige Tage[22]. Der Hauptfall der persönlichen Verhinderung, die Krankheit, ist aber besonders geregelt[23].

§ 616 Abs. 1 Satz 1 BGB ist *dispositiv*. Regelmäßig wird er durch Tarifverträge   987
abbedungen, die den Grundsatz aufstellen, daß nur wirklich geleistete Arbeit bezahlt wird, dazu aber einen Katalog von Ausnahmen festlegen, die für einen Teil der Fälle zugleich die Dauer der Arbeitsbefreiung fixieren. Ein solcher Katalog enthält etwa auch § 13 des in Anhang 1 abgedruckten Manteltarifvertrages.

Die tarifliche oder arbeitsvertragliche Abbedingung des § 616 Abs. 1 Satz 1   988
BGB ergreift auch den Fall der *Pflege eines erkrankten Kindes* des Arbeitnehmers. Jedoch hat der Arbeitnehmer nach § 45 Abs. 1 und 2 SGB V für längstens fünf Arbeitstage Anspruch auf Krankengeld, wenn das Kind das achte Lebensjahr noch nicht vollendet hat, die Pflege nach ärztlichem Zeugnis erforderlich ist und von einer anderen im Haushalt lebenden Person nicht geleistet werden kann. Allerdings kann dieser Anspruch auf Krankengeld wiederum durch eine tarifliche Bestimmung der Höhe und der zeitlichen Dauer nach ergänzt sein, so etwa in § 13.2.1 des in Anhang 1 abgedruckten Manteltarifvertrages.

2. Annahmeverzug

Kommt der Arbeitgeber mit der Annahme der Arbeitsleistung in Verzug,   989
entfällt nach § 615 Satz 1 BGB nicht nur die Arbeitspflicht für die Zeit des Annahmeverzugs, vielmehr behält der Arbeitnehmer auch den Anspruch auf das Arbeitsentgelt. Allerdings ist dieser Entgeltzahlungsanspruch nach § 615 Satz 2 BGB eingeschränkt: Der Arbeitnehmer muß sich das anrechnen lassen, was er infolge des Unterbleibens der Dienstleistung z.B. an Fahrtkosten erspart. Er muß sich anderweitigen Verdienst, den er während des Annahmeverzugs erzielt, anrechnen lassen, und er muß schließlich den Abzug eines Arbeitsverdienstes hinnehmen, den er nur deshalb nicht gemacht hat, weil er böswillig keine andere Arbeit aufgenommen hat.

§ 615 BGB ist von großer praktischer Bedeutung vor allem im Zusammen-   990
hang mit Kündigungen. Beschäftigt der Arbeitgeber den Arbeitnehmer

---

22 BAG vom 20. 7. 1977, AP Nr. 47 zu § 616 BGB = DB 1977, 2332 = BB 1977, 1651 = EzA
   Nr. 11 zu § 616 BGB: Für eine achtwöchige Ausbildung an einem Heimdialysegerät, die
   erfolgt, um dem Ehegatten bei der Heimdialyse helfen zu können, kann keine Entgeltfortzahlung nach § 616 Abs. 1 BGB verlangt werden. Die wirtschaftliche Absicherung des
   Arbeitnehmers für die Dauer der Ausbildung ist Sache der Krankenkasse.
23 Siehe dazu § 18 (Rdnr. 1044 ff.).

schon vor Ablauf der Kündigungsfrist nicht mehr oder erweist sich die Kündigung überhaupt nachträglich als unwirksam, kann der Arbeitnehmer Zahlung des Arbeitsentgelts nach § 615 BGB verlangen[24]. Aber auch andere Anwendungsfälle des § 615 BGB kommen in Betracht. Schränkt der Arbeitgeber die Produktion ein, ohne eine wirksame Vereinbarung über Kurzarbeit getroffen zu haben, gerät er für die Zeit, in der er die Arbeitnehmer nicht beschäftigt, in Annahmeverzug und bleibt zur Entgeltzahlung verpflichtet.

991   Der Anspruch aus § 615 BGB setzt Annahmeverzug i.S.d. §§ 293 ff. BGB voraus. Zu dessen Begründung ist aber im Arbeitsverhältnis regelmäßig weder ein tatsächliches (§ 294 BGB) noch ein wörtliches (§ 295 BGB) Angebot des Arbeitnehmers erforderlich. Vielmehr liegt ein Fall des § 296 Satz 1 BGB vor: Die Arbeitsleistung ist jeden Kalendertag zu erbringen, auch ist jeweils eine Handlung des Arbeitgebers, nämlich die Zulassung des Arbeitnehmers zur Arbeit und die Schaffung der arbeitstechnischen Voraussetzungen, erforderlich[25].

992   Nach § 297 kommt der Arbeitgeber dann nicht in Annahmeverzug, wenn der Arbeitnehmer zur Zeit, in der er die Arbeit an sich aufnehmen müßte, zur Leistung nicht imstande ist oder später die Fähigkeit zur Leistungserbringung verliert. Kann sich der Arbeitnehmer wegen einer Reise oder infolge Freiheitsentzugs an der Arbeitsstelle nicht einfinden, tritt kein Annahmeverzug ein und es entfällt ein einmal eingetretener Annahmeverzug. Allerdings genügt es nach Treu und Glauben, wenn sich der Arbeitnehmer für einen Abruf in angemessener Zeit bereithält[26]. Annahmeverzug tritt auch dann nicht ein, wenn der Arbeitnehmer aus Gewissensgründen nicht in der Lage ist, seine Arbeitsleistung zu erbringen und ein anderweitiger Ersatz des Arbeitnehmers ausscheidet[27].

*In **Fall 55** besteht kein Annahmeverzug: Erfüllungsort für die Arbeitsleistung ist der Betrieb, in dem sich die Arbeitsstelle des Arbeitnehmers befindet. Dort ihre Leistungen zu erbringen, waren die Arbeitnehmer aber nicht imstande. Daß es die Firma X übernommen hatte, sie mit dem Werksbus von der Wohnung zur Arbeitsstätte zu befördern, ändert am Erfüllungsort nichts, sondern begründet nur eine zusätzliche Verpflichtung der Firma X, die mit den Hauptleistungspflichten aus dem Arbeitsverhältnis nichts zu tun hat. Eine Pflicht zur Fortzahlung des Entgelts kann nur bei schuldhafter Verletzung dieser Pflicht entstehen, etwa wenn der Fahrer des Werksbusses schuldhaft einen Unfall verursacht, nicht aber bei höherer Gewalt.*

---

24 Zu den Einzelheiten vgl. Rdnr. 1386 f.
25 BAG vom 10. 7. 1969, AP Nr. 2 zu § 615 BGB Kurzarbeit = DB 1969, 1512 = BB 1969, 997 = NJW 1969, 1734.
26 BAG vom 18. 8. 1968, AP Nr. 20 zu § 615 BGB = DB 1961, 1360 = BB 1961, 1128; siehe zum ganzen *Staudinger/Löwisch*, § 297 Rdnr. 2 und 14.
27 BAG vom 24. 5. 1989, BB 1989, 2588 = EzA § 611 BGB Direktionsrecht Nr. 3.

3. Betriebsrisiko

Auch die Fälle, in denen wegen einer Betriebsstörung (Energiemangel, Roh-   993
stoffmangel, Versagen einer Maschine, behördliche Anordnung) nicht gearbeitet werden kann, können nicht § 323 BGB zugeordnet werden. Es ist Sache des Unternehmers, dafür zu sorgen, daß der von ihm organisierte und
geleitete Betrieb funktioniert. Dieses Risiko auf dem Weg über § 323 BGB
den Arbeitnehmern anzulasten, wäre unangemessen. Es besteht heute weitgehende Einigung darüber, daß auf Arbeitsausfall infolge von Betriebsstörungen grundsätzlich § 615 BGB anzuwenden ist, also der Arbeitgeber das
Entgelt mit den Einschränkungen des Satzes 2 dieser Vorschrift fortzuzahlen hat[28].

Die Abgrenzung der Fälle, in denen eine Betriebsstörung vorliegt, deren Risiko der Arbeitgeber zu tragen hat, zu denen, wo sich im Arbeitsausfall ein
allgemeines Lebensrisiko verwirklicht, dem sich auch der Arbeitnehmer
nicht entziehen kann, ist nicht immer einfach. Die Rechtsprechung hat etwa
das Verbot von Tanzveranstaltungen wegen eines Landestrauerfalles im
Verhältnis zwischen dem Arbeitgeber und einem von ihm beschäftigten Or-
chester dem Betriebsrisiko zugeordnet[29]. Auf der anderen Seite rechnet sie
Verkehrsbehinderungen, deretwegen der Arbeitnehmer den Arbeitsplatz
nicht erreichen kann, zum alle treffenden Lebensrisiko, das von den Arbeitnehmern zu tragen ist[30].

*Auch unter dem Gesichtspunkt des Betriebsrisikos können die Arbeitnehmer in **Fall 55** keine*
Bezahlung der ausgefallenen Arbeit beanspruchen.

Selbst wenn eine Betriebsstörung durch eine von außen kommende Ursache   994
oder von einem *anderen Arbeitnehmer* herbeigeführt worden ist, muß das Risiko vom Arbeitgeber getragen werden. Der Arbeitgeber muß für die von
ihm eingesetzten Arbeitnehmer genauso geradestehen wie für das Vorhandensein und das Funktionieren der sachlichen Betriebsmittel. Anders liegt
es nur, wenn die Betriebsstörung auf ein Verhalten der Organe der Arbeitnehmerschaft, insbesondere des Betriebsrats, zurückzuführen ist. Führt etwa die verzögerliche Behandlung eines Eilfalls, z.B. hinsichtlich der Bewilli-
gung von Überstunden, durch den Betriebsrat dazu, daß nicht gearbeitet

---

28 Ständige Rechtsprechung des BAG, zuletzt vom 9. 3. 1983, AP Nr. 31 zu § 615 BGB Betriebsrisiko = DB 1983, 1496 = BB 1983, 1413 = NJW 1983, 2159 = EzA § 615 BGB Betriebsrisiko Nr. 9.
29 BAG vom 30. 5. 1963, AP Nr. 15 zu § 615 Betriebsrisiko = DB 1963, 863 = BB 1963, 731 =
   JuS 1964, 251.
30 BAG vom 8. 12. 1982, AP Nr. 58 zu § 616 BGB = DB 1983, 395 = BB 1983, 314 = NJW 1983,
   1179 = EzA § 616 BGB Nr. 23.

werden kann, kommt die Ursache des Arbeitsausfalles aus der kollektiven Sphäre der Arbeitnehmer und kann nicht dem Arbeitgeber zugerechnet werden[31].

995   Die Grundsätze über das vom Arbeitgeber zu tragende Betriebsrisiko sind ebenfalls dispositiv[32]. Häufig werden sie tariflich modifiziert. Etwa ist in § 13.1 des in Anhang 1 abgedruckten Manteltarifvertrages vorgesehen, daß selbst bei Betriebsstörungen, die der Arbeitgeber – nach §§ 276, 278 BGB – zu vertreten hat, nur der durchschnittliche Arbeitsverdienst weiterzuzahlen ist und außerdem die Beschäftigten andere zumutbare Arbeit leisten müssen. In den eigentlichen Betriebsrisikofällen wird die Entgeltzahlungspflicht bis zu fünf Stunden täglich und höchstens 10 Stunden wöchentlich beschränkt, außerdem müssen die Arbeitnehmer in Abweichung von § 615 Satz 1 BGB die ausgefallene Arbeit nachholen (vgl. § 13.1.2 des in Anhang 1 abgedruckten Manteltarifvertrages).

Zum Lohnrisiko bei Ausfall von Arbeit infolge von Arbeitskämpfen siehe Rdnr. 383 ff.

VII. Gratifikationen und andere „freiwillige Leistungen"

Fall 56: *X hat seit 1980 seinen Arbeitnehmern jeweils im Dezember eine Weihnachtsgratifikation von 30% ihres Bruttogehalts gezahlt. Im November 1990 verschickt er an die Arbeitnehmer einen Brief, in dem er erklärt, wegen der schlechten Geschäftslage müsse die Zahlung der Weihnachtsgratifikation dieses Jahr leider ausfallen. A will sich das nicht gefallen lassen.*

1. Formen

996   Neben dem eigentlichen Arbeitsentgelt erhalten Arbeitnehmer heute vielfach Sonderleistungen, die an das Arbeitsverhältnis anknüpfen, aber nicht unmittelbar Gegenleistung für die Arbeitsleistung darstellen. Im Vordergrund solcher Leistungen stehen Weihnachtsgratifikationen in Form von festen Beträgen oder Prozentsätzen des Entgelts sowie zusätzliche Urlaubsgelder, die in der Urlaubszeit zum Arbeitsentgelt gezahlt werden. Weihnachtsgratifikationen oder zusätzliche Urlaubsgelder erhalten heute über 80% aller Arbeitnehmer. Sie machen im Durchschnitt zusammen etwa 1,5 Monatsverdienste aus[33].

---

31 *Löwisch*, TK-BetrVG § 87 Rdnr. 9.
32 BAG vom 8. 12. 1982 a.a.O.
33 Vgl. den Bericht in RdA 1988, 37.

Andere Formen solcher Sonderleistungen sind etwa Jubiläumszuwendun-   997
gen nach einer bestimmten Dauer des Beschäftigungsverhältnisses oder anläßlich von Firmenjubiläen.

2. Entstehen eines Rechtsanspruchs

Gratifikationen und die ihnen verwandten Sonderleistungen stellen an sich   998
sogenannte „freiwillige Leistungen" dar. Sie erfolgen zwar im Rahmen des
Arbeitsverhältnisses, so daß dieses den Rechtsgrund für sie bildet. Ob sie
gewährt werden, wird aber jeweils vom Arbeitgeber entschieden. Vielfach
besteht aber heute auch ein Rechtsanspruch auf solche Leistungen. Dieser
kann einmal aus einer besonderen arbeitsvertraglichen oder tariflichen Zusage folgen. Etwa ist in zahlreichen Branchen inzwischen tariflich die Zahlung eines 13. Monatsgehalts oder von Urlaubsgeldern in bestimmter Höhe
vorgesehen.

Der Anspruch kann sich auch aus einer betrieblichen Übung ergeben[34].   999

> So liegt es in **Fall 56**. Daraus, daß X über neun Jahre hinweg vorbehaltlos eine Weihnachts-
> gratifikation gewährt hat, durften seine Arbeitnehmer schließen, daß dies auch in Zukunft ge-
> schehen werde. Den damit gegebenen Rechtsanspruch kann X nicht einfach durch einen Wi-
> derruf, sondern nur durch eine Änderungskündigung des Arbeitsvertrages beseitigen[35].

Schließlich kann ein Rechtsanspruch aus dem arbeitsrechtlichen Gleichbe-   1000
handlungsgrundsatz entstehen[36].

3. Rückzahlungsklauseln

Gratifikationen werden mitunter dazu benutzt, um eine Bindung der Arbeit-   1001
nehmer an ihren Arbeitsplatz zu erreichen. Zu diesem Zweck wird die Gewährung der Gratifikation mit einer Rückzahlungsklausel verbunden, nach
der sie derjenige zurückzahlen muß, der seinen Arbeitsplatz binnen einer
gewissen Frist kündigt. Solche Klauseln sind unwirksam, wenn sie die Kündigung des Arbeitnehmers so sehr erschweren, daß er entgegen dem Prinzip des § 622 Abs. 5 BGB ein im Verhältnis zum Arbeitgeber nicht mehr
gleichwertiges Kündigungsrecht hat.

---

34 Vgl. Rdnr. 49.
35 Vgl. Rdnr. 1271 ff.
36 Vgl. Rdnr. 152.

Das BAG hat zu den Rückzahlungsklauseln bei Weihnachtsgratifikationen genaue Regeln aufgestellt: Danach ist bei Gratifikationen bis zur Höhe von DM 100,– überhaupt keine Rückzahlungsklausel zulässig. Bei Gratifikationen bis zur Höhe eines Monatsentgelts kann eine Rückzahlungsklausel für Kündigungen vereinbart werden, die bis zum 31. März des nächsten Jahres erfolgen. Bei Gratifikationen in Höhe eines Monatsentgelts und mehr kann sich die Rückzahlungsklausel auch noch auf Kündigungen des dem nächsten 31. März folgenden Termins erstrecken[37].

VIII. Aufwendungsersatz

Fall 57: *A ist Fernfahrer bei der Firma X. Bei einem Gastransport von Berlin nach Hamburg auf der Transitautobahn der ehemaligen DDR verursachte er einen Verkehrsunfall und wurde deshalb in Untersuchungshaft genommen. Nach über einem Monat wurde er gegen eine Kaution von DM 50 000,– entlassen. Dem Strafverfahren in der früheren DDR stellte er sich nicht, so daß die Kaution verfiel. Diese verlangt er von X ersetzt.*

1002   Überträgt der Arbeitgeber dem Arbeitnehmer eine Tätigkeit, mit der für den Arbeitnehmer Aufwendungen verbunden sind, sind diese dem Arbeitnehmer nach § 670 BGB zu ersetzen. Der Arbeitsvertrag stellt sich dann zugleich als Geschäftsbesorgungsvertrag i.S.d. § 675 BGB dar, auf den die Auftragsvorschriften entsprechend anzuwenden sind.

1003   Zu den Aufwendungen, die zu ersetzen sind, gehören dabei nicht nur freiwillige Ausgaben, etwa für Fahrtkosten, Telefon, Benzin oder Porto. Vielmehr umfassen sie grundsätzlich auch Schäden, die der Arbeitnehmer bei der Tätigkeit erleidet. Erledigt der Arbeitnehmer auf Weisung des Arbeitgebers mit dem eigenen PKW eine geschäftliche Besorgung und wird dabei schuldlos in einen Unfall verwickelt, hat er Anspruch auf Ersatz der Reparaturaufwendungen für seinen PKW.

1004   Allerdings gilt dies nur bei Schäden, die der Risikosphäre des Arbeitgebers zuzurechnen sind. Sein allgemeines Lebensrisiko muß der Arbeitnehmer selbst tragen. Insbesondere muß er sich damit abfinden, daß an seiner Kleidung und etwa von ihm mitgebrachten Gerätschaften der übliche Verschleiß eintritt; insoweit kommt ein Ersatz nur bei außergewöhnlichen Schäden in Betracht[38].

1005   Zu ersetzen sind nach § 670 BGB nur Aufwendungen, die der Arbeitnehmer erforderlich halten durfte. Dies hängt einerseits davon ab, ob er nach dem Arbeitsvertrag überhaupt zu eigenen Aufwendungen befugt war. Zum an-

---

37 BAG vom 10. 5. 1962, AP Nr. 22 und 23 zu § 611 BGB Gratifikation.
38 BAG GS vom 10. 11. 1961, AP Nr. 2 zu § 611 BGB Gefährdungshaftung des Arbeitgebers = DB 1962, 169 = BB 1962, 178.

deren kommt es darauf an, daß er bei der Aufwendung selbst die notwendige Sorgfalt beobachtet hat. Bei Schäden, die der Arbeitnehmer an eigenen Sachen, etwa an einem eigenen PKW erleidet, muß also der Einsatz des eigenen PKW vom Arbeitgeber gewünscht oder sonst angezeigt gewesen sein. Außerdem darf den Arbeitnehmer am Schaden kein Verschulden treffen, wobei ihm die Grundsätze zur Einschränkung der Arbeitnehmerhaftung bei schadensgeneigter Arbeit[39] zugute kommen und auch § 254 BGB entsprechend anzuwenden ist[40].

In **Fall 57** *durfte A die Aufgabe der Kaution für erforderlich halten. A war es nicht zumutbar, sich dem Prozeß in der früheren DDR zu stellen und damit eine längere Freiheitsstrafe zu riskieren. Das Risiko, daß deswegen die Kaution verfiel, gehört — anders als bei normalen Strafverfolgungsmaßnahmen — nicht mehr zu seinem Lebensrisiko, sondern muß der Risikosphäre des X zugeordnet werden[41].*

Bewerber um einen Arbeitsplatz haben Anspruch auf Ersatz ihrer Aufwendungen, z.b. der Reisekosten für eine Vorstellung, nur, wenn ihnen das ausdrücklich oder stillschweigend *zugesagt* worden ist oder ein Fall der culpa in contrahendo vorliegt[42].

IX. Ausbildungsvergütung

Fall 58: *Frau A möchte, nachdem ihre Kinder groß sind, wieder in ihrem Beruf als Anwaltsgehilfin arbeiten. Um wieder in die Tätigkeit hineinzukommen, vereinbart sie mit Rechtsanwalt X, daß sie dort zunächst vier Monate ohne Entgelt als Volontärin arbeitet. Nach Ablauf der vier Monate übernimmt sie X nicht in ein Arbeitsverhältnis. Frau A meint, sie müsse nachträglich die vier Monate doch vergütet erhalten.*

Für Ausbildungsverhältnisse legt das BBiG eine Vergütungspflicht des Arbeitgebers zwingend fest. Nach § 10 Abs. 1 BBiG hat er dem Auszubildenden eine angemessene Vergütung zu gewähren, die mit fortschreitender Berufsausbildung mindestens jährlich ansteigt. Soweit die Höhe nicht tariflich bestimmt ist, muß sie nach billigem Ermessen gem. §§ 316, 315 BGB festgelegt werden. Die Vergütung ist u.a. auch zahlen für die Zeit der Teilnahme am Berufsschulunterricht und bis zur Dauer von 6 Wochen bei Ausfall der Berufsausbildung infolge unverschuldeter Krankheit oder sonstiger, in der Person des Auszubildenden liegender Verhinderung (§ 12 Abs. 1 BBiG).

1006

---

39 Dazu unten Rdnr. 1166 ff.
40 BAG vom 8. 5. 1980, AP Nr. 6 zu § 611 BGB Gefährdungshaftung des Arbeitgebers = DB 1981, 115 = BB 1981, 183 = NJW 1981, 702 = EzA § 670 BGB Nr. 14.
41 BAG vom 11. 8. 1988, AP Nr. 7 zu § 611 BGB Gefährdungshaftung des Arbeitgebers = DB 1988, 2516 = BB 1988, 2391 = NJW 1989, 316 = NZA 1989, 54 = EzA § 670 BGB Nr. 19.
42 Zu letzterem Rdnr. 1204.

Diese Ansprüche können weder durch Vertrag noch durch Tarifvertrag gekürzt werden.

*Auch in **Fall 58** hat Frau A Anspruch auf angemessene Vergütung. Zwar steht sie nicht in einem eigentlichen Berufsausbildungsverhältnis, aber nach § 19 BBiG gelten dessen §§ 3 bis 18 und damit auch § 10 BBiG für die Vertragsverhältnisse aller Personen, die eingestellt werden, um berufliche Kenntnisse, Fähigkeiten oder Erfahrungen zu erwerben.*

1007   Die in früheren Zeiten übliche Vereinbarung eines „Lehrgeldes", das der Auszubildende dem Ausbildenden zu bezahlen hat, ist nach § 5 Abs. 2 Nr. 1 BBiG verboten.

X. Rechtslage in der DDR

1008   Besondere Regelungen des Arbeitsentgelts gelten in der bisherigen DDR seit deren Beitritt zur Bundesrepublik nicht mehr. Lediglich § 186 AGB, der einen allgemeinen Freistellungsanspruch bei erforderlicher Pflege eines erkrankten Kindes und eine Unterstützungszahlung der Sozialversicherung in diesem Fall vorsieht, gilt noch bis 30. 6. 1991.

XI. Kontrollfragen

Frage 54: Wie unterscheiden sich Zeitentgelt und Leistungsentgelt?

Frage 55: Was bewirken die Multiplikatoren bei der analytischen Arbeitsbewertung?

Frage 56: Wie ist der Pfändungsschutz für Lohnansprüche ausgestaltet?

Frage 57: Was bedeutet es, daß der Arbeitgeber hinsichtlich der Entgeltzahlung das Betriebsrisiko trägt? Welche Ausnahme gibt es von diesem Grundsatz?

Frage 58: Wann besteht auch ohne ausdrückliche Vereinbarung ein Rechtsanspruch auf Gratifikation?

§ 17 Urlaub und Feiertage*

Literaturangaben: *Dersch/Neumann*, Bundesurlaubsgesetz, 7. Aufl. 1990; *Klischan*, Feiertagsvergütung nach dem Feiertagslohnzahlungsgesetz, DB 1987, 331; *Klischan/Schlebusch*, Urlaubsrecht, Aktuelle Prüfungspunkte auf der Grundlage der BAG-Rechtsprechung, DB 1986, 1017; *Leinemann*, Gesetzliches und tarifliches Urlaubsrecht, ArbuR 1987, 193; *ders.*, Die neueste Rechtsprechung des BAG zum Urlaubsrecht, NZA 1985, 137; *Lepke*, Die Gewährung gesetzlichen Erholungsurlaubs, DB 1988, Beilage 10; *Natzel*, Bundesurlaubsrecht, 14. Aufl. 1988; *Stahlhacke/Bachmann/Bleistein*, Gemeinschaftskommentar zum Bundesurlaubsgesetz, 4. Aufl. 1984;

I. Erholungsurlaub

1. Überblick

Einen allgemeinen gesetzlichen Anspruch auf bezahlten Erholungsurlaub gibt es erst seit dem BUrlG vom 8. 1. 1963. Es bestimmt, daß jeder Arbeitnehmer in jedem Kalenderjahr Anspruch auf 18 Werktage Urlaub hat. Ergänzt werden die Bestimmungen des Urlaubsgesetzes durch Vorschriften für besondere Arbeitnehmergruppen. So steht Jugendlichen nach § 19 JArbSchG ein jährlicher Urlaub je nach Lebensalter von 25 bis 30 Werktagen zu, und Schwerbehinderte erhalten nach § 47 SchwbG einen Zusatzurlaub von fünf Arbeitstagen.   1009

Heute haben die Arbeitnehmer aufgrund tariflicher oder arbeitsvertraglicher Bestimmungen ausnahmslos einen weit längeren als den Mindesturlaub von 18 Werktagen, den das BUrlG bietet.   1010

Im Jahre 1989 hatten rund 99 % der tariflich erfaßten Arbeitnehmer einen Urlaub von vier Wochen oder mehr. Eine Urlaubsdauer von weniger als vier Wochen ist nur noch in wenigen Tarifverträgen für jüngere Arbeitnehmer vorgesehen. Eine Urlaubsdauer von 18 Werktagen bzw. drei Wochen, wie sie als gesetzlicher Mindesturlaub im Bundesurlaubsgesetz vorgesehen ist, findet sich in keinem Tarifvertrag mehr. Der Anteil der Arbeitnehmer mit fünf Wochen Urlaub oder mehr betrug rund 94 %. Sechs Wochen Urlaub erhielten 1989 rund 68 % der von Tarifverträgen erfaßten Arbeitnehmer[1].

---

* Paragraphen ohne Gesetzesangabe sind solche des BUrlG.
1 Information des Bundesministers für Arbeit und Sozialordnung vom Januar 1990.

2. Mindesturlaub nach dem BUrlG

a) Voraussetzungen des Urlaubsanspruchs

1011   Anspruch auf den Erholungsurlaub von 18 Werktagen im Jahr nach dem BUrlG haben alle Arbeitnehmer (§ 1) sowie arbeitnehmerähnliche Personen (§ 2). Auf den Umfang der Beschäftigung kommt es nach dem Gesetz nicht an. Auch Teilzeitbeschäftigte haben deshalb Urlaubsansprüche.

1012   Der Urlaubsanspruch kann nach § 4 erstmals nach sechsmonatigem Bestehen des Arbeitsverhältnisses geltend gemacht werden (sogenannte Wartezeit). Scheidet der Arbeitnehmer vor Erfüllung der Wartezeit aus dem Arbeitsverhältnis wieder aus, hat er jedoch für jeden vollen Monat des Bestehens des Arbeitsverhältnisses Anspruch auf ein Zwölftel des Jahresurlaubs (§ 5 Abs. 1 lit. b), wobei halbe Tage auf einen ganzen Tag aufzurunden sind (§ 5 Abs. 2). Wer einen Monat in einem Arbeitsverhältnis gestanden hat, hat also Anspruch auf zwei Werktage Urlaub.

1013   Das BUrlG knüpft den Urlaubsanspruch nicht an die geleistete Arbeit, sondern lediglich an das *Bestehen des Arbeitsverhältnisses* (§ 4). Deshalb steht er auch Arbeitnehmern in vollem Umfang zu, die während des Kalenderjahres krank waren, selbst wenn die Krankheit das ganze Jahr angedauert hat[2].

1014   Erkrankt der Arbeitnehmer während des Urlaubs, werden die durch ärztliches Zeugnis nachgewiesenen Tage der Arbeitsunfähigkeit auf den Urlaub nicht angerechnet (§ 9). Auch Kuren und Schonungszeiten dürfen nicht angerechnet werden, soweit für sie Anspruch auf Entgeltfortzahlung wegen Krankheit besteht (§ 10).

b) Festsetzung des Urlaubszeitpunkts

1015   Nach § 7 Abs. 1 sind für die Festlegung der zeitlichen Lage des Urlaubs grundsätzlich die *Urlaubswünsche des Arbeitnehmers maßgebend*. Der Arbeitgeber kann ihnen nur dringende betriebliche Belange oder sozialvorrangige Urlaubswünsche anderer Arbeitnehmer entgegenhalten. Etwa steht im Einzelhandel das Weihnachtsgeschäft einer Urlaubsgewährung in der Vorweihnachtszeit entgegen, und der Arbeitnehmer ohne schulpflichtige Kinder muß sich auf eine Urlaubszeit außerhalb der Schulferien verweisen lassen, wenn Arbeitnehmer mit schulpflichtigen Kindern in dieser Zeit Urlaub machen wollen.

---

2 BAG vom 8. 3. 1984, AP Nr. 14 zu § 3 BUrlG Rechtsmißbrauch = DB 1984, 1883 = BB 1984, 1618 = NZA 1984, 197 = EzA § 3 BUrlG Nr. 14.

Ob aus § 7 Abs. 1 und 2 unmittelbar ein Anspruch auf Gewährung des Ur-   1016
laubs in der vom Arbeitnehmer angegebenen Zeit folgt, wenn keine betrieblichen Belange oder Urlaubswünsche anderer Arbeitnehmer entgegenstehen oder der Urlaubszeitpunkt vom Arbeitgeber gemäß § 315 BGB nach billigem Ermessen zu erfolgen hat, wobei die Urlaubswünsche des Arbeitnehmers, vorbehaltlich betrieblicher Belange oder Urlaubswünsche anderer Arbeitnehmer maßgebend sind, ist streitig[3]. Richtig dürfte die letztere Auffassung sein, weil es Fälle gibt, in denen zwischen Urlaubswünschen verschiedener Arbeitnehmer entschieden werden muß, ohne daß ein Vorrang unter
sozialen Gesichtspunkten feststellbar ist[4].

Welche Auffassung auch richtig ist, jedenfalls kann der Arbeitnehmer den   1017
Urlaub nicht einfach selbst nehmen, sondern muß im Streitfall seinen Anspruch erst gerichtlich durchsetzen, wobei er sich in Eilfällen auch einer
einstweiligen Verfügung bedienen kann.

Verstärkt wird die Rechtsstellung des Arbeitnehmers durch das Mitbestim-   1018
mungsrecht des Betriebsrats nach § 87 Abs. 1 Nr. 5 BetrVG[5]: Ist auf der betrieblichen Ebene eine Entscheidung getroffen, so kann sich der Arbeitnehmer in einem etwaigen Streitverfahren auf diese stützen.

c) Zusammenhängende Urlaubsgewährung und Teilurlaub

Nach § 7 Abs. 2 ist der Urlaub, um den Erholungszweck zu sichern, grund-   1019
sätzlich zusammenhängend zu gewähren, es sei denn dringende betriebliche oder persönliche Gründe machen eine Teilung erforderlich. Auch im
letzteren Fall müssen mindestens 12 Werktage zusammenhängend gewährt
werden.

Um zu einer möglichst weitgehenden zusammenhängenden Gewährung   1020
des Urlaubs zu gelangen, wird der Anspruch auf Urlaub nicht etwa nur entsprechend dem Fortschritt des Kalenderjahres fällig. Vielmehr hat der Arbeitnehmer, wenn einmal die Wartezeit erfüllt ist, in jedem Kalenderjahr *von
Anfang an* den vollen Urlaubsanspruch. Dies kann dazu führen, daß er bei einem Wechsel des Arbeitsverhältnisses von seinem alten Arbeitgeber schon
mehr Urlaub erhalten hat, als ihm eigentlich zusteht. Dies wird hingenommen, insbesondere ist nicht etwa das Urlaubsentgelt anteilig zurückzuzah-

---

3 Für das erstere BAG vom 18. 12. 1986, AP Nr. 10 zu § 7 BUrlG = DB 1987, 1362 = BB 1987,
  1044 = NZA 1987, 379; für das letzte BAG vom 4. 12. 1970, AP Nr. 5 zu § 7 BUrlG = DB
  1971, 295 = BB 1971, 220.
4 *Leipold*, Anm. zu BAG vom 18. 12. 1986, AP Nr. 10 zu § 7 BUrlG; *Rieble*, Die Kontrolle des
  Ermessens der betriebsverfassungsrechtlichen Einigungsstelle, S. 130, 131.
5 Vgl. Rdnr. 608.

len (§ 5 Abs. 3). § 6 bestimmt lediglich, daß der Arbeitnehmer vom neuen Arbeitgeber insoweit keinen Urlaub verlangen kann, als er ihn vom alten Arbeitgeber schon erhalten hat.

1021   Wegen des Prinzips der zusammenhängenden Gewährung des Urlaubs kommt es nur ausnahmsweise zu Teilurlaubsansprüchen. Dies ist einmal dann der Fall, wenn der Arbeitnehmer, weil er erst nach dem 1. 7. in das Arbeitsverhältnis eintritt, die Wartezeit nicht mehr erfüllen kann (§ 5 Abs. 1 lit. a) sowie dann, wenn er bereits vor Erfüllung der Wartezeit aus dem Arbeitsverhältnis wieder ausscheidet (§ 5 Abs. 1 lit. b). Auch wenn der Arbeitnehmer zwar die Wartezeit erfüllt hat, aber in der ersten Hälfte des Kalenderjahres ausscheidet, hat er nur Anspruch auf Teilurlaub (§ 5 Abs. 1 lit. c) und muß den weiteren Urlaub in einem etwaigen neuen Arbeitsverhältnis geltend machen.

d) Übertragbarkeit

Fall 59: *A ist seit mehreren Jahren bei der Firma X beschäftigt. Er hat lediglich den Anspruch auf den gesetzlichen Mindesturlaub. Für das Kalenderjahr 1990 sind ihm im Dezember 12 Werktage gewährt worden. Obwohl er im Februar 1991 schriftlich verlangt, daß ihm die restlichen sechs Tage bis zum 31. 3. 1991 gewährt werden und an sich der Gewährung betriebliche Gründe nicht entgegenstehen, weigert sich X. A erhebt am 2. 4. 1991 Klage auf die Gewährung des Resturlaubs. Dagegen wendet X ein, der Urlaub sei nunmehr verfallen.*

1022   Zur Sicherung des Erholungszwecks bestimmt § 7 Abs. 3 Satz 1, daß der Urlaub grundsätzlich im laufenden Kalenderjahr gewährt und genommen werden muß. Eine Übertragung auf das nächste Kalenderjahr ist nur aus dringenden betrieblichen oder persönlichen Gründen zulässig (§ 7 Abs. 3 Satz 2). Auch in diesem Fall muß der Urlaub aber in den ersten drei Monaten des folgenden Kalenderjahres gewährt und genommen werden (§ 7 Abs. 3 Satz 3). Geschieht das nicht, verfällt er selbst dann, wenn der Arbeitnehmer infolge dauernder Arbeitsunfähigkeit gehindert war, den Urlaub nach Ablauf des Übertragungszeitraums zu nehmen[6].

Auf den ersten Blick scheint in **Fall 59** *X also Recht zu haben. Indes muß berücksichtigt werden, daß die Firma X, indem sie dem Urlaubswunsch des A nicht nachgekommen ist, obwohl dieser nach § 7 Abs. 1 mangels entgegenstehender betrieblicher Gründe zu berücksichtigen war und A ihn auch geltend gemacht hatte, ihre Pflicht zur Urlaubsgewährung verletzt hatte. Wegen dieser Pflichtverletzung haftet sie dem A nach § 280 Abs. 1 BGB auf Schadensersatz,*

---

6 BAG vom 13. 5. 1982, AP Nr. 4 zu § 7 BUrlG Übertragung = DB 1982, 2470 = BB 1982, 2111 = EzA § 7 BUrlG Nr. 25.

so daß dieser gem. § 249 BGB anstelle des ursprünglichen Urlaubsanspruchs einen Ersatzur-
laubsanspruch in gleicher Höhe hat[7].

e) Urlaubsabgeltung

Fall 60: *Der seit mehreren Jahren bei der Firma X beschäftigte A wird am 15. 10. 1989 wegen*
eines Diebstahls fristlos gekündigt. Urlaub hatte er in dem laufenden Kalenderjahr noch nicht
genommen. Er will diesen in Geld abgegolten haben.

Urlaub muß grundsätzlich als Freizeit gewährt werden. Eine Abgeltung in   1023
Geld widerspräche dem Gesetzeszweck. Sie ist auch dann nicht möglich,
wenn die Arbeitsvertragsparteien das Kalenderjahr und den Übertragungs-
zeitraum bewußt verstreichen lassen, ohne den Urlaub zu nehmen und zu
gewähren. Vielmehr verfällt der Anspruch dann.

Kann freilich *wegen Beendigung des Arbeitsverhältnisses* ein entstandener Ur-   1024
laubsanspruch nicht mehr realisiert werden, wäre ein Verfall unbillig. Hier
muß deshalb eine Abgeltung erfolgen (§ 7 Abs. 4). In seiner Höhe entspricht
der Abgeltungsanspruch dem Urlaubsentgelt.

Auch im **Fall 60** *ist der Urlaubsanspruch abzugelten. Daß das Arbeitsverhältnis wegen eines*
Verschuldens des Arbeitnehmers aufgelöst worden ist, ändert daran nichts. Eine frühere Be-
stimmung, die das ausschloß, ist 1974 aus dem BUrlG gestrichen worden.

Da der Abgeltungsanspruch nur das Surrogat des Urlaubsanspruchs ist, be-   1025
steht er dann nicht, wenn der Arbeitnehmer den Urlaubsanspruch wegen
Krankheit bis zur Beendigung des Arbeitsverhältnisses gar nicht hätte verwirklichen können[8].

f) Verbot einer Erwerbstätigkeit

Nach § 8 darf der Arbeitnehmer während des Urlaubs keiner Erwerbstätig-   1026
keit nachgehen, die dem Urlaubszweck widerspricht. Ob das der Fall ist,
hängt davon ab, welcher Tätigkeit der Arbeitnehmer sonst nachgeht. Bei einem Büroangestellten widerspricht die Mithilfe bei einem Bau kaum dem
Urlaubszweck. Anders, wenn der Arbeitnehmer Bauarbeiter ist.

Sanktionen für einen Verstoß gegen § 8 sieht das Gesetz nicht vor. Das BAG   1027
hatte früher angenommen, der Arbeitgeber habe bei einer dem Erholungszweck widersprechenden Erwerbstätigkeit aus § 812 Abs. 1 Satz 2, 2. Alternative BGB einen Anspruch auf Herausgabe des Urlaubsentgelts. Es hat die-

---

7 BAG vom 7. 11. 1985, AP Nr. 16 zu § 3 BUrlG Rechtsmißbrauch = DB 1986, 973 = BB 1986,
  735 = NJW 1987, 151 = NZA 1986, 392 = EzA § 7 BUrlG Nr. 43; a.A. Arbeitsgericht Freiburg, NZA 1985, 27.
8 BAG vom 28. 6. 1984, AP Nr. 18 zu § 7 BUrlG Abgeltung = DB 1984, 2716 = BB 1984, 2133
  = NZA 1985, 156 = EzA § 7 BUrlG Nr. 34.

se Rechtsprechung aber zwischenzeitlich vor allem im Hinblick darauf aufgegeben, daß es für den Bereicherungsanspruch wegen Ausbleibens des bezweckten Erfolgs an der notwendigen Übereinstimmung über den Erholungszweck zwischen Arbeitgeber und Arbeitnehmer fehlt[9]. Dem läßt sich hinzufügen, daß ein solcher Rückzahlungsanspruch auch nicht dazu paßt, daß eine Urlaubsabgeltung selbst dann zu erfolgen hat, wenn das Arbeitsverhältnis vom Arbeitgeber aus wichtigem Grund fristlos gekündigt wird[10].

g) Urlaubsentgelt

1028   Der Arbeitnehmer muß während des Urlaubs seinen *gewohnten Lebensstandard* aufrechterhalten können. Deshalb gehört zum Erholungsurlaub die Weiterzahlung des Arbeitsentgelts. Die entsprechende Regelung findet sich in § 11 BUrlG. Danach steht dem Arbeitnehmer als Entgelt der durchschnittliche Arbeitsverdienst zu, den er in den letzten 13 Wochen vor Beginn des Urlaubs erhalten hat. Dabei sind die gesamte Vergütung einschließlich aller Zulagen und Überstundenvergütungen mit zu berücksichtigen. Erhält der Arbeitnehmer Sachbezüge, sind diese für die Dauer des Urlaubs in bar abzugelten. Bei Akkord- oder Prämienlohn ist der Durchschnittslohn zu berechnen. Verdienstausfälle, die auf Kurzarbeit, Arbeitsausfälle oder unverschuldete Arbeitsversäumnisse zurückzuführen sind, bleiben außer Betracht.

1029   Das Urlaubsentgelt genießt in gleichem Umfang wie das Arbeitsentgelt *Pfändungsschutz*[11]. Zusätzlich zum Urlaubsentgelt gewährte Urlaubsgelder sind in gewissem Rahmen überhaupt unpfändbar[12].

3. Tarifliche Urlaubsregelungen

1030   Urlaubsfragen werden vielfach in Tarifverträgen geregelt. Soweit solche Regelungen den gesetzlichen Mindesturlaub nach dem BUrlG betreffen, müssen sie den Grundsatz respektieren, daß *alle* Arbeitnehmer und arbeitneh-

---

9 BAG vom 25. 2. 1988, AP Nr. 3 zu § 8 BUrlG = DB 1988, 1554 = BB 1988, 2246 = NJW 1988, 2757 = NZA 1988, 607 = EzA § 8 BUrlG Nr. 2.
10 Siehe dazu Rdnr. 1024.
11 Nach Auffassung des BAG ist das Urlaubsentgelt als Teil des Anspruchs auf Erholungsurlaub ohne Rücksicht auf Pfändungsgrenzen überhaupt unpfändbar, vgl. zuletzt BAG vom 21. 1. 1988, AP Nr. 19 zu § 4 KSchG 1969 = DB 1988, 1758 = BB 1988, 1533 = NJW 1988, 2691 = NZA 1988, 651 = EzA § 4 KSchG Nr. 33; das ist nicht zwingend und im Vergleich zu Selbständigen, deren Einkommen auch während des Urlaubs normal pfändbar ist, unbillig. Vgl. im einzelnen *Löwisch* zu BAG, a.a.O., AR-Blattei, D-Blatt, Kündigungsschutz, Entsch. 295.
12 Rdnr. 973.

merähnliche Personen Anspruch auf einen bezahlten Erholungsurlaub von mindestens 18 Werktagen haben. Sonst können sie auch zuungunsten der Arbeitnehmer vom BUrlG abweichen (§ 13 Abs. 1). So kann etwa die sechsmonatige Wartezeit abbedungen und durch einen Stichtag ersetzt oder eine von § 11 abweichende Berechnung des Urlaubsentgelts gewählt werden[13].

In der Regel gewähren Tarifverträge den Arbeitnehmern Urlaubsansprüche, die über den gesetzlichen Mindesturlaub hinausgehen. Vielfach werden dabei als Urlaubstage nicht mehr die Werktage, also auch der Samstag, sondern nur noch die Arbeitstage berechnet[14]. Für diesen „echten Tarifurlaub" gelten die Bestimmungen des BUrlG nicht unmittelbar. Vielmehr ist es Sache der Tarifvertragsparteien, diesen Tarifurlaub im einzelnen auszugestalten. Etwa können sie vorsehen, daß das Urlaubsentgelt für den über den gesetzlichen Mindesturlaub hinaus gewährten Urlaub zurückzuzahlen ist, wenn der Arbeitnehmer während des Urlaubs einer dem Erholungszweck widersprechenden Tätigkeit nachgeht[15]. Freilich können die Tarifvertragsparteien auch ausdrücklich oder stillschweigend auf das BUrlG für den Tarifurlaub Bezug nehmen.

II. Bildungsurlaub

Eine gesetzliche Verpflichtung zur Gewährung von Bildungsurlaub sehen § 37 Abs. 6 und 7 BetrVG[16] zugunsten von Betriebsratsmitgliedern in bestimmtem Umfang vor. Auch Jugendleiter haben nach einigen Landesgesetzen Anspruch auf die Gewährung von Bildungsurlaub, z.B. nach dem bayrischen Gesetz vom 29. 4. 1958[17].   1031

In einer Reihe von Bundesländern, nämlich in Berlin, Bremen, Hamburg, Hessen, Niedersachsen und Nordrhein-Westfalen bestehen allgemeine Bildungsurlaubsgesetze. Nach ihnen haben die Arbeitnehmer teils in jedem Jahr fünf, teils alle zwei Jahre 10 Tage Anspruch auf bezahlten Urlaub zu Bildungszwecken. Da der Zweck der dort eingeräumten Urlaubsansprüche nicht in der Erholung sondern in der Bildung besteht, scheitern sie nicht am Vorrang der Bundesgesetzgebung[18].   1032

---

13 Siehe hierzu im einzelnen etwa *Leinemann*, ArbuR 1987, 193, 197 ff.
14 So etwa § 13 des Manteltarifvertrages für die Metallindustrie Nordrhein-Westfalen, vgl. *Zipke*, Kommentar zu diesem MTV, 3. Aufl. 1988, § 13 Anm. 1.
15 BAG vom 25. 2. 1988, a.a.O.
16 Vgl. Rdnr. 500.
17 Vgl. die bei *Nipperdey* I unter Nr. 136 ff. abgedruckten Gesetze.
18 Vgl. Rdnr. 97.

III. Erziehungsurlaub

1033   Nach dem BErzGG wird für Kinder für einen Zeitraum von 18 Monaten seit der Geburt Erziehungsgeld in Höhe von DM 600,– monatlich gewährt, wobei der Anspruch jeweils nur einem Elternteil zusteht[19]. Ist das Elternteil, daß das Erziehungsgeld bezieht, Arbeitnehmer, hat es nach § 15 BErzGG Anspruch auf Erziehungsurlaub für diesen Zeitraum.

1034   Der Arbeitnehmer muß den Erziehungsurlaub spätestens vier Wochen vor dem Zeitpunkt, von dem ab er ihn in Anspruch nehmen will, vom Arbeitgeber verlangen und gleichzeitig erklären, bis zu welchem Lebensmonat des Kindes er den Erziehungsurlaub in Anspruch nehmen will. Eine Verlängerung kann nur verlangt werden, wenn ein vorgesehener Wechsel in der Anspruchsberechtigung aus einem wichtigen Grund nicht erfolgen kann (§ 16 Abs. 1 BErzGG). Der Arbeitgeber kann den Erholungsurlaub, der dem Arbeitnehmer für das Urlaubsjahr aus dem Arbeitsverhältnis zusteht, für jeden vollen Kalendermonat, für den der Arbeitnehmer Erziehungsurlaub nimmt, um ein Zwölftel kürzen (§ 17 Abs. 1 Satz 1 BErzGG).

1035   Nach § 18 Abs. 1 genießt der Arbeitnehmer während des Erziehungsurlaubes *Kündigungsschutz.* Eine Kündigung ist nur möglich, wenn sie behördlich für zulässig erklärt worden ist, was etwa in Betracht kommt, wenn der Betrieb während des Urlaubs stillgelegt wird.

1036   Nach § 19 kann der Arbeitnehmer das Arbeitsverhältnis unter Einhaltung einer Kündigungsfrist von einem Monat zum Ende des Erziehungsurlaubs kündigen, auch wenn an sich für sein Arbeitsverhältnis eine längere Kündigungsfrist gilt.

1037   Der Erziehungsurlaub kann *tarifvertraglich* ausgebaut sein. So bestimmt § 13.4 des in Anhang 1 abgedruckten Manteltarifvertrages, daß Arbeitnehmer, die im Anschluß an den Erziehungsurlaub aus dem Arbeitsverhältnis ausscheiden, bis zur Vollendung des fünften Lebensjahres des Kindes einmalig einen Anspruch auf Wiedereinstellung haben und daß ihnen während dieser Zeit Gelegenheit zu geben ist, an betrieblichen Weiterbildungsmaßnahmen teilzunehmen und kurzfristige Vertretungen wahrzunehmen. Im Bereich des öffentlichen Dienstes kann der Sonderurlaub nach § 50 Abs. 2 BAT[20] für eine Verlängerung des Erziehungsurlaubs genutzt werden[21].

---

19 Vgl. hierzu *Schulin*, Rdnr. 779 ff.
20 Dazu Rdnr. 1038.
21 *Löwisch*, Sonderurlaub für Kinderbetreuung, ZTR 1989, 346.

IV. Sonderurlaub

Tarifvertraglich wird häufig die Gewährung bezahlten und unbezahlten Ur-   1038
laubs zu anderen als Erholungs- und allgemeinen Bildungszwecken vorgesehen. Etwa bestimmen Rationalisierungsschutzabkommen, daß die Arbeitnehmer in bestimmtem Umfang Anspruch auf bezahlten Urlaub für die
Durchführung von Umschulungsmaßnahmen haben. Für den öffentlichen
Dienst sieht § 50 Abs. 2 BAT ganz allgemein vor, daß Arbeitnehmer bei Vorliegen eines wichtigen Grundes unter Verzicht auf das Entgelt Sonderurlaub
erhalten können, wenn die dienstlichen oder betrieblichen Verhältnisse dies
gestatten. Auch arbeitsvertraglich kann die Gewährung von bezahltem oder
unbezahltem Sonderurlaub vorgesehen werden.

V. Feiertage

Nach § 105a GewO sind die Arbeitnehmer auch an gesetzlichen Feiertagen   1039
nicht zur Arbeit verpflichtet. Welche Tage gesetzliche Feiertage sind, bestimmen die Landesgesetze. Die Zahl der Feiertage ist in den einzelnen Ländern unterschiedlich groß. Sie reicht von 10 in den norddeutschen bis zu 13
in den süddeutschen Bundesländern. Die meisten Feiertage hat der Stadt-
kreis Augsburg, in dem auch der 8. August, der Tag des Westfälischen Friedens von 1648, gesetzlicher Feiertag ist.

Soweit wegen der Arbeitsruhe an gesetzlichen Feiertagen die Arbeit ausfällt,   1040
muß nach dem Gesetz über die Regelung der Lohnzahlung an Feiertagen
der im Falle der Arbeit erzielte *Arbeitsverdienst* gezahlt werden, so daß eine
Verdienstminderung nicht eintritt. Die Lohnzahlungspflicht entfällt lediglich bei den Arbeitnehmern, die am letzten Arbeitstag vor oder am ersten
Arbeitstag nach den Feiertagen der Arbeit unentschuldigt ferngeblieben
sind.

Für Feiertagsarbeit sehen die Tarifverträge regelmäßig besondere *Zuschläge*   1041
vor, deren Höhe von 50% bis zu 150% des Normalentgelts schwankt[22]. Auch
soweit eine entsprechende tarifliche Bestimmung fehlt oder auf das Arbeitsverhältnis nicht zur Anwendung kommt, ist, wenn nicht eine ausdrücklich
abweichende Bestimmung getroffen wurde, anzunehmen, daß ein angemessener Zuschlag zu zahlen ist.

---

22 Siehe § 10.4 des in Anhang 1 abgedruckten Manteltarifvertrages.

1042   Bei Jugendlichen ist Arbeit an Feiertagen gem. § 18 JArbSchG durch Freistellung an anderen Arbeitstagen auszugleichen.

VI. Rechtslage in der DDR

1043   Das BUrlG gilt seit deren Beitritt auch in der bisherigen DDR. Dabei ist nach dem Einigungsvertrag § 3 BUrlG allerdings so anzuwenden, daß der jährliche Mindesturlaub 20 Arbeitstage beträgt, wobei von 5 Arbeitstagen je Woche auszugehen ist.

VII. Kontrollfragen

Frage 59: Seit wann gibt es eine allgemeine gesetzliche Regelung des Erholungsurlaubs?

Frage 60: Wer bestimmt den Zeitpunkt des Urlaubs?

Frage 61: Was bedeuten die Begriffe Urlaubsentgelt, Urlaubsgeld und Urlaubsabgeltung?

Frage 62: Gibt es eine gesetzliche Bestimmung über die Gewährung von Zuschlägen für Feiertagsarbeit?

§ 18 Krankenversorgung

Literaturangaben: *Becker*, Unterschiedliche Behandlung von Arbeitern, Angestellten und Dienstschuldnern im Krankheitsfalle und das verfassungsmäßige Gleichbehandlungsgebot, DB 1987, 1090; *Eich*, Rechtsfragen bei Krankheit des Arbeitnehmers, BB 1988, 197; *Goetz/Schnabel/Paulsdorff*, Lohnfortzahlungsgesetz, 6. Aufl. 1983; *Hofmann*, Zum Problem des Verschuldens bei krankheitsbedingter Arbeitsunfähigkeit, ZfA 1979, 275; *Kaiser/Dunkel*, Die Entgeltfortzahlung im Krankheitsfall, 2. Aufl. 1984; *Marburger*, Gehalts- und Lohnfortzahlung im Krankheitsfall, 5. Aufl. 1987; *ders.*, Die neuere Rechtsprechung zur Entgeltfortzahlung für die Arbeitnehmer, insbesondere nach dem Lohnfortzahlungsgesetz, DB 1987, 2566.

I. Überblick

Die Krankenversorgung ist als Teil der Daseinsvorsorge im Kern Aufgabe der Sozialversicherung. Dementsprechend tritt die *gesetzliche Krankenversicherung* für die Kosten der Heilbehandlung und in Form des Krankengeldes auch für den Lebensunterhalt des erkrankten Arbeitnehmers ein[1].   1044

Die Vorsorge für den Lebensunterhalt der ersten sechs Wochen einer Erkrankung ist jedoch dem Arbeitgeber auferlegt. Er hat für diese Zeit dem Arbeitnehmer das *Arbeitsentgelt fortzuzahlen*. Für Arbeiter ergibt sich das aus dem LohnFG, für Angestellte aus den §§ 63 HGB, 133c GewO und § 616 BGB. Die gesetzliche Krankenversicherung tritt insoweit mit dem Krankengeld nur ein, wenn ausnahmsweise ein Anspruch auf Fortzahlung des Arbeitsentgelts nicht besteht oder ein bestehender Anspruch, etwa wegen Zahlungsunfähigkeit des Arbeitgebers, nicht erfüllt wird (vgl. § 49 Nr. 1 SGB V sowie für einen etwaigen Regreß gegen den Arbeitgeber § 115 Abs. 1 SGB X).   1045

Die Leistungen des Arbeitgebers im Krankheitsfall können *tarifvertraglich erweitert* sein. So bestimmt § 12.4 des in Anhang 1 abgedruckten Manteltarifvertrages, daß Beschäftigte mit fünfjähriger Unternehmenszugehörigkeit für einen weiteren Monat die Differenz zwischen Krankengeld und dem Arbeitsentgelt vom Arbeitgeber erhalten. Nach § 12.7 des gleichen Tarifvertrages ist diese Differenz bei einer auf Arbeitsunfall zurückzuführenden Krankheit sogar bis zur 78. Woche zu zahlen.   1046

---

1 Vgl. im einzelnen *Schulin*, Rdnr. 61 ff.

Die Aufwendungen der Arbeitgeber in der Bundesrepublik Deutschland für die Entgeltfortzahlungen betrugen 1989 rund 27,3 Milliarden DM[2]. Das sind etwa 17,3 % der Gesamtaufwendungen für Krankheitskosten[3].

II. Lohnfortzahlung für Arbeiter

1. *Voraussetzungen des Lohnfortzahlungsanspruchs*

> **Fall 61:** *Arbeiter A, der seit längerer Zeit alkoholabhängig ist und häufig während der Arbeit trinkt, fährt an einem Tag in noch nüchternem Zustand mit seinem eigenen PKW zur Arbeit. Dort trinkt er wiederum stark. Auf seiner Rückfahrt verursacht er mit einem Blutalkoholgehalt von 2,8‰ einen Auffahrunfall, bei dem er selbst erheblich verletzt und drei Wochen arbeitsunfähig krank wird. Sein Arbeitgeber weigert sich, ihm den Lohn für die Dauer der Krankheit fortzuzahlen.*

a) Beschäftigungsverhältnis

1047   Arbeitnehmer, die Arbeiter sind, haben nach dem LohnFG Anspruch auf Entgeltfortzahlung im Krankheitsfall. Ausgenommen sind Arbeiter, deren Arbeitsverhältnis auf höchstens vier Wochen befristet ist oder deren regelmäßige Arbeitszeit wöchentlich 10 Stunden oder monatlich 45 Stunden nicht übersteigt (§ 1 Abs. 3 Nr. 1 und 2 LohnFG). Da entsprechende Vorschriften für Angestellte nicht gelten, ist die Verfassungsmäßigkeit dieser Ausnahmen im Hinblick auf Art. 3 Abs. 1 GG zweifelhaft.

Mit Beschluß vom 5. 8. 1987 hat das BAG[4] diese Frage dem BVerfG vorgelegt. Ob diese Vorlage zu einer Entscheidung des BVerfG führt, scheint freilich zweifelhaft, denn das BAG hat in seinem Vorlagebeschluß seinen Erwägungen zur Verfassungswidrigkeit der Vorschrift den Satz vorangestellt, es habe „Bedenken", daß § 1 Abs. 3 Nr. 2 LohnFG nicht mit Art. 3 Abs.1 GG vereinbar sei. Nach Art. 100 Abs.1 Satz 1 GG ist aber die Einholung der Entscheidung des BVerfG nur zulässig, wenn das vorlegende Gericht das Gesetz für *verfassungswidrig hält.* Bloße Bedenken reichen nicht aus[5].

1048   Voraussetzung des Lohnfortzahlungsanspruchs ist, daß die Arbeitsunfähigkeit infolge Krankheit *nach dem Beginn der Beschäftigung* eingetreten ist. Notwendig ist, daß sich der Arbeiter mindestens auf dem erstmaligen Gang zur

---

2 Auskunft des Bundesministers für Arbeit und Sozialordnung vom 21. 8. 1990.
3 Zur Bedeutung der Lohnfortzahlungskosten bei der personenbedingten Kündigung vgl. Rdnr. 1330.
4 AP Nr. 72 zu § 1 LohnFG = DB 1987, 2572 = BB 1987, 2453 = NZA 1988, 586 = EzA § 1 LohnFG Nr. 87.
5 Vgl. hierzu BVerfG vom 20. 3. 1952, BVerfGE 1, 184 und *Leipold,* SAE 1989, 260, 264.

Arbeit befindet[6]. Wer vorher erkrankt, hat keinen Lohnfortzahlungsanspruch, auch wenn der Arbeitsvertrag schon lange besteht.

b) Arbeitsunfähigkeit

Der Anspruch auf Lohnfortzahlung besteht in erster Linie bei Arbeitsunfä-   1049
higkeit infolge von *Krankheit*. Krankheit ist jeder regelwidrige körperliche
oder geistige Zustand, der der Heilbehandlung bedürftig und zugänglich
ist[7]. Auch eine Arbeitsunfähigkeit, die infolge eines Arbeitsunfalles eintritt
oder Folge einer krankhaften Sucht ist, löst also den Lohnfortzahlungsanspruch aus.

Auch bei einer vorbeugenden Therapie gegen eine in unberechenbaren   1050
Schüben auftretende erbliche Krankheit, wie die Schuppenflechte, liegt Arbeitsunfähigkeit i.S.d. § 1 Abs. 1 Satz 1 LohnFG vor[8].

Der Lohnfortzahlungsanspruch deckt *nur das Krankheitsrisiko* ab. Entfällt   1051
während der Krankheit der Lohnzahlungsanspruch aus einem anderen
Grund, z.B. wegen der Auswirkungen eines Arbeitskampfes oder weil
Kurzarbeit eingeführt wird, bleibt es dabei auch für den arbeitsunfähig erkrankten Arbeiter.

Nach dem LohnFG soll der Arbeitgeber nur das *normale Krankheitsrisiko* des   1052
Arbeiter tragen. Wird der Arbeitnehmer arbeitsunfähig, weil er sich für eine
Organspende zur Verfügung stellt, hat dafür nicht der Arbeitgeber einzutreten. Vielmehr muß der Verdienstausfall von der Krankenkasse oder Berufsgenossenschaft des Empfängers getragen werden[9].

Nach § 1 Abs. 2 LohnFG steht der Arbeitsunfähigkeit infolge Krankheit die   1053
Arbeitsunfähigkeit infolge Sterilisation oder infolge Abbruchs der Schwangerschaft *durch einen Arzt* gleich.

Nach § 7 Abs. 1 LohnFG steht auch eine von einem Sozialleistungsträger bewilligte *Kur* einer Arbeitsunfähigkeit gleich. Hingegen besteht für den Zeitraum einer an eine Krankheit anschließenden ärztlich verordneten Schonzeit ein Lohnfortzahlungsanspruch nur, soweit der Arbeiter während dieser
Zeit tatsächlich arbeitsunfähig ist (§ 7 Abs. 4 LohnFG).

---

6 BAG vom 27. 1. 1972, AP Nr. 14 zu § 1 LohnFG = DB 1972, 732 = BB 1972, 661 = NJW
  1972, 888.
7 BAG vom 29. 2. 1984, AP Nr. 64 zu § 616 BGB = DB 1984, 1687 = BB 1984, 1164 = NZA
  1984, 33 = NJW 1984, 2720 = EzA § 616 BGB Nr. 27.
8 BAG vom 9. 1. 1985, AP Nr. 62 zu § 1 LohnFG = DB 1985, 977 = BB 1985, 930 = NJW 1985,
  2214 = NZA 1985, 562 = EzA § 1 LohnFG Nr. 75.
9 BAG vom 6. 8. 1986, AP Nr. 68 zu § 1 LohnFG = DB 1987, 540 = BB 1987, 406 = NJW 1987,
  1508 = NZA 1987, 487 = EzA § 1 LohnFG Nr. 81.

1054   Das LohnFG kennt bei der Arbeitsunfähigkeit nur ein Entweder-Oder: Die im Zusammenhang mit dem BeschFördG 1985 erwogene Einführung einer Teilarbeitsunfähigkeit, verbunden mit einem nur teilweisen Entgeltfortzahlungsanspruch ist, vor allem wegen Praktikabilitätsbedenken, nicht verwirklicht worden[10].

c) Verschulden

1055   § 1 Abs. 1 LohnFG schließt den Lohnfortzahlungsanspruch aus, wenn den Arbeiter an der Arbeitsunfähigkeit infolge Krankheit ein Verschulden trifft. Mit „Verschulden" ist dabei ein *Verschulden gegen sich selbst*, eine sogenannte Obliegenheitsverletzung gemeint; denn die Folge ist lediglich der Wegfall des Lohnfortzahlungsanspruchs, nicht etwa wird auch ein Schadensersatzanspruch des Arbeitgebers wegen Verletzung des Arbeitsvertrages ausgelöst.

1056   Um einen weitgehenden Eingriff in das Privatleben des Arbeiters zu vermeiden, verlangt die Rechtsprechung für ein Verschulden i.S.d. § 1 Abs. 1 Satz 1 LohnFG eine grobe Vernachlässigung der Gesundheit. Sportunfälle etwa werden nur dann als Verschulden angesehen, wenn die Sportart *extrem* gefährlich ist (was sogar für das Drachenfliegen noch verneint wird[11]) oder wenn angesichts der Konstitution des Arbeiters, insbesondere seines fortgeschrittenen Alters, bei der gewählten Sportart der Eintritt von Schäden besonders nahe lag. Auf der anderen Seite wird im Nichtanlegen des Sicherheitsgurts ein Verschulden gesehen[12].

1057   Bei *alkoholbedingter Erkrankung* ist zu differenzieren: Beruht die Arbeitsunfähigkeit auf einem Unfall, der auf Trunkenheit zurückzuführen ist, ist ein Verschulden des Arbeiters regelmäßig zu bejahen[13]. Demgegenüber ist Arbeitsunfähigkeit infolge Alkoholabhängigkeit nicht ohne weiteres ein Verschulden. Vielmehr kommt es darauf an, ob den Arbeiter ein Verschulden daran trifft, daß er in die Alkoholabhängigkeit geraten ist[14].

---

10 Dazu *Löwisch*, Was sagt der Professor zu „Lanzarote auf Krankenschein?" – Zur Rolle der Rechtswissenschaft in der Sendereihe „Wie würden Sie entscheiden?", FS für G. Jauch 1990, 131, 136 f.
11 BAG vom 7. 10. 1981, AP Nr. 45 zu § 1 LohnFG = DB 1982, 706 = BB 1982, 494 = NJW 1982, 1014 = EzA Nr. 60 zu § 1 LohnFG.
12 BAG vom 7. 10. 1981, AP Nr. 46 zu § 1 LohnFG = DB 1982, 496 = BB 1982, 618 = NJW 1982, 1013 = EzA § 1 LohnFG Nr. 61; kritisch *Denck*, Ausschluß der Lohnfortzahlungspflicht bei Nichtanlegung des Sicherheitsgurts, BB 1982, 682.
13 BAG vom 11. 3. 1987, AP Nr. 71 zu § 1 LohnFG = DB 1987, 1495 = BB 1987, 1389 = NJW 1987, 2253 = NZA 1987, 452 = EzA Nr. 86 zu § 1 LohnFG.
14 BAG vom 1. 6. 1983, AP Nr. 52 zu § 1 LohnFG = DB 1983, 2420 = BB 1984, 339 = NJW 1983, 2695 = EzA § 1 LohnFG Nr. 96.

In **Fall 61** *ist die Alkoholabhängigkeit des A zwar insofern Ursache des Unfalls geworden, als dieser sich nicht beherrschen konnte und während des Dienstes trank. Aber A kannte diese Abhängigkeit ebenso wie die Gefahren des Autofahrens unter Alkohol. Wenn er gleichwohl seinen PKW für die Fahrt zur Arbeit benutzte, liegt darin deshalb ein grobes Verschulden*[15].

Fällt der Lohnfortzahlungsanspruch wegen Verschuldens des Arbeiters aus, ist der Arbeiter auf den Anspruch auf Krankengeld verwiesen[16]. Dieses kann ihm nur dann versagt werden, wenn er sich die Krankheit vorsätzlich oder bei einem von ihm begangenen Verbrechen oder vorsätzlichen Vergehen zugezogen hat (§ 52 SGB V).   **1058**

d) Anzeige- und Nachweispflicht

Nach § 3 Abs. 1 Satz 1 LohnFG ist der Arbeiter verpflichtet, dem Arbeitgeber die Arbeitsunfähigkeit und deren voraussichtliche Dauer unverzüglich anzuzeigen und vor Ablauf des dritten Kalendertages nach Beginn der Arbeitsunfähigkeit eine *ärztliche Bescheinigung* über die Arbeitsunfähigkeit sowie deren voraussichtliche Dauer nachzureichen. Dauert die Arbeitsunfähigkeit länger als angegeben, muß eine neue ärztliche Bescheinigung vorgelegt werden (§ 3 Abs. 1 Satz 2 LohnFG).   **1059**

Die Arbeitsunfähigkeitsbescheinigung hat die tatsächliche Vermutung der Richtigkeit für sich mit der Folge, daß der Arbeitgeber, der die Lohnfortzahlung verweigern will, Umstände darlegen und beweisen muß, die zu ernsthaften Zweifeln an der behaupteten Erkrankung und ihrer Dauer Anlaß geben[17]. Liegen begründete Zweifel an der Arbeitsunfähigkeit vor, kann der Arbeitgeber den medizinischen Dienst der Krankenkasse einschalten. Dieser ist nach § 275 Abs. 1 Nr. 3b SGB V verpflichtet, in einem solchen Fall auf Verlangen des Arbeitgebers eine gutachtliche Stellungnahme über die Arbeitsunfähigkeit abzugeben. Verweigert der Arbeiter eine entsprechende Untersuchung, liegt eine Beweisvereitelung vor mit der Konsequenz, daß die aus der Arbeitsunfähigkeitsbescheinigung folgende tatsächliche Vermutung entfällt. Gelingt dem Arbeiter nicht der anderweitige Nachweis der Arbeitsunfähigkeit, kann er seinen Lohnfortzahlungsanspruch nicht durchsetzen[18].   **1060**

---

15 BAG vom 30. 3. 1988, AP Nr. 77 zu § 1 LohnFG = DB 1988, 1403 = BB 1988, 1464 = NJW 1988, 2323 = NZA 1988, 537 = EzA § 1 LohnFG Nr. 92.

16 Vgl. Rdnr. 1044.

17 BAG vom 11. 8. 1976, AP Nr. 2 zu § 3 LohnFG und BAG vom 15. 12. 1987, DB 1988, 1555; a.M. LAG München vom 9. 11. 1988, DB 1989, 844.

18 Zu den Folgen der Verweigerung für den Krankengeldanspruch vgl. §§ 62 und 66 SGB I.

2. Dauer des Lohnfortzahlungsanspruchs

Fall 62: *Arbeiter A, der wegen eines grippalen Infekts zwei Wochen krank war, wird am Freitagnachmittag von seinem Hausarzt erklärt, er sei nun wiederhergestellt. A will deshalb am Montag wieder zur Arbeit gehen. Dies scheitert jedoch daran, daß er sich am Sonntag beim Kirschenpflücken ein Bein bricht. Dadurch ist er weitere sechs Wochen arbeitsunfähig. Sein Arbeitgeber weigert sich, ihm länger als vier Wochen den Lohn fortzuzahlen.*

1061   Grundsätzlich wird der Lohn bei Arbeitsunfähigkeit infolge von Krankheit für die Dauer von sechs Wochen fortgezahlt (§ 1 Abs. 1 Satz 1 LohnFG). Ob die Arbeitsunfähigkeit dabei auf ein und dieselbe Krankheit zurückzuführen ist oder ob während der Arbeitsunfähigkeit sich eine Krankheit an eine andere anschließt, spielt dabei keine Rolle. Erkrankt der Arbeiter, nachdem er wieder arbeitsfähig war erneut, hat er grundsätzlich wieder Anspruch auf die Lohnfortzahlung für die Dauer von sechs Wochen. Lediglich dann, wenn er innerhalb von 12 Monaten infolge *derselben* Krankheit nochmals arbeitsunfähig wird, verliert er den Anspruch für die Dauer von insgesamt sechs Wochen nicht. War der Arbeiter jedoch vor der erneuten Arbeitsunfähigkeit mindestens sechs Monate gesund oder lediglich wegen einer anderen Krankheit arbeitsunfähig, hat er erneut für sechs Wochen Anspruch auf Lohnfortzahlung.

*In **Fall 62** scheint auf den ersten Blick nur eine Lohnfortzahlung für insgesamt sechs Wochen zu bestehen, weil A erneut erkrankt ist, bevor er die Arbeit wieder aufgenommen hat. Man muß jedoch bedenken, daß A an sich wieder arbeitsfähig war und die Arbeit nur noch nicht aufnehmen konnte, weil Wochenende war. Es handelt sich deshalb um eine neue Arbeitsunfähigkeit wegen einer anderen Erkrankung, die erneut den Anspruch auf sechs Wochen Lohnfortzahlung auslöst[19].*

1062   Der Anspruch auf Lohnfortzahlung bleibt auch dann bestehen, wenn der Arbeitgeber das Arbeitsverhältnis, wozu er ausnahmsweise berechtigt sein kann[20], aus Anlaß der Arbeitsunfähigkeit *kündigt* (§ 6 Abs. 1 Satz 1 LohnFG). Das gleiche gilt, wenn der Arbeiter das Arbeitsverhältnis aus einem vom Arbeitgeber zu vertretenden wichtigen Grund nach § 626 BGB kündigt (§ 6 Abs. 1 Satz 2 LohnFG). Demgegenüber endet der Lohnfortzahlungsanspruch bei einer Kündigung aus einem anderen Grund oder bei Ablauf einer Befristung mit dem Ende des Arbeitsverhältnisses (§ 6 Abs. 2 LohnFG).

1063   Der Anspruch auf Lohnfortzahlung nach dem LohnFG schließt Ansprüche wegen persönlicher vorübergehender Verhinderung aus (§ 616 Abs. 3 BGB). Daraus folgt, daß ein Arbeiter, dessen Lohnfortzahlungsanspruch wegen Ablaufs der sechs Wochen erschöpft ist, für einen Arztbesuch, der aufgrund

---

19 BAG vom 12. 7. 1989, DB 1990, 178.
20 Siehe dazu unten Rdnr. 1330.

derselben Krankeit erfolgt, keinen Anspruch aus § 616 Abs. 1 BGB geltend machen kann[21].

Ein über sechs Wochen hinausgehender Anspruch auf Lohnfortzahlung   1064
kann sich aus § 324 Abs. 1 BGB ergeben: Hat der Arbeitgeber die Krankheit verschuldet, etwa den Arbeiter mit unzulässiger Mehrarbeit belastet, so daß dieser zusammengebrochen ist, behält der Arbeiter den Anspruch auf den Lohn bis zur Wiederherstellung der Arbeitsfähigkeit. Er muß sich nur anrechnen lassen, was er erspart, anderweitig erwirbt oder böswillig zu erwerben unterläßt (§ 324 Abs. 1 Satz 2 BGB).

Handelt es sich bei der vom Arbeitgeber verschuldeten zur Arbeitsunfähigkeit führenden Erkrankung allerdings um einen Arbeitsunfall, ist der Anspruch aus § 324 Abs. 1 BGB durch § 636 RVO ausgeschlossen. Diese Vorschrift will den Unternehmer gerade auch von den nachteiligen Folgen eines von ihm verschuldeten Arbeitsunfalles freistellen. Daß sie den Ausschluß ihrem Wortlaut nach nur auf andere gesetzliche Vorschriften erstreckt, die den Unternehmer zum Ersatz des Personenschadens verpflichten, steht nicht entgegen. § 324 Abs. 1 Satz 1 BGB ist seinem Sinne nach eine solche Ersatzvorschrift. So wenig der Unternehmer bei einem tödlich verlaufenden Arbeitsunfall den Hinterbliebenen des Arbeitnehmers zum Ersatz des Unterhaltsschadens verpflichtet ist, kann er bei einer bloßen Verletzung des Arbeitnehmers diesem zum Ersatz des Einkommensverlustes über den gesetzlichen Lohnfortzahlungszeitraum hinaus verpflichtet sein[22].

3. Höhe des Lohnfortzahlungsanspruchs

Nach § 2 Abs. 1 LohnFG erhält der Arbeiter während des Lohnfortzahlungs-   1065
zeitraumes das Arbeitsentgelt in der Höhe fortbezahlt, in der er es auch im Falle der Arbeitsleistung erhalten hätte. Wird im Betrieb während der Krankheit des Arbeiters kurzgearbeitet, wird auch das fortzuzahlende Arbeitsentgelt entsprechend gemindert (§ 2 Abs. 2 LohnFG). Die Einzelheiten der Höhe des Lohnfortzahlungsanspruches können tariflich geregelt werden (§ 2 Abs. 3 LohnFG). Dies ist etwa in § 12.3 des in Anhang 1 abgedruckten Manteltarifvertrages geschehen.

---

21 Vgl. BAG vom 7. 3. 1990 – 5 AZR 189/89.
22 A.A. *Neumann/Duesberg*, Der Lohn- und Gehaltsanspruch des Arbeitnehmers bei der vom Arbeitgeber verschuldeten Arbeitsunfähigkeit (§ 324 Abs. 1 BGB), DB 1969, 261, 305, 306 ff.; siehe im übrigen zu § 636 RVO Rdnr. 1150 f.

4. Ausgleich der Arbeitgeberaufwendungen

1066   Um kleineren Arbeitgebern die mit der Lohnfortzahlung verbundene finanzielle Last zu erleichtern, sehen die §§ 10 ff. LohnFG für sie ein Ausgleichsverfahren vor: Arbeitgebern mit nicht mehr als 20 Arbeitnehmern werden 80% ihrer Aufwendungen von der Krankenkasse erstattet. Die Krankenkasse erhält die für die Erstattung notwendigen Mittel aus einer Umlage dieser Arbeitgeber.

1067   Der Ausgleich der Arbeitgeberaufwendungen ist nicht allein auf das fortgezahlte Arbeitsentgelt beschränkt, sondern umfaßt auch den Zuschuß zum Mutterschaftsgeld, das bei Beschäftigungsverboten nach dem Mutterschutzgesetz gezahlte Arbeitsentgelt[23] sowie die entsprechenden Arbeitgeberanteile der Beiträge zur Arbeitslosen-, Kranken- und Rentenversicherung (§ 10 Abs. 1 Satz 1 LohnFG).

III. Gehaltsfortzahlung für Angestellte

1068   Die Entgeltfortzahlung im Krankheitsfall ist für Angestellte anders als für Arbeiter nicht in einem besonderen Gesetz geregelt. Sie richtet sich für kaufmännische Angestellte nach § 63 HGB, für gewerbliche Angestellte nach § 133c GewO und für die übrigen Angestellten nach § 616 Abs. 1 und Abs. 2 BGB.

1069   Inhaltlich reichen die Gehaltsfortzahlungsansprüche der Angestellten im wesentlichen gleich weit wie der Lohnfortzahlungsanspruch für Arbeiter, insbesondere legen die genannten Vorschriften einen Entgeltfortzahlungsanspruch von sechs Wochen Dauer zwingend fest und setzen voraus, daß den Angestellten an der Arbeitsunfähigkeit kein Verschulden trifft.

1070   Unterschiede bestehen insofern als

- auch Angestellte mit nur geringfügiger Beschäftigung den Entgeltfortzahlungsanspruch haben,

- auch Mehrfacherkrankungen mit zwischenzeitlicher Wiederherstellung der Arbeitsfähigkeit den Gehaltsfortzahlungsanspruch auslösen, auch wenn es sich um dieselbe Krankheit handelt,

- während Schonungszeiten der Gehaltsfortzahlungsanspruch erhalten bleibt, auch wenn der Angestellte nicht arbeitsunfähig ist[24],

---

23 Vgl. Rdnr. 1138 ff.
24 BAG vom 28. 11. 1963, AP Nr. 25 zu § 133c Gewo.

– eine gesetzliche Anzeige- und Nachweispflicht und ein Leistungsverweigerungsrecht des Arbeitgebers bei unterbliebener Anzeige nicht besteht; allerdings sind
solche Anzeigepflichten häufig durch Tarifvertrag, Betriebsvereinbarungen oder
im Arbeitsvertrag festgelegt[25].

IV. Regreß gegen Dritte

Fall 63: *Die Arbeiterin A macht mit ihrem Sohn, der eben die Fahrprüfung bestanden hat, in*
dessen neu erworbenem PKW einen Sonntagsausflug. Der Sohn verursacht schuldhaft einen
Verkehrsunfall, bei dem A so verletzt wird, daß sie vier Wochen arbeitsunfähig krank ist. Ihr
Arbeitgeber zahlt ihr das Gehalt weiter, verlangt aber von ihrem Sohn Erstattung des gezahl-
ten Betrages.

Es kann vorkommen, daß an der Krankheit, die zur Arbeitsunfähigkeit   1071
führt, einen Dritten das Verschulden trifft. In diesem Falle wäre es unangemessen, wenn der Entgeltfortzahlungsanspruch diesem zugute käme, indem er den von diesem zu ersetzenden Erwerbsschaden des Arbeitnehmers
mindert, den der Dritte zu ersetzen hat. Deshalb bestimmt § 4 LohnFG, daß
ein solcher Schadensersatzanspruch insoweit auf den Arbeitgeber *übergeht,*
als dieser dem Arbeiter Lohnfortzahlung geleistet hat.

In **Fall 63** *scheint das Verlangen des Arbeitgebers also berechtigt zu sein. Man muß indes be-*
denken, daß der Anspruch auf Lohnfortzahlung gerade den Unterhalt der Familie sichern soll.
In entsprechender Anwendung des § 67 Abs. 2 VVG muß deshalb der Forderungsübergang
nach § 4 LohnFG bei Schädigung unter Familienangehörigen, die in häuslicher Gemeinschaft
mit dem Arbeiter leben, ausgeschlossen werden[26].

Der Arbeiter muß bei der Disposition über seine Schadensersatzansprüche   1072
Rücksicht auf den Arbeitgeber nehmen. Verhindert er den Forderungsüber-
gang, etwa indem er auf den Schadensersatzanspruch verzichtet, kann der
Arbeitgeber die Lohnfortzahlung verweigern (§ 5 Satz 1 Nr. 2 LohnFG)[27].

Für die Gehaltsfortzahlungsansprüche nach den §§ 63 HGB, 133c GewO   1073
und § 616 BGB ist ein gesetzlicher Forderungsübergang nicht vorgesehen.
Ist die Erkrankung von einem Dritten verschuldet, so ist der Angestellte entsprechend § 255 BGB verpflichtet, den Schadensersatzanspruch gegen den

25 Vgl. § 12.2 des in Anhang 1 abgedruckten Manteltarifvertrages.
26 BGH vom 4. 3. 1976, AP Nr. 2 zu § 4 LohnFG = BGHZ 66, 104 = DB 1976, 874 = BB 1976,
    1028 = NJW 1976, 1208.
27 Siehe zu einem entsprechenden Fall BAG vom 7. 12. 1988, AP Nr. 2 zu § 5 LohnFG = DB
    1989, 534 = BB 1989, 630 = NJW 1989, 1302 = NZA 1989, 306 = EzA § 5 LohnFG
    Nr. 3.

Dritten seinem Arbeitgeber, der ihm Lohnfortzahlung gewährt, abzutreten[28].

Soweit die Krankenkasse dem Arbeitnehmer Krankengeld und Ersatz der Krankheitskosten zu gewähren hat, geht auch nach § 116 SGB X ein etwaiger Schadensersatzanspruch des Arbeitnehmers gegen einen Dritten auf sie über. Anders als der gesetzliche Forderungsübergang nach § 4 LohnFG tritt dieser Anspruchsübergang nicht erst nach der Erbringung der Leistungen durch die Krankenkasse, sondern schon mit dem ihre Leistungsverpflichtungen auslösenden Schadensereignis ein. Das Problem einer Disposition des Arbeitnehmers über den Schadensersatzanspruch stellt sich im Verhältnis zur Krankenkasse also nicht.

1074   Solange der Angestellte den Anspruch nicht abtritt, kann der Arbeitgeber nach § 273 BGB die Entgeltfortzahlung verweigern.

V. Rechtslage in der DDR

1075   Im Gebiet der früheren DDR ergibt sich der Anspruch auf Entgeltfortzahlung im Krankheitsfall für die Dauer von 6 Wochen für alle Arbeitnehmer aus den nach dem Einigungsvertrag fortgeltenden §§ 115a ff. AGB. Ab 1. 7. 1991 gilt aber auch in der bisherigen DDR das Umlageverfahren des § 10 LohnFG für Kleinbetriebe.

VI. Kontrollfragen

Frage 63: Hat ein Arbeitnehmer, der einen Sportunfall erlitten hat, Anspruch auf Fortzahlung des Arbeitsentgelts?

Frage 64: Wie werden kleine Betriebe hinsichtlich der Lohnfortzahlung an Arbeiter entlastet?

Frage 65: Wie erfolgt der Regreß gegen Dritte, die an der Erkrankung ein Verschulden trifft?

---

28 Vgl. *Schaub*, § 98 VII 3 sowie zu dem damit zusammenhängenden Gesichtspunkt der Vorteilsausgleichung *Palandt/Heinrichs* vor § 249 Anm. 7 C e.

§ 19 Alters- und Invaliditätsversorgung

Literaturangaben: Betriebliche Altersversorgung im Umbruch (Hrsg.: Beratungs-GmbH für Altersversorgung, Steuerberatungsgesellschaft Dr. Dr. Ernst Heissmann und Deutsches Institut für Betriebswirtschaft e.V., 1980; *Blomeyer/Otto*, Gesetz zur Verbesserung der betrieblichen Altersversorgung, 1984; *Dieterich*, Aktuelle Rechtsprechung des BAG zur betrieblichen Altersversorgung, NZA 1987, 545; *Heubeck/Höhne/Paulsdorff/Rau/Weinert*, Kommentar zum Betriebsrentengesetz, 2. Aufl. 1982; *Hilger*, Richterrecht in der betrieblichen Altersversorgung, RdA 1981, 6; *Stumpf*, Die Versorgungsanwartschaft in der betrieblichen Altersversorgung, FS Herschel 1982, 409;

I. Überblick

Die Alters- und Invaliditätsversorgung der Arbeitnehmer ist in erster Linie Sache der Rentenversicherung, die heute noch in den §§ 1226 ff. RVO und im Angestelltenversicherungsgesetz, ab dem 1. 1. 1992 im SGB VI geregelt ist[1].   **1076**

Die Leistungen der gesetzlichen Rentenversicherung stellen mit durchschnittlich etwa 65% des Nettoentgelts nur eine Mindestversorgung dar. Sie werden deshalb durch die Eigenvorsorge der Arbeitnehmer, vor allem in Form von Lebensversicherungen und Haus- und Grundbesitz sowie durch Leistungen des Arbeitgebers ergänzt. Diese Arbeitgeberleistungen erfolgen zumeist in der Form der betrieblichen Altersversorgung. In einigen Bereichen haben sie ihre Grundlage aber auch in Tarifverträgen, so etwa in der Bauwirtschaft, wo in Gestalt der Zusatzversorgungskasse eine gemeinsame Einrichtung der Tarifvertragsparteien i.S.d. § 4 Abs. 2 TVG besteht, und im öffentlichen Dienst, für den tariflich eine Zusatzversorgung vorgesehen ist, die über Versorgungswerke der öffentlichen Hand, etwa der Versorgungsanstalt des Bundes und der Länder abgewickelt wird.   **1077**

In der Privatwirtschaft nimmt etwa die Hälfte der Arbeitnehmer an der betrieblichen Altersversorgung teil. Die Höhe der betrieblichen Ruhegelder ist unterschiedlich, meist betragen sie zwischen DM 50,– und DM 300,– monatlich. Nur etwa 16% der Pensionäre erhielten 1987 ein über DM 500,– hinausgehendes betriebliches Ruhegeld[2].   **1078**

Die betriebliche Altersversorgung wird *steuerlich begünstigt*. Insbesondere können Zuwendungen an Pensions- und Unterstützungskassen als Be-   **1079**

---

1 Siehe hierzu im einzelnen *Schulin*, Rdnr. 412 ff.
2 Vgl. m.w.N. *Schulin*, Rdnr. 585 ff.

triebsausgaben abgesetzt werden (§§ 4c und 4d EStG), und es sind für Ruhegeldverpflichtungen Rückstellungen in bestimmtem Umfang zulässig, die ebenfalls den Gewinn mindern (§ 6a EStG).

II. Betriebliche Altersversorgung

1. Formen

1080   Betriebliche Alters- und Invaliditätsversorgung kann in verschiedenen Formen geleistet werden. In Betracht kommen insbesondere

- die Einräumung eines unmittelbar gegen den Arbeitgeber gerichteten Ruhegeldanspruchs,

- eine sogenannte Direktversicherung, bei der der Arbeitgeber eine Lebensversicherung auf das Leben des Arbeitnehmers abschließt und dieser oder seine Hinterbliebenen bezugsberechtigt sind,

- die laufende Gewährung von Mitteln, mit denen der Arbeitnehmer Beiträge für eine für ihn selbst abgeschlossene Lebensversicherung oder Beiträge für eine Höherversicherung in der gesetzlichen Rentenversicherung aufbringt,

- die Bildung und Alimentierung einer rechtsfähigen Versorgungseinrichtung, die dem Arbeitnehmer oder seinen Hinterbliebenen einen Rechtsanspruch auf Ruhegeldleistungen einräumt (Pensionskasse),

- die Bildung und Alimentierung einer nicht rechtsfähigen Versorgungseinrichtung, die auf ihre Leistungen keinen Rechtsanspruch gewährt (Unterstützungskasse).

2. Entstehen eines Rechtsanspruchs

Fall 64: *Unternehmer X hält auf der Weihnachtsfeier seines Betriebes vor der Belegschaft eine Rede, die er mit den Worten beschließt: „Als Dank für Ihre treue Mitarbeit werde ich in Zukunft Ruhegeld gewähren." Als der Arbeitnehmer A im nächsten Jahr wegen Erreichung der Altersgrenze ausscheidet, verlangt er von X Ruhegeld. X weigert sich zu zahlen; er habe nur eine unverbindliche Ankündigung gemacht; zudem sei A gar nicht auf der Weihnachtsfeier gewesen.*

1081   Ein gesetzlicher Anspruch des Arbeitnehmers auf eine betriebliche Altersversorgung besteht nicht, vielmehr bedarf sie einer besonderen Zusage des Arbeitgebers. Diese kann entweder durch freiwillige Betriebsvereinbarungen nach § 88 BetrVG[3] oder durch arbeitsvertragliche Vereinbarung erfol-

---

3 Vgl. Rdnr. 630.

gen. Arbeitsvertragliche Zusagen können individuell ausgehandelt sein, sie können aber auch durch eine arbeitsvertragliche Einheitsregelung[4] erfolgen. In Betracht kommt als Grundlage eines Anspruchs auch eine betriebliche Übung[5], im Einzelfall kann sich ein Anspruch auch aus dem arbeitsvertraglichen Gleichbehandlungsgrundsatz[6] ergeben.

In **Fall 64** *muß man vom Entstehen eines Rechtsanspruchs auf Ruhegeld ausgehen. Wenn der Arbeitgeber erklärt, er werde in Zukunft Ruhegeld gewähren, ist das als rechtlich bindendes Angebot an seine Arbeitnehmer zu verstehen, das diese nach § 151 BGB annehmen können, ohne dies ausdrücklich erklären zu müssen. Auf die Anwesenheit des A bei der Weihnachtsfeier kommt es dabei nicht an, da A das Angebot ja bekanntgeworden ist und er sich darauf eingerichtet hat. Daß die Höhe der Ruhegeldleistung nicht bestimmt ist, steht dem Eintritt der Bindung des Arbeitgebers nicht entgegen. Es liegt bei ihm, die Höhe der Ruhegeldleistungen nach §§ 316, 315 BGB im Rahmen billigen Ermessens zu bestimmen[7].*

3. Sicherung der Versorgungsansprüche durch das BetrAVG

a) Unverfallbarkeit

Die Versorgungszusagen der betrieblichen Altersversorgung enthielten früher häufig die Bestimmung, daß der Versorgungsanspruch des Arbeitnehmers entfiel, wenn dieser vor Erreichen der Altersgrenze aus dem Arbeitsverhältnis ausschied. Die hiermit verbundenen Härten sind Anlaß für das BetrAVG gewesen.   1082

§ 1 dieses Gesetzes bestimmt in bezug auf die Verfallbarkeit nunmehr, daß ein Arbeitnehmer die Anwartschaft auf die zugesagte betriebliche Altersversorgung auch bei Ausscheiden aus dem Arbeitsverhältnis behält, sofern er in diesem Zeitpunkt mindestens das 35. Lebensjahr vollendet hat und entweder die Versorgungszusage für ihn mindestens 10 Jahr bestanden hat oder der Beginn der Betriebszugehörigkeit mindestens 12 Jahre zurückliegt und die Versorgungszusage für mindestens drei Jahre bestanden hat. Dies bedeutet praktisch, daß der Arbeitnehmer, wenn später der Versorgungsfall eintritt, auch von seinem früheren Arbeitgeber eine betriebliche Altersversorgung erhält. Allerdings besteht dort, wo die Versorgungszusage vor Ausscheiden des Arbeitnehmers weniger als 10 Jahre bestanden hat, die Möglichkeit, dem Arbeitnehmer mit seiner Zustimmung bei Ausscheiden   1083

---

4 Vgl. Rdnr. 48.
5 Vgl. Rdnr. 49.
6 Vgl. Rdnr. 152.
7 Siehe zu einem vergleichbaren Fall BAG vom 13. 3. 1975, AP Nr. 167 zu § 242 BGB Ruhegehalt = DB 1975, 1563 = BB 1975, 1113 = EzA § 242 BGB Ruhegeld Nr. 41.

aus dem Arbeitsverhältnis eine einmalige Abfindung zu gewähren (§ 3 BetrAVG).

b) Auszehrungsverbot

1084   § 5 BetrAVG regelt das Verhältnis von gesetzlicher Rentenversicherung und betrieblicher Altersversorgung. § 5 Abs. 2 bestimmt, daß bei der *erstmaligen Festsetzung* der Leistungen der betrieblichen Altersversorgung solche Versorgungsbezüge nicht angerechnet werden dürfen, die auf eigenen Beiträgen des Arbeitnehmers, insbesondere für eine freiwillige Höherversicherung in der Rentenversicherung beruhen. Nach wie vor möglich ist aber, die Leistungen der betrieblichen Altersversorgung unter Berücksichtigung der auf Pflichtbeiträgen beruhenden Ansprüche gegen die gesetzliche Rentenversicherung festzusetzen, also etwa zu bestimmen, daß dem Arbeitnehmer zusätzlich zu seinem gesetzlichen Rentenanspruch (nur) der Betrag gewährt wird, der notwendig ist, um einen bestimmten Prozentsatz des bisherigen Nettoarbeitsentgelts zu erreichen.

1085   Sind allerdings die Leistungen der betrieblichen Altersversorgung vor Eintritt des Versorgungsfalles *einmal festgesetzt,* so dürfen sie nicht mehr deshalb gemindert werden, weil sich die Ansprüche aus der gesetzlichen Rentenversicherung erhöhen (§ 5 Abs. 1).

c) Anpassung

1086   § 16 BetrAVG regelt die Anpassung laufender Leistungen der betrieblichen Altersversorgung an die sich ändernden Lebensverhältnisse. Nach dieser Vorschrift hat der Arbeitgeber alle drei Jahre über eine solche Anpassung nach billigem Ermessen, insbesondere unter Berücksichtigung der Belange der Versorgungsempfänger und seiner eigenen wirtschaftlichen Lage zu entscheiden.

1087   Praktisch verlangt die Rechtsprechung, daß der Arbeitgeber die betrieblichen Ruhegelder regelmäßig der durchschnittlichen Steigerungsrate der Realentgelte der aktiven Arbeitnehmer anpaßt[8]. Unterschritten werden kann diese Anpassung nur dann, wenn durch sie eine übermäßige Belastung des Unternehmens eintritt, die seine Substanz angreift, damit seine

---

8 Vgl. BAG vom 14. 2. 1989, AP Nr. 21 zu § 16 BetrAVG = DB 1989, 1422 = BB 1989, 1128 = NZA 1989, 675 = EzA § 16 BetrAVG Nr. 20.

gesunde wirtschaftliche Entwicklung behindert und langfristig Arbeitsplätze gefährdet[9].

d) Insolvenzsicherung

Die §§ 7 ff. BetrAVG sehen schließlich auch eine Insolvenzsicherung für die Versorgungsansprüche vor: Die Arbeitgeber, die Versorgungszusagen gewährt haben, haben einen privatrechtlichen Pensionssicherungsverein auf Gegenseitigkeit gegründet, zu dem sie Beiträge zu entrichten haben. Fällt ein Arbeitgeber in Konkurs und können infolgedessen die Versorgungsansprüche von ihm nicht mehr erfüllt werden, oder werden die Versorgungsleistungen wegen einer wirtschaftlichen Notlage des Arbeitgebers zulässigerweise gekürzt oder eingestellt, so erhalten die Versorgungsempfänger in Höhe ihrer Versorgungszusage einen Anspruch gegen den Pensionssicherungsverein.

1088

III. Altersteilzeit

Um den gleitenden Übergang älterer Arbeitnehmer in den Ruhestand zu fördern und damit die Einstellung von Arbeitslosen zu ermöglichen, sieht das Altersteilzeitgesetz vom 20. 12. 1988 Leistungen der Bundesanstalt für Arbeit an Arbeitgeber vor, die ältere Arbeitnehmer nur noch teilweise beschäftigen und zugleich die freigemachten Arbeitsplätze an Arbeitslose vergeben.

1089

Leistungen werden nach § 2 des Gesetzes an Arbeitnehmer gewährt, die das 58. Lebensjahr vollendet haben und deren Arbeitszeit auf die Hälfte der regelmäßigen wöchentlichen Arbeitszeit, mindestens jedoch 18 Stunden wöchentlich, vermindert ist. Vorausgesetzt wird nach § 3, daß der Arbeitgeber das Arbeitsentgelt für die Altersteilzeitarbeit um mindestens 20% aufgestockt hat und für den Arbeitnehmer Beiträge zur Höherversicherung der gesetzlichen Rentenversicherung entrichtet, sowie daß er aus Anlaß des Übergangs in die Altersteilzeit einen beim Arbeitsamt als arbeitslos gemeldeten Arbeitnehmer einstellt. Die Bundesanstalt für Arbeit erstattet dem Arbeitgeber dann nach § 4 des Gesetzes den Aufstockungsbetrag bis zur Höhe von 20% des für die Altersteilzeit gezahlten Arbeitsentgelts und den Beitrag für die Höherversicherung.

1090

---

9 BAG vom 14. 2. 1989, AP Nr. 22 zu § 16 BetrAVG = DB 1989, 1471 = BB 1989, 1348 = NZA 1989, 844 = EzA § 16 BetrAVG Nr. 21.

IV. Rechtslage in der DDR

1091   Die Alters- und Invaliditätsversorgung erfolgte in der DDR bislang allein im Rahmen der Sozialversicherung. Die Regelung war zuletzt im Gesetz über die Sozialversicherung vom 28. 6. 1990[10] enthalten. Im Einigungsvertrag ist vorgesehen, daß das Rentenrecht der Bundesrepublik nach einer Übergangszeit auch in der bisherigen DDR in Kraft zu setzen ist.

Das BetrAVG gilt ab 1. 1. 1992.

Art. 30 Abs. 2 des Einigungsvertrages sieht für eine Übergangszeit bis Ende 1991 mit Verlängerungsmöglichkeit bis 1992 eine besondere Vorruhestandsregelung für Arbeitnehmer in der bisherigen DDR vor. Danach können diese nach Vollendung des 57. Lebensjahres für die Dauer von 3 Jahren, längstens bis zum frühestmöglichen Bezug einer Altersrente, ein Altersübergangsgeld in Höhe von 65% ihres bisherigen Nettoarbeitsentgelts von der Bundesanstalt für Arbeit erhalten.

V. Kontrollfragen

Frage 66: Wann tritt nach dem Gesetz über die betriebliche Altersversorgung grundsätzlich die Unverfallbarkeit von Versorgungsanwartschaften ein?

Frage 67: Wie interpretiert die Rechtsprechung die in § 16 BetrAVG vorgesehene Verpflichtung zur Anpassung der laufenden Leistungen der betrieblichen Altersversorgung?

---

10 GBl. der DDR 1990, 486.

§ 20 Recht am Arbeitsergebnis und Vermögensbeteiligung

Literaturangaben: *Bartenbach/Volz*, Arbeitnehmererfindungsgesetz, 1980; *Buchner*, Die Vergütung für Sonderleistungen des Arbeitnehmers – Ein Problem der Äquivalenz der im Arbeitsverhältnis zu erbringenden Leistungen, GRUR 1985, 1 ff.; *Decker*, Die Rechtsstellung des Arbeitnehmers im Unternehmen und die Forderung nach einer Vermögensbildung in Arbeitnehmerhand, 1980; *Gaul/Schmelcher*, Das Recht der Arbeitnehmererfindung in den westeuropäischen Ländern, ZfA 1982, 401; *Girard/Kunze/Schäfer*, Kommentar zur staatlichen Sparförderung und Vermögensbildung, Stand 1985; *Herschel*, 25 Jahre Arbeitnehmererfindungsgesetz; *Kittner/Basten*, Vermögensbildung 1981; *Krelle*, Überbetriebliche Ertragsbeteiligung der Arbeitnehmer, 2 Bände; *Laßmann/Schwark* (Hrsg.), Beteiligung der Arbeitnehmer am Produktivvermögen, 1985; *Leber*, Vermögensbildung in Arbeitnehmerhand (4 Bände 1964 bis 1966); *Pulte*, Betriebliche Vermögensbeteiligung, 1985; *Schoen*, Das fünfte Vermögensbildungsgesetz, BB 1987, 894; *dies.*, Die außerbetriebliche Beteiligung als stiller Gesellschafter nach dem fünften Vermögensbildungsgesetz, BB 1988, 2113; *M. Scholz*, Die rechtliche Stellung des Computerprogramme erstellenden Arbeitnehmers nach Urheberrecht, Patentrecht und Arbeitnehmererfindungsrecht, 1989; *R. Scholz*, Arbeiternehmerische Vermögensbildung durch fondskonzentrierte Gewinn- und Unternehmensbeteiligung? RdA 1973, 65 ff.; *Volmer/Gaul*, Arbeitnehmererfindungsgesetz, 2. Aufl. 1983; *Volz*, Das Recht der Arbeitnehmererfindung im öffentlichen Dienst, 1985.

I. Eigentumserwerb

Wird durch Verarbeitung oder Umbildung eines Stoffes oder mehrerer Stoffe eine neue bewegliche Sache hergestellt, erwirbt das Eigentum an ihr nach § 950 BGB der Hersteller. Daraus scheint auf den ersten Blick zu folgen, daß Eigentümer der in einem Betrieb durch Be- und Verarbeitung hergestellten Erzeugnisse die mit der Herstellung befaßten Arbeitnehmer werden. Das würde indes der auf dem Privateigentum an den Produktionsmitteln basierenden marktwirtschaftlichen Ordnung[1] widersprechen. In dieser muß Hersteller i.S.d. § 950 BGB derjenige sein, in dessen Auftrag und Verantwortung die Erzeugnisse hergestellt werden, also der Unternehmer. Dem entspricht auch, daß nach § 855 BGB der Arbeitnehmer in bezug auf Inventar und Erzeugnisse des Betriebes, auch wenn er die tatsächliche Gewalt über sie ausübt, nur Besitzdiener ist, während der Unternehmer selbst Besitzer ist.

1092

---

1 Vgl. Rdnr. 94 f.

II. Arbeitnehmererfindung

1. Überblick

1093　Erfindungen werden heute ganz überwiegend in Betrieben der privaten Wirtschaft und der öffentlichen Hand gemacht. Soweit in Betrieben der privaten Wirtschaft der Erfinder der Arbeitgeber selbst ist, entsteht daraus kein besonderes Problem. Ihm steht dann die Erfindung zu, er entscheidet über die Verwertung und ihm gebühren die aus der Nutzung der Erfindung fließenden Einnahmen.

Stammt die Erfindung aber von einem Arbeitnehmer, muß die Frage entschieden werden, ob diesem oder dem Arbeitgeber die Erfindung zusteht und wie der Arbeitnehmer im letzteren Falle am Gewinn der Erfindung zu beteiligen ist. Die entsprechende Regelung findet sich im Gesetz über die Arbeitnehmererfindungen vom 25. 7. 1957.

1094　Das Gesetz betrifft nur patent- oder gebrauchsmusterfähige Erfindungen, wobei als patentfähig wesentliche neue technische Gedanken von einer gewissen Höhe angesehen werden, die eine gewerbliche Verwertung gestatten (§ 1 PatG), während gebrauchsmusterfähig Arbeitsgerätschaften oder Gebrauchsgegenstände oder Teile davon sind, wenn sie dem Arbeits- oder Gebrauchszweck durch eine neue Gestaltungsanordnung oder Vorrichtung dienen sollen (§ 1 GebrauchsmusterG).

2. Diensterfindungen

1095　Macht ein Arbeitnehmer während der Dauer des Arbeitsverhältnisses eine Erfindung, die entweder aus der ihm im Betrieb obliegenden Tätigkeit entstanden ist bzw. maßgeblich auf Erfahrungen oder Arbeiten des Betriebes beruht, handelt es sich um eine Diensterfindung (§ 4 ArbNErfG). Die Diensterfindung steht dem Arbeitnehmer zu, er muß sie aber seinem Arbeitgeber melden.

1096　Der Arbeitgeber kann die Erfindung *unbeschränkt* in Anspruch nehmen, wodurch sämtliche Rechte aus ihr auf ihn übergehen, er aber dem Arbeitnehmer eine angemessene Vergütung zu entrichten hat. Für die Bemessung der Vergütung sind nach § 9 Abs. 2 ArbNErfG die wirtschaftliche Verwertbarkeit der Diensterfindung, die Aufgaben und die Stellung des Arbeitnehmers im Betrieb sowie der Anteil des Betriebs am Zustandekommen der Erfindung maßgebend. Es bestehen Richtlinien des Bundesarbeitsministeriums für die Ermittlung der angemessenen Vergütung[2].

Der Arbeitnehmer hat die Diensterfindung geheimzuhalten (§ 24 Abs. 2   1097
ArbNErfG) und darf sie nicht seinerseits verwerten. Um seine Erfinderehre zu wahren, muß aber sein Name bei der Veröffentlichung des Patentrechts bekanntgemacht werden (§ 37 PatG).

Der Arbeitgeber kann die Diensterfindung auch lediglich *beschränkt* in An-   1098
spruch nehmen. Er erwirbt dann lediglich ein nicht ausschließliches Recht zur Benutzung der Diensterfindung (§ 7 Abs. 2 ArbNErfG) und hat auf der anderen Seite auch nur eine niedrigere Vergütung an den Arbeitnehmer zu errichten. Soweit die Diensterfindung nicht in Anspruch genommen wird, kann der Arbeitnehmer über sie frei verfügen.

Will der Arbeitgeber die ihm gemeldete Diensterfindung nicht in Anspruch   1099
nehmen, so muß er sie durch eine schriftliche Erklärung *freigeben*. Die gleiche Rechtsfolge tritt ein, wenn er binnen vier Monaten nach der Meldung sie nicht in Anspruch nimmt (§ 8 Abs. 1 Nr. 1 und 3 ArbNErfG). Das Verfügungsrecht über die freigegebene Diensterfindung steht allein beim Erfinder (§ 8 Abs. 2 ArbNErfG).

3. Freie Erfindungen

Steht die Erfindung eines Arbeitnehmers in *keinem Zusammenhang* mit seiner   1100
beruflichen Tätigkeit, dann handelt es sich um eine betriebsfremde Erfindung, die dem Arbeitgeber nicht gemeldet werden muß. Erfindet etwa ein in einem chemischen Betrieb tätiger Diplomchemiker zu Hause in seiner Freizeit eine neue Hebevorrichtung für Lasten, so ist das allein seine Sache.

Macht ein Arbeitnehmer jedoch *in seinem Tätigkeitsbereich* eine Erfindung,   1101
muß er diese, auch wenn sie keine Diensterfindung im oben dargelegten Sinne ist, dem Arbeitgeber mitteilen (§ 18 ArbNErfG), um ihm die Nachprüfung zu ermöglichen, ob wirklich eine freie Erfindung vorliegt. Außerdem muß er ihm nach § 19 des Gesetzes den Erwerb einer nicht ausschließlichen Lizenz anbieten. Erfindet also ein Diplomchemiker, der an sich mit der Ent-

---

2 Richtlinien für die Vergütung von Arbeitnehmererfindungen im privaten Dienst vom 20. 7. 1959, *Nipperdey* I, Nr. 121c, und für den öffentlichen Dienst vom 1. 12. 1960, Bundesanzeiger Nr. 237, S. 2.

wicklung eines neuen Arzneimittels befaßt ist, einen neuen Farbstoff, muß er dies dem Arbeitgeber melden.

4. Technische Verbesserungsvorschläge

1102   Technische Verbesserungsvorschläge, die dem Arbeitgeber eine ähnliche Vorzugsstellung einräumen wie ein gewerbliches Schutzrecht (qualifizierte Verbesserungsvorschläge), gewähren dem Arbeitnehmer Anspruch auf eine angemessene Vergütung, wenn der Arbeitgeber den Vorschlag verwertet (§ 20 Abs. 1 ArbNErfG).

1103   Eine gesetzliche Verpflichtung zur Vergütung einfacher technischer Verbesserungsvorschläge besteht nicht. Sie kann sich aber aus Tarifverträgen, freiwilliger Betriebsvereinbarung oder arbeitsvertraglicher Zusage ergeben.

Zur Mitbestimmung des Betriebsrats bei betrieblichem Vorschlagswesen vgl. Rdnr. 627.

III. Urheberrechtschutz

1104   Schafft der Arbeitnehmer in Erfüllung seiner arbeitsvertraglichen Verpflichtung ein nach dem UrhG geschütztes Werk der Literatur, Wissenschaft oder Kunst (vgl. § 2 UrhG), ist er als dessen Urheber geschützt (§ 7 UrhG). Insbesondere stehen ihm grundsätzlich das Veröffentlichungsrecht, das Recht auf Anerkennung seiner Urheberschaft und auch das Verwertungsrecht zu. Allerdings ist nach § 43 i.V.m. § 31 V UrhG davon auszugehen, daß dem Arbeitgeber das Nutzungsrecht an dem geschaffenen Werk insoweit übertragen ist, als dies dem Zweck des betreffenden Arbeitsverhältnisses entspricht.

1105   Nachdem durch die Neufassung des § 2 Abs. 1 Nr. 1 UrhG klargestellt worden ist, daß auch Programme für die Datenverarbeitung zu den urheberrechtlich geschützten Werken gehören können, hat die Frage der Rechtstellung von Arbeitnehmern, die für ihren Arbeitgeber *Computerprogramme* entwickeln, besondere Bedeutung erlangt. Die Rechtsprechung geht insoweit in Anwendung von § 43 i.V.m. § 31 V UrhG davon aus, daß dem Arbeitgeber im Zweifel auch ohne ausdrückliche Vereinbarung das Recht zur Nutzung des Programms übertragen ist und daß der Arbeitnehmer eine besondere Vergütung für die Nutzung verlangen kann, wenn dies besonders vereinbart ist. Lediglich bei Arbeitnehmern, die an sich arbeitsvertraglich nicht zur Herstellung solcher Programme verpflichtet sind, kann eine Vergütungsvereinbarung i.S.d. § 612 Abs. 1 BGB den Umständen zu entnehmen sein[3]. Demgegenüber wird in der Literatur für eine weitgehende analoge Anwendung des ArbNErfG plädiert[4]. Auf längere Sicht wird eine gesetzliche Regelung des Fragenkreises erforderlich sein.

IV. Vermögensbeteiligung

1. Überblick

Die Beteiligung der Arbeitnehmer an den in den Unternehmen geschaffenen Vermögenswerten gehört, abgesehen von dem Sonderfall der Arbeitnehmererfindung, zu den Regelungsproblemen des Arbeitsrechts[5]. Dabei geht es einmal um eine Beteiligung der Arbeitnehmer an den von ihrem Beschäftigungsunternehmen erzielten Gewinn, wie sie vielfach durch Gewinnbeteiligung, Jahresschlußzahlungen u.a. erfolgt[6]. Zum anderen steht die Beteiligung am Unternehmen in Rede. Verbunden damit ist das Problem der gleichmäßigeren Verteilung des wirtschaftlichen Vermögens überhaupt.   1106

Für die Beteiligung der Arbeitnehmer an den Unternehmen kommen vielfältige Formen in Betracht, die von einem dem Unternehmen als Darlehen zu belassenen Investivlohn über die Beteiligung am Unternehmen in Form von Belegschaftsaktien, Kommanditbeteiligungen und Genossenschaftsanteilen bis hin zur Bildung von Fondsvermögen reichen, die Anteile an den Unternehmen halten und an denen wiederum die Arbeitnehmer beteiligt sind. Mit ihr können sich staatliche Maßnahmen der Vermögensbildung, von der einfachen Sparförderung über die Bausparförderung und die Förderung von Geldanlagen in Wertpapieren bis hin zur Ausgabe sogenannter Volksaktien an den im Staatseigentum stehenden Unternehmen verbinden.   1107

Die Regelung der Vermögensbeteiligung hat der Gesetzgeber im wesentlichen den Tarifvertragsparteien, den Betriebspartnern und den Arbeitsvertragsparteien überlassen. Er beschränkt sich auf deren Förderung im Rahmen der Förderung der allgemeinen Vermögensbildung.   1108

---

3 BAG vom 13. 9. 1983, AP Nr. 2 zu § 43 UrhG = DB 1984, 991 = BB 1984, 871 = NJW 1984, 1579.
4 Siehe insbesondere *M. Scholz*, a.a.O. S. 105 ff.
5 Vgl. Rdnr. 39.
6 Siehe dazu Rdnr. 949 f.

2. Vermögensbildungsgesetz

1109   Das VermbG fördert folgende Formen von Vermögensanlagen (vgl. § 2 VermbG):

— Sparbeiträge des Arbeitnehmers aufgrund eines *Sparvertrages über Wertpapiere* oder andere Vermögensbeteiligungen, z.b. zum Erwerb von Aktien, Genossenschaftsanteilen, Anteilscheinen eines Sondervermögens von Kapitalanlagegesellschaften, zum Erwerb einer Beteiligung als stiller Gesellschafter am Unternehmen des Arbeitgebers oder einer von einem Kreditinstitut verbürgten Darlehensforderung gegen den Arbeitgeber.

— Aufwendungen des Arbeitnehmers aufgrund eines *Wertpapierkaufvertrages* zwischen Arbeitgeber und Arbeitnehmer, etwa zum Erwerb von Aktien.

— Aufwendungen des Arbeitnehmers aufgrund eines *Beteiligungsvertrages* zwischen Arbeitnehmer und Arbeitgeber, z.b. für den Erwerb eines Genossenschaftsanteils, eines Geschäftsanteils an einer GmbH, einer Beteiligung als stiller Gesellschafter oder einer von einem Kreditinstitut verbürgten Darlehensforderung gegen den Arbeitgeber.

— Aufwendungen des Arbeitnehmers für einen *Bausparvertrag* oder direkt für Aufwendungen zum Bau oder Erwerb eines Wohngebäudes oder einer Wohnung.

— Sparbeiträge eines Arbeitnehmers aufgrund eines *einfachen Sparvertrages*.

— Beiträge des Arbeitnehmers aufgrund eines *Kapitalversicherungsvertrages*.

1110   Bei den Sparbeiträgen aufgrund von Sparverträgen und den Beiträgen des Arbeitnehmers aufgrund von Kapitalversicherungsverträgen beschränkt sich die Förderung auf einige Schutzbestimmungen. Insbesondere sind die Leistungen, die der Arbeitnehmer für diese Vermögensanlagen erhält, nicht übertragbar und damit nach § 851 Abs. 1 ZPO nicht pfändbar; pfändbar ist nur das aus solchen Leistungen gebildete Sparguthaben[7].

1111   Die anderen vermögenswirksamen Leistungen werden bei Arbeitnehmern, deren Einkommen bestimmte Grenzen nicht übersteigt, bis zu einer Höhe von DM 936,— jährlich durch eine steuerfreie Arbeitnehmersparzulage gefördert (§ 13 Abs. 1 VermbG). Diese beträgt bei Aufwendungen für den Wohnungsbau oder für Bausparverträge 10%, für die übrigen Anlageformen 20% der vermögenswirksamen Leistung (§ 13 Abs. 2 VermbG).

1112   Die Förderung setzt voraus, daß der Arbeitnehmer die Art der vermögenswirksamen Anlage und das Unternehmen oder das Institut, bei dem sie erfolgen soll, frei wählen kann (§ 12 VermbG). In Tarifverträgen vorgesehene Leistungen werden nur gefördert, wenn die Tarifverträge nicht die Möglichkeit vorsehen, daß statt einer vermögenswirksamen Leistung eine andere

---

7 *Zöller*, ZPO 15. Aufl., 1987, § 850 Rdnr. 13.

Leistung, insbesondere eine Barleistung erbracht wird (§ 10 Abs. 2 bis 4 VermbG).

V. Rechtslage in der DDR

Das ArbNErfG gilt seit deren Beitritt auch in der bisherigen DDR. Mit Wirkung vom 1. 1. 1991 gilt dort auch das VermBG.   1112a

VI. Kontrollfragen

Frage 68: Nach welcher Vorschrift erwirbt der Arbeitgeber das Eigentum an den von den Arbeitnehmern hergestellten Erzeugnissen?

Frage 69: Was ist eine Diensterfindung im Sinne des Arbeitnehmererfindungsgesetzes?

Frage 70: Welche Rechte räumt das Arbeitnehmererfindungsgesetz dem Arbeitgeber bei freien Erfindungen des Arbeitnehmers ein?

Frage 71: Welche vermögenswirksamen Leistungen werden nur durch Schutzbestimmungen, nicht aber durch Sparzulagen gefördert?

§ 21 Arbeitsschutz, Fürsorgepflicht und Unfallversorgung

Literaturangaben: *Bulla/Buchner*, Mutterschutzgesetz 5. Aufl. 1981; *Denck*, Der Schutz des Arbeitnehmers vor der Außenhaftung, 1980; *Fürstenberg/Hanau u.a.*, Menschengerechte Gestaltung der Arbeit, Band 9 der Schriftenreihe Gesellschaft, Recht, Wirtschaft, 1983; *Herschel*, Zur Dogmatik des Arbeitsschutzrechts, RdA 1978, 69; *Herschel/Lorenz*, Jugendarbeitsschutzgesetz, 2. Aufl., 1985; *Herzberg*, Die Verantwortung für Arbeitsschutz und Unfallverhütung im Betrieb, 1984; *Hofer*, Betriebliche Mitbestimmung und Humanisierung der Arbeitswelt, 1978; *Kaufmann*, Die neue Verordnung über gefährliche Arbeitsstoffe, DB 1980, 1795; *Klieschs/Nöthlichs/Wagner*, Arbeitssicherheitsgesetz, 1978; *Löwisch*, Der Erlaß von Rauchverboten zum Schutz vor Passivrauchen am Arbeitsplatz, DB 1979 Beilage 1; *ders.*, Arbeitsrechtliche Fragen von AIDS-Erkrankung und AIDS-Infektion, DB 1987, 936; *Koll*, Arbeitsschutz im europäischen Binnenmarkt, DB 1989, 1234; *Krämmer*, Anforderungen an Arbeitsstätten, Band 1 Arbeitsstättenverordnung, Band 2 Arbeitsstättenrichtlinien, Loseblatt; *Molitor/Volmer/Germelmann*, Jugendarbeitsschutzgesetz, 3. Aufl., 1986; *Nipperdey*, Die privatrechtliche Bedeutung des Arbeitsschutzrechts, Die Reichsgerichtspraxis im deutschen Rechtsleben, Band IV 1929 S. 203 ff.; *Opfermann/Streit*, Arbeitsstättenverordnung, Loseblatt; *Pulte*, Gesicherte arbeitswissenschaftliche Erkenntnisse, ArbuR 1983, 174; *Schmatz/Nöthlichs*, Arbeitsstättenverordnung, Loseblatt; *Tentrop/Wienecke/Zerlett*, Arbeitsstättenverordnung, Loseblatt; *Wlotzke*, Öffentlich-rechtliche Arbeitsschutznormen und privatrechtliche Rechte und Pflichten des einzelnen Arbeitnehmers, FS für Hilger/Stumpf, 1983 S. 723; *Zmarzlik*, Jugendarbeitsschutzgesetz, 3. Aufl. 1985; *Zmarzlik/Zipperer/Viethen*, Mutterschutzgesetz, 5. Aufl. 1986.

I. Überblick

1113   Wie in Rdnr. 30 ff. ausgeführt, gehört die Fürsorge für die Person des Arbeitnehmers zu den wesentlichen Aufgaben des Arbeitsrechts. Dabei geht es in erster Linie um den Gesundheitsschutz und den Schutz vor Arbeitsunfällen.

1987 ereigneten sich in der Bundesrepublik Deutschland rund 1,2 Millionen Arbeitsunfälle, von denen 1057 tödlich verliefen. Hinzu kamen rund 150 000 Wegeunfälle, darunter 637 tödliche. Unfälle sind damit zwar seit dem Jahr 1960 auf die Hälfte, die tödlichen Unfälle sogar auf ein Drittel zurückgegangen, gleichwohl zeigen die Zahlen die nach wie vor eminente Bedeutung des betrieblichen Unfallschutzes. Ähnliches gilt für den Schutz vor Berufskrankheiten, die im Vergleich zum Jahre 1960 sogar von rund 31 000 auf rund 42 000 gestiegen sind.

1114   Bewerkstelligt wird der Gesundheitsschutz und der Schutz vor Arbeitsunfällen einerseits durch Sachvorschriften, die bestimmte Schutzmaßnahmen für die Arbeitstätigkeit vorschreiben, und andererseits durch den Aufbau einer betrieblichen Sicherheitsorganisation. Über den eigentlichen Arbeitsschutz hinaus geht es dabei heute auch um die menschengerechte Gestaltung der Arbeit, die Spätschäden vorbeugen soll.

In zweiter Linie gilt die Fürsorge für die Person besonders schutzbedürftigen Arbeitnehmern, wie Jugendlichen, Schwangeren und Müttern, die vor besonders gesundheitsschädlichen Beschäftigungen geschützt werden müssen.   1115

Das Arbeitsschutzrecht ist in erster Linie öffentliches Recht. Es wird durch eine arbeitsvertragliche Fürsorgepflicht des Arbeitgebers ergänzt. Den Ausgleich eintretender Personenschäden übernimmt die gesetzliche Unfallversicherung, die in Gestalt der Unfallverhütungsvorschriften, aber auch in den vorbeugenden Arbeitsschutz eingeschaltet ist.   1116

Von der Fürsorge von der Person zu trennen ist die Fürsorge für das Eigentum des Arbeitnehmers. Sie ist allein Sache der arbeitsvertraglichen Regelung.   1117

II. Arbeitsschutzvorschriften

1. Sachvorschriften des Gesundheitsschutzes

Die Sachvorschriften des Gesundheitsschutzes sind einmal in *staatlichen Arbeitsschutzvorschriften* enthalten. Diese basieren auf §§ 120a und 120e GewO. Ersterer verpflichtet die gewerblichen Unternehmer in einer Generalklausel dazu die Arbeitsräume, Betriebsvorrichtungen, Maschinen und Gerätschaften so einzurichten und zu unterhalten sowie den Betrieb so zu regeln, daß die Arbeitnehmer gegen Gefahren für Leben und Gesundheit soweit geschützt sind, wie es die Natur des Betriebes gestattet. Letztere ermächtigt den Bundesminister für Arbeit und Sozialordnung zum Erlaß von Rechtsverordnungen über die Anforderungen, die für die Einrichtung der Betriebe und der Produktionsanlagen zur Erfüllung des in der Generalklausel enthaltenen Grundsatzes zu stellen sind.   1118

Von dieser Ermächtigung hat der Bundesminister für Arbeit und Sozialordnung umfassend Gebrauch gemacht. Hervorzuheben ist vor allem die Arbeitsstättenverordnung aus dem Jahr 1975 und die dazu ergangenen Arbeitsstättenrichtlinien, die genaue Vorschriften für die Einrichtung der Arbeitsplätze, des Arbeitsablaufs und der Arbeitsumgebung enthalten, bis hin zu Raumabmessungen, Bewegungsflächen, Sicherheitsabständen bei Ver-   1119 kehrswegen, Lärmrichtwerten und die Einrichtung von Sanitätsräumen. Zu nennen ist weiter die Verordnung über gefährliche Arbeitsstoffe und Arbeitsschutzverordnungen für Spezialgebiete, z.B. die Verordnung über Arbeit in Druckluft[1].

1120   Der durch die einheitliche europäische Akte vom 28. 2. 1986 in den EWG-Vertrag eingefügte Artikel 118a ermächtigt die EG zum Erlaß von Richtlinien über Mindestvorschriften zum Arbeitsschutz. Die EG hat inzwischen acht solcher Richtlinien erlassen. Wichtigste ist eine Rahmenrichtlinie für die Verbesserung der Sicherheit und des Gesundheitsschutzes vom Juni 1989, die weitreichende Bestimmungen zur Verhütung von Sicherheits- und Gesundheitsgefahren enthält. Die Rahmenrichtlinie entspricht praktisch § 120a GewO.

1121   Eine der auf der Rahmenrichtlinie aufbauenden Einzelrichtlinien sieht, unserer Arbeitsstättenverordnung vergleichbar, Mindestvorschriften für die Arbeitsräume, Arbeitsplätze und die Arbeitsumgebung vor. Weitere Einzelrichtlinien betreffen die sicherheitsgerechte Benutzung von Maschinen und Geräten, die Benutzung persönlicher Schutzeinrichtungen und die Arbeit an Bildschirmen.

1122   Die Richtlinien betreffen nicht nur wie § 120a GewO und die dazu ergangenen Arbeitsschutzvorschriften die gewerblichen Betriebe, sondern alle Beschäftigungsbereiche. Ihre Umsetzung wird deshalb zu einer Ausdehnung des Anwendungsbereichs der innerstaatlichen Arbeitsschutzvorschriften führen[2].

1123   Den staatlichen Arbeitsschutzvorschriften korrespondieren die von den Berufsgenossenschaften aufgrund von § 708 RVO erlassenen *Unfallverhütungsvorschriften*. Generalklausel ist hier § 2 Abs. 1 der Unfallverhütungsvorschrift „Allgemeine Vorschrift" (VGB 1) vom 1. 4. 1977, nach welcher der Unternehmer ungeachtet der Verbindlichkeiten anderer Rechtsvorschriften zur Verhütung von Arbeitsunfällen Einrichtungen, Anordnungen und Maßnahmen zu treffen hat, die den Bestimmungen der Unfallverhütungsvorschriften und im übrigen den allgemein anerkannten sicherheitstechnischen und arbeitsmedizinischen Regeln entsprechen.

1124   Auch diese Generalklausel wird durch eine Vielzahl teils allgemeiner, teils branchenspezifischer Unfallverhütungsvorschriften konkretisiert. Sie ent-

---

1 Abgedruckt sind die staatlichen Arbeitsschutzvorschriften bei *Nipperdey* II, Arbeitssicherheit.
2 *Wlotzke*, EG-Binnenmarkt und Arbeitsrechtsordnung − eine Orientierung, NZA 1990, 417, 419 f.

halten technische Anforderungen an eine Vielzahl technischer Arbeitsmittel sowie Bestimmungen über Arbeitsverfahren. Dabei werden in den neueren Vorschriften nur sicherheitstechnische Ziele fixiert. Die technischen Detailregelungen, die das Erreichen jener Ziele gewährleisten sollen, werden in Durchführungsregelungen aufgenommen, die unverbindliche Modellösungen darstellen und von denen unter Einhaltung des von der Norm vorgegebenen Sicherheitsniveaus abgewichen werden kann.

Die Einhaltung der staatlichen Arbeitsschutzvorschriften wird von den Gewerbeaufsichtsämtern, die der Unfallverhütungsvorschriften von den Berufsgenossenschaften *überwacht*. Dem Betriebsrat kommt nach § 89 BetrVG dabei eine Hilfsfunktion zu. Verstöße werden im einen wie im anderen Falle als Ordnungswidrigkeit oder Straftat geahndet (vgl. §§ 147, 148 GewO, § 710 RVO).   1125

2. Betriebliche Sicherheitsorganisation

Um zu erreichen, daß die Sachvorschriften des Gesundheitsschutzes den jeweiligen Betriebsverhältnissen angepaßt werden und einen möglichst großen Wirkungsgrad erreichen, wird der Arbeitgeber zum Aufbau einer betrieblichen Sicherheitsorganisation verpflichtet. Die entsprechende Regelung ist im *Arbeitssicherheitsgesetz* enthalten. Nach ihm hat der Arbeitgeber Betriebsärzte, Sicherheitsingenieure und andere Fachkräfte für Arbeitssicherheit zu bestellen, soweit dies im Hinblick auf Betriebsart, Zahl und Zusammensetzung der Arbeitnehmerschaft und Betriebsorganisation erforderlich ist.   1126

In größeren Betrieben stehen Betriebsärzte und Fachkräfte für Arbeitssicherheit in der Regel in einem Arbeitsverhältnis. Für kleinere Betriebe werden häufig Dienst- oder Werkverträge mit selbständigen Ärzten bzw. Ingenieuren und anderen Sicherheitsfachkräften abgeschlossen. Möglich ist auch die Übertragung der Aufgaben an einen überbetrieblichen Dienst von Betriebsärzten oder Fachkräften für Arbeitssicherheit (§ 19 ASiG).   1127

Die Betriebsärzte und Fachkräfte für Arbeitssicherheit haben mit dem Betriebsrat zusammenzuarbeiten. Dieser hat bei ihrer Bestellung und Abberufung ein Mitbestimmungsrecht (§ 9 Abs. 3 ASiG).   1128

Auch die aufgrund von Art. 118a EWG-Vertrag erlassene Rahmenrichtlinie vom Juni 1990 enthält Bestimmungen über die Heranziehung von Sicherheitsfachkräften und eine präventiv-medizinische Überwachung der Arbeitnehmer[3].

1129   Die Bestimmungen des ASiG über die betriebliche Sicherheitsorganisation werden durch §§ 719 ff. RVO ergänzt, nach denen in Unternehmen mit mehr als 20 Beschäftigten unter Mitwirkung des Betriebsrats oder Personalrats Sicherheitsbeauftragte zu bestellen sind. Ihnen obliegt in erster Linie die Überwachung des Vorhandenseins und der ordnungsgemäßen Benutzung der in den Unfallverhütungsvorschriften vorgeschriebenen Schutzvorrichtungen.

3. Vorschriften über die menschengerechte Gestaltung der Arbeit

1130   Das staatliche Arbeitsschutzrecht beschränkt sich heute nicht mehr auf den Schutz des Arbeitnehmers vor unmittelbaren Gesundheits- und Unfallgefahren, sondern sucht auch für eine möglichst menschengerechte Ausgestaltung der Arbeit zu sorgen. Dabei geht es in erster Linie um eine Anpassung der Arbeit an die physische und psychische Konstitution des Menschen. Die Erforschung dieser Fragen ist Sache der *Arbeitswissenschaft*. Diese hat vor allem Erkenntnisse über die anthropometrische Gestaltung von Arbeitsplätzen, insbesondere über die Arbeitsstellung an Maschinen, über die Muskelarbeit und über die Belastung von Sinnen und Nerven durch die geforderte Aufmerksamkeit entwickelt (sogenannte Ergonomie) und Fragen der Arbeitsmotivation sowie der Wirkung bestimmter Arbeitsabläufe auf die Psyche dargestellt (sogenannte Arbeitspsychologie).

1131   Entsprechende Regelungen sind vor allem in der Arbeitsstättenverordnung enthalten. Aber auch die aufgrund des Art. 118a EWG-Vertrag erlassenen Richtlinien beschäftigen sich mit diesen Fragen. Etwa schreibt die Richtlinie über die Arbeit an Bildschirmen vom Mai 1990 die ergonomische Gestaltung von Bildschirm, Tastatur und Arbeitsstuhl, regelmäßige Untersuchungen der Augen und Pausen vor.

1132   Zur Mitwirkung und Mitbestimmung des Betriebsrats in Fragen der menschengerechten Gestaltung der Arbeit siehe Rdnr. 629.

---

3 *Wlotzke*, a.a.O.

4. Beschäftigungsverbote

a) Frauenarbeitsschutz

Um Frauen vor besonders sie betreffenden Gesundheitsgefahren zu schützen, enthält das Arbeitsschutzrecht eine Reihe von Beschäftigungsverboten. Zu nennen ist einmal § 16 AZO, der die Untertagebeschäftigung von Frauen in Bergwerken, Salinen und Gruben sowie ihre Beschäftigung mit der Beförderung von Roh- und Werkstoffen bei Bauten aller Art untersagt. Weiter gehören hierher Verbote von Arbeiten mit gesundheitsgefährdenden Stoffen, etwa mit Blei und Bleiverbindungen, und gesundheitsgefährdenden Wirkungen, etwa mit Preßlufthämmern. **1133**

Arbeitsvertragliche Bestimmungen, die eine Beschäftigung entgegen diesen Verboten vorsehen, sind nach § 134 BGB nichtig. Die Entgeltzahlungspflicht bleibt aber insoweit bestehen, als tatsächlich Arbeit geleistet wird. **1134**

b) Mutterschutz

Fall 65: *A, die seit mehreren Jahren bei der Firma X beschäftigt ist, teilt im Februar der Firmenleitung mit, daß sie voraussichtlich im Juli ein Kind erwartet. Im März legt sie ein ärztliches Zeugnis vor, nach dem sie trotz an sich gegebener Arbeitsfähigkeit nicht mehr zur Arbeit kommen kann, weil die halbstündige Busfahrt von ihrer Wohnung zum Betrieb wegen eines Ischiasleidens eine Gefährdung von Mutter und Kind darstelle. A verlangt von X aufgrund des Zeugnisses Weiterzahlung ihres Arbeitsentgelts.*

Nach § 3 Abs. 2 MuSchG dürfen werdende Mütter in den *letzten sechs Wochen vor* der Entbindung, nach § 6 Abs. 1 MuSchG Wöchnerinnen bis zum Ablauf von *acht Wochen nach* der Entbindung nicht beschäftigt werden; für Mütter nach Früh- und Mehrlingsgeburten verlängert sich letztere Frist auf 12 Wochen. **1135**

Werdende Mütter dürfen auch außerhalb der Sechswochenfrist nicht mit schwerer körperlicher Arbeit und Arbeiten beschäftigt werden, bei denen sie schädlichen Einwirkungen von gesundheitsgefährdenden Stoffen, Strahlen, Staubgasen, Dämpfen, Hitze, Kälte oder Nässe, Erschütterungen oder Wärme ausgesetzt sind (§ 4 Abs. 1 und 2 MuSchG). Auch die Beschäftigung von werdenden Müttern mit Akkordarbeit und Fließarbeit mit vorgegebenem Arbeitstempo ist grundsätzlich verboten (§ 4 Abs. 3 MuSchG). Darüber hinaus besteht nach § 3 Abs. 1 MuSchG ein *allgemeines Beschäftigungsverbot*, soweit nach ärztlichem Zeugnis Leben oder Gesundheit von Mutter und Kind bei Fortdauer der Beschäftigung gefährdet ist. **1136**

1137   Um die Beachtung der Beschäftigungsverbote zu sichern, sollen werdende Mütter dem Arbeitgeber Schwangerschaft und mutmaßlichen Tag der Entbindung mitteilen, sobald sie ihnen bekannt sind und auf Verlangen ein ärztliches Zeugnis vorlegen. Der Arbeitgeber hat die Mitteilung unverzüglich an die Aufsichtsbehörde weiterzugeben (§ 5 Abs. 1 MuSchG). Für die Berechnung der Zeit des Beschäftigungsverbots vor der Entbindung ist grundsätzlich das ärztliche Zeugnis maßgebend. Irrt sich der Arzt oder die Hebamme über den Zeitpunkt der Entbindung, verkürzt oder verlängert sich die Frist entsprechend (§ 5 Abs. 2 MuSchG).

1138   Während der Schutzfristen des § 3 Abs. 2 und § 6 Abs. 1 MuSchG erhalten Frauen *Mutterschaftsgeld* nach den §§ 200 ff. RVO von der Krankenkasse, der die notwendigen Aufwendungen pauschal vom Bund ersetzt werden. Als Mutterschaftsgeld wird das durchschnittliche kalendertägliche Arbeitsentgelt der letzten drei Monate vor Beginn der Schutzfrist des § 3 Abs. 2 MuSchG gezahlt, allerdings begrenzt auf einen Höchstbetrag von DM 25,– täglich.

1139   Übersteigt das Arbeitsentgelt diesen Betrag, erhält die Arbeitnehmerin die *Differenz vom Arbeitgeber* (§ 14 MuSchG). Daß auf diese Weise Arbeitgeber mit höher verdienenden Arbeitnehmerinnen eine größere Kostenlast zu tragen haben als solche mit geringer verdienenden, ist mit Art. 3 Abs. 1 GG noch vereinbar[4].

1140   Kann eine werdende Mutter wegen eines speziellen Beschäftigungsverbots nach § 4 oder des allgemeinen Beschäftigungsverbots wegen Gesundheitsgefährdung nach § 3 Abs. 1 MuSchG nicht beschäftigt werden, hat sie Anspruch auf *Fortzahlung des Arbeitsentgelts* gegen den Arbeitgeber (§ 11 Abs. 1 MuSchG). Dabei ist der Durchschnittsverdienst der letzten 13 Wochen oder der letzten drei Monate vor Beginn des Monats zugrunde zu legen, vor dem die Schwangerschaft eingetreten ist. Verdienstkürzungen infolge von Kurzarbeit, Arbeitsausfällen oder unverschuldeter Arbeitsversäumnis bleiben außer Betracht.

1141   Der Anspruch auf Entgeltfortzahlung nach § 11 MuSchG setzt voraus, daß der Verdienstausfall der Arbeitnehmerin auf ein Beschäftigungsverbot nach § 4 oder § 3 Abs. 1 MuSchG *zurückzuführen* ist. Fällt während der Zeit des Beschäftigungsverbots der Entgeltanspruch infolge eines Arbeitskampfes oder wegen Kurzarbeit ganz oder teilweise weg, trifft dies auch die schwangere Arbeitnehmerin[5].

---

4 BVerfG vom 23. 4. 1977, AP Nr. 1 zu § 14 MuSchG 68 = BVerfGE 37, 121 = DB 1974, 1291 = BB 1974, 888 = NJW 1974, 161 = SAE 75, 141 m. Anm. *Löwisch.*
5 Für den Arbeitskampffall s. Rdnr. 355.

*In **Fall 65** besteht kein Anspruch auf Entgeltfortzahlung nach § 11 MuSchG, denn die Arbeitsunfähigkeit von Frau A beruht nicht darauf, daß ihre Beschäftigung eine Gesundheitsgefährdung mit sich bringt. Vielmehr ist lediglich der Weg von und zur Arbeitsstätte mit solchen Gefahren verbunden. Auf dieses Risiko aber bezieht sich § 11 MuSchG nicht[6].*

Wenn die schwangere Arbeitnehmerin krank wird, erhält sie das Arbeitsentgelt nicht nach § 11 MuSchG, sondern nach den Vorschriften über die Entgeltfortzahlung im Krankheitsfall mit der Folge, daß der Anspruch nach Ablauf von sechs Wochen endet und sie auf das Krankengeld angewiesen ist[7]. Ist die Krankheit freilich schwangerschaftsbedingt, besteht nach Ablauf der Entgeltfortzahlung wegen Krankheit der Entgeltfortzahlungsanspruch nach § 11 MuSchG[8].

1142

c) Jugendarbeitsschutz

Nach § 5 Abs. 1 JArbSchG ist die Beschäftigung von *Kindern* verboten. Kind ist, wer noch nicht 14 Jahre alt ist (§ 12 Abs. 1 JArbSchG). Ältere Jugendliche gelten als Kinder, wenn sie noch der Vollzeitschulpflicht unterliegen (§ 2 Abs. 3 JArbSchG). Ausnahmen vom Verbot der Kinderarbeit gelten für die Beschäftigung von Kindern über 13 Jahre in der Landwirtschaft (§ 5 Abs. 3 JArbSchG). In engen Grenzen kann von der Aufsichtsbehörde auch die Beschäftigung von Kindern bei Theatervorstellungen, Musikaufführungen, Werbeveranstaltungen sowie Aufnahmen in Funk, Fernsehen und bei Film- und Fotoaufnahmen zugelassen werden.

1143

Auch *Jugendliche bis zu 15 Jahren* dürfen grundsätzlich nicht beschäftigt werden. Unterliegen sie ausnahmsweise nicht mehr der Vollzeitschulpflicht, ist eine Beschäftigung im Berufsausbildungsverhältnis oder mit leichten Tätigkeiten bis zu 7 Stunden täglich und 35 Stunden wöchentlich zulässig (§ 7 JArbSchG).

1144

Für *Jugendliche bis zu 18 Jahren* ist die Beschäftigung mit bestimmten Arbeiten verboten. Dazu gehören gefährliche Arbeiten (§ 22 JArbSchG), Akkordarbeiten und tempoabhängige Arbeiten (§ 23 JArbSchG) sowie Arbeiten unter Tage (§ 24 JArbSchG).

1145

Zum Arbeitszeitschutz jugendlicher Arbeitnehmer siehe oben Rdnr. 905.

---

6 BAG vom 7. 8. 1970, AP Nr. 4 zu § 11 MuSchG 68 = DB 1970, 1980 = BB 1970, 1254 = NJW 1970, 2261.
7 *Bulla/Buchner*, Mutterschutzgesetz § 11 Rdnr. 37.
8 Vgl. hierzu *Zmarzlik/Zipperer/Viethen*, § 11 Rdnr. 7, 9c und 43 sowie *Bulla/Buchner* (a.A.), a.a.O..

III. Fürsorge für die Person und Unfallversorgung

Fall 66: *Der im Großhandelsunternehmen X beschäftigte Lagerarbeiter A wird schwer verletzt, weil der von ihm gefahrene Gabelstapler umfällt. Der Unfall war darauf zurückzuführen, daß an dem Gabelstapler ein tragendes Teil gebrochen war. Dies war A nicht bekannt, wohl aber dem für seine Abteilung zuständigen Meister M. Dieser hatte es absichtlich unterlassen, A einen Hinweis zu geben, weil er nach einem Streit mit A der Auffassung war, A gebühre in Gestalt eines Unfalls ein ordentlicher Denkzettel. Wenige später stirbt A. Seine Witwe und seine Kinder verlangen von M und X Ersatz der Beerdigungskosten und Schmerzensgeld.*

1. Fürsorgepflicht

1146   § 618 Abs. 1 BGB verpflichtet den Arbeitgeber zur Fürsorge für die Person des Arbeitnehmers bei der Arbeitsleistung. Er hat Arbeitsräume, Einrichtungen und Maschinen so bereitzustellen und die Arbeit so zu organisieren, daß der Arbeitnehmer gegen Gefahren für Leben und Gesundheit soweit geschützt ist, wie die Natur der Dienstleistung es gestattet.

1147   Konkretisiert wird diese Verpflichtung in erster Linie durch die öffentlich-rechtlichen Sachvorschriften des Gesundheitsschutzes[9]. Auf deren Einhaltung hat der Arbeitnehmer einen klagbaren Anspruch, etwa kann er verlangen, daß ihm die in den Unfallverhütungsvorschriften vorgeschriebene Sicherheitskleidung zur Verfügung gestellt wird[10]. Solange die Vorschriften nicht erfüllt sind, hat der Arbeitnehmer gem. § 273 BGB auch ein Zurückbehaltungsrecht an der Arbeitsleistung.

1148   Regelmäßig geht die Fürsorgepflicht über die öffentlich-rechtlichen Arbeitsschutzverpflichtungen nicht hinaus. Der Arbeitnehmer, der die Rechte aus § 618 BGB geltend macht, braucht sich, wie es *Nipperdey*[11] formuliert hat, zwar „nicht mit weniger zu begnügen, kann aber auch nicht mehr verlangen, als für die betreffende Lage durch Arbeitsschutzvorschriften vorgeschrieben ist".

1149   Wo allerdings ein besonderes Schutzbedürfnis besteht, dem die Arbeitsschutzvorschriften nicht Rechnung tragen, kann die Fürsorgepflicht weitergehen. Für in die häusliche Gemeinschaft aufgenommene Arbeitnehmer

---

9 Vgl. Rdnr. 1118 ff.
10 BAG vom 21. 8. 1985, AP Nr. 19 zu § 618 BGB = DB 1986, 283 = BB 1986, 193 = NZA 1986, 324 = EzA § 618 BGB Nr. 5.
11 A.a.O. S. 217.

ordnet das § 618 Abs. 2 BGB ausdrücklich an. Es gilt aber auch sonst. Etwa verpflichtet die Fürsorgepflicht den Arbeitgeber zum Einschreiten, wenn ein Arbeitnehmer von Arbeitskollegen mit Körperverletzungen bedroht wird.

2. Eintritt der Unfallversicherung für Personenschäden

Entsteht durch die Verletzung der Fürsorgepflicht beim Arbeitnehmer ein Schaden, ist dieser nach den Grundsätzen über die positive Vertragsverletzung an sich zu ersetzen. § 618 Abs. 3 BGB sieht insoweit sogar die Anwendung der Vorschriften der §§ 842 und 843 BGB über den Ersatz des Erwerbsschadens und im Falle der Tötung der §§ 844 bis 846 BGB über den Ersatz des Unterhaltsschadens, entgangener Dienstleistungen und der Beerdigungskosten vor.   1150

Im Regelfall wird diese Haftung aber durch den Eintritt der Unfallversicherung *ausgeschlossen*. Nach § 636 RVO ist der Arbeitgeber dem Arbeitnehmer und seinen Hinterbliebenen nach den zivilrechtlichen Vorschriften zum Ersatz des durch einen Arbeitsunfall verursachten Personenschadens grundsätzlich nicht verpflichtet. Der Haftungsausschluß erstreckt sich dabei nicht nur auf die Ansprüche aus Fürsorgepflichtverletzung, sondern auch auf die aus unerlaubter Handlung und Gefährdungshaftung[12]. Auch aus den §§ 823 ff. BGB kann kein Anspruch auf Ersatz von Krankheitskosten, Erwerbsschäden, Unterhaltsschäden und Beerdigungskosten begründet werden[13], vor allem aber wird dadurch der Anspruch auf Schmerzensgeld (§ 847 BGB) ausgeschlossen[14].   1151

Eine Ausnahme von diesem Grundsatz gilt einmal dann, wenn der Arbeitgeber den Arbeitsunfall *vorsätzlich* verursacht hat. Dabei muß sich der Vorsatz auf den Unfall selbst erstrecken. Daß der Arbeitgeber vorsätzlich eine Unfallverhütungsvorschrift außer acht läßt, genügt nicht, wenn er auch leichtfertig darauf vertraut, ein Unfall werde nicht eintreten[15].   1152

Zum anderen bleibt die Haftung des Arbeitgebers bestehen, wenn der Arbeitsunfall — insbesondere als Wegeunfall — bei der *Teilnahme am allgemeinen*   1153

---

12 Dazu, daß sich § 636 RVO auf den Anspruch aus § 324 Abs. 1 BGB erstreckt, siehe oben Rdnr. 1064.
13 BAG vom 24. 5. 1989, AP Nr. 16 zu § 636 RVO.
14 Zur Verfassungsmäßigkeit des Ausschlusses des Schmerzensgeldanspruchs BVerfG vom 7. 11. 1972, AP Nr. 6 zu § 636 RVO = BVerfGE 34, 118 = DB 1973, 336 = BB 1973, 429 = NJW 1973, 502.
15 BAG vom 27. 6. 1975, AP Nr. 9 zu § 636 RVO = DB 1975, 2448 = BB 1975, 1640 = EzA Nr. 9 zu § 636 RVO.

Verkehr eingetreten ist. Wird der Arbeitnehmer auf dem Weg zur Arbeitsstätte vom Arbeitgeber angefahren, kann er diesen aus Gefährdungshaftung
und im Falle des Verschuldens aus unerlaubter Handlung in Anspruch nehmen. Daß Verursacher seines Unfalls zufällig der Arbeitgeber ist, soll ihn
nicht schlechter stellen. Stellt der Unfall allerdings eine innerbetriebliche
Angelegenheit dar, verunglückt der Arbeitnehmer z.B. in dem vom Arbeitgeber gesteuerten Werksbus auf der Fahrt zur Arbeitsstätte, greift § 636
RVO ein[16].

1154　　Nach § 637 RVO gilt § 636 RVO entprechend für die Haftung anderer im Betrieb tätiger *Betriebsangehöriger*, wenn sie den Arbeitsunfall durch eine betriebliche Tätigkeit verursacht haben. Auch sie haften also zivilrechtlich dem
verunglückten Arbeitnehmer nur bei Vorsatz und Teilnahme am allgemeinen Verkehr[17].

In **Fall 66** *können die Witwe und die Kinder des A sowohl von M wie von X die Beerdigungs-*
kosten ersetzt verlangen: M hat den Arbeitsunfall vorsätzlich herbeigeführt, so daß § 637
RVO zu seinem Gunsten nicht eingreift. Er haftet daher direkt nach §§ 823, 844 Abs. 1 BGB.
X hat das vorsätzliche Handeln des M gem. § 278 BGB wie eigenes Verschulden zu vertreten,
da M als Meister bei der Erfüllung der Fürsorgepflicht gegenüber A als Erfüllungsgehilfe der
Firma X anzusehen ist. § 636 RVO greift deshalb nicht ein, so daß X gem. § 618 Abs. 3 BGB
i.V.m. § 844 Abs. 1 BGB die Beerdigungskosten ebenfalls zu ersetzen hat. Auf Schmerzens-
geld kann nach §§ 823 Abs. 1, 847 BGB allein M in Anspruch genommen werden. Daß A in-
zwischen gestorben ist, ändert daran nichts. Auch der Schmerzensgeldanspruch geht auf die
Erben über. § 847 Abs. 1 Satz 2 BGB, der das früher ausschloß, sofern der Anspruch nicht
anerkannt oder rechtshängig geworden war, ist seit dem 1. 7. 1990 nicht mehr in Kraft.

IV. Fürsorge für Sachen und sonstiges Vermögen des Arbeitnehmers

Fall 67: *A ist in einem Werk der Firma X beschäftigt, das etwa 2 km von der nächsten Ort-*
schaft entfernt in einem Waldgebiet liegt. Wie andere Arbeitnehmer auch kommt er mit dem
eigenen PKW zur Arbeit, den er auf einem von der Firma X angelegten, unbewachten Park-

---

16 BGH vom 8. 5. 1973, AP Nr. 7 zu § 636 RVO = DB 1973, 1345 = BB 1973, 893 = NJW 1973,
   1326; siehe weiter BGH vom 21. 12. 1988, AP Nr. 13 zu § 636 RVO.
17 Wenn das Gesetz in § 637 RVO den Begriff der „in demselben Betrieb tätigen Betriebsangehörigen" verwendet, so bringt es damit zum Ausdruck, daß es auf das Bestehen eines
   Arbeitsverhältnisses zum Unternehmer nicht ankommt. Auch der Leiharbeitnehmer
   oder Montagearbeiter eines Drittbetriebes muß sich den Haftungsausschluß gefallen lassen und kommt umgekehrt in dessen Genuß, wenn sich der Arbeitsunfall im Zusammenhang mit einer Tätigkeit ereignet, die dem Aufgabenbereich des Unfallbetriebes zuzuordnen ist. Siehe hierzu zuletzt BGH vom 8. 4. 1986, AP Nr. 18 zu § 637 RVO = DB 1986, 816
   = BB 1986, 1297; siehe zu dem Problemkreis im übrigen *Dennck*, Der Schutz des Arbeitnehmers vor der Außenhaftung, 1980, S. 89 ff. und *ders.*, Externe Arbeitnehmerhaftung im
   Betrieb, Jura 1987, 225.

platz auf dem Werksgelände abstellt. Unweit des Parkplatzes befinden sich zwei Baracken, die als Wohnheim für griechische Gastarbeiterinnen dienen. Eines Tages wird der PKW von dem neunjährigen Sohn einer Gastarbeiterin dadurch beschädigt, daß dieser mit einem scharfen Gegenstand den Namen Papandreou in den Lack einkratzt. Die Reparaturkosten von DM 500,— verlangt A von X ersetzt.

§ 618 BGB legt dem Arbeitgeber nur die Pflicht zur Vorsorge für Leben und   1155
Gesundheit des Arbeitnehmers auf. Aus Treu und Glauben (§ 242 BGB) ergibt sich aber, daß der Arbeitgeber auch für Sachen des Arbeitnehmers, die
in die betriebliche Sphäre gelangen sowie für dessen sonstige mit dem Arbeitsverhältnis im Zusammenhang stehenden Vermögensinteressen Sorge
tragen muß.

Was die Sachen des Arbeitnehmers angeht, so besteht zunächst einmal eine   1156
Rücksichtnahmepflicht. Wie jeder andere Schuldner muß der Arbeitgeber eine
Schädigung der Sachen des Arbeitnehmers vermeiden. Verletzt er diese
Pflicht schuldhaft, ist er dem Arbeitnehmer aus positiver Vertragsverletzung zum Schadensersatz verpflichtet. Dabei hat er nach § 278 BGB auch
das Verschulden der Personen zu vertreten, deren er sich zur Erfüllung der
ihm gegenüber dem Arbeitnehmer aus dem Arbeitsvertrag obliegenden
Verpflichtungen bedient. Hat der Arbeitgeber es übernommen, die Arbeitnehmer mit einem Werksbus zur Arbeitsstätte zu fahren und verunglückt
der Bus infolge eines Verschuldens des Fahrers, muß er den Arbeitnehmern
etwaige Schäden an Kleidung, das ihnen gehörige Werkzeug usw. ersetzen.

Aus Treu und Glauben folgt auch eine *Obhutspflicht* des Arbeitgebers. Insbe-   1157
sondere muß er dem Arbeitnehmer eine Verwahrungsmöglichkeit, etwa einen verschließbaren Schrank zur Verfügung stellen, damit er seine persönlichen Sachen, wie Straßenkleidung, Uhr, Portemonnaie oder Fahrkarten sicher verwahren kann. Verletzt er diese Pflicht und kommt infolgedessen eine Sache abhanden, ist er zum Schadenersatz verpflichtet.

Eine Pflicht, dem Arbeitnehmer einen *Parkplatz* zur Verfügung zu stellen,   1158
besteht grundsätzlich nicht. Vielmehr ist es Sache des Arbeitnehmers, wie er
zur Arbeitsstätte gelangt. Ist aber die Arbeitsstätte mit öffentlichen Ver-
kehrsmitteln nur schwer zu erreichen, gehört die zur Verfügungstellung geeigneter Parkmöglichkeiten zur Fürsorgepflicht[18]. Auch dann besteht aber
keine Pflicht, eine besondere Versicherung für sie abzuschließen. Dies wür-

---

18 BAG vom 16. 3. 1966, AP Nr. 1 zu § 611 BGB Parkplatz = DB 1966, 1056 = BB 1966, 778 =
NJW 1966, 1534.

de angesichts der damit verbundenen wirtschaftlichen Belastungen die Fürsorgepflicht überspannen[19].

In **Fall 67** *war dem A also zwar der Parkplatz zur Verfügung zu stellen. Eine Bewachungspflicht bestand aber nicht. A kann sich deshalb nicht an X, sondern nur an das Kind und seine Eltern (§ 832 BGB) halten.*

1159   Eine Fürsorgepflicht kann auch hinsichtlich anderer mit dem Arbeitsverhältnis im Zusammenhang stehender Vermögensinteressen des Arbeitnehmers eingreifen. Etwa muß der Arbeitgeber den Arbeitnehmer über die Möglichkeiten der vermögenswirksamen Anlage von Arbeitsentgelt unterrichten oder ihn von einer Geheimhaltungspflicht entbinden, wenn der Arbeitnehmer nur so Rechtsansprüche gegen Dritte verfolgen kann.

V. Rechtslage in der DDR

1160   In der bisherigen DDR gelten seit ihrem Beitritt im wesentlichen die Arbeitsschutzvorschriften der Bundesrepublik. Art. 30 Abs. 1 Nr. 2 des Einigungsvertrags erklärt es aber zur Aufgabe des gesamtdeutschen Gesetzgebers, den öffentlich-rechtlichen Arbeitsschutz in Übereinstimmung mit dem Recht der europäischen Gemeinschaften und dem damit konformen Teil des Arbeitsschutzrechts der DDR zeitgemäß neu zu regeln.

Für Fürsorgepflicht und Unfallversorgung gelten ab 1. 1. 1991 die Regelungen der Bundesrepublik auch in der bisherigen DDR.

VI. Kontrollfragen

Frage 72: Welche praktische Bedeutung wird die Umsetzung der EG-Richtlinien über Mindestvorschriften zum Arbeitsschutz haben?

Frage 73: Welche Zahlungen hat der Arbeitgeber während der Beschäftigungsverbote nach dem MuSchG zu leisten?

Frage 74: Was kann der Arbeitnehmer tun, wenn der Arbeitgeber seinen Pflichten aus § 618 Abs. 1 BGB nicht nachkommt?

Frage 75: Wann haftet der Arbeitgeber persönlich für Unfallschäden seiner Arbeitnehmer?

---

19 BAG a.a.O. und vom 25. 6. 1975, AP Nr. 4 zu § 611 BGB Parkplatz = BB 1975, 1343 = NJW 1975, 2119 = EzA § 611 BGB Fürsorgepflicht Nr. 17, wonach das selbst dann gilt, wenn der Arbeitnehmer für den Parkplatz einen geringen Unkostenbeitrag zu erbringen hat.

§ 22 Haftung des Arbeitnehmers

Literaturangaben: *Arens,* Haftung des Arbeitnehmers, Bestandsaufnahme der Rechtsprechung nach den Entscheidungen des 8. Senats vom 24. 11. 1987, BB 1988, 1598; *Denck,* Der Schutz des Arbeitnehmers vor der Außenhaftung, 1980; *ders.,* Zum pauschalen Ausschluß der Arbeitnehmerhaftung unterhalb der Grenze der groben Fahrlässigkeit, NZA 1986, 80; *ders.,* Leasing und Arbeitnehmerhaftung, JZ 1990, 175; *Mayer-Maly,* Plädoyer für einen Abschied von der Gefahrengeneigtheit, FS für Hilger und Stumpf, 1983, 467; *Otto,* Ist es erforderlich, die Verteilung des Schadensrisikos bei unselbständiger Arbeit neu anzuordnen?, Gutachten E, 1. Teilgutachten zum 56. Deutschen Juristentag, 1986.

I. Haftung gegenüber dem Arbeitgeber

1. Schlechtleistung

Der Arbeitsvertrag ist Dienstvertrag, nicht Werkvertrag[1]. Der Arbeitnehmer schuldet lediglich die versprochenen Dienste, nicht den Erfolg seiner Tätigkeit. Erbringt der Arbeitnehmer seine Arbeitsleistung schlecht, produziert er etwa fehlerhafte Werkstücke (Ausschuß), führt das nicht automatisch zur Minderung des Arbeitsentgelts.   **1161**

Trifft den Arbeitnehmer allerdings an der Schlechtleistung ein Verschulden, ist er aus positiver Forderungsverletzung zum Schadensersatz verpflichtet.   **1162**

Die Fragen der Schlechtleistung können arbeitsvertraglich oder tarifvertraglich geregelt sein. Etwa schließt § 16.3 des in Anhang 1 abgedruckten Manteltarifvertrages die arbeitsvertragliche Vereinbarung einer Verdienstminderung bei Ausschußproduktion aus, wenn diese nicht auf ein Verschulden des Arbeitnehmers zurückzuführen ist. Andererseits sieht er vor, daß bei grob fahrlässiger Ausschußproduktion Arbeitsgänge bis zu acht Stunden nicht vergütet werden, ohne daß es auf den Nachweis eines Schadens ankäme.   **1163**

---

1 Vgl. Rdnr. 2.

2. Zufügung weiterer Schäden

1164   Aus dem Arbeitsvertrag folgt die Pflicht des Arbeitnehmers, mit den Materialien, Werkzeugen, Maschinen, Fahrzeugen und Einrichtungen des Arbeitgebers sorgfältig umzugehen. Verletzt er schuldhaft diese Pflicht, ist er dem Arbeitgeber nach den Grundsätzen über die positive Forderungsverletzung zum Schadenersatz verpflichtet. Die gleiche Haftung trifft ihn nach § 823 Abs. 1 BGB.

3. Haftungsbegrenzung

a) Gegenwärtiger Stand

Fall 68: *A ist bei der Firma X als Kraftfahrer beschäftigt. Eines Nachts kommt es gegen 0.15 Uhr dadurch zu einem Verkehrsunfall, daß der von A gesteuerte Sattelschlepper von der Straße abkommt und gegen einen Baum prallt. Der Sattelschlepper erleidet Totalschaden. Die Straße war an der Unfallstelle 7 m breit, mit einer rauhen Asphaltdecke versehen und trocken. Die Sichtverhältnisse waren gut. Firma X verlangt von A Schadenersatz. Sie bringt vor, der Unfall lasse sich nur dadurch erklären, daß A am Steuer eingeschlafen sein müsse. A bringt vor, er habe einem vorschriftswidrig fahrenden Mopedfahrer ausweichen müssen. Welche Darstellung zutrifft, ist nicht zu klären.*

1165   Das BGB sieht für den Dienstvertrag und damit für den Arbeitsvertrag keinen besonderen Verschuldensmaßstab vor. Der Arbeitnehmer haftet deshalb für positive Forderungsverletzungen gem. § 276 BGB an sich schon bei leichter Fahrlässigkeit. Gleiches gilt für die Haftung aus § 823 Abs. 1 BGB. Nach dem aus den §§ 249 ff. sich ergebenden Prinzip der Totalreparation hat er dabei für sämtliche Schadensfolgen ohne Rücksicht auf deren Umfang einzustehen.

1166   Diese scharfe Haftung führt vor allem dort zu unbilligen Ergebnissen, wo die ihm übertragene Arbeit mit dem Risiko großer Schäden verbunden ist. Die Rechtsprechung hat deshalb aus der Fürsorgepflicht des Arbeitgebers eine Beschränkung der Haftung des Arbeitnehmers bei *gefahrengeneigter Arbeit* abgeleitet. Grundlegend war die Entscheidung des Großen Senats des BAG vom 25. 9. 1957[2], der das Prinzip dieser Haftungseinschränkung so formuliert hat:

„Wenn die Eigenart der vom Arbeitnehmer zu leistenden Dienste es mit großer Wahrscheinlichkeit mit sich bringt, daß auch dem sorgfältigen Arbeitnehmer gelegentlich Fehler unterlaufen, die — für sich allein betrachtet — zwar jedesmal vermeidbar waren, also fahrlässig herbeigeführt worden sind, mit denen aber angesichts der menschli-

---

2 AP Nr. 4 zu §§ 898, 899 RVO = DB 1958,25 = BB 1958, 80 = NJW 1958, 1086

chen Unzulänglichkeit als mit einem typischen Abirren der Dienstleistung erfahrungsgemäß zu rechnen ist, kann der Arbeitgeber von dem fahrlässig handelnden Arbeitnehmer keinen oder jedenfalls keinen vollen Schadenersatz verlangen.

Ob und gegebenenfalls in welcher Höhe der Arbeitnehmer an der Wiedergutmachung
des Schadens zu beteiligen ist, richtet sich nach der Größe der in seiner Arbeit liegenden Gefahr, nach dem vom Arbeitgeber einkalkulierten oder von der Versicherung
deckbaren Risiko, nach der Stellung des Arbeitnehmers im Betrieb, nach der Höhe des
Arbeitsentgelts, in dem möglicherweise eine Risikoprämie für den Arbeitnehmers enthalten sein kann, nach der Höhe des Schadens, weiter besonders nach dem Grad seines Verschuldens und überhaupt nach den persönlichen Umständen des Arbeitnehmers, wie der Dauer der Betriebszugehörigkeit in der vorausgegangenen Zeit, seinem
Lebensalter, den Familienverhältnissen, seinem bisherigen Verhalten u.ä."

Gefahrengeneigt im Sinne dieser Rechtsprechung sind nicht bestimmte typi-   1167
sche Tätigkeiten, etwa die des Kraftfahrers. Vielmehr kommt es darauf an,
ob sich der Arbeitnehmer zur Zeit des Schadensereignisses in *einer konkreten
Situation* befindet, in der erfahrungsgemäß auch einem sorgfältigen Arbeitnehmer Fehler unterlaufen können, die zwar vermeidbar sind, mit denen
angesichts der menschlichen Unzulänglichkeit aber gerechnet werden
muß[3]. Das wird beim Kraftfahrer häufig der Fall sein, kann aber auch einmal
nicht zutreffen. Ist dieser z.B. gerade in der Werkstatt mit einem Reifen-
wechsel beschäftigt, befindet er sich nicht in einer besonders gefahrengeneigten Situation. Umgekehrt kann sich eine Sekretärin, deren Tätigkeit
normalerweise nicht gefahrengeneigt ist, ausnahmsweise in einer solchen
Situation befinden, etwa wenn sie beim Ausfall mehrerer Kolleginnen um-
fangreichen Kunden- und Telefonverkehr zu versehen hat.

Die Haftungseinschränkung bei Vorliegen gefahrengeneigter Arbeit hat die   1168
Rechtsprechung zunächst so vorgenommen, daß sie bei leichter Fahrlässig-
keit die Haftung des Arbeitnehmers ganz ausgeschlossen, ihm bei mittlerer
Fahrlässigkeit die Tragung eines Schadensbeitrages auferlegt, es bei grober
Fahrlässigkeit und Vorsatz aber bei der vollen Haftung belassen hat[4].

Neuerdings schließt das BAG Haftungseinschränkungen des Arbeitneh-   1169
mers auch bei grober Fahrlässigkeit nicht mehr aus, wenn der Verdienst des
Arbeitnehmers in einem deutlichen Mißverhältnis zum Schadensrisiko der
Tätigkeit steht[5]. Auch in einem solchen Fall ist aber der bei grober Fahrläs-

---

3 BAG vom 7. 7. 1970, AP Nr. 58 zu § 611 BGB Haftung des Arbeitnehmers = DB 1970, 1971
= BB 1970, 1009.
4 BAG vom 29. 6. 1964, AP Nr. 33 zu § 611 BGB Haftung des Arbeitnehmers = DB 1964, 1741
= BB 1964, 1340; zuletzt BAG vom 24. 11. 1987, AP Nr. 93 zu § 611 BGB Haftung des Arbeitnehmers = DB 1988, 1603 = BB 1988, 1467 = NZA 1988, 579 = EzA § 611 BGB Gefahrengeneigte Arbeit Nr. 17.
5 BAG vom 12. 10. 1989, EzA § 611 BGB Gefahrengeneigte Arbeit Nr. 23 mit Anm. *Rieble*.

sigkeit vom Arbeitnehmer zu tragende Schadensbeitrag höher als der, der ihm bei mittlerer Fahrlässigkeit zur Last fällt.

1170   Der Schadensbeitrag bei mittlerer und jetzt auch grober Fahrlässigkeit ist dabei unter Berücksichtigung aller Umstände festzulegen, wobei das Verschulden des Arbeitnehmers und in analoger Anwendung des § 254 BGB das Betriebsrisiko des Arbeitgebers gegeneinander abzuwägen sind[6] .

1171   Bei Kraftfahrzeugunfällen ist dabei ein wesentlicher Gesichtspunkt das Unterlassen des Abschlusses einer Kaskoversicherung für das Unfallfahrzeug. Zwar ist der Arbeitgeber zum Abschluß einer solchen Versicherung nicht verpflichtet. Im Rahmen der Abwägung des § 254 BGB ist das Fehlen einer solchen Versicherung aber zu seinen Lasten zu berücksichtigen. Es kann je nach den übrigen Umständen dazu führen, daß der Arbeitnehmer nur einen Schadensbeitrag in Höhe der Selbstbeteiligung zu tragen hat, die bei einer solchen Kaskoversicherung üblich ist[7].

In Fall 68 liegt eine gefahrengeneigte Arbeit vor. Das Lenken eines Sattelschleppers ist auch bei guten Straßen- und Sichtverhältnissen mit der Gefahr eines durch menschliches Versagen herbeigeführten Unfalls verbunden. Die Frage ist aber, ob A an dem Unfall ein Verschulden trifft und ob, wenn das der Fall ist, ihm leichte, mittlere oder grobe Fahrlässigkeit anzulasten ist. Da die Umstände des Unfalls nicht zu klären sind, hängt die Entscheidung dieser Fragen von der Beweislast ab.

Auf den ersten Blick scheint nach den allgemeinen Grundsätzen über die Beweislastverteilung bei positiver Forderungsverletzung die Beweislast bei A zu liegen, weil die Schadensursache aus dem von ihm beherrschten Risikobereich hervorgegangen ist[8]. Indes können diese Grundsätze bei gefahrengeneigter Arbeit nicht gelten. Die für sie entwickelte Haftungseinschränkung beruht gerade auf der Erwägung, daß die Schadensursachen ganz oder teilweise in der Gefahrenneigung liegen und damit zum Gefahrenbereich des Arbeitgebers gehören kann. Eine Verteilung der Beweislast nach Gefahrenbereichen kann deshalb nicht stattfinden, so daß es Sache des Arbeitgebers ist, als Voraussetzung seines Schadensersatzanspruches auch das Verschulden des Arbeitnehmers nachzuweisen.

Dabei können ihm allerdings wie sonst auch die Grundsätze über den Beweis des ersten Anscheins zugutekommen, nach denen bei typischen Geschehensabläufen von einem diesem entsprechenden Sachfall auszugehen ist, wenn nicht die ernsthafte Möglichkeit eines abweichenden Geschehensablaufs nachgewiesen wird.

---

6 BAG vom 3. 11. 1970, AP Nr. 61 zu § 611 BGB Haftung des Arbeitnehmers = DB 1971, 342 BB 1971, 220 und BAG vom 24. 11. 1987, a.a.O.

7 BAG vom 24. 11. 1987, AP Nr. 92 zu § 611 BGB Haftung des Arbeitnehmers = DB 1988, 1606 = BB 1988, 1466 = NJW 1988, 2820 = NZA 1988, 584 = EzA § 611 BGB Gefahrengeneigte Arbeit Nr. 16; zu einem Fall, in dem der Versicherungsschutz weggefallen war, weil der Arbeitnehmer mit Kenntnis des Arbeitgebers ohne Fahrerlaubnis als Kraftfahrer tätig war, siehe BAG vom 23. 6. 1988, AP Nr. 94 zu § 611 BGB Haftung des Arbeitnehmers = DB 1989, 280 = BB 1989, 147 = NJW 1989, 854 = NZA 1989, 181 = EzA § 611 BGB Arbeitnehmerhaftung Nr. 49.

8 *Staudinger/Löwisch*, BGB, 12. Aufl. 1979, § 282 Anm. 11 ff., insbesondere 16.

Hieraus ergibt sich die Lösung von **Fall 68**: *Bei Abkommen von einer guten Straße bei ein-
wandfreien Sichtverhältnissen spricht der erste Anschein für ein mindestens mittleres Verschulden des Kraftfahrers. Einem solchen mittleren Verschulden angemessenen Schadensbeitrag hätte A also nur entkommen können, wenn er nachgewiesen hätte, daß sich tatsächlich
ein Mopedfahrer auf der Straße befand und damit die Möglichkeit bestand, daß dessen ver-
kehrswidriges Verhalten zum Unfall geführt hat.*

Arbeitsvertraglich oder *tarifvertraglich* kann eine von den Grundsätzen der   1172
Rechtsprechung abweichende Haftungsbegrenzung vorgesehen sein. So
legt § 16.1 des in Anhang 1 abgedruckten Manteltarifvertrages fest, daß die
Arbeitnehmer, ohne daß es auf die Gefahrengeneigtheit ihrer Tätigkeit ankäme, überhaupt nur bei Vorsatz und grober Fahrlässigkeit haften. § 16.2
bestimmt zudem, daß bei grober Fahrlässigkeit ein angemessener innerer
Schadensausgleich vorzunehmen ist.

b) Reform

Die Beschränkung der Haftungsbegrenzung auf Fälle gefahrengeneigter Ar-   1173
beit befriedigt letztlich nicht. Das Kriterium erlaubt nicht immer sichere Ab-
grenzungen. Vor allem aber ist nicht einzusehen, warum ein Arbeitnehmer
in der Ausübung nicht gefahrengeneigter Arbeit fahrlässig einen möglicherweise sehr hohen Schaden verursacht, voll ersatzpflichtig sein soll, während
er bei gefahrengeneigter Arbeit überhaupt nicht oder nur anteilig haften
würde. Richtiger erscheint es, bei allen Haftungsfällen in entsprechender
Anwendung des § 254 BGB eine Schadensverteilung vorzunehmen, die auf
der Arbeitnehmerseite vornehmlich den Grad des Verschuldens und auf der
Arbeitgeberseite vornehmlich das Betriebsrisiko und dort dann als Unterge-
sichtspunkt auch die besondere Gefahrengeneigtheit berücksichtigt.

Die nicht befriedigende Situation hat immer wieder, zuletzt auf dem   1174
56. Deutschen Juristentag[9], zur Forderung nach einer gesetzlichen Regelung
der Haftungsbegrenzung geführt. Erfolg haben diese Forderungen aber bisher nicht gehabt. Weder die diesbezüglichen Vorschriften des Entwurfs eines zweiten Arbeitsrechtsbereinigungsgesetzes[10] des Bundesarbeitsministeriums noch die im Entwurf eines Arbeitsgesetzbuches der Arbeitsgesetz-
buchkommission enthaltenen Bestimmungen (§ 26 ff.) sind Gesetz geworden.

---

9 Siehe hierzu *Otto*, a.a.O.
10 RdA 1971, 375, 371

1175   Eine neue Initiative ging 1989 von der SPD aus. In dem von ihr eingebrach-
ten Gesetzesentwurf vom 21. 8. 1989[11] ist eine grundsätzliche Begrenzung
der Arbeitnehmerhaftung auf 3 Nettomonatslöhne vorgesehen.

1176   Nunmehr hat der 8. Senat des BAG durch Beschluß vom 12. 10. 1989[12] die
Frage dem Großen Senat des BAG mit dem Ziel vorgelegt, die Grundsätze
über die Beschränkung der Arbeitnehmerhaftung auch für nicht gefahrge-
neigte Arbeiten gelten zu lassen, die durch den Betrieb veranlaßt sind und
aufgrund des Arbeitsverhältnisses geleistet werden.

4. Mankohaftung

Fall 69: *Das Einzelhandelsgeschäft X verfügt über 3 Kassen, an denen insgesamt 7 Kassiererinnen je nach Bedarf im Wechsel tätig sind. Mit den Kassiererinnen ist eine Vereinbarung
getroffen, nach der sie jeden Monat ein Mankogeld von je 50,– DM erhalten, dafür aber anteilig für Kassenfehlbestände bis zum Betrag von je 100,– DM haften. Nachdem in einem
Monat Kassenfehlbeträge von insgesamt 1 400,– DM aufgetreten sind, zahlt X den Verkäuferinnen nicht nur kein Mankogeld, sondern zieht ihnen vom Gehalt noch jeweils 150,– DM
ab.*

1177   Bei Arbeitnehmern, die eine Kasse zu führen oder einen Waren- oder Ersatz-
teilbestand zu verwalten haben, tritt die Frage auf, ob und inwieweit sie für
einen Fehlbetrag oder eine Fehlmenge zu haften haben. Der Arbeitsvertrag
solcher Arbeitnehmer stellt sich gleichzeitig als Geschäftsbesorgungsvertrag
i.S. des § 675 BGB dar, so daß sie nach erfolgter Abrechnung gem. § 667 BGB
zur Herausgabe des Kassen-, Waren- oder Ersatzteilbestandes verpflichtet
sind. Ist ihnen das unmöglich und haben sie die Unmöglichkeit auch zu vertreten, haften sie nach § 280 Abs. 1 BGB auf Schadensersatz.

1178   Eine Haftungseinschränkung nach den Grundsätzen über die gefahrengeneigte Arbeit kommt dabei nicht in Betracht, weil die Bestellung zur Verwaltung des Bestandes den Arbeitnehmer von vornherein zu besonderer Sorgfalt verpflichtet[13]. Jedoch kann den Arbeitgeber ein mitwirkendes Verschulden i.S. des § 254 BGB treffen. Dieses kann vor allem darin liegen, daß er
Kasse oder Bestand nicht regelmäßig kontrolliert, Überlastungen des Arbeitnehmers nicht entgegenwirkt oder die Kassengeschäfte oder die Ausgabe
von Waren und Ersatzteilen nicht richtig organisiert[14].

---

11 BT-Drucks. 11/5086.
12 DB 1990, 34 = BB 1990, 64 = EzA § 611 BGB Haftung des Arbeitnehmers Nr. 51; vgl. EzA
§ 611 BGB Gefahrengeneigte Arbeit Nr. 23 mit gemeinsamer Anmerkung *Rieble.*
13 BAG vom 13. 2. 1974, AP Nr. 77 zu § 611 BGB Haftung des Arbeitnehmers = DB 1974,
1728 = BB 1974, 1303.
14 Vgl. *Schaub,* a.a.O. § 52 X 4.

Das eigentliche Problem bei der Mankohaftung ist die Frage der *Beweislast*. 1179
Sie richtet sich nach allgemeinen Grundsätzen, insbesondere auch nach
§ 282 BGB. Danach muß der Arbeitgeber die Unmöglichkeit der Herausgabe
beweisen, der Arbeitnehmer, daß er die Unmöglichkeit nicht zu vertreten
hat.

Zum Beweis der Unmöglichkeit gehört einmal der Nachweis, daß tatsächlich ein Fehlbetrag oder Fehlbestand vorhanden ist. Der Arbeitgeber muß also nachweisen, welchen Betrag oder Bestand er dem Arbeitnehmer übergeben hat und welche Abgänge nicht durch eine ordnungsgemäße Verbu-
chung gedeckt sind. Zum anderen obliegt dem Arbeitgeber der Nachweis,
daß der Fehlbetrag oder Fehlbestand auf den in Anspruch genommenen Arbeitnehmer zurückzuführen ist. Er muß also nachweisen, daß dieser den alleinigen Zugang zur Kasse oder zu dem Bestand hat und daß der Fehlbestand jedenfalls während seiner Tätigkeit eingetreten ist.

Sind dem Arbeitgeber diese Nachweise gelungen, muß der Arbeitnehmer
beweisen, daß er den Fehlbestand gleichwohl nicht zu vertreten hat, wobei
ihm die Grundsätze des Beweises des ersten Anscheins zugutekommen
können, etwa wenn zuvor ein Diebstahl stattgefunden hat.

Die Mankohaftung kann vom Arbeitnehmer unabhängig davon übernom- 1180
men werden, ob *gerade ihm* die Verursachung eines Fehlbestandes nachzuweisen ist und ob *ihn* ein Verschulden trifft. Eine solche *Mankoabrede* findet
ihre Grenze aber in § 242 BGB. Dem Arbeitnehmer das Risiko der Haftung
für ein von anderen möglicherweise verursachtes Manko aufzuerlegen, ist
mit Treu und Glauben nur vereinbar, wenn dem ein entsprechender Vorteil
gegenübersteht. Deshalb muß mit der Mankoabrede regelmäßig die Zahlung eines sog. Mankogeldes verbunden sein[15].

Nach der **in Fall 69** *mit den Arbeitnehmerinnen getroffenen Mankoabrede kann X den 7 Kas-*
siererinnen für den Monat, in dem der Fehlbetrag entstanden ist, das Mankogeld verweigern
und weitere 50,– DM vom Gehalt abziehen. Eine Mankohaftung in Höhe des doppelten Be-
trages des Mankogeldes widerspricht noch nicht Treu und Glauben. Der Abzug der weiteren
100,– DM könnte nur nach § 280 Abs. 1 BGB begründet sein. Dies scheitert jedoch daran,
daß X nicht nachweisen kann, welche der Kassiererinnen den Fehlbetrag verursacht hat.

II. Haftung gegenüber Dritten

Fall 70: *A verursacht mit dem Lieferwagen seiner Firma X bei einer Lieferfahrt durch eine*
Unachtsamkeit einen Verkehrsunfall, bei dem der nicht kaskoversicherte PKW des B schwer

---

15 BAG vom 9. 4. 1957, AP Nr. 4 zu § 611 BGB Haftung des Arbeitnehmers.

beschädigt wird. B hatte zunächst X auf Ersatz in Anspruch genommen, war aber rechtskräftig abgewiesen worden, weil X den Entlastungsbeweis nach § 831 Abs. 1 Satz 2 BGB führen konnte. Nunmehr hat er sich den Freistellungsanspruch des A gegen X pfänden und überweisen lassen und macht diesen gegen X geltend. X erhebt den Einwand der Rechtskraft.

1181   Schädigt der Arbeitnehmer bei seiner Arbeitsleistung einen Dritten, haftet er diesem *nach den allgemeinen Vorschriften.* Insbesondere treffen ihn die Schadensersatzansprüche aus unerlaubter Handlung und aus Gefährdungshaftung. Eine Beschränkung dieser Haftung wegen gefahrengeneigter Arbeit oder allgemein in entsprechender Anwendung des § 254 BGB wegen des Betriebsrisikos erfolgt nicht, und zwar selbst dann nicht, wenn die Schädigung Sachen des Dritten betrifft, die im Betrieb verwendet werden[16]. Eine Ausnahme kommt nur in Betracht, wenn eine Vertragsbeziehung zwischen dem Dritten und dem Arbeitgeber besteht und sich aus dieser ableiten läßt, daß der Dritte auf Ansprüche gegenüber den Arbeitnehmern des Arbeitgebers ganz oder teilweise verzichten will. Für einen solchen Vertrag mit Schutzwirkung zugunsten der Arbeitnehmer müssen aber konkrete Anhaltspunkte bestehen. Etwa kann in der Abrede zwischen Leasinggeber und -nehmer, nach der der erstere das geleaste Kraftfahrzeug Vollkasko zu versichern hat, die Übernahme der Verpflichtung gesehen werden, bei von Arbeitnehmern des Leasingnehmers leicht fahrlässig angerichteten Schäden nicht diese, sondern die Versicherung in Anspruch zu nehmen[17].

1182   Den Grundsätzen über die Einschränkung der Arbeitnehmerhaftung muß aber auch in diesen Fällen wenigstens im Innenverhältnis zwischen Arbeitgeber und Arbeitnehmer Geltung verschafft werden. Das geschieht in der Weise, daß dem Arbeitnehmer hinsichtlich seiner Haftung gegenüber dem Dritten insoweit ein *Freistellungsanspruch* gegen den Arbeitgeber zuerkannt wird, als er diesem gegenüber in Anwendung dieser Grundsätze nicht haften würde[18]. Freistellung bedeutet, daß der Arbeitnehmer vom Arbeitgeber verlangen kann, daß dieser einen vom Dritten gegen den Arbeitnehmer geltend gemachten Schadenersatzanspruch erfüllt und daß er ihm eine schon erbrachte Schadenersatzleistung erstattet.

*Da in **Fall 70** der Unfall nur durch eine Unachtsamkeit des A verursacht worden ist, steht diesem ein Freistellungsanspruch gegen X zu. Dieser konnte als abtretbarer Anspruch auf eine Vermögensleistung auch von B gepfändet und diesem überwiesen werden. Die rechtskräfti-*

---

16   BGH vom 19. 9. 1989, NZA 1990, 100 = EzA § 611 BGB Gefahrengeneigte Arbeit Nr. 24 für die Ansprüche des Eigentümers eines vom Arbeitgeber geleasten Kraftfahrzeugs; zur Problematik siehe ausführlich *Denck*, Leasing und Arbeitnehmerhaftung, JZ 1990, 175 ff..

17   BGH, a.a.O.

18   BAG GS vom 25. 9. 1957, a.a.O.

ge Abweisung der von B gegen X erhobenen Klage ändert an der Durchsetzbarkeit dieses An-
spruchs, der einen ganz anderen Streitgegenstand betrifft, nichts.

Der Freistellungsanspruch kann seine Funktion, den Arbeitnehmer zu ent-   1183
lasten, dann nicht erfüllen, wenn der Arbeitgeber nicht zahlungsfähig ist.
Der Arbeitnehmer wird dann nämlich vom Dritten voll auf Zahlung in Anspruch genommen werden, ist aber selber auf die Geltendmachung seines
Freistellungsanspruchs im Konkurs des Arbeitgebers verwiesen. Dieser Anspruch wird vielfach nicht durchgesetzt werden können, weil es sich lediglich um eine einfache Konkursforderung handelt. Rechtspolitisch hat dies
zur Forderung geführt, den Freistellungsanspruch im Rahmen des Konkursausfallgeldes abzusichern[19].

III. Haftung gegenüber anderen Arbeitnehmern

Verletzt der Arbeitnehmer im Rahmen seiner betrieblichen Tätigkeit das Ei-   1184
gentum anderer Arbeitnehmer, haftet er diesen an sich nach den allgemeinen schadensersatzrechtlichen Vorschriften. Die Rechtsprechung des BAG
schränkt diese Haftung aber nach den gleichen Grundsätzen ein wie sie für
den Arbeitnehmer gegenüber dem Arbeitgeber gelten[20]. Wird bei einem
von einem Arbeitnehmer durch eine Unachtsamkeit verursachten Verkehrsunfall der Anzug eines mitfahrenden Arbeitskollegen beschädigt, tritt also
keine Haftung ein.

Die Auffassung der Rechtsprechung ist nicht unproblematisch, weil sie den   1185
betreffenden Arbeitnehmern das Betriebsrisiko auferlegt, das eigentlich der
Arbeitgeber zu tragen hat. Richtiger ist, auch hier die volle Haftung gegenüber dem anderen Arbeitnehmer bestehenzulassen und dem Arbeitnehmer
einen Freistellungsanspruch gegen den Arbeitgeber einzuräumen[21].

IV. Rechtslage in der DDR

Die Haftung des Arbeitnehmers war in den §§ 260 ff. des Arbeitsgesetz-   1186
buchs der DDR ausdrücklich geregelt. Danach haftete der Arbeitnehmer bei
Fahrlässigkeit lediglich in der Höhe eines Monatsentgelts. Volle Haftung
trat ein bei Vorsatz und wenn die fahrlässig begangene Pflichtverletzung un-

---

19 *Denck*, Der Schutz des Arbeitnehmers vor der Außenhaftung, a.a.O. S. 318 ff. sowie *ders.*
   in JZ 1990, 175 ff. mit weit. Nachw.; zum Konkursausfallgeld vgl. oben Rdnr. 977.
20 BAG GS vom 29. 5. 1957, a.a.O.
21 In diesem Sinne *Schaub*, a.a.O., § 52 VIII 3.

ter Alkoholeinfluß erfolgte und der Arbeitnehmer deswegen bestraft worden war. Diese Regelung tritt nach dem Einigungsvertrag mit Ablauf des 31. 12. 1991 außer Kraft. Danach gilt auch in der bisherigen DDR das Arbeitnehmerhaftungsrecht der Bundesrepublik.

V. Kontrollfragen

Frage 76: Worauf gründet sich die Haftung des Arbeitnehmers für Schlechtleistungen?

Frage 77: Gelten die Grundsätze über die Haftungseinschränkung bei gefahrengeneigter Arbeit nur bei Schädigung des Arbeitgebers?

Frage 78: Wie ist die Beweislast bei der Mankohaftung verteilt?

B. Begründung und Beendigung des Arbeitsverhältnisses

§ 23 Begründung des Arbeitsverhältnisses

Literaturangaben: *Becker/Braasch,* Recht der ausländischen Arbeitnehmer, 3. Aufl., 1986; *Bieback,* Arbeitserlaubnisrecht, 1985; *Hönn,* Zur Problematik fehlerhafter Vertragsverhältnisse, ZfA 1987, 61; *Hunold,* Das Fragerecht des Arbeitgebers nach der Schwangerschaft einer Bewerberin, NZA 1987, 4; *Löwisch,* Arbeitsrechtliche Fragen von AIDS-Erkrankung und AIDS-Infektion, DB 1987, 936; *Otto,* Personale Freiheit und soziale Bindung, 1978; *Picker,* Die Anfechtung von Arbeitsverträgen, ZfA 1981, 1; *Walker,* Der Vollzug des Arbeitsverhältnisses ohne wirksamen Arbeitsvertrag, JA 1985, 138; *Wiedemann,* Zur culpa in contrahendo bei Abschluß des Arbeitsvertrages, FS Herschel 1982, 463; *Wiese,* Genetische Analyse bei Arbeitnehmern, RdA 1986, 120.

I. Vertragsschluß

1. Abschlußfreiheit

a) Grundsatz

Entsprechend Art. 12 Abs. 1, 2 Abs. 1 GG besteht für den Abschluß von Arbeitsverträgen Vertragsfreiheit. Arbeitgeber und Arbeitnehmer können grundsätzlich frei wählen, mit wem sie Arbeitsverträge eingehen wollen. Für den Arbeitgeber bedeutet das, daß er weder gezwungen werden kann, bestimmte Arbeitnehmer einzustellen, noch gehindert ist, die Arbeitnehmer einzustellen, die er einstellen will. Auch der Arbeitnehmer ist weder verpflichtet noch gehindert, einen bestimmten Arbeitsvertrag abzuschließen.   1187

Die Abschlußfreiheit hat zur Folge, daß es auf das *Motiv* für den Abschluß oder Nichtabschluß eines Arbeitsvertrages grundsätzlich *nicht ankommt*[1]. Etwa ist der Arbeitgeber rechtlich nicht gehindert, die Einstellung von ausländischen Arbeitnehmern abzulehnen. Auch kann er die Einstellung von bestimmten Voraussetzungen, z.B. einer Einstellungsuntersuchung, abhängig machen und den Vertragsschluß scheitern lassen, wenn ein Bewerber es ab-   1188

---

[1] Kritisch *Otto,* a.a.O., S. 13 ff.

lehnt, sich einer solchen Untersuchung zu unterziehen. Ob die Einstellungsuntersuchung für den betreffenden Arbeitsplatz angezeigt ist oder nicht, spielt dabei keine Rolle[2].

b) Abschlußgebote

1189   Zu Lasten des Arbeitgebers wird die Abschlußfreiheit im *Schwerbehindertengesetz* durchbrochen. Nach dessen § 5 müssen alle Arbeitgeber, die über mindestens 16 Arbeitsplätze verfügen, auch wenigstens 6% dieser Arbeitsplätze mit Schwerbehinderten besetzen. Allerdings kann auch die Einstellung von Schwerbehinderten nicht erzwungen werden. Vielmehr besteht die Sanktion bei Nichterfüllung der Beschäftigungspflicht lediglich in einer monatlichen Ausgleichsabgabe von DM 150,— je unbesetzten Pflichtplatz, deren Ertrag für Zwecke der Arbeits- und Berufsförderung Schwerbehinderter verwendet wird (§ 11).

1190   Eine Verpflichtung des Arbeitgebers zum Abschluß von Arbeitsverträgen kann sich als Schadensersatzanspruch wegen Verletzung eines den Arbeitgeber bindenden besonderen verfassungsrechtlichen *Diskriminierungsverbotes* ergeben. So kann die Ablehnung eines Bewerbers wegen seiner Mitgliedschaft oder Nichtmitgliedschaft in einer Gewerkschaft nach Art. 9 Abs. 3 GG i.V.m. § 823 Abs. 2 und § 249 BGB zu einem Einstellungsanspruch[3] führen, wenn sich der Nachweis führen läßt, daß der Bewerber sonst tatsächlich eingestellt worden wäre. Ist dem nicht so, steht ihm lediglich ein Schmerzensgeldanspruch gem § 847 BGB zu[4].

1191   Auch die Verletzung des Rechts auf gleichen Zugang zum öffentlichen Dienst (Art. 33 Abs. 2 GG) kann zu einem Anspruch auf Einstellung führen, wenn dies sich als die einzig rechtmäßige Entscheidung der Behörde über die Bewerbung darstellt[5].

1192   Nach § 611a BGB ist bei der Begründung des Arbeitsverhältnisses auch eine Diskriminierung des Geschlechts unzulässig. Allerdings führt der Verstoß hier nicht zu einem Einstellungsanspruch, sondern lediglich zu einem beschränkten Anspruch auf Schadensersatz[6].

---

2 Vgl. mit Nachweisen *Löwisch*, a.a.O., S. 940 f.
3 Vgl. Rdnr. 142.
4 Vgl. *Löwisch*, MünchArbR, § 238 Rdnr. 94.
5 BAG vom 31. 3. 1976, AP Nr. 2 zu Art. 33 Abs. 2 GG = NJW 1976, 1708 = EzA Art. 33 GG Nr. 5.
6 Dazu Rdnr. 148.

Möglich sind nach § 1 Abs. 1 TVG auch *tarifliche Abschlußgebote*, z.B. von Ar-   1193
beitnehmern, die im Zuge von Rationalisierungsmaßnahmen ihren Arbeitsplatz verloren haben[7].

Arbeitnehmer können im Verteidigungs- und Spannungsfall nach dem Ar-   1194
beitssicherstellungsgesetz in ein Arbeitsverhältnis verpflichtet werden[8].

c) Abschlußverbote

Aus Gründen des Arbeitnehmerschutzes bestehen eine Reihe gesetzlicher   1195
Abschlußverbote. So bestimmt § 20 BBiG, daß nur derjenige, der dazu persönlich geeignet ist, Auszubildende einstellen und ausbilden darf. Allerdings führt der Verstoß gegen dieses Verbot nur dazu, daß die Ausbildung
behördlich untersagt werden kann (§ 24 BBiG). Die Wirksamkeit des Vertrages bleibt unberührt (§ 3 Abs. 4 BBiG) mit der Folge, daß der Auszubildende
Schadensersatzansprüche geltend machen kann.

Ähnliche Verbote bestehen nach §§ 25 ff. JArbSchG für Arbeitgeber, die für   1196
die Beschäftigung Jugendlicher nicht geeignet sind.

Nach § 32 JArbSchG dürfen Jugendliche erst beschäftigt werden, wenn sie
ärztlich untersucht worden sind und darüber eine ärztliche Bescheinigung
vorliegt. Zur Nichtigkeit des Vertrages führt der Verstoß gegen § 32
JArbSchG aber nur dann, wenn die Parteien die Vorschrift überhaupt miß-
achten wollen. Gehen sie davon aus, daß die Untersuchung noch erfolgt
und die Bescheinigung nachträglich vorgelegt wird, ist der Vertrag gem.
§§ 309, 308 BGB gültig[9].

Abschlußverbote können auch in Tarifverträgen enthalten sein. Hauptbei-
spiele sind die Besetzungsregeln in der Druckindustrie[10].

2. Form

Der Abschluß des Arbeitsvertrages ist grundsätzlich formfrei.   1197

Gesetzliche Bestimmungen über die Schriftform von Anstellungsverträgen   1198
finden sich im öffentlichen Recht. So enthalten die meisten Gemeinde- und
Kreisordnungen Bestimmungen darüber, daß eine Verpflichtung der Kör-

---

7 Dazu Rdnr. 255.
8 Vgl. Rdnr. 162 f.
9 BAG vom 22. 2. 1972, AP Nr. 1 zu § 15 BBiG = DB 1972, 1783 = BB 1972, 1191.
10 Siehe dazu Rdnr. 131.

perschaften nur durch schriftliche Erklärungen begründet werden kann. § 692 RVO schreibt für den Abschluß von Anstellungsverträgen mit den Berufsgenossenschaften eine Schriftform vor. § 4 BBiG bestimmt, daß über den Abschluß eines Berufsausbildungsvertrages spätestens vor Beginn der Berufsausbildung eine Niederschrift aufgenommen werden muß.

1199   Häufig bestimmen Tarifverträge, daß Arbeitsverträge schriftlich abzuschließen sind. Allerdings soll von der Einhaltung dieser Form regelmäßig nicht die Gültigkeit des Vertrages abhängig gemacht, sondern dem Arbeitnehmer nur ein Anspruch eingeräumt werden, eine schriftliche Fassung des Arbeitsvertrages zu erhalten[11].

3. Abschluß von Arbeitsverträgen durch Minderjährige

1200   Arbeitsverträgen Minderjähriger muß der gesetzliche Vertreter zustimmen (§ 107 BGB). Ist der gesetzliche Vertreter ein Vormund, dann bedarf er zum Vertragsabschluß der Zustimmung des Vormundschaftsgerichts, wenn der Arbeitsvertrag länger als ein Jahr gelten soll (§ 1822 Nr. 7 BGB). Dies gilt auch für einen Lehrvertrag (§ 1822 Nr. 6 BGB).

1201   Der gesetzliche Vertreter kann nach § 113 BGB den Minderjährigen ermächtigen, in Dienst oder Arbeit zu treten, wodurch der Minderjährige für solche Rechtsgeschäfte unbeschränkt geschäftsfähig wird, die die Eingehung oder Aufhebung eines Dienst- bzw. Arbeitsverhältnisses oder die Erfüllung der sich aus einem solchen Verhältnis ergebenden Verpflichtungen betreffen. Dabei liegt es beim gesetzlichen Vertreter, den Umfang der Ermächtigung im einzelnen zu bestimmen, beispielsweise den Minderjährigen zur Eingehung eines Arbeitsverhältnisses in einer bestimmten Firma zu ermächtigen oder diese Ermächtigung ganz allgemein für einen bestimmten Gewerbezweig auszusprechen. Ist die Ermächtigung erteilt, dann steht der Jugendliche dem voll geschäftsfähigen Arbeitnehmer gleich. Er kann Verträge abschließen oder kündigen und Prozesse führen. Weil davon die Tarifwirkung auf sein Arbeitsverhältnis abhängt, umfaßt die Ermächtigung auch die Befugnis des Minderjährigen, in eine Gewerkschaft einzutreten oder aus ihr auszutreten.

1202   § 113 BGB erstreckt sich nicht auf den Abschluß von Ausbildungsverträgen. Daß sie die Vorschrift nicht erwähnt, muß angesichts der vom BGB sonst

---

11 Ein Beispiel für eine solche Formvorschrift enthält § 2.2 des in Anhang 1 abgedruckten Manteltarifvertrages.

vorgenommenen Unterscheidung zwischen Dienst- und Arbeitsverträgen einerseits und Lehrverträgen andererseits (vgl. § 196 Abs. 1 Nr. 8 bis 10 und § 1822 Nr. 6 und 7 BGB) dahin verstanden werden, daß sie nicht einbezogen werden sollen[12]. Die Ausbildungsstelle kann der Auszubildende daher nicht ohne besondere Zustimmung des gesetzlichen Vertreters wechseln.

Schließen Eltern mit ihrem Kind einen Ausbildungsvertrag, sind sie nach § 3 Abs. 3 BBiG vom Verbot des Insichgeschäfts des § 181 BGB befreit.   1203

4. Verschulden bei Vertragsschluß

Fall 71: *Der Leiter der Forschungsabteilung der Firma X ist sehr an der Einstellung des Wissenschaftlers A interessiert, der bislang bei der Firma Y tätig ist. Er erkundigt sich bei der für Einstellungen zuständigen Personalabteilung nach den möglichen Einstellungsbedingungen und führt danach mit A mehrere Gespräche, die zu einer grundsätzlichen Übereinstimmung zwischen ihm und A führen. Bei Abschluß des letzten Gesprächs erklärt er dem A, es sei fest damit zu rechnen, daß er zum Ersten des übernächsten Monats eingestellt werde; die Personalabteilung werde wie bisher stets seinem Vorschlag folgen. Um die neue Stelle rechtzeitig antreten zu können, kündigt A sein bisheriges Arbeitsverhältnis. Wider Erwarten wird er doch von X nicht eingestellt. Er findet auch über ein Jahr lang keine andere Stelle. Deshalb verlangt er von der Firma X für diese Zeit Ersatz in Höhe des Gehalts, das er bisher bezogen hat.*

Die Aufnahme von Vertragsverhandlungen verpflichtet nach den Grundsätzen über die culpa in contrahendo Arbeitgeber und Arbeitnehmer zu wechselseitiger Sorgfalt und im Falle der Verletzung dieser Pflicht zum Schadensersatz. So muß der Arbeitnehmer dem Arbeitgeber den Auflösungsschaden (z.B. die höheren Kosten eines bis zur Neubesetzung eingestellten Leiharbeitnehmers) ersetzen, die der Arbeitgeber dadurch erleidet, daß er wegen für das Arbeitsverhältnis relevanter Umstände, z.B. einer ansteckenden Krankheit, die ihm der Arbeitnehmer bei den Vertragsverhandlungen verschwiegen hat, das Arbeitsverhältnis auflösen muß. Umgekehrt hat der Arbeitnehmer Anspruch etwa auf Ersatz der Kosten, die ihm für die Reise zu einem Vorstellungsgespräch entstanden sind, wenn der Arbeitgeber schon fest entschlossen war, nicht ihn sondern einen anderen Bewerber einzustellen[13].   1204

Auch in **Fall 71** *hat der Leiter der Forschungsabteilung eine Sorgfaltspflicht verletzt, indem er in A das Vertrauen erweckt hat, es werde bestimmt zur Einstellung des A kommen. Für den daraus entstehenden Schaden haftet X dem A nach § 278 BGB. A hat also Anspruch auf Ersatz des ihm durch die Kündigung seines bisherigen Arbeitsverhältnisses entgehenden Ge-*

---

12 Siehe auch *Palandt/Heinrichs*, § 113 Anm. 3.
13 Zum Ersatz der Vorstellungskosten allgemein s. Rdnr. 1005.

halts[14]. *Allerdings muß dieser Schaden nach den Grundsätzen über die Berücksichtigung rechtmäßigen Alternativverhaltens bis zu dem Zeitpunkt begrenzt werden, zu dem die Firma X das Arbeitsverhältnis mit A wieder hätte kündigen können*[15].

II. Vertragsmängel

1. Nichtigkeit

1205   Die allgemeinen Vorschriften über die Nichtigkeit des Vertrages wegen Geschäftsunfähigkeit (§ 105 BGB) und Unwirksamkeit wegen Fehlens der Zustimmung bei beschränkt Geschäftsfähigen (§§ 107 ff. BGB) gelten auch für den Arbeitsvertrag. Auch der Verstoß gegen ein gesetzliches Verbot führt nach § 134 BGB grundsätzlich zur Nichtigkeit. Etwa ist der Arbeitsvertrag mit einem ausländischen Arbeitnehmer bei Fehlen der nach § 19 AFG notwendigen Arbeitserlaubnis[16] nichtig, wenn mit der nachträglichen Erteilung der Erlaubnis nicht gerechnet werden kann. Hingegen führt der Verstoß gegen Arbeitnehmerschutzbestimmungen regelmäßig nur zur Anpassung des Vertrages an den gesetzlich zulässigen Inhalt.

2. Anfechtung

1206   Auch die Bestimmungen über die Anfechtung eines Rechtsgeschäfts wegen Irrtums oder arglistiger Täuschung (§§ 119, 123 BGB) finden Anwendung. Was die Anfechtung wegen Irrtums angeht, so bestehen keine Besonderheiten hinsichtlich des Erklärungs- und des Inhaltsirrtums. Eine Anfechtung durch den Arbeitgeber nach § 119 Abs. 2 BGB wegen Fehlens einer verkehrswesentlichen Eigenschaft des Arbeitnehmers kommt nur in Betracht, wenn dem Arbeitnehmer eine konkrete Eigenschaft fehlt, die nach der Verkehrsanschauung für die von ihm geschuldete Arbeitsleistung relevant ist. In bezug auf den Gesundheitszustand kann man davon etwa dann sprechen, wenn ein beim Abschluß des Arbeitsvertrages bestehendes ständiges Leiden, das immer wieder auftritt, den Arbeitnehmer an der Erbringung der Arbeitsleistung erheblich hindert[17].

---

14 BAG vom 15. 5. 1974, AP Nr. 9 zu § 276 BGB, Verschulden bei Vertragsschluß = DB 1974, 1965 = BB 1974, 1121.
15 *Wiedemann*, a.a.O., S. 479 f. gegen BAG, a.a.O.
16 Rdnr. 1219 f.
17 Vgl. BAG vom 14. 12. 1979, AP Nr. 4 zu § 119 BGB = DB 1980, 739 = BB 1980, 834 = NJW 1980, 1302 = EzA § 119 BGB Nr. 11 für einen an Epilepsie leidenden Tanzlehrer, der während des Unterrichts immer Anfälle erleidet.

Daß der Arbeitnehmer nicht den vom Arbeitgeber erwarteten Grad der Lei-   1207
stungsfähigkeit aufweist, berechtigt regelmäßig zur Anfechtung nach § 119
Abs. 2 BGB wegen Fehlens einer verkehrswesentlichen Eigenschaft. *Bei verständiger Würdigung*, auf die es nach § 119 Abs. 1 BGB auch für die Anfechtung nach § 119 Abs. 2 ankommt, wird ein Arbeitgeber die Leistungsfähigkeit während einer Probezeit feststellen, und wenn seine Erwartung ent-
täuscht wird, sich durch Kündigung wieder vom Arbeitnehmer lösen.

Die Anfechtung wegen Irrtums muß nach § 121 Abs. 1 BGB unverzüglich er-   1208
folgen. Dabei ist, soweit es um eine Anfechtung wegen Irrtums über eine
verkehrswesentliche Eigenschaft geht, § 626 Abs. 2 BGB entsprechend anzuwenden. Die Anfechtung ist also nur rechtzeitig, wenn sie spätestens innerhalb von zwei Wochen nach Kenntnis der für die Anfechtung maßgebenden Tatsachen erfolgt[18].

Auch bei der Prüfung, ob der Bewerber bei den Einstellungsverhandlungen   1209
eine arglistige Täuschung i.S.d. § 123 BGB begangen hat, ist auf die besonderen Verhältnisse im Arbeitsrecht Rücksicht zu nehmen. Eine Offenba-
rungspflicht und damit eine arglistige Täuschung durch *Unterlassen* kommen nur in Betracht, wo auf der Hand liegt, daß es dem Arbeitgeber für die
Entscheidung über die Einstellung auf den betreffenden Umstand ankommen muß.

Dies ist etwa dann der Fall, wenn der Bewerber zur Erbringung der Arbeitsleistung
überhaupt nicht in der Lage ist – z.B. wegen eines Gesundheitsschadens oder eines
Berufs- oder Beschäftigungsverbotes – oder wenn mit seiner Einstellung aufgrund
konkreter Umstände eine erhebliche Gefahr für den Arbeitgeber verbunden ist, z.B.
weil der Bewerber an einem Konkurrenzunternehmen beteiligt ist.

Aber auch für die arglistige Täuschung durch *positives Tun* gelten Einschrän-   1210
kungen. Zwar greift das Anfechtungsrecht immer ein, wenn der Arbeitnehmer dem Arbeitgeber von sich aus etwas vorspiegelt, ihm etwa gefälschte
Zeugnisse vorlegt oder Fertigkeiten behauptet, von denen er weiß, daß er
über sie nicht verfügt. Anders liegt es aber, wenn der Arbeitnehmer lediglich auf Fragen des Arbeitgebers reagiert. Solche Fragen sind nur berechtigt,
soweit der Arbeitgeber mit ihnen nicht unverhältnismäßig in die Persönlich-
keitssphäre des Arbeitnehmers eingreift. Deshalb muß sie der Arbeitnehmer
nur wahrheitsgemäß beantworten, wenn sie für die Beurteilung seiner Eignung für den zu besetzenden Arbeitsplatz von Bedeutung sind und nicht
die unbedingt zu wahrende Intimsphäre des Arbeitnehmers berühren. Beantwortet der Arbeitnehmer eine danach unzulässige Frage wahrheits-

---

18 BAG, a.a.O.

widrig, scheitert eine Anfechtung nach § 123 BGB an der fehlenden Rechtswidrigkeit der arglistigen Täuschung.

Zulässig sind danach Fragen nach Schulbildung, Berufsbildung, Berufserfahrung, nach der letzten Arbeitsstelle und dem Bestehen einer Konkurrenzklausel.

1211   Fragen nach dem *Gesundheitszustand* und nach einer Körperbehinderung sind insoweit zulässig, als es sich um schwerwiegende Beeinträchtigungen der Arbeitsfähigkeit des Betroffenen oder um eine ansteckende Erkrankung handelt, die zukünftige Kollegen oder Kunden gefährdet[19]. Die Frage nach dem Vorliegen einer AIDS-Infektion ist – abgesehen vom Krankenhausbereich – regelmäßig unzulässig[20]. Hingegen ist die Frage nach der Schwerbehinderteneigenschaft wegen der den Arbeitgeber betreffenden gesetzlichen Verpflichtungen uneingeschränkt zulässig.

1212   Die Frage nach einer Schwangerschaft darf nach einer neueren Entscheidung des BAG jedenfalls dann gestellt werden, wenn sich nur Frauen um den Arbeitsplatz bewerben. Im Gegensatz zu seiner früheren Rechtsprechung neigt das BAG aber zu der Auffassung, daß die Frage dann, wenn sich Männer und Frauen um den Arbeitsplatz bewerben, eine geschlechtsspezifische Benachteiligung der weiblichen Bewerber darstellt und daher unzulässig ist[21]. Nicht zulässig ist die Frage, ob eine Schwangerschaft demnächst zu erwarten sei oder ob intime Beziehungen bestünden[22].

1213   *Die Frage nach Vorstrafen* ist nur insoweit zulässig, als die Art des zu besetzenden Arbeitsplatzes es erfordert, beispielsweise bei einem Kraftfahrer nach Vorstrafen wegen Verkehrsdelikten. Die Zulässigkeit von Fragen nach Vorstrafen ist weiter eingeschränkt durch die §§ 51, 53 BZRG. Da man sich danach als unbestraft bezeichnen kann, wenn eine Verurteilung nicht in das Führungszeugnis aufzunehmen oder wenn sie zu tilgen ist, darf nach solchen Verurteilungen auch nicht gefragt werden.

1214   Die Frage nach der *Partei-, Gewerkschaft- und Religionszugehörigkeit* ist, außer in den entsprechenden Tendenzbetrieben, unzulässig.

---

19 BAG vom 7. 2. 1964, BB 1964, 472 und vom 7. 6. 1984, AP Nr. 26 zu § 123 BGB.
20 Vgl. *Löwisch*, S. 936, 939 ff.
21 BAG vom 20. 2. 1986, AP Nr. 31 zu § 123 BGB = DB 1986, 2287 = BB 1986, 1852 = NZA 1986, 739 = EzA § 123 BGB Nr. 27; a.A. etwa *Hanau/Preis*, ZfA 1988, 177, 200 f.
22 Vgl. LAG Bremen vom 24. 2. 1960, BB 1960, 743.

3. Wirkung von Nichtigkeit und Anfechtung

Fall 72: *A bewirbt sich bei X um den Posten eines Kassiers. Daß er gerade eine längere Freiheitsstrafe wegen Unterschlagung bei seinem früheren Arbeitgeber verbüßt hat, erwähnt er bei den Einstellungsverhandlungen nicht. Er wird eingestellt und erscheint auch am vereinbarten Termin für die Arbeitsaufnahme im Betrieb der X. Dort wird er vom Personalchef mit seinen künftigen Kollegen bekannt gemacht, mit denen er zum Einstand eine Tasse Tee trinkt. Danach wird ihm schlecht. Er geht zum Arzt, der ihn für 4 Wochen krank schreibt. Nunmehr stellt das Personalbüro der X die Vorstrafe von A fest. Sie ficht den Arbeitsvertrag wegen arglistiger Täuschung an und weigert sich, dem A Gehaltsfortzahlungen während der Krankheitszeit zu leisten.*

Wird die Nichtigkeit des Vertrages *vor Beginn der Tätigkeit* des Arbeitnehmers festgestellt oder wird bereits in diesem Zeitpunkt die Anfechtung wegen Irrtums oder arglistiger Täuschung erklärt, dann ist der Vertrag von Anfang an nichtig. Für den angefochtenen Vertrag ergibt sich das aus § 142 Abs. 1 BGB. Hat der Arbeitnehmer einen Vorschuß erhalten, muß er ihn nach den Vorschriften des Bereicherungsrechts zurückzahlen. **1215**

Hat der Arbeitnehmer die Arbeit bereits aufgenommen, würde eine Nichtigkeit von Anfang an zu unangemessenen Rechtsfolgen führen. Die für die Rückabwicklung nichtiger Verträge einschlägigen §§ 812 ff. BGB bieten dem Arbeitnehmer keinen ausreichenden Schutz, wenn der nach § 818 Abs. 2 BGB zu ersetzende Wert seiner Arbeitsleistung die vereinbarte Vergütung nicht erreicht. Deshalb wirken nach Aufnahme der Arbeit Nichtigkeit oder Anfechtung des Arbeitsvertrages erst ab dem Zeitpunkt, von dem sich der Arbeitgeber auf sie beruft bzw. sie erklärt. Bis dahin behält der Arbeitnehmer seine vertraglichen Ansprüche[23]. Nach Auffassung des BAG soll dies auch dann gelten, wenn der Arbeitnehmer eine arglistige Täuschung begangen hat[24]. Eine Ausnahme gilt aber in dem − freilich kaum vorkommenden − Fall der Geschäftsunfähigkeit des Arbeitgebers. Der Arbeitnehmer ist dann auf Bereicherungsansprüche angewiesen[25]. **1216**

In Fall 72 liegt eine arglistige Täuschung vor, weil A die vorausgegangene Bestrafung wegen Unterschlagung hätte offenbaren müssen. Gleichwohl hat er bis zu dem Zeitpunkt, zu dem X den Arbeitsvertrag angefochten hat, Anspruch auf Entgeltfortzahlung wegen Krankheit. Denn er hatte die Arbeit, wenn auch nur kurzfristig, aufgenommen, bevor er erkrankte[26].

---

23 Grundlegend BAG vom 15. 11. 1957, AP Nr. 2 zu § 125 BGB = DB 1958, 139 = BB 1958, 156 = NJW 1958, 397; für das wegen arglistiger Täuschung angefochtene Arbeitsverhältnis ist diese Auffassung nicht unbestritten. Vgl. etwa die kritische Anm. von *Mayer-Maly* zu BAG vom 18. 4. 1968, AP Nr. 32 zu § 63 HGB.

24 BAG vom 18. 4. 1968, AP Nr. 32 zu § 63 HGB; a.A. *Staudinger/Richardi*, § 611 Rdnr. 183 ff..

25 Vgl. *Staudinger/Richardi*, § 611 Rdnr. 193.

26 BAG vom 18. 4. 1968, a.a.O.

III. Arbeitsvermittlung

1217   Für die Arbeitsvermittlung hat die Bundesanstalt für Arbeit mit ihren Dienststellen ein Monopol (§ 4 AFG). Dieses Monopol ist mit Art. 12 Abs. 1 GG vereinbar[27].

1218   Arbeitsvermittlung durch Private ist unzulässig. Der Einsatz von Werbemitteln zur Gewinnung eigener Arbeitskräfte, insbesondere die Aufgabe von Inseraten, wird dadurch jedoch nicht berührt; auch die gelegentliche und unentgeltliche Empfehlung von Arbeitskräften zur Einstellung ist zulässig (§ 13 AFG).

IV. Beschäftigung ausländischer Arbeitnehmer

1219   Ausländer aus Nicht-EG-Staaten brauchen nach § 19 AFG eine Arbeitserlaubnis der Bundesanstalt für Arbeit. Sie wird nach Lage und Entwicklung des Arbeitsmarktes unter Berücksichtigung der Verhältnisse des einzelnen Falles erteilt und kann auf einen Betrieb oder einen bestimmten Wirtschaftszweig beschränkt bleiben. Außer der Arbeitserlaubnis benötigen Ausländer eine Aufenthaltsgenehmigung nach dem Ausländergesetz. Ohne diese Aufenthaltsgenehmigung wird eine Arbeitserlaubnis in der Regel nicht erteilt.

1220   Angesichts der im EWG-Vertrag vereinbarten Freizügigkeit unter den Staatsangehörigen der EG bedürfen diese zur Aufnahme einer Arbeit in der Bundesrepublik keiner Arbeitserlaubnis (§ 1 des Aufenthaltsgesetzes/EWG). Stehen sie in einem Arbeitsverhältnis, dann wird ihnen eine „Aufenthaltserlaubnis-EG" für mindestens 5 Jahre erteilt.

V. Rechtslage in der DDR

1221   Seit dem Beitritt der DDR gelten dort keine besonderen Vorschriften über die Begründung des Arbeitsverhältnisses mehr.

---

27 BVerfG vom 4. 4. 1967, BVerfGE 21, 245 = AP Nr. 22 zu § 35 AVAVG = DB 1967, 636 = BB 1967, 464 = NJW 1967, 971.

VI. Kontrollfragen

Frage 79: Bedarf der Minderjährige für den Abschluß eines Ausbildungsvertrages der Zustimmung seiner gesetzlichen Vertreter?

Frage 80: Wann gewährt die Falschbeantwortung von Fragen in einem Einstellungsfragebogen dem Arbeitgeber das Recht, den Arbeitsvertrag nach § 123 BGB anzufechten?

Frage 81: Welche Bedeutung hat der Antritt der Arbeit für Nichtigkeit und Anfechtbarkeit des Arbeitsvertrages?

Frage 82: Welcher Unterschied besteht hinsichtlich der Arbeitsaufnahme zwischen Arbeitnehmern aus EG-Staaten und anderen ausländischen Arbeitnehmern?

§ 24 Beendigung des Arbeitsverhältnisses

Literaturangaben: *Schleßmann*, Das Arbeitszeugnis, 10. Aufl. 1988; *Becker u.a.*, Gemeinschaftskommentar zum Kündigungsschutzgesetz und zu sonstigen kündigungsschutzrechtlichen Vorschriften, 3. Aufl. 1989 (zit.: KR-Bearb.); *Birk*, Grundfälle zu Kündigung und Kündigungsschutz, JuS 1984, 197, 451, 781, 944; 1985, 193, 782; 1986, 375, 537; 1987, 36, 113; *Becker/Schaffner*, Die Rechtsprechung zur Ausschlußfrist des § 626 Abs. 2 BGB, DB 1987, 2147; *J. Hager*, Die Umdeutung der außerordentlichen in eine ordentliche Kündigung, BB 1989, 693; *Hamann*, Die Kündigung des Arbeitsverhältnisses durch den Arbeitgeber, JR 1987, 474, 536; *Preis*, Prinzipien des Kündigungsrechts bei Arbeitsverhältnissen, 1987; *Lahusen*, Aktuelle Rechtsprechung zum nachvertraglichen Wettbewerbsverbot, NZA 1985, 802; *Plett/Welling*, Wirksamkeitsvoraussetzung des nachvertraglichen Wettbewerbsverbots, DB 1986, 2282; *Röhsler/Borrmann*, Wettbewerbsbeschränkungen für Arbeitnehmer und Handelsvertreter 1981; *Schweres*, Zwischen Wahrheit und Wohlwollen – zum Eiertanz codierter Zeugniserteilung, BB 1986, 1572; *Stahlhacke*, Kündigung und Kündigungsschutz im Arbeitsverhältnis, 4. Aufl. 1982; *van Venrooy*, Das Dienstzeugnis, 1984; *Wenzel*, Kündigung und Kündigungsschutz, 5. Aufl. 1987.

I. Kündigung

1. Allgemeines

a) Funktion

1222   Das Arbeitsverhältnis ist ein Dauerschuldverhältnis. Wo es nicht von vornherein auf bestimmte Zeit befristet, sondern auf unbestimmte Zeit eingegangen ist, bedarf seine Beendigung eines besonderen Rechtsakts. Dieser kann in einer entsprechenden Vereinbarung von Arbeitgeber und Arbeitnehmer, dem sog. Aufhebungsvertrag bestehen. Kommt ein solcher nicht zustande, wird die Beendigung durch die einseitig von einem Vertragsteil erklärte sog. *ordentliche Kündigung* bewirkt, die regelmäßig an bestimmte Fristen gebunden ist.

1223   Wie bei jedem Dauerschuldverhältnis kann es auch beim Arbeitsverhältnis Gründe geben, aus denen dem einen oder anderen Vertragsteil das Recht zustehen muß, den Vertrag vorzeitig zu lösen. Dies gilt sowohl für das auf unbestimmte Zeit eingegangene, ordentlich nur unter Einhaltung von Kündigungsfristen kündbare Arbeitsverhältnis wie für das auf bestimmte Zeit befristete Arbeitsverhältnis. Mittel der vorzeitigen Beendigung ist die *außerordentliche Kündigung*.

b) Kündigung als rechtsgestaltende Willenserklärung

Die Kündigung ist eine einseitige rechtsgestaltende an den anderen Ver-   1224
tragspartner gerichtete Willenserklärung. Nach § 130 Abs. 1 Satz 1 BGB wird
sie mit dem *Zugang* beim anderen Vertragspartner wirksam. Der Zugang
tritt entsprechend den allgemeinen Regeln ein, wenn die Kündigung so in
den Machtbereich des anderen Vertragspartners gelangt, daß dieser unter
regelmäßigen Umständen von ihr Kenntnis nehmen kann.

Zugang liegt dementsprechend nicht nur vor, wenn die Kündigung dem Ar-   1225
beitnehmer ausgehändigt wird, sondern auch wenn sie beim ihm zu Hause
einem erwachsenen Familienangehörigen oder einer sonst mit ihm im Haus-
stand lebenden Person übergeben oder in den Briefkasten eingeworfen
wird. Dies gilt auch, wenn der Arbeitnehmer längere Zeit von zu Hause ab-
wesend ist, etwa weil er eine Urlaubsreise macht oder sich im Krankenhaus
befindet. Ob der Arbeitgeber von der Abwesenheit weiß, spielt dabei keine
Rolle. Den Zugang auf den häufig unsicheren Zeitpunkt der Beendigung der
Ortsabwesenheit abzustellen, läßt sich mit der Rechtssicherheit nicht vereinbaren[1]. Außerdem wäre es unbillig, dem Kündigenden, der regelmäßig Fristen zu wahren hat, aufzuerlegen, dem Kündigungsempfänger an den jeweiligen Aufenthaltsort mit der Kündigungserklärung zu folgen. Unbillig-
keiten zum Nachteil des Kündigungsempfängers können über § 5 KSchG
vermieden werden[2].

Als einseitige Willenserklärung verträgt die Kündigung nach § 180 Satz 1   1226
BGB grundsätzlich *keine Vertretung ohne Vertretungsmacht*. Nur wenn der
Kündigungsempfänger die vom Vertreter behauptete Vertretungsmacht
nicht beanstandet, ist nach § 180 Satz 2 BGB eine Genehmigung durch den
Vertretenen möglich. Wird also eine Kündigung nicht vom Arbeitgeber
selbst oder von jemandem ausgesprochen, der dafür die Vertretungsmacht
hat, wie z.B. einem Prokuristen, Handlungsbevollmächtigten oder einem
sonst Bevollmächtigten, etwa dem Personalleiter, kann der Arbeitnehmer
das Wirksamwerden der Kündigung verhindern, indem er sie zurückweist.

Praktisch noch wichtiger ist § 174 BGB. Danach ist die von einem Bevoll-   1227
mächtigten vorgenommene Kündigung unwirksam, wenn dieser keine *Voll-*
machtsurkunde vorlegt und der Kündigungsempfänger die Kündigung aus
diesem Grund unverzüglich zurückweist. Zwar ist dieses Zurückweisungs-

---

1 BAG vom 16. 3. 1988, AP Nr. 16 zu § 130 BGB = DB 1988, 2415 = BB 1989, 150 = NJW 1989,
    606 = NZA 1988, 875 = EzA § 130 BGB Nr. 16.
2 Siehe dazu Rdnr. 1364 und Rdnr. 1396, insbesondere die Lösung zu Fall 89.

recht nach § 174 Satz 2 BGB ausgeschlossen, wenn der Kündigende den Kündigungsempfänger von der Bevollmächtigung in Kenntnis gesetzt hatte. Eine solche Inkenntnissetzung kann man aber, wenn sie nicht ausdrücklich erfolgt, nur annehmen, wenn der Vertreter eine Stellung einnimmt, mit der üblicherweise die entsprechende Vertretungsmacht verbunden ist, wie das auf einen Personalleiter zutrifft[3]. Sonst, also bei der Kündigung durch einen Sachbearbeiter oder einen beauftragten Rechtsanwalt, bleibt es bei der Regel des § 174 Satz 1 BGB.

1227a Wie jede einseitige Gestaltungserklärung kann die Kündigung *nicht unter einer Bedingung* erklärt werden. Der Adressat der Kündigung muß wissen, woran er ist. Die Erklärung eines Arbeitgebers: „Betrachten Sie sich als fristlos entlassen, wenn Sie in Zukunft nicht mehr leisten", ist mithin keine wirksame Kündigung[4].

1228 Als Willenserklärung ist die Kündigung im Falle ihrer Unwirksamkeit der *Umdeutung* nach § 140 BGB zugänglich. Insbesondere ist eine ordentliche Kündigung, die die gesetzliche, tarifliche oder vertragliche Kündigungsfrist nicht wahrt, in eine Kündigung zum nächstzulässigen Termin umzudeuten.

Eine *außerordentliche* Kündigung, für die es an dem nach § 626 Abs. 1 BGB erforderlichen wichtigen Grund fehlt, ist, wenn der Kündigende das Arbeitsverhältnis auf jeden Fall beenden wollte, in eine fristgemäße Kündigung umzudeuten[5]. In Betrieben mit Betriebsrat führt eine solche Umdeutung aber nur zum Erfolg, wenn der Betriebsrat vorsorglich auch zu einer ordentlichen Kündigung angehört worden ist, da diese sonst gem. § 102 Abs. 1 BetrVG unwirksam ist.

Immer kann eine Kündigung, die unwirksam ist, in ein *Angebot auf Abschluß eines Aufhebungsvertrages* umgedeutet werden. Daß der Kündigungsempfänger sich mit der Kündigung einverstanden erklärt, führt in einem solchen Fall aber nur dann zum Abschluß eines Aufhebungsvertrages, wenn dies in dem Bewußtsein erfolgt, daß die Kündigung an sich unwirksam ist und deshalb erst der Vertragsschluß das Arbeitsverhältnis aufhebt[6].

---

3 BAG vom 30. 5. 1972, AP Nr. 1 zu § 174 BGB = DB 1972, 1680 = NJW 1972, 1877.
4 Zur Änderungskündigung als Ausnahme von der Bedingungsfeindlichkeit Rdnr. 1271 ff.
5 BAG vom 13. 8. 1987, AP Nr. 3 zu § 6 KSchG 1969 = DB 1988, 813 = BB 1988, 568 = NZA 1988, 129 = NJW 1988, 581 = EzA § 140 BGB Nr. 12.
6 BAG vom 13. 4. 1972, AP Nr. 64 zu § 626 BGB.

c) Form

Gesetzlich ist die Kündigung nicht an eine Form gebunden.   1229

Lediglich für die Kündigung eines Ausbildungsvertrages ist die Schriftform   1230
von Gesetzes wegen vorgeschrieben (§ 15 Abs. 3 BBiG). Vielfach sehen aber
Tarifverträge die Schriftform für die Kündigung vor[7]. Diese ist dann in aller
Regel auch konstitutiv gemeint, so daß eine bloß mündliche Kündigung
nach § 125 Satz 1 BGB nichtig ist. Auch eine arbeitsvertragliche Vereinbarung der Schriftform ist möglich. Ihre Verletzung hat im Zweifel ebenfalls
die Nichtigkeit der Kündigung zur Folge (§ 125 Satz 2 BGB).

d) Mitteilung der Kündigungsgründe

Kündigungsrechtlich ist die Angabe der Kündigungsgründe *keine Vorausset-*   1231
zung für die Wirksamkeit der Kündigung. Bei der außerordentlichen Kündigung
gibt § 626 Abs. 2 Satz 3 BGB dem Gekündigten lediglich einen Anspruch auf
schriftliche Mitteilung der Kündigungsgründe, wenn er diese verlangt. Die
Verletzung dieser Pflicht führt nicht zur Unwirksamkeit der Kündigung,
sondern kann nur Schadensersatzansprüche nach § 280 BGB begründen, etwa wenn ein Arbeitnehmer eine aussichtslose Kündigungsschutzklage an-
gestrengt hat, weil er die Gründe für die Kündigung nicht kannte.

Eine Ausnahme besteht wiederum beim Ausbildungsvertrag. Wird er nach   1232
der Probezeit oder vom Auszubildenden wegen Wechsels des Ausbildungs-
berufes gekündigt, ist die Angabe der Kündigungsgründe Wirksamkeitsvoraussetzung (§ 15 Abs. 3 BBiG).

In Betrieben mit Betriebsrat müssen die Kündigungsgründe im Rahmen des   1233
Anhörungsverfahrens nach § 102 Abs. 1 BetrVG dem Betriebsrat mitgeteilt
werden[8]. Insofern ist betriebsverfassungsrechtlich die Angabe der Kündigungsgründe Wirksamkeitsvoraussetzung der Kündigung.

e) Anwendung der §§ 134, 138 und § 242 BGB
auf die Kündigung

Kündigungen können durch besondere *gesetzliche Vorschriften* verboten und   1234
damit nach § 134 BGB nichtig sein. Dies gilt etwa für Kündigungen, die die
Koalitionsfreiheit verletzen (Art. 9 Abs. 3 GG), den Arbeitnehmer wegen
seines Geschlechts benachteiligen (§ 611a Abs. 1 Satz 1 BGB) oder wegen einer zulässigen Ausübung seiner Rechte maßregeln (§ 612a BGB).

---

7 So auch in § 4.1 des in Anhang 1 abgedruckten Manteltarifvertrages.
8 Vgl. Rdnr. 668.

1235   Wegen eines Verstoßes gegen ein gesetzliches Verbot nichtig ist auch die vom Arbeitgeber ausgesprochene Kündigung einer Frau während der Schwangerschaft und bis zum Ablauf von vier Monaten nach der Entbindung (§ 9 Abs. 1 MuSchG)[9], während des Erziehungsurlaubs (§ 18 Abs. 1 BErzGG), die ordentliche Kündigung während des Wehr- oder Ersatzdienstes (§ 2 Abs. 1 ArbPlSchG, § 78 Abs. 1 Nr. 1 ZDG) und die Kündigung von Mandatsträgern in Bund, Ländern, Gemeinden und Kreisen (vgl. z.B. Art. 48 Abs. 2 Satz 2 GG)[10].

1236   Wie jedes Rechtsgeschäft kann auch die Kündigung des Arbeitsverhältnisses durch den Arbeitgeber *sittenwidrig* und damit gem. § 138 Abs. 1 BGB nichtig sein. Allerdings liegt eine solche Sittenwidrigkeit nicht schon dann vor, wenn es für die Kündigung an einem Grund fehlt. Die Folgen einer grundlosen Kündigung sind für die außerordentliche Kündigung in § 626 BGB und für die ordentliche Kündigung im KSchG geregelt. Als sittenwidrig kann eine Kündigung deshalb nur dann aufgefaßt werden, wenn entweder das hinter ihr stehende Motiv oder die Umstände, unter denen sie ausgesprochen wird, besonders verwerflich sind und die Kündigung damit den allgemeinen Wertvorstellungen kraß widerspricht[11].

Ein besonders verwerfliches Motiv und damit Sittenwidrigkeit können gegeben sein, wenn die Kündigung sich als „bewußter Vergeltungsakt" für ein nicht zu beanstandendes Verhalten des Arbeitnehmers, etwa die Ablehnung unsittlicher Zumutungen oder des Ansinnens zur Beteiligung an einer strafbaren Handlung darstellt.

Hingegen reicht der Umstand, daß die Kündigung als Reaktion auf ein nicht billigenswertes Verhalten des Arbeitnehmers erfolgt, zur Begründung der Sittenwidrigkeit nicht aus, auch wenn sie über das Ziel hinausschießt[12].

Verwerflich kann es auch sein, wenn der Arbeitgeber mit der Kündigung droht und diese dann ausspricht, um den Arbeitnehmer zu einem Verhalten zu veranlassen, das mit dem Arbeitsverhältnis nichts zu tun hat. So liegt es etwa, wenn dem Ehemann einer Arbeitnehmerin, die ihrerseits gekündigt hat, vom Arbeitgeber gekündigt wird, damit er seine Frau zum Verbleiben beim Arbeitgeber bewegt.

1237   In Betracht kommt auch ein *Verstoß gegen § 242 BGB*. Allerdings muß insoweit beachtet werden, daß das KSchG regelt, unter welchen Voraussetzungen die ordentliche Kündigung eines Arbeitnehmers durch den Arbeitgeber sozial ungerechtfertigt ist, der Arbeitgeber also mit der Kündigung die nach

---

9   Dazu noch Rdnr. 1412 f.

10 Zur Unzulässigkeit einer ordentlichen Kündigung gegenüber Amtsträgern und Wahlbewerbern in der Betriebs- und Personalverfassung siehe Rdnr. 512 ff.

11 Zu den Rechtsfolgen sittenwidriger Kündigungen von Arbeitnehmern, die dem KSchG unterfallen, siehe Rdnr. 1360.

12 BAG vom 28. 9. 1972, AP Nr. 2 zu § 134 BGB = DB 1972, 2356 = NJW 1973, 77 für die Kündigung wegen einer den Arbeitgeber diskriminierenden politischen Kritik.

Treu und Glauben gebotene Rücksichtnahme auf das Bestandsschutzinteresse des Arbeitnehmers verletzt. Soweit es um diese Konkretisierung von Treu und Glauben geht, kann § 242 BGB nicht neben dem allgemeinen Kündigungsschutz angewandt werden. Das hindert aber nicht, § 242 BGB insoweit anzuwenden, als nicht die Sozialwidrigkeit einer Kündigung in Frage steht. In Betracht kommt insbesondere, daß sich die Kündigung als ein Widerspruch zum vorangegangenen eigenen Verhalten des Arbeitgebers darstellt, etwa wenn der Arbeitgeber in dem Arbeitnehmer den Glauben an den Fortbestand des Arbeitsverhältnisses weckt und dieses dann doch überraschend kündigt.

2. Ordentliche Kündigung

Fall 73: *A beginnt am 1.10. bei X als Buchhalter, wobei eine dreimonatige Probezeit vereinbart wird. Am 28.11. kündigt X zum 31.12. A meint, er könne bis zum 31.3. des Folgejahres bleiben.*

a) Kündigungsfristen

Das Gesetz sieht für die ordentliche Kündigung von Angestellten und Arbeitern unterschiedlich lange Kündigungsfristen vor. Nach § 622 Abs. 1 Satz 1 BGB beträgt sie für Angestellte sechs Wochen zum Schluß eines Kalendervierteljahres, wobei im Arbeitsvertrag eine kürzere Kündigungsfrist vereinbart werden kann, wenn sie einen Monat nicht unterschreitet und die Kündigung nur für den Schluß eines Kalendermonates zugelassen wird. Nach dem Gesetz über die Fristen für die Kündigung von Angestellten verlängert sich diese Frist für die Kündigung des Arbeitgebers bei längerer Beschäftigungsdauer auf bis zu sechs Monate, wobei bei der Berechnung der Beschäftigungsdauer Zeiten vor Vollendung des 25. Lebensjahres nicht berücksichtigt werden. Bei Arbeitern beträgt die Frist nach § 622 Abs. 2 Satz 1 BGB nur zwei Wochen und verlängert sich auch bei längerer Beschäftigungsdauer auf höchstens drei Monate (§ 622 Abs. 2 Satz 2 BGB), wobei bei der Berechnung der Beschäftigungsdauer Zeiten vor Vollendung des 35. Lebensjahres nicht berücksichtigt werden. 1238

Diese pauschale Benachteiligung der Arbeiter gegenüber den Angestellten ist durch Sachgründe nicht gerechtfertigt und deshalb *verfassungswidrig*[13]. 1239

---

13 BVerfG vom 16. 11. 1982, BVerfGE 62, 256 = AP Nr. 16 zu § 622 BGB = DB 1983, 450 = BB 1983, 1221 = NJW 1983, 617 = EzA Art. 3 GG Nr. 13 für die Nichtberücksichtigung von Beschäftigungszeiten vor dem 35. Lebensjahres und BVerfG vom 19. 7. 1990 − 1 BvL 2/83 −, BB 1990, Beilage 27 für die unterschiedliche Länge der Kündigungsfristen.

Da das BVerfG § 622 Abs. 2 BGB nicht für nichtig erklärt hat, dürfen die Arbeitsgerichte bis zu einer Neuregelung durch den Gesetzgeber nicht einfach die für Angestellte geltenden Fristen auf Arbeiter anwenden. Vielmehr sind sie gehalten, die Verfahren, in denen es auf die Dauer der Kündigungsfrist ankommt, bis zu einer Neuregelung auszusetzen.

Die Entscheidung in **Fall 73** *hängt davon ab, ob die regelmäßige Kündigungsfrist des § 622 Abs. 1 Satz 1 BGB oder die verkürzte Frist des § 622 Abs. 1 Satz 2 BGB gilt. Der Tatsache, daß hier eine Probezeit bis zum 31.12. vereinbart war, muß entnommen werden, daß die Parteien stillschweigend die gesetzlich zulässige Mindestkündigungsfrist vereinbaren wollten, weil sonst die Vereinbarung der Probezeit kaum einen Sinn hätte*[14].

1240   Wird die Mindestkündigungsfrist im Arbeitsvertrag unterschritten oder ein unzulässiger Kündigungstermin vereinbart, so greift nicht die gesetzliche Regelung des § 622 Abs. 1 Satz 1 BGB ein. Im Wege der sog. geltungserhaltenden Reduktion gilt vielmehr die Frist oder der Termin, der zulässigerweise vereinbart werden konnte und der der unwirksamen Vereinbarung am nächsten kommt[15].

1241   Die sich aus § 622 Abs. 1 Satz 2 BGB ergebenden Mindestkündigungsfristen von einem Monat zum Schluß des Kalendermonats können, wie sich aus § 622 Abs. 3 Satz 1 BGB ergibt, durch Tarifvertrag verlängert, aber auch verkürzt werden.

Allerdings verstößt auch insoweit eine pauschale unterschiedliche Behandlung von Arbeitern und Angestellten gegen Art. 3 Abs. 1 GG. Deshalb sind die in § 4.5.1 des in Anhang 1 abgedruckten Manteltarifvertrages festgelegten, für Arbeiter und Angestellte unterschiedlichen kürzeren Kündigungsfristen ebenfalls verfassungswidrig. Möglich ist nur eine unterschiedliche Behandlung aus besonderen sachlichen Gründen, etwa können in Branchen mit schnell wechselndem Bedarf an Arbeitern, wie z.B. in der Bauindustrie, für diese kürzere Kündigungsfristen vorgesehen werden, als für die in der Verwaltung dieser Betriebe tätigen Angestellten.

Solche kürzeren Kündigungsfristen gelten dann auch zwischen nicht tarifgebundenen Arbeitgebern und Arbeitnehmern, wenn die Anwendung zwischen ihnen vereinbart ist[16].

1242   Im übrigen kann einzelvertraglich eine kürzere Kündigungsfrist als die sich aus § 622 Abs. 1 Satz 2 BGB ergebende Frist von einem Monat zum Monats-

---

14 BAG vom 22. 7. 1971, AP Nr. 11 zu § 620 BGB Probearbeitsverhältnis = DB 1971, 1922 = BB 1971, 1282 = NJW 1971, 2190.

15 Vgl. hierzu Münchner Kommentar/*Schwerdtner*, § 622 Rdnr. 19 m.N..

16 Nach Auffassung des LAG Düsseldorf vom 12. 11. 1974, EzA § 622 BGB Nr. 10 muß die Anwendung der *gesamten* tariflichen Kündigungsregeln vereinbart sein, weil der Kompromißcharakter des Tarifvertrages auch bei der Bezugnahme gewahrt bleiben müsse. Dem ist nicht zu folgen. Dem Gesetzgeber reicht es aus, daß die Tarifvertragsparteien das praktische Bedürfnis nach kürzeren Kündigungsfristen überhaupt anerkannt haben.

ende nur für vorübergehend eingestellte Aushilfskräfte vereinbart werden (§ 622 Abs. 4 BGB).

Nach § 622 Abs. 5 BGB gilt zugunsten des Arbeitnehmers der Grundsatz der *Gleichheit der Kündigungsfristen*: Für die Kündigung des Arbeitsverhältnisses durch ihn darf einzelvertraglich keine längere Frist vereinbart werden, als für die Kündigung durch den Arbeitgeber.

Ist ein Arbeitsverhältnis auf die Lebenszeit einer Person oder für längere   1243
Zeit als fünf Jahre abgeschlossen worden, so kann der Verpflichtete es nach dem Ablauf von fünf Jahren mit einer Frist von sechs Monaten kündigen (§ 624 BGB). Die Bestimmung soll eine übermäßige Beschränkung der persönlichen Freiheit des Arbeitnehmers verhindern, sie ist deshalb, wie schon das Reichsgericht ausgesprochen hat[17], zwingend.

b) Gesetzlicher, vertraglicher und tarifvertraglicher Ausschluß der ordentlichen Kündigung

Ein gesetzlicher Ausschluß der ordentlichen Kündigung findet sich bei Aus-   1244
bildungsverhältnissen. Sie können nur während der höchstens dreimonatigen Probezeit ohne Einhaltung einer Kündigungsfrist gekündigt werden (§ 15 Abs. BBiG). Nach der Probezeit ist nur eine Kündigung aus wichtigem Grund zulässig (§ 15 Abs.2 Nr.1 BBiG). Außerdem kann der Auszubildende mit einer Kündigungsfrist von 4 Wochen kündigen, wenn er die Berufsausbildung wechseln oder aufgeben will (§ 15 Abs.2 Nr.2 BBiG).

Die ordentliche Kündigung kann durch *Tarifvertrag* für bestimmte Arbeit-   1245
nehmer, etwa für solche mit einer längeren Dauer der Betriebszugehörigkeit oder mit einem höheren Lebensalter ausgeschlossen oder auf bestimmte Gründe, z.B. den Fall der Betriebsstillegung oder des Erreichens der normalen Altersgrenze beschränkt werden. Allerdings bleibt in solchen Fällen immer die Möglichkeit der Kündigung aus wichtigem Grund nach § 626 BGB übrig. Eine entsprechende Regelung enthält § 4.4 des in Anhang 1 abgedruckten Manteltarifvertrages, nach dem einem Beschäftigten, der das 53. aber noch nicht das 65. Lebensjahr vollendet hat und dem Betrieb mindestens drei Jahre angehört, nur noch aus wichtigem Grund gekündigt werden kann.

Auch *einzelvertraglich* kann die ordentliche Kündigung ausgeschlossen oder   1246
auf bestimmte Gründe beschränkt werden. Auch ein zeitweiser vertraglicher Ausschluß der Kündigung ist möglich. Insbesondere kommt in Be-

---

17 RG vom 25. 10. 1912, RGZ 80, 277.

tracht, daß die Parteien eine Kündigung vor Aufnahme der Arbeit ausschließen. Um das anzunehmen, genügt aber noch nicht ein zeitliches Auseinanderfallen von Vertragsschluß und Arbeitsbeginn. Vielmehr muß entweder eine ausdrückliche entsprechende Bestimmung getroffen sein oder sich ein solcher Wille aus den gesamten Umständen des Falles ermitteln lassen. Kommt der Erledigung eines anstehenden Auftrags ausschlaggebende Bedeutung für die Einstellung des Arbeitnehmers zu, spricht das für den Willen der Parteien, daß der Arbeitnehmer seine Arbeit zunächst einmal aufnehmen muß und erst danach wieder eine Kündigung zulässig sein soll. Werden hingegen die kürzest möglichen Kündigungsfristen vereinbart, spricht dies für die Zulässigkeit der Kündigung auch schon vor Antritt der Arbeit[18].

3. *Außerordentliche Kündigung*

a) Regelung des § 626 BGB

aa) Wichtiger Grund

Fall 74: *A ist im Warenhaus X als Verkäuferin an der Kuchentheke beschäftigt. In einer Besprechung am 1.4. weist der Abteilungsleiter sie und andere Verkäuferinnen darauf hin, daß das Warenhaus auf Personaldiebstähle künftig ohne Ausnahme mit fristlosen Kündigungen reagieren werde. Am 2.4. nimmt sich A, ohne zu bezahlen, einen Bienenstich zum Verkaufspreis von DM 1,50 und verzehrt ihn. Sie wird dabei von einem Hausdetektiv beobachtet und bei der Geschäftsleitung angezeigt. Diese kündigt ihr das Arbeitsverhältnis fristlos.*

Fall 75: *A ist am 15.2. von der Firma X als Schreibkraft mit einer Monatsvergütung von DM 3000,− eingestellt worden. Ihre Arbeit soll sie am 1.4. aufnehmen. Am 15.3. erhält sie von der Firma Y eine Stelle als Chefsekretärin mit einem Gehalt von DM 3500,− angeboten. Bedingung ist, daß sie die Stelle spätestens am 1.4. übernimmt. A geht auf das Angebot ein und kündigt den Vertrag mit der Firma X am 16.3. aus „wichtigem Grund" zum 31.3.*

Fall 76: *Der Betriebsleiter A des Unternehmens X achtet streng auf die Beachtung der Unfallverhütungsvorschriften. Sein Verhalten wird von der Belegschaft als derart pingelig empfunden, daß sie von X seine Entlassung verlangt und dieser Forderung durch einen unbefristeten Streik Nachdruck verleiht. Ein Versuch des X, die Belegschaft auf einer Versammlung umzustimmen, bleibt erfolglos. Um größeren Schaden für seinen Betrieb zu vermeiden, kündigt Unternehmen X dem A daraufhin fristlos.*

1247   Arbeitgeber wie Arbeitnehmer können das Arbeitsverhältnis nach § 626 Abs. 1 BGB aus wichtigem Grund kündigen, wenn ihnen die Fortsetzung des Arbeitsverhältnisses nicht zugemutet werden kann. Mit dieser Generalklausel will das Gesetz in erster Linie eine *Reaktion auf schwere Vertragsverlet-*

---

18 BAG vom 9. 5. 1985, AP Nr. 4 zu § 620 BGB = DB 1986, 1781 = BB 1986, 1919 = NJW 1987, 148 = NZA 1986, 671 = EzA § 620 BGB Nr. 75.

zungen ermöglichen. Stören diese das Vertragsverhältnis so nachhaltig, daß dem betroffenen Teil seine Weiterführung nicht mehr zugemutet werden kann, soll er sich alsbald von diesem lösen können.

Allerdings verlangt das Gesetz dabei eine *umfassende Interessenabwägung* un-   1248
ter Berücksichtigung aller Umstände des Einzelfalles. Anders als früher in § 123 der GewO und § 72 HGB gibt es damit nicht mehr bestimmte typisierte Vertragsverletzungen, die stets eine außerordentliche Kündigung rechtfertigen, sondern es müssen in jedem Einzelfall die Schwere der Vertragsverletzung und die übrigen relevanten Umstände aus dem Verhältnis zwischen Arbeitgeber und Arbeitnehmer abgewogen werden.

Ein wichtiger Grund für die Kündigung des Arbeitnehmers durch den Ar-   1249
beitgeber kann zunächst darin liegen, daß der Arbeitnehmer seine *Arbeits-pflicht nicht erfüllt*. Tritt er grundlos die Arbeit nicht an oder verläßt er sie ohne Einhaltung der für ihn geltenden Kündigungsfrist, ist dem Arbeitgeber das Festhalten am Arbeitsverhältnis regelmäßig unzumutbar. Aber auch wenn der Arbeitnehmer eigenmächtig Urlaub nimmt, unpünktlich zur Arbeit kommt oder sie vor Arbeitsschluß verläßt, kann darin ein wichtiger Grund zur Kündigung liegen. Allerdings wird in solchen Fällen regelmäßig eine verhaltensbedingte ordentliche Kündigung unter Einhaltung der Kündigungsfrist ausreichen[19].

Ein zur Kündigung aus wichtigem Grund berechtigendes Verhalten kann   1250
auch in einer gravierenden *Schlechtleistung* des Arbeitnehmers bestehen. Etwa kann einem angestellten Tierarzt, der bei der Fleischbeschau leichtfertig verdorbene Tierkörper zum Verzehr freigibt, wegen der damit verbundenen Gefährdung fristlos gekündigt werden[20].

Auch wer die *Pflicht zur Wahrung des Betriebsfriedens*[21] nachhaltig stört, etwa   1251
andere Arbeitnehmer angreift, sexuell belästigt oder beleidigt oder den Betrieb für politische Agitationen mißbraucht, kann einen Grund für eine fristlose Kündigung geben.

Schließlich kommt eine Kündigung aus wichtigem Grund bei Verletzung   1252
der *Pflichten des Arbeitnehmers zu loyalem Verhalten*, etwa dem Verrat von Geschäftsgeheimnissen, der Annahme von Schmiergeldern oder dem Verstoß gegen ein Wettbewerbsverbot in Betracht. Auch strafbare Handlungen gegen das Vermögen des Arbeitgebers gehören hierher.

---

19 Vgl. Rdnr. 1317.
20 Vgl. BAG vom 12. 2. 1973, AP Nr. 6 zu § 626 BGB Ausschlußfrist = DB 1973, 1258 = BB 1973, 943.
21 Dazu Rdnr. 885.

In **Fall 74** *ist nach der Rechtsprechung ebenfalls ein wichtiger Grund gegeben. Zwar hatte der gestohlene Gegenstand nur einen geringen Wert. Jedoch fällt bei der Abwägung zu Lasten von A ins Gewicht, daß er ihr als Verkäuferin anvertraut war und sie eine kurz zuvor erfolgte Warnung ihres Abteilungsleiters mißachtet hat*[22].

1253   Wegen einer Vertragsverletzung kann dem Arbeitnehmer auch aus wichtigem Grund regelmäßig nur dann gekündigt werden, wenn er *vorher abgemahnt* worden ist[23]. Nur bei schweren Loyalitätspflichtverletzungen, insbesondere strafbaren Handlungen, ist eine solche vorherige Abmahnung dem Arbeitgeber nicht zumutbar.

1254   *Verletzt der Arbeitgeber den Arbeitsvertrag,* kann dies den Arbeitnehmer zur Kündigung aus wichtigem Grund berechtigen. In Betracht kommt Zahlungsverzug, aber auch die Nichtbeachtung von Arbeitnehmerschutzvorschriften und Verletzung der auch dem Arbeitgeber obliegenden Loyalitätspflicht, z.B. durch sexuelle Belästigungen und Beleidigungen.

1255   Ein wichtiger Grund zur Kündigung kann ausnahmsweise auch dann vorliegen, wenn der andere Teil *keine Vertragsverletzung* begangen hat. Insbesondere wenn die ordentliche Kündigung tarif- oder einzelvertraglich ausgeschlossen ist, kommt eine Kündigung nach § 626 Abs. 1 BGB in Betracht, wenn ein weiteres Festhalten am Arbeitsverhältnis schlechterdings unzumutbar ist. Fälle solcher Art sind etwa die Betriebsstillegung oder die dauernde Arbeitsunfähigkeit des Arbeitnehmers, z.B. wegen einer unheilbaren Krankheit.

1256   Auch der *Verdacht* einer gegen den Arbeitgeber oder gegen Arbeitskollegen gerichteten strafbaren Handlung oder einer anderen schweren Vertragsverletzung, insbesondere eines groben Vertrauensbruchs, kann die außerordentliche Kündigung des Arbeitnehmers nach § 626 BGB rechtfertigen, sofern es gerade der Verdacht ist, der das zur Fortsetzung des Arbeitsverhältnisses notwendige Vertrauen in die Rechtschaffenheit des Arbeitnehmers zerstört oder in anderer Hinsicht eine unerträgliche Belastung des Arbeitsverhältnisses darstellt[24].

22 Vgl. BAG vom 17. 5. 1984, AP Nr. 14 zu § 626 BGB Verdacht strafbarer Handlungen = DB 1984, 2702 = NJW 1985, 284 = NZA 1985, 91 = EzA § 626 n.F. BGB Nr. 40; siehe aber auch BAG vom 20. 9. 1984, AP Nr. 80 zu § 626 BGB = DB 1985, 655 = NJW 1985, 1854 = NZA 1985, 286, wo der Diebstahl von drei Kiwifrüchten wegen der dortigen besonderen Umstände – Arbeitnehmer hatte mit dem Verkauf nichts zu tun, der Diebstahl spielte sich in einem anderen Betrieb des Arbeitgebers ab – das Vorliegen eines wichtigen Grundes verneint wurde.
23 Zur Abmahnung siehe im einzelnen Rdnr. 1322 ff.
24 Ständige Rechtsprechung zusammenfassend BAG vom 4. 6. 1964, AP Nr. 13 zu § 626 BGB Verdacht strafbarer Handlung = BB 1964, 1045.

Die Wirksamkeit einer Verdachtskündigung setzt voraus, daß der Arbeit- 1257
nehmer vor Ausspruch der Kündigung vom Arbeitgeber zu dem Verdacht
angehört worden ist. Das Interesse des Arbeitgebers, die Gefahr weiterer
Schädigung durch strafbare Handlungen oder Arbeitsvertragsverletzung zu
vermeiden, kann das Interesse des Arbeitnehmers, seinen Arbeitsplatz
nicht infolge eines Verdachts zu verlieren, in der durch § 626 Abs. 1 BGB ge-
botenen Abwägung nur dann überwiegen, wenn dem Arbeitgeber schlechterdings kein anderer Ausweg mehr bleibt. Das aber ist nur der Fall, wenn er
zuvor alles ihm Zumutbare getan hat, um den Verdacht zu klären. Dazu gehört aber als erstes die Anhörung des betroffenen Arbeitnehmers zu dem
Verdacht[25].

Bei der Beurteilung der Frage, ob ein die Kündigung rechtfertigender 1258
schwerwiegender Verdacht vorliegt, ist wie bei allen Kündigungsgründen
auf den Zeitpunkt des Zugangs der Kündigung abzustellen. Eine spätere
Ausräumung oder Abschwächung des Verdachts mit der Begründung zu
berücksichtigen, daß die Unschuld oder der geringere Verdacht bereits im
Zeitpunkt der Kündigung gegeben gewesen sei[26], verträgt sich nicht mit der
Gestaltungswirkung der Kündigung[27]. Dem Arbeitnehmer, dem wegen eines später ausgeräumten Verdachts gekündigt worden ist, steht aber aus
dem Gedanken der nachwirkenden Fürsorgepflicht ein Wiedereinstellungsanspruch zu[28].

Auch eine Drucksituation, wie sie in **Fall 75** *vorliegt, kann zu einem wichtigen Grund für ei-*
ne Kündigung nach § 626 Abs. 1 BGB werden. Voraussetzung ist, daß − wie das hier zu-
trifft − eine andere Lösung der Situation vergeblich versucht worden ist und erhebliche Schä-
den für den Betrieb drohen[29]. Ist eine Druckkündigung ausnahmsweise gerechtfertigt, so steht
dem Arbeitnehmer ein Schadensersatzanspruch gegen den Arbeitgeber aus positiver Forde-
rungsverletzung zu, wenn dieser die Drucksituation schuldhaft herbeigeführt hat. Aber auch
ohne ein solches Verschulden ist unter dem Gesichtspunkt des privatrechtlichen Aufopfe-
rungsanspruchs ein derartiger Ersatzanspruch zu bejahen[30]. Ebenso wie bei der Verdachts-
kündigung kommt bei der Druckkündigung ein Wiedereinstellungsanspruch in Betracht,
wenn die Drucksituation nachträglich wegfällt.

---

25 BAG vom 30. 4. 1987, AP Nr. 19 zu § 626 BGB Verdacht strafbarer Handlung = DB 1987,
   1998 = BB 1987, 2020 = NJW 1987, 254= = NZA 1987, 699 = EzA § 626 BGB Verdacht
   strafbarer Handlungen, Nr. 3 = AR-Blattei, D-Blatt, Kündigungsschutz, Entsch. 278 mit
   Anmerkung *Löwisch*.
26 BAG vom 4. 6. 1964, a.a.O.
27 Vgl. Rdnr. 1224.
28 BGH vom 13. 7. 1956, AP Nr. 2 zu § 611 BGB Fürsorgepflicht.
29 Ständige Rechtsprechung, zuletzt BAG vom 18. 9. 1975, AP Nr. 10 zu § 626 BGB Druckkündigung = DB 1976, 634 = BB 1976, 465 = NJW 1976, 869 = EzA § 626 BGB Druckkündigung, Nr. 1.
30 Vgl. näher *Herschel*, FS für Lehmann, S. 662.

1259   Daß § 626 BGB eine Kündigung auch ohne Vertragsverletzung des anderen Teils ermöglicht, darf nicht zu einer Aushebelung des Grundsatzes der *Vertragstreue* führen. Weder darf der Arbeitgeber einen eben eingestellten Arbeitnehmer gleich wieder entlassen, weil er einen geeigneteren gefunden hat, noch darf der Arbeitnehmer fristlos kündigen, weil ihm anderswo eine besser bezahlte Stelle angeboten worden ist[31].

In Fall 76 kann A ihren Vertrag also nicht wirksam zum 31.3. kündigen. Allerdings kann X sie auch nicht zwingen, bis zum nächstmöglichen Kündigungstermin bei ihr zu arbeiten. X stehen lediglich Schadensersatzansprüche zu[32].

1260   Liegt ein wichtiger Grund für eine außerordentliche Kündigung vor, kann das Arbeitsverhältnis ohne Einhaltung einer Kündigungsfrist gekündigt werden. Notwendig ist das aber nicht. Vielmehr kann der Kündigende dem Gekündigten auch noch eine *Auslauffrist* zugestehen.

Wo die außerordentliche Kündigung die Funktion der tarifvertraglich oder vertraglich ausgeschlossenen Kündigung übernimmt, müssen regelmäßig die Fristen eingehalten werden, die für die ordentliche Kündigung maßgebend gewesen wären. Solche tarifvertraglichen oder vertraglichen Kündigungsausschlüsse wollen den Arbeitnehmer besser und nicht schlechter stellen, als Arbeitnehmer, die ordentlich gekündigt werden können[33].

bb) Zweiwochenfrist

1261   Liegt ein wichtiger Grund vor, muß nach § 626 Abs. 2 Satz 1 BGB die Kündigung innerhalb von zwei Wochen erfolgen. Weder der Arbeitgeber noch der Arbeitnehmer sollen sich Kündigungsgründe für eine ihnen günstige Gelegenheit „aufsparen" können. Die Frist kann deshalb auch nicht durch Tarifvertrag verlängert werden[34].

1262   Die Frist beginnt nach § 626 Abs. 2 Satz 2 BGB mit dem Zeitpunkt, in dem der Kündigungsberechtigte von den maßgeblichen Tatsachen Kenntnis erlangt, grob fahrlässige Unkenntnis reicht nicht aus.

§ 626 Abs. 2 Satz 2 BGB stellt auf die Kenntnis des Kündigungsberechtigten, also des Arbeitgebers oder Arbeitnehmers selbst sowie derjenigen Personen ab, die sie kraft gesetzlicher oder rechtsgeschäftlicher Vertretungsmacht bei der Erklärung der Kündigung wirksam vertreten können. Ausnahmsweise beginnt die Frist für eine Kündigung durch den Arbeitgeber auch dann zu laufen, wenn nicht er oder ein Kündigungs-

---

31 BAG vom 1. 10. 1970, AP Nr. 59 zu § 626 BGB.
32 Vgl. dazu Rdnr. 868.
33 BAG vom 28. 3. 1985, AP Nr. 86 zu § 626 BGB = DB 1985, 1743 = BB 1985, 1915 = NJW 1985, 2606 = NZA 1985, 559 = EzA § 626 n.F. BGB Nr. 96.
34 BAG vom 12. 4. 1978, AP Nr. 13 zu § 626 BGB Ausschlußfrist = DB 1978, 2180 = BB 1978, 1166 = EzA § 626 n.F. BGB Nr. 64.

berechtigter, sondern ein sonst Arbeitgeberfunktionen ausübender Vorgesetzter von dem Kündigungssachverhalt Kenntnis erhält und dessen Mitteilung an den Kündigungsberechtigten verzögert. Derartige Verzögerungen können nicht zu Lasten des Arbeitnehmers gehen[35].

Zu den maßgeblichen Tatsachen gehört regelmäßig die *Stellungnahme des zu Kündigenden* zum Kündigungssachverhalt[36]. Geht es um eine Kündigung wegen einer Vertragsverletzung des Arbeitnehmers, beginnt die Frist deshalb erst zu laufen, wenn er vom Arbeitgeber zur Kündigung angehört worden ist. Allerdings darf der Arbeitgeber die Anhörung auch nicht unnötig verzögern. Mehr als eine Woche Zeit darf sich der Arbeitgeber regelmäßig nicht lassen. Verzögert er die Anhörung, beginnt die Zweiwochenfrist von dem Zeitpunkt ab, zu dem sie spätestens hätte durchgeführt sein müssen.   1263

Ist die Zweiwochenfrist abgelaufen, ohne daß die Kündigung erklärt worden ist, ist die Geltendmachung der betreffenden Kündigungstatsache für die Zukunft ausgeschlossen. Eine spätere Kündigung kann nur auf einen neuen Sachverhalt gestützt werden, der für sich selbst einen wichtigen Grund i.S.d. § 626 Abs. 1 BGB darstellt. Hat etwa der Arbeitgeber einen Diebstahl hingenommen, kann er eine spätere Kündigung wegen dauernder Unpünktlichkeit nicht zusätzlich darauf stützen, daß der Arbeitnehmer gegen ihn schon eine Straftat begangen hat.   1264

Eine Besonderheit gilt nur bei sogenannten *Dauergründen*. Liegt der wichtige Grund in einem fortlaufenden Verhalten, z.B. anhaltender Unpünktlichkeit des Arbeitnehmers, beginnt die Zweiwochenfrist erst mit dem letzten Vorfall zu laufen und kann die Kündigung, wenn sie innerhalb dieser Frist erfolgt, auf alle zusammenhängenden Vorfälle gestützt werden, auch wenn diese schon länger zurückliegen.   1265

b) Wiedereinstellungsanspruch

Nach einer in Rechtsprechung und Literatur vordringenden Auffassung soll der Wegfall des Kündigungsgrundes nach der Kündigung zu einem Wiedereinstellungsanspruch des Arbeitnehmers führen, wenn er die Kündigung nicht zu vertreten hat[37].   1265a

---

35 Vgl. m.N. KR-Hillebrecht, § 626 Rdnr. 52.
36 BAG vom 10. 6. 1988, AP Nr. 27 zu § 626 BGB Ausschlußfrist = DB 1989, 282 = BB 1989, 1062 = NJW 1989, 733 = NZA 1989, 105 = EzA § 626 BGB Ausschlußfrist, Nr. 2.
37 LAG Köln vom 10. 1. 1989, LAGE § 611 BGB Einstellungsanspruch, Nr.1 = DB 1989, 1475; für die betriebsbedingte Kündigung *Hambitzer*, Wiedereinstellungsanspruch nach wirksamer betriebsbedingter Kündigung?, NJW 1985, 2239.

c) Arbeitsentgelt und Schadenersatz

Fall 77: *A war seit 1981 bei X als Apothekerin beschäftigt. Am 20. 2. 1986 hat sie ein Kind geboren und im Anschluß an die Mutterschutzfrist Erziehungsurlaub genommen. Am 13. 11. 1986 kündigte A das Arbeitsverhältnis zum 20. 12. 1986, dem Ende des Erziehungsurlaubs und teilte X mit, sie verlange Weiterzahlung ihres Entgelts als Schadenersatz, da X die Kündigung durch sein vertragswidriges Verhalten verschuldet habe. Nachdem A schwanger geworden sei, habe X sie vom gemeinsamen Mittagstisch ausgeschlossen, die persönlichen Sachen A unfrei durch die Post zukommen lassen, ihr die Weihnachtsgratifikation 1985 vorenthalten, ein Zwischenzeugnis erst nach Androhung eines Zwangsgeldes erteilt und schließlich rechtswidrig während des Erziehungsurlaubs am 3. 8. 1986 das Arbeitsverhältnis gekündigt.*

1266   Wird das Arbeitsverhältnis wirksam nach § 626 BGB gekündigt, ist das Arbeitsentgelt regelmäßig bis zum Zeitpunkt des Wirksamwerdens der Kündigung zu bezahlen (§ 628 Abs. 1 Satz 1 BGB). Eine im voraus bezahlte Vergütung ist nach Maßgabe des § 347 BGB oder wenn die Kündigung ausnahmsweise nicht zu vertreten ist nach dem §§ 812 ff. BGB zurückzuerstatten. (Beispiel: Der Arbeitnehmer ist durch eine Intrige unverschuldet in einen schwerwiegenden Verdacht geraten.)

1267   Wird das Arbeitsverhältnis allerdings wegen einer Vertragsverletzung des Arbeitnehmers vom Arbeitgeber gekündigt oder kündigt der Arbeitnehmer ausnahmsweise aus einem Grund, der nicht in einer Vertragsverletzung des Arbeitgebers besteht, entfällt der Anspruch auf die Vergütung insoweit, als die bisherigen Leistungen des Arbeitnehmers für den Arbeitgeber kein Interesse haben (§ 628 Abs. 1 Satz 2 BGB). Verläßt ein Arbeitnehmer etwa noch während der Einarbeitungszeit die Arbeitsstelle und wird deshalb vom Arbeitgeber nach § 626 BGB gekündigt, hat er regelmäßig keinen Anspruch auf Vergütung und muß eine schon erhaltene Vergütung zurückzahlen.

1268   Beruht die Kündigung auf einer Vertragsverletzung des anderen Teils, kann der Kündigende von diesem nach § 628 Abs. 2 BGB Ersatz des durch die Aufhebung des Arbeitsverhältnisses entstandenen Schadens verlangen (ebenso § 89a Abs. 2 HGB für Handelsvertreter). Der Gekündigte muß den Kündigenden so stellen, wie er bei Fortbestehen des Arbeitsverhältnisses stünde (§§ 249 Satz 1, 252 BGB). Ist der Kündigende der Arbeitgeber, kann er insbesondere die Differenz zwischen dem mit dem Gekündigten vereinbarten Entgelt und den höheren Kosten einer Ersatzkraft verlangen. Ist der Kündigende der Arbeitnehmer, steht ihm als Schadensersatzanspruch das bisherige Entgelt, abzüglich ersparter Aufwendungen und eines anderweit erzielten Einkommens zu.

An sich hätte auch A in **Fall 77** *Weiterzahlung ihres Entgelts als Schadenersatz verlangen können. Der Ausschluß vom gemeinsamen Mittagstisch nach Eintritt der Schwangerschaft* *sowie die unfreie Übersendung der persönlichen Sachen durch die Post und die Vorenthaltung der Weihnachtsgratifikation hätten als wichtiger Grund ausgereicht. Daß sie ihre Kündigung auf § 19 BErzGG und nicht auf § 626 BGB gestützt hat, hätte dabei ebenfalls keine Rolle gespielt. Der Anspruch scheitert aber daran, daß A die Zweiwochenfrist des § 626 Abs. 2 BGB versäumt hat. Ansprüche aus § 628 BGB können nur geltend gemacht werden, wenn die Voraussetzungen des § 626 BGB, also auch die Einhaltung der Zweiwochenfrist, gegeben sind[38].*

Nach den Gründsätzen über die Berücksichtigung möglichen *rechtmäßigen Alternativverhaltens* ist der Anspruch auf Ersatz des Auflösungsschadens bis zu dem Zeitpunkt begrenzt, zu dem der Gekündigte seinerseits das Arbeitsverhältnis rechtswirksam hätte kündigen können. Der Arbeitgeber kann also die Kostendifferenz für die Einstellung einer Ersatzkraft nur bis zum Ablauf der Frist für eine ordentliche Kündigung des Arbeitnehmers liquidieren. Umgekehrt findet auch der Anspruch des Arbeitnehmers auf Fortzahlung des Entgelts als Schadenersatz seine Grenze in einem Kündigungsrecht des Arbeitgebers. Beim Arbeitnehmer, der nicht dem Kündigungsschutz unterliegt, ist das ebenfalls das Ende der Kündigungsfrist. Bei einem Arbeitnehmer mit Kündigungsschutz muß dem Arbeitgeber ein personen- oder betriebsbedingter Grund zur Kündigung zur Seite stehen. Die Auffassung der herrschenden Meinung, ein Arbeitnehmer mit Kündigungsschutz könne unbegrenzt Fortzahlung des Entgelts verlangen[39], läuft auf das unhaltbare Ergebnis hinaus, den Arbeitnehmer so zu stellen, wie wenn er vertraglich unkündbar gestellt worden wäre[40].

1269

Ein Auflösungsschaden des § 628 Abs. 2 BGB darf nicht mit dem Schaden verwechselt werden, der durch die Vertragsverletzung entsteht, die zur Kündigung nach § 626 BGB führt. Der Ersatz dieses Schadens richtet sich nach den allgemeinen Gründsätzen über die positive Forderungsverletzung.

1270

4. Änderungskündigung

Wie bei jedem Dauerschuldverhältnis kann auch beim Arbeitsverhältnis für den einen wie für den anderen Vertragspartner ein Bedürfnis auf Abänderung der Vertragsbedingungen bestehen. Wird über eine solche Änderung kein Einverständnis erzielt, kann die Kündigung als Mittel zu diesem Ziel eingesetzt werden: Der Kündigende verbindet die Kündigung von vornher-

1271

---

38 BAG vom 22. 6. 1989 − 8 AZR 164/88 −.
39 Vgl. mit Nachweisen KR-Weigand, § 628 Rdnr. 34 f.
40 Vgl. näher *Löwisch/Rieble*, Anmerkung zu BAG vom 23. 8. 1988, EzA § 113 BetrVG 1972 Nr. 17.

ein mit dem Angebot, das Arbeitsverhältnis unter geänderten Bedingungen fortzusetzen oder er stellt sie überhaupt unter die aufschiebende bzw. auflösende Bedingung, daß sich der Gekündigte mit der vorgeschlagenen Änderung nicht einverstanden bzw. einverstanden erklärt.

1272 Eine solche *Änderungskündigung* scheitert nicht an der Bedingungsfeindlichkeit der Kündigung als Gestaltungserklärung. Denn es liegt allein bei ihrem Adressaten, ob er sich auf die Veränderung einläßt oder nicht und ob damit das Arbeitsverhältnis aufgelöst wird oder nicht. Läßt er sich auf die Änderungskündigung ein, dann läuft das Arbeitsverhältnis mit den aus der Änderungskündigung erstrebten Veränderungen fort. Verweigert er jedoch die angebotene Änderung, so wird die Kündigung des Arbeitsverhältnisses wirksam. Regelmäßig wird die Änderungskündigung als ordentliche Kündigung ausgesprochen. Auf sie ist dann, wenn der Arbeitnehmer Kündigungsschutz genießt, das KSchG anzuwenden[41].

1273 Bei Arbeitnehmern, deren ordentliche Kündigung gesetzlich, insbesondere nach § 15 KSchG tariflich oder vertraglich ausgeschlossen ist, ist die Änderungskündigung nur als *Kündigung aus wichtigem Grund* nach § 626 BGB möglich. Für die Frage, ob ein solcher wichtiger Grund vorliegt, kommt es dann auf die vom Arbeitgeber angestrebte Änderung der Arbeitsbedingungen an. Die Fortsetzung des Arbeitsverhältnisses unter den bisherigen Bedingungen muß dem Arbeitgeber auch unter Berücksichtigung der Interessen des Arbeitnehmers unzumutbar sein[42].

1274 Die außerordentliche Änderungskündigung muß regelmäßig die gesetzlichen und tarifvertraglichen Kündigungsfristen einhalten, die gelten würden, wenn die ordentliche Kündigung nicht ausgeschlossen wäre. Nur dort, wo die Situation des Unternehmens die Durchbrechung auch dieser Fristen erfordert, kann die außerordentliche Änderungskündigung der unkündbaren Arbeitnehmer wie der an sich ordentlich kündbaren Arbeitnehmer kurzfristig erfolgen. Auf die außerordentliche Änderungskündigung ist auch § 626 Abs. 2 BGB anzuwenden. Der Lauf der dort festgelegten Ausschlußfrist beginnt im Fall der betriebsbedingten Änderungskündigung wenn feststeht, welche bestimmten Arbeitnehmer nicht mehr auf ihrem bisherigen Arbeitsplatz oder nicht mehr zu ihren bisherigen Arbeitsbedingungen weiterbeschäftigt werden können und deshalb Änderungskündigungen notwendig sind.

---

41 Siehe Rdnr. 1392 ff.
42 Näher zur außerordentlichen Änderungskündigung von Betriebsratsmitgliedern und Wahlbewerbern Rdnr. 520, dort die Lösung zu Fall 29.

Zur Anwendung des Kündigungsschutzgesetzes auf die außerordentliche Änderungskündigung siehe Rdnr. 1402.

II. Befristung und Bedingung

Nach § 620 BGB endet das befristete Arbeitsverhältnis mit Ablauf der Zeit, 1275 für die es eingegangen ist. Vor Ablauf der Zeit kann das befristete Arbeitsverhältnis durch Kündigung aus wichtigem Grund nach § 626 BGB gekündigt werden. Eine ordentliche Kündigung ist hingegen nur möglich, wenn dies vertraglich oder tarifvertraglich vereinbart ist. Der Abschluß befristeter Arbeitsverträge kann zur Umgehung des Kündigungsschutzes nach dem Kündigungsschutzgesetz führen und ist deshalb nur beschränkt zulässig[43].

Ein befristetes Arbeitsverhältnis liegt auch vor, wenn es zur Erfüllung eines 1276 bestimmtes Zwecks, z.b. der Vertretung eines erkrankten Arbeitnehmers, abgeschlossen worden ist (sogenannte Zweckbefristung). Es endet dann mit der Erfüllung des Zwecks, beispielsweise also mit der Wiederaufnahme der Arbeit durch den erkrankten Arbeitnehmer.

In entsprechender Anwendung der Vorschriften über die Mindestkündigungsfristen steht dem Arbeitnehmer dabei aber eine Auslauffrist zu, die 1277 von dem Zeitpunkt ab rechnet, von dem ihm vom Arbeitgeber das bevorstehende Ende des Arbeitsverhältnisses mitgeteilt wird[44].

Gemäß § 158 Abs. 2 BGB besteht an sich die Möglichkeit, einen Arbeitsvertrag unter einer auflösenden Bedingung abzuschließen. Etwa kann verein- 1278 bart werden, daß das Arbeitsverhältnis eines Piloten enden soll, wenn seine Fluguntauglichkeit festgestellt wird[45]. Allerdings bedarf der Arbeitnehmer beim bedingten Arbeitsverhältnis größeren Schutzes als beim befristeten.

Die auflösende Bedingung setzt, im Gegensatz zur Befristung, keinen festen 1279 Zeitpunkt für das Ende des Arbeitsverhältnisses. Vielmehr bleibt ungewiß, ob es in absehbarer Zeit endet, und wann es endet. Während sich der Arbeitnehmer bei einer Befristung nicht von vornherein auf einen dauerhaften Bestand des Arbeitsverhältnisses einrichten kann, hat er beim bedingten Arbeitsverhältnis keinen Einfluß darauf, ob und jedenfalls wann die Beendi-

---

43 Vgl. dazu im einzelnen § 26 Rdnr. 1415 ff.
44 BAG vom 12. 6. 1987, AP Nr. 113 zu § 620 BGB Befristeter Arbeitsvertrag = DB 1988, 969 = BB 1988, 138 = NZA 1988, 201 = EzA § 620 BGB Nr. 90.
45 BAG vom 14. 5. 1987, AP Nr. 12 zu § 1 TVG Tarifverträge: Lufthansa = NZA 1988, 67 = EzA 3 620 BGB Bedingung Nr. 7.

gung eintritt. Deshalb muß die Bedingung im Zeitpunkt ihres Eintritts eindeutig bestimmt sein. Daß das Arbeitsverhältnis mit dem Eintritt der Erwerbsunfähigkeit enden soll, reicht angesichts der schwierigen Beurteilung dieser Frage dafür nicht aus[46].

III. Aufhebungsvertrag

1280   Das Arbeitsverhältnis kann auch durch Vertrag beendet werden. Ein solcher Aufhebungsvertrag kann vor allem aus der Sicht des Arbeitgebers erstrebenswert sein, weil er weder ein Anhörungsrecht des Betriebsrats noch die Anwendung des KSchG auslöst.

1281   Einer besonderen Form bedarf ein solcher Aufhebungsvertrag nur dann, wenn dies tarifvertraglich ausdrücklich bestimmt ist[47].

1282   An den einmal abgeschlossenen Aufhebungsvertrag sind Arbeitnehmer und Arbeitgeber gebunden. Ein Recht des Arbeitnehmers zum Widerruf, wie es § 1b AbzG vorsieht, läßt sich de lege lata nicht begründen[48]. Wohl aber unterliegt der Aufhebungsvertrag der Anfechtung nach §§ 119 und 123 BGB. In Betracht kommt insbesondere eine Anfechtung wegen einer Drohung mit einer sonst erfolgenden fristlosen Entlassung durch den Arbeitgeber. Eine solche Drohung ist dann widerrechtlich i.S.d. § 123 BGB, wenn ein verständiger Arbeitgeber nicht zu diesem Mittel gegriffen hätte, um die Auflösung des Arbeitsvertrages zu erreichen. Beim Verdacht einer strafbaren Handlung ist das erst der Fall, wenn der Arbeitgeber sich, soweit ihm das möglich ist, Gewißheit über die näheren Umstände des Verdachts verschafft hat[49].

IV. Zeugnis und Auskunft

1. Zeugnis

Fall 78: *A war mehrere Jahre als Filialleiter im Handelsunternehmen X tätig. Vor seinem Ausscheiden war es zu Auseinandersetzungen über ein bei einer Inventur in der von A geleiteten Filiale festgestelltes Warenmanko im Wert von DM 6000,— gekommen. A hatte die Inventurberechnungsgrundlagen beanstandet und sich geweigert, das Inventurergebnis anzuer-*

---

46 BAG vom 27. 10. 1988, AP Nr. 16 zu § 620 BGB Bedingung = BB 1989, 1347.
47 So in § 4.7 des in Anhang 1 abgedruckten Manteltarifvertrages.
48 Vgl. aber § 110 Abs. 1 Satz 2 des Entwurfs der AGB-Kommission.
49 BAG vom 20. 11. 1969, AP Nr. 16 zu § 123 BGB.

kennen. Bei seinem Ausscheiden aufgrund eigener Kündigung stellt X dem A ein Zeugnis aus, in dem es u.a. hieß: „Während seiner Tätigkeit bei uns haben wir Herrn A als einen fleißigen, ehrlichen und gewissenhaften Mitarbeiter kennengelernt." Nunmehr verlangt X von A Ersatz des Mankos mit der Begründung, das Manko lasse sich nur so erklären, daß A seine Pflichten als Filialleiter erheblich vernachlässigt habe.

a) Einfaches und qualifiziertes Zeugnis

Nach § 630 BGB bzw. § 73 HGB und § 113 GewO hat jeder Arbeitnehmer bei   1283
Beendigung eines dauernden Arbeitsverhältnisses Anspruch darauf, daß
der Arbeitgeber ihm ein schriftliches Zeugnis über das Arbeitsverhältnis
und dessen Dauer erteilt (normales Zeugnis).

Auf Verlangen des Arbeitnehmers ist das Zeugnis auch auf die Leistung und   1284
die Führung im Dienst zu erstrecken (qualifiziertes Zeugnis).

Die genannten Vorschriften sagen nichts über die Frage aus, ob der Arbeit-   1285
nehmer auch während der Dauer des Arbeitsverhältnisses Anspruch auf
Ausstellung eines *Zwischenzeugnisses* hat. Ein solcher Anspruch folgt aber
aus § 242 BGB, wenn der Arbeitnehmer daran ein berechtigtes Interesse hat,
es etwa für eine Bewerbung braucht.

Bei *Auszubildenden* muß das Zeugnis Angaben über Art, Dauer und Ziel der   1286
Berufsausbildung sowie über die erworbenen Fertigkeiten des Auszubildenden haben (§ 8 Abs.1 Satz 1 BBiG). Auf Verlangen des Auszubildenden sind
auch Angaben über Führung, Leistung und besondere fachliche Fähigkeiten
aufzunehmen (§ 8 Abs.2 BBiG). Hat der Arbeitgeber die Ausbildung nicht
selbst durchgeführt, soll auch der Ausbilder das Zeugnis unterschreiben (§ 8
Abs.1 Satz 2 BBiG).

b) Richtigkeit

Das Zeugnis hat für das weitere Fortkommen des Arbeitnehmers erhebliche   1287
Bedeutung. Der Arbeitgeber muß auf seine Ausstellung deshalb die nötige
Sorgfalt verwenden. Die Angaben im Zeugnis müssen richtig sein.

Dabei muß Nachteiliges vernünftig gewertet werden. Insbesondere müssen   1288
Vorgänge aus der Zeit unmittelbar vor Beendigung des Arbeitsverhältnisses
in ihrer Relation zu Leistung und zum Verhalten des Arbeitnehmers während der Gesamtdauer des Arbeitsverhältnisses gesehen werden. Auch muß
der Arbeitgeber die übliche Zeugnissprache berücksichtigen, nach der etwa
derjenige, der sich „bemüht hat" mangelhaft arbeitete; bei der „zur Zufriedenheit" ausreichend, „zu voller Zufriedenheit" befriedigend und erst „zu
vollster Zufriedenheit" gut bedeutet.

1289   Der Anspruch auf Erteilung des Zeugnisses umfaßt auch dessen Richtigkeit. Notfalls kann auf Erteilung eines richtigen Zeugnisses geklagt werden. Das Arbeitsgericht formuliert dann das Zeugnis selbst und verurteilt den Arbeitgeber zu seiner Ausstellung, wobei nach § 894 ZPO die entsprechende Erklärung des Arbeitgebers als abgegeben gilt, sobald das Urteil rechtskräftig geworden ist[50].

1290   Der Arbeitgeber muß sich bei der Zeugnisausstellung aber andererseits auch vor Schönfärberei hüten. Das Zeugnis ist der Ausweis, mit dem der Arbeitnehmer sich um neue Stellen bewirbt. Werden in ihm für die Beurteilung des Arbeitnehmers wesentliche Vorgänge verschwiegen, kann das zur Täuschung künftiger Arbeitgeber führen. Hat der das Zeugnis ausstellende frühere Arbeitgeber solche Täuschungen in Kauf genommen, kann er künftigen Arbeitgebern nach § 826 BGB schadensersatzpflichtig werden[51].

*Auch dem Arbeitnehmer gegenüber muß sich der Arbeitgeber an der Beurteilung festhalten lassen, die er dessen Leistungen im Zeugnis gegeben hat. Es stellt ein widersprüchliches, gegen § 242 BGB verstoßendes Verhalten dar, wenn der Arbeitgeber — **wie in Fall 78** — einem Arbeitnehmer erst die Ehrlichkeit bescheinigt, um ihn dann wegen angeblicher Unehrlichkeit in Anspruch zu nehmen. X kann deshalb in **Fall 78** das Manko bei A nicht mehr geltend machen[52].*

2. Auskunft

1291   In zunehmendem Maße begnügt sich ein Arbeitgeber, der einen aus einem anderen Betrieb Ausgeschiedenen einstellen will, nicht mit der Einsichtnahme in dessen Zeugnis, sondern bittet den früheren Arbeitgeber um eine Auskunft über die Person des Bewerbers. Man wird annehmen müssen, daß der frühere Arbeitgeber aus dem Gesichtspunkt der über das Arbeitsverhältnis hinaus wirkenden Treuepflicht dem Arbeitnehmer gegenüber verpflichtet ist, diese Auskunft zu erteilen, wenn dieser darum bittet.

---

50 BAG vom 23. 6. 1960, AP Nr. 1 zu § 73 HGB.
51 BGH vom 22. 9. 1970, AP Nr. 16 zu § 826 BGB = DB 1970, 2224 = BB 1970, 1395 = NJW 1970, 2291 / BGH vom 15. 5. 1979, BGHZ 74, 281 = AP Nr. 13 zu § 630 BGB = DB 1979, 2378 = BB 1980, 779 = NJW 1979, 1882 = EzA § 630 BGB Nr. 10 hält in Ausnahmefällen sogar eine Haftung nach Vertragsgrundsätzen aufgrund fälschlich erweckten Vertrauens für möglich.
52 Vgl. BAG vom 8. 2. 1972, AP Nr. 7 zu § 630 BGB.

V. Wettbewerbsverbote

Fall 79: *A, der Elektromeister ist, wird ab 1.4. als Meister für die Elektrowerkstatt der Firma X eingestellt. In seinem Anstellungsvertrag wird bestimmt, daß die ersten drei Monate seines Arbeitsverhältnisses als Probezeit gelten und jeder Teil während der Probezeit den Vertrag mit einer Frist von einem Monat zum Monatsende kündigen kann. Außerdem wird dort ein Wettbewerbsverbot festgelegt, nach dem sich A verpflichtet, für die Dauer von zwei Jahren nicht für eine Konkurrenzfirma tätig zu werden, und er dafür für die Dauer des Wettbewerbsverbots die Hälfte der zuletzt empfangenen Bezüge erhält. Am 16.7. kündigt A das Arbeitsverhältnis zum 31.8.. Für die Folgezeit verlangt er von X Zahlung der Karenzentschädigung.*

1. Allgemeines

Daß der Arbeitnehmer während der Dauer seines Arbeitsverhältnisses einem Wettbewerbsverbot unterliegt[53], ist aus seiner Sicht regelmäßig nicht problematisch, weil er sein Einkommen aus dem betreffenden Arbeitsverhältnis bezieht. Anders liegt es nach dessen Beendigung. Er ist dann auf eine neue Beschäftigung angewiesen, die er zumeist nur auf dem Gebiet finden kann, auf dem er bisher tätig gewesen ist. Deshalb bedarf die Zulässigkeit nachvertraglicher Wettbewerbsverbote einer Regelung, die die Interessen des Arbeitgebers an dem Festhalten unerwünschter Konkurrenz und das Interesse des Arbeitnehmers, seine Kenntnisse und Erfahrungen in einem neuen Arbeitsverhältnis zu verwerten, ausgleicht.   **1292**

2. Wirksamkeit bei kaufmännischen Angestellten

Die Wirksamkeit nachvertraglicher Wettbewerbsverbote ist für kaufmännische Angestellte in den §§ 74 ff. HGB eingehend geregelt: **1293**

– Nach § 74 Abs. 1 HGB bedarf das Wettbewerbsverbot der Schriftform. Dem Angestellten muß eine entsprechende Urkunde ausgehändigt werden.

– Das Wettbewerbsverbot ist nur verbindlich, wenn es die Verpflichtung des Arbeitgebers enthält, für die Dauer des Verbots an den Angestellten eine sogenannte Karenzentschädigung in Höhe der Hälfte des zuletzt bezogenen Entgelts zu zahlen (§ 74 Abs. 2 HGB)[54]. Die Entschädigung muß alle bezogenen, vertragsmäßigen

---

53 Rdnr. 883 f.
54 Die in § 75b HGB gemachten Ausnahmen von der Notwendigkeit einer Karenzentschädigung bei Tätigkeiten außerhalb Europas und bei höherverdienenden Angestellten gelten heute nicht mehr, weil die Vorschrift nach Auffassung des BAG in beiden Punkten verfassungswidrig ist – was das BAG selbst feststellen konnte, weil es sich bei der Vorschrift um vorkonstitutionelles Recht handelt – vgl. BAG vom 5. 2. 1969, AP Nr. 10 zu § 75b

Leistungen einschließlich etwaiger Gratifikationen, Urlaubsgelder usw. umfassen. Lediglich der Auslagenersatz ist ausgenommen (§ 74b Abs. 3 HGB). Handelt es sich bei den Bezügen um Provisionen, ist der Durchschnitt der letzten drei Jahre in Ansatz zu bringen (§ 74b Abs. 2 HGB). Anderweitigen Erwerb muß sich der Arbeitnehmer nur insoweit anrechnen lassen, als er zusammen mit der Entschädigung die bisherigen Bezüge um mehr als ein Zehntel übersteigt (§ 74c HGB).

– Das Wettbewerbsverbot kann nicht auf längere Zeit als zwei Jahre, von der Beendigung des Arbeitsverhältnisses an gerechnet, erstreckt werden (§ 74a Abs. 1 Satz 3 HGB).

– Es ist unverbindlich, soweit es nicht dem Schutz eines berechtigten geschäftlichen Interesses des Arbeitgebers dient (§ 74a Abs. 1 Satz 1 HGB). Das ist etwa der Fall, wenn der Arbeitgeber sein Unternehmen vollständig aufgibt.

– Nach § 74a Abs. 1 Satz 2 HGB ist das Wettbewerbsverbot ferner unbillig, wenn es unter Berücksichtigung der gewährten Entschädigung nach Ort, Zeit oder Gegenstand das Fortkommen des Angestellten unbillig erschwert. Das kommt etwa in Betracht, wenn dem Angestellten die Tätigkeit in einer ganzen Branche in ganz Deutschland untersagt wird, obwohl der Arbeitgeber Geschäfte nur in einen Teil der Branche und nur in einer bestimmten Region tätigt.

1294   Kündigt der Angestellte das Arbeitsverhältnis wegen einer Vertragsverletzung des Arbeitgebers aus wichtigem Grund, wird das Wettbewerbsverbot unwirksam, wenn er vor Ablauf eines Monats nach der Kündigung erklärt, daß er sich an die Vereinbarung nicht gebunden erachtet (§ 75 Abs. 1 HGB). Er verliert dann auch den Anspruch auf die Karenzentschädigung. Wenn der Arbeitgeber ohne erheblichen Anlaß in der Person des Angestellten das Arbeitsverhältnis kündigt, kann der Angestellte zwischen der Aufrechterhaltung des Wettbewerbsverbots, verbunden mit der Karenzentschädigung, und der Lösung von Wettbewerbsverboten unter Aufgabe der Karenzentschädigung wählen. Allerdings kann der Arbeitgeber sich in diesem Falle die Aufrechterhaltung des Wettbewerbsverbotes durch Weiterzahlung des vollen Gehalts erkaufen (§ 75 Abs. 2 Satz 1 HGB).

1295   Der Arbeitgeber kann *vor* Beendigung des Arbeitsverhältnisses schriftlich auf das Wettbewerbsverbot verzichten. Er wird dann mit Ablauf eines Jahres seit dieser Erklärung von der Verpflichtung zur Karenzentschädigung frei (§ 75a HGB).

1296   Gemäß § 128a AFG ist der Arbeitgeber verpflichtet, der Bundesanstalt für Arbeit vierteljährlich das Arbeitslosengeld zu erstatten, das dem ehemaligen

---

HGB = DB 1970, 496 = BB 1970, 259 = NJW 1970, 723 und vom 16. 10. 1980, AP Nr. 15 zu § 75b HGB = DB 1981, 695 = BB 1981, 553 = NJW 1981, 1174 = EzA § 75b HGB Nr. 13.

Arbeitnehmer für die Zeit bezahlt worden ist, in der ein vereinbartes Wettbewerbsverbot besteht[55].

3. Wirksamkeit bei sonstigen Arbeitnehmern

Die Bestimmungen der §§ 74 ff. HGB werden heute auf Arbeitnehmer, die   1297
nicht kaufmännische Angestellte sind, analog angewandt. Gerechtfertigt
wird das mit der Überlegung, daß heute auch bei diesen Arbeitnehmern
vielfach Wettbewerbsverbote vereinbart werden und damit gegenüber der
Zeit, zu der die §§ 74 ff. HGB erlassen worden sind, nämlich 1914, nachträglich
eine planwidrige Regelungslücke entstanden ist, die angesichts der gleichen
Interessenlage bei diesen anderen Arbeitnehmern durch Analogie geschlossen
werden muß[56].

Nach dem Gesagten gelten in **Fall 79** *die §§ 74 ff. HGB auch für A, so daß er dem vereinbarten
Wettbewerbsverbot unterliegt, aber auch Anspruch auf die Karenzentschädigung hat.
Daß das Arbeitsverhältnis während der Probezeit geendet hat, ändert daran nichts. Hätte X
das Wettbewerbsverbot erst nach Ende der Probezeit in Kraft setzen wollen, hätte er dies ausdrücklich
in den schriftlichen Vertrag aufnehmen müssen[57]. Auch ein nachträglicher Verzicht
auf das Wettbewerbsverbot nützt X, nachdem die Kündigung bereits erfolgt ist, nichts mehr.
Möglich ist nur eine einverständliche Aufhebung des Wettbewerbsverbotes.*

Nach § 5 Abs. 1 Satz 1 BBiG ist die Vereinbarung von Wettbewerbsverboten   1298
mit Auszubildenden für die Zeit nach Beendigung des Berufsausbildungsverhältnisses
unzulässig. Eine Ausnahme besteht nach § 5 Abs.1 Satz 2 BBiG
nur, soweit der Ausbildende die Kosten einer weiteren Berufsausbildung
des Auszubildenden übernimmt.

VI. Rechtslage in der DDR

Mit Rücksicht auf die vom BVerfG festgestellte Verfassungswidrigkeit der   1299
unterschiedlichen Kündigungsfristen für Arbeiter und Angestellte[58] hat der
Einigungsvertrag die Bestimmungen des § 55 AGB über die Kündigungsfristen
vorerst in Kraft gelassen. Danach beträgt die gesetzliche Mindestkündigungsfrist
für Arbeiter und Angestellte zwei Wochen. Bei länger dauernden

---

55 Vgl. hierzu jetzt BSG vom 9. 11. 1989, NZA 1990, 541.
56 Grundlegend BAG vom 13. 9. 1969, AP Nr. 24 zu § 611 BGB Konkurrenzklausel = DB
   1970, 63 = BB 1970, 35 = NJW 1970, 626.
57 BAG vom 10. 5. 1971, AP Nr. 6 zu § 628 BGB.
58 Vgl. Rdnr. 1239.

Arbeitsverhältnissen gilt eine § 622 Abs. 2 BGB entsprechende Vorschrift (§ 55 Abs. 2 AGB).

VII. Kontrollfragen

Frage 83: Warum kann eine Kündigung grundsätzlich nicht unter einer Bedingung erklärt werden? Welche Ausnahme gibt es?

Frage 84: Welche regelmäßige Kündigungsfrist gilt seit der Entscheidung des Bundesverfassungsgerichts vom Juli 1990 für Arbeiter?

Frage 85: Inwieweit kann die Kündigungsfrist des § 622 Abs. 1 BGB abbedungen werden?

Frage 86: Wann kann ein Berufsausbildungsverhältnis ohne Kündigungsfrist gekündigt werden?

Frage 87: Setzt die außerordentliche Kündigung nach § 626 BGB ein Verschulden des Vertragspartners voraus?

Frage 88: Darf ein Zeugnis nachteilige Angaben enthalten?

Frage 89: Für wen gelten die Vorschriften des HGB über nachvertragliche Wettbewerbsverbote?

§ 25 Kündigungsschutz*

Literaturangaben: *v. Altrock,* Die „abgestufte Darlegungs- und Beweislast" — Rechtsinstitut eigener Art im Kündigungsschutzprozeß?, DB 1987, 433; *Ascheid,* Betriebsbedingte Kündigung — Unternehmerentscheidung und außerbetriebliche Gründe, DB 1987, 1144; *Becker u.a.,* Gemeinschaftskommentar zum Kündigungsschutzgesetz und sonstigen kündigungsschutzrechtlichen Vorschriften, 3. Aufl. 1989 (zit.: KR-Bearb.); *Berkowsky,* Die betriebsbedingte Kündigung, 2. Aufl. 1985; *ders.,* Die personen- und verhaltensbedingte Kündigung, 1986; *Bettermann,* Der Gegenstand des Kündigungsstreits nach dem Kündigungsschutzgesetz, ZfA 1985, 5; *Boewer,* Krankheit als Kündigungsgrund, NZA 1988, 678; *Buchner,* Die Rechtslage zur betriebsbedingten Kündigung, DB 1984, 504; *Dudenbostel,* Beibringungsgrundsatz und Darlegungslast bei der sozialen Auswahl nach § 1 Abs. 3 KSchG, ArbuR 1984, 298; *Dütz,* Die Weiterbeschäftigungs-Entscheidung des Großen Senats des Bundesarbeitsgerichts und ihre Folgen für die Praxis, NZA 1986, 200; *Falke/Höland/Rohde/Zimmermann,* Kündigungspraxis und Kündigungsschutz in der Bundesrepublik Deutschland, 2 Bände 1981; *Hamann,* Die Kündigung des Arbeitsverhältnisses durch den Arbeitgeber, JA 1987, 474; *Heinze,* Bestandsschutz durch Beschäftigung trotz Kündigung?, DB 1985, 111; *Herschel/Löwisch,* Kommentar zum Kündigungsschutzgesetz, 6. Aufl. 1984; *Hueck,* Kündigungsschutzgesetz, 10. Aufl. 1980; *Kreßel,* Die arbeitsrechtlichen Auswirkungen des Weiterbeschäftigungsanspruchs bei rechtmäßiger Kündigung, JZ 1988, 1102; *Lepke,* Kündigung bei Krankheit, 7. Aufl. 1987; *Löwisch,* Die Änderung von Arbeitsbedingungen auf individualrechtlichem Wege, insbesondere durch Änderungskündigung, NZA 1988, 633; *ders.,* Rechtsschutzversicherung und Weiterbeschäftigung, VersR 1986, 404; *ders.,* Die Beendigung des Annahmeverzugs durch ein Weiterbeschäftigungsangebot während des Kündigungsrechtsstreits, DB 1986, 2433; *Preis,* Neuere Tendenzen im arbeitsrechtlichen Kündigungsschutz, DB 1988, 1387, 1444; *Reuter,* Reichweite und Grenzen der Legitimität des Bestandsschutzes von Arbeitsverhältnissen, Ordo Band 33 (1982) S. 166; *Rieble,* Der Entscheidungsspielraum des Arbeitgebers bei der Sozialauswahl nach § 1 Abs. 3 KSchG und seine arbeitsgerichtliche Kontrolle, demnächst NJW 1990; *Rüthers/Henssler,* Die Kündigung bei kumulativ vorliegenden und gemischten Kündigungssachverhalten, ZfA 1988, 1; *Schaub,* Die betriebsbedingte Kündigung in der Rechtsprechung des Bundesarbeitsgerichts, NZA 1987, 217; *Schwerdtner,* Vom Beschäftigungsanspruch zum Weiterbeschäftigungsanspruch, ZIP 1985, 688; *Stahlhacke,* Kündigung und Kündigungsschutz im Arbeitsverhältnis, 4. Aufl. 1982; *v. Hoyningen-Huene,* Rechtsfolgen des richterrechtlichen Weiterbeschäftigungsanspruchs, BB 1988, 264; *Walker,* Bereicherungsrechtliche Rückabwicklung des Weiterbeschäftigungsverhältnisses, DB 1988, 1596; *Wank,* Teilzeitbeschäftigte im Kündigungsschutzgesetz, ZIP 1986, 206; *ders.,* Rechtsfortbildung im Kündigungsschutzrecht, RdA 1987, 129; *Weller,* Kündigungsschutz in Betrieb und Unternehmen, ArbuR 1986, 225, *Wenzel,* Kündigung und Kündigungsschutz, 5. Aufl. 1987; *Wilhelm,* Die Zusammenhänge zwischen Sonderkündigungsschutz und dem Kündigungsschutzgesetz, NZA 1988 Beilage 3, S. 18; *Zöllner,* Sind im Interesse einer gerechten Verteilung der Arbeitsplätze Begründung und Beendigung der Arbeitsverhältnisse neu zu regeln? — Gutachten für den 52. Deutschen Juristentag 1978.

---

* Paragraphen ohne Angabe sind solche des KSchG.

I. Individueller Kündigungsschutz

1. Allgemeines

1300   Mit dem individuellen Kündigungsschutz zielt das KSchG in erster Linie auf *Bestandsschutz*. Der Arbeitnehmer soll sich des einmal erworbenen Arbeitsplatzes, der regelmäßig seine Lebensgrundlage darstellt und für ihn zugleich ein Lebensmittelpunkt ist, grundsätzlich sicher sein können. Auf der anderen Seite kann dieser Bestandsschutz nicht ausnahmslos gelten. Vielmehr muß sich der Arbeitgeber vom Arbeitsverhältnis lösen können, wenn er ein legitimes Interesse daran hat.

1301   Das KSchG löst diesen Konflikt dadurch, daß es in § 1 Abs. 2 die Kündigung zuläßt, wenn für sie Gründe im *Verhalten* oder in der *Person* des Arbeitnehmers gegeben sind oder wenn sie durch *dringende betriebliche Erfordernisse* bedingt ist. Mit der verhaltensbedingten Kündigung wird dem Arbeitgeber eine Reaktionsmöglichkeit auf vertragswidriges Verhalten des Arbeitnehmers eingeräumt. Auch wenn dieses nicht so gravierend ist, daß es eine außerordentliche Kündigung nach § 626 BGB rechtfertigen könnte, soll es der Arbeitgeber doch nicht einfach hinnehmen müssen, sondern sich aus der Vertragsbindung lösen können. Die Möglichkeit der personenbedingten Kündigung trägt dem Austauschcharakter des Arbeitsverhältnisses Rechnung: Wo der Arbeitnehmer auf Dauer die Leistung nicht mehr erbringen kann, zu der er sich verpflichtet hat, verliert das Arbeitsverhältnis seinen wesentlichen Inhalt und muß deshalb aufgelöst werden können. Mit dem Recht zur betriebsbedingten Kündigung zieht das Gesetz eine notwendige Folgerung aus der Tatsache, daß sich ein Unternehmen, welches sich in einer marktwirtschaftlich verfaßten Wirtschaftsordnung bewegt, an dem Erfordernis der Rentabilität orientieren muß. Führt ein Mangel an kostendeckenden Aufträgen zu einer Freisetzung von Arbeitskräften, muß eine Personalverminderung ebenso möglich sein wie in den Fällen, in denen die Freisetzung ihre Ursache in der Einführung arbeitskräftesparender, kostensenkender Produktionsmethoden hat. Im Prinzip nichts anderes gilt insoweit für den öffentlichen Dienst, auf den das KSchG ebenfalls Anwendung findet. Da er zur sparsamen und wirtschaftlichen Haushaltsführung verpflichtet ist (vgl. etwa § 34 BHO), muß er sein Personal vermindern können, wenn Aufgaben entfallen oder wenn diese durch Verwaltungsvereinfachung oder Rationalisierung mit weniger Bediensteten erfüllt werden können.

1302   An der Öffnung des Bestandsschutzes gegenüber einer Kündigung aus dringenden betrieblichen Erfordernissen wird deutlich, daß das KSchG *kein*

Mittel zur Verhinderung von Arbeitslosigkeit sein kann. Wo kein Arbeitskräftebedarf mehr besteht, kann auch das KSchG den Arbeitsplatz nicht erhalten.
Die Vermeidung des Eintritts von Arbeitslosigkeit und der Abbau von eingetretener Arbeitslosigkeit kann nicht Aufgabe der das KSchG anwendenden
Arbeitsgerichte sein. Vielmehr obliegen sie der Wirtschaftspolitik sowie der
Sozialpolitik und hier insbesondere den Behörden der Arbeitsverwaltung,
denen das KSchG mit den Vorschriften über die Anzeigepflicht bei Entlassungen lediglich Flankenschutz geben kann[1].

Das KSchG verwirklicht den Bestandsschutz dadurch, daß es dem Arbeit-   1303
nehmer die Möglichkeit einräumt, *im Klagewege* die Unwirksamkeit einer
Kündigung, der ein zureichender Grund fehlt, feststellen zu lassen (§§ 4 f.).
Allerdings braucht eine entsprechende Feststellung nicht in einer Fortsetzung des Arbeitsverhältnisses zu münden. Vielmehr kommt sowohl auf Antrag des Arbeitgebers wie auch des Arbeitnehmers trotz Feststellung der Unwirksamkeit eine Auflösung des Arbeitsverhältnisses gegen Zahlung einer
Abfindung in Betracht (§§ 9 f.). Praktisch endet die große Mehrzahl der
Kündigungsschutzverfahren in einer solchen Auflösung des Arbeitsverhältnisses gegen Abfindung, sei es im Wege eines entsprechenden Urteils oder
im Wege eines Vergleichs. Unter dem Gesichtspunkt des Bestandsschutzes
ist das wenig befriedigend. Dies verleiht der Frage der Weiterbeschäftigung
des Arbeitnehmers während des Kündigungsrechtsstreits besonderes Gewicht[2].

Dem KSchG geht es um den Bestandsschutz für das Arbeitsverhältnis des   1304
einzelnen Arbeitnehmers. Deshalb muß in jedem einzelnen Fall abgewogen
werden, ob das Interesse des Arbeitgebers an der Auflösung des Arbeitsverhältnisses angesichts der gegebenen Umstände das Interesse des Arbeitnehmers am Bestehenbleiben des Arbeitsverhältnisses überwiegt. Vor allem
muß die betriebsbedingte, aber auch die personenbedingte und die verhaltensbedingte Kündigung im konkreten Fall ultima ratio für den Arbeitgeber
sein[3]. Kann den Interessen des Arbeitgebers auch auf andere, dem Arbeitgeber zumutbare Weise Rechnung getragen werden, wäre der Gebrauch der
Kündigung eine unverhältnismäßige, weil nicht erforderliche Maßnahme,
die deshalb nicht zulässig ist.

Als zentraler Bestandteil des Arbeitnehmerschutzrechts wirkt § 1 *zwingend*   1305
zugunsten des einzelnen Arbeitnehmers. Ein Ausschluß oder eine Be-

---

1 Siehe Rdnr. 1404.
2 Siehe dazu Rdnr. 1382 ff.
3 BAG vom 30. 5. 1978, AP Nr. 70 zu § 626 BGB = DB 1978, 1790, BB 1978, 1310 = NJW 1979,
   332 = EzA § 626 BGB n.F. Nr. 66.

schränkung des Kündigungsschutzes kann deshalb arbeitsvertraglich, aber auch tarifvertraglich nicht vereinbart werden. Nicht möglich ist auch eine bindende Vereinbarung bestimmter Gründe, die die Kündigung stets rechtfertigen sollen[4]. Durch die zwingende Wirkung des KSchG ist der Arbeitnehmer allerdings nicht gehindert, sich bei oder nach Ausspruch der Kündigung mit dieser einverstanden zu erklären und durch den darin liegenden Aufhebungsvertrag auf den Kündigungsschutz zu verzichten.

1306   § 1 KSchG ist nur zugunsten des Arbeitnehmers zwingend. Ein über ihn hinausgehender *vereinbarter Kündigungsschutz* ist deshalb grundsätzlich möglich. Der Arbeitgeber kann auch auf die Geltendmachung eines Kündigungsgrundes verzichten. Ein solcher Verzicht liegt insbesondere vor, wenn der Arbeitgeber dem Arbeitnehmer den Grund für eine verhaltensbedingte Kündigung verziehen hat, wovon dann auszugehen ist, wenn er das Fehlverhalten zwar abgemahnt oder gerügt, aber eben nicht zum Anlaß einer Kündigung genommen hat. Auch in der „Rücknahme" einer Kündigung kann ein solcher Verzicht liegen.

2. Anwendungsbereich des KSchG

a) Sachlicher Geltungsbereich

1307   Das Kündigungsschutzgesetz gewährt dem Arbeitnehmer Schutz gegen vom Arbeitgeber erklärte ordentliche Kündigungen. Bei Beendigung des Arbeitsverhältnisses auf anderem Wege, insbesondere durch Aufhebungsvertrag oder Anfechtung nach den §§ 119 ff. BGB greift der Schutz nicht ein. Hingegen unterliegt der Abschluß befristeter Arbeitsverträge unter dem Gesichtspunkt der Gesetzesumgehung indirekt dem KSchG[5]. Auch für außerordentliche Kündigungen gilt der Kündigungsschutz nicht. Ihre Zulässigkeit richtet sich danach, ob ein wichtiger Grund i.S.d. § 626 Abs. 1 BGB gegeben ist. Jedoch finden nach Maßgabe des § 13 auf sie die verfahrensrechtlichen Bestimmungen über den Kündigungsschutzprozeß Anwendung[6].

Zur Frage der Anwendung dieser Bestimmungen auf die Anfechtung vgl. Rdnr. 1361.

1308   Nach § 25 findet das KSchG keine Anwendung auf Kündigungen im Rahmen von Arbeitskämpfen. Die Vorschrift hat heute keine wesentliche Be-

---

4 LAG Berlin vom 18. 8. 1980, DB 1980, 2195.
5 Vgl. dazu § 26 Rdnr. 1416.
6 Dazu Rdnr. 1359.

deutung mehr, weil das zulässige Kampfmittel der Arbeitgeberseite allein die Aussperrung ist, für die ohnehin die besonderen arbeitskampfrechtlichen Regeln gelten[7].

b) Persönlicher Geltungsbereich

Der individuelle Kündigungsschutz gilt nach § 23 Abs. 1 Satz 1 für alle Arbeitnehmer der privaten Wirtschaft und des öffentlichen Dienstes. Dem besonderen Tendenzcharakter eines Unternehmens muß im Rahmen der Anwendung der Vorschriften, insbesondere bei den Anforderungen an die soziale Rechtfertigung einer Kündigung, Rechnung getragen werden[8].   1309

Nach § 23 Abs. 1 Satz 2 genießen Arbeitnehmer in Kleinbetrieben und Kleinverwaltungen mit in der Regel fünf oder weniger Arbeitnehmern ausschließlich der Auszubildenden keinen Kündigungsschutz. Dabei sind nach § 23 Abs. 1 Satz 3 Teilzeitarbeitnehmer mit einer Arbeitszeit von wöchentlich weniger als 10 oder monatlich 45 Stunden nicht mitzuzählen.   1310

Der durch § 23 Abs. 1 Satz 2 ausgeschlossene Kündigungsschutz von Arbeitnehmern in Kleinbetrieben kann nicht auf dem Umweg über § 242 BGB doch realisiert werden. Das würde dem Zweck der Vorschrift zuwiderlaufen, die dem Kleinarbeitgeber gerade von einer solchen Bindung freistellen will, um ihm die Fortführung einer „hautnahen Zusammenarbeit" mit einem Arbeitnehmer, mit dem Spannungen aufgetreten sind, aber auch kostenträchtige und zeitraubende Streitverfahren zu ersparen[9].   1311

c) Wartezeit

Fall 80: *A, der seit 15 Jahren bei der Firma X als Elektrotechniker beschäftigt ist, kündigt sein Arbeitsverhältnis zum 31. 12. 1990, weil ihm die Arbeit in Folge gesundheitlicher Schwierigkeiten zu anstrengend geworden ist, und er hofft, anderswo eine leichtere Arbeit zu bekommen. Nachdem sich diese Hoffnung zerschlagen hat und es ihm gesundheitlich wieder besser geht, bemüht er sich um Wiedereinstellung bei der Firma X. Diese schließt mit ihm am 1. 3. 1991 einen Arbeitsvertrag als Lagerarbeiter ab. Am 1. 8. 1991 kündigt X dieses Arbeitsverhältnis zum 30. 9. 1991.*

Der Kündigungsschutz des Arbeitnehmers beginnt nach § 1 Abs. 1 erst, wenn sein Arbeitsverhältnis in demselben Betrieb oder Unternehmen ohne Unterbrechung länger als sechs Monate bestanden hat. In dieser *Wartezeit* soll sich der Arbeitgeber noch frei entscheiden können, ob er den Arbeitnehmer endgültig auf unbestimmte Zeit behalten will oder nicht. Aus diesem   1312

---

7 Vgl. Rdnr. 335 ff.
8 Dazu Rdnr. 112.
9 *Herschel/Löwisch*, § 23 Rdnr. 2.

Zweck folgt, daß die Kündigung auch noch am letzten Tag der Wartezeit erfolgen kann, selbst wenn die Kündigungsfrist erst später abläuft. Maßgebend ist dabei der Zugang der Kündigung.

1313   Das Gesetz knüpft den Lauf der Wartezeit nicht mehr wie früher an die tatsächliche Beschäftigung, sondern allein an das *Bestehen des Arbeitsverhältnisses*. Dabei stellt das Gesetz aber nicht auf das Bestehen des Arbeitsverhältnisses mit dem Arbeitgeber als dem Vertragspartner des Arbeitnehmers ab, sondern auf das Bestehen *in demselben Betrieb oder Unternehmen*. Das bedeutet einmal, daß der Wechsel des Arbeitnehmers von einem Betrieb des Unternehmens in einen anderen am Lauf der Wartezeit nichts ändert. Es bedeutet weiter, daß es bei Bestehenbleiben des Unternehmens auch auf einen Wechsel des Inhabers und damit des Vertragspartners des Arbeitnehmers nicht ankommt. Auch im Falle eines Betriebsüberganges nach § 613a BGB läuft also die Wartefrist weiter.

1314   § 1 Abs. 1 bezieht die Wartezeit nicht auf das Bestehen des Arbeitsverhältnisses *im Konzern*. Die in dem einen Konzernunternehmen zurückgelegte Wartezeit kann deshalb bei einer Übernahme des Arbeitnehmers in ein anderes Konzernunternehmen grundsätzlich nicht angerechnet werden. Allerdings wird in solchen Fällen häufig von einer stillschweigenden Vereinbarung der Anrechnung auszugehen sein, insbesondere wenn es sich nicht um einen Einzelfall handelt, sondern um die Übernahme einer ganzen Gruppe von Arbeitnehmern, etwa in einem Sanierungsfall.

1315   § 1 Abs. 1 verlangt, daß das Arbeitsverhältnis *sechs Monate ohne Unterbrechung* bestanden hat. Damit wird zum Ausdruck gebracht, daß bei jeder Begründung eines Arbeitsverhältnisses die sechsmonatige Wartezeit zu laufen beginnt, ohne daß auf sie frühere, mit demselben Arbeitgeber bestehende Arbeitsverhältnisse anzurechnen wären.

1316   Allerdings wird man von einer Unterbrechung in diesem Sinne in der Regel nicht sprechen können, wenn sich das neue Arbeitsverhältnis zeitlich unmittelbar an ein vorangegangenes anschließt. Das kann etwa der Fall sein, wenn im Anschluß an ein Ausbildungsverhältnis, ein befristetes Probearbeitsverhältnis oder ein Arbeitsverhältnis im Rahmen einer Arbeitsbeschaffungsmaßnahme ein Arbeitsverhältnis auf unbestimmte Zeit vereinbart wird bzw. wenn Arbeitgeber und Arbeitnehmer ein neues Arbeitsverhältnis an ein aufgehobenes oder von dem einen oder anderen Teil gekündigtes Arbeitsverhältnis anschließen. Eine Unterbrechung ist auch dann noch zu verneinen, wenn das neue Arbeitsverhältnis erst kurze Zeit nach Ablauf des früheren beginnt, sofern zwischen beiden ein innerer Zusammenhang besteht. Die Viermonatsfrist des § 1 Abs. 1 Satz 3 BeschFördG kann angesichts des Gesetzeswortlauts aber nicht hierher übertragen werden[10]. Bei Zeiträumen zwischen altem und neuem Arbeitsverhältnis von mehr als zwei oder drei Wochen muß von einer Unterbrechung ausgegangen werden[11].

*In **Fall 80** begann ab 1. 3. 1991 eine neue Wartezeit. Einmal fehlt es zwischen dem früheren und dem neuen Arbeitsverhältnis angesichts der unterschiedlichen Arbeitsaufgaben an einem inneren Zusammenhang, zum anderen ist der zeitliche Abstand von drei Monaten zu groß.*

3. *Soziale Rechtfertigung*

a) Verhaltensbedingte Kündigung

Fall 81: *Der bei der Firma X als Maschinenarbeiter tätige Türke A empfiehlt dem Personalleiter der Firma X die Einstellung seines Landsmannes B, die dann auch erfolgt. Für die Empfehlung hatte A von B eine Vermittlungsgebühr von DM 1500,– gefordert und erhalten. Als X davon erfährt, kündigt sie dem A das Arbeitsverhältnis ordentlich zum nächsten Termin.*

Verhaltensbedingt und damit sozial gerechtfertigt ist eine ordentliche Kündigung dann, wenn sie als *Reaktion auf eine Vertragsverletzung* des Arbeitnehmers erfolgt, die zwar noch keinen wichtigen Grund zur Kündigung des Arbeitsverhältnisses nach § 626 BGB abgibt, aber doch so gravierend ist, daß dem Arbeitgeber das Recht zugebilligt werden muß, den Vertrag aufzulösen und so das Risiko weiterer Vertragsverletzungen zu vermeiden. Als Vertragsverletzung kommen auch hier die Nichterfüllung der Arbeitspflicht, Schlechtleistungen, Störungen des Betriebsfriedens und die Verletzung von Nebenpflichten, einschließlich der Pflicht zu loyalem Verhalten gegenüber dem Arbeitgeber in Betracht[12]. 1317

Immer muß es sich aber wirklich um eine Verletzung des Arbeitsvertrages handeln. Insbesondere liegt eine *Verletzung der Loyalitätspflicht* nur dann vor, wenn das Verhalten des Arbeitnehmers das Arbeitsverhältnis *konkret beeinträchtigt* hat, sei es im Bereich der eigentlichen Leistungserbringung, sei es im Bereich der betrieblichen Verbundenheit zu anderen Arbeitnehmern oder im Vertrauensbereich zum Arbeitgeber. Politische Betätigungen im Betrieb etwa verletzen den Arbeitsvertrag nur dann, wenn sie zu schweren Auseinandersetzungen unter den Betriebsangehörigen führen, den Unmut 1318

---

10 BAG vom 10. 5. 1989, NZA 1990, 221.
11 BAG vom 18. 1. 1979, AP Nr. 3 zu § 1 KSchG 69 = DB 1979, 1754 = BB 1979, 1505 = EzA § 1 KSchG Nr. 39.
12 Für Einzelfälle siehe die Kommentare zum KSchG, etwa *Herschel/Löwisch*, § 1 Rdnr. 94 ff. und KR-Becker, § 1 Rdnr. 239 ff.

von Kunden des Unternehmens hervorrufen oder den Arbeitgeber ungerechtfertigt herabsetzen[13].

1319   Die Pflicht des Arbeitnehmers zu loyalem Verhalten beschränkt sich grundsätzlich auf den innerdienstlichen Bereich, die *private Lebensführung* des Arbeitnehmers betrifft sie nicht. Aus dem Arbeitsverhältnis ergibt sich für den Arbeitnehmer keine Pflicht, seine Arbeitskraft zu erhalten. Wer den Sicherheitsgurt nicht anlegt und verunglückt, hat zwar keinen Entgeltfortzahlungsanspruch[14]. Sein Arbeitsverhältnis kann gleichwohl nicht verhaltensbedingt gekündigt werden.

1320   Nach der Anschauung des Arbeitslebens nicht zum Bereich der privaten Lebensführung, sondern zum Bereich der Erfüllung der Arbeitspflicht gehört aber ein Verhalten, das in unmittelbarem zeitlichen Zusammenhang mit der Erbringung der Arbeitsleistung steht. Wer zwischen den Arbeitszeiten übermäßig Alkohol genießt oder unmittelbar vor Arbeitsbeginn sich körperlich überanstrengt, dadurch arbeitsunfähig und in seiner Arbeitsleistung beeinträchtigt wird, begeht deshalb eine Arbeitspflichtverletzung.

1321   Für den Arbeitnehmer besteht auch keine Pflicht zu einem „ordentlichen Lebenswandel". Deshalb berechtigen weder das Begehen von Straftaten im außerdienstlichen Bereich noch sittlich anstößiges Verhalten zur verhaltensbedingten Kündigung des Arbeitsverhältnisses. Etwas anderes gilt nur dort, wo eine derartige Handlung das Arbeitsverhältnis konkret beeinträchtigt, etwa das Vertrauensverhältnis zwischen Arbeitgeber und Arbeitnehmer zerstört oder sich negativ auf die Geschäftsbeziehungen des Unternehmens auswirkt[15].

In der Entscheidung, der Fall 81 nachgebildet ist, hat das BAG das Vorliegen eines Grundes für eine verhaltensbedingte Kündigung verneint, weil es sich um ein außerdientliches Verhalten gehandelt habe, das zu keiner konkreten Beeinträchtigung des Arbeitsverhältnisses führte[16]. Dem läßt sich entgegenhalten, daß die Annahme von Schmiergeldern für eine Einflußnahme des Arbeitnehmers auf den Geschäftsbetrieb kein bloßes außerdienstliches Verhalten, sondern die Verletzung einer Pflicht ist, die nach der Anschauung des Arbeitslebens jedem Arbeitnehmer selbstverständlich obliegt[17].

---

13 Siehe dazu Rdnr. 135.
14 Vgl. Rdnr. 1056.
15 BAG vom 20. 9. 1984, AP Nr. 13 zu § 1 KSchG 69 Verhaltensbedingte Kündigung = DB 1985, 1192 = BB 1985, 1198 = NJW 1985, 1852 = NZA 1985, 285.
16 BAG vom 24. 9. 1987, AP Nr. 19 zu § 1 KSchG 1969 Verhaltensbedingte Kündigung = DB 1988, 1757 = BB 1988, 1466 = NJW 1988, 2261 = EzA § 1 KschG Verhaltensbedingte Kündigung Nr. 18.
17 Siehe näher *Löwisch*, Anm. zu BAG EzA a.a.O.

In einer früheren Entscheidung[18] hat das BAG strenge Anforderungen an das außerdienstliche Verhalten von Angehörigen des öffentlichen Dienstes gestellt und deshalb die Kündigung einer Arbeiterin des öffentlichen Dienstes wegen Abtreibung für gerechtfertigt erklärt. Das ist in dieser Allgemeinheit zu weitgehend. Grundsätzlich kann zwischen den Arbeitnehmern in der Privatwirtschaft und denen im öffentlichen Dienst kein Unterschied bestehen. Lediglich Arbeitnehmer, die den öffentlichen Dienst in gehobener Stellung repräsentieren, haben auch die Pflicht, im außerdienstlichen Verhalten auf dessen Ansehen angemessen Rücksicht zu nehmen[19].

Nach dem *ultima-ratio-Grundsatz*[20] ist eine verhaltensbedingte Kündigung erst dann gerechtfertigt, wenn der Arbeitgeber auf das vertragswidrige Verhalten anders nicht zureichend reagieren kann. Daraus folgt einmal, daß kleinere Vertragswidrigkeiten, bei denen sich ein verständiger Arbeitgeber mit einer Ermahnung oder Rüge begnügt, für eine Kündigung nicht ausreichen. Vor allem ergibt sich daraus aber, daß dort, wo es möglich erscheint, das Arbeitsverhältnis in Zukunft störungsfrei fortzusetzen, zunächst ein entsprechender Versuch gemacht werden muß. Praktisch bedeutet das, daß sowohl bei einer vertragswidrigen Nichterfüllung der Arbeitspflicht wie bei der Schlechterfüllung, bei der Verletzung von Nebenpflichten der verhaltensbedingten Kündigung eine *Abmahnung des vertragswidrigen Verhaltens* vorauszugehen hat. Dies entspricht im übrigen auch dem Grundgedanken von § 326 Abs. 1 BGB. Nur wo die Abmahnung von vornherein keinen Erfolg verspricht, ist sie − wiederum auch entsprechend der zu § 326 BGB entwickelten Rechtsmeinung − entbehrlich. Das ist einmal dort der Fall, wo dem Arbeitnehmer jede Einsichtsfähigkeit fehlt, er insbesondere schon erklärt hat, daß er das vertragswidrige Verhalten fortsetzen werde oder wo das vertragswidrige Verhalten den Vertrauensbereich des Arbeitsverhältnisses betroffen hat und eine Wiederherstellung des zur ordnungsgemäßen Erfüllung der Vertragspflicht notwendigen Vertrauensverhältnisses nicht mehr möglich erscheint.   1322

Dem Zweck der der Abmahnung innewohnenden Warn- und Ankündigungsfunktion entspricht es zu verlangen, daß der Arbeitgeber in einer für den Arbeitnehmer *deutlich erkennbaren* Art und Weise sein vertragswidriges Verhalten beanstandet und damit den Hinweis verbindet, daß im Wiederholungsfall der Inhalt oder der Bestand des Arbeitsverhältnisses gefährdet   1323

---

18 BAG vom 28. 8. 1958, AP Nr. 1 zu § 1 KSchG Verhaltensbedingte Kündigung
19 LAG Köln vom 20. 5. 1980, EzA § 626 BGB n.F. Nr. 72 für die private Steuerhinterziehung eines Finanzamtsangestellten.
20 Vgl. Rdnr. 1248 und 1339.

sei[21]. Bloße Ermahnungen oder der Ratschlag, sich einen anderen Beruf zu suchen, genügen nicht.

1324   Hat der Arbeitgeber einen Arbeitnehmer wegen eines angeblich vertragswidrigen Verhaltens abgemahnt und hierüber einen Vermerk zu den Personalakten genommen, so kann der Arbeitnehmer nach § 242 BGB die Entfernung dieses Vermerks aus der Personalakte verlangen, wenn der Vorwurf ungerechtfertigt ist[22].

1324a   Aus dem Gedanken, daß die Kündigung für den Arbeitgeber ultima ratio sein muß, um sozialgerechtfertigt zu sein, hat das BAG den Schluß gezogen, daß auch bei einer verhaltensbedingten Kündigung gefragt werden muß, ob sich die Kündigung dadurch vermeiden lasse, daß der Arbeitnehmer an einem anderen Arbeitsplatz oder zu geänderten Arbeitsbedingungen weiterbeschäftigt wird[23]. Diese Auffassung ist abzulehnen. Ist eine Vertragsverletzung so erheblich, daß sie eine Kündigung als verhaltensbedingt erscheinen läßt, so kann man es dem Arbeitgeber nicht zumuten, es mit dem Arbeitnehmer an einem anderen Arbeitsplatz noch einmal zu versuchen. Das würde den Sozialschutz zu Lasten des auch im Arbeitsverhältnis Geltung beanspruchenden Grundsatzes überdehnen, daß Verträge ordnungsgemäß zu erfüllen sind und im Falle der nicht ordnungsgemäßen Erfüllung der Vertragspartner das Recht haben muß, sich aus der ihn treffenden Vertragsbindung zu lösen[24].

b) Personenbedingte Kündigung

Fall 82: *Der seit über 10 Jahren bei der Firma X tätige Elektriker A ist alkoholabhängig. Er ist wegen des Alkoholgenusses und der damit verbundenen Beeinträchtigung seiner Arbeitsleitung bereits mehrfach abgemahnt worden. Die ihm von der Sozialberatungsstelle der Firma X angebotene Suchttherapie hat er mehrfach strikt abgelehnt. Nachdem es wieder zu einem alkoholbedingten Vorfall gekommen war, in dessen Folge — auf eine Entscheidung des Werksarztes hin — die Feuerwehr A nach Hause bringen mußte, kündigt X das Arbeitsverhältnis fristgemäß. A hält die Kündigung für unberechtigt und weist im Kündigungsschutzprozeß darauf hin, daß er sich nachträglich einer erfolgreichen Therapie unterzogen habe.*

1325   Personenbedingt und damit sozial gerechtfertigt ist eine ordentliche Kündigung dann, wenn der Arbeitnehmer auf Dauer nicht mehr in der Lage ist,

21 BAG vom 18. 1. 1980, AP Nr. 3 zu § 1 KSchG 1969 Verhaltensbedingte Kündigung = DB 1980, 1351 = BB 1980, 1269 = EzA § 1 KSchG Verhaltensbedingte Kündigung Nr. 7.
22 BAG vom 23. 2. 1979, AP Nr. 29 zu Art. 9 GG = DB 1979, 1185 = BB 1979, 887 = EzA Art. 9 GG Nr. 30.
23 BAG vom 22. 7. 1982, AP Nr. 5 zu § 1 KSchG 1969 Verhaltensbedingte Kündigung = DB 1983, 180 = BB 1983, 834 = EzA § 1 KSchG Verhaltensbedingte Kündigung Nr. 10.
24 Siehe näher *Herschel/Löwisch*, § 1 Rdnr. 93.

die von ihm geschuldete Arbeitsleistung zu erbringen und damit der *Austauschcharakter des Arbeitsverhältnisses gestört ist*[25].

Ein solcher Grund ist einmal dann gegeben, wenn der Arbeitnehmer *rechtlich gehindert* ist, die geschuldete Arbeitsleistung zu erbringen. Dies ist vor allem dann der Fall, wenn ihm als Ausländer die nach § 19 AFG erforderliche Arbeitserlaubnis fehlt, sei es, daß sie zunächst bestanden, aber später widerrufen worden ist, sei es, daß sie von vornherein nicht bestand und die Erwartung, sie werde noch erteilt werden, sich endgültig zerschlägt.   1326

Zum anderen liegt ein personenbedingter Grund vor, wenn dem Arbeitnehmer die Fähigkeit abgeht, die Arbeitsleistung *fachlich einwandfrei* zu erbringen. Zu denken ist insoweit einmal an Mängel in der physischen und psychischen Eignung, etwa ein Nachlassen der Körperkraft, der Geschicklichkeit, der Seh- oder Hörschärfe, der Konzentrationsfähigkeit oder des Gedächtnisses. Auf die Ursachen dieser physischen oder psychischen Beeinträchtigungen der Leistungsfähigkeit kommt es dabei nicht an. Auch wo sie krankheits- oder altersbedingt sind, können sie die personenbedingte Kündigung rechtfertigen. Lediglich ein gewisses altersbedingtes Nachlassen der körperlichen Leistungsfähigkeit kann als von vornherein in Kauf genommen angesehen werden[26].   1327

Ein Mangel in der fachlichen Eignung liegt auch vor, wenn der Arbeitnehmer den für die Erbringung seiner Arbeitsleistung *erforderlichen Kenntnisstand* nicht beibehält, weil er sich nicht im berufsüblichen Umfang weiterbildet, es etwa als Arzt unterläßt, die Fachzeitschriften in ausreichendem Umfang zu verfolgen oder sich als Automechaniker nicht die zur Durchführung von Reparaturen notwendigen Kenntnisse über neue Modelle verschafft. Auch der Fall, daß dem Arbeitnehmer eine für die Erbringung der von ihm geschuldeten Arbeitsleistung gesetzlich vorgeschriebene Erlaubnis, z.B. die Fahrerlaubnis fehlt, gehört hierher.   1328

Schließlich liegt ein personenbedingter Grund für eine Kündigung in der *mangelnden Arbeitsfähigkeit*. Wird der Arbeitnehmer auf Dauer erwerbsunfähig, verliert das Arbeitsverhältnis seinen Sinn und muß aufgelöst werden können.   1329

Problematisch ist in diesem Zusammenhang die Zulässigkeit *krankheitsbedingter Kündigungen*. Daß die Erkrankung des Arbeitnehmers einen Grund für eine personenbedingte Kündigung abgehen kann, ergibt der Schluß aus § 616 Abs. 2 Satz 4 BGB. Auf der anderen Seite folgt aus den Vorschriften   1330

---

25 BAG vom 30. 1. 1986, NZA 1987, 555 und vom 28. 2. 1990 − 2 AZR 401/89.
26 BAG vom 28. 9. 1961, AP Nr. 1 zu § 1 KSchG Personenbedingte Kündigung.

über die Entgeltfortzahlung im Krankheitsfall (§ 1 LohnFG; § 616 BGB; § 133c GewO; § 63 HGB), daß die heutige Rechtsordnung davon ausgeht, daß der Arbeitgeber in bestimmtem Umfang krankheitsbedingte Arbeitsausfälle hinzunehmen hat, ohne das Arbeitsverhältnis kündigen zu können. Zum Anlaß einer Kündigung kann die Erkrankung deshalb nur genommen werden, wenn Ausmaß, Dauer und Auswirkung der infolge der Krankheit eintretenden Leistungsverhinderung so groß sind, daß das Interesse des Arbeitgebers an der Wiedererlangung der Dispositionsfreiheit über den Arbeitsplatz durchschlägt. Im einzelnen gilt:

Bei einer *lang anhaltenden Erkrankung* kommt eine Kündigung erst in Betracht, wenn zum Zeitpunkt ihres Zugangs objektive Anhaltspunkte für ein weiteres, langfristiges Fortdauern der Erkrankung bestehen und es unter Berücksichtigung der bereits verstrichenen Zeit aus betrieblichen Gründen notwendig ist, den Arbeitsplatz anderweit auf Dauer zu besetzen und sich nicht mit Überbrückungsmaßnahmen zu begnügen[27]. Ob letzteres der Fall ist, richtet sich nach den konkreten betrieblichen Verhältnissen, vor allem aber nach der Position des erkrankten Arbeitnehmers. Handelt es sich etwa um den einzigen leitenden Angestellten oder die einzige Fachkraft einer bestimmten Qualifikation, so wird die Neubesetzung schneller dringlich als bei einem Arbeitnehmer, der von einem anderen Arbeitnehmer gleicher Qualifikation vertreten werden kann, oder für den eine Aushilfskraft bzw. ein Leiharbeitnehmer eingestellt werden kann. Eine feste, in allen Fällen geltende Grenze kann nicht gezogen werden. Immerhin wird man sagen können, daß nach einer Krankheitsdauer von über 6 Monaten im Falle der *Nichtabsehbarkeit* des Endes der Erkrankung das Bedürfnis nach einer Neubesetzung des Arbeitsplatzes auch in einem Großbetrieb und bei ungelernten Kräften genügend groß ist, weil der Arbeitgeber dann die Möglichkeit haben muß, klare, auf Dauer angelegte Verhältnisse zu schaffen. Kündigt der Arbeitgeber hingegen schon früher, wird es darauf ankommen, ob abzusehen ist, daß die Krankheit solange andauert, daß mit einer Gesamtkrankheitsdauer von wesentlich über 6 Monaten zu rechnen ist. Auch dann ist die Kündigung nicht zulässig, wenn der Arbeitnehmer nach einer etwaigen Wiederherstellung seiner Arbeitsfähigkeit auf einem anderen Arbeitsplatz oder sonst unter geänderten Vertragsbedingungen, gegebenenfalls nach einer Umschulungsmaßnahme, weiterbeschäftigt werden kann[28].

Sollen *häufige Kurzerkrankungen* des Arbeitnehmers zum Anlaß einer Kündigung genommen werden, so kommt es einerseits darauf an, ob zum Kündigungszeitpunkt objektive Tatsachen vorliegen, die die Besorgnis weiterer Erkrankungen rechtfertigen. Derartige Tatsachen sind die Art der bisherigen Erkrankungen, aber auch die Häufigkeit der bisherigen krankheitsbedingten Fehlzeiten[29]. Andererseits ist auch hier zu prüfen, ob die zu erwartenden weiteren krankheitsbedingten Fehlzeiten zu einer unzumutbaren Beeinträchtigung des Betriebsablaufs oder zu einer unzumutbaren wirtschaftlichen Belastung des Arbeitgebers führen[30]. Ob die wirtschaftlichen Belastungen

---

27 BAG vom 22. 2. 1980, AP Nr. 6 zu § 1 KSchG 1969 Krankheit = DB 1980, 1446 = BB 1980,
    938 = NJW 1981, 208 = EzA § 1 KschG Krankheit Nr. 5.
28 BAG vom 22. 2. 1980, a.a.O.
29 BAG vom 23. 6. 1983, AP Nr. 10 zu § 1 KSchG 1969 Krankheit = DB 1983, 2524 = BB 1983,
    1988 = EzA § 1 KSchG Krankheit Nr. 12.
30 BAG vom 23. 6. 1983, a.a.O.

dem Arbeitgeber noch zumutbar sind, hängt insbesondere von der Dauer des ungestörten Bestandes des Arbeitsverhältnisses ab; je länger ein Arbeitsverhältnis ungestört bestanden hat, desto mehr Rücksicht ist vom Arbeitgeber zu erwarten[31]. Abzustellen ist auf die wirtschaftliche Belastung, die gerade durch die Kurzerkrankungen des betreffenden Arbeitnehmers eintreten. Will der Arbeitgeber die wirtschaftliche Unzumutbarkeit mit der finanziellen Belastung durch die Entgeltfortzahlung im Krankheitsfall begründen, kann er nicht auf die infolge eines hohen Krankenstandes eingetretene Gesamtbelastung, sondern nur darauf verweisen, daß der konkrete Arbeitnehmer durch seine häufigen Kurzerkrankungen außergewöhnlich hohe Entgeltfortzahlungskosten verursacht hat und weiter verursachen wird[32].

Zu den Erkrankungen, die eine personenbedingte Kündigung rechtfertigen   1331
können, gehören auch *Alkoholabhängigkeit und Drogenabhängigkeit*, die die Leistungsfähigkeit des Arbeitsnehmers beeinträchtigen. Entscheidend ist auch hier die Prognose. Besteht Aussicht auf Heilung in absehbarer Zeit, kommt eine Kündigung nicht in Betracht. Die Aussicht auf Heilung hängt wiederum von der Bereitschaft des Arbeitnehmers ab, sich einer Therapie zu unterziehen und diese durchzuhalten.

> In **Fall 82** *hat diese Bereitschaft im Zeitpunkt des Ausspruchs der Kündigung bei A gefehlt, so daß die Kündigung gerechtfertigt war. Daß er später sich doch einer Therapie unterzogen hat, kann daran nichts mehr ändern[33].*

Dem Gedanken, daß die Kündigung das Arbeitsverhältnisses *ultima ratio* für   1332
den Arbeitgeber sein muß, kommt bei der personenbedingten Kündigung besondere Bedeutung zu. Da die personenbedingte Kündigung die Fälle betrifft, in denen der Arbeitnehmer eine Arbeitsleistung nicht oder nicht mehr ordnungsgemäß erbringen kann, ohne daß ihn daran ein Verschulden trifft, wäre es unverhältnismäßig, wenn der Arbeitgeber kündigen würde, obwohl es einen ihm zumutbaren Weg gibt, um erbrachte und geschuldete Arbeitsleistung wieder in Einklang zu bringen.

Zu denken ist insoweit auf der einen Seite an die Herstellung der erforderli-   1333
chen Leistungsfähigkeit durch vom Arbeitgeber durchgeführte oder finanzierte *Umschulungs- und Fortbildungsmaßnahmen* oder dadurch, daß der Arbeitgeber die Einrichtung des Arbeitsplatzes so verändert, daß die Einschränkung der Leistungsfähigkeit — etwa eine unfallbedingte Behinderung — sich nicht mehr auswirkt. Auf der anderen Seite muß die Möglichkeit der Anpassung der geschuldeten Arbeitsleistung an die noch vorhandene Leistungsfähigkeit genutzt werden. Kann der Arbeitnehmer an einem an-

---

31 BAG vom 15. 2. 1984, AP Nr. 14 zu § 1 KSchG 1969 Krankheit = DB 1984, 1627 = BB 1984, 1429 = NJW 1984, 2655 = NZA 1984, 86 = EzA § 1 KSchG Krankheit Nr. 15.
32 BAG vom 7. 11. 1985, AP Nr. 17 zu § 1 KSchG 1969 Krankheit = DB 1986, 861 = BB 1986, 595 = NJW 1986, 2392 = NZA 1986, 359 = EzA § 1 KSchG Krankheit Nr. 17.
33 BAG vom 9. 7. 1987, AP Nr. 18 zu § 1 KSchG 1969 Krankheit = DB 1987, 2156 = BB 1987, 1815 = NJW 1987, 2956 = NZA 1987, 811 = EzA § 1 KSchG Krankheit Nr. 18.

deren Arbeitsplatz in demselben Betrieb oder einem anderen Betrieb des Unternehmens weiterbeschäftigt werden, so geht eine entsprechende Versetzung der Kündigung vor. Aber auch wenn sonst eine Weiterbeschäftigung zu *geänderten Arbeitsbedingungen* möglich ist, etwa der Arbeitnehmer unter Herabsetzung der wöchentlichen Arbeitszeit oder mit veränderten Arbeitsaufgaben weiterbeschäftigt werden kann, hat dies zu geschehen[34].

Die Initiative muß dabei vom Arbeitgeber ausgehen. Er muß dem Arbeitnehmer ein entsprechendes Angebot unterbreiten und klarstellen, daß bei dessen Ablehnung eine Kündigung erfolgen soll. Der Arbeitnehmer kann dann entscheiden, ob er dies Angebot unter einem dem § 2 entsprechenden Vorbehalt annehmen oder ablehnen will. Tut er das erstere, muß der Arbeitgeber eine Änderungskündigung aussprechen, um die Änderung durchzusetzen. Tut er das letztere, kann der Arbeitgeber eine Beendigungskündigung aussprechen.

c) Betriebsbedingte Kündigung

aa) Dringende betriebliche Erfordernisse

Fall 83: *Bei der stark exportabhängigen Maschinenfabrik X herrscht infolge einer Konjunkturflaute in den USA Auftragsmangel. Die Firmenleitung hat deshalb vergeblich mit dem Betriebsrat über die Einführung von Kurzarbeit verhandelt. Da eine Behebung des Auftragsmangels nicht absehbar ist, will X die Belegschaft durch Kündigungen reduzieren.*

1334   Betriebsbedingt und damit sozial gerechtfertigt ist eine Kündigung dann, wenn sie notwendig ist, um den Personalbestand des Betriebs dem tatsächlichen Personalbedarf anzugleichen. Worauf die *Diskrepanz zwischen Personalbedarf und Personalbestand* zurückzuführen ist, spielt aber im Grundsatz keine Rolle. Die betriebsbedingte Kündigung meint im Bereich der privaten Wirtschaft sowohl den Fall, daß die Freisetzung von Arbeitskräften ihre Ursache in den Außenbeziehungen des Unternehmens hat, insbesondere auf den Mangel an kostendeckenden Aufträgen, Rohstoff- oder Energiemangel oder auf Finanzierungsschwierigkeiten zurückzuführen ist, als auch den, daß der Personalbedarf infolge einer Veränderung der Gegebenheiten im Unternehmen oder Betrieb selbst sinkt, etwa weil der Betriebszweck geändert wird, Rationalisierungsmaßnahmen ergriffen oder neue Produktions- und Arbeitsmethoden eingeführt werden. Sinngemäß geht es im Bereich des öffentlichen Dienstes sowohl um den Fall, daß Aufgaben entfallen oder wegen äußerer Umstände nicht erfüllt werden können, als auch darum, daß aufgrund interner Maßnahmen, etwa Verwaltungsvereinfachungen oder durch Rationalisierungen, der Personalbedarf vermindert wird.

---

34 BAG vom 27. 9. 1984, AP Nr. 8 zu § 2 KSchG 1969 = DB 1985, 1186 = BB 1985, 1130 = NJW 1985, 1797 = NZA 1985, 455 = EzA § 2 KSchG Nr. 5.

Nach § 1 Abs. 2 Satz 1 kommt es für die Rechtfertigung der Kündigung dar- 1335
auf an, ob die betrieblichen Erfordernisse der Weiterbeschäftigung des Arbeitnehmers „in diesem Betrieb" entgegenstehen. Bezugspunkt für die genannten Ursachen an der Freisetzung von Arbeitskräften ist also der Betrieb.
Das bedeutet auf der einen Seite, daß die mangelnde Weiterbeschäftigungsmöglichkeit in dem Betriebsteil, in dem der Arbeitnehmer bisher tätig war,
für sich allein noch nichts über die Betriebsbedingtheit einer Kündigung
aussagt, es vielmehr auf die Weiterbeschäftigungsmöglichkeit im ganzen
Betrieb ankommt[35]. Andererseits bedeutet es aber auch, daß die fehlende
Weiterbeschäftigungsmöglichkeit im Betrieb ausreicht, es also in Unternehmen mit mehreren Betrieben nicht auf die Beschäftigungslage im ganzen
Unternehmen oder Konzern ankommt[36].

Indem das Gesetz auf die dringenden betrieblichen Erfordernisse abstellt, 1336
bringt es zum Ausdruck, daß es genügt, wenn die Kündigung in der *betriebs-
wirtschaftlichen Notwendigkeit* begründet ist. Nicht kommt es darauf an, ob
die unternehmerischen Entscheidungen, die zu diesen geführt haben, als
dringend anzusehen sind. Dem KSchG kann angesichts der verfassungsrechtlich gewährten *Unternehmerfreiheit*[37] nicht der Zweck zugemessen werden, die Entscheidungen, die der Unternehmer im Rahmen der Unternehmensführung trifft, einer Nachprüfung durch die Arbeitsgerichte zu unterziehen.

Das gilt sowohl für die Entscheidungen, die der Unternehmer im Hinblick 1337
auf den Markt trifft, also etwa über die Hereinnahme oder Nichthereinnah-
me eines Auftrags, die Planung der Absatzgebiete und die Werbung, sowie
seine Einkaufspolitik und die Finanzierungsmethoden. Es gilt aber auch für
die Entscheidungen, welche er unternehmensintern trifft, also etwa über die
Fortführung oder Stillegung des Betriebes, seine Verlagerung oder seinen
Zusammenschluß mit anderen Betrieben, eine Betriebseinschränkung, die
Änderung des Betriebszweckes, das Produktions- und Investitionspro-
gramm, die Fabrikations- und Arbeitsmethoden, Rationalisierungsvorhaben
und Organisationsänderungen[38]. Das Interesse der Arbeitnehmer bei diesen
Entscheidungen zu wahren, ist nicht Aufgabe des KSchG, sondern der Mit-
bestimmungsrechte, die den Arbeitnehmervertretern im Rahmen der Mitbe-

---

35 BAG vom 11. 10. 1989 − 2 AZR 61/89 −.
36 BAG vom 14. 10. 1982, AP Nr. 1 zu § 1 KSchG 1969 Konzern = DB 1983, 2635 = NJW
    1984, 381 = EzA § 15 n.F. KSchG Nr. 29.
37 Vgl. Rdnr. 127.
38 Ständige Rechtsprechung, gundlegend BAG vom 17. 9. 1957, AP Nr. 8 zu § 13 KSchG =
    BB 1957, 1111; zuletzt BAG vom 20. 2. 1986, AP Nr. 11 zu § 1 KSchG 1969 = DB 1986, 2236
    = BB 1986, 2129 = NZA 1986, 823 = EzA § 1 KSchG Betriebsbedingte Kündigung
    Nr. 37.

stimmungsgesetze und in beschränktem Umfang im Rahmen der §§ 111 ff. BetrVG eingeräumt sind.

1338   Daß die Entscheidungen des Unternehmers über die Leitung des Unternehmens von der Nachprüfung durch die Arbeitsgerichte freizuhalten sind, bedeutet nicht, daß diese sich im Kündigungsschutzprozeß mit bloßen Behauptungen des Unternehmers zu begnügen hätten. Vielmehr haben sie voll nachzuprüfen, ob die behaupteten inner- oder außerbetrieblichen Entscheidungen tatsächlich getroffen worden sind und ob sie sich im betrieblichen Bereich tatsächlich dahin auswirken, daß für die Weiterbeschäftigung des gekündigten Arbeitnehmers kein Bedürfnis mehr besteht[39].

Die Rechtsprechung steht auf dem Standpunkt, daß die Freisetzung eines Arbeitnehmers dann nicht als dringendes betriebliches Erfordernis für seine Kündigung angesehen werden kann, wenn die unternehmerische Entscheidung, insbesondere eine Rationalisierungsmaßnahme, die zu der Freisetzung geführt hat, als *offenbar unsachlich, unvernünftig oder willkürlich* angesehen werden muß[40]. Im Grundsatz ist dem beizupflichten, denn einem betrieblichen Erfordernis, das auf eine offenbar unsachliche, unvernünftige oder willkürliche Entscheidung zurückgeht, fehlt das Gewicht, das notwendig ist, um eine Kündigung zu rechtfertigen. Freilich kann es sich insoweit nur um extreme Ausnahmefälle handeln. Die Mißbrauchskontrolle darf nicht dazu führen, mit einer anderen Begründung doch die den Arbeitsgerichten verwehrte Prüfung der Notwendigkeit und Zweckmäßigkeit organisatorischer Entscheidungen nachzuholen. Deshalb darf auch nicht geprüft werden, ob die vom Unternehmer erwarteten Vorteile in einem vernünftigen Verhältnis zu den Nachteilen stehen, die der Arbeitnehmer durch die Kündigung erleidet[41]. Die Ausnahme muß sich auf die Fälle beschränken, in denen die Kündigung nicht durch die Betriebsänderung, sondern die Betriebsänderung durch den Wunsch des Arbeitgebers bedingt ist, sich von einem mißliebigen Arbeitnehmer zu trennen[42].

1339   Wegen Verstoßes gegen den *ultima-ratio-Grundsatz* ist eine sonst betriebsbedingte Kündigung zunächst dann nicht gerechtfertigt, wenn der Arbeitnehmer an einem anderen Arbeitsplatz weiterbeschäftigt werden kann. Ob dieser Arbeitsplatz zum selben Betrieb oder in einem anderen Betrieb des Unternehmens liegt, spielt keine Rolle. Der ultima-ratio-Grundsatz als Ausdruck der Interessenabwägung[43] knüpft an das an, was dem Arbeitgeber als dem Vertragspartner des Arbeitnehmers insgesamt zumutbar ist und läßt sich deshalb nicht nach Betrieben aufspalten. Hingegen kann der Arbeitge-

---

39 BAG vom 15. 6. 1989, AP Nr. 45 zu § 1 KSchG 1969 Betriebsbedingte Kündigung = DB 1989, 2384 = BB 1989, 2190.
40 BAG vom 30. 4. 1987, AP Nr. 42 zu § 1 KSchG 1969 Betriebsbedingte Kündigung = DB 1987, 2207 = BB 1987, 2303 = NJW 1987, 3216 = NZA 1987, 776 = EzA § 1 KSchG Betriebsbedingte Kündigung Nr. 47.
41 BAG vom 30. 4. 1987, a.a.O.
42 BAG vom 24. 10. 1979, AP Nr. 8 zu § 1 KSchG 1969 Betriebsbedingte Kündigung = DB 1980, 1400 = NJW 1981, 301 = EzA § 1 KSchG Betriebsbedingte Kündigung Nr. 13.
43 Vgl. Rdnr. 1248.

ber grundsätzlich nicht auf Weiterbeschäftigungsmöglichkeiten in einem anderen Unternehmen des Konzerns, zu dem er gehört, verwiesen werden. Einem solchen konzernbezogenen Kündigungsschutz steht die Selbständigkeit der Konzernunternehmen entgegen[44]. Etwas anderes gilt nur, wenn sich ein anderes Konzernunternehmen zur Übernahme des Arbeitnehmers bereit erklärt hat oder wenn sich eine entsprechende Verpflichtung anderer Konzernunternehmen daraus ergibt, daß der Arbeitnehmer für den ganzen Konzern eingestellt worden ist.

Die Möglichkeit der Weiterbeschäftigung an einem anderen Arbeitsplatz setzt voraus, daß ein solcher Arbeitsplatz *tatsächlich frei* ist und nicht erst freigemacht oder neu geschaffen werden muß. Weder soll der ultima-ratio-Grundsatz die soziale Auswahl nach § 1 Abs. 3 vorwegnehmen, noch kann er den Arbeitgeber verpflichten, einen neuen Arbeitsplatz zu schaffen[45].   1340

Der ultima-ratio-Grundsatz schließt eine betriebsbedingte Kündigung auch dann aus, wenn die Weiterbeschäftigung des Arbeitnehmers nach *Fortbildungs- oder Umschulungsmaßnahmen* möglich ist. Voraussetzung ist, daß die Umschulungs- oder Fortbildungsmaßnahmen dem Arbeitgeber zumutbar sind. Bei der Feststellung der Zumutbarkeit sind insbesondere die Dauer der Betriebszugehörigkeit des Arbeitnehmers, seine Fähigkeiten und auf seiten des Arbeitgebers die Kosten der Maßnahme von Bedeutung. Auch ein Verstoß gegen die Erörterungspflicht nach § 81 Abs. 3 Satz 2 BetrVG fällt ins Gewicht[46].   1341

Der ultima-ratio-Grundsatz steht einer betriebsbedingten Kündigung weiter dann entgegen, wenn die Weiterbeschäftigung des Arbeitnehmers, sei es an dem bisherigen oder an einem anderen Arbeitsplatz, unter *geänderten Vertragsbedingungen* möglich ist. Daß zur personenbedingten Kündigung Gesagte gilt auch hier.   1342

Schließlich kommt nach dem ultima-ratio-Grundsatz eine betriebsbedingte Kündigung solange nicht in Betracht, wie der Arbeitgeber den eingetretenen Beschäftigungsmangel dadurch auffangen kann, daß er entweder auf von anderer Stelle bisher geleistete *Mehrarbeit* verzichtet oder auch an anderen Stellen des Betriebes vorübergehend *Kurzarbeit* einführt.   1343

---

44 BAG vom 14. 2. 1982, a.a.O. und BAG vom 22. 5. 1986, AP Nr. 4 zu § 1 KSchG 1969 Konzern = DB 1986, 2547 = BB 1986, 2270 = NZA 1987, 125 = EzA § 1 KSchG Soziale Auswahl Nr. 22.
45 BAG vom 3. 2. 1977, AP Nr. 4 zu § 1 KSchG 1969 Betriebsbedingte Kündigung = DB 1977, 1320 = BB 1977, 489 = NJW 1977, 1846.
46 Dazu Rdnr. 730.

Fall 83 *wirft die Frage auf, ob der ultima-ratio-Grundsatz verlangt, daß der Arbeitgeber einen Widerstand des Betriebsrats gegen die Einführung der Kurzarbeit durch Anrufen der Einigungsstelle überwindet. Sie ist zu verneinen. Der Betriebsrat vertritt bei der Frage der Einführung von Kurzarbeit die Interessen der Arbeitnehmer und hat dafür sogar ein Initiativrecht[47]. Entscheidet er sich gegen die Kurzarbeit, kann auch der Arbeitgeber es dabei bewenden lassen[48].*

bb) Sozialauswahl

Fall 84: *In der Firma X müssen als Folge von Rationalisierungsmaßnahmen in der Verwaltung 20 von 300 Angestellten entlassen werden. Die Personalleitung wählt die Angestellten unter Berücksichtigung der Dauer ihrer Betriebszugehörigkeit, des Lebensalters und der Familienverhältnisse aus. Aus Versehen wird in die Auswahl aber die jüngere Angestellte B, die erst ein Jahr dem Betrieb angehört und mit einem gut verdienenden Mann verheiratet ist, nicht einbezogen. A, dem gekündigt worden ist, macht im Kündigungsschutzprozeß geltend, daß B hätte gekündigt werden müssen, was dann möglicherweise dazu geführt hätte, daß seine Kündigung unterblieben wäre.*

1344   Trotz Vorliegens dringender betrieblicher Erfordernisse ist eine Kündigung nach § 1 Abs. 3 Satz 1 sozial ungerechtfertigt, wenn der Arbeitgeber bei der Auswahl der gekündigten Arbeitnehmer unter mehreren in Betracht kommenden Arbeitnehmern soziale Gesichtspunkte nicht oder nicht ausreichend berücksichtigt hat. Mit dieser Vorschrift verfolgt das Gesetz das Ziel, im Verhältnis der Arbeitnehmer zueinander Gerechtigkeit bei dem gravierenden Eingriff des Arbeitsplatzverlustes walten zu lassen.

1345   In die Auswahl nach sozialen Gesichtspunkten können nur diejenigen Arbeitnehmer einbezogen werden, deren Funktion auch von dem Arbeitnehmer wahrgenommen werden könnte, dessen Arbeitsplatz weggefallen ist. Gibt es keinen in diesem Sinne *vergleichbaren Arbeitnehmer* oder muß allen diesen Arbeitnehmern gleichzeitig gekündigt werden, kann eine Auswahl nach sozialen Gesichtspunkten nicht stattfinden. Ob der Arbeitnehmer, dessen Arbeitsplatz weggefallen ist, die Funktion anderer Arbeitnehmer wahrnehmen kann, richtet sich in erster Linie nach der ausgeübten Tätigkeit: Arbeitnehmer, die gleichartige Arbeitsplätze innehaben, sind ohne weiteres austauschbar, ohne daß es dabei auf eine etwaige unterschiedliche Ausbildung ankommen könnte. Es reicht aber auch aus, wenn der Arbeitnehmer, dessen Arbeitsplatz weggefallen ist, aufgrund seiner Fähigkeiten und betrieblichen Erfahrungen in der Lage ist, die auf einem bestehenbleibenden Arbeitsplatz geforderte Tätigkeit auszuüben.

Nicht in die Sozialauswahl einzubeziehen sind Arbeitnehmer, die im hierarchischen Aufbau des Betriebes eine *niedriger zu bewertende Tätigkeit* ausüben, insbesondere einen

---

47 Vgl. Rdnr. 589.
48 BAG vom 4. 3. 1986, AP Nr. 3 zu § 87 BetrVG 1972 Kurzarbeit = DB 1986, 1395 = BB 1986, 1641 = NJW 1987, 1844 = NZA 1986, 432 = EzA § 87 BetrVG 1972 Arbeitszeit Nr. 17.

geringer vergüteten Arbeitsplatz innehaben. Dies gilt unbestrittenermaßen dann, wenn gar nicht feststeht, ob der die höherwertige Tätigkeit ausübende Arbeitnehmer, dessen Kündigung ansteht, bereit wäre, die niedriger zu bewertende Tätigkeit auszuüben. § 1 Abs. 3 verlangt vom Arbeitgeber nicht, daß er von sich aus an einen solchen Arbeitnehmer herantritt, um ihn zu einer entsprechenden Vertragsänderung zu bewegen[49]. Es ist aber auch dann richtig, wenn der betroffene Arbeitnehmer sein Einverständnis mit der Übernahme der niedriger zu bewertenden Tätigkeit erklärt hat. Es kann nicht der Sinn des § 1 Abs. 3 sein, einen − konsequenterweise sich dann von Stufe zu Stufe fortsetzenden − Veränderungswettbewerb nach unten zu öffnen; das würde wiederum eine unzulässige Übertragung des ultima-ratio-Grundsatzes auf das Verhältnis der Arbeitnehmer untereinander bedeuten.

Nicht in die Sozialauswahl einbezogen werden können Arbeitnehmer, deren ordentliche Kündigung, etwa nach § 15 KSchG, gesetzlich ausgeschlossen ist. Auf der anderen Seite sind Arbeitnehmer, die noch keinen Kündigungsschutz genießen, weil sie die Wartezeit nicht erfüllt haben, trotz für sie sprechender sozialer Gesichtspunkte vor allen Arbeitnehmern mit Kündigungsschutz zu kündigen[50].   1346

Die *wesentlichen sozialen Gesichtspunkte*, die bei der Auswahl berücksichtigt werden müssen, sind: 1347

− die Dauer der Betriebszugehörigkeit. In ihr drückt sich der Wert des Arbeitsplatzes für den Arbeitnehmer aus.

− die Einkommens- und Vermögensverhältnisse des Arbeitnehmers in seiner Familie.

− das Lebensalter und der Gesundheitszustand des Arbeitnehmers. Die mit einem Arbeitsplatz verbundenen Folgen, insbesondere die Einstellung auf die neue Arbeit und ein etwaiger Wohnungswechsel sind von einem jüngeren Arbeitnehmer leichter zu tragen als von einem älteren oder kranken.

Eine allgemein geltende Rangfolge der sozialen Gesichtspunkte läßt sich nicht angeben. Notwendig ist vielmehr eine Abwägung aller dieser Gesichtspunkte bei jeder zu treffenden Auswahlentscheidung. Deshalb kann die Wertung der sozialen Gesichtspunkte auch nicht abstrakt generell in einem Punkteschema im voraus festgelegt werden. Soweit eine Auswahl aufgrund von Richtlinien i.S.d. § 95 BetrVG getroffen wird, muß sie deshalb immer noch durch eine *individuelle Überprüfung der Auswahl* ergänzt werden[51]. Das Gesetz verlangt vom Arbeitgeber nur die ausreichende Berücksichti-   1348

49 BAG vom 7. 2. 1985, AP Nr. 9 zu § 1 KSchG 1979 Soziale Auswahl = DB 1986, 436 = BB 1986, 805 = NJW 1986, 2336 = NZA 1986, 260 = EzA § 1 KSchG Soziale Auswahl Nr. 20.
50 BAG vom 25. 4. 1985, AP Nr. 7 zu § 1 KSchG 1969 Soziale Auswahl = DB 1985, 2205 = BB 1986, 1155 = NJW 1986, 274 = NZA 1986, 64 = EzA § 1 KSchG Betriebsbedingte Kündigung Nr. 35.
51 BAG vom 18. 1. 1990, BB 1990, 1274.

gung sozialer Gesichtspunkte. Er muß diese nicht vollkommen richtig, gleichsam ideal, gewürdigt haben, sondern es genügt, wenn er dies in ausreichendem Maß getan hat. Damit steht ihm ein Bewertungsspielraum zu, den die Arbeitsgerichte zu respektieren haben[52]. Nur wenn der Arbeitgeber von vornherein nicht alle sozialen Gesichtspunkte berücksichtigt hat oder wenn ihre Gewichtung unvertretbar ist, ist die soziale Auswahl verfehlt und damit die Kündigung unwirksam.

In **Fall 84** *ist die Sozialauswahl sicher fehlerhaft, weil die für die Kündigung in Betracht kommende B überhaupt nicht in die Abwägung mit einbezogen worden ist. Auf diesen Fehler müssen sich alle gekündigten Arbeitnehmer berufen können, die sozial schutzbedürftiger als B sind und deshalb möglicherweise nicht gekündigt worden wären, wenn diese die Kündigung getroffen hätte[53]. Nur wenn es sicher ist, daß A wegen seiner relativen sozialen Stärke trotz der Kündigung der B ebenfalls gekündigt worden wäre, ändert sich an der Wirksamkeit seiner Kündigung nichts, weil die fehlerhafte soziale Auswahl für seine Kündigung nicht ursächlich geworden ist[54].*

1349   Nach § 1 Abs. 3 Satz 2 kann die sich unter sozialen Gesichtspunkten ergebende Auswahl der zu kündigenden Arbeitnehmer vom Arbeitgeber durchbrochen werden, wenn betriebstechnische, wirtschaftliche oder sonstige berechtigte *betriebliche Bedürfnisse* die Weiterbeschäftigung eines oder mehrerer bestimmter Arbeitnehmer bedingen. Dies kommt etwa in Betracht, wenn ein Arbeitnehmer über eine besondere Qualifikation verfügt, die von Zeit zu Zeit gebraucht wird, oder wenn ein Arbeitnehmer besonders gute Beziehungen zu Kunden und Lieferanten hat[55].

d) Beweislast für die soziale Rechtfertigung

1350   Nach § 1 Abs. 2 Satz 4 hat der Arbeitgeber die Tatsachen zu beweisen, die die Kündigung bedingen.

1351   Für die *verhaltensbedingte* Kündigung bedeutet das, daß der Arbeitgeber darzulegen und zu beweisen hat, daß der Arbeitnehmer eine Vertragsverletzung begangen hat und daß diese von solchem Gewicht ist, daß ihm das weitere Festhalten am Arbeitsvertrag nicht zuzumuten ist. Auch daß der Kündigung dort, wo diese notwendig ist, eine Abmahnung vorausgegangen ist, fällt in die Beweislast des Arbeitgebers.

---

52 BAG vom 18. 10. 1984, AP Nr. 6 zu § 1 KSchG 1969 Soziale Auswahl = DB 1985, 1083 = BB 1985, 1263 = NJW 1985, 2046 = NZA 1985, 423; ausführlich zu diesem Bewertungsspielraum *Rieble*, demnächst NJW 1990.
53 BAG, a.a.O.
54 *Rieble*, a.a.O.
55 Siehe im übrigen zu diesen Fragen *Herschel/Löwisch*, § 1 Rdnr. 235 ff.

Wird eine *personenbedingte* Kündigung auf die Begründung gestützt, daß ein 1352
Arbeitnehmer über das zumutbare Maß hinaus krankheitsbedingt ausfallen
wird, muß der Arbeitgeber grundsätzlich die Tatsachen darlegen und beweisen, aus denen sich eine derartige Prognose ergibt. Einen Anscheinsbe-
weis dergestalt, daß eine langandauernde Krankheit in der Vergangenheit
auf eine negative gesundheitliche Konstitution in der Zukunft schließen ließe, gibt es nicht[56]. Allerdings können vorausgegangene häufige Kurzerkrankungen eine solche Prognose indizieren. In einem solchen Fall darf sich der
Arbeitgeber zunächst darauf beschränken, die Fehlzeiten darzulegen. Der
Arbeitnehmer muß dann dartun, weshalb die früheren Erkrankungen nichts
darüber aussagen, ob auch künftig ständig weitere Krankheiten zu befürchten sind oder weshalb in Zukunft mit einer nachhaltigen Genesung zu rechnen ist[57]. Sind dem Arbeitnehmer aber Krankheitsbefund und vermutliche
Entwicklung selbst nicht hinreichend bekannt, so genügt er seiner Mitwir-
kungspflicht, wenn er seine Ärzte von der Schweigepflicht entbindet. Weigert er sich, die Ärzte von der Schweigepflicht zu entbinden, bleibt es bei der
Indizwirkung.

Bei einer *betriebsbedingten* Kündigung hat der Arbeitgeber die inner- oder au- 1353
ßerbetrieblichen Gründe für die Kündigung im einzelnen ebenso darzulegen und unter Beweis zu stellen, sowie nachzuweisen, daß sich diese Gründe im betrieblichen Bereich tatsächlich dahin auswirken, daß für die Weiterbeschäftigung des gekündigten Arbeitnehmers kein Bedürfnis mehr besteht.

Auch das Fehlen einer *anderweitigen Weiterbeschäftigungsmöglichkeit* gehört an 1354
sich zur Darlegungs- und Beweislast des Arbeitgebers. Bestreitet der Arbeitnehmer aber lediglich, daß sein Arbeitsplatz weggefallen sei, dann genügt
der Arbeitgeber seiner Darlegungspflicht mit dem Vortrag, wegen der notwendigen Betriebsänderung sei eine Weiterbeschäftigung des Arbeitnehmers nicht möglich. Wenn jedoch der Arbeitnehmer über das Bestreiten hinaus darlegt, wie er sich eine anderweitige Beschäftigung vorstellt, muß der
Arbeitgeber unter Darlegung von Einzelheiten erläutern, aus welchen Gründen die Umsetzung auf einen entsprechenden freien Arbeitsplatz nicht
möglich gewesen sei[58].

---

56 BAG vom 25. 11. 1982, AP Nr. 7 zu § 1 KSchG 1969 Krankheit = DB 1983, 1047 = BB 1983,
   899 = NJW 1983, 2897 = EzA § 1 KSchG Krankheit Nr. 10.
57 BAG vom 23. 6. 1983, AP Nr. 10 zu § 1 KSchG 1969 Krankheit = DB 1983, 2524 = BB 1983,
   1988 = EzA § 1 KSchG Krankheit Nr. 12.
58 BAG vom 3. 2. 1977, AP Nr. 4 zu § 1 KSchG 1969 Betriebsbedingte Kündigung = DB 1977,
   1320 = BB 1977, 489.

1355   Nach § 1 Abs. 3 Satz 3 trifft den Arbeitnehmer die Beweislast für die *fehlerhafte Sozialauswahl*. Er muß vortragen, welche Arbeitnehmer an seiner Stelle hätten gekündigt werden können und warum diese weniger schutzbedürftig sind als er. Allerdings kommt ihm insoweit die Mitteilungspflicht des Arbeitgebers nach § 1 Abs. 3 Satz 1, 1. Halbsatz zu Hilfe. Ihr ist zu entnehmen, daß der Arbeitnehmer seiner Darlegungslast zunächst genügt, wenn er den Arbeitgeber auffordert, seine Gründe für die Sozialauswahl mitzuteilen. Erst wenn der Arbeitgeber diesem Verlangen nachgekommen ist, trifft den Arbeitnehmer wieder die volle Darlegungs- und Beweislast, und hat er dementsprechend vorzutragen, welche vom Arbeitgeber in die Auswahl einbezogenen Arbeitnehmer weniger schutzbedürftig sein sollen oder welche weiteren vom Arbeitgeber nicht benannten Arbeitnehmer bei der Sozialauswahl zusätzlich zu berücksichtigen sind[59].

e) Auswirkung eines Widerspruchs des Betriebsrats gegen die Kündigung

1356   Nach § 1 Abs. 2 Satz 2 Nr. 1b, der § 102 Abs. 3 Nr. 3 BetrVG entspricht, ist eine Kündigung im Falle eines entsprechenden Widerspruchs des Betriebsrates dann sozial ungerechtfertigt, wenn der Arbeitnehmer an einem anderen Arbeitsplatz im Betrieb oder in einem anderen Betrieb des Unternehmens weiterbeschäftigt werden kann. Gleiches gilt nach § 1 Abs. 2 Satz 2, wenn eine Weiterbeschäftigung nach zumutbaren Umschulungs- oder Fortbildungsmaßnahmen oder zu geänderten Arbeitsbedingungen möglich ist. Diese zusätzlichen Sozialwidrigkeitsgründe haben keine wesentliche praktische Bedeutung, denn sie sind Ausdruck des ultima-ratio-Grundsatzes, der im Rahmen des Kündigungsschutzes ohnehin gilt. Keinesfalls darf aus ihrer besonderen Erwähnung in § 1 Abs. 2 geschlossen werden, daß sie nur zu berücksichtigen seien, wenn der Betriebsrat Widerspruch erhoben hat. Vielmehr greift der ultima-ratio-Grundsatz auch für Arbeitnehmer in Betrieben ohne Betriebsrat und für solche, bei denen der Betriebsrat, aus welchen Gründen auch immer, auf einen Widerspruch verzichtet hat.

1357   Nach § 1 Abs. 2 Nr. 1a ist eine Kündigung bei entsprechendem Widerspruch dann sozial ungerechtfertigt, wenn sie gegen eine Auswahlrichtlinie gem. § 95 BetrVG verstößt. Auch dieser zusätzliche Sozialwidrigkeitsgrund hat nur eingeschränkte Bedeutung, weil sich die Auswahlrichtlinien an die Grundwertung des § 1 Abs. 3 halten müssen und zudem trotz der Richtlini-

---

59 BAG vom 24. 3. 1983, AP Nr. 12 zu § 1 KSchG 1969 = DB 1983, 1822 = BB 1983, 1665 = EzA § 1 KSchG Betriebsbedingte Kündigung Nr. 21.

en jeweils eine individuelle Überprüfung der Sozialauswahl stattfinden muß[60].

4. Gerichtliche Geltendmachung des Kündigungsschutzes

a) Kündigungsschutzklage

Fall 85: *Firma X ist in finanzielle Schwierigkeiten geraten. Sie kündigt deshalb einer Reihe von Arbeitnehmern, darunter A, am 15.3. fristlos und stellt die Lohnzahlungen an sie ein. Am 1.4. erhebt A durch einen Rechtsanwalt Klage auf Zahlung des rückständigen Lohns. In der am 15.5. stattfindenden Verhandlung vor dem Arbeitsgericht erklärt er, er wolle auch die Unwirksamkeit der Kündigung festgestellt haben.*

Eine sozial ungerechtfertigte Kündigung ist nach § 1 Abs. 1 rechtsunwirksam. § 4 schreibt jedoch vor, daß der Arbeitnehmer diese Rechtsunwirksamkeit innerhalb einer *Frist von drei Wochen* durch Klage beim Arbeitsgericht geltend zu machen hat. Versäumt der Arbeitnehmer die Frist, so kann er sich auf die Rechtsunwirksamkeit der Kündigung, soweit ein Verstoß gegen § 1 in Frage kommt, nicht mehr berufen. Die Kündigung gilt, wie § 7 ausdrücklich klarstellt, als von Anfang an rechtswirksam. Mit dieser Regelung gewährleistet das Gesetz Rechtssicherheit.   1358

Das Gebot, die Unwirksamkeit einer Kündigung durch Klagerhebung binnen drei Wochen geltend zu machen, gilt nach § 4 *nur für die sozialwidrige Kündigung*. Gemäß § 13 Abs. 1 Satz 2 ist die Vorschrift aber auch auf die Geltendmachung der Rechtsunwirksamkeit einer *außerordentlichen Kündigung* wegen Fehlens eines wichtigen Grundes und Versäumung der Zweiwochenfrist des § 626 Abs. 2 BGB anzuwenden.   1359

Auf *andere Unwirksamkeitsgründe* einer Kündigung, etwa fehlende Anhörung des Betriebsrats (§ 102 Abs. 1 BetrVG), Nichteinhaltung der Kündigungsfrist, Formmangel, Sittenwidrigkeit, Verstoß gegen § 15 KSchG oder § 103 BetrVG, erstreckt sich § 4 nicht. Sie können deshalb unabhängig von der Dreiwochenfrist geltend gemacht werden. Der Arbeitnehmer kann sein Klagerecht in diesen Fällen aber unter bestimmten Voraussetzungen verwirken[61].   1360

---

60 Siehe Rdnr. 1348.
61 Vgl. BAG vom 20. 5. 1988, AP Nr. 5 zu § 242 BB Prozeßverwirkung = DB 1978, 2156 = BB 1989, 990 = NZA 1989, 16 = EzA § 242 BGB Prozeßverwirkung Nr. 1.

1361   Für die Geltendmachung der Unwirksamkeit anderer Beendigungstatbestände, insbesondere für die Anfechtung des Arbeitsverhältnisses durch den Arbeitgeber, gilt § 4 schon seinem eindeutigen Wortlaut nach nicht.

1362   Die Dreiwochenfrist für die Kündigungsschutzklage beginnt nach § 4 Satz 1 mit dem *Zugang der Kündigung*[62]. Bedarf die Kündigung der Zustimmung einer Behörde, so läuft die Frist zur Anrufung des Arbeitsgerichts erst von der Bekanntgabe der Entscheidung an den Arbeitnehmer ab (§ 4 Satz 4). Für die Berechnung der Frist gelten die §§ 187 Abs. 1, 188 Abs. 2, 193 BGB. Die Frist beginnt danach mit dem auf den Zugang der Kündigung folgenden Tag. Hat der Arbeitgeber z.B. am 19.8. einem Angestellten zum 30.9. gekündigt, so endet die Dreiwochenfrist mit dem 9.9. Fällt der letzte Tag auf einen Sonnabend oder Sonntag oder gesetzlich anerkannten Feiertag, so verlängert sie sich um diesen Tag.

1363   Nach § 4 Satz 1 muß der Arbeitnehmer zur Wahrung der Dreiwochenfrist *Klage beim Arbeitsgericht* erheben. Dabei ist der Zeitpunkt maßgebend, zu dem die Klage beim Arbeitsgericht eingereicht wird, sofern die Zustellung an den beklagten Arbeitgeber „demnächst" erfolgt (§ 46 Abs. 2 ArbGG i.V. mit §§ 495, 270 Abs. 3 ZPO). Ist die Klage vor einem örtlich unzuständigen Arbeitsgericht erhoben, so ist das unschädlich, wenn die Zuständigkeit nicht gerügt oder die Sache an das zuständige Gericht verwiesen wird. Auch wenn die Klage bei dem Gericht einer anderen Gerichtsbarkeit erhoben und von diesem an das Arbeitsgericht verwiesen worden ist, reicht dies zur Wahrung der Dreiwochenfrist aus, wie sich aus den Vorschriften der §§ 17 Abs. 3 Satz 4 GVG, 52 Abs. 3 Satz 3 SGG und 41 Abs. 3 Satz 4 VWGO ergibt.

1364   § 5 sieht eine ausnahmsweise *Zulassung verspäteter Kündigungsschutzklagen* vor. War der Arbeitnehmer trotz Anwendung aller ihm nach Lage der Zustände zumutbaren Sorgfalt verhindert, die Dreiwochenfrist einzuhalten, kann er binnen 2 Wochen nach Behebung des Hindernisses die nachträgliche Zulassung der Klage beantragen. Nach Ablauf von 6 Monaten, vom Ende der Dreiwochenfrist an gerechnet, ist auch dieser Antrag nicht mehr zulässig. In Betracht kommt eine nachträgliche Zulassung der Klage vor allem dann, wenn die Kündigung dem Arbeitnehmer während seiner Abwesenheit, etwa eines Krankenhausaufenthaltes oder einer längeren Urlaubsreise zugeht[63]. Daß der Arbeitnehmer nicht für eine Nachsendung sorgt, kann ihm regelmäßig nicht als ein Verschulden angelastet werden[64].

---

62 Siehe Rdnr. 1224 f.
63 Vgl. Rdnr. 1225.
64 Siehe im übrigen zu diesem Fragenkreis *Herschel/Löwisch*, § 5 Rdnr. 3 ff.

Es kann sein, daß der Arbeitnehmer sich zwar innerhalb von 3 Wochen im   **1365**
Klagewege gegen die Kündigung wendet, diese aber nicht auf die Sozialwidrigkeit der Kündigung, sondern auf *andere Unwirksamkeitsgründe*, etwa
die Nichtanhörung des Betriebsrates, stützt. Dann erlaubt ihm § 6 noch bis
zum Schluß der mündlichen Verhandlung erster Instanz, auch die Sozialwidrigkeit der Kündigung geltend zu machen.

In **Fall 85** *geht es um die Unwirksamkeit der von X ausgesprochenen Kündigung wegen Feh-*
lens eines wichtigen Grundes. Diese hat A nicht in der Dreiwochenfrist des § 13 Abs. 1 i.V.
mit § 4 Satz 1 geltend gemacht. Seine Klage hat sich auch nicht auf Feststellung der Unwirk-
samkeit der Kündigung aus anderen Gründen gerichtet. Mit seiner Lohnklage hat er sich aber
doch inzident gegen die Kündigung gewandt. Das muß ausreichen, um ihm in analoger An-
wendung des § 6 zu gestatten, sich nachträglich auf die Sozialwidrigkeit zu berufen[65].

Nach § 4 Satz 1 richtet sich die Kündigungsschutzklage auf die Feststellung,   **1366**
daß das Arbeitsverhältnis *durch die Kündigung* nicht aufgelöst ist (sog. *punk-*
tueller Streitgegenstand). Ob das Arbeitsverhältnis aus einem anderen Grunde, z.B. einer weiteren Kündigung oder einem Aufhebungsvertrag aufgelöst
worden ist oder ob es gar von Anfang an nichtig ist, ist damit nicht Gegenstand des Kündigungsschutzprozesses. Will der Arbeitnehmer Gewißheit
über das Fortbestehen des Arbeitsverhältnisses insgesamt erreichen, muß er
mit der Kündigungsschutzklage eine allgemeine Feststellungsklage nach
§ 256 ZPO verbinden, in der er beantragt festzustellen, daß das Arbeitsverhältnis über die Kündigung hinaus fortbesteht[66].

b) Urteil

Fall 86: *A erhebt nach 4 Wochen Kündigungsschutzklage, um die Sozialwidrigkeit der von*
der Firma X ausgesprochenen Kündigung geltend zu machen. Die Klage wird wegen Versäu-
mung der Klagfrist rechtskräftig abgewiesen. Nunmehr macht A in einer erneuten Klage gel-
tend, die Kündigung sei schon deshalb unwirksam, weil − was tatsächlich stimmt − der Be-
triebsrat nicht angehört worden sei.

Fall 87: *Der 56jährige A, der 23 Jahre bei der Firma X beschäftigt war, ist wegen des Ver-*
dachts einer strafbaren Handlung am 10.3. fristlos gekündigt worden. Er hat fristgerecht
Kündigungsschutzklage erhoben. Der Prozeß zieht sich 2 Jahre hin. A überlegt, ob er Antrag
auf Auflösung des Arbeitsverhältnisses gegen Abfindung stellen soll.

Unterliegt der Arbeitnehmer mit der Kündigungsschutzklage, so steht damit   **1367**
fest, daß das Arbeitsverhältnis durch die Kündigung aufgelöst ist. Auch
wenn nachträglich Umstände bekannt werden, die die Sozialwidrigkeit der
Kündigung begründen können, kann sie der Arbeitnehmer nicht mehr gel-

---

65 BAG vom 28. 6. 1973, AP Nr. 2 zu § 13 KSchG 1969 = DB 1973, 2100 = BB 1973, 1308.
66 BAG vom 21. 1. 1988, AP Nr. 19 zu § 4 KSchG 1969 = DB 1988, 1758 = BB 1988, 1533 =
   NJW 1988, 2691 = NZA 1988, 651 = EzA § 4 n.F. KSchG Nr. 33; AR-Blattei D-Blatt, Kündigungsschutz, Entsch. 295 mit Anm. *Löwisch*.

tend machen. Streitgegenstand der Kündigungsschutzklage ist — wie sich aus der Formulierung des § 4 Satz 1 ergibt — nicht nur die Sozialwidrigkeit der Kündigung, sondern die Auflösung des Arbeitsverhältnisses durch die angegriffene Kündigung überhaupt. Daraus folgt, daß der Arbeitnehmer nun auch andere Unwirksamkeitsgründe für die Kündigung nicht mehr vorbringen kann.

Auch in **Fall 86** *ist A mit der Geltendmachung der fehlenden Anhörung des Betriebsrats als anderem Unwirksamkeitsgrund ausgeschlossen. Auch wenn seine ursprüngliche Kündigungsschutzklage wegen Versäumung der Dreiwochenfrist abgewiesen worden ist, steht damit angesichts des Streitgegenstandes fest, daß die Kündigung insgesamt wirksam ist. Der neuerlichen Klage des A steht daher der Einwand der Rechtskraft entgegen.*

Obsiegt der Arbeitnehmer mit seiner Kündigungsschutzklage, steht fest, daß das Arbeitsverhältnis durch die angegriffene Kündigung nicht aufgelöst ist. Es ist grundsätzlich mit den bisherigen Rechten und Pflichten *fortzusetzen.*

1368   Auch für die *Zeit bis zum Urteil* behält der Arbeitnehmer seine Ansprüche. Selbst wenn er in dieser Zeit nicht beschäftigt wurde, kann er nach § 615 Satz 1 BGB Zahlung seines Arbeitsentgelts verlangen, ohne zur Nachleistung verpflichtet zu sein. Nach § 11, der insoweit an die Stelle des § 615 Satz 2 BGB tritt, muß er sich allerdings anrechnen lassen, was er durch anderweitige Arbeit verdient hat, was er hätte verdienen können, wenn er es nicht böswillig unterlassen hätte, eine ihm zumutbare Arbeit anzunehmen und was er an öffentlich-rechtlichen Leistungen infolge Arbeitslosigkeit erhalten hat. Diese Beträge hat der Arbeitgeber dem Sozialversicherungsträger zu erstatten (§ 115 Abs. 1 SGB X, § 11 Nr. 3); anders als nach § 615 Satz 2 BGB braucht sich der Arbeitnehmer ersparte Aufwendungen, z.B. für Fahrtkosten, nicht anrechnen zu lassen.

1369   Die Fortsetzung des Arbeitsverhältnisses wird den legitimen Interessen des Arbeitnehmers wie des Arbeitgebers nicht in allen Fällen gerecht. Die Tatsache der, wenn auch unwirksamen Kündigung, die gerichtliche Auseinandersetzung über sie, vor allem aber die häufige tatsächliche Unterbrechung des Arbeitsverhältnisses während des Kündigungsschutzprozesses können dem Arbeitnehmer die Wiederaufnahme der Arbeit unzumutbar machen. Auf der anderen Seite können diese Umstände auch aus betrieblicher Sicht einer weiteren Zusammenarbeit des Arbeitgebers mit dem Arbeitnehmer im Wege stehen, so daß man dem Arbeitgeber zubilligen muß, das Arbeitsverhältnis zu lösen. Dem trägt § 9 Rechnung, indem er unter bestimmten Voraussetzungen dem Arbeitnehmer wie dem Arbeitgeber das Recht einräumt, das durch die Kündigung nicht beendete Arbeitsverhältnis durch eine Entscheidung des Arbeitsgerichts doch *auflösen* zu lassen. Die dabei festzusetzende *Abfindung* entschädigt den Arbeitnehmer für den an sich nicht gerechtfertigten Verlust seines Arbeitsplatzes.

Der *Arbeitnehmer* kann den Antrag auf Auflösung gegen Abfindung nicht   1370
nur im Falle der Sozialwidrigkeit einer ordentlichen Kündigung, sondern auch im Falle der Unbegründetheit einer außerordentlichen und im Falle einer sittenwidrigen Kündigung stellen (§ 13 Abs. 1 Satz 3 und Abs. 2). Daß die Kündigung auch noch aus einem anderen Grunde als wegen Sozialwidrigkeit, Fehlen eines wichtigen Grundes oder Sittenwidrigkeit unwirksam ist, hindert die Auflösung auf Antrag des Arbeitnehmers nicht. Ist die Kündigung aber *nur* aus einem anderen Grunde unwirksam, scheidet die Auflösung nach § 9 aus.

Voraussetzung für die Auflösung auf Antrag des Arbeitnehmers ist nach § 9   1371
Abs. 1 Satz 1 die *Unzumutbarkeit* der Fortsetzung des Arbeitsverhältnisses für ihn. Eine solche Unzumutbarkeit kann sich einmal aus den Umständen der Kündigung ergeben. Ist die Kündigung leichtfertig mit unzutreffenden, ehrverletzenden Behauptungen über die Person oder das Verhalten des Arbeitnehmers begründet worden, so wird das Arbeitsverhältnis zwischen Arbeitnehmer und Arbeitgeber häufig so gestört sein, daß der Arbeitnehmer am Arbeitsverhältnis gegen seinen Willen nicht mehr festgehalten werden kann. Eine Unzumutbarkeit kommt weiter in Betracht, wenn aus den Umständen zu schließen ist, daß der Arbeitnehmer im Falle der Rückkehr in den Betrieb gegenüber den übrigen Mitarbeitern benachteiligt oder sonst inkorrekt behandelt werden wird. Ist etwa die Kündigung damit begründet worden, daß dem Arbeitnehmer die erforderliche Qualifikation für seinen Arbeitsplatz fehle und hat der Arbeitgeber erklärt, daß er an dieser Meinung ungeachtet einer möglichen gegenteiligen Auffassung des Gerichts festhalten werde, so macht auch dies dem Arbeitnehmer die Fortsetzung des Arbeitsverhältnisses unzumutbar[67]. Auch daß der Arbeitnehmer aufgrund konkreter Umstände befürchten muß, vom Arbeitgeber nach einiger Zeit erneut gekündigt zu werden, kann die Unzumutbarkeit begründen[68].

Ist der Arbeitnehmer ein neues Arbeitsverhältnis eingegangen, so macht   1372
dies allein ihm noch nicht unzumutbar, das gekündigte Arbeitsverhältnis fortzusetzen, da für diese Fälle in § 12 eine besondere Regelung vorgesehen ist[69]. Andererseits schließt die Eingehung eines neuen Arbeitsverhältnisses einen Antrag nach § 9 Abs. 1 auch nicht aus, denn die Unzumutbarkeit der

---

67 BAG vom 26. 11. 1981, AP Nr. 8 zu § 9 KSchG 1969 = DB 1981, 757 = BB 1982, 1113 = NJW 1982, 2015 = EzA § 9 KschG n.F. Nr. 11.
68 Zutr. *Denck*, Anm. zu BAG a.a.O.
69 Siehe Rdnr. 1381.

Fortsetzung des bisherigen Arbeitsverhältnisses hängt vom Verhältnis zwischen Arbeitnehmer und altem Arbeitgeber ab.

1373   Die Auflösung des Arbeitsverhältnisses auf Antrag des *Arbeitgebers* setzt nach § 9 Abs. 1 Satz 2 voraus, daß eine den Betriebszwecken dienliche *weitere Zusammenarbeit* zwischen Arbeitgeber und Arbeitnehmer nicht zu erwarten ist. Als Umstände, die den Auflösungsantrag des Arbeitgebers begründen können, kommen in erster Linie solche in Betracht, die darauf schließen lassen, daß eine vertrauensvolle Zusammenarbeit des Arbeitnehmers mit dem Arbeitgeber oder mit anderen Arbeitnehmern, sei es als Vorgesetzter oder Untergebener, nicht mehr möglich ist. Solche Umstände können sich aus dem Verhalten des Arbeitnehmers nach Ausspruch der Kündigung und während des Kündigungsschutzprozesses ergeben, wenn er etwa den Arbeitgeber oder andere Arbeitnehmer im Verfahren persönlich angegriffen, seine Kündigung zum Gegenstand einer öffentlichen Erörterung im Betrieb gemacht hat oder zwischenzeitlich bei einem Konkurrenzunternehmen tätig gewesen ist.

1374   *Wirtschaftliche Schwierigkeiten* und andere betriebliche Gegebenheiten, die eine Weiterbeschäftigung des Arbeitnehmers als unangebracht erscheinen lassen, reichen zur Begründung des Auflösungsantrags nicht aus. Hierbei handelt es sich nicht um eine Folge der Störung des Arbeitsverhältnisses durch die vom Arbeitgeber ausgesprochene Kündigung. Es ist nicht der Sinn des § 9 Abs. 1 Satz 2, dem Arbeitgeber wegen der vorausgegangenen Kündigung eine Auflösung des Arbeitsverhältnisses aus betrieblichen Gründen unter leichteren Voraussetzungen zu ermöglichen, als sie § 1 Abs. 1 vorsieht.

1375   Anders als der Arbeitnehmer kann der Arbeitgeber die Auflösung nur verlangen, wenn die Kündigung *lediglich sozialwidrig* ist. Ist sie bereits aus anderen Gründen unwirksam, muß er sich, wenn nicht der Arbeitnehmer die Auflösung beantragt, mit der Fortsetzung des Arbeitsverhältnisses abfinden. Auch im Falle der außerordentlichen und sittenwidrigen Kündigung kann er keine Auflösung verlangen.

1376   Nach § 10 Abs. 1 ist als *Abfindung* ein Betrag bis zu 10 Monatsverdiensten festzusetzen. Diese Höchstgrenze erhöht sich nach § 10 Abs. 2 Satz 1 auf 15 Monatsverdienste, wenn der Arbeitnehmer bereits das 50. Lebensjahr vollendet und das Arbeitsverhältnis mindestens 15 Jahre bestanden hat; auf 18 Monatsverdienste, wenn der Arbeitnehmer das 55. Lebensjahr vollendet und das Arbeitsverhältnis mindestens 20 Jahre bestanden hat. Beide Voraussetzungen müssen jeweils zusammentreffen. Maßgebend ist dabei der

Zeitpunkt, zu dem das Gericht gem. § 9 Abs. 2 das Arbeitsverhältnis aufgelöst hat.

Daraus, daß die Abfindung eine Entschädigung für den an sich nicht ge-   1377
rechtfertigten Verlust des Arbeitsplatzes darstellt, folgt, daß die Dauer der
Betriebszugehörigkeit der wichtigste Faktor für die Bemessung der Abfin-
dung ist. Weitere Faktoren sind das Lebensalter und der Familienstand des
Arbeitnehmers, die Dauer einer etwaigen Arbeitslosigkeit und der Grad der
Sozialwidrigkeit der Kündigung.

Nach § 9 Abs. 2 hat das Arbeitsgericht das Arbeitsverhältnis zu dem *Zeit-*   1378
punkt aufzulösen, an dem es bei sozial gerechtfertigter Kündigung geendet
hätte. Das ist regelmäßig das Ende der sich aus Gesetz, Tarifvertrag oder Arbeitsvertrag ergebenden ordentlichen Kündigungsfrist. Hat der Arbeitgeber
zu einem späteren Termin gekündigt, ist dieser maßgebend. Hat er die Kündigungsfrist nicht eingehalten, so ist der Zeitpunkt festzusetzen, zu dem das
Arbeitsverhältnis bei Einhaltung der Kündigungsfrist geendet hätte. Hierher gehört auch der Fall, daß eine unwirksame fristlose Kündigung gem.
§ 140 BGB in eine ordentliche Kündigung umgedeutet wird.

Daß das Arbeitsverhältnis bereits zum Ende der Kündigungsfrist aufgelöst   1379
wird, kann bei länger dauernden Kündigungsschutzprozessen zu Nachteilen für den Arbeitnehmer führen, weil er ab jenem Zeitpunkt kein Arbeitsentgelt mehr erhält. An dem eindeutigen Wortlaut des § 9 Abs. 2 ist aber
nicht vorbeizukommen[70]. Immerhin wird man in solchen Fällen den Ausfall
des Arbeitsentgelts während der Dauer des Kündigungsschutzprozesses als
weiteren Faktor bei der Bemessung der Abfindung berücksichtigen können.

§ 9 Abs. 2 ist auch bei der Auflösung eines Arbeitsverhältnisses nach einer   1380
außerordentlichen Kündigung anzuwenden (§ 13 Abs. 1 Satz 3). Dies führt
dazu, daß das Arbeitsverhältnis bereits zum Zeitpunkt des Zugangs der
Kündigung aufgelöst wird[71].

In **Fall 87** *muß A also sehr überlegen, ob er den Auflösungsantrag stellt. Denn mit ihm ge-*
langt er, selbst wenn die Dauer des Kündigungsschutzprozesses bei der Bemessung berück-
sichtigt wird, höchstens zu 18 Monatsverdiensten, während er bei Fortsetzung des Arbeits-
verhältnisses das Arbeitsentgelt für die ganze Dauer des Prozesses und darüber hinaus for-
dern kann.

---

70 BAG vom 25. 11. 1982, AP Nr. 10 zu § 9 KSchG 1969 = DB 1984, 883 = EzA § 9 n.F. KSchG
   Nr. 15.
71 Ganz h.M., BAG vom 23. 1. 1985, AP Nr. 11 zu § 13 KSchG; *Herschel/Löwisch*, § 13 Rdnr.
   21; KR-Friedrich, § 13 Rdnr. 65 ff.

1381 Auch wenn eine Auflösung des Arbeitsverhältnisses gegen Abfindung nicht erfolgen kann, weil es an der Unzumutbarkeit der Fortsetzung fehlt, kann sich der Arbeitnehmer doch, freilich ohne Abfindung, aus dem Arbeitsverhältnis lösen, wenn er inzwischen ein neues Arbeitsverhältnis eingegangen ist: § 12 gibt ihm dann das Recht, binnen einer Woche nach Rechtskraft eines obsiegenden Urteils durch Erklärung gegenüber dem Arbeitgeber, die Fortsetzung des Arbeitsverhältnisses bei diesem zu *verweigern*.

c) Weiterbeschäftigungsanspruch

Fall 88: *A, der von der Firma X wegen Auftragsmangels gekündigt worden ist, hat Kündigungsschutzklage erhoben und gleichzeitig Antrag auf Verpflichtung der Firma X zu seiner Weiterbeschäftigung gestellt. Das Arbeitsgericht hat seinen Anträgen stattgegeben. Er ist daraufhin von X weiterbeschäftigt worden. Das LAG hat das Urteil des Arbeitsgerichts aufgehoben und die Klage rechtskräftig abgewiesen. Die Firma X weigert sich daraufhin, dem A das noch rückständige Entgelt aus den letzten 4 Wochen vor dem Urteil des LAG zu bezahlen, wobei sie geltend macht, daß A in den letzten 3 Wochen krank gewesen sei.*

1382 Wie in Rdnr. 875 f. ausgeführt, hat der Arbeitnehmer aus dem Arbeitsvertrag Anspruch auf tatsächliche Beschäftigung. Dieser Anspruch steht auch dem gekündigten Arbeitnehmer zu. Eine Kündigung kann ihn grundsätzlich nur dann beseitigen, wenn sie wirksam ist und damit die arbeitsvertraglichen Pflichten zum Erlöschen bringt. Ist sie unwirksam, bleibt auch der Beschäftigungsanspruch bestehen. Dies hat den Großen Senat des BAG[72] veranlaßt, dem Arbeitnehmer auch außerhalb der Regelung des § 102 Abs. 5 BetrVG[73] einen Anspruch auf Weiterbeschäftigung während des Kündigungsrechtsstreits zuzubilligen, sofern die Kündigung unwirksam ist und überwiegend schützenswerte Interessen des Arbeitgebers nicht entgegenstehen.

1383 Ein solches *schützenswertes Interesse* des Arbeitgebers sieht der Große Senat in der Regel solange als gegeben an, wie noch *kein* die Unwirksamkeit der Kündigung feststellendes *Urteil* ergangen ist. Ergeht ein solches Urteil, tritt das Interesse des Arbeitgebers hinter das Beschäftigungsinteresse des Arbeitnehmers zurück und dieser ist weiterzubeschäftigen. Erst wenn das Urteil aufgehoben wird, überwiegt wieder das Interesse des Arbeitgebers an der Nichtbeschäftigung des Arbeitnehmers. Von vornherein besteht ein schützenswertes Interesse des Arbeitgebers nach Ansicht des Großen Senats nur dann nicht, wenn die Kündigung *offensichtlich unwirksam* ist, etwa

---

72 Vom 27. 2. 1985, AP Nr. 14 zu § 611 BGB Beschäftigungspflicht = DB 1985, 2197 = BB 1985, 1978 = NJW 1985, 2968 = NZA 1985, 702 = EzA § 611 BGB Beschäftigungspflicht Nr. 9.

73 Siehe Rdnr. 682 ff.

weil offen zutage tritt, daß das Anhörungsrecht des Betriebsrats nach § 102 Abs. 1 BetrVG oder das Kündigungsverbot für werdende Mütter nach § 9 Abs. 1 MuSchG[74] mißachtet ist.

Praktisch kann der gekündigte Arbeitnehmer, der sich gegen die Kündi-   1384 gung gerichtlich wehrt, also *spätestens ab einem obsiegenden Urteil erster Instanz,* seine Weiterbeschäftigung durchsetzen. Das hat dazu geführt, daß Kündigungsschutzklagen heute vielfach mit dem Antrag verbunden werden, den Arbeitgeber zur Weiterbeschäftigung des Arbeitnehmers zu verpflichten[75].

Was die *rechtlichen Folgen einer Weiterbeschäftigung* aufgrund des Urteils des   1385 Arbeitsgerichts angeht, muß unterschieden werden: Ist die Kündigung auch nach Feststellung der Rechtsmittelgerichte tatsächlich unwirksam, haben die Rechte und Pflichten aus dem Arbeitsvertrag auch während der Weiterbeschäftigung unverändert fortbestanden. Soweit die Ansprüche des Arbeitnehmers nicht ohnehin erfüllt worden sind, kann er sie ohne weiteres geltend machen. Stellt sich hingegen in den Rechtsmittelinstanzen die Wirksamkeit der Kündigung heraus, hat er seit Ablauf der Kündigungsfrist keine Vertragsansprüche mehr. Nach Auffassung des BAG bestehen dann lediglich Ansprüche aus ungerechtfertigter Bereicherung (§ 812 ff. BGB), wobei dem Arbeitnehmer als Wert der geleisteten Arbeit allerdings gem. § 818 Abs. 2 BGB die übliche Vergütung zu leisten ist[76]. Richtiger erscheint demgegenüber, das Weiterbeschäftigungsverhältnis während seines Vollzugs wie ein gültiges Arbeitsverhältnis zu behandeln, denn die Situation ist nicht anders als bei einem nichtigen oder wirksam angefochtenen Arbeitsverhältnis bis zum Zeitpunkt der Feststellung der Nichtigkeit oder Erklärung der Anfechtung[77].

Der Unterschied der Auffassungen zeigt sich in **Fall 88.** *Nach dem BAG kann A Vergütung nur für die Zeit beanspruchen, in der er tatsächlich gearbeitet hat, weil nur in dieser Zeit der Firma X ein Wert zugeflossen ist. Hingegen ist nach der anderen Auffassung auch Entgeltfortzahlung im Krankheitsfall zu leisten.*

---

74 Dazu Rdnr. 1412 f.
75 Zur Problematik der Zulässigkeit des Antrags im Hinblick auf § 259 ZPO siehe *Löwisch,* Anmerkung zu BAG vom 13. 6. 1985, EWiR § 611 BGB 3/86.
76 BAG vom 10. 3. 1987, AP Nr. 1 zu § 611 BGB Weiterbeschäftigung = DB 1987, 1045 = BB 1987, 1110 =NJW 1987, 2251 = NZA 1987, 373 = EzA § 611 BGB Beschäftigungspflicht Nr. 28.
77 *Löwisch,* Die Weiterbeschäftigung des Arbeitnehmers während des Kündigungsrechtsstreits, DB 1978, Beil. 7, S. 6; *Schwerdtner,* Das Weiterbeschäftigungsverhältnis als Arbeitsverhältnis „zweiter Klasse", DB 1989, 878 und 2025; *von Hoyningen-Huene,* Rechtsfolgen des richterrechtlichen Weiterbeschäftigungsanspruchs, BB 1988, 264; *Dütz,* Vollstreckungsverhältnis als Arbeitsverhältnis, ArbuR 1987, 317.

1386   Es kann vorkommen, daß der Arbeitgeber, um dem Risiko der Verpflichtung zur nachträglichen Zahlung von Annahmeverzugslohn gem. § 615 Satz 1 BGB zu entgehen, dem Arbeitnehmer *von sich* aus die Weiterbeschäftigung während des Kündigungsrechtsstreits *anbietet*. Geht der Arbeitnehmer auf dieses Angebot ein, ist in der Regel anzunehmen, daß das ursprüngliche Arbeitsverhältnis mit den bisherigen Rechten und Pflichten fortgesetzt werden soll, bis über die Wirksamkeit der Kündigung Klarheit besteht[78].

1387   Nimmt der Arbeitnehmer das Angebot des Arbeitgebers nicht an, bleibt nach Auffassung des BAG der Annahmeverzug bestehen. Beenden könne ihn der Arbeitgeber nur, wenn er mit dem Angebot der Weiterbeschäftigung auch von der Kündigung Abstand nehme. Dem Weiterbeschäftigungsangebot kommt nach dieser Auffassung Bedeutung nur insoweit zu, als die Ablehnung durch den Arbeitnehmer ein böswilliges Unterlassen anderweitigen Erwerbs darstellt[79].

5. Kündigungsschutz leitender Angestellter

1388   § 14 Abs. 1 nimmt Organmitglieder juristischer Personen und zur Vertretung berufene Gesellschafter aus dem Anwendungsbereich des KSchG aus. Das stimmt damit überein, daß dieser Personenkreis nicht zu den Arbeitnehmern gehört[80].

1389   Geschäftsführer, Betriebsleiter und ähnliche leitende Angestellte, soweit diese zur selbständigen Einstellung *oder* Entlassung berechtigt sind[81], genießen grundsätzlich Kündigungsschutz (§ 14 Abs. 2). Ihre Kündigung bedarf ebenso wie die anderer Arbeitnehmer der sozialen Rechtfertigung nach § 1. Auch sie müssen die Sozialwidrigkeit einer Kündigung durch Kündigungsschutzklage nach § 4 geltend machen.

1390   Wegen der Vertrauensstellung, die leitende Angestellte haben, bestimmt aber § 14 Abs. 2 Satz 2, daß bei leitenden Angestellten der Arbeitgeber stets

---

78 BAG vom 15. 1. 1986, AP Nr. 76 zu § 1 LohnFG = DB 1986, 1393 = BB1986, 1157 = NJW 1986, 2133 = NZA 1986, 561 = EzA § 1 LohnFG Nr. 79.

79 BAG vom 15. 11. 1985, AP Nr. 39 zu § 615 BGB = DB 1986, 1878 = NJW 1986, 2846 = NZA 1986, 637 = EzA § 615 BGB Nr. 46; kritisch hierzu *Löwisch*, Die Beendigung des Annahmeverzugs durch ein Weiterbeschäftigungsangebot während des Kündigungsrechtsstreits, DB 1986, 2433.

80 Vgl. Rdnr. 7.

81 Der Begriff des leitenden Angestellten ist damit etwas anders als in § 5 Abs. 3 BetrVG, vgl. Rdnr. 419 ff.

die Auflösung des Arbeitsverhältnisses gegen Abfindung gem. § 9 Abs. 1 Satz 2 i.V. mit § 10 durchsetzen kann.

Aus gleichen Grund kommt auch ein Weiterbeschäftigungsanspruch der lei-   1391
tenden Angestellten während des Kündigungsrechtsstreits nicht in Betracht[82].

II. Kündigungsschutz bei der Änderungskündigung

1. Allgemeines

Das KSchG gewährt dem Arbeitnehmer hinsichtlich seines Arbeitsverhält-   1392
nisses nicht nur Bestandsschutz, sondern auch *Vertragsinhaltsschutz.* Der Arbeitgeber kann sich aus den einmal eingegangenen arbeitsvertraglichen Verpflichtungen gegenüber dem Arbeitnehmer nicht auf dem Wege über die
Kündigung einfach lösen, sondern bedarf auch für die einseitige Abänderung des Vertragsinhalts eines rechtfertigenden Grundes. Auf diese Weise
wird der vom KSchG beabsichtigte Bestandsschutz gegen eine Aushöhlung
durch beliebige Verschlechterung der Arbeitsbedingungen abgesichert.

Während der Arbeitnehmer aber bis zur Änderung des KSchG durch das er-   1393
ste Arbeitsrechtsbereinigungsgesetz vom 14. 8. 1969 seinen Kündigungsschutz gegenüber einer Änderungskündigung nur mit der allgemeinen
Kündigungsschutzklage geltend machen konnte und damit das Risiko des
Arbeitsplatzverlustes im Falle der Wirksamkeit der Kündigung einging, ermöglicht ihm die heute vorgesehene *Änderungsschutzklage* die Beschränkung
des Rechtsstreits auf die Berechtigung der ihm angesonnenen Änderung der
Arbeitsbedingungen.

2. Vorbehalt des Änderungsschutzes

Fall 89: *Der bei der Firma X beschäftigte A befindet sich für 4 Wochen in Urlaub auf Lanzarote. Eine Woche nach Urlaubsbeginn übersendet ihm X per Post eine Änderungskündigung,
durch die eine bisherige übertarifliche Zulage reduziert wird. A findet das entsprechende
Schreiben erst nach seiner Rückkehr aus dem Urlaub vor, will sich aber gleichwohl noch gegen
diese Änderung wenden.*

Nach § 2 Satz 1 kann der Arbeitnehmer das ihm vom Arbeitgeber mit der   1394
Änderungskündigung gemachte Angebot unter dem Vorbehalt annehmen,

---

82 *Herschel/Löwisch,* § 14 Rdnr. 22.

daß die Änderung der Arbeitsbedingungen nicht sozial ungerechtfertigt ist. Das Arbeitsverhältnis besteht dann zunächst mit den geänderten Arbeitsbedingungen fort. Wird aber später auf die Klage des Arbeitnehmers festgestellt, daß die Änderung sozial ungerechtfertigt ist, gilt gem. § 8 die Änderungskündigung als von Anfang an unwirksam. Das Arbeitsverhältnis läuft in Zukunft zu den ursprünglichen Bedingungen weiter, und auch für die Vergangenheit muß der Arbeitgeber dem Arbeitnehmer gem. § 159 BGB gewähren, was dieser hätte, wenn die Änderung der Arbeitsbedingungen nicht erfolgt wäre.

1395   Erfolgt die Feststellung nicht, weil der Arbeitnehmer nicht rechtzeitig Änderungsschutzklage erhebt oder weil er im Prozeß unterliegt, so erlischt der Vorbehalt, und das Arbeitsverhältnis besteht unter geänderten Arbeitsbedingungen fort (§ 7).

1396   Nach § 2 Satz 2 muß der Arbeitnehmer den Vorbehalt innerhalb der vom Arbeitgeber ausgesprochenen Änderungskündigung geltenden Kündigungsfrist erklären, spätestens jedoch innerhalb 3 Wochen nach Zugang der Kündigung. Diese Vorschrift kann angesichts ihres eindeutigen Wortlautes nur so verstanden werden, daß immer die kürzere der beiden Fristen gilt.

*In **Fall 89** ist jedenfalls die Dreiwochenfrist abgelaufen, denn die Kündigung ist A trotz des Urlaubs zugegangen[83]. Das Gesetz sieht auch nicht vor, daß die Frist verlängert oder ihr Ablauf gehemmt wird, wenn der Arbeitnehmer sie unverschuldet versäumt. Insoweit muß aber § 5 analog angewandt werden. Erhebt der Arbeitnehmer Änderungsschutzklage, kann das Gericht nicht nur diese, wenn sie verspätet erhoben ist, nachträglich zulassen, sondern auch den Vorbehalt.*

1397   Nimmt der Arbeitnehmer das Änderungsangebot nicht innerhalb der Kündigungsfrist, spätestens aber innerhalb von 3 Wochen nach Zugang der Kündigung an, so ist ihm gem. § 2 Satz 2 der Weg der Änderungsschutzklage verschlossen. Dies bedeutet aber nicht, daß er sich gegen die Änderungskündigung überhaupt nicht mehr zur Wehr setzen könnte. Vielmehr kann er dann die Kündigung als solche mit der normalen Kündigungsschutzklage angreifen. Mit ihr riskiert er aber seinen Arbeitsplatz. Unterliegt er im Kündigungsschutzprozeß, so steht fest, daß sein Arbeitsverhltnis durch die Kündigung beendet worden ist. Andererseits gewinnt er die ihm bei der Änderungsschutzklage verschlossene Möglichkeit, gem. § 9 Abs. 1 die Auflösung des Arbeitsverhältnisses gegen Abfindung zu beantragen.

---

83 Vgl. Rdnr. 1225.

3. Soziale Rechtfertigung bei der Änderungskündigung

Fall 90: *Beim Autohaus X arbeitet der Fahrzeugverkauf seit mehreren Jahren mit Verlust. Um dort wieder in die schwarzen Zahlen zu kommen, will X die Provisionen der Verkäufer von 17 % auf 14 % des Verkaufspreises senken. A ist damit nicht einverstanden, macht deshalb, als er eine entsprechende Änderungskündigung erhält, den Vorbehalt der Sozialwidrigkeit geltend und erhebt Änderungsschutzklage.*

Die Maßstäbe für die soziale Rechtfertigung der Änderungskündigung sind nach § 2 Satz 1 dem § 1 Abs. 2 Satz 1 bis 3 und Abs. 3 Satz 1 und 2 zu entnehmen. Es ist zu prüfen, ob die vorgeschlagene Änderung der Arbeitsbedingungen unter Berücksichtigung von § 1 sachlich gerechtfertigt und dem Arbeitnehmer zumutbar ist[84].   1398

Geht es, wie meist, um eine Änderung der Arbeitsbedingungen aus betrieblichen Gründen, ist diese als sozial gerechtfertigt anzusehen, wenn so dringende betriebliche Erfordernisse für sie gegeben sind, daß diese unter Abwägung des Interesses des Arbeitgebers an der erstrebten Änderung und des Interesses des Arbeitnehmers an der Aufrechterhaltung seiner gegenwärtigen Arbeitsbedingungen die Änderung als billigenswert und angemessen erscheinen lassen[85]. Dabei gilt, was die Interessen des Arbeitgebers angeht, auch hier, daß die von ihm getroffenen unternehmerischen Entscheidungen nicht nachgeprüft werden können.   1399

Die Absicht von X im **Fall 90,** *die Entgeltkosten zu senken, stellt noch keine solche unternehmerische Entscheidung dar. Dies anzunehmen, würde den Kündigungsschutz entwerten, weil angesichts der Rentabilitätsorientierung der Unternehmen, das Bestreben, die Entgeltkosten zu senken, stets akzeptiert werden müßte. Unangreifbare unternehmerische Entscheidungen sind nur konkrete Maßnahmen im betrieblichen Bereich wie Organisationsänderungen, Rationalisierungsmaßnahmen usw. oder Entscheidungen auf der Finanzseite, etwa eine Reduzierung des Kreditvolumens. Nur wenn X eine derartige Entscheidung getroffen hat, kann ihre Absicht, die Provisionen zu senken, die Änderungskündigung begründen. Auch dann wäre aber immer noch zu fragen, ob es billig ist, A und die anderen Verkäufer in dem ihnen angesonnenen Umfang zur Schließung der Finanzierungslücke heranzuziehen[86].*

Wie sich aus dem Verweis des § 2 Satz 1 ergibt, muß der Arbeitgeber auch bei der betriebsbedingten Änderungskündigung das Gebot der *Auswahl nach sozialen Gesichtspunkten* beachten. Dabei können nicht einfach die Maßstäbe herangezogen werden, die für die Sozialauswahl bei einer Beendigungskündigung gelten würden. Vielmehr kommt es darauf an, welchem Arbeitneh-   1400

---

84 BAG vom 3. 11. 1975, AP Nr. 1 zu § 75 BPersVG = DB 1978, 1135 = NJW 1978, 2168.
85 BAG vom 18. 10. 1984, AP Nr. 6 zu § 1 KSchG 1969 Soziale Auswahl = DB 1985, 1083 = BB 1985, 1263 = NJW 1985, 2046 = NZA 1985, 423.
86 Vgl. BAG vom 20. 3. 1986, AP Nr. 14 zu § 2 KSchG 1969 = DB 1986, 2442 = BB 1986, 2330 = NZA 1986, 824 = EzA § 2 KSchG Nr. 6 mit Anm. *Löwisch.*

mer die angebotene Änderung der Arbeitsbedingungen in sozialer Hinsicht am ehesten zumutbar ist. Lebensalter, Dauer der Betriebszugehörigkeit und Familienstand können nur unter diesem Blickwinkel von Bedeutung sein[87].

1401   Soweit es um die Herabsetzung von Entgelten geht, wird man bei einer prozentual gleichmäßigen Verringerung in der Regel von einer ausreichenden Berücksichtigung sozialer Gesichtspunkte ausgehen können. Lediglich in Sondersituationen, etwa wenn die herabgesetzte Leistung bei einer bestimmten Arbeitnehmergruppe einen sehr hohen Anteil des Verdienstes ausmacht, kann eine Differenzierung geboten sein.

4. Änderungsschutz bei der außerordentlichen Änderungskündigung

1402   Obwohl § 13 Abs. 1 Satz 2 die §§ 2, 4 Satz 2 und 8 nicht in Bezug nimmt, geht die herrschende Meinung davon aus, daß dem Arbeitnehmer auch gegenüber der außerordentlichen Änderungskündigung der Weg der besonderen Änderungsschutzklage offensteht, er also das Änderungsangebot unter Vorbehalt annehmen und gerichtlich nachprüfen lassen kann, ob für die Änderung ein wichtiger Grund i.S.d. § 626 Abs. 1 BGB gegeben ist[88].

1403   Angesichts des Umstandes, daß die außerordentliche Änderungskündigung gem. § 626 BGB nicht an eine Frist gebunden ist, bedeutet die analoge Anwendung des § 2 Satz 2, daß der Arbeitnehmer die Änderung des Angebots unter Vorbehalt *unverzüglich* erklären muß. Tut der Arbeitnehmer das nicht, bleibt ihm nur die normale Kündigungsschutzklage nach § 13 Abs. 1 i.V.m. § 4 Satz 1, sofern in der Weiterarbeit nicht überhaupt eine stillschweigende Annahme des Änderungsangebots gesehen werden muß[89].

III. Kündigungsschutz bei Massenentlassungen

1404   Beabsichtigt ein Arbeitgeber in Betrieben mit 20 bis 60 Arbeitnehmern mehr als fünf Arbeitnehmer, in Betrieben von 60 bis 500 Arbeitnehmern 10% der

---

87 BAG vom 13. 6. 1986, AP Nr. 13 zu § 1 KSchG 1969 Soziale Auswahl = DB 1987, 335 = BB 1987, 475 = NJW 1987, 1662 = NZA 1987, 155 = EzA § 1 KSchG Soziale Auswahl Nr. 23.
88 Zuletzt BAG vom 19. 6. 1986, AP Nr. 16 zu § 2 KSchG 1969 = DB 1986, 2604 = BB 1986, 2418 = NZA 1987, 94 = EzA § 2 KschG Nr. 7.
89 BAG vom 19. 6. 1986 a.a.O. und *Löwisch*, AR-Blattei, D-Blatt, Kündigungsschutz I, Entsch. 7.

Belegschaft oder mehr als 25 Arbeitnehmer und in Betrieben mit mindestens 500 Arbeitnehmern 30 Arbeitnehmer oder mehr innerhalb von 30 Kalendertagen zu entlassen (sogenannte Massenentlassung), hat er dies nach § 17 dem Arbeitsamt anzuzeigen.

Um das Auftreten einer größeren Arbeitslosigkeit zu vermeiden, werden die   1405
geplanten Entlassungen vor Ablauf eines Monats nach Eingang der Anzeige nur mit Zustimmung des Landesarbeitsamts wirksam (§ 18 Abs. 1). Dieses kann die Entlassungssperre im Einzelfall auf zwei Monate erstrecken (§ 18 Abs. 2).

Ist der Arbeitgeber nicht in der Lage, die Arbeitnehmer während der Dauer   1406
der Entlassungssperre zu beschäftigen, kann ihn das Landesarbeitsamt zur *Einführung von Kurzarbeit* ermächtigen (§ 19 Abs. 1). Die Kürzung der Arbeitsentgelte ist auch in diesem Fall aber erst von dem Zeitpunkt an möglich, an dem das Arbeitsverhältnis ohne die Entlassungssperre enden würde (§ 19 Abs. 2).

IV. Kündigungsschutz nach dem SchwbG

> **Fall 91:** *A, der bei der Firma X beschäftigt ist, hat Antrag auf Anerkennung als Schwerbehinderter gestellt. Der Personalleitung hat er davon nichts gesagt, weil er befürchtete, in ein schlechtes Licht zu geraten. Auch als er von X aus betriebsbedingten Gründen gekündigt wird, sagt er über den Antrag zunächst nichts. A erhebt Kündigungsschutzklage. Als er zwei Monate später seinen Schwerbehindertenausweis erhält, legt er ihn im Kündigungsschutzprozeß vor.*

Die Kündigung des Arbeitsverhältnisses eines Schwerbehinderten durch   1407
den Arbeitgeber bedarf nach § 15 SchwbG der vorherigen *Zustimmung der Hauptfürsorgestelle.*

Geht es um eine ordentliche Kündigung, hat die Hauptfürsorgestelle bei ih-   1408
rer Entscheidung nach *pflichtgemäßem Ermessen* das Interesse des Arbeitgebers an der Auflösung des Arbeitsverhältnisses und das des Arbeitnehmers am Erhalt des Arbeitsplatzes gegeneinander abzuwägen. § 19 SchwbG schränkt dieses Ermessen aber in drei Fällen ein. Nach § 19 Abs. 1 SchwbG muß die Zustimmung erteilt werden, wenn der Betrieb, in dem der Schwerbehinderte tätig ist, geschlossen wird, es sei denn, er kann auf einen freien Arbeitsplatz in einem anderen Betrieb desselben Arbeitgebers weiterbeschäftigt werden. Nach § 19 Abs. 1 Satz 2 SchwbG soll die Zustimmung auch bei wesentlichen Betriebseinschränkungen erteilt werden, wenn die Gesamtzahl der verbleibenden Schwerbehinderten zur Erfüllung der Beschäfti-

gungspflicht nach § 5 SchwbG[90] ausreicht. Schließlich soll sie auch erteilt werden, wenn dem Schwerbehinderten ein anderer zumutbarer Arbeitsplatz, sei es beim bisherigen, sei es bei einem anderen Arbeitgeber gesichert ist.

1409   Erteilt die Hauptfürsorgestelle die Zustimmung, kann der Arbeitgeber die Kündigung binnen eines Monats nach Zustellung erklären (§ 18 Abs. 3 SchwbG). Wird sie nicht erteilt, kann er dagegen Widerspruch einlegen und gegebenenfalls Verpflichtungsklage beim Verwaltungsgericht erheben.

1410   Bei der *außerordentlichen Kündigung* ist das Ermessen der Hauptfürsorgestelle noch weiter eingeschränkt. Nach § 21 Abs. 4 SchwbG soll sie die Zustimmung immer erteilen, wenn die Kündigung aus einem Grund erfolgt, der nicht im Zusammenhang mit der Behinderung steht. Um § 626 Abs. 2 BGB Rechnung zu tragen, kann die Zustimmung zu einer außerordentlichen Kündigung nur innerhalb von zwei Wochen ab dem Zeitpunkt beantragt werden, zu dem der Arbeitgeber von den für die Kündigung maßgebenden Tatsachen Kenntnis erlangt. Ist die Zustimmung erteilt, muß die Kündigung unverzüglich erklärt werden (§ 21 Abs. 5 SchwbG).

1411   Der Kündigungsschutz nach dem § 15 ff. SchwbG greift nicht ein, wenn der Arbeitnehmer erst nach Ausspruch der Kündigung die Feststellung der *Schwerbehinderteneigenschaft* beantragt, mag auch die Feststellung dann noch vor Abschluß des Kündigungsrechtsstreits erfolgen. War der Antrag aber schon vor Ausspruch der Kündigung gestellt und lag die Schwerbehinderteneigenschaft im Zeitpunkt der Kündigung auch tatsächlich vor, greift der Kündigungsschutz grundsätzlich ein, selbst wenn der Arbeitgeber von der Schwerbehinderteneigenschaft oder der Antragstellung nichts wußte[91].

Damit scheint in **Fall 91** *die Kündigung des A wegen Fehlens der Zustimmung der Hauptfürsorgestelle unwirksam zu sein. Indes muß man davon ausgehen, daß ein Arbeitnehmer, der einen Antrag auf Feststellung der Schwerbehinderteneigenschaft gestellt hat, dies nach einer erfolgten Kündigung dem Arbeitgeber mitteilt. Unterläßt er das, verwirkt er den Kündigungsschutz. Die Frist, die ihm für diese Mitteilung zur Verfügung steht, wird von der Rechtsprechung mit einem Monat angenommen[92]. Diese Frist hat A in* **Fall 91** *versäumt.*

---

90 Vgl. Rdnr. 1189.
91 BAG vom 23. 2. 1978, AP Nr. 3 zu § 12 SchwbG = DB 1978, 1227 = BB 1978, 966 = NJW 1978, 2568 = EzA § 12 SchwbG Nr. 5.
92 BAG a.a.O. und vom 16. 1. 1985, AP Nr. 14 zu § 12 SchwbG = DB 1985, 2108 = NZA 1986, 31.

V. Kündigungsschutz nach dem MuSchG

Fall 92: *Frau A wird das Arbeitsverhältnis bei der Firma X aus betriebsbedingten Gründen am 1.3. zum 31.3. fristgerecht gekündigt. Am 20.3. erfährt Frau A von ihrem Arzt, daß sie im dritten Monat schwanger ist. Sie teilt dies sofort der Personalabteilung mit. Diese meint, an der Wirksamkeit der Kündigung könne diese Mitteilung nichts mehr ändern.*

Während der Schwangerschaft und bis zum Ablauf von vier Monaten nach der Entbindung kann einer Frau nicht gekündigt werden, wenn der Arbeitgeber zur Zeit der Kündigung die Schwangerschaft oder die Entbindung kannte oder wenn sie ihm zwei Wochen nach Zugang der Kündigung mitgeteilt wird (§ 9 Abs. 1 Satz 1 MuSchG).   **1412**

In **Fall 92** *ist, als Frau A der Personalabteilung die Schwangerschaft mitteilt, die Zweiwochenfrist an sich abgelaufen, so daß nach dem Wortlaut des § 9 Abs. 1 MuSchG das Kündigungsverbot nicht eingreift. Indes muß im Interesse des in Art. 6 Abs. 4 GG garantierten Anspruchs der werdenden Mutter auf Schutz und Fürsorge der Gemeinschaft § 9 Abs. 1 Satz 1 dahin interpretiert werden, daß es genügt, wenn dem Arbeitgeber die Schwangerschaft unverzüglich mitgeteilt wird, nachdem die Schwangere von ihr Kenntnis hat[93]. Die Kündigung ist in* **Fall 92** *also unwirksam.*

Das Kündigungsverbot nach § 9 Abs. 1 Satz 1 MuSchG gilt sowohl für ordentliche wie für außerordentliche Kündigungen. Im einen wie im anderen Fall kann aber die Arbeitsbehörde *ausnahmsweise* die Kündigung für zulässig erklären. Praktisch kommt eine Zulassung aber kaum vor.   **1413**

Zum Kündigungsschutz von Arbeitnehmern während des Erziehungsurlaubs siehe Rdnr. 1035.

VI. Rechtslage in der DDR

Entsprechend den Bestimmungen des Staatsvertrags über die Währungs-, Wirtschafts- und Sozialunion ist das KSchG seit 1. Juli 1990 auch in der früheren DDR in Kraft.   **1414**

Gleiches gilt seit dem Beitritt der DDR zur Bundesrepublik für den Kündigungsschutz nach dem SchwbG und dem MuSchG. Für Alleinerziehende bleiben die günstigeren Bestimmungen des § 58 AGB für bestimmte Übergangsfristen jedoch in Kraft.

---

93 BVerfG vom 13. 11. 1979, BVerfGE 52, 357 = AP Nr. 7 zu § 9 MuSchG 1968 = DB 1980, 402 = BB 1980, 208 = NJW 1980, 824 = EzA § 9 MuSchG Nr. 17.

VII. Kontrollfragen

Frage 90: Unter welchen Voraussetzungen läuft die Wartezeit des § 1 Abs. 1 KSchG auch bei Unterbrechungen des Arbeitsverhältnisses?

Frage 91: Welche hauptsächliche Bedeutung hat der ultima-ratio-Grundsatz bei der verhaltensbedingten Kündigung?

Frage 92: Kann das Arbeitsgericht bei der betriebsbedingten Kündigung nachprüfen, ob die unternehmerischen Maßnahmen, die zur Freisetzung der Arbeitskräfte geführt haben, notwendig waren?

Frage 93: Wie kann der Kündigungsschutzprozeß enden, wenn die Kündigung sozial ungerechtfertigt war?

Frage 94: In welchen Punkten findet das KSchG auch auf die außerordentliche Kündigung Anwendung?

Frage 95: Genießen leitende Angestellte Kündigungsschutz?

Frage 96: Inwiefern hat die Neufassung des KSchG im Jahre 1969 die Lage der Arbeitnehmer bei einer Änderungskündigung verbessert?

§ 26 Zulässigkeit von Befristungen

Literaturangaben: *Blechmann*, Der Abschluß befristeter Arbeitsverträge zur übergangsweisen Beschäftigung von Berufsanfängern, NZA 1987, 191; *Buchner*, Befristete Arbeitsverträge mit wissenschaftlichem Personal an Hochschulen und Forschungseinrichtungen, RdA 1985, 258; *Heinze*, Das befristete Arbeitsverhältnis zwischen Gesetz und Tarifvertrag, DB 1986, 2327; *Jobs/Bader*, Der befristete Arbeitsvertrag, DB 1981, Beil. 21; *Löwisch*, Das Beschäftigungsförderungsgesetz 1985, 1077; *ders.*, Zur Verfassungsmäßigkeit der erweiterten Zulassung befristeter Arbeitsverträge durch das Beschäftigungsförderungsgesetz. NZA 1985, 478; *ders.*, Die Befristung einzelner Bedingungen des Arbeitsvertrages, ZfA 1968, 1; *Otto*, Erleichterte Zulassung befristeter Arbeitsverträge, NJW 1985, 1807; *Schanze*, Zur Frage der Verfassungsmäßigkeit der erleichterten Zulassung befristeter Arbeitsverträge, RdA 1986, 30; *Schwerdtner*, Lohnfortzahlung im Krankheitsfall und befristete Arbeitsverhältnisse, NZA 1988, 593; *Sowka*, Befristete Arbeitsverhältnisse, DB 1988, 2457.

I. Allgemeines

Wie sich aus § 620 BGB ergibt, ist es grundsätzlich zulässig, Arbeitsverhältnisse befristet abzuschließen, so daß sie mit Ablauf der bestimmten Zeit oder mit Erreichung des Zwecks, für den sie eingegangen sind, automatisch enden, ohne daß es einer ordentlichen Kündigung bedürfte. Dies führt dazu, daß in solchen Fällen der Ansatz für die Gewährung von Kündigungsschutz nach dem KSchG fehlt. Die daraus resultierende Schlechterstellung des befristet eingestellten Arbeitnehmers gegenüber dem unbefristet beschäftigten Arbeitnehmer ist dort nicht erträglich, wo die unterschiedliche Behandlung keine Rechtfertigung in sachlichen Unterschieden zwischen beiden Typen des Arbeitsverhältnisses findet.

1415

Die Rechtsprechung des BAG hat dieses Problem im wesentlichen damit bewältigt, daß sie unter dem Gesichtspunkt der *Gesetzesumgehung* Arbeitsverhältnisse trotz ihrer Befristung als auf unbestimmte Zeit eingegangen behandelt, wenn für die Befristung kein sachlicher Grund gegeben ist[1].

1416

Die Ausfüllung des Kriteriums des sachlichen Grundes durch die Rechtsprechung hat aber nicht immer zu allseits akzeptierten Ergebnissen geführt. Widerspruch hat insbesondere die Auffassung des BAG gefunden, die Unsicherheit über den künftigen Arbeitskräftebedarf könne keinen Sachgrund für die Befristung abgeben, weil diese Unsicherheit zum Unternehmensrisi-

1417

---

1 BAG GS vom 12. 10. 1960, AP Nr. 16 zu § 620 BGB Befristeter Arbeitsvertrag = DB 1960, 1218 = BB 1961, 368 = NJW 1961, 798.

ko gehöre[2]. Auch die Ablehnung des Rotationsprinzips, also der Überlegung, den Arbeitsplatz nach einer bestimmten Zeit für andere Bewerber frei zu machen[3], ist vor allem im Bereich der Hochschulen auf Kritik gestoßen. Dies hat dazu geführt, daß der Gesetzgeber in einer Reihe von Fällen die Zulässigkeit der Befristung von Arbeitsverträgen ausdrücklich geregelt hat.

1418   Das Verbot der Umgehung von Arbeitnehmerschutzgesetzen durch befristete Arbeitsverhältnisse gilt nicht nur in bezug auf das KSchG. Etwa kann die Befristung eines Arbeitsverhältnisses auf 4 Wochen, für die kein sachlicher Grund gegeben ist, auch nicht zum Ausschluß des Lohnfortzahlungsanspruchs nach § 1 Abs. 3 Nr. 1 LohnFG führen[4].

II. Gesetzlich zulässige Befristungen

1. Einmalige Befristung nach dem BeschFördG

Fall 93: *A wird von einer Bundesbehörde für ein Jahr befristet als Schreibkraft eingestellt. Nach Ablauf des Jahres will A weiterbeschäftigt werden. Sie beruft sich darauf, daß in der Protokollnotiz Nr. 1 der Sonderregelung SR 2 y zum BAT bestimmt ist, daß „Zeitangestellte nur eingestellt werden dürfen, wenn hierfür sachliche oder in der Person des Angestellten liegende Gründe vorliegen". Demgegenüber verweist die Behörde auf § 1 BeschFördG sowie darauf, daß A gar nicht Mitglied in einer der Gewerkschaften ist, die den BAT abgeschlossen haben.*

1419   § 1 BeschFördG läßt bis zum 31. 12. 1995 den Abschluß befristeter Arbeitsverhältnisse zu, auch ohne daß ein sachlicher Grund für die Befristung vorliegt. Voraussetzung ist nur, daß der Arbeitnehmer neu eingestellt wird (Abs. 1 Satz 1 Nr. 1 i.V. mit Satz 2) oder daß, wenn es sich um die Übernahme eines Ausgebildeten handelt, kein Arbeitsplatz für eine unbefristete Beschäftigung zur Verfügung steht (Abs. 1 Satz 1 Nr. 2).

1420   Um ein Arbeitsverhältnis nach § 1 Abs. 1 Nr. 1 BeschFördG zu befristen, ist es nicht notwendig, daß die Einstellung auf einem neugeschaffenen Arbeitsplatz erfolgt oder der einzustellende Arbeitnehmer arbeitslos war. Voraus-

---

2 BAG vom 21. 10. 1954, AP Nr. 1 zu § 620 BGB Befristeter Arbeitsvertrag und BAG vom 9. 7. 1981, AP Nr. 4 zu § 620 BGB Bedingung = DB 1982, 121 = BB 1982, 368 = NJW 1982, 788 = EzA § 620 BGB Bedingung Nr. 1.

3 BAG vom 3. 7. 1970, AP Nr. 33 zu § 620 BGB Befristeter Arbeitsvertrag = DB 1970, 2080 = BB 1970, 1302; siehe jetzt aber BAG vom 12. 2. 1986, AP Nr. 1 zu § 620 BGB Hochschule = BB 1986, 1920 = EzA § 620 BGB Nr. 82.

4 BAG vom 11. 12. 1985, AP Nr. 65 zu § 1 LohnFG = DB 1986, 1027 = BB 1986, 1362 = NZA 1986, 470 = EzA § 1 LohnFG Nr. 78; zur Umgehung des Feiertagslohnzahlungsgesetzes siehe BAG vom 14. 7. 1967, AP Nr. 24 zu § 1 Feiertagslohnzahlungsgesetz = DB 1967, 2035 = BB 1967, 1248 = SAE 1968, 84 mit Anm. *Löwisch*.

setzung ist lediglich, daß der Arbeitnehmer *neu eingestellt* wird[5]. Den Begriff der Neueinstellung grenzt § 1 Abs. 1 Satz 2 negativ ab. Danach liegt sie nicht vor, wenn zu einem vorhergehenden befristeten oder unbefristeten Arbeitsverhältnis mit demselben Arbeitnehmer ein enger *sachlicher Zusammenhang* besteht. Dieser ist nach § 1 Abs. 1 Satz 3 anzunehmen, wenn zwischen den Arbeitsverträgen ein Zeitraum von weniger als 4 Monaten liegt. Er kann im Einzelfall aber auch noch nach längerer Zeit gegeben sein, etwa wenn eine mangels Absatz eingestellte Produktion nach einer Änderung der Marktverhältnisse wieder aufgenommen und die früher in dieser Produktion beschäftigte Stammbelegschaft wieder eingestellt wird.

Die Befristung nach § 1 Abs. 1 Satz 1 Nr. 2 BeschFördG setzt voraus, daß der Arbeitsplatz, auf dem der *Ausgebildete* eingestellt wird, nicht unbefristet zur Verfügung steht. Dabei genügt die Unsicherheit über das künftige Fortbestehen des Arbeitsplatzes. Ausgeschlossen ist die Befristung nur, wenn nach den Umständen davon ausgegangen werden muß, daß der Arbeitsplatz auch nach Ablauf von 18 Monaten noch vorhanden sein wird[6].   **1421**

§ 1 Abs. 1 BeschFördG läßt die Befristung nur *bis zur Dauer von 18 Monaten* zu. Diese Frist verlängert sich nach Maßgabe des Abs. 2 auf 2 Jahre bei Arbeitgebern, die ihre Erwerbstätigkeit neu aufgenommen haben und nicht mehr als 20 Arbeitnehmer beschäftigen.   **1422**

Die Befristung ist nach dem ausdrücklichen Wortlaut des Abs. 1 *nur einmal* zulässig, die Zeit von 18 Monaten kann nicht etwa zu mehrfachen Befristungen genutzt werden. Der darin liegende Anreiz, die Frist von 18 Monaten bzw. 2 Jahren möglichst auszuschöpfen, ist vom Gesetz durchaus beabsichtigt. Stellt sich die zweite befristete Einstellung aber als Neueinstellung dar, ist sie zulässig[7].

§ 1 BeschFördG schließt anders als § 57a Satz 2 HRG[8] tarifvertragliche Bestimmungen nicht aus, nach denen die Befristung eines Arbeitsverhältnisses doch eines sachlichen Grundes bedarf[9].   **1423**

Dies scheint auf den ersten Blick dafür zu sprechen, daß die Befristung des Arbeitsverhältnisses von A in **Fall 93** *unzulässig war, wenn für sie kein besonderer sachlicher Grund gegeben*

---

5 BAG vom 10. 6. 1988, AP Nr. 5 zu § 1 BeschFördG = NZA 1989, 21 = EzA § 1 BeschFördG Nr. 5.
6 Zum Anspruch von Auszubildenden, die ein Amt in der Betriebsverfassung innehaben, auf Übernahme in ein Arbeitsverhältnis auf unbestimmte Zeit (§ 78 a BetrVG), siehe Rdnr. 521.
7 BAG vom 6. 12. 1989 – 7 AZR 441/89 –.
8 Dazu Rdnr. 1424 ff.
9 BAG vom 24. 2. 1988, AP Nr. 3 zu § 1 BeschFördG = DB 1988, 1327 = BB 1988, 1390 = NZA 1988, 545 = EzA § 1 BeschFördG 1985 Nr. 3.

war. Jedoch ist zu beachten, daß A keiner der tarifschließenden Gewerkschaften angehört. Bei Tarifvertragsbestimmungen, die die Zulässigkeit von befristeten Arbeitsverhältnissen einschränken, handelt es sich um tarifliche Abschlußnormen, die gem. § 3 Abs. 1 TVG nur für beiderseits Tarifgebundene gelten[10]. Sofern nicht im Arbeitsvertrag von A die Anwendung der Sonderbestimmung des BAT vereinbart ist, kann diese sich also auf den dort festgelegten Ausschluß der Befristung ohne sachlichen Grund nicht berufen.

2. Befristung von Arbeitsverhältnissen im Hochschulbereich

1424   §§ 57 a ff. HRG legen bestimmte Gründe fest, aus denen Arbeitsverträge mit wissenschaftlichem Personal befristet werden können. Zu diesen Gründen zählt nunmehr in jedem Fall, wenn

- die Beschäftigung der Weiterbildung des Mitarbeiters als wissenschaftlicher oder künstlerischer Nachwuchs bzw. seiner beruflichen Aus-, Fort- oder Weiterbildung dient (§ 57 b Abs. 2 Nr. 1),

- der Mitarbeiter aus Haushaltsmitteln vergütet wird, die haushaltsrechtlich für eine befristete Beschäftigung bestimmt sind, und er entsprechend beschäftigt wird (§ 57 b Abs. 2 Nr. 2),

- der Mitarbeiter besondere Kenntnisse und Erfahrungen in der Forschungsarbeit oder in der künstlerischen Betätigung erwerben oder vorübergehend in sie eindringen soll (§ 57 b Abs. 2 Nr. 3),

- der Mitarbeiter überwiegend aus Mitteln Dritter vergütet und der Zweckbestimmung dieser Mittel entsprechend beschäftigt wird (§ 57 b Abs. 2 Nr. 4),

- der Mitarbeiter erstmals als wissenschaftlicher oder künstlerischer Mitarbeiter eingestellt wird (§ 57 b Abs. 2 Nr. 5),

- die Beschäftigung eines Lektors überwiegend für die Ausbildung in Fremdsprachen erfolgt (§ 57 b Abs. 3).

1425   Der Grund für die Befristung ist im Arbeitsvertrag anzugeben. Erfolgt diese Angabe nicht, so kann die Rechtfertigung der Befristung nicht auf die im Gesetz festgelegten Gründe gestützt werden (§ 57 b Abs. 5).

1426   § 57 c HRG legt für Befristungen aus den in § 57 b genannten Gründen eine zeitliche Begrenzung fest: Ein befristeter Arbeitsvertrag nach § 57 b Abs. 2 Nr. 1 bis 4 und Abs. 3 kann bis zur Dauer von 5 Jahren abgeschlossen werden (§ 57 c Abs. 2 Satz 1). Befristungen nach § 57 b Abs. 2 Nr. 5 können bis zur Dauer von 2 Jahren erfolgen (§ 57 c Abs. 2 Satz 3). Sie sind auf die Höchstgrenze des Abs. 2 Satz 1 von 5 Jahren nicht anzurechnen.

---

10 BAG vom 27. 4. 1988, AP Nr. 4 zu § 1 BeschFördG = DB 1988, 1803 = BB 1988, 1751 = NZA 1988, 771 = EzA § 1 BeschFördG Nr. 4.

Die §§ 57 a ff. HRG setzen *auch gegenüber Tarifverträgen*, insbesondere also 1427
auch gegenüber der Sonderregelung SR 2 y zum BAT *zwingendes Recht*: Nach
§ 57 a Satz 2 sind die arbeitsrechtlichen Vorschriften und Grundsätze über
befristete Arbeitsverträge nur insoweit anzuwenden, als sie den Regelungen
des Gesetzes nicht widersprechen.

3. Befristung von Vertretungsverhältnissen bei Mutterschutz und Erziehungsurlaub

Wird ein Arbeitnehmer zur Vertretung eines anderen Arbeitnehmers für die 1428
Dauer der Beschäftigungsverbote nach dem MuSchG, für die Dauer des Erziehungsurlaubs, für beide Zeiten zusammen oder für Teile davon eingestellt, fingiert § 21 Abs. 1 BErzGG das Vorliegen eines sachlichen Grundes
für die Befristung. Die Dauer der Befristung muß nach § 21 Abs. 3 BErzGG
kalendermäßig bestimmt oder bestimmbar sein, eine Befristung „bis zum
Ende des Erziehungsurlaubs" genügt also nicht. Allerdings kann das befristete Arbeitsverhältnis unter Einhaltung einer Dreiwochenfrist gekündigt
werden, wenn der Arbeitnehmer den Erziehungsurlaub vorzeitig beendet
(§ 21 Abs. 4 BErzGG).

4. Zweckbefristung von Ausbildungsverhältnissen

Nach § 14 Abs. 1 und 2 BBiG endet das Berufsbildungsverhältnis mit dem 1429
Ablauf der Ausbildungszeit und, wenn der Auszubildende vorher die Abschlußprüfung besteht, mit diesem Zeitpunkt. Auf der anderen Seite verlängert sich das Berufsausbildungsverhältnis bei Nichtbestehen der Abschlußprüfung auf Verlangen des Auszubildenden bis zur nächsten schriftlichen
Wiederholungsprüfung, höchstens um ein Jahr.

III. Zulässigkeit im übrigen

1. Voraussetzung des sachlichen Grundes

Fall 94: *Das Tiefbauunternehmen X hat den Auftrag für den Bau eines größeren Brückenbau-*
werks erhalten. Um den Auftrag innerhalb der im Vertrag vorgesehenen Zeit von 2 Jahren be-
wältigen zu können, hat es zahlreiche Bauarbeiter, darunter A, befristet für 2 Jahre einge-
stellt. Nach Ablauf der 2 Jahre will A weiterbeschäftigt werden. Er weist darauf hin, daß X

kurz zuvor einen weiteren Brückenbauauftrag erhalten habe, für den es wieder Zusatzarbeits-
kräfte benötige.

1430   Ob für die Befristung eines Arbeitsverhältnisses ein sachlicher Grund vorliegt, richtet sich danach, ob die Befristung – gemessen an der Auffassung
verständiger und verantwortungsbewußter Vertragspartner, die auf die sozialen und wirtschaftlichen Verhältnisse beider Vertragspartner Rücksicht
nehmen – angemessen erscheint.

1431   Das ist in der Regel jedenfalls dann nur anzunehmen, wenn die Befristung
tarifvertraglich zugelassen ist: Einer tarifvertraglichen Regelung, die Voraussetzungen für den Abschluß befristeter Arbeitsverhältnisse festlegt, kommt
in der Regel eine materielle Richtigkeitsgewähr zu, weil davon ausgegangen
werden kann, daß bei Abschluß des Tarifvertrages die schützenswerten Interessen der Arbeitnehmer gebührend berücksichtigt sind[11]. Im übrigen
kommt der *Üblichkeit* der Befristung im Arbeitsleben erhebliche Bedeutung
zu. Erst in zweiter Linie ist auf die Umstände des Einzelfalles abzustellen,
wenn die mit ihnen verbundenen Interessen ein solches Gewicht haben, daß
ihre Berücksichtigung auch abgesehen von der Üblichkeit geboten ist[12].

1432   Als sachlichen Grund hat die Rechtsprechung insbesondere angesehen:

– Die zeitliche Begrenzung der Aufgabe, für die ein Arbeitnehmer eingestellt wird,
z.B. die Einstellung für ein bestimmtes Projekt oder zur Vertretung eines kranken
Arbeitnehmers[13]. Dabei darf aber nicht das Unternehmerrisiko auf den Arbeitnehmer verlagert werden[14].

– Die Saisonabhängigkeit der Beschäftigung, etwa in der Land- und Forstwirtschaft,
in bestimmten Lebensmittelbranchen oder im Gaststättengewerbe[15].

– Die Notwendigkeit im Bereich des Bühnenwesens[16], künstlerische Konzepte zu
wechseln.

– Die Programmgestaltungsfreiheit der Rundfunkanstalten[17].

---

11 Vgl. zuzletzt BAG vom 29. 1. 1987, AP Nr. 1 zu § 620 BGB Saisonarbeit = DB 1987, 1742 =
BB 1987, 1744 = NZA 1987, 627 = EzA § 620 BGB Nr. 87; kritisch hierzu vor allem *Schüren*,
Tarifautonomie und tarifdispositives Richterrecht, ArbuR 1988, 245 ff.
12 BAG vom 22. 3. 1973, AP Nr. 38 zu § 620 BGB Befristeter Arbeitsvertrag = DB 1973, 1560
= BB 1973, 1029.
13 BAG vom 30. 9. 1981, AP Nr. 63 zu § 620 BGB Befristeter Arbeitsvertrag = DB 1982, 437 =
BB 1982, 434 = NJW 1982,1174 = EzA § 620 BGB Nr. 53.
14 Rdnr. 993.
15 BAG vom 29. 1. 1987, a.a.O.
16 BAG vom 21. 5. 1981, AP Nr. 15 zu § 611 BGB Bühnenengagement-Vertrag = DB 1981,
2080 = EzA § 620 BGB Nr. 49.
17 BVerfG vom 13. 1. 1982, BVerfGE 59, 231 = AP Nr. 1 zu Art. 5 Abs. 1 GG Rundfunkfrei-
heit = DB 1982, 1062 = NJW 1982, 1447; siehe im einzelnen *Löwisch*, Die befristeten Vertragsverhältnisse der Rundfunktmitarbeiter zwischen Bundesverfassungsgericht und
Bundesarbeitsgericht, ArbRGgw. 1983, 19ff.

– Die Erprobung des Arbeitnehmers[18]. Die Probezeit darf aber eine angemessene Zeitspanne nicht überschreiten. Angemessen sind, von Ausnahmen abgesehen, höchstens 6 Monate, in denen wegen Nichterfüllung der Wartezeit nach § 1 Abs. 1 KSchG auch ein auf unbestimmte Zeit eingegangenes Arbeitsverhältnis gekündigt werden kann.

– Die befristete Finanzierung der Stelle als Arbeitsbeschaffungsmaßnahme nach den §§ 91 ff. AFG[19].

– Den Wunsch und ein entsprechendes Eigeninteresse des Arbeitnehmers, z.B. wenn dieser die Zeit bis zur Übernahme einer Dauerstelle überbrücken will oder Student ist[20].

In **Fall 94** *ist die Befristung zwar nicht nach § 1 Abs. 1 Satz 1 Nr. 1 BeschFördG gerechtfertigt, weil die Zeit von 18 Monaten überschritten ist. Es liegt aber der Sachgrund der zeitlichen Begrenzung der Aufgaben vor. Daß bei Ablauf der Befristung wieder ein neuer Bedarf an Arbeitskräften besteht, begründet kein anderes Ergebnis. Für den sachlichen Grund kommt es auf die Verhältnisse zum Zeitpunkt des Vertragsschlusses an*[21].

Werden mehrere befristete Arbeitsverhältnisse nacheinander abgeschlossen, kommt es für die Frage, ob ein sachlicher Grund für die Befristung vorliegt, nur auf den zuletzt abgeschlossenen Arbeitsvertrag an, denn in dessen Abschluß liegt konkludent die Aufhebung des vorletzten Vertrages, selbst wenn dessen Befristung unzulässig gewesen wäre[22].   1433

Für die Beurteilung der Wirksamkeit einer Befristung des Arbeitsverhältnisses ist unter dem Gesichtspunkt der Umgehung des Kündigungsschutzes nur darauf abzustellen, ob *für die Befristung überhaupt* ein Sachgrund besteht. Ein besonderer Sachgrund für die gewählte Dauer der Befristung ist nicht erforderlich, vielmehr kann die vereinbarte Vertragsdauer hinter der bei Vertragsabschluß voraussehbaren Dauer des Befristungsgrundes zurückbleiben, solange eine dem Sachgrund der Befristung entsprechende Tätigkeit des Arbeitnehmers noch sinnvoll erscheint[23].   1434

Eine Unwirksamkeit der Befristung wegen Umgehung des KSchG kommt von vornherein nur dort in Betracht, wo das Arbeitsverhältnis dem KSchG unterliegt. Die Arbeitsverhältnisse von Arbeitnehmern in Kleinbetrieben   1435

---

18 BAG vom 30. 9. 1981, AP Nr. 61 zu § 620 BGB Befristeter Arbeitsvertrag = DB 1982, 436 = BB 1982, 557 = NJW 1982, 1173 = EzA § 620 BGB Nr. 54.

19 BAG vom 3. 12. 1982, AP Nr. 72 zu § 620 BGB Befristeter Arbeitsvertrag = DB 1983, 2158 = BB 1983, 2119 = EzA § 620 BGb Nr. 63.

20 BAG vom 26. 4. 1985, AP Nr. 91 zu § 620 BGB Befristeter Arbeitsvertrag = DB 1985, 2566 = BB 1985, 2045; für Studenten vgl. BAG vom 4. 4. 1990 – 7 AZR 259/89 -.

21 BAG vom 25. 1. 1980, AP Nr. 82 zu § 620 BGB Befristeter Arbeitsvertrag = BB 1980, 1583 = EzA § 620 BGB Nr. 44.

22 BAG vom 8. 5. 1985, AP Nr. 97 zu § 620 BGB Befristeter Arbeitsvertrag = DB 1986, 1826 = NJW 1987, 150 = NZA 1986, 569 = EzA § 620 BGB Nr. 76.

23 BAG vom 26. 8. 1988, AP Nr. 124 zu § 620 BGB Befristeter Arbeitsvertrag = BB 1989, 1346 = SAE 1990, 137.

(§ 23 KSchG) können also ohne weiteres befristet werden. Auch Befristungen, die vor erfüllter Wartezeit für eine Dauer erfolgen, die die Wartezeit des § 1 Abs. 1 KSchG nicht überschreiten, sind zulässig.

2. Folgen bei Fehlen des sachlichen Grundes

1436   Fehlt es an einem sachlichen Grund für die Befristung, so gilt das Arbeitsverhältnis *als auf unbestimmte Zeit* abgeschlossen. Eine Auflösung ist dann nur durch Aufhebungsvertrag oder Kündigung möglich, wobei der Arbeitnehmer bei einer Kündigung den Schutz des KSchG sowie einen etwaigen Sonderkündigungsschutz genießt. Aus der Unwirksamkeit der Befristung folgt aber nicht, daß sich die Parteien schon vor Ablauf der vorgesehenen Frist ohne weiteres aus dem Vertrag lösen könnten. Vielmehr ist anzunehmen, daß sie jedenfalls beiderseits eine entsprechende Mindestdauer des Arbeitsverhältnisses vereinbaren wollten, an die sie gem. § 139 BGB gebunden bleiben. Auch eine ordentliche Kündigung des Arbeitsverhältnisses vor Ablauf der vorgesehenen Zeit sowohl durch den Arbeitgeber wie durch den Arbeitnehmer ist ausgeschlossen[24].

1437   Die Unwirksamkeit der Befristung kann der Arbeitnehmer mit der *allgemeinen Feststellungsklage* des § 256 ZPO geltend machen. Die Klagfrist des § 4 Satz 1 KSchG braucht er dabei nicht einzuhalten, auch wenn ihm der Arbeitgeber mitgeteilt hat, daß sein befristeter Vertrag nicht verlängert werden soll[25].

1438   Die *Beweislast* des Fehlens eines sachlichen Grundes für die Befristung liegt nach der Rechtsprechung des BAG grundsätzlich beim Arbeitnehmer. Jedoch kommt diesem häufig der Beweis des ersten Anscheins zugute, etwa wenn Verträge mehrfach hintereinander befristet worden sind, oder wenn bei dem betreffenden Arbeitgeber, Arbeitnehmer für vergleichbare Tätigkeiten regelmäßig unbefristet eingestellt werden.

1439   Ist die Beendigung eines Arbeitsverhältnisses durch Ablauf einer Befristung streitig, steht dem Arbeitnehmer nicht anders als bei einer streitigen Kündigung ein Anspruch auf *vorläufige Weiterbeschäftigung* bei Obsiegen in erster Instanz zu[26]. Diesen kann er auch ohne Erhebung einer Klage auf Feststel-

---

24 BAG vom 19. 6. 1980, AP Nr. 55 zu § 620 BGB Befristeter Arbeitsvertrag = DB 1980, 2246 = BB 1980, 1692 = NJW 1981, 246 = EzA § 620 BGB Nr. 47.
25 BAG vom 26. 4. 1979, AP Nr. 47 zu § 620 BGB Befristeter Arbeitsvertrag = DB 1979, 1991 = BB 1979, 1557 = EzA § 620 BGB Nr. 39.
26 Vgl. Rdnr. 1384.

lung des Weiterbestehens des Arbeitsverhältnisses im Wege der Klage auf zukünftige Leistung nach § 259 ZPO gerichtlich geltend machen[27].

IV. Befristung einzelner Bedingungen des Arbeitsvertrages

Es ist denkbar, daß Arbeitnehmer und Arbeitgeber bei sonst unbefristetem   1440
Arbeitsverhältnis die Befristung einzelner Arbeitsbedingungen vereinbaren. Etwa kann dem Arbeitnehmer eine bestimmte Funktion nur für eine bestimmte Zeit übertragen werden, kann ein Teilzeitbeschäftigter für eine bestimmte Dauer eine zusätzliche Beschäftigung erhalten oder können Zulagen zeitlich begrenzt zugesagt werden. Eine solche Befristung einzelner Vertragsbedingungen muß, soweit sie nicht im Rahmen des § 1 BeschFördG erfolgt, gegenüber dem KSchG, das auch den Vertragsinhaltsschutz verwirklichen will[28], durch einen Sachgrund gerechtfertigt sein. Dabei gelten indessen nicht ohne weiteres die für die Befristung von Arbeitsverträgen insgesamt aufgestellten Grundsätze. Vielmehr sind diese wegen der regelmäßig geringeren sozialen Schutzbedürftigkeit unter Beachtung der spezifischen Zielsetzung des kündigungsschutzrechtlichen Vertragsinhaltsschutzes zu modifizieren[29]. Etwa rechtfertigen der Erprobungszweck, der Vertretungszweck und die Absicht, eine Stelle für eine anderweitige endgültige Besetzung freizuhalten, in der Regel die befristete Übertragung bestimmter Funktionen.

V. Rechtslage in der DDR

Seit dem Beitritt der DDR gelten die Regelungen der Bundesrepublik über   1441
die Befristung von Arbeitsverhältnissen einschließlich des § 1 BeschFördG auch dort.

---

27 BAG vom 13. 6. 1985, AP Nr. 19 zu § 611 BGB Beschäftigungspflicht = DB 1986, 1827 = BB 1986, 1437 = NJW 1987, 618 = NZA 1986, 562 = EzA § 611 BGB Beschäftigungspflicht Nr. 10.
28 Vgl. Rdnr. 1392.
29 BAG vom 13. 6. 1986, AP Nr. 19 zu § 2 KSchG 1969 = DB 1987, 1099 = BB 1987, 196 = NZA 1987, 241 = EzA § 620 BGB Nr. 85.

VI. Kontrollfragen

Frage 97: Wie unterscheidet sich die Zulassung befristeter Arbeitsverhältnisse nach § 1 BeschFördG und die nach §§ 57a ff. HRG in ihrer Wirkung?

Frage 98: Bedarf bei der Befristung außerhalb des Geltungsbereichs gesetzlicher Zulassung auch die Dauer der Befristung eines sachlichen Grundes?

Frage 99: Wie wird die Unwirksamkeit der Befristung gerichtlich geltend gemacht?

§ 27 Übergang des Arbeitsverhältnisses auf den Betriebsnachfolger

Literaturangaben: *Hanau/Vossen*, Die Auswirkungen des Betriebsinhaberwechsels auf Betriebsvereinbarungen und Tarifverträge, Festschrift für Hilger und Stumpf, 1983, 271; *Heinze*, Die Arbeitgebernachfolge bei Betriebsübergang, DB 1980, 205; *Loritz*, Aktuelle Rechtsprobleme des Betriebsübergangs nach § 613 a BGB, RdA 1987, 65; *Schaub*, Rechtsprobleme des Betriebsübergangs, ZIP 1984, 272; *Seiter*, Betriebsinhaberwechsel 1980; *Willemsen*, Die Kündigung wegen Betriebsübergangs, ZIP 1983, 411; *Löwisch*, Zur Weiterhaftung des Betriebsveräußerers nach § 613 a Abs. 2 Satz 1 BGB, ZIP 1986, 1101; *Röder*, Die Fortgeltung von Kollektivnormen bei Betriebsübergang gem. § 613 a BGB i.d.F. von 1980, DB 1981, 1980.

I. Arbeitsplatzschutz und Schutz der Betriebsverfassung als Funktion des Übergangs

Die aus dem Betrieb erzielten Einnahmen sind die Quelle, aus der der Arbeitgeber die Arbeitsentgelte bezahlt und seine sonstigen ihm gegenüber dem Arbeitnehmer obliegenden Leistungen erbringt. Bei einer Veräußerung des Betriebs verliert der Arbeitgeber diese Quelle. Ließe man die Arbeitsverhältnisse gleichwohl mit ihm bestehen, wären die Arbeitnehmer in vielen Fällen schutzlos, weil der Arbeitgeber alsbald wegen dringender betrieblicher Erfordernisse diese Arbeitsverhältnisse kündigen könnte. Dem baut § 613 a BGB vor, indem er anordnet, daß der Erwerber des Betriebs in die Rechte und Pflichten der im Zeitpunkt des Übergangs des Betriebs bestehenden Arbeitsverhältnisse eintritt. — 1442

Zugleich sichert die Vorschrift das Funktionieren der Betriebsverfassung. Da auch die Arbeitsverhältnisse der Betriebsratsmitglieder übergehen, bleibt der bisherige Betriebsrat regelmäßig im Amt[1]. — 1443

---

1 Siehe dazu im einzelnen *Löwisch*, Betriebsratsamt und Sprecherausschußamt bei Betriebsübergang und Unternehmensänderung, BB 1990, 1698.

II. Voraussetzungen

1. Rechtsgeschäftlicher Betriebsübergang

1444   § 613 a Abs. 1 BGB setzt den rechtsgeschäftlich vereinbarten Übergang des Betriebes als der organisatorischen Zusammenfassung von sächlichen und immateriellen Betriebsmitteln zu einem bestimmten arbeitstechnischen Zweck oder eines selbständigen organisatorischen Teils eines solchen voraus. Dabei ist vom Zweck des § 613 a BGB her, die Arbeitsverhältnisse dort weiterbestehen zu lassen, wo die betriebliche Tätigkeit ihrem Schwerpunkt nach fortgeführt wird, nicht erforderlich, daß das gesamte Betriebsvermögen übertragen wird. Notwendig ist nur, daß die Betriebsmittel soweit übernommen werden, daß der Betrieb nach der Übernahme im wesentlichen unverändert fortgeführt werden kann[2]. Bei Produktionsbetrieben sind das neben der Produktionsstätte auch die Maschinen. Bei Dienstleistungsbetrieben genügt regelmäßig der Eintritt in Liefer- und Abnahmeverträge[3].

1445   Die Übertragung des Betriebes oder Betriebsteils muß durch *Rechtsgeschäft* erfolgen. Dabei kommt neben dem Verkauf des Betriebs auch eine Betriebsverpachtung (einschließlich einer Weiterverpachtung) oder sonstige Betriebsüberlassung (Rückübertragung an den Betriebsverpächter) in Betracht. Auch der Verkauf durch den Konkursverwalter stellt einen rechtsgeschäftlichen Betriebsübergang i.S. des § 613 a BGB dar[4].

Die Anordnung der Zwangsversteigerung oder Zwangsverwaltung eines Betriebsgrundstücks erfaßt nur diese selbst, nicht den auf dem Grundstück ausgeübten Gewerbetrieb. Infolgedessen bedarf die Fortführung des Betriebes durch die Zwangsverwalter oder durch den Erwerber in der Zwangsversteigerung einer besonderen rechtsgeschäftlichen Vereinbarung mit dem bisherigen Arbeitgeber. Auf diese Vereinbarung ist § 613 a BGB anwendbar mit der Folge, daß die Arbeitsverhältnisse auf den Zwangsverwalter bzw. Erwerber übergehen[5]. Führt aber der Erwerber auf dem Betriebsgrundstück den Betrieb ohne Zusammenwirken mit dem bisherigen Betriebsinhaber fort, so ist § 613 a BGB nicht anwendbar. Die Arbeitsverhältnisse bleiben mit dem bisherigen Arbeitgeber, oder wenn der Zwangsverwalter den Betrieb fortgeführt hatte, mit diesem bestehen[6].

---

2 BAG vom 3. 7. 1986, AP Nr. 53 zu § 613 a BGB = DB 1987, 63 = NZA 1987, 123 = EzA § 613 a BGB Nr. 53

3 BAG vom 15. 5. 1985, AP Nr. 41 zu § 613 a BGB = BB 1985, 1794 = NJW 1986, 454 = NZA 1985, 736 = EzA § 613 a BGB Nr. 43.

4 BAG vom 17. 1. 1980, AP Nr. 18 zu § 613 a BGB = DB 1980, 308 = BB 1980, 319 = NJW 1980, 1124 = EzA § 613 a BGB Nr. 24.

5 BAG vom 16. 10. 1982, AP Nr. 36 zu § 613 a BGB = DB 1984, 1306 = BB 1984, 1554 = EzA § 613 a BGB Nr. 38.

6 *Seiter*, a.a.O. S. 140 f.

Nach Auffassung des BAG sollen die Arbeitsverhältnisse auch dann auf den 1446
Erwerber übergehen, wenn dieser bei Vertragsabschluß *geschäftsunfähig* war,
sofern er die tatsächliche Leitungs- und Organisationsmacht übernommen
hat[7]. Diese Entscheidung ist abzulehnen, weil sie dem Vorrang des Schutzes
des Geschäftsunfähigen widerspricht, der unserer Rechtsordnung durchge-
hend zugrunde liegt.

2. Bestehen des Arbeitsverhältnisses im Zeitpunkt des Betriebsübergangs

Auf den Erwerber gehen diejenigen Arbeitsverhältnisse über, die zum Zeit- 1447
punkt des Betriebsübergangs mit dem Betriebsveräußerer *bestehen*. Zum
Zeitpunkt des Betriebsübergangs bereits ausgeschiedene Arbeitnehmer
müssen ihre Rechte beim Veräußerer geltend machen. Das ist insbesondere
bedeutsam für betriebliche Ruhegeldansprüche. Für sie haftet bei ausgeschiedenen Arbeitnehmern nicht der Erwerber, sondern der Veräußerer[8].

Maßgeblich ist der Zeitpunkt der *tatsächlichen Übernahme* des Betriebs, also 1448
der Übernahme der Leitungsmacht, nicht hingegen der Zeitpunkt des Abschlusses des Übernahmevertrages. Ob der Erwerber den übernommenen
Betrieb tatsächlich fortführt oder stillegt, spielt keine Rolle[9].

3. Widerspruchsrecht des Arbeitnehmers?

§ 613 a BGB soll dem Schutz der Arbeitnehmer im Fall einer Betriebsveräu- 1449
ßerung dienen. Dieser Schutz könnte in sein Gegenteil verkehrt werden,
wenn sich die Arbeitnehmer auch einen neuen Arbeitgeber aufdrängen lassen müßten, der sich für sie als weniger seriöser Vertragspartner darstellt als
der bisherige. Man braucht nur an den Fall zu denken, daß ein kapitalkräfti-
ges Großunternehmen einen notleidenden Betrieb oder Betriebsteil an ein
neugegründetes Unternehmen veräußert, das den Versuch einer Sanierung
machen will.

---

7 BAG vom 6. 2. 1985, AP Nr. 44 zu § 613 a BGB = DB 1985, 2411 = BB 1986, 1716 = NJW
  1986, 453 = NZA 1985, 735 = EzA § 613 a BGB Nr. 44.
8 BAG vom 11. 11. 1986, AP Nr. 61 zu § 613 a BGB = DB 1987, 1696 = BB 1987, 1392 = NZA
  1987, 559 = EzA § 613 a BGB Nr. 61. Ebenso für rückständige Provisionsansprüche ausge-
  schiedener Arbeitnehmer, BAG vom 11. 11. 1986, AP Nr. 60 zu § 613 a BGB = BB 1987,
  1603 = NJW 1987, 3031 = NZA 1987, 597 = EzA § 613 a BGB Nr. 60.
9 BAG vom 26. 2. 1987, AP Nr. 59 zu § 613 a BGB = DB 1987, 991 = BB 1987, 972 = NZA
  1987, 419 = EzA § 613 a BGB Nr. 57.

1450   In restriktiver Auslegung des Wortlauts des § 613 a Abs. 1 Satz 1 BGB billigte das BAG dem Arbeitnehmer deshalb das Recht zu, dem Übergang des Arbeitsverhältnisses auf den Betriebsnachfolger zu widersprechen und damit den Fortbestand des Arbeitsverhältnisses mit dem bisherigen Arbeitgeber zu erreichen[10]. Der Widerspruch mußte innerhalb angemessener Überlegungsfrist erfolgen, nachdem der Arbeitnehmer vom Betriebsübergang informiert worden ist.

1451   Das Widerspruchsrecht ging unter, wenn der Arbeitnehmer vor oder nach Betriebsübergang der Übertragung seines Arbeitsverhältnisses ausdrücklich oder stillschweigend *zustimmte*. Eine Zustimmung vor Betriebsübergang war anzunehmen, wenn der Arbeitnehmer nach ausreichender Information sich auf eine Aufforderung zur Erklärung über den Widerspruch innerhalb angemessener Überlegungsfrist nicht äußerte. Nach Betriebsübergang lag eine Zustimmung in der Weiterarbeit, sofern der Arbeitnehmer über den Betriebsübergang ausreichend informiert war.

1452   Die Auffassung des BAG ist durch die Rechtsprechung des EuGH überholt. Dieser hat festgestellt, daß Art. 3 Abs. 1 der EG-Richtlinien 77/187 auf der § 613a BUB beruht, dahin auszulegen ist, daß der Veräußerer nach dem Zeitpunkt des Übergangs von seinen Pflichten aus dem Arbeitsverhältnis allein aufgrund des Übergangs befreit ist, selbst wenn die im Unternehmen beschäftigten Arbeitnehmer dem nicht zustimmen oder Einwände dagegen erheben[10a]. An diese Entscheidung müssen sich auch die deutschen Arbeitsgerichte halten, so daß ein Widerspruchsrecht nunmehr ausscheidet.

III. Rechtsfolgen

1. Eintritt des Betriebsnachfolgers in die Arbeitsverhältnisse

1453   Der Erwerber tritt nach § 613 a Abs. 1 Satz 1 BGB in alle Rechte und Pflichten aus den im Zeitpunkt des Übergangs bestehenden Arbeitsverhältnissen ein. Er hat alle rückständigen und zukünftigen Haupt- und Nebenforderungen der Arbeitnehmer aus dem Arbeitsverhältnis zu erfüllen. Umgekehrt sind diese zur Erfüllung aller Haupt- und Nebenleistungen verpflichtet.

---

10 BAG vom 13. 10. 1986, AP Nr. 55 zu § 613 a BGB = DB 1987, 942 = BB 1987, 970 = NZA 1987, 524 = EzA § 613 a BGB Nr. 54.
10a vom 5. 5. 1988, Amtl. Slg. 1988, 2559 ff.

Auch die *Dauer der Betriebszugehörigkeit* beim Betriebsveräußerer muß der Erwerber gegen sich gelten lassen[11]. Etwa muß er bei der Berechnung eines von der Dauer der Betriebszugehörigkeit abhängigen Zusatzurlaubs die Jahre der Betriebszugehörigkeit beim Veräußerer mitzählen.   1454

Die Verpflichtung des Erwerbers erstreckt sich auch auf *Versorgungsanwartschaften*. Etwas anderes gilt insoweit jedoch bei der Betriebsveräußerung im Konkurs. Hier haftet der Erwerber nicht für vor Konkurseröffnung entstandene Anwartschaften. Dies würde auf einem Umweg zu einer Benachteiligung der übrigen Konkursgläubiger im Verhältnis zu den Arbeitnehmern führen, weil der Übernahmepreis entsprechend geringer wäre[12].   1455

2. Mithaftung des Betriebsveräußerers

Nach § 613 a Abs. 2 BGB haftet der Betriebsveräußerer den Arbeitnehmern für die Verpflichtungen aus dem Arbeitsverhältnis in begrenztem Umfang als Gesamtschuldner des Erwerbers. Im einzelnen gilt: 1456

Für vor Betriebsübergang *entstandene und fällig gewordene* Verpflichtungen, also etwa Lohnrückstände, haften Erwerber und Veräußerer ohne Einschränkung als Gesamtschuldner.   1457

Für vor Betriebsübergang entstandene, aber *erst später fällig werdende* Altschulden haftet der Veräußerer nur mit, wenn sie binnen eines Jahres fällig werden. „Entstanden" bedeutet dabei, daß die betreffenden Arbeitnehmerforderungen zum Zeitpunkt des Betriebsübergangs bereits „erdient" sein müssen. Der Veräußerer haftet also nicht für die nach dem Betriebsübergang entstehenden Lohnansprüche, sondern nur zeitanteilig für Gewinnbeteiligungen, Weihnachtsgratifikationen und ähnlichem. Auch für den Urlaubsanspruch haftet der Veräußerer zeitanteilig[13].   1458

Der *Gesamtschuldnerausgleich* zwischen Veräußerer und Erwerber richtet sich ausschließlich nach dem zwischen ihnen geschlossenen Vertrag. Dabei kommt es in erster Linie auf die Auslegung an, die meistens eine Haftung des Veräußerers nur für die bis zum Zeitpunkt des Übergangs entstandenen Arbeitnehmerforderungen ergeben wird. In zweiter Linie ist das für den   1459

---

11 BAG vom 8. 2. 1983, AP Nr. 35 zu § 613 a BGB = DB 1984, 301 = BB 1984, 279 = NJW 1984, 1254 = EzA § 613 a BGB Nr. 37.
12 BAG vom 29. 10. 1985, AP Nr. 4 zu § 1 BetrAVG Betriebsveräußerung = DB 1986, 1779 = BB 1986, 1644 = EzA § 613 a BGB Nr. 52.
13 BGH vom 4. 7. 1985, AP Nr. 50 zu § 613 a BGB = BB 1985, 1818 = NJW 1985, 2643 = NZA 1985, 737 = EzA § 613 a BGB Nr. 47.

Vertrag zwischen Veräußerer und Erwerber geschlossene Gesetzesrecht maßgebend, also etwa das Kaufrecht oder das Pachtrecht sowie die Regeln über Verschulden bei Vertragsschluß und positiver Forderungsverletzung. Das „Halbe-Halbe-Prinzip" des § 426 Abs. 1 Satz 1 BGB paßt nicht[14].

3. Fortgeltung von Kollektivnormen

1460 Soweit Arbeitnehmerforderungen auf Rechtsnormen eines z.Z. des Betriebsübergangs geltenden Tarifvertrages oder Betriebsvereinbarungen beruhen[15], werden sie im Falle des Betriebsübergangs im Verhältnis zwischen Arbeitnehmer und Erwerber dieses Charakters entkleidet und gelten als *Inhalt des Arbeitsverhältnisses* mit der Maßgabe fort, daß sie vor Ablauf eines Jahres nach dem Zeitpunkt des Übergangs nicht zum Nachteil des Arbeitnehmers geändert werden dürfen (§ 613a Abs. 1 Satz 2 BGB). Danach ist eine Änderung durch Vertrag oder mit Hilfe einer Änderungskündigung möglich.

1461 Die einseitig zwingende Wirkung für ein Jahr nach dem Betriebsübergang gilt nach § 613a Abs. 1 Satz 3 BGB dann nicht, wenn die Arbeitsverträge bei dem (tarifgebundenen) neuen Inhaber durch Rechtsnormen eines anderen Tarifvertrages oder durch eine andere Betriebsvereinbarung geregelt werden. Dies gilt auch dann, wenn Tarifvertrag oder Betriebsvereinbarungen erst *nach* dem Betriebsübergang abgeschlossen werden[16]. Hier kann auch zu ungunsten des Arbeitnehmers vom bisherigen Inhalt des Arbeitsverhältnisses abgewichen werden.

4. Kündigungsschutz

Fall 95: *X hat bisher an einer Stadtbahnhaltestelle einen Zeitschriftenkiosk betrieben. Die Kunden hat er im Wechsel mit A bedient, die er gegen ein monatliches Entgelt in Höhe von DM 2000,— als Halbtageskraft eingestellt hat. X, dem mit seinen 64 Jahren der Betrieb zuviel geworden ist, veräußert den Betrieb für DM 20 000,— an Y. Da Y den Kiosk zusammen mit seiner Frau und seiner Tochter weiterbetreiben möchte, kündigt X der A fristgerecht zum Zeitpunkt des Übergangs des Kiosks an Y.*

---

14 Vgl. *Löwisch*, a.a.O. S. 1102.
15 Entsprechendes gilt jetzt für Richtlinien nach § 28 Abs. 1 SprAuG, vgl. *Löwisch*, TK-SprAuG § 28 Rdnr. 24.
16 BAG vom 19. 3. 1986, AP Nr. 49 zu § 613a BGB = DB 1986, 1575 = BB 1986, 1361 = NJW 1987, 94 = NZA 1986, 687 = EzA § 613a BGB Nr. 51.

Um eine Umgehung des mit dem Übergang des Arbeitsverhältnisses auf   1462
den Betriebsnachfolger verbundenen Schutzes der Arbeitnehmer zu verhindern, verbietet § 613a Abs. 4 BGB Veräußerer wie Erwerber die Kündigung
der Arbeitsverhältnisse wegen Übergangs des Betriebs oder Betriebsteils. § 613a Abs. 4 BGB enthält ein eigenständiges Kündigungsverbot und
nicht lediglich eine Konkretisierung der Sozialwidrigkeit i.S.d. § 1 Abs. 1
KSchG[17]. Der Schutz des § 613a Abs. 4 BGB greift damit auch für Arbeitnehmer, die die Wartezeit nicht erfüllt haben oder in Betrieben mit weniger als
sechs Arbeitnehmern. Auch ist die Geltendmachung der Unwirksamkeit
nicht an die Klagefrist des § 4 KSchG gebunden. Umgekehrt ist eine Auflösung des Arbeitsverhältnisses gegen Abfindung nach § 9 KSchG nicht möglich.

Eine Kündigung „wegen" des Betriebsübergangs liegt nur vor, wenn dieser   1463
tragender Grund für die Kündigung ist. Aus anderen Gründen als dem Betriebsübergang als solchen kann das Arbeitsverhältnis gekündigt werden
(§ 613a Abs. 4 Satz 2 BGB). Insbesondere kommt eine betriebsbedingte Kündigung sowohl durch den Erwerber wie durch den Veräußerer in Betracht,
bei letzterem insbesondere gegenüber den infolge eines Widerspruchs bei
ihm verbleibenden Arbeitnehmern.

Mit Betriebsänderungen, die der Erwerber für die Zeit nach dem Betriebs-   1464
übergang plant und durch die Arbeitsplätze wegfallen, kann der Veräußerer
Kündigungen aber nicht begründen. Dieser Fall wird noch von § 613a Abs. 4
Satz 1 BGB erfaßt, der Arbeitnehmer gerade auch bei Auseinandersetzungen um betriebsbedingte Kündigungen dem Erwerber gegenüberstellen
will, der nunmehr über den Betrieb verfügt und bei dem allein deshalb der
ultima-ratio-Grundsatz greifen kann. Möglich ist nur, daß der Veräußerer
mit der Begründung betriebsbedingt kündigt, daß für den Arbeitnehmer eine Beschäftigungsmöglichkeit auch schon nach dem Zustand, in dem sich
der Betrieb vor der Veräußerung befindet, nicht mehr besteht[18].

Das Kündigungsverbot des § 613a Abs. 4 BGB kommt in **Fall 95** *auch A zugute, obwohl sie
die einzige Arbeitnehmerin des X ist. Die von X ausgesprochene Kündigung ist auch eindeutig wegen des Betriebsübergangs erfolgt, nämlich weil er dem Y einen „arbeitnehmerfreien"
Betrieb übertragen wollte. Die Kündigung ist damit unwirksam. Y ist darauf verwiesen, seinerseits der A mit der Begründung zu kündigen, daß er keinen Arbeitsplätzebedarf mehr
habe.*

---

17 BAG vom 31. 1. 1985, AP Nr. 40 zu § 613a BGB = DB 1985, 1842 = BB 1985, 1913 = NJW
    1986, 87 = NZA 1985, 593 = EzA § 613a BGB Nr. 42.
18 BAG vom 26. 5. 1983, AP Nr. 34 zu § 613a BGB = DB 1983, 2690 = BB 1983, 2111 = NJW
    1984, 627 = EzA § 613a BGB Nr. 34.

1465   Die gerichtliche Geltendmachung der Unwirksamkeit einer Kündigung wegen Verstoßes gegen § 613a Abs. 4 BGB kann entweder im Wege einer allgemeinen Feststellungsklage (§ 256 ZPO) oder im Zusammenhang mit einer ohnehin erhobenen Kündigungsschutzklage erfolgen. Die Klage ist gegen denjenigen zu richten, der die Kündigung ausgesprochen hat. War dies der Veräußerer, wird der Prozeß auch nach dem Betriebsübergang mit ihm fortgesetzt; die Wirkung eines vor oder nach Betriebsübergang ergangenen Urteils erstreckt sich nach § 325 Abs. 1 ZPO auch auf den Erwerber[19].

1466   Möglich ist auch, die Unwirksamkeit im Wege einer Klage auf Feststellung des Bestehens eines Arbeitsverhältnisses mit dem Erwerber geltend zu machen.

IV. Rechtslage in der DDR

1467   § 59a des Arbeitsgesetzbuchs der DDR enthielt seit 1. Juli 1990 eine mit § 613a BGB gleichlautende Vorschrift. Seit dem Beitritt der DDR zur Bundesrepublik gilt § 613a BGB auch dort.

V. Kontrollfragen

Frage 100: Warum räumt die Rechtsprechung dem Arbeitnehmer ein Widerspruchsrecht gegen den Übergang des Arbeitsverhältnisses bei der Betriebsveräußerung ein?

Frage 101: Haftet der Betriebsveräußerer nach Betriebsübergang für das Arbeitsentgelt mit?

---

19 BAG vom 15. 2. 1976, AP Nr. 1 zu § 325 ZPO = DB 1977, 680 = BB 1977, 395 = NJW 1977, 1119 = EzA § 613a BGB Nr. 10.

§ 28 Arbeitnehmerüberlassung

Literaturangaben: *Becker,* Der arbeits- und sozialrechtliche Status der Leiharbeitnehmer, ZIP 1984, 782; *Becker/Wulfgramm,* Kommentar zum Arbeitnehmerüberlassungsgesetz, 3. Aufl. 1985/1986; *Schaub,* Die Abgrenzung der gewerbsmäßigen Arbeitnehmerüberlassung von Dienst- und Werkvertrag sowie sonstigen Verträgen der Arbeitsleistungen an Dritte, NZA 1985, Beilage 3; *Schubel/Engelbrecht,* Kommentar zum Arbeitnehmerüberlassungsgesetz, 2. Aufl. 1986.

I. Erlaubnispflicht

§ 613 Satz 2 BGB läßt an sich zu, daß Arbeitgeber (Verleiher) und Arbeitnehmer (Leiharbeitnehmer) vereinbaren, daß der letztere die Arbeitsleistung nicht beim Arbeitgeber, sondern bei einem Dritten (Entleiher) erbringt, dem er zu diesem Zweck von seinem Arbeitgeber überlassen wird.   1468

Eine solche Arbeitnehmerüberlassung führt, wenn sie gewerbsmäßig erfolgt, leicht zu einer Umgehung des in § 4 AFG festgelegten Arbeitsvermittlungsmonopols der Bundesanstalt für Arbeit und verbunden damit zu Mißbräuchen, insbesondere zur Ausbeutung der überlassenen Arbeitnehmer. Die gewerbsmäßige Arbeitnehmerüberlassung ist daher für Bauarbeiter ganz verboten (§ 12a AFG) und für alle anderen Arbeitnehmer von einer Erlaubnis durch die Bundesanstalt für Arbeit abhängig gemacht (§ 1 Abs. 1 Satz 1 AÜG). Eine Ausnahme gilt nur unter bestimmten Voraussetzungen für die Abordnung von Arbeitnehmern zu Arbeitsgemeinschaften mehrerer Arbeitgeber (§ 1 Abs. 1 Satz 2 AÜG) und für die Arbeitnehmerüberlassung zwischen Arbeitgebern desselben Wirtschaftszweiges zur Vermeidung von Kurzarbeit oder Entlassungen, wenn das tariflich vorgesehen ist (§ 1 Abs. 3 Nr. 1 AÜG), sowie für die vorübergehende Überlassung zwischen Konzernunternehmen (§ 1 Abs. 3 Nr. 2 AÜG).   1469

Die Erlaubnis wird nach § 3 Abs. 1 AÜG nicht erteilt, wenn der Verleiher   1470

- die für die Ausübung der Tätigkeit nach § 1 erforderliche Zuverlässigkeit nicht besitzt, insbesondere weil er die Vorschriften des Sozialversicherungsrechts, über die Einbehaltung und Abführung der Lohnsteuer, über die Arbeitsvermittlung, über die Anwerbung im Ausland oder über die Arbeitserlaubnis, die Vorschriften des Arbeitsschutzrechts oder die arbeitsrechtlichen Pflichten nicht einhält (Nr. 1);

- nach der Gestaltung seiner Betriebsorganisation nicht in der Lage ist, die üblichen Arbeitgeberpflichten ordnungsgemäß zu erfüllen (Nr. 2);

- mit dem Leiharbeitnehmer einen befristeten Arbeitsvertrag abschließt, es sei denn, daß sich für die Befristung aus der Person des Leiharbeitnehmers ein sachlicher Grund ergibt (Nr. 3);

- mit dem Leiharbeitnehmer jeweils unbefristete Arbeitsverträge abschließt, diese Verträge jedoch durch Kündigung beendet und den Leiharbeitnehmer innerhalb von drei Monaten nach Beendigung des Arbeitsverhältnisses erneut einstellt (Nr. 4);

- die Dauer des Arbeitsverhältnisses mit dem Leiharbeitnehmer auf die Zeit der erstmaligen Überlassung an einen Entleiher beschränkt (Nr. 5);

- einem Entleiher denselben Leiharbeitnehmer länger als sechs aufeinanderfolgende Monate überläßt; der Zeitraum einer unmittelbar vorangehenden Überlassung durch einen anderen Verleiher an denselben Entleiher ist anzurechnen (Nr. 6).

1471   In diesen Fällen wird vermutet, daß der Verleiher unzulässige Arbeitsvermittlung betreibt (§ 1 Abs. 2 AÜG).

II. Rechte und Pflichten des Leiharbeitnehmers

1. im Verhältnis zum Verleiher

1472   § 11 AÜG trifft einige besondere Bestimmungen für das Verhältnis von Verleiher und Leiharbeitnehmer:

- Nach Abs. 1 muß der Verleiher den wesentlichen Inhalt des Arbeitsverhältnisses in eine von ihm zu unterzeichnende Urkunde aufnehmen und diese dem Leiharbeitnehmer aushändigen.

- Nach Abs. 2 muß er dem Leiharbeitnehmer bei Vertragsschluß weiter ein Merkblatt der Bundesanstalt für Arbeit über den wesentlichen Inhalt des AÜG übergeben.

- Nach Abs. 3 muß er den Leiharbeitnehmer unverzüglich über den Wegfall der Erlaubnis unterrichten.

- Nach Abs. 4 Satz 1 ist § 622 Abs. 4 BGB auf das Arbeitsverhältnis nicht anzuwenden, so daß eine kürzere Kündigungsfrist als ein Monat zum Monatsende nicht vereinbart werden kann.

- Nach Abs. 4 Satz 2 erhält § 615 Satz 1 BGB für das Arbeitsverhältnis des Leiharbeitnehmers zwingende Wirkung. Der Anspruch des Leiharbeitnehmers auf Vergütung kann also nicht für den Fall ausgeschlossen werden, daß der Verleiher ihm keine Arbeitsstelle nachweisen kann.

- Nach Abs. 5 hat der Leiharbeitnehmer ein Leistungsverweigerungsrecht, soweit er bei einem Entleiher tätig werden soll, der durch einen Arbeitskampf unmittelbar betroffen ist.

Andererseits erklärt § 9 AÜG bestimmte Vertragsgestaltungen zwischen 1473
Verleiher und Leiharbeitnehmer für unwirksam:

- Nach Nr. 1 ist der gesamte Vertrag unwirksam, wenn der Verleiher nicht die erforderliche Erlaubnis besitzt[1].

- Nach Nr. 2 sind Befristungen des Arbeitsverhältnisses zwischen Verleiher und Leiharbeitnehmer unzulässig. Eine Ausnahme gilt nur, wenn für die Befristung ein sachlicher Grund in der Person des Leiharbeitnehmers besteht, z.b. wenn dieser das Leiharbeitsverhältnis nur zur Überbrückung bis zur Übernahme einer Dauerstellung eingeht.

- Nach Nr. 3 gelten Kündigungen des Arbeitsverhältnisses durch den Verleiher als unwirksam, wenn dieser den Leiharbeitnehmer innerhalb von drei Monaten nach Beendigung des Arbeitsverhältnisses erneut einstellt.

- Nach Nr. 5 sind Vereinbarungen unwirksam, die dem Leiharbeitnehmer das Eingehen eines Arbeitsverhältnisses mit dem Entleiher für die Zeit nach Ende des Arbeitsverhältnisses mit dem Verleiher untersagen.

Nach § 14 Abs. 1 AÜG bleiben die Leiharbeitnehmer auch während der Zeit 1474
ihrer Arbeitsleistung bei einem Entleiher betriebsverfassungsrechtlich Angehörige des Verleiherbetriebes.

2. im Verhältnis zum Entleiher

Fall 96: *A ist seit drei Jahren bei der Firma X als Sekretärin in Zeitarbeit angestellt. Sie wird für jeweils zwei bis vier Monate an Firmen überlassen, die einen vorübergehenden Bedarf an Sekretärinnen haben. Zuletzt ist eine solche Überlassung am 1.9. für die Dauer von drei Monaten an die Firma Y erfolgt. Daß X die Erlaubnis zur Arbeitnehmerüberlassung bereits am 31.8. entzogen worden war, hat diese weder A noch Y mitgeteilt. Als A im Oktober kein Gehalt mehr von X bekommt, will sie sich an Y halten.*

Zwischen Entleiher und Arbeitnehmer bestehen an sich keine arbeitsver- 1475
traglichen Beziehungen. Jedoch unterliegt der Arbeitnehmer aufgrund seines Einverständnisses mit der Überlassung dem Direktionsrecht des Entleihers. Auf der anderen Seite gelten für ihn die Arbeitsschutzvorschriften des Entleiherbetriebs, wobei auch § 618 BGB zu seinen Gunsten anzuwenden ist (§ 11 Abs. 6 AÜG). Macht er während der Dauer der Tätigkeit beim Entleiher eine Erfindung oder einen technischen Verbesserungsvorschlag, gilt der Entleiher als sein Arbeitgeber i.S.d. Arbeitnehmererfindungsgesetzes (§ 11 Abs. 7 AÜG).

Ist der Arbeitsvertrag zwischen dem Leiharbeitnehmer und dem Verleiher 1476
unwirksam, weil der Verleiher die erforderliche Erlaubnis nicht besitzt, gilt

---

1 Zum Anspruch auf Vertrauensschadensersatz in diesen Fällen siehe Rdnr. 1478.

nach § 10 Abs. 1 Satz 1 AÜG ein Arbeitsverhältnis zwischen Entleiher und Leiharbeitnehmer als zustandegekommen, so daß der Entleiher gegen ihn den Anspruch auf die Arbeitsleistung hat und umgekehrt er vom Entleiher Vergütung, Urlaub, Lohnfortzahlung im Krankheitsfall und Gewährung aller sonstigen sich aus dem Arbeitsvertrag für ihn ergebenden Rechte verlangen kann.

1477　Dabei gilt die zwischen Verleiher und Entleiher vorgesehene Arbeitszeit als vereinbart und das Arbeitsverhältnis ist als befristet anzusehen, wenn die Tätigkeit beim Entleiher nur befristet vorgesehen war (§ 10 Abs. 1 Satz 2 und 3 AÜG). Im übrigen bestimmen sich Inhalt und Dauer dieses fingierten Arbeitsverhältnisses nach den für den Betrieb des Entleihers geltenden Vorschriften und Regelungen (§ 10 Abs. 1 Satz 4 AÜG). Der Leiharbeitnehmer kann aber immer mindestens das mit dem Verleiher vereinbarte Arbeitsentgelt verlangen (§ 10 Abs. 1 Satz 5 AÜG).

1478　Nach § 10 Abs. 2 AÜG hat der Leiharbeitnehmer gegen den Verleiher Anspruch auf *Ersatz des Schadens*, den er dadurch erleidet, daß er auf die Wirksamkeit des Arbeitsvertrages vertraut. Praktisch trifft den Verleiher so eine Ausfallhaftung für die Ansprüche, die der Leiharbeitnehmer gem. § 10 Abs. 1 AÜG gegen den Entleiher hat.

*In **Fall 96** ist der Arbeitsvertrag zwischen A und X nach § 9 Nr. 1 AÜG unwirksam. Er gilt aber für die vorgesehene Dauer von drei Monaten zwischen A und Y als zustandegekommen, so daß sie von Y das für die dortige Beschäftigung vorgesehene Arbeitsentgelt, mindestens aber das mit X vereinbarte Entgelt verlangen kann. Soweit sie ihren Anspruch bei Y nicht durchsetzen kann, kann sie sich an X halten.*

1479　Mit der Regelung des § 10 AÜG nicht zu verwechseln ist die des § 13 AÜG. Muß davon ausgegangen werden, daß der Verleiher lediglich Arbeitsvermittlung betrieben hat, was insbesondere in den in § 1 Abs. 2 AÜG genannten Fällen anzunehmen ist, ist von vornherein ein Arbeitsverhältnis zwischen dem Arbeitnehmer und dem (scheinbaren) Entleiher zustandegekommen, für das die gesetzlichen und tariflichen Regeln gelten. Die sich daraus ergebenden Ansprüche des Arbeitnehmers können dann nicht durch Vereinbarung ausgeschlossen werden.

III. Rechtsbeziehungen zwischen Verleiher und Entleiher

1480　Auch der Überlassungsvertrag zwischen Verleiher und Entleiher bedarf der Schriftform, wobei der Verleiher zu erklären hat, ob er die Erlaubnis zur Arbeitnehmerüberlassung besitzt (§ 12 Abs. 1 AÜG). Des weiteren hat der Verleiher auch den Entleiher unverzüglich über den Wegfall der Erlaubnis zu unterrichten.

Fehlt die Erlaubnis, so ist nach § 9 Nr. 1 AÜG auch der Arbeitnehmerüber- 1481
lassungsvertrag unwirksam. Der Verleiher hat also keinen Anspruch auf das mit dem Entleiher vereinbarte Entgelt für die Arbeitnehmerüberlassung. Hat der Entleiher dieses Entgelt bereits bezahlt, kann er es nach § 812 Abs. 1 Satz 1 BGB zurückfordern, es sei denn, ihm war das Fehlen der Erlaubnis bekannt (§ 817 Satz 2 BGB).

Hat bei einer unwirksamen Arbeitnehmerüberlassung umgekehrt der Ver- 1482
leiher den Leiharbeitnehmer entlohnt, kann er vom Entleiher nach § 812 Abs. 1, 267 BGB Herausgabe verlangen, soweit der Entleiher dem Leiharbeitnehmer kein Entgelt mehr zu zahlen hat. § 817 Satz 2 BGB steht diesem Anspruch von vornherein nicht entgegen, weil nicht die Entgeltzahlung an den Leiharbeitnehmer, sondern nur die Arbeitnehmerüberlassung gesetzlich verboten ist[2].

IV. Rechtslage in der DDR

Das AÜG gilt seit dem Beitritt der DDR zur Bundesrepublik auch dort. 1482a

V. Kontrollfrage

Frage 102: In welchen Fällen ist die gewerbsmäßige Arbeitnehmerüberlassung ohne Erlaubnis zulässig?

---

2 BGH vom 8. 11. 1979, BGHZ 75, 299 = AP Nr. 2 zu § 10 AÜG = DB 1980, 347 = BB 1980, 368 = NJW 1980, 452.

4. KAPITEL

Arbeitsgerichtsbarkeit

§ 29 Arbeitsgerichtsbarkeit

Literaturangaben: *Dütz,* Die Beilegung von Arbeitsstreitigkeiten in der Bundesrepublik Deutschland, RdA 1978, S. 291 ff.; *Germelmann/Matthes/Prütting,* Kommentar zum Arbeitsgerichtsgesetz, 1990; *Grunsky,* Kommentar zum Arbeitsgerichtsgesetz, 6. Aufl. 1990.

Fall 97: *A hat beim Betriebsausflug schon erhebliche Mengen Rotwein getrunken. Als er das Glas erhebt, um dem Chef zuzuprosten, gerät er ins Schwanken und gießt das Glas über den Anzug seines Arbeitskollegen B aus. Als dieser von ihm später Ersatz der Reinigungskosten von DM 20,– verlangt, weigert sich A zu zahlen. B verklagt ihn daraufhin beim Amtsgericht. A nimmt sich einen Anwalt, der meint, die Klage müsse schon wegen Unzuständigkeit abgewiesen werden.*

I. Funktion der Arbeitsgerichte

Mit der Einrichtung einer besonderen, gegenüber der Zivilgerichtsbarkeit selbständigen Arbeitsgerichtsbarkeit wird der Zweck verfolgt, für die Entscheidung von Rechtsstreitigkeiten aus dem Arbeitsleben ein Verfahren zu haben, welches den Bedürfnissen der Beteiligten, insbesondere der Arbeitnehmer angemessen ist. Das schlägt sich vor allem in der Besetzung der Arbeitsgerichte auch mit sachkundigen Beisitzern beider Seiten[1], in der Zulassung der Prozeßvertretung auch durch Gewerkschafts- und Verbandsfunktionäre[2] und in einem in erster Linie auf gütliche Einigung angelegten, beschleunigten und kostengünstigen Verfahren[3] nieder. Daß das Arbeitsgerichtsgesetz, vom Bühnenwesen abgesehen, ein Verfahren vor Schiedsgerichten, wie es für andere Privatrechtsstreitigkeiten häufig praktiziert wird, für Rechtsstreitigkeiten aus dem Arbeitsverhältnis ausschließt (§ 4 i.V.m. § 101 Abs. 2 ArbGG), soll dem Arbeitnehmer einen möglichst guten Rechtsschutz sichern.

1483

Die Arbeitsgerichtsbarkeit hat nach der deutschen Rechtsordnung nicht die Aufgabe, den Streit über den Abschluß von Tarifverträgen und Betriebsvereinbarungen zu entscheiden. Solche kollektiven Regelungsstreitigkeiten zu schlichten, ist in Tarifvertragssachen Aufgabe der Schlichtungsstelle[4] und in Betriebsverfassungssachen Aufgabe der Einigungsstelle[5].

1484

---

1 Dazu Rdnr. 1488 ff.
2 Rdnr. 1491 f.
3 Rdnr. 1499.
4 Dazu Rdnr. 306.
5 Vgl. Rdnr. 556 ff.

II. Zuständigkeit

1485   Die Zuständigkeit der Arbeitsgerichte ist in den §§ 2 ff. ArbGG geregelt. Sie besteht danach im wesentlichen zu folgenden Fällen:

- Streitigkeiten aus der Koalitionsfreiheit, aus Tarifverträgen und aus Arbeitskämpfen.

- Streitigkeiten über die Tariffähigkeit und Tarifzuständigkeit einer Koalition.

- Streitigkeiten aus dem Betriebsverfassungsgesetz, dem Sprecherausschußgesetz und den Mitbestimmungsgesetzen. Hingegen sind für Rechtsstreitigkeiten aus dem Personalvertretungsrecht die Verwaltungsgerichte zuständig[6].

- Streitigkeiten zwischen Arbeitnehmer und Arbeitgeber und zwischen Arbeitsnehmern aus dem Arbeitsverhältnis und aus unerlaubten Handlungen, die im Zusammenhang mit dem Arbeitsverhältnis stehen.

Da es in **Fall 97** *um eine Streitigkeit aus einer unerlaubten Handlung, nämlich einer Eigentumsverletzung nach § 823 Abs. 1 BGB geht, die, weil sie anläßlich eines Betriebsausflugs begangen worden ist, auch im Zusammenhang mit dem Arbeitsverhältnis steht, ist das Amtsgericht tatsächlich nicht zuständig. Das führt aber nicht zwingend zur Abweisung der Klage. Vielmehr hat das Amtsgericht auf Antrag des B gem. § 48 Abs. 1 ArbGG i.V.m. § 281 ZPO die Sache an das örtlich zuständige Arbeitsgericht zu verweisen.*

1486   Die Arbeitsgerichte sind auch zuständig für Rechtsstreitigkeiten von Heimarbeitern und anderen arbeitnehmerähnlichen Personen[7]. Nach § 5 Abs. 1 Satz 2 ArbGG gelten sie als Arbeitnehmer im Sinne dieses Gesetzes. Dagegen findet das Arbeitsgerichtsgesetz nach § 5 Abs. 1 Satz 3 auf Gesellschafter und Organmitglieder juristischer Personen keine Anwendung[8].

III. Aufbau und Besetzung

1. Aufbau

1487   Der Arbeitsgerichtsbarkeit liegt ein dreistufiger Gerichtsaufbau zugrunde. Erstinstanzliches Gericht ist das Arbeitsgericht (§ 14 ff. ArbGG). Gegen des-

---

6 Vgl. Rdnr. 804.
7 Vgl. Rdnr. 5.
8 Vgl. dazu schon Rdnr. 7.

sen Entscheidung ist die Berufung, und in Beschlußsachen[9] die Beschwerde
zum Landesarbeitsgericht (§§ 33 ff. ArbGG) gegeben. Gegen die Entscheidung der Landesarbeitsgerichte ist unter bestimmten Voraussetzungen die
Revision, und in Beschlußsachen die Rechtsbeschwerde zum Bundesarbeitsgericht (§§ 40 ff. ArbGG) möglich.

2. Besetzung

Die Arbeitsgerichte und die Landesarbeitsgerichte entscheiden in Kam-   1488
mern, die mit einem Berufsrichter als Vorsitzendem und je einem ehrenamtlichen Richter aus Kreisen der Arbeitnehmer und Arbeitgeber besetzt sind
(§§ 16 Abs. 2, 35 Abs. 2 ArbGG).

Beim Bundesarbeitsgericht sind Senate gebildet, die aus einem Vorsitzen-   1489
den Richter, zwei Bundesrichtern und je einem ehrenamtlichen Richter
aus Kreisen der Arbeitgeber und Arbeitnehmer bestehen (§ 41 Abs. 2
ArbGG).

Der für Streitigkeiten zwischen den Senaten und in Fragen der Fortbildung   1490
des Rechts und der Sicherung einer einheitlichen Rechtsprechung zuständige Große Senat des Bundesarbeitsgerichts entscheidet in der Besetzung mit
dem Präsidenten, dem dienstältesten Vorsitzenden Richter, vier Bundesrichtern und je zwei ehrenamtlichen Richtern aus dem Kreise der Arbeitnehmer und Arbeitgeber (§ 45 ArbGG).

IV. Prozeßvertretung

Die Parteien können vor dem Arbeitsgericht den Prozeßstreit selbst führen   1491
oder sich vertreten lassen. Eine Vertretung durch Vertreter der Gewerkschaft oder der Arbeitgebervereinigung, der die Partei angehört, ist zulässig
(§ 11 Abs. 1 ArbGG). Auch eine Vertretung durch Rechtsanwälte ist möglich.

Vor dem Landesarbeitsgericht und vor dem Bundesarbeitsgericht müssen   1492
sich die Parteien durch einen zugelassenen Rechtsanwalt vertreten lassen.
Vor den Landesarbeitsgerichten können an dessen Stelle Vertreter der Gewerkschaft oder der Arbeitgebervereinigung treten, der die Partei angehört
(§ 11 Abs. 2 ArbGG).

---

9 Dazu Rdnr. 1498.

V. Verfahren

1. *Urteilsverfahren*

1493   Das insbesondere für die Streitigkeiten aus dem Arbeitsverhältnis vorgesehene Urteilsverfahren (§ 46 ff. ArbGG) folgt im wesentlichen den Regeln, welche die ZPO für private Rechtsstreitigkeiten vorsieht. Es bestehen jedoch folgende Besonderheiten:

1494   In der ersten Instanz ist ein *Güteverfahren* vorgeschaltet, in dem der Vorsitzende allein mit den Parteien oder ihren Vertretern den Sachverhalt erörtert und klärt und, wenn es hierbei nicht zu einem Vergleich kommt, das Verfahren so vorbereitet, daß es vor der Kammer (also unter Zuziehung der ehrenamtlichen Beisitzer) möglichst in *einem* Termin zu Ende geführt werden kann (§§ 54 ff. ArbGG).

1495   Für Kündigungsrechtsstreitigkeiten, bei denen es in der Regel um den Arbeitsplatz des Arbeitnehmers geht, besteht nach § 61a ArbGG eine besondere Prozeßförderungspflicht. Diese Streitigkeiten sind vorrangig zu erledigen. Insbesondere soll die Güteverhandlung innerhalb von zwei Wochen nach Klagerhebung stattfinden und den Parteien sind kurze Fristen zur Vorbereitung der Termine zu setzen.

1496   Da es sich im arbeitsgerichtlichen Verfahren häufig um verhältnismäßig niedrige Forderungen handelt, die aber für die Parteien mit Rücksicht auf ähnlich gelagerte Fälle in gleichen oder gleichgearteten Arbeitsverhältnissen oft von erheblicher Bedeutung sind, ist die *Berufung* nicht schlechthin vom Wert des Streitgegenstandes abhängig, sondern kann auch wegen grundsätzlicher Bedeutung der Rechtssache zugelassen werden (§ 64 Abs. 3 ArbGG).

1497   Die *Revision* gegen Urteile des Landesarbeitsgerichts ist nur statthaft, wenn sie entweder von diesem oder aufgrund einer Nichtzulassungsbeschwerde vom Bundesarbeitsgericht zugelassen worden ist. Die Zulassung hat zu erfolgen, wenn entweder die Rechtssache grundsätzliche Bedeutung hat, das Urteil von einer Entscheidung des Bundesarbeitsgerichts oder, solange dieses noch nicht entschieden hat, von der Entscheidung einer anderen Kammer desselben Landesarbeitsgerichts bzw. eines anderen Landesarbeitsgerichts abweicht und die Entscheidung auf dieser Abweichung beruht (§ 72 Abs. 2 ArbGG).

2. Beschlußverfahren

Für das in Streitigkeiten aus dem Betriebsverfassungs-, Sprecherausschuß- 1498
und Mitbestimmungsrecht sowie über die Tariffähigkeit und Tarifzuständigkeit vorgesehene Beschlußverfahren (§§ 80 ff. ArbGG) gelten einige besondere Regeln, die ihre Ursache darin haben, daß diese Streitigkeiten *Kollektiv-
interessen* berühren. Insbesondere hat in dem Beschlußverfahren das Gericht den Sachverhalt im Rahmen der gestellten Anträge *von Amts wegen* zu
erforschen (vgl. § 83 Abs. 1 ArbGG) und im Verfahren sind außer Antrag-
steller und Antragsgegner auch alle anderen Stellen zu hören, die nach den
einschlägigen Gesetzen von der Streitsache unmittelbar berührt werden
(§ 83 Abs. 3 ArbGG), wie das z.b. für das Betriebsratsmitglied, dem gekündigt werden soll, im Verfahren über die Zustimmung zur Kündigung nach
§ 103 Abs. 2 Satz 2 BetrVG zutrifft.

3. Verfahrenskosten

Die Gerichtskosten des arbeitsgerichtlichen Verfahrens sind im Interesse 1499
des Arbeitnehmers niedriger als im Verfahren vor den ordentlichen Gerichten (vgl. § 12 ArbGG). Kostenvorschüsse werden nicht erhoben. Im Fall eines gerichtlichen oder dem Gericht mitgeteilten Vergleichs fallen für die betreffende Instanz überhaupt keine Kosten an. Die obsiegende Partei hat in
der ersten Instanz auch keinen Anspruch auf Erstattung der Kosten für die
Zuziehung eines Prozeßbevollmächtigten (§ 12a). Sofern es sich um einen
Rechtsanwalt handelt, muß also die betreffende Partei die Kosten selbst tragen. Gewerkschaften und Arbeitgebervereinigungen gewähren den Partei-
en aufgrund ihrer Mitgliedschaft regelmäßig kostenlos Rechtsbeistand.

VI. Rechtslage in der DDR

In der DDR waren bis zum Inkrafttreten des Staatsvertrags sowie der Wirt- 1500
schafts-, Währungs- und Sozialunion in erster Linie sogenannte betriebliche
Konfliktkommissionen für die Entscheidung von Arbeitsrechtsstreitigkeiten
zuständig. Erst gegen deren Entscheidung war ein Einspruch am Kreisgericht und gegen dessen Entscheidung Berufung am Bezirksgericht möglich.

Seit Inkrafttreten des Staatsvertrags entscheiden nach dem Gesetz der DDR
vom 29. 6. 1990 besondere Schiedsstellen für Arbeitsrecht. Diese sind paritä-

tisch mit vom Arbeitgeber und vom Betriebsrat benannten Beisitzern sowie einem Vorsitzenden besetzt, auf den sich die Beisitzer einigen sollen und der im Falle des Fehlschlagens dieser Einigung vom Kreisgericht bestellt wird.

Das Verfahren vor den Schiedsstellen ist ähnlich ausgestaltet wie das Verfahren vor dem Arbeitsgericht. Gegen die Beschlüsse der Schiedsstelle ist der Einspruch zur Kammer für Arbeitssachen am Kreisgericht zulässig, der dann der Klage gleichsteht.

Das Gesetz über die Schiedsstellen gilt auch nach dem Einigungsvertrag fort.

VII. Kontrollfrage

Frage 103: Inwieweit können für Arbeitnehmer und Arbeitgeber vor den Arbeitsgerichten Verbandsvertreter auftreten?

Zwischen dem

**Arbeitgeberverband der Badischen
Metallindustrie e.V., Freiburg**

und der

**Industriegewerkschaft Metall für die Bundesrepublik
Deutschland, Bezirksleitung Stuttgart**

wird folgender

Manteltarifvertrag

für Arbeiter und Angestellte
in der Metallindustrie in Südbaden

abgeschlossen:

§ 1
Geltungsbereich

1.1   Dieser Tarifvertrag gilt:

1.1.1   räumlich: für den früheren Regierungsbezirk Südbaden
           des Landes Baden-Württemberg in seinem Bestand am
           1. Januar 1970;

1.1.2   fachlich: für alle Betriebe, die selbst oder deren Inhaber
           Mitglied des Arbeitgeberverbandes der Badischen Me-
           tallindustrie e.V., Freiburg, sind;

1.1.3   persönlich: für alle Betriebe, die selbst oder deren Inha-
           ber Mitglied des Arbeitgeberverbandes der Badischen
           Metallindustrie e.V., Freiburg, sind;

1.1.3.1   Angestellte im Sinne dieses Tarifvertrages sind alle Be-
           schäftigten, die eine der in den §§ 2 und 3 des Angestell-
           tenversicherungsgesetzes in der jeweils gültigen Fassung
           angeführten Beschäftigungen gegen Entgelt ausüben.

1.1.3.2   Nicht als Angestellte im Sinne dieses Tarifvertrages gelten die Vorstandsmitglieder und gesetzlichen Vertreter von juristischen Personen und Personengesamtheiten des privaten Rechts, ferner die Geschäftsführer und deren Stellvertreter, die Prokuristen und die leitenden Angestellten im Sinne des § 5 Abs.3 BetrVG.

1.1.3.3   Ausgenommen sind die nach dem Berufsbildungsgesetz Auszubildenden.

1.1.3.4   Für in Heimarbeit Beschäftigte gelten die gesetzlichen Bestimmungen sowie die bindenden Festsetzungen des zuständigen Heimarbeitsausschusses.

Außerdem gelten, soweit die Besonderheiten der Heimarbeit nicht entgegenstehen und diese Bestimmungen anwendbar sind, die Regelungen aus den Bestimmungen der §§ 2.1, 2.2 (ohne 2.2.1 und 2.2.2), 2.4, 2.5, 4.1, 4.2 (bzgl. der Kündigungsfristen gilt § 29 HAG, dabei ist 2.6 zu beachten), 5, 11.1, 11.2 Abs. 1, 16, 17.1, 18, 19, 20 und 21 entsprechend (s. auch Anmerkung unten).

1.2.1   Der Tarifvertrag regelt die Mindestbedingungen der Arbeitsverhältnisse. Ergänzende Bestimmungen können durch Betriebsvereinbarung zwischen Arbeitgeber und Betriebsrat vereinbart werden.

Derartige Bestimmungen können − auch in Einzelteilen − nicht zuungunsten der Beschäftigten vom Tarifvertrag abweichen.

1.2.2   Im Einzelarbeitsvertrag können für den Beschäftigten günstigere Regelungen vereinbart werden.

1.2.3   Die Rechte des Betriebsrates bleiben unberührt, soweit nicht durch diesen Tarifvertrag eine abschließende Regelung getroffen ist.

§ 2
Einstellung

2.1   Das Mitbestimmungsrecht des Betriebsrates bei Einstel-
       lung, Eingruppierung, Umgruppierung, Versetzung und
       Kündigung richtet sich nach den Bestimmungen des Be-
       triebsverfassungsgesetzes und bleibt durch diesen Tarif-
       vertrag unberührt.

2.2   Der Arbeitsvertrag ist schriftlich zu vereinbaren. Er ist
       grundsätzlich vor Beginn des Beschäftigungsverhältnis-
       ses abzuschließen. Dies gilt für Neueinstellung und beim
       Wechsel eines Arbeiters in das Angestelltenverhältnis
       oder umgekehrt.

       Arbeitsverhältnisse sollen grundsätzlich auf unbestimm-
       te Zeit, sie können aber auch befristet, abgeschlossen
       werden.

       Protokollnotiz:

       Die Tarifvertragsparteien sind übereinstimmend der
       Auffassung, es laufe dem Ziel des grundsätzlichen Ab-
       schlusses unbefristeter Arbeitsverhältnisse entgegen,
       wenn auf Arbeitsplätze, die auf Dauer angelegt sind, re-
       gelmäßig nur befristet eingestellt würde.

2.2.1 Aus dem Arbeitsvertrag muß ersichtlich sein:

       Tätigkeitsbeschreibung, Betriebsabteilung/Arbeitsplatz/
       Arbeitsbereich/Ort, individuelle regelmäßige wöchentli-
       che Arbeitszeit, Entlohnungsgrundsatz, Lohngrup-
       pe/Gehaltsgruppe, die Lohn- bzw. Gehaltszusammen-
       setzung, Leistungszulage, sonstige Zulagen, bei Teilzeit-
       beschäftigten auch die Dauer der regelmäßigen täglichen
       und wöchentlichen Arbeitszeit.

2.2.2 Der Beschäftigte muß entweder für Normal- oder für
       Schichtarbeit eingestellt werden. In den Fällen, in denen
       der Beschäftigte aus dringenden betrieblichen Gründen
       im Einzelfall für Normal- und Schichtarbeit eingestellt
       wird, muß dies im Arbeitsvertrag ausdrücklich verein-
       bart werden.

Die Verpflichtung zur Schichtarbeit aus dem Arbeitsvertrag entfällt, wenn der Beschäftigte innerhalb von 18 Monaten

– nach Vertragsabschluß oder

– nach dem vereinbarten Beginn der Schichtarbeit oder

– nach Wegfall der Schichtarbeit

nur in Normalschicht beschäftigt war.

Darüber hinaus kann der Arbeitgeber nach Zustimmung des Betriebsrats von Beschäftigten vorübergehend Schichtarbeit verlangen, wenn dies zur Überwindung von Produktions- oder Lieferengpässen erforderlich ist.

2.3   Wird vom Arbeitgeber ausdrücklich persönliche Vorstellung vor der Einstellung gewünscht, so sind dem Bewerber die entstehenden Kosten für die Reise und den Aufenthalt in angemessener Höhe zu vergüten.

2.4   Schwerbehinderte und andere unter besonderem gesetzlichen Schutz stehende Beschäftigte haben dem Arbeitgeber auf Befragen diese Eigenschaften mitzuteilen. Sie haben den späteren Eintritt oder eine Änderung dieser Eigenschaften unaufgefordert bekanntzugeben.

2.5   Zeugnisse und andere, den Bewerbungen beigefügte oder abgegebene Originalpapiere sind dem Beschäftigten innerhalb von 2 Wochen nach der Einstellung zurückzugeben.

Ist die Einstellung nicht zustande gekommen, sind die Bewerbungsunterlagen dem Bewerber mit dem abschlägigen Bescheid umgehend zurückzusenden.

2.6   Für alle Ansprüche die dem Grunde oder der Höhe nach von der Dauer der Betriebszugehörigkeit abhängig sind, gilt die Betriebszugehörigkeit bei betriebsbedingter Kündigung als nicht unterbrochen, wenn die Unterbrechung nicht länger als 12 Monate (bei Zusatzleistung nach § 12.4 MTV 2 Jahre) gedauert hat.

Die Zeit der Unterbrechung bleibt bei der Berechnung der Dauer der Betriebszugehörigkeit außer Betracht.

§ 3
Arbeitsplatz, Arbeitsablauf, Arbeitsumgebung und Arbeitszeit

3.1 Arbeitsplatz, Arbeitsablauf und Arbeitsumgebung sind menschengerecht zu gestalten.

3.2 Dabei sind inbesondere folgende Grundsätze zu beachten:

Arbeits- und Leistungsbedingungen und Arbeitszeiten sind im Rahmen der betrieblichen und wirtschaftlichen Möglichkeiten so zu gestalten,

– daß sie auch auf Dauer zu keiner gesundheitlichen Beeinträchtigung führen,

– daß die freie Entfaltung der Persönlichkeit der im Betrieb Beschäftigten geschützt und gefördert sowie das Recht auf Menschenwürde geachtet wird,

– daß bei Vereinbarungen zu Lage und Verteilung der Arbeitszeit im Rahmen der betrieblichen Möglichkeiten dem einzelnen Entscheidungsspielräume eingeräumt werden.

Werden diese Grundsätze nicht eingehalten, so können die Beschäftigten Vorschläge zur Verbesserung der Arbeitssituation einbringen. Die Vorschläge sind umgehend zu prüfen und soweit sachlich berechtigt und wirtschaftlich vertretbar, vom Arbeitgeber umzusetzen.

3.3 Die menschengerechte Gestaltung der Arbeits- und Leistungsbedingungen und Arbeitszeiten soll unter Berücksichtigung der vorgenannten sowie wirtschaftlich vertretbarer Gesichtspunkte im Rahmen von § 88 BetrVG geregelt werden.

Protokollnotiz zu § 3:

Die Tarifvertragsparteien stimmen darin überein, daß
auch aus Anlaß von Arbeitszeitverkürzungen keine Lei-
stungsverdichtung erfolgen darf, die für die Beschäftigten zu unzumutbaren Belastungen führt.

3.4   Die Einführung und/oder Anwendung von Verfahren
vorbestimmter Zeiten zur Arbeitsorganisation und/oder
zur Vorgabezeitermittlung bedarf der Zustimmung der
Tarifvertragsparteien.

3.5   Zur Sicherung von persönlichem Eigentum, das von den
Beschäftigten üblicherweise in den Betrieb mitgebracht
wird, hat der Arbeitgeber geeignete Einrichtungen zur
Verfügung zu stellen.

3.6   Zum Abstellen/Einstellen von Fahrzeugen der Beschäftigten sind unter Berücksichtigung der persönlichen Not-
wendigkeiten und der betrieblichen Möglichkeiten geeignete Einstellungsmöglichkeiten/Stellplätze zur Verfügung zu stellen.

3.7   Allen Beschäftigten werden die zur Arbeit erforderlichen
Arbeitsmittel vom Arbeitgeber kostenlos zur Verfügung
gestellt; sie bleiben Eigentum des Arbeitgebers.

Benützen Beschäftigte eigene Arbeitsmittel mit vorheriger Zustimmung des Arbeitgebers, so ist hierfür eine
Entschädigung zu bezahlen, die durch Vereinbarung mit
dem Betriebsrat festgelegt wird.

§ 4
Kündigung und Aufhebungsvertrag

4.1   Die Kündigung muß schriftlich erfolgen. Im Arbeitsvertrag ist hierauf hinzuweisen. Fehlt dieser Hinweis, so genügt für die Kündigung des Beschäftigten gegenüber
dem Arbeitgeber eine mündliche Kündigung.

4.2   Die Kündigungsfrist beginnt frühestens mit dem Tag der vereinbarten Arbeitsaufnahme zu laufen. Eine hiervon abweichende Regelung muß schriftlich vereinbart sein.

4.3   Auf Wunsch ist dem Beschäftigten nach Kündigung unter Fortzahlung des Arbeitsentgelts angemessene Zeit zu gewähren, um sich eine neue Stelle zu suchen.

4.4   Einem Beschäftigten, der das 53., aber noch nicht das 65. Lebensjahr vollendet hat und dem Betrieb mindestens drei Jahre angehört, kann nur noch aus wichtigem Grund gekündigt werden. Dies gilt auch für eine Änderungskündigung.

4.5   *Kündigungsfristen*

4.5.1   Die beiderseitige Kündigungsfrist beträgt für

4.5.1.1   *Arbeiter*

innerhalb der ersten 4 Wochen Betriebszugehörigkeit eine Woche,

von der 5. Woche an 2 Wochen

jeweils zum Wochenschluß;

nach einer Betriebszugehörigkeit von 3 Jahren einen Monat zum Monatsende.

4.5.1.2   *Angestellte*

innerhalb der ersten 3 Monate Betriebszugehörigkeit einen Monat zum Monatsende;

nach Ablauf der ersten 3 Monate 6 Wochen zum Ende des Kalendervierteljahres.

4.5.2   Die Kündigungsfrist des Arbeitgebers beträgt gegenüber dem Beschäftigten

nach einer Betriebszugehörigkeit von

5 Jahren mindestens 3 Monate

8 Jahren mindestens 4 Monate

10 Jahren mindestens 5 Monate

12 Jahren mindestens 6 Monate

jeweils zum Schluß eines Kalendervierteljahres.

4.5.3   Bei der Berechnung der Betriebszugehörigkeit gemäß § 4.5.2 werden Beschäftigungszeiten, die vor der Vollendung des 25. Lebensjahres liegen, nicht berücksichtigt.

4.6   Für fristlose Kündigungen gelten die gesetzlichen Bestimmungen.

4.7   Aufhebungsverträge bedürfen der Schriftform.

§ 5
Zeugnis

5.1   Mit Beendigung des Arbeitsverhältnisses ist dem Beschäftigten ein schriftliches Zeugnis auszustellen.

Das Zeugnis hat Auskunft über die ausgeübte Tätigkeit und deren Dauer zu geben.

Auf Wunsch des Beschäftigten hat das Zeugnis auch Auskunft über Verhalten und Leistung des Beschäftigten zu geben.

5.2   Nach der Kündigung hat der Beschäftigte Anspruch auf unverzügliche Erteilung eines vorläufigen Zeugnisses.

5.3   Im ungekündigten Arbeitsverhältnis hat der Beschäftigte Anspruch auf Erteilung eines Zwischenzeugnisses. Dies gilt insbesondere auch beim Wechsel von Vorgesetzten oder bei Änderung der Arbeitsaufgabe.

5.4   Auch ein vorläufiges Zeugnis oder ein Zwischenzeugnis hat denselben Anforderungen zu entsprechen wie das in § 5.1 genannte Zeugnis.

§ 6
Alterssicherung

6.1   Beschäftigte, die das 54. Lebensjahr vollendet haben und
             dem Betrieb oder Unternehmen mindestens 1 Jahr ange-
             hören, haben Anspruch auf Verdienstsicherung.

             Die tarifliche Verdienstsicherung bezieht sich nicht auf
             den Tariflohn/das Tarifgehalt, sondern auf den Effektiv-
             lohn/das Effektivgehalt und wird wie folgt verwirklicht:

6.1.1   Der Alterssicherungsbetrag, der nach §§ 6.3 und 6.4 zu
             ermitteln ist, wird als Mindestverdienst garantiert.

6.1.2   Der laufende Verdienst innerhalb des nach § 6.9 zu re-
             gelnden Vergleichszeitraums wird mit dem Alterssiche-
             rungsbetrag verglichen.

6.1.3   Ist der laufende Verdienst niedriger als der Alterssiche-
             rungsbetrag, so ist ein Ausgleich bis zur Höhe des Alters-
             sicherungsbetrags zu bezahlen.

6.2   *Beginn der Verdienstsicherung*

             Die Verdienstsicherung beginnt mit dem Ersten des Mo-
             nats, in dem der Beschäftigte das 54. Lebensjahr vollen-
             det. Erfüllt der Beschäftigte an seinem 54. Geburtstag die
             Voraussetzung der Betriebs- oder Unternehmenszuge-
             hörigkeit von 1 Jahr nicht, so beginnt die Verdienstsiche-
             rung am Ersten des Monats, in welchem er diese Voraus-
             setzung erfüllt.

6.3   *Zusammensetzung und Errechnung*
             des Alterssicherungsbetrages

             Der Alterssicherungsbetrag errechnet sich wie folgt:

6.3.1   *Bei Zeitlohn*

6.3.1.1   aus dem Monatsgrundlohn der Lohngruppe zu Beginn
             der Verdienstsicherung,

6.3.1.2   aus der tariflichen Leistungszulage zu Beginn der Verdienstsicherung,

6.3.1.3   aus der übertariflichen Zulage zu Beginn der Verdienstsicherung

6.3.1.4   aus den in den letzten 12 Kalendermonaten vor Beginn der Verdienstsicherung erzielten (tariflichen und/oder übertariflichen) durchschnittlichen Zuschlägen für Sonn-, Feiertags-, Spät-, Nacht-(Schicht-), Montage-, Gießereiarbeit sowie Erschwerniszulagen gemäß § 5 BMTV, sofern die in § 6.4 genannten Voraussetzungen erfüllt sind.

Rechenformel:

6.3.1.1 + 6.3.1.2 + ggf. 6.3.1.3 + ggf. 6.3.1.4

6.3.2   *Bei Akkord- oder Prämienlohn*

6.3.2.1   aus dem Monatsgrundlohn der Lohngruppe zu Beginn der Verdienstsicherung,

6.3.2.2   aus der übertariflichen Zulage zu Beginn der Verdienstsicherung

6.3.2.3   aus den in den letzten 12 Kalendermonaten vor Beginn der Verdienstsicherung durchschnittlich erzielten leistungsabhängigen, variablen Bestandteilen des Monatslohns (§ 11.3.2.1), errechnet als Prozentsatz vom Monatsgrundlohn gem. § 6.3.2.1 und, soweit eine übertarifliche Zulage gem. § 6.3.2.2 akkord- oder prämienfähig ist, auch von dieser übertariflichen Zulage,

6.3.2.4   aus den in den letzten 12 Kalendermonaten vor Beginn der Verdienstsicherung erzielten (tariflichen und/oder übertariflichen) durchschnittlichen Zuschlägen für Sonn-, Feiertags-, Spät-, Nacht-(Schicht-), Montage-, Gießereiarbeit sowie Erschwerniszulagen gemäß § 5 BMTV, sofern die in § 6.4 genannten Voraussetzungen erfüllt sind.

Rechenformel:

6.3.2.1 + ggf. 6.3.2.2 + (6.3.2.3 in % von 6.3.2.1, ausgedrückt in DM) + ggf. (6.3.2.3 in % von 6.3.2.2, ausgedrückt in DM) + ggf. 6.3.2.4

6.3.3   *Bei Angestellten*

6.3.3.1   das Tarifgehalt nach Tarifgruppe zu Beginn der Verdienstsicherung,

6.3.3.2   die tarifliche Leistungszulage zu Beginn der Verdienstsicherung,

6.3.3.3   die übertarifliche Zulage zu Beginn der Verdienstsicherung

6.3.3.4   aus den in den letzten 12 Kalendermonaten vor Beginn der Verdienstsicherung erzielten (tariflichen und/oder übertariflichen) durchschnittlichen Zuschlägen für Sonn-, Feiertags-, Spät-, Nacht-(Schicht-), Gießereiarbeit sowie evtl. bei Entsendung auf Montage gezahlten übertariflichen Zuschlägen und Zulagen, sofern die in § 6.4 genannten Voraussetzungen erfüllt sind.

Rechenformel:

6.3.3.1 + ggf. 6.3.3.3 + ggf. 6.3.3.4

6.3.4   Bei Reisenden im Sinne von § 15, die eine Provision erhalten, ist diese in den Alterssicherungsbetrag mit einzubeziehen, und zwar in der Höhe der monatlichen Durchschnittsprovision, errechnet aus der Provision der letzten 36 Kalendermonate vor Beginn der Verdienstsicherung.

6.4.   *Einbeziehung von Zuschlägen und Zulagen in den Alterssicherungsbetrag*

6.4.1   Die in den letzten 12 Kalendermonaten vor Beginn der Verdienstsicherung erzielten (tariflichen und/oder über-

tariflichen) durchschnittlichen Zuschläge für Sonn-, Fei-
ertags-, Spät-, Nacht-(Schicht-), Montage-, Gießereiarbeit sowie Erschwerniszulagen gemäß § 5 BMTV sind nur
unter folgenden Voraussetzungen in den Alterssicherungsbetrag gemäß § 6.3 einzubeziehen:

6.4.1.1   Die den genannten Zuschlägen und Zulagen zugrunde-
liegenden Arbeiten müssen zu den regelmäßigen Arbeitsaufgaben des Beschäftigten gehören (z.B. Pförtner,
Feuerwehrleute).

6.4.1.2   Bei Spät-, Nacht-, Montage- oder Gießereiarbeit muß der
Beschäftigte außerdem während eines unmittelbar vor
Beginn der Verdienstsicherung liegenden Zeitraums von
8 Jahren mehr als 4 Jahre in einem Betrieb der Metallindustrie diese Arbeit geleistet haben. Diese Voraussetzung ist auch dann erfüllt, wenn teils Arbeit der einen
und teils Arbeit einer anderen der vorstehend genannten
Art geleistet wurde. In jedem Falle muß der Beschäftigte
mindestens 1 Jahr eine der genannten Arbeiten regelmäßig in dem Betrieb, gegen den der Anspruch auf Verdienstsicherung entsteht, geleistet haben.

6.4.1.3   Die Voraussetzungen für die Einbeziehung der Zuschläge und Zulagen in den Alterssicherungsbetrag können
auch noch nach Beginn der Verdienstsicherung (s.o.
§ 6.2) erfüllt werden. Die Zuschläge und Zulagen sind
dann erst ab diesem Zeitpunkt in die Berechnung einzubeziehen. Berechnungszeitraum für den durchschnittlichen Zuschlag bzw. die durchschnittliche Zulage sind in
diesem Falle die letzten 12 Kalendermonate vor Erfüllung
der Voraussetzungen.

6.4.2   Der durchschnittliche Zuschlag und/oder ggf. die durchschnittliche Zulage (gemäß §§ 6.3.1.4, 6.3.2.4, 6.3.3.4) errechnet sich aus dem Gesamtbetrag der in Frage kommenden Zuschläge und Zulagen während der letzten
12 Kalendermonate vor Beginn der Verdienstsicherung

dividiert

durch die Zahl der in den letzten 12 Kalendermonaten vor Beginn der Alterssicherung tatsächlich gearbeiteten Stunden.

Der sich aus dieser Berechnung ergebende Betrag ist mit dem 4,35fachen der individuellen regelmäßigen wöchentlichen Arbeitszeit zu multiplizieren.

Protokollnotiz:

Die Tarifvertragsparteien sind sich darüber einig, daß dort, wo Gießereiarbeit oder Schichtarbeit auf Dauer abgeschafft wird und daraus Schwierigkeiten entstehen, daß im Alterssicherungsbetrag weiterhin Gießereizuschläge bzw. Schichtzuschläge enthalten sein müssen, die Tarifvertragsparteien bereit sind, sich um eine Lösung zu bemühen.

6.5	*Nicht in den Alterssicherungsbetrag einzubeziehen sind*

Zuschläge für Mehrarbeit und sonstige unregelmäßige Bezüge, vermögenswirksame Leistungen, Auslösungen, Gratifikationen, zusätzliche Urlaubsvergütung und andere einmalige Zuwendungen.

6.6	*Alterssicherungsbetrag*

Durch die Berechnung gemäß §§ 6.3 und 6.4.2 ergibt sich der Alterssicherungsbetrag als durchschnittlicher Monatsverdienst, bezogen auf die individuelle regelmäßige wöchentliche Arbeitszeit – oder bei Teilzeitbeschäftigten auf die vertraglich vereinbarte wöchentliche Arbeitszeit – zu Beginn der Alterssicherung.

6.6.1	Bei Beschäftigten, bei denen sich nach Eintritt der Alterssicherung das Verhältnis ihrer individuellen regelmäßigen wöchentlichen Arbeitszeit – oder bei Teilzeitbeschäftigten ihrer vertraglich vereinbarten wöchentliche Arbeitszeit – zur tariflichen regelmäßigen Arbeitszeit (§ 7.1) ändert, ist der monatliche Alterssicherungsbetrag entsprechend umzurechnen.

6.6.2   Bei Kurzarbeit ist der Alterssicherungsbetrag für die Dauer der Kurzarbeit gemäß §§ 8.2.3, 8.2.4 zu ermitteln.

6.7   *Festschreibung des Alterssicherungsbetrages*

Der sich aus der Berechnung nach §§ 6.3 und 6.4.2 ergebende Alterssicherungsbetrag ist mit den dort genannten Lohnbestandteilen aufgegliedert festzuschreiben. Die Mindestverdienstgarantie (§ 6.1.1) bezieht sich auch auf diese Lohnbestandteile (einschließlich der durchschnittlichen leistungsabhängigen variablen Bestandteile des Monatslohns).

6.8   *Unterrichtung des Beschäftigten und des Betriebsrats*

Der anspruchsberechtigte Beschäftigte und der Betriebsrat sind unverzüglich über die Höhe und die Zusammensetzung des Alterssicherungsbetrages schriftlich zu unterrichten. Dies gilt auch bei einer späteren Änderung des Alterssicherungsbetrages (vgl. § 6.6.1 und § 6.10).

6.9   *Durchführung der Verdienstsicherung*

Der Verdienstausgleich gemäß § 6.1.3 ist monatlich (Verdienstmonat) vorzunehmen. Dabei wird der Durchschnittsverdienst aus einem Vergleichszeitraum mit dem festgschriebenen Alterssicherungsbetrag verglichen.

In den Durchschnittsverdienst des Vergleichszeitraums können nur die Lohnbestandteile, insbesondere nur die Zuschläge bzw. Zulagen einbezogen werden, die im Alterssicherungsbetrag enthalten sind.

Der Vergleichszeitraum ist mit dem Betriebsrat festzulegen. Er darf einschließlich des Vergleichsmonats 3 Monate nicht übersteigen. Abweichend hiervon kann bei Reisenden im Sinne von § 15, die eine Provision erhalten, der Vergleichszeitraum mit Zustimmung des Betriebsrats bis auf 12 Monate ausgedehnt werden.

Wird mit Zustimmung des Betriebsrats ein längerer als einmonatiger Vergleichszeitraum festgelegt, so ist sicherzustellen, daß im jeweiligen Vergleichsmonat eine Aufzahlung in der Höhe erfolgt, daß im Vergleichszeitraum, jeweils im Durchschnitt, der Alterssicherungsbetrag erreicht wird.

Ausgleichszahlungen zum Zwecke der Verdienstsicherung sind in den laufenden Verdienst des Vergleichszeitraums einzubeziehen.

6.10   *Fortschreibung des Alterssicherungsbetrages*

Tarifbedingte Erhöhungen des Lohnes/Gehaltes nach Beginn der Verdienstsicherung erhöhen den Alterssicherungsbetrag.

Tarifbedingte Erhöhungen des Lohnes/Gehaltes sind die Erhöhung des Tariflohnes/Tarifgehaltes durch tarifliche Lohn-/Gehaltsabkommen, eine tarifliche Anhebung der durchschnittlichen Leistungszulage, eine tarifliche Anhebung von Zuschlägen und Zulagen sowie eine Anhebung der Lohngruppe/Tarifgruppe durch Änderung der tariflichen Lohngruppen-/Tarifgruppenregelung.

Das gleiche gilt für die Anhebung der Lohngruppe/Tarifgruppe durch die Übertragung einer höherwertigen Tätigkeit, sofern der Entlohnungsgrundsatz beibehalten wird.

Andere tarifbedingte Erhöhungen des Lohnes/Gehaltes erhöhen den Alterssicherungsbetrag dann, wenn dies im jeweiligen Tarifvertrag ausdrücklich vereinbart ist.

Zur Fortschreibung des Alterssicherungsbetrages ist dessen Berechnung, ausgehend von den Festschreibungen (vgl. § 6.7), je nach Art der tarifbedingten Erhöhungen gemäß §§ 6.3 und 6.4.2 auf der erhöhten tariflichen Grundlage neu vorzunehmen.

Leistungsbedingte Änderungen der tariflichen Leistungszulage und der leistungsabhängigen variablen Bestandteile des Monatslohnes erhöhen den Alterssicherungsbetrag nicht.

Bei allgemeinen betrieblichen Lohn-/Gehaltserhöhungen (für den ganzen Betrieb, bestimmte Betriebsabteilungen oder Beschäftigtengruppen) werden Beschäftigte mit Anspruch auf Verdienstsicherung – soweit sie dem betroffenen Personenkreis angehören – gleichbehandelt. Solche Lohn-/Gehaltserhöhungen steigern den Alterssicherungsbetrag nicht.

6.11   *Übertarifliche Lohn- und Gehaltsbestandteile*

Werden im Betrieb tarifliche Lohn-/Gehaltserhöhungen voll oder teilweise auf den Effektivlohn/das Effektivgehalt gegeben (errechnet auf der Basis des Effektivverdienstes), so erhöht sich dadurch der Alterssicherungsbetrag.

Werden übertarifliche Lohn-/Gehaltsbestandteile zulässigerweise auf tarifbedingte Erhöhungen des Lohnes/Gehaltes angerechnet, so kann eine solche Anrechnung bei den Beschäftigten mit Anspruch auf Verdienstsicherung nur im Einvernehmen mit dem Betriebsrat erfolgen. Eine solche Anrechnung wirkt sich auch auf den Alterssicherungsbetrag aus.

Anmerkung:

Nach dem Urteil des Bundesarbeitsgerichts vom 6. 2. 1985 ist § 6.11 insoweit nichtig, als die Anrechnung an das Einvernehmen mit dem Betriebsrat gebunden wird.

§ 7
Regelmäßige Arbeitszeit

7.1   Die tarifliche wöchentliche Arbeitszeit ohne Pausen beträgt 37 Stunden

ab 1. 04. 1993: 36 Stunden

ab 1. 10. 1995: 35 Stunden

Protokollnotiz:

Vollzeitbeschäftigte, die gemäß § 7.1 MTV vom 23. November 1987 eine individuelle regelmäßige wöchentliche Arbeitszeit von unter 37 Stunden hatten, können diese Arbeitszeit auch nach Inkrafttreten dieses Tarifvertrages bis zum 31. März 1993 beibehalten. Ungeachtet § 7.3 gelten sie weiterhin als Vollzeitbeschäftigte.

Die bisherigen Regelungen für die Bezahlung gelten weiter.

Vollzeitbeschäftigte, die gemäß § 7.1 MTV vom 23. November 1987 eine individuelle regelmäßige wöchentliche Arbeitszeit von über 37 Stunden hatten, behalten diese Arbeitszeit auch nach Inkrafttreten dieses Tarifvertrages bei. Diese Arbeitszeit kann auf Wunsch des Beschäftigten mit einer Ankündigungsfrist von 6 Monaten an die tarifliche wöchentliche Arbeitszeit gemäß § 7.1 angepaßt werden, es sei denn, sie wird einvernehmlich früher geändert. Das Arbeitsentgelt wird ebenfalls entsprechend angepaßt. § 7.1.4 kommt zur Anwendung.

7.1.1   Soll für einzelne Beschäftigte die individuelle regelmäßige wöchentliche Arbeitszeit auf bis zu 40 Stunden verlängert werden, bedarf dies der Zustimmung des Beschäftigten.

Lehnen Beschäftigte die Verlängerung ihrer individuellen regelmäßigen wöchentlichen Arbeitszeit ab, so darf ihnen daraus kein Nachteil entstehen.

7.1.2   Bei der Vereinbarung einer solchen Arbeitszeit bis zu 40 Stunden kann der Beschäftigte selbst wählen zwischen

– einer dieser Arbeitszeit entsprechenden Bezahlung,

dem Ausgleich der Differenz zur tariflichen Arbeitszeit nach § 7.1 durch einen oder mehrere große Freizeitblöcke im Laufe von 2 Jahren bei Bezahlung der tariflichen Arbeitszeit. § 7.6 bleibt hiervon unberührt.

Die §§ 7.7 und 11.4.5 finden entsprechende Anwendung.

7.1.3   Die vereinbarte Arbeitszeit kann frühestens nach Ablauf von 2 Jahren auf Wunsch des Beschäftigten mit einer Ankündigungsfrist von 6 Monaten geändert werden, es sei denn, sie wird einvernehmlich früher geändert. Entsprechendes gilt für die Wahl gemäß § 7.1.2. Das Arbeitsentgelt wird entsprechend angepaßt.

7.1.4   Der Arbeitgeber teilt dem Betriebsrat jeweils zum Ende eines Kalenderhalbjahres die Beschäftigten mit verlängerter individueller relmäßiger wöchentlicher Arbeitszeit mit, deren Anzahl 18% aller Beschäftigten des Betriebes nicht übersteigen darf.

7.2   Für Beschäftigte, in deren Arbeitszeit regelmäßig und in erheblichem Umfang Arbeitsbereitschaft fällt, z.B. Heizer, Pförtner, Maschinisten, Kraftfahrer, Wächter usw. kann die regelmäßige Arbeitszeit bis auf 10 Stunden täglich, jedoch wöchentlich nicht mehr als 5 Stunden über die regelmäßige Arbeitszeit nach § 7.1 erhöht werden. Arbeitsbereitschaft ist die während der vereinbarten Arbeitszeit im Arbeitsbereich dauernd aufrechterhaltene Bereitschaft zum Tätigwerden im Sinne des Arbeitsauftrages.

Arbeitsbereitschaft in erheblichem Umfang ist jedoch nur dann gegeben, wenn die Arbeitsbereitschaft mehr als 25% der gesamten Arbeitszeit nach § 7.1 beträgt. Überwachungs- und arbeitsablaufbedingte Wartezeiten gelten, soweit sie fertigungstechnisch bedingt und nicht zu beeinflussen sind, als Arbeitszeit und nicht als Arbeitsbereitschaft.

Die Zugehörigkeit eines Beschäftigten zu dieser Gruppe ist mit ihm schriftlich zu vereinbaren.

7.2.1   Eine darüber hinausgehende Regelung kann nur mit schriftlicher Zustimmung der Tarifvertragsparteien getroffen werden.

7.3   Beschäftigte, deren individuelle regelmäßige wöchentliche Arbeitszeit geringer als die tarifliche wöchentliche Arbeitszeit gemäß § 7.1 ist, sind Teilzeitbeschäftigte. Teilzeitarbeit wird einzelvertraglich vereinbart.

7.3.1   Wünschen Beschäftigte Teilzeitarbeit, so soll dem im Rahmen der betrieblichen Möglichkeiten Rechnung getragen werden.

7.3.2   Beschäftigte mit Teilzeitarbeit haben im Rahmen ihres Arbeitsvertrages die gleichen tariflichen Rechte und Pflichten wie Vollzeitbeschäftigte, soweit sich nicht aus den Tarifverträgen etwas anderes ergibt.

Für die Berechnung der Beschäftigungsjahre im Rahmen von § 7.2.4.2 LGRTV I zählen alle Beschäftigungsjahre, unabhängig vom Umfang oder der Verteilung der vereinbarten Teilarbeitszeit.

7.3.3   Teilzeitarbeit soll, sofern sachliche Gründe keine andere Regelung erfordern, so gestaltet werden,

— daß die jeweils gültigen Grenzen der Sozialversicherungspflicht im Rahmen der Kranken-, Renten- und Arbeitslosenversicherung nicht unterschritten werden; ist dies aus betriebsorganisatorischen Gründen nicht möglich oder wünschen Beschäftigte eine kürzere Arbeitszeit, sind die Beschäftigten auf mögliche sozialversicherungsrechtliche Folgen schriftlich hinzuweisen,

— daß die tägliche Arbeitszeit mindestens 3 Stunden beträgt und zusammenhängend erbracht werden kann.

Davon ausgenommen sind bestehende Arbeitsverhältnisse.

7.3.4   Wünschen Beschäftigte mit Teilzeitarbeit den Übergang in Vollzeitarbeit oder eine andere Arbeitszeit unterhalb der Vollzeitarbeit, so soll dem Rechnung getragen werden, wenn eine solche Beschäftigung an einem anderen Arbeitsplatz oder mit einer anderen Arbeitszeit am gleichen Arbeitsplatz betrieblich möglich ist.

7.4   Für die Arbeitszeit der Jugendlichen bis zur Vollendung des 18. Lebensjahres gelten die Bestimmungen des Jugendarbeitsschutzgesetzes, soweit nicht durch diesen Tarifvertrag eine günstigere Arbeitszeit vereinbart ist.

7.5   Die individuelle regelmäßige wöchentliche Arbeitszeit kann gleichmäßig oder ungleichmäßig auf bis zu 5 Werktage von Montag bis Freitag verteilt werden.

Die individuelle regelmäßige wöchentliche Arbeitszeit kann auch ungleichmäßig auf mehrere Wochen verteilt werden. Sie muß jedoch im Durchschnitt von längstens 6 Monaten erreicht werden.

7.5.1   Für einzelne Beschäftigte oder Beschäftigungsgruppen, die mit der Überwachung der Werksanlagen oder mit der Instandsetzung oder Wartung von Betriebsmitteln beschäftigt sind, kann die Verteilung der wöchentlichen Arbeitszeit auf bis zu 5 Werktage, unter Einschluß des Samstags, mit dem Betriebsrat vereinbart werden.

7.5.2   Soll der Samstag im übrigen für einzelne Beschäftigte oder für bestimmte Beschäftigtengruppen in die Verteilung der regelmäßigen Arbeitszeit einbezogen werden, so bedarf dies der Zustimmung des Betriebsrats, die nicht durch den Spruch der Einigungsstelle ersetzt werden kann.

Die abgeschlossene Betriebsvereinbarung ist den Tarifparteien zur Kenntnis zu geben.

Protokollnotiz:

Die Tarifvertragsparteien erklären übereinstimmend, daß die Einbeziehung des Samstags in ein betriebliches Arbeitszeitmodell maßgeblich von den betrieblichen Belangen abhängt und unter Berücksichtigung der berechtigten Interessen der Beschäftigten im Rahmen der tariflich zulässigen Realisierungsmöglichkeiten zu erfolgen hat. Sie verpflichten sich daher, überbetriebliche Interessen bezüglich tariflich zulässiger Arbeitszeitgestaltungsmöglichkeiten nicht zum Gegenstand einer Einflußnahme auf die Betriebsparteien zu machen.

7.5.3   Über die Verteilung der Arbeitszeit sind Betriebsverein-
          barungen abzuschließen. In diesen ist auch Beginn und
          Ende der Ausgleichszeiträume nach § 7.5 Abs. 2 fest-
          zulegen.

7.5.4   Wenn keine andere Regelung getroffen wird, beträgt für
          Vollzeitbeschäftigte die regelmäßige tägliche Arbeitszeit
          1/5 der individuellen regelmäßigen wöchentlichen Ar-
          beitszeit.

7.6   Soll aus betrieblichen Gründen die bisherige Auslastung
          der betrieblichen Anlagen beibehalten oder optimiert
          werden, so ist auf Wunsch des Unternehmens die Ar-
          beitszeit im Rahmen der gesetzlichen und tariflichen Be-
          stimmungen entsprechend zu verteilen. Dabei kann eine
          Differenzierung zwischen der betrieblich vereinbarten
          regelmäßigen Arbeitszeit und der individuellen regelmä-
          ßigen wöchentlichen Arbeitszeit auch in Form von freien
          Tagen ausgeglichen werden.

          Zur Vermeidung von Störungen im Betriebsablauf muß
          eine möglichst gleichmäßige Anwesenheit der Beschäf-
          tigten gewährleistet sein.

          Bei der Festlegung der freien Tage sind die Wünsche der
          Beschäftigten zu berücksichtigen.

          Es dürfen nicht mehr als 5 freie Tage zusammengefaßt
          werden.

          Die individuelle regelmäßige wöchentliche Arbeitszeit
          muß dabei im Durchschnitt von längstens 6 Monaten er-
          reicht werden.

7.7   Zeitausgleichsanteile entstehen an Feiertagen und in den
          Fällen des § 13 MTV; sie entstehen nicht bei Krankheit,
          Urlaub und freien Tagen gem. § 7.6. Dafür entsteht we-
          der eine Vor- noch eine Nacharbeitspflicht. Die Zeitaus-
          gleichstage dürfen nicht auf Wochenfeiertage, Urlaubs-
          und Krankheitstage fallen.

          An freien Tagen gem. § 7.6 wird der Monatslohn (ohne
          Auslösungen) oder das Gehalt fortgezahlt.

Protokollnotiz:

§ 6.8 BMTV bleibt unberührt.

7.8 Wünschen Beschäftigte, deren Kinder in Kindertagesstätten oder bei Tagesmüttern untergebracht sind, Beginn und Ende ihrer Arbeitszeit flexibel zu gestalten, so ist dem im Rahmen der betrieblichen Möglichkeiten Rechnung zu tragen.

7.9 An Werktagen, die unmittelbar vor dem 1. Weihnachtsfeiertag und vor Neujahr liegen, endet die Arbeitszeit spätestens um 12.00 Uhr. Monatslohn oder Gehalt werden fortgezahlt.

Die Verpflichtung zur Bezahlung der infolge des Frühschlusses (12.00 Uhr) ausfallenden Arbeitszeit ist auch im Zwei- bzw. Dreischichtbetrieb gegeben.

7.10 *Gleitzeit*

Auf Wunsch einer Tarifvertragspartei werden die Parteien dieses Vertrages Verhandlungen aufnehmen mit dem Ziel, tarifliche Rahmenbestimmungen für Betriebsvereinbarungen über Gleitzeit zu vereinbaren.

§ 8
Abweichende Arbeitszeit

8.1 *Mehrarbeit*

8.1.1 Mehrarbeit soll nicht dauerhaft und nicht als Ersatz für mögliche Neueinstellungen genutzt werden.

8.1.2 Bei dringenden betrieblichen Erfordernissen kann Mehrarbeit mit Zustimmung des Betriebsrates bis zu 10 Mehrarbeitsstunden in der Woche und bis zu 20 Stunden im Monat vereinbart werden. Durch Betriebsvereinbarung kann für einzelne Beschäftigte oder Gruppen von Beschäftigten ein Mehrarbeitsvolumen von mehr als 20 Stunden im Monat zugelassen werden.

Eine Vereinbarung über Mehrarbeit kann nur für jeweils höchstens 8 Wochen getroffen werden.

Bei der Festlegung der Mehrarbeit sind die berechtigten Interessen der betroffenen Beschäftigten zu berücksichtigen.

Weitergehende Mehrarbeit kann im Rahmen der gesetzlichen Bestimmungen nur im Einvernehmen mit dem Betriebsrat und nach Genehmigung des Gewerbeaufsichtsamtes aus dringenden Gründen des Gemeinwohls (§ 8 Abs. 2 AZO) oder in außergewöhnlichen Notfällen (§ 14 AZO) verlangt werden. Zwischen den Tarifvertragsparteien besteht Übereinstimmung, daß in dieser Regelung die Möglichkeit der Arbeitszeitverlängerung nach § 6 AZO mit eingeschlossen ist.

Mehrarbeit bis 16 Stunden im Monat kann im einzelnen Fall auch durch bezahlte Freistellung von der Arbeit ausgeglichen werden. Bei mehr als 16 Mehrarbeitsstunden im Monat kann der Beschäftigte die Abgeltung durch bezahlte Freistellung von der Arbeit verlangen, soweit dem nicht dringende betriebliche Belange entgegenstehen. Der Freizeitausgleich hat in den folgenden 3 Monaten zu erfolgen.

Mehrarbeitszuschläge sind grundsätzlich in Geld zu vergüten.

Protokollnotiz:

Die Tarifvertragsparteien empfehlen, daß überall, wo es möglich ist, Neueinstellungen vorgenommen werden und das Volumen von Mehrarbeit so gering wie möglich gehalten wird.

8.2   *Kurzarbeit*

Kurzarbeit im Sinne des AFG kann mit Zustimmung des Betriebsrates eingeführt werden.

8.2.1   Einer Kündigung des Arbeitsverhältnisses bedarf es datu nicht.

8.2.2	Die Einführung bedarf einer Ankündigungsfrist von 3 Wochen zum Wochenschluß.
	Die Kurzarbeit gilt als eingeführt mit dem Beginn der Kalenderwoche, für die sie angekündigt wurde.
8.2.3	Eine Herabsetzung der regelmäßigen wöchentlichen Arbeitszeit bis zu 10% einschließlich, darf keine Lohn- oder Gehaltskürzung zur Folge haben.
	Bei einer Herabsetzung der Arbeitszeit um mehr als 10% wird die gesamte ausfallende Arbeitszeit nicht bezahlt.
8.2.4	Der Arbeitgeber hat den Beschäftigten zum gekürzten Monatslohn/Gehalt und zum Kurzarbeitergeld einen Zuschuß zu gewähren. Dieser ist so bemessen, daß Beschäftigte bei einer um mehr als 10% gekürzten wöchentlichen Arbeitszeit zum gekürzten Monatslohn/Gehalt und Kurzarbeitergeld einen Ausgleich bis zu 80% des vereinbarten Bruttomonatsentgelts (ohne Mehrarbeit) einschließlich der leistungsabhängigen variablen Bestandteile des Monatslohns erhalten.
8.2.5	Wird die Kurzarbeit durch eine mindetens 4 Wochen dauernde Vollarbeit unterbrochen, so müssen bei Einführung neuer Kurzarbeit gegenüber den Beschäftigten wiederum die Ankündigungsfristen eingehalten werden.
8.2.6	Wird das Arbeitsverhältnis vor Ankündigung der Kurzarbeit gekündigt, so besteht für die Dauer der Kündigungsfrist Anspruch auf den vollen Lohn bzw. das volle Gehalt für die individuelle regelmäßige wöchentliche Arbeitszeit; auf Verlangen muß die entsprechende Arbeitszeit geleistet werden.
8.3	Die durch Betriebsfeiern, Volksfeste, öffentliche Veranstaltungen oder aus ähnlichem Anlaß an einem einzelnen Werktag ausfallende Arbeitszeit kann nach Vereinbarung mit dem Betriebsrat an den Werktagen von 4 zusammenhängenden, den Ausfalltag einschließenden Wochen, vor- oder nachgearbeitet werden.

Wenn in Verbindung mit Feiertagen, auch in 2 aufeinanderfolgenden Kalenderwochen, die Arbeitszeit an einem oder mehreren Werktagen ausfällt, um den Beschäftigten eine längere zusammenhängende Freizeit zu gewähren, kann diese ausfallende Arbeitszeit nach Vereinbarung mit dem Betriebsrat an den Werktagen von 5 zusammenhängenden, die Ausfalltage einschließenden Wochen, vor- oder nachgearbeitet werden.

Für die Vor- oder Nacharbeit nach Absatz 1 und 2 besteht kein Anspruch auf Mehrarbeitszuschlag.

Bei Krankheit des Beschäftigten während der Vor- oder Nacharbeit hat der Arbeitgeber etwaige dadurch bei der Berechnung des Krankengeldes oder der Ausgleichszahlung nach § 12 MTV entstehende Nachteile auszugleichen.

8.4 Notwendige Nacht-, Schicht-, Sonn- und Feiertagsarbeit kann nur nach Vereinbarung mit dem Betriebsrat eingeführt werden, wobei berechtigte Wünsche des Beschäftigten zu berücksichtigen sind.

Im Falle der Nichteinigung über die Einführung entscheidet die Einigungsstelle im Sinne des § 76 BetrVG verbindlich.

8.5 Soweit in unvorhergesehenen Fällen Beschäftigte zu Mehr-, Nacht-, Sonn- und Feiertagsarbeit herangezogen werden müssen, ist eine unverzügliche nachträgliche Unterrichtung des Betriebsrats erforderlich.

8.6 Lehnen Beschäftigte, die bisher nicht zu Schichtarbeit/Nachtarbeit verpflichtet sind, regelmäßige Schichtarbeit/Nachtarbeit ab, so sollte ihnen daraus kein Nachteil entstehen.

8.7 Beschäftigte, die mindestens 7 Jahre regelmäßig in Schichtarbeit (Mehrschichtarbeit, Nachtschichtarbeit) tätig waren, werden im Rahmen der innerbetrieblichen Stellenausschreibung bei der Besetzung von Stellen in einer für sie günstigeren Schichtform bei gleicher Eignung bevorzugt berücksichtigt, es sei denn, daß anderen Bewerbern aus dringenden betrieblichen oder persönlichen Gründen der Vorrang eingeräumt werden muß.

Ansprüche auf Absicherung des bisherigen Verdienstes nach dem Tarifvertrag zur Sicherung der Eingruppierung und Verdienstsicherung bei Abgruppierung entstehen daraus nicht.

8.8   Den Beschäftigten, die in 3 Schichten oder mehr als dreischichtig oder nur in der Nachtschicht arbeiten, ist ausreichend Gelegenheit zur Einnahme der Mahlzeiten zu gewähren, mindestens jedoch 30 Minuten in jeder Schicht.

Der Monatslohn oder das Gehalt werden fortgezahlt.

§ 9
Zuschlagspflichtige Mehr-, Spät-, Nacht-, Sonntags- und Feiertagsarbeit

9.1   Zuschlagspflichtige Mehrarbeit liegt insoweit vor, als die Arbeitszeit

  − bei Vollzeitbeschäftigten die im Rahmen der Verteilung vereinbarte tägliche und wöchentliche Arbeitszeit übersteigt.

  − bei Beschäftigten mit erheblicher Arbeitsbereitschaft die individuelle tägliche Arbeitszeit und die individuelle wöchentliche Arbeitszeit gemäß § 7.2 übersteigt.

  − bei Teilzeitbeschäftigten die tarifliche wöchentliche Arbeitszeit gemäß § 7.1 übersteigt.

9.2   Vom Beschäftigten nicht verschuldete − bezahlte und nicht bezahlte − Ausfallstunden werden bei der Feststellung der wöchentlichen Arbeitszeit mitgezählt.

Vom Beschäftigten nur veranlaßte Ausfallstunden gelten nicht als verschuldet.

Als Verschulden gilt ein gröblicher Verstoß gegen das von einem verständigen Menschen im eigenen Interesse gebotene Verhalten, dessen Folge auf den Arbeitgeber abzuwälzen somit unbillig wäre.

9.3   Bei der Feststellung, ob wöchentlich mehr als 10 Mehrarbeitsstunden nach § 10.12 geleistet wurden, dürfen die Mehrarbeitsstunden, die bereits nach §§ 10.1.3 und 10.1.4 oder 10.3.2 mit einem 50%igen Zuschlag zu vergüten sind, nicht in Abzug gebracht werden.

9.4   Zuschlagspflichtige Nachtarbeit ist die in der Zeit zwischen 19.00 Uhr und 6.00 Uhr geleistete Arbeit.

9.5   Zuschlagspflichtige Spätarbeit liegt vor, wenn die regelmäßige Arbeitszeit nach 12.00 Uhr beginnt und nach 19.00 Uhr endet.

9.6   Zuschlagspflichtige Sonn- und Feiertagsarbeit ist jede an Sonn- und gesetzlichen Feiertagen zwischen 0.00 Uhr und 24.00 Uhr geleistete Arbeit. Beginn und Ende der Sonntags- und Feiertagsarbeit können im Dreischichtbetrieb mit Zustimmung des Betriebsrats abweichend festgelegt werden; z.B. von 6.00 Uhr bis 6.00 Uhr; die Sonn- und Feiertagsruhe muß jedoch mindestens 24 Stunden betragen.

§ 10
Höhe der Zuschläge für Mehr-, Spät-, Nacht-, Sonntags- und Feiertagsarbeit

Folgende Zuschläge werden gezahlt:

10.1   *Mehrarbeit* während der Tagesarbeitszeit (6.00 bis 19.00 Uhr).

10.1.1   Für die ersten 10 Mehrarbeitsstunden in der Woche 25 %.

10.1.2 Für die weiteren Mehrarbeitsstunden in der Woche 50 %.

10.1.3 Für die dritte und jede weitere tägliche Mehrarbeitsstunde, die vor oder nach der regelmäßigen täglichen Arbeitszeit geleistet wird, 50 %.

10.1.4 Für Mehrarbeitsstunden an Samstagen nach 12.00 Uhr 50 %.

Dies gilt nicht für Beschäftigte nach § 7.2.

10.2 *Spätarbeit*

Für jede Spätarbeitsstunde zwischen 12.00 Uhr und 19.00 Uhr gemäß 9.5: 20 %

Ausgenommen sind alle Teilzeitbeschäftigten.

10.3 *Nachtarbeit*

10.3.1 Für jede Nachtarbeitsstunde zwischen 19.00 Uhr und 6.00 Uhr gemäß § 9.4: 30 %

Ausgenommen sind Teilzeitbeschäftigte außerhalb der Fertigung.

Pförtner, Wächter, hauptamtliche Sanitäter und hauptamtliche Feuerwehrleute erhalten, soweit sie unter § 7.2 fallen, 20 %

Für ständige oder gelegentliche Nachtarbeit in der Gießerei 40 %.

10.3.2 Mehrarbeit während der Nachtarbeitszeit von 19.00 bis 6.00 Uhr 50 %.

10.4 *Arbeit an Sonntagen und lohnzahlungspflichtigen Feiertagen*

Für die Arbeit an Sonntagen sowie am 24. und 31.12., soweit diese Tage nicht auf einen Sonntag fallen, ab 12.00 Uhr 50 %.

Für Arbeit an lohnzahlungspflichtigen Feiertagen, die auf einen betrieblich regelmäßigen arbeitsfreien Werktag oder Sonntag fallen, ausgenommen Ostersonntag, Pfingstsonntag oder Weihnachtsfeiertage, 100 %.

Für Arbeit an lohnzahlungspflichtigen Feiertagen, die auf einen betrieblich regelmäßigen Arbeitstag fallen, sowie am Ostersonntag, Pfingstsonntag oder an den Weihnachtsfeiertagen, 150 %.

Ein Anspruch auf zusätzliche Vergütung nach dem Bundesgesetz zur Regelung der Lohnzahlung an Feiertagen besteht nur, soweit tatsächlich Arbeitszeit anfällt.

10.5   Beim Zusammentreffen mehrerer Zuschläge ist nur ein Zuschlag, und zwar der höhere, zu bezahlen; jedoch wird bei Nachtarbeit an Sonn- und Feiertagen außer dem Sonn- und Feiertagszuschlag auch der Nachtzuschlag nach § 10.3 bezahlt.

§ 11
Lohn- und Gehaltszahlung

11.1   Der Abrechnungszeitraum für Lohn und Gehalt ist jeweils der Kalendermonat.

11.2   Den Beschäftigten muß das Monatsentgelt spätestens am letzten Arbeitstag des Kalendermonats zur Verfügung stehen.

Die Vergütung für Mehr-, Nacht-, Spät-, Sonn- und Feiertagsarbeit ist spätestens bis zum Ende des Monats auszuzahlen, der auf den Monat folgt, in dem diese Arbeit geleistet wurde.

11.3   *Monatslohn*

Die Arbeiter erhalten einen Monatslohn, der sich aus festen und variablen Bestandteilen zusammensetzt[1].

---

1 Der Akkordrichtsatz je Stunde ergibt sich aus dem Monatsgrundlohn geteilt durch das 4,35fache der tariflichen wöchentlichen Arbeitszeit. Der sechzigste Teil hiervon stellt den Minutenfaktor dar.

Protokollnotiz:

Bestehende betriebliche Monatslohnregelungen werden durch das Inkrafttreten dieses Tarifvertrages nicht berührt.

11.3.1   *Feste Bestandteile des Monatslohns*

Zu den festen Bestandteilen des Monatslohns gehören der Monatsgrundlohn und alle Zulagen und Zuschläge[2], die regelmäßig in gleicher Höhe anfallen.

11.3.2   *Variable Bestandteile des Monatslohns*

Variable Bestandteile des Monatslohns können sein:

— leistungsabhängige Bestandteile

— zeitabhängige Bestandteile

— sonstige Bestandteile

11.3.2.1   Die leistungsabhängigen variablen Bestandteile des Monatslohns (z.B. Akkordmehrverdienst oder Prämie) sind als Prozentsatz zum Monatsgrundlohn

— aus dem Vormonat

oder

— aus dem Durchschnitt der letzten abgerechneten 2 oder 3 Monate

zu berechnen.

Liegen noch keine 2 oder 3 Monatsabrechnungen vor, so sind die leistungsabhängigen variablen Bestandteile des Vormonats oder des Durchschnitts der vorliegenden Monate zugrunde zu legen.

Grundlage für die Berechnung der leistungsabhängigen variablen Bestandteile sind die Stunden, die im Lei-

---

2 Wird die Umrechnung von stundenbezogenen Zulagen oder Zuschlägen erforderlich, so ist mit dem Faktor von 4,35 x individuelle regelmäßige wöchentliche Arbeitszeit zu multiplizieren.

stungslohn und die mit dem Leistungslohndurchschnitt
vergütet werden.

Der Bezugszeitraum für die Berechnung der leistungsabhängigen variablen Bestandteile des Monatslohns wird
durch Betriebsvereinbarung festgelegt.

11.3.2.2   Zu den zeitabhängigen variablen Bestandteilen des Monatslohns gehören die Vergütungen für Mehr-, Nacht-,
Spät-, Sonn- und Feiertagsarbeit und für Reisezeit, soweit sie nicht regelmäßig anfallen.

11.3.2.3   Zu den variablen Bestandteilen des Monatslohns gehören auch alle sonstigen Vergütungen, die nicht monatlich
in gleicher Höhe wiederkehren.

11.3.2.4   In der ersten Monatsabrechnung mit variablen Lohnan-
teilen, für die noch kein Vergleichsmonat vorliegt, erfolgt
die Zahlung aufgrund des zu erwartenden Monatslohns. Die genaue Abrechnung erfolgt dann mit der Abrechnung im Folgemonat.

11.3.2.5   Ergänzende Einzelheiten können im Rahmen der vorstehenden Bestimmungen durch Betriebsvereinbarung geregelt werden.

11.4   *Berechnung des Stunden- oder Tageslohns/-gehalts*

11.4.1   Wird bei unbezahlten Fehlzeiten die Berechnung des
Lohnes/Gehaltes für einzelne Arbeitstage oder Arbeitsstunden erforderlich, so sind die festen und leistungsabhängigen variablen Bestandteile des Monatslohns (brutto), bei Angestellten das Gehalt (brutto), durch die Zahl
der regelmäßigen Arbeitstage oder der regelmäßigen Arbeitsstunden des entsprechenden Monats zu teilen. Dazu gehören auch zu bezahlende Ausfalltage oder -stun-
den, einschließlich der Freischichten aus ungleichmäßiger Verteilung der Arbeitszeit.

Der sich daraus ergebende Tages- oder Stundensatz ist
mit der Zahl der Arbeitstage oder Arbeitsstunden, für die

kein Vergütungsanspruch besteht, zu multiplizieren und vom Monatsentgelt abzuziehen.

11.4.2 Dies gilt entsprechend bei Eintritt und Austritt während des Monats.

11.4.3 Die Grundvergütung für eine Mehrarbeitsstunde berechnet sich:

– beim Zeitlohn aus den festen Bestandteilen des Monatslohns (brutto);

– beim Leistungslohn aus den festen sowie den leistungsabhängigen variablen Bestandteilen des Monatslohns (brutto) im Durchschnitt der letzten 3 abgerechneten Monate; zwischenzeitlich wirksam gewordene tarifliche Entgelterhöhungen erhöhen die Berechnungsgrundlage entsprechend;

– bei Angestellten aus dem Gehalt (brutto)

jeweils geteilt durch das 4,35fache der individuellen regelmäßigen wöchentlichen Arbeitszeit.

In die Berechnung der Grundvergütung gehen mit ein:

– der Differenzbetrag gemäß § 6.5 LGRTV l,

– der Ausgleichsbetrag zur Sicherung des Einkommens bei Abgruppierung (§ 11 LGRTV l) sowie

– bei Montagearbeiten nach dem BMTV der Montagezuschlag gemäß § 4.1.1 BMTV.

11.4.4 Bezahlte Ausfallzeiten dürfen nicht zu einer Kürzung des Bruttomonatsentgelts führen.

11.4.5 Besteht aus ungleichmäßiger Verteilung der Arbeitszeit eine Zeitdifferenz, so ist diese vor Beendigung des Arbeitsverhältnisses grundsätzlich in Zeit auszugleichen. Ist dies nicht möglich, dann ist diese Differenz in Arbeitsentgelt zu verrechnen.

11.5   *Berechnung der Zuschläge*

Berechnungsgrundlage der Zuschläge ist der Lohn/Gehalt für eine Arbeitsstunde gemäß § 11.4.3.

11.6   Bei Arbeit an lohnzahlungspflichten Feiertagen erhalten die Beschäftigten bis zur Dauer der regelmäßigen Arbeitszeit dieses Tages außer dem laufenden Monatslohn/Gehalt (brutto) nur den in § 40.4 Abs. 2 und 3 festgelegten Zuschlag für jede geleistete Arbeitsstunde.

11.7   Die Abrechnung muß schriftlich erfolgen. Aus ihr müssen u.a. ersichtlich sein:

— bei Arbeitern der Monatsgrundlohn und die festen und variablen Bestandteile des Monatslohns;

— bei Leistungslohnarbeitern außerdem je nach Betriebsvereinbarung (§ 11.3.2.1) die leistungsabhängigen varaiblen Bestandteile aus dem Vormonat — bei 2- oder 3monatiger Durchschnittsberechnung die Leistungslohnanteile der einzelnen Monate, die der Berechnung zugrunde liegen — sowie die Zahl der vergüteten Stunden im jeweiligen Bezugsraum, getrennt nach Leistungslohn- und Durchschnittslohnstunden;

bei Angestellten das Gehalt und weitere feste und variable Gehaltsbestandteile.

11.8   Bei jeder Änderung des Lohnes oder Gehalts ist dem Beschäftigten die Höhe und Zusammensetzung seines veränderten Lohnes oder Gehaltes schriftlich mitzuteilen. Aus dieser Mitteilung müssen die einzelnen Vergütungsbestandteile, getrennt nach Tariflohn bzw. Tarifgehalt, Leistungszulagen und übertariflichen Zulagen ersichtlich sein.

11.9.1   Lohn und Gehalt werden in bar während der Arbeitszeit an einem Arbeitstag, mit Ausnahme des Samstags, ausgezahlt. Die Auszahlung muß in der Regel spätestens zwei Stunden vor Arbeitsschluß beendet sein. Fällt der Tag der Lohn- und Gehaltszahlung oder Abschlagszahlung auf einen arbeitsfreien Tag, so wird am vorhergehenden Arbeitstag ausgezahlt.

11.9.2 Durch Betriebsvereinbarung kann auch bargeldlose Zahlung eingeführt werden (s. Anmerkung)[3].

Bargeldlose Zahlung kann jedoch nicht ohne Zustimmung des Betriebsrats erfolgen, d.h. die fehlende Zustimmung des Betriebsrats kann nicht durch einen Spruch der Einigungsstelle ersetzt werden.

§ 12
Arbeitsunfähigkeit infolge Krankheit

12.1 In Krankheitsfällen sind die Beschäftigten verpflichtet, dem Arbeitgeber unverzüglich, in der Regel an dem der Erkrankung folgenden Arbeitstag, die Arbeitsunfähigkeit mitzuteilen:

12.2 Bei Arbeitsunfähigkeit von über 3 Kalendertagen Dauer ist vom Beschäftigten eine Arbeitsunfähigkeitsbescheinigung vorzulegen. Die Kosten der Arbeitsunfähigkeitsbescheinigung trägt der Arbeitgeber, sofern sie nicht von anderen Stellen ersetzt werden.

Mit Zustimmung des Betriebsrats kann in begründeten Einzelfällen von einzelnen Beschäftigten die Vorlage einer Arbeitsunfähigkeitsbescheinigung auch bei Erkrankung bis zu 3 Tagen verlangt werden.

Protokollnotiz:

Die Vorlage einer Arbeitsunfähigkeitsbescheinigung entfällt, wenn die Kurzerkrankung an einem arbeitsfreien Tag endet.

---

3 Mit der einmaligen Ausgleichszahlung von DM 240,– gemäß § 3 des Lohn- bzw. Gehaltsabkommens vom 8.5. 1990 sind die früher zu zahlenden Kontoführungsgebühren mit Wirkung ab 1.4. 1990 entfallen.

12.3   In Fällen unverschuldeter, mit Arbeitsunfähigkeit verbundener Krankheit sowie während einer von einem Träger der Sozialversicherung, einer Verwaltungsbehörde der Kriegsopferversorgung oder von einem sonstigen Sozialleistungsträger bewilligten Vorbeugungs-, Heil- und Genesungskur oder während einer ärztlich verordneten Schonungszeit, auch wenn keine Arbeitsunfähigkeit vorliegt, ist bis zur Dauer von 6 Wochen Lohn- bzw. Gehaltsfortzahlung zu leisten.

     Der Anspruch besteht nur, soweit nicht ein anderer Kostenträger Zahlung leistet.

12.3.1   Für die Dauer der Lohn- bzw. Gehaltsfortzahlung werden die festen und leistungsabhängigen variablen Bestandteile des Monatslohns (§ 11.3) /Gehalts weitergezahlt.

12.3.2   Zusätzlich erhalten die Beschäftigten die zeitabhängigen variablen Bestandteile ihres Monatslohnes/Gehaltes der letzten abgerechneten drei Monate vor Beginn der Krankheit einschließlich der Mehrarbeitsvergütung und aller laufend gewährten Zulagen und Zuschläge, soweit diese nicht in den festen Bestandteilen des Monatslohns enthalten sind, jedoch ohne Auslösung und ähnliche Zahlungen (z.B. Reisespesen, Trennungsentschädigungen), Krankenlohn, Krankengeldzuschüsse, Urlaubsvergütung, die vermögenswirksamen Leistungen des Arbeitgebers sowie einmalige Zuwendungen. Dieser Betrag wird bei der Berechnung für einen Krankheitstag durch die Anzahl der in diesem Zeitraum bezahlten Tage ohne Krankheits- und Urlaubstage geteilt.

12.3.3   Bei Verdiensterhöhungen, die während des Berechnungszeitraums oder der Krankheit eintreten, ist ab diesem Zeitpunkt von dem erhöhten Verdienst auszugehen.

     Verdienstkürzungen, die im Berechnungszeitraum infolge Kurzarbeit eintreten, bleiben für die Lohn- und Gehaltsfortzahlung außer Betracht.

§ 2 Abs. 2 Lohnfortzahlungsgesetz bleibt von § 12.3.1 unberührt.

Wird in dem Betrieb verkürzt gearbeitet und würde der Beschäftigte nach Beginn der Arbeitsunfähigkeit Kurzarbeit leisten, so ist von diesem Zeitpunkt ab die veränderte Arbeitszeit zu berücksichtigen.

12.4   Beschäftigte nach 5jähriger Tätigkeit im selben Unternehmen erhalten über die Frist nach § 12.3 hinaus einen weiteren Monat, Beschäftigte mit mindestens 10jähriger Betriebszugehörigkeit im selben Unternehmen für noch einen weiteren Monat als Zuschuß zum Krankengeld die Differenz zwischen dem Krankengeld und 100% der monatlichen Nettobezüge.

Der Differenzbetrag wird in brutto gewährt und unterliegt den gesetzlichen Abzügen.

Nettobezug in diesem Sinne ist das um die gesetzlichen Abzüge verminderte Arbeitsentgelt ohne Auslösungen.

Einmalige Zuwendungen bleiben außer Betracht.

12.5   Anspruch auf die Zusatzleistungen nach § 12.4 besteht nur einmal im Kalenderjahr, ausgenommen bei Arbeitsunfällen.

12.6   Bei nichtkrankenversicherungspflichtigen Angestellten ist für die Zuschußberechnung der Krankengeldhöchstsatz für Versicherungspflichtige zugrunde zu legen. Maßgebend sind die Sätze der für den Betrieb zuständigen Krankenkasse.

12.7   Bei Arbeitsunfähigkeit infolge eines nicht durch grobe Fahrlässigkeit verursachten Arbeitsunfalls wird ohne Rücksicht auf die Dauer der Betriebszugehörigkeit ab dem Zeitpunkt des Wegfalls des Lohn- oder Gehaltsfortzahlungsanspruchs gem. §§ 12.3 und 12.4 bis zur 78. Woche der Unterschiedsbetrag zwischen den Leistungen der Sozialversicherungsträger (Krankengeld, Übergangsgeld) und 100% der monatlichen Nettobezüge bezahlt.

12.8 Gesetzlich oder tarifvertraglich vom Arbeitgeber zu ge-
währende vermögenswirksame Leistungen sind während dieser Zeit vom Arbeitgeber weiterzuzahlen.

12.9 Können Beschäftigte aufgrund gesetzlicher Vorschriften
von einem Dritten Schadensersatz wegen des Verdienst-
ausfalls beanspruchen, der ihnen durch die Arbeitsunfähigkeit entstanden ist, treten die Beschäftigten ihre Ansprüche gegen diesen aus dem Unfall insoweit an den
Arbeitgeber ab, als sie für die Zeit ihrer Arbeitsunfähigkeit Leistungen vom Arbeitgeber erhalten haben. Die Beschäftigten sind verpflichtet, dem Arbeitgeber die zur
Rechtsverfolgung dienlichen Auskünfte zu geben und
Beweismaterial zur Verfügung zu stellen.

§ 13
**Arbeitsausfall, Arbeitsverhinderung, Unterstützung
bei Todesfall, Wiedereinstellung nach Zeiten
der Kindererziehung**

Soweit dieser Manteltarifvertrag oder ein Gesetz nichts
anderes bestimmen, gelten von dem Grundsatz, daß nur
geleistete Arbeit einschließlich Arbeitsbereitschaft bezahlt wird, folgende Ausnahmen:

13.1 *Arbeitsausfall*

13.1.1 Bei einer Betriebsstörung, die der Arbeitgeber zu vertreten hat, wird der durchschnittliche Arbeitsverdienst wei-
terbezahlt. Während dieser Betriebsstörung sind die Beschäftigten verpflichtet, eine andere zumutbare Arbeit zu
verrichten.

13.1.2 Bei einer Betriebsstörung, die weder der Arbeitgeber
noch die Arbeiter zu vertreten haben, wird der Arbeitsverdienst, soweit kein Anspruch auf Ausgleich aus öffentlichen Mitteln besteht, bis zu 5 Stunden täglich,
höchstens aber bis zu 10 Stunden in der Woche weiterbe-
zahlt. Während dieser Betriebsstörung ist der Arbeiter
verpflichtet, andere zumutbare Arbeit zu verrichten. Ist

dies nicht möglich, kann die ausgefallene Arbeitszeit unbeschadet der Lohnzahlungspflicht bis zu 5 Stunden in der Woche ohne Mehrarbeitszuschlag im Rahmen der arbeitszeitrechtlichen Bestimmungen nachgearbeitet werden. Bei Ausfallzeiten über 5 Stunden ist der Lohn in jedem Falle bis zu dem Zeitpunkt zu bezahlen, an welchem dem Arbeiter freigestellt wird, die Arbeitsstelle zu verlassen.

13.2   *Arbeitsverhinderung (§ 616 BGB)*

Freistellung von der Arbeit ist unter Fortzahlung des Lohn/Gehalts ohne Anrechnung auf den Urlaub nur in folgenden Fällen zu gewähren:

13.2.1   *bis zu 5 Arbeitstagen*

im Kalenderjahr für Beschäftigte, die zur Beaufsichtigung, Betreuung oder Pflege ihres erkrankten in häuslicher Gemeinschaft lebenden Kindes der Arbeit fernbleiben, wenn dies nach ärztlichem Zeugnis erforderlich ist, eine andere im Haushalt des Beschäftigten lebende Person die Beaufsichtigung, Betreuung oder Pflege nicht übernehmen kann und das Kind das 8., aber noch nicht das 14. Lebensjahr vollendet hat. Für das Kind bis zum vollendeten 8. Lebensjahr gilt § 45 SGB V.

Die Beschäftigten erhalten zu dem gemäß § 45 SGB V gewährten Krankengeld einen Zuschuß in Höhe der Differenz zwischen dem Krankengeld und 100% der monatlichen Nettobezüge.

13.2.2   *3 Arbeitstage*

beim Tode des Ehegatten;

13.2.3   *2 Arbeitstage*

bei eigener Eheschließung,

beim Tode von Kindern,

beim Tode eines Elternteils;

13.2.4	*1 Arbeitstag*

bei Niederkunft der Ehefrau,

beim Tode eines Schwiegerelternteiles oder Geschwister, bei Wohnungswechsel, sofern ein eigener Haushalt besteht,

bei Teilnahme an der Trauung oder Hochzeitsfeier der eigenen Kinder,

bei Teilnahme an der goldenen Hochzeit der Eltern;

13.2.5	die unvermeidliche Ausfallzeit bei Arztbesuchen, die aus unmittelbarem Anlaß oder aufgrund ärztlichen Befundes unbedingt während der Arbeitszeit erfolgen müssen;

13.2.6	die notwendig ausgefallene Arbeitszeit;

13.2.6.1	bei Erfüllung staatsbürgerlicher Pflichten, denen sich der Beschäftigte kraft Gesetzes während der Arbeitszeit nicht entziehen kann, sofern in diesem Fall kein Anspruch auf Vergütung des Lohn-/Gehaltsausfalls besteht. In diesen Fällen ist vom Arbeitgeber der Anteil der Rentenversicherung nach dem vollen monatlichen Lohn- bzw. Gehaltsbezug zu entrichten, soweit auch bei Inanspruchnahme gesetzlicher Regelungen ein Nachteil verbliebe;

13.2.6.2	für Arbeitsunfälle am Unfalltage;

13.2.6.3	bei unverschuldeter Vorladung vor eine Behörde, sofern in diesem Fall kein Anspruch auf Vergütung des Lohn-/Gehaltsausfalls besteht;

13.2.6.4	für Anzeigen auf dem Standesamt, die persönlich vorgenommen werden müssen.

13.2.7	In vorstehenden Fällen hat der Beschäftigte, soweit möglich, dem Betrieb vorher anzuzeigen, daß er der Arbeit fernbleiben will oder muß. In begründeten Zweifelsfällen muß auf Verlangen der Grund für die Arbeitsverhinderung nachgewiesen werden. Hierfür entstehende Kosten trägt der Arbeitgeber.

Der Anspruch auf Freistellung von der Arbeit unter Fortzahlung des Lohnes muß in zeitlichem Zusammenhang
mit den Anlaß stehen.

In den Fällen der §§ 13.2.5, 13.2.3 und 13.2.4 besteht der
zeitliche Zusammenhang noch bis zu 6 Wochen nach
Eintritt des Anlasses.

13.3   *Unterstützung bei Todesfall*

Beim Tode eines Beschäftigten gewährt der Arbeitgeber
an unterhaltsberechtigte Angehörige eine Unterstützung
in Höhe des eineinhalbfachen Bruttomonatsverdienstes.
Bei tödlichen Arbeitsunfällen oder nach 5jähriger Zugehörigkeit zum selben Betrieb erhöht sich der Betrag auf
zwei Bruttomonatsverdienste, und nach 10jähriger Betriebszugehörigkeit auf drei Bruttomonatsverdienste.

Die Bestimmung der Anspruchsberechtigten trifft der
Arbeitgeber nach Anhörung des Betriebsrats.

13.4   *Wiedereinstellung nach Zeiten der Kindererziehung*

13.4.1   Beschäftigte, die im Anschluß an den gesetzlichen Erziehungsurlaub zur Betreuung eines Kindes aus dem Betrieb ausscheiden, haben einmalig einen Anspruch auf
Wiedereinstellung auf einen vergleichbaren und gleich-
wertigen Arbeitsplatz, es sei denn, ein geeigneter Arbeitsplatz ist zum Zeitpunkt der Wiedereinstellung nicht
vorhanden und steht auf absehbare Zeit nicht zur Verfügung.

13.4.2   Voraussetzung ist eine mindestens 5jährige ununterbrochene Betriebszugehörigkeit.

13.4.3   Der Anspruch ist bis zur Vollendung des 5. Lebensjahres
des Kindes begrenzt.

13.4.4   Beschäftigten ist während der Kindererziehungszeit im
Rahmen der betrieblichen Möglichkeiten Gelegenheit zu
geben, an betrieblichen Weiterbildungsmaßnahmen teil-

zunehmen und kurzfristige Vertretungen wahrzunehmen.

13.4.5   Frühere Beschäftigungszeiten werden bei Wiedereinstellung angerechnet.

13.4.6   Die Wiederaufnahme des Arbeitsverhältnisses ist mindestens 6 Monate vorher anzukündigen.

13.4.7   Betriebe mit weniger als 500 Beschäftigten sind von dieser Regelung ausgenommen.

§ 14
Vergütung der Mehraufwendungen bei Dienstreisen

14.1   Bei angeordneten Dienstreisen wird die notwendige Reisezeit, soweit sie die Dauer der regelmäßigen Arbeitszeit überschreitet, bis zu 4 Stunden kalendertäglich zuschlagsfrei wie Arbeitszeit vergütet.

An arbeitsfreien Tagen wird zu der kalendertäglichen zusätzlichen Reisezeit nach Abs. 1 darüber hinaus anfallende Reisezeit bis zur Dauer von 1/5 der individuellen regelmäßigen wöchentlichen Arbeitszeit täglich ohne Zuschläge vergütet.

14.2   Fällt die angeordnete Reisezeit auf einen Sonn- oder Feiertag, so sind neben Vergütungen gem. § 14.1 die hierfür vorgesehenen Zuschläge gem. § 10 zu bezahlen.

14.3   Dies gilt nicht

a) für Reisezeit mit Benutzung von Schlafwagen in der Zeit von 22.00 Uhr bis 6.00 Uhr,

b) für Auslandsreisen.

14.4   Der notwendige Mehraufwand bei Dienstreisen ist vom Arbeitgeber zu erstatten. Eine Regelung hierüber ist im Einvernehmen mit dem Betriebsrat unter Beachtung der Steuerrichtlinien zu treffen.

14.5 Die vorstehenden Regelungen gelten nicht, soweit der Bundesmontagetarifvertrag Anwendung findet.

§ 15
Reisende

15.1 Die Bestimmungen des Tarifvertrages gelten für alle Reisenden von Betrieben, die ihren Sitz im räumlichen Geltungsbereich dieses Vertrages haben, auch wenn die Reisenden ihren Wohnsitz außerhalb des Tarifgebietes haben.

15.2 Reisende, die vollberuflich und ausschließlich für ein Unternehmen tätig und für ihre Tätigkeit an dessen Weisung gebunden sind, erhalten als Vergütung Gehalt oder Provision oder beides. Auch falls sie ganz oder teilweise auf Provision gestellt sind, erhalten sie als Mindesteinkommen das ihrer Aufgabe entsprechende Tarifgehalt. Die zu vergütenden Reisespesen bleiben dabei außer Ansatz. Das Mindesteinkommen gilt als gewährt, wenn es im Vierteljahresdurchschnitt erreicht wird.

Reisende, die als solche tätig sind, erhalten an Stelle der tariflichen Vergütung für Mehrarbeit, Spätarbeit, Nachtarbeit, Sonntags- und Feiertagsarbeit die im Anstellungsvertrag vereinbarte Entschädigung.

15.3 Reisespesen werden je nach Vereinbarung entweder als pauschale Spesen (unter Berücksichtigung der Steuerrichtlinien) oder aufgrund der für diese Reisetätigkeit nachgewiesenen angemessenen Aufwendungen vergütet.

15.4 Abrechnung und Auszahlung der Provision erfolgen spätestens bis Ende des Monats, der auf den Monat folgt, in dem die Provision fällig geworden ist. Eine andere Regelung kann zwischen Arbeitgeber und Angestellten vereinbart werden.

§ 16
Beschränkung der Haftung der Beschäftigten
und Ausschußregelung

16.1   Die Beschäftigten haften nur bei Vorsatz und grober Fahrlässigkeit für den Schaden, den sie bei der Arbeitsleistung verursacht haben.

16.2   Bei grober Fahrlässigkeit des Beschäftigten ist zur Vermeidung einer unbilligen Belastung für ihn mit Rücksicht auf seine persönlichen und wirtschaftlichen Verhältnisse ein angemessener innerer Schadensausgleich vorzunehmen.

16.3   Für fehlerhafte Arbeit (Ausschuß) gilt folgende Sonderregelung:

16.3.1   Ist fehlerhafte Arbeit ohne Verschulden des Arbeiters entstanden, so darf sie keine Verdienstminderung zur Folge haben.

16.3.2   Der Arbeiter ist verpflichtet, Materialfehler, die während der Bearbeitung erkannt werden, unverzüglich zu melden. Sind fertig bearbeitete oder zum Teil bearbeitete Werkstücke nicht mehr zu verwenden (Schrott), dann sind alle ausgeführten Arbeiten zu bezahlen. Wird der Materialfehler während eines Arbeitsganges erkannt, wird die bis dahin aufgewendete Arbeitszeit mit dem Durchschnittsverdienst bezahlt.

16.3.3   Bei Ausschuß, der durch grobe Fahrlässigkeit entstanden ist, werden die vom verursachenden Arbeiter ausgeführten Arbeitsgänge bis zur Dauer von 8 Stunden nicht vergütet, oder es ist von ihm Nacharbeit bis zur Dauer von 8 Stunden ohne Vergütung auszuführen, wenn die Arbeitsstücke durch zusätzliche Nacharbeit wieder verwendungsfähig gemacht werden können.

16.3.4   Ergeben sich über die Frage, ob der Ausschuß grob fahrlässig verschuldet ist, Meinungsverschiedenheiten, so kann der betroffene Arbeiter bei der Betriebsleitung oder beim Betriebsrat Einspruch erheben.

Über den Einspruch entscheidet eine paritätische Kommission, der je 2 sachkundige Vertreter des Arbeitgebers und des Betriebsrats angehören.

16.4   Für Angestellte gilt § 16.3 entsprechend.

§ 17
Arbeitnehmervertretung

17.1   Für die Vertretung der Beschäftigten im Betrieb gelten die jeweiligen gesetzlichen Bestimmungen und die zwischen den Tarifvertragsparteien abgeschlossenen Vereinbarungen.

17.2   Mitglieder von Tarifkommissionen der Tarifvertragsparteien werden für die Dauer der Teilnahme an Tarifkommissionssitzungen und Tarifverhandlungen unter Fortzahlung des Lohnes/Gehaltes freigestellt.

§ 18
Ausschlußfristen und Ausgleichsquittung

18.1   Ansprüche der Beschäftigten aus dem Arbeitsverhältnis sind dem Arbeitgeber gegenüber folgendermaßen geltend zu machen:

18.1.1   Ansprüche auf Zuschläge aller Art innerhalb von 2 Monaten nach Fälligkeit;

18.1.2   alle übrigen Ansprüche innerhalb von 6 Monaten nach Fälligkeit, spätestens jedoch innerhalb von 3 Monaten nach Beendigung des Arbeitsverhältnisses.

Ansprüche, die nicht innerhalb dieser Fristen geltend gemacht werden, sind verwirkt, es sei denn, daß der Beschäftigte durch unverschuldete Umstände nicht in der Lage war, diese Fristen einzuhalten.

18.2 Wenn ein Anspruch vom betroffenen Arbeitnehmer oder schriftlich durch den Betriebsrat dem Grunde nach geltend gemacht ist, dann ist, so lange der Anspruch nicht erfüllt ist, eine nochmalige Geltendmachung auch für sich anschließende Ansprüche nicht erforderlich.

18.3 Bleibt die Geltendmachung erfolglos, so tritt die Verwirkung nicht ein, vielmehr gilt alsdann die zweijährige Verjährungsfrist des § 196 Abs. I Ziff. 9 BGB. Die zweijährige Frist beginnt mit dem Schluß des Kalenderjahres, in welchem der Anspruch entstanden ist.

18.4 Für Ansprüche des Arbeitgebers gegenüber Beschäftigten aus dem Arbeitsverhältnis gelten die Bestimmungen der §§ 18.1 bis 18.3 sinngemäß.

18.5 Die vorstehenden Ausschlußfristen gelten nicht für solche Ansprüche, über deren Berechtigung zwischen den Tarifvertragsparteien Streitigkeiten bestehen (§ 19).

18.6 Durch Ausgleichsquittung kann nur auf Ansprüche verzichtet werden, die in der Ausgleichsquittung für den Arbeitnehmer deutlich erkennbar bezeichnet sind.

Auf tarifliche Ansprüche kann nicht verzichtet werden.

§ 19
Beilegung von Streitigkeiten

19.1 Die vertragsschließenden Parteien setzen ihren ganzen Einfluß für die Durchführung und Einhaltung der in diesem Tarifvertrag vereinbarten Bestimmungen ein und verpflichten ihre Mitglieder zur genauen Einhaltung der Vertragsbestimmungen.

19.2 Streitigkeiten, die aus der Auslegung oder Durchführung eines zwischen den Tarifvertragsparteien abgeschlossenen Tarifvertrages entstehen, sind vor Anrufung der Einigungsstelle oder des Arbeitsgerichts durch Verhandlungen zwischen Betriebsleitung und Betriebsrat zu regeln. Gelingt hierbei eine Verständigung nicht, so müssen die beiderseitigen Organisationsvertreter zugezogen werden.

19.3   Können zwischen den Tarifvertragsparteien entstandene Streitigkeiten über die Auslegung und Durchführung eines Tarifvertrages oder über das Bestehen oder Nichtbestehen eines Tarifvertrages durch Verhandlungen nicht beigelegt werden, so entscheidet auf Antrag einer Partei die ständige Schiedsstelle der Tarifvertragsparteien. Diese setzt sich aus je zwei Beisitzern und einem von den Tarifvertragsparteien zu wählenden unparteiischen Vorsitzenden zusammen. Falls keine Einigung über den Vorsitzenden erzielt wird, bestimmt ihn der Präsident des Landesarbeitsgerichts. Die Schiedsstelle entscheidet verbindlich unter Ausschluß des Rechtswegs.

§ 20
Übergangsbestimmungen

20.1   Bestehende günstigere betriebliche Regelungen werden durch das Inkrafttreten dieses Tarifvertrages nicht berührt.

20.2   Auf die sich aus diesem Tarifvertrag ergebenden Verdiensterhöhungen können aus dem gleichen Rechtsgrund betrieblich gewährte Zulagen bzw. Zuschläge aller Art ohne Rücksicht auf ihre jeweilige Rechtsgrundlage angerechnet werden.

§ 21
Inkrafttreten, Außerkrafttreten und Kündigung des Tarifvertrages

21.1   Dieser Tarifvertrag tritt am 1. April 1990 in Kraft.

Der Arbeitgeber ist verpflichtet, diesen Tarifvertrag an geeigneter Stelle zur Einsichtnahme auszulegen und in einem Anschlag am Schwarzen Brett darauf hinzuweisen.

21.2 Dieser Manteltarifvertrag ersetzt den Manteltarifvertrag für Arbeiter und Angestellte in der Metallindustrie Südbaden vom 23. November 1987, mit Ausnahme[4]

der nachwirkenden Bestimmungen des Manteltarifvertrages für die Arbeiter in der Metallindustrie in Südbaden vom 13. Juni 1973:

- Protokollnotiz vom 1. Juni 1973 (Gießereizulage)

- Vereinbarung vom 10. Mai 1973

- § 12 (Grundsätze der Entlohnung)

- § 13 (Zeitlohn)

- Anlage A zu § 13 (Beurteilungsmerkmale und Beurteilungsstufen I bis V)

- Anlage B zu § 13 (Gewichtung und Punktwerttabelle)

- § 14 (Akkordlohn)

- § 15 (Prämienlohn)

und mit Ausnahme der nachwirkenden Bestimmungen des Manteltarifvertrages für die Angestellten in der Metallindustrie in Südbaden vom 13. Juni 1973:

- § 12 (Leistungszulagen)

- Anlage zu § 12 (Beurteilungsbogen)

21.3 Dieser Manteltarifvertrag kann mit Monatsfrist zum Monatsende, erstmals zum 31. Dezember 1998, gekündigt werden.

21.4 Bis zum Abschluß eines neuen Manteltarifvertrages gelten, soweit nichts anderes vereinbart wird, die Bestimmungen des gekündigten Manteltarifvertrages.

---

4 Die aufgeführten nachwirkenden Bestimmungen sind als Anhang zum Lohn- und Gehaltsrahmentarifvertrag I vom 1. Dezember 1988 abgedruckt.

Freiburg, 8. Mai 1990

Arbeitgeberverband der   Industriegewerkschaft
Badischen   Metall
Metallindustrie e.V.,   für die Bundesrepublik
                            Deutschland,
Freiburg   Bezirksleitung Stuttgart

Wulf Glatt   Walter Riester
Werner Rudolph   Gerhard Zambelli

Anlage: Vereinbarung vom 8. 5. 1990 zur Durchführung der Arbeitszeitverkürzung

Anlage

Vereinbarung
zur Durchführung der Arbeitszeitverkürzung

Zur Durchführung der Arbeitszeitverkürzung zum 1. April 1993 und zum 1. Oktober 1995 vereinbaren die Tarifvertragsparteien:

1.   In den Jahren, in denen eine Arbeitszeitverkürzung mit neuen Lohn- und Gehaltsregelungen zusammentreffen, sind die materiellen Auswirkungen der Arbeitszeitverkürzung zu berücksichtigen.

2.   Die Tarifvertragsparteien werden, wenn eine von ihnen es wünscht, drei Monate vor den in § 7.1 genannten Terminen einer Arbeitszeitverkürzung in ein Gespräch über die Durchführbarkeit der Arbeitszeitverkürzung unter Berücksichtigung der wirtschaftlichen Lage eintreten. Dabei sind insbesondere die Beschäftigungssituation in der Metall- und Elektronindustrie, die Entwicklung im Zusammenwachsen der beiden deutschen Staaten und die Entwicklung der Arbeitszeiten in den Ländern der Europäischen Gemeinschaft zu berücksichtigen. Die Tarifvertragsparteien werden sich um eine einvernehmliche Beurteilung und gegebenenfalls um eine daraus abgeleitete abweichende Regelung bemühen.

Freiburg, 8. Mai 1990

Arbeitgeberverband der Badischen Metallindustrie e.V.

Wulf Glatt   **Werner Rudolph**

Industriegewerkschaft Metall für die Bundesrepublik Deutschland Bezirksleitung Stuttgart

Werner Riester   **Gerhard Zambelli**

Ein entsprechender Manteltarifvertrag wurde zwischen dem Arbeitgeberverband der Badischen Metallindustrie e.V. und der DAG, Landesverband Baden-Württemberg, abgeschlossen.

Antworten auf die Kontrollfragen

Frage 1: Wer ist Arbeitnehmer, wer ist Arbeitgeber?

Arbeitnehmer ist, wer aufgrund privatrechtlichen Vertrages in einem Verhältnis der persönlichen Unselbständigkeit Arbeit leistet. Wirtschaftliche Abhängigkeit genügt nicht. Sie kann einen persönlich Selbständigen lediglich zur arbeitnehmerähnlichen Person machen, auf die einige Regeln des Arbeitsrechts anzuwenden sind.

Arbeitgeber ist jede natürliche Person, Personengesellschaft oder juristische Person, die Arbeitnehmer beschäftigt. Der Begriff des Arbeitgebers ist also nicht mit dem des Unternehmers deckungsgleich. Auch wer nicht Unternehmer ist, kann Arbeitgeber sein.

Frage 2: Wie unterscheiden sich Arbeiter und Angestellte?

Alle kaufmännische Tätigkeit und Bürotätigkeit ist Angestelltentätigkeit. Im übrigen entscheidet die Frage, ob es sich überwiegend um körperliche (dann Arbeiter) oder um geistige Arbeit (dann Angestellter) handelt.

Frage 3: Wie groß ist der Anteil der Angestellten unter den Arbeitnehmern in der Bundesrepublik Deutschland?

Heute sind knapp über die Hälfte der Arbeitnehmer Angestellte.

Frage 4: Wo berühren sich Arbeitsrecht und Sozialrecht in ihren Aufgaben?

Arbeitsrecht und Sozialrecht teilen sich die Aufgabe der Daseinsvorsorge. Zum Beispiel wird die Vorsorge für den Lebensunterhalt im Krankheitsfall durch den Entgeltfortzahlungsanspruch gegen den Arbeitgeber teilweise arbeitsrechtlich gelöst, während die Krankheitskosten sonst von der Sozialversicherung getragen werden.

Frage 5: Sind die arbeitsrechtlichen Gesetze zwingend oder dispositiv?

Die arbeitsrechtlichen Gesetze sind, mit einigen Ausnahmen (z.B. § 615 BGB), dem Schutzgedanken entsprechend einseitig zwingend zugunsten des Arbeitnehmers. Das gleiche gilt für Tarifverträge und Betriebsvereinbarungen (Günstigkeitsprinzip).

Frage 6: Gehört das Arbeitsrecht zum Privatrecht oder zum öffentlichen Recht?

Das Arbeitsrecht einschließlich des kollektiven Arbeitsrechts ist Privatrecht. Lediglich das Arbeitsschutzrecht, das Personalvertretungsrecht und das Verfahrensrecht gehören zum öffentlichen Recht.

Frage 7: Welche arbeitsrechtlichen Gesetze der Bundesrepublik Deutschland gelten nach dem Staatsvertrag über die Währungs-, Wirtschafts- und Sozialunion auch in der DDR?

Das Tarifvertragsgesetz, das Betriebsverfassungsgesetz, die Mitbestimmungsgesetze, das Kündigungsschutzgesetz und – sinngemäß – das Bundespersonalvertretungsgesetz.

Frage 8: Inwiefern stehen Planwirtschaften im Arbeitsrecht in vielen Punkten vor gleichen Regelungsproblemen wie Marktwirtschaften?

Das Phänomen der unselbständigen Arbeitsleistung ist in seiner heutigen Ausprägung ein Produkt der Industrialisierung, insbesondere der damit verbundenen fortschreitenden Arbeitsteilung. Diesem Phänomen der arbeitsteiligen Produktion müssen alle Wirtschaftsordnungen Rechnung tragen. Zudem wird das Recht der unselbständigen Arbeitsleistung von der, Marktwirtschaften und Planwirtschaften gleichermaßen eigenen Zielorientierung des Produktivitätszuwachses geprägt.

Frage 9: Welche Grenzen setzt das Grundgesetz der Einschränkung der Vertragsautonomie durch staatliche Gesetze und Tarifverträge?

Die Vertragsautonomie ist durch Art. 12 Abs. 1 GG geschützt. Eingriffe sind im Rahmen des Regelungsvorbehalts des Art. 12 Abs.1 Satz 2 GG zulässig. Solche Regelungen müssen dann selbst verfassungsmäßig sein, insbesondere das Verhältnismäßigkeitsprinzip beachten.

Frage 10: Inwiefern verstoßen Closed-Shop-Vereinbarungen gegen das Grundgesetz?

Art. 9 Abs. 3 GG schützt auch die negative Koalitionsfreiheit. Sie wird durch den Druck verletzt, der entsteht, wenn Arbeitgeber nur Arbeitnehmer einstellen, die Gewerkschaftsmitglieder sind.

Frage 11: Inwiefern garantiert Art. 9 Abs. 3 GG (Tarifautonomie) in gewisser Weise ein Stück Marktwirtschaft mit?

Im Tarifvertragssystem verwirklicht sich für den Teilbereich des Arbeitsmarktes die marktwirtschaftliche Ordnung des freien Aushandelns von Leistung und Gegenleistung. Dieses System setzt seinerseits die Existenz marktwirtschaftlicher Ordnung in den anderen Teilbereichen des Wirtschaftsverkehrs voraus.

Frage 12: Inwiefern ist der arbeitsrechtliche Gleichbehandlungsgrundsatz in seiner Wirkung schwächer als die Gleichheitsgebote des Art. 3 GG, des § 2 BeschFördG, des § 75 Abs. 1 BetrVG und des § 27 Abs. 1 SprAuG?

Auf die Einhaltung des arbeitsrechtlichen Gleichbehandlungsgrundsatzes kann vertraglich verzichtet werden; auf die Einhaltung der anderen, für den Staat, die Tarifvertragsparteien und die Betriebsverfassung geltenden Gebote nicht.

Frage 13: Wann entstanden in Deutschland die ersten Gewerkschaften?

Nach Aufhebung der Koalitionsverbote durch die Gewerbeordnung von 1869.

Frage 14: Nach welchem Prinzip sind die Einzelgewerkschaften des DGB gegliedert?

Nach dem Industrieverbandsprinzip, d.h. alle Arbeitnehmer eines Industriezweigs, gleichgültig ob Arbeiter oder Angestellte, können Mitglieder dieser Industriegewerkschaft werden.

Frage 15: Decken sich die Voraussetzungen der Koalitionseigenschaft und die Voraussetzungen der Tariffähigkeit?

Richtiger Auffassung nach nicht. Insbesondere läßt sich das Gebot demokratischer Organisation erst auf der Ebene der Tariffähigkeit begründen.

Frage 16: Welche privat- und prozeßrechtliche Rechtsstellung haben die Gewerkschaften in der Regel?

Sie sind in der Regel nichtrechtsfähige Vereine. Im Prozeß vor den Arbeitsgerichten sind sie aber dennoch aktiv und passiv parteifähig (§ 10 ArbGG). Abweichend von § 50 Abs. 2 ZPO erkennt der BGH in gewissem Umfang die aktive Parteifähigkeit einer nichtrechtsfähigen Gewerkschaft auch vor den ordentlichen Gerichten an.

Frage 17: Was ist ein Manteltarifvertrag?

Der Manteltarifvertrag legt die allgemeinen Bedingungen (eben den Mantel) des Arbeitsverhältnisses fest.

Frage 18: Können Spitzenorganisationen Tarifverträge abschließen?

Spitzenorganisationen können Tarifverträge **im Namen** der ihnen angeschlossenen Verbände abschließen, wenn sie eine entsprechende Vollmacht haben (§ 2 Abs. 2 TVG). **Im eigenen Namen** können sie Tarifverträge abschließen, wenn das zu ihrer satzungsmäßigen Aufgabe gehört (§ 2 Abs. 3 TVG).

Frage 19: Wer ist tarifgebunden?

Grundsätzlich gilt der Tarifvertrag nur für die beiderseits tarifgebundenen Arbeitsverhältnisse, d.h. nur dann, wenn einerseits der Arbeitnehmer Mitglied der, tarifschließenden Gewerkschaft ist und andererseits der Arbeitgeber entweder selbst den Tarifvertrag abgeschlossen hat oder Mitglied des tarifschließenden Arbeitgeberverbandes ist (§ 3 Abs. 1 TVG). Eine Ausnahme gilt nur, wenn der Tarifvertrag für allgemeinverbindlich erklärt wird. Dann erstrecken sich seine Normen auch auf die nichttarifgebundenen Arbeitnehmer und Arbeitgeber in seinem Geltungsbereich. Tarifnormen über betriebliche und betriebsverfassungsrechtliche Fragen gelten auch ohne Allgemeinverbindlichkeit für alle Arbeitnehmer der Betriebe, deren Arbeitgeber tarifgebunden ist.

Frage 20: Wie wirken die Tarifverträge auf die Arbeitsverhältnisse ein?

Die Tarifverträge wirken unmittelbar und zwingend (§ 4 Abs. 1 TVG), also wie ein Gesetz auf die Arbeitsverhältnisse ein. Die Tarifvertragsnormen sind jedoch nur Mindestbedingungen, d.h. für den Arbeitnehmer günstigere Regeln können durch die Parteien des Arbeitsvertrages getroffen werden.

Frage 21: Was versteht man unter tarifdispositivem Recht?

Tarifdispositives Recht ist solches staatliches Recht, das zwar gegenüber dem Einzelarbeitsvertrag zwingend, jedoch gegenüber Tarifverträgen nachgiebig ist, d.h. die Tarifvertragsparteien können von dem Gesetz abweichende Regeln treffen.

Frage 22: Was bedeutet „relative" Friedenspflicht im Unterschied zur „absoluten" Friedenspflicht?

Aufgrund der relativen Friedenspflicht darf keine der Tarifvertragsparteien während der Laufzeit des Tarifvertrages gegen die andere Kampfmaßnahmen ergreifen, um eine Änderung der im Tarifvertrag festgelegten Arbeitsbedingungen zu erreichen. Sie ist relativ, weil sie sich gegenständlich nur soweit erstreckt, wie der betreffende Tarifvertrag reicht. Im Falle einer absoluten Friedenspflicht sind dagegen für eine bestimmte Zeit Arbeitskämpfe überhaupt verboten.

Frage 23: Wie unterscheiden sich Schlichtungsverfahren und schiedsgerichtliches Verfahren?

Gegenstand des Schlichtungsverfahrens ist die Lösung eines Tarifkonflikts durch Herbeiführung einer tariflichen Regelung (Regelungsstreit), Gegenstand des schiedsgerichtlichen Verfahrens die Entscheidung einer Rechtsstreitigkeit.

Frage 24: Welche Rechtswirkung hat ein verbindlicher Schlichtungsspruch?

Der verbindliche Schlichtungsspruch hat die Rechtswirkung eines Tarifvertrages.

Frage 25: Welche Funktion erfüllt der Arbeitskampf in der Tarifvertragsordnung und welche Folgerungen zieht man daraus für seine rechtliche Bewertung?

Der Arbeitskampf ist für die Tarifvertragsordnung mangels einer Zwangsschlichtung das letzte Mittel zur Konfliktlösung. Für die rechtliche Bewertung folgt daraus, daß er dort, wo er dieser Funktion dient, nicht rechtswidrig sein kann, sondern legitim ist. Auf der anderen Seite ist er dort, wo er diese Funktion nicht erfüllt, illegitim und löst die allgemeinen zivilrechtlichen Folgen der Vertragsverletzung und der unerlaubten Handlung aus.

Frage 26: Was bedeutet die sogenannte Quotenregelung der Aussperrrung?

Nach dem im Arbeitskampfrecht geltenden Grundsatz der Verhältnismäßigkeit sind Aussperrungen nur zulässig, soweit sie zur Herstellung der Kampfparität erforderlich sind. Im Falle von Verbandsarbeitskämpfen genügt dafür nach Auffassung des BAG typischerweise die Aussperrung so vieler Arbeitnehmer, daß im umkämpften Tarifgebiet eine Quote von 50 % aller Arbeitnehmer im Arbeitskampf stehen.

Frage 27: Welche Vorschriften gewähren im Falle von Betriebsbesetzungen Rechtsschutz?

Einmal die Besitzschutzvorschriften der §§ 858 ff. BGB, zum anderen die Deliktsschutzvorschriften des § 823 BGB.

Frage 28: In welchen Fällen wird das Entgelt in mittelbar vom Arbeitskampf betroffenen Betrieben nicht fortgezahlt?

Keine Entgeltfortzahlung gibt es im selben Unternehmen, in Unternehmen, die mit dem im Arbeitskampf stehenden Unternehmen in einem Verhältnis wirtschaftlicher Abhängigkeit stehen, sowie dann, wenn zwischen im Kampf stehenden und mittelbar betroffenen Arbeitnehmern **und** Arbeitgebern koalitionspolitische Verbindungen bestehen.

Frage 29: Welche Bedeutung hat § 5 Abs. 4 BetrVG für die Abgrenzung des leitenden Angestellten?

§ 5 Abs. 4 BetrVG enthält eine Auslegungsregel, die eingreift, wenn die Auslegung des § 5 Abs. 3 BetrVG für sich allein noch nicht zu einem eindeutigen Ergebnis führt.

Frage 30: Welche Betriebe unterfallen nicht dem Betriebsverfassungsgesetz?

Das BetrVG gilt nur für die Privatwirtschaft. Hier gilt es nur für Betriebe mit mindestens 5 Arbeitnehmern. Auf Kirchen und Religionsgesellschaften und ihre Einrichtungen findet das Gesetz keine Anwendung.

Frage 31: Wie ist das Verhältnis von Betriebsrat und Betriebsversammlung?

Der Betriebsrat ist das zentrale Organ der Betriebsverfassung. Er ist an Weisungen und an Aufträge der Betriebsversammlung nicht gebunden. Diese hat lediglich das Recht der Erörterung, der Stellungnahme zu Beschlüssen des Betriebsrats und zur Stellung von Anträgen an den Betriebsrat.

Frage 32: Welche Auswirkungen auf das Amt des Betriebsrats hat der Übergang des Betriebs auf einen neuen Inhaber?

Regelmäßig keine, denn der Betrieb bleibt als solcher durch den Betriebsübergang unberührt, und die Arbeitsverhältnisse der Betriebsratsmitglieder gehen auf den neuen Inhaber über.

Frage 33: Inwieweit haben Betriebsräte Anspruch auf Arbeitsbefreiung unter Fortzahlung des Entgelts zur Teilnahme an Schulungs- und Bildungsveranstaltungen?

Nach § 37 Abs. 6 BetrVG besteht ein solcher Anspruch, soweit die Veranstaltung für die Betriebsratsarbeit erforderliche Kenntnisse vermittelt. Unabhängig davon besteht in jeder Wahlperiode ein pauschaler Anspruch für 3 Wochen (bei erstmaliger Wahl 4) auf Befreiung zur Teilnahme an staatlich anerkannten Schulungs- und Bildungsveranstaltungen.

Frage 34: Was bezweckt das Verbot parteipolitischer Betätigung im Betrieb?

Der Betrieb soll vom politischen Meinungskampf freigehalten und die Meinungs- und Wahlfreiheit des einzelnen Arbeitnehmers gesichert werden.

Frage 35: Welcher Rechtszustand tritt ein, wenn eine freiwillige Betriebsvereinbarung endet?

In diesem Fall gibt es keine Nachwirkung. Vielmehr tritt der vorher geltende Rechtszustand wieder ein. War die Angelegenheit zuvor arbeitsvertraglich geregelt, lebt die arbeitsvertragliche Regelung mit ihrem damaligen Inhalt wieder auf.

Frage 36: Auf welche Fälle des Pflichtenverstoßes des Arbeitgebers bezieht sich § 23 Abs. 3 BetrVG?

Nur auf den Fall der Verletzung von Mitbestimmungsrechten. Ansprüche auf Geld- und Sachleistungen, auf Information und Vorlage von Unterlagen sowie Ansprüche aus einer Betriebsvereinbarung können uneingeschränkt im arbeitsgerichtlichen Beschlußverfahren geltend gemacht werden.

Frage 37: Was bedeutet der Vorrang der gesetzlichen Regelung in § 87 Abs. 1 BetrVG?

Die Mitbestimmung des Betriebsrats kann nur soweit eingreifen, wie das Gesetz dem Arbeitgeber einen Entscheidungsspielraum läßt. Deshalb gilt der Vorrang nicht nur für zwingende gesetzliche Regelungen, sondern auch für den Arbeitgeber bindende Gerichtsurteile und Verwaltungsakte.

Frage 38: Inwiefern hat das Mitbestimmungsrecht des § 87 Abs. 1 Nr. 3 BetrVG eine Doppelfunktion?

Es bindet den Arbeitgeber bei der Einführung von Kurzarbeit oder Mehrarbeit an die Zustimmung des Betriebsrats. Gleichzeitig ermächtigt es Arbeitgeber und Betriebsrat, Kurzarbeit oder Mehrarbeit auch einzuführen, wenn das im Arbeitsvertrag nicht vorgesehen ist.

Frage 39: Was ist unter Einstellung i.S. des § 99 BetrVG zu verstehen?

Einstellung ist die tatsächliche Eingliederung des Arbeitnehmers in den Betrieb, nicht der Abschluß des Arbeitsvertrages.

Frage 40: Erstreckt sich die Mitteilungspflicht des Arbeitgebers bei Kündigungen auch auf Fragen der Sozialauswahl?

Auch die für die vom Arbeitgeber beabsichtigte Sozialauswahl maßgebenden Gesichtspunkte sind dem Betriebsrat mitzuteilen.

Frage 41: Welche Wirkung hat der Widerspruch des Betriebsrats bei einer ordentlichen Kündigung?

Der einzelne Arbeitnehmer kann den Widerspruch in einem von ihm angestrengten Kündigungsschutzprozeß einführen. Erweist er sich dort als berechtigt, so ist die Kündigung sozial ungerechtfertigt und damit unwirksam. Außerdem erhält der Arbeitnehmer, dessen Kündigung der Betriebsrat widersprochen hat und der seinerseits Kündigungsschutzklage erhebt, einen Anspruch gegen den Arbeitgeber auf vorläufige Weiterbeschäftigung bis zum Ende des Kündigungsschutzprozesses.

Frage 42: Wann kann dem Wirtschaftsausschuß eine Information wegen Gefährdung von Betriebs- oder Geschäftsgeheimnissen verweigert werden?

Da nach § 79 BetrVG ohnehin eine Geheimhaltungspflicht besteht, kommt eine solche Verweigerung nur in Betracht, wenn die Gefahr der Verletzung dieser Pflicht besteht oder wenn es sich um ein so wesentliches Geheimnis handelt, daß schon die geringste Gefahr seiner Verletzung vermieden werden muß.

Frage 43: Wann gilt der Personalabbau als Betriebsänderung i.S. des § 111 BetrVG?

Wenn so viele Arbeitnehmer entlassen werden sollen, daß die Voraussetzungen einer Massenentlassung i.S. des § 17 KSchG erfüllt und zugleich mindestens 5 % der Belegschaft betroffen sind. Ein Sozialplan kann nach § 112 a BetrVG aber nur erzwungen werden, wenn die Zahl der betroffenen Arbeitnehmer doppelt so hoch ist.

Frage 44: Ergibt sich aus § 83 BetrVG ein Anspruch auf Berichtigung der Personalakten?

§ 83 BetrVG regelt nur das Recht auf Einsicht in die Personalakten und das Recht, ihr Erklärungen beizufügen. Ein Anspruch auf Berichtigung kann sich aber aus § 242 BGB ergeben.

Frage 45: Warum sieht das Sprecherausschußgesetz die Möglichkeit der Bildung von Unternehmenssprecherausschüssen vor?

Das Gesetz ermöglicht damit die Errichtung von Sprecherausschüssen, wo in einem Unternehmen zwar mehrere Betriebe vorhanden sind, in keinem von diesen aber die Mindestzahl von 10 leitenden Angestellten erreicht wird. Zudem kann aus Praktikabilitätsgründen auf die Errichtung mehrerer Betriebssprecherausschüsse und damit verbunden eines Gesamtsprecherausschusses verzichtet werden.

Frage 46: Welchem Instrument des Betriebsverfassungsrechts ist die Vereinbarung von Richtlinien mit unmittelbarer und zwingender Wirkung nach § 28 Abs. 2 SprAuG vergleichbar?

Der Vereinbarung solcher Richtlinien entspricht die freiwillige Betriebsvereinbarung des § 88 BetrVG.

Frage 47: Wie unterscheidet sich das Mitbestimmungsverfahren im Personalvertretungsrecht von dem im Betriebsverfassungsrecht?

In der Personalvertretung sind bei Streitigkeiten in Mitbestimmungsangelegenheiten zunächst die Stufenvertretungen einzuschalten. Erst wenn bei der obersten Dienstbehörde eine Einigung nicht zustande kommt, entscheidet die Einigungsstelle.

Frage 48: Wie sichert das Mitbestimmungsgsetz 1976 der Anteilseignerseite das Übergewicht im Aufsichtsrat?

Einmal dadurch, daß die Anteilseignerseite bei der Wahl des Aufsichtsratsvorsitzenden den Ausschlag gibt. Zum anderen dadurch, daß der Aufsichtsratsvorsitzende im Falle der Stimmengleichheit ein Zweitstimmrecht erhält.

Frage 49: Wie ist das Direktionsrecht rechtlich zu qualifizieren?

Das Direktionsrecht ist ein Leistungsbestimmungsrecht i.S. des § 315 BGB. Seine Ausübung hat deshalb nach billigem Ermessen zu erfolgen.

Frage 50: Inwiefern ergibt sich aus § 615 BGB eine vorübergehende Befreiung von der Arbeitspflicht?

§ 615 BGB legt im Falle des Annahmeverzugs des Arbeitgebers nicht nur seine Lohnfortzahlungspflicht fest, sondern ordnet auch an, daß diese Lohnfortzahlungspflicht besteht, ohne daß der Arbeitnehmer zur Nachleistung der Arbeit verpflichtet wäre. Darin liegt eine Befreiung von der Arbeitspflicht.

Frage 51: Hat der Arbeitnehmer einen Anspruch auf Beschäftigung?

Aus dem personenrechtlichen Charakter des Arbeitsverhältnisses folgt, daß der Arbeitgeber dem Arbeitnehmer die Möglichkeit geben muß, die vertraglich vereinbarten Leistungen zu erbringen.

Frage 52: In welchen Gesetzen ist die Arbeitszeit geregelt?

Gesetzliche Regelungen der Arbeitszeit finden sich in der Arbeitszeitordnung, der Gewerbeordnung, dem Mutterschutzgesetz, dem Jugendarbeitsschutzgesetz, dem Ladenschlußgesetz, dem Gesetz über die Arbeitszeit von Bäckereien und Konditoreien und dem Beschäftigungsförderungsgesetz.

Frage 53: Welche rechtlichen Konsequenzen verbinden sich mit der Arbeitsbereitschaft?

Fällt in erheblichem Umfang Arbeitsbereitschaft an, kann nach § 7 Abs. 2 AZO die Arbeit über täglich 10 Stunden hinaus verlängert werden.

Frage 54: Wie unterscheiden sich Zeitentgelt und Leistungsentgelt?

Beim Zeitentgelt wird das Entgelt nach der vom Arbeitnehmer aufgewandten Arbeitszeit berechnet, beim Leistungsentgelt nach dem von ihm geschaffenen Arbeitsergebnis.

Frage 55: Was bewirken die Multiplikatoren bei der analytischen Arbeitsbewertung?

Sie bewirken, daß die in die Arbeitsbewertung eingehenden unterschiedlichen Faktoren unterschiedliches Gewicht erhalten, also z.b. Kenntnisse, Ausbildung und Erfahrung für den Arbeitswert und damit letztlich für das Arbeitsentgelt von größerer Bedeutung sind als hinderliche Schutzkleidung.

Frage 56: Wie ist der Pfändungsschutz für Lohnansprüche ausgestaltet?

Nach § 850 a ZPO sind bestimmte Teile des Arbeitseinkommens, so z.B. die Hälfte einer Mehrarbeitsvergütung und Urlaubsgelder unpfändbar. Im übrigen ist das Arbeitseinkommen bis zu einer bestimmten, von der Einkommenshöhe und von den Unterhaltspflichten des Arbeitnehmers abhängigen Pfändungsgrenze pfändbar.

Frage 57: Was bedeutet es, daß der Arbeitgeber hinsichtlich der Lohnzahlung in der Regel das Betriebsrisiko trägt? Welche Ausnahme gibt es von diesem Grundsatz?

Daß der Arbeitgeber das Betriebsrisiko trägt, heißt, daß er den Lohn fortzahlen muß, auch wenn infolge äußerer Umstände die Arbeitsleistung im Betrieb nicht erbracht werden kann. Eine Ausnahme von diesem Grundsatz gilt unter bestimmten Voraussetzungen, wenn der Arbeitsausfall auf einen Arbeitskampf zurückzuführen ist (vgl. Frage 28).

Frage 58: Wann besteht auch ohne ausdrückliche vertragliche Vereinbarung ein Rechtsanspruch auf Gratifikation?

Ein solcher Rechtsanspruch besteht einmal, wenn der Arbeitgeber eine Gratifikation wiederholt vorbehaltlos gewährt hat, so daß der Arbeitnehmer darauf vertrauen konnte, die Gratifikation werde auch in Zukunft gezahlt werden. Zum anderen kann sich aus dem Gleichbehandlungsgrundsatz ein Rechtsanspruch auf Gewährung von Gratifikationen ergeben, die andere Arbeitnehmer in vergleichbarer Situation erhalten.

Frage 59: Seit wann gibt es eine allgemeine gesetzliche Regelung des Erholungsurlaubs?

Allgemein gesetzlich geregelt worden ist der Erholungsurlaub erst nach dem Zweiten Weltkrieg im Bundesurlaubsgesetz von 1963.

Frage 60: Wer bestimmt den Zeitpunkt des Urlaubs?

Den Zeitpunkt des Urlaubs bestimmt an sich der Arbeitgeber kraft seines Direktionsrechts. Nach § 7 Abs. 1 BUrlG muß er jedoch die Urlaubswünsche des Arbeitnehmers erfüllen, wenn nicht dringende betriebliche Erfordernisse oder sozial vorrangige Urlaubswünsche anderer Arbeitnehmer entgegenstehen.

Frage 61: Was bedeuten die Begriffe Urlaubsentgelt, Urlaubsgeld und Urlaubsabgeltung?

Urlaubsentgelt ist das während des Erholungsurlaubs fortgezahlte Arbeitsentgelt; Urlaubsgeld ist ein vom Arbeitgeber zusätzlich während des Urlaubs gewährter Geldbetrag. Von Urlaubsabgeltung spricht man, wenn dem Arbeitnehmer statt der Freizeit eine Abgeltung in Geld gewährt wird. Sie ist nur in Sonderfällen zulässig.

Frage 62: Gibt es eine gesetzliche Bestimmung über die Gewährung von Zuschlägen für Feiertagsarbeit?

Eine solche Bestimmung gibt es nicht. Da die Gewährung von Feiertagszuschlägen aber allgemein üblich ist, ist sie regelmäßig als stillschweigend vereinbart anzusehen.

Frage 63: Hat ein Arbeitnehmer, der einen Sportunfall erlitten hat, Anspruch auf Fortzahlung des Arbeitsengelts?

Nach den §§ 616 BGB, 63 HGB, 133 c GewO, 1 LohnFG grundsätzlich ja. Eine Ausnahme gilt nur, wenn der Sportunfall als Verschulden des Arbeitnehmers gewertet werden muß, etwa, wenn es sich um eine für den Arbeitnehmer extrem gefährliche Sportart handelt.

Frage 64: Wie werden kleine Betriebe hinsichtlich der Lohnfortzahlung an Arbeiter entlastet?

Sie erhalten 80 % der für die Lohnfortzahlung aufgewandten Beträge von den zuständigen Krankenkassen ersetzt, die die hierfür aufgewandten Mittel allerdings auf die in Rede stehenden kleinen Betriebe wieder umlegen.

Frage 65: Wie erfolgt der Regreß gegen Dritte, die an der Erkrankung ein Verschulden trifft?

Bei Arbeitern tritt nach § 4 LFG ein gesetzlicher Forderungsübergang ein. Angestellte sind entsprechend § 255 BGB verpflichtet, den Schadensersatzanspruch gegen den Dritten ihrem Arbeitgeber, der ihnen Lohnfortzahlung gewährt, abzutreten.

Frage 66: Wann tritt nach dem Gesetz über die betriebliche Altersversorgung grundsätzlich die Unverfallbarkeit von Versorgungsanwartschaften ein?

Wenn der Arbeitnehmer bei Ausscheiden aus dem Arbeitsverhältnis 35 Jahre alt ist und entweder die Versorgungszusage 10 Jahre bestanden hat, oder der Beginn der Betriebszugehörigkeit 12 Jahre zurückliegt und die Versorgungszusage 3 Jahre bestanden hat.

Frage 67: Wie interpretiert die Rechtsprechung die in § 16 BetrAVG vorgesehene Verpflichtung zur Anpassung der laufenden Leistungen der betrieblichen Altersversorgung?

Der Arbeitgeber muß alle drei Jahre die Ruhegelder der durchschnittlichen Steigerungsrate der Realentgelte der aktiven Arbeitnehmer anpassen.

Frage 68: Nach welcher Vorschrift erwirbt der Arbeitgeber das Eigentum an den von den Arbeitnehmern hergestellten Erzeugnissen?

Nach § 950 BGB: Der Arbeitgeber ist als derjenige, unter dessen Leitung die Erzeugnisse produziert werden, der Hersteller i.S. des § 950 BGB.

Frage 69: Was ist eine Diensterfindung i.S. des Arbeitnehmererfindungsgesetzes?

Diensterfindungen sind solche Erfindungen, die der Arbeitnehmer während der Dauer des Arbeitsverhältnisses macht und die entweder aus den im Betrieb ihm obliegenden Tätigkeiten entstehen oder maßgeblich auf Erfahrungen oder Arbeiten des Betriebs beruhen.

Frage 70: Welche Rechte räumt das Arbeitnehmererfindungsgesetz dem Arbeitgeber bei freien Erfindungen des Arbeitnehmers ein?

Der Arbeitgeber hat einen Anspruch auf Mitteilung der freien Erfindung, damit er beurteilen kann, ob es sich wirklich um eine freie oder um eine Diensterfindung handelt. Außerdem ist ihm eine nicht ausschließliche Lizenz an der freien Erfindung anzubieten.

Frage 71: Welche vermögenswirksamen Leistungen werden nur durch Schutzbestimmungen, nicht aber durch Sparzulagen gefördert?

Sparbeiträge aufgrund von Sparverträgen und Beiträge aufgrund von Kapitalversicherungsverträgen.

Frage 72: Welche praktische Bedeutung wird die Umsetzung der EG-Richtlinien über Mindestvorschriften zum Arbeitsschutz haben?

Sie wird den Anwendungsbereich der innerstaatlichen Arbeitsschutzvorschriften auch auf nicht gewerbliche Betriebe erstrecken.

Frage 73: Welche Zahlungen hat der Arbeitgeber während der Beschäftigungsverbote nach dem MuSchG zu leisten?

Der Arbeitgeber trägt die Differenz zwischen dem Mutterschaftsgeld nach den §§ 200 ff. RVO und dem Nettoarbeitsentgelt. Außerdem hat er das Arbeitsentgelt in den Fällen der Beschäftigungsverbote nach § 4 und § 3 Abs. 1 MuSchG fortzuzahlen.

Frage 74: Was kann der Arbeitnehmer tun, wenn der Arbeitgeber seinen Pflichten aus § 618 Abs. 1 BGB nicht nachkommt?

Theoretisch kann der Arbeitnehmer auf Erfüllung klagen. Praktisch bedeutsam ist aber sein Recht, gem. § 273 BGB seine Arbeitsleistung unter Beibehaltung seines Lohnanspruchs zurückzuhalten, bis der Arbeitgeber seinen Pflichten nachkommt.

Frage 75: Wann haftet der Arbeitgeber persönlich für Unfallschäden seiner Arbeitnehmer?

Nach § 636 RVO haftet der Arbeitgeber nur dann persönlich, wenn er den Unfall vorsätzlich herbeigeführt oder ihn bei Teilnahme am allgemeinen Verkehr fahrlässig verursacht hat.

Frage 76: Woraus gründet sich die Haftung des Arbeitnehmers für Schlechtleistungen?

Die Haftung gründet sich auf die allgemeinen Grundsätze über die positive Forderungsverletzung.

Frage 77: Gelten die Grundsätze über die Haftungseinschränkung bei gefahrengeneigter Arbeit nur bei Schädigungen des Arbeitgebers?

Die Grundsätze gelten auch bei Schädigung von Arbeitskollegen und Dritten in Ausführung einer gefahrengeneigten Arbeit. Im letzteren Fall haftet der Arbeitnehmer allerdings dem Dritten nach den allgemeinen Vorschriften. Jedoch hat ihn der Arbeitgeber von der Haftung freizustellen.

Frage 78: Wie ist die Beweislast bei der Mankohaftung verteilt?

Gemäß § 282 BGB hat der Arbeitgeber das Vorhandensein des Mankos und dessen Verursachung durch den Arbeitnehmer zu beweisen. Ist dieser Nachweis gelungen, muß der Arbeitnehmer beweisen, daß er das Manko gleichwohl nicht zu vertreten hat.

Frage 79: Bedarf der Minderjährige für den Abschluß eines Ausbildungsvertrags der Zustimmung seiner gesetzlichen Vertreter?

Ja. Die Ausnahme des § 113 BGB gilt nur für eigentliche Arbeitsverhältnisse.

Frage 80: Wann gewährt die Falschbeantwortung von Fragen in einem Einstellungsfragebogen dem Arbeitgeber das Recht, den Arbeitsvertrag nach § 123 BGB anzufechten?

An sich stellt die Falschbeantwortung einer Frage eine arglistige Täuschung durch positives Tun dar. Nach der Rechtsprechung berechtigt aber nur die Falschbeantwortung einer zulässigerweise gestellten Frage zur Anfechtung des Arbeitsvertrages. Ob die Frage zulässig ist oder nicht, bestimmt sich nach dem Interesse des Arbeitgebers an der Beantwortung einerseits und nach der Zumutbarkeit der Beantwortung für den Arbeitnehmer andererseits.

Frage 81: Welche Bedeutung hat der Antritt der Arbeit für Nichtigkeit und Anfechtbarkeit des Arbeitsvertrages?

Nach Antritt der Arbeit wirken Nichtigkeit und Anfechtung des Arbeitsvertrages nicht mehr zurück, sondern erst von dem Zeitpunkt, in dem die Nichtigkeit festgestellt wird bzw. die Anfechtung erfolgt. Der Arbeitnehmer behält also insbesondere den vertraglichen Entgeltanspruch für die Zeit, in der er gearbeitet hat.

Frage 82: Welcher Unterschied besteht hinsichtlich der Arbeitsaufnahme zwischen Arbeitnehmern aus EG-Staaten und anderen ausländischen Arbeitnehmern?

Arbeitnehmer aus den EG-Staaten brauchen in der Bundesrepublik keine Arbeitserlaubnis. Stehen sie in einem Arbeitsverhältnis, so wird ihnen eine Aufenthaltserlaubnis für mindestens fünf Jahre erteilt. Andere ausländische Arbeitnehmer bedürfen neben der Aufenthaltserlaubnis der Arbeitserlaubnis.

Frage 83: Warum kann eine Kündigung grundsätzlich nicht unter einer Bedingung erklärt werden? Welche Ausnahme gibt es?

Die Kündigung ist wie die Ausübung jedes einseitigen Gestaltungsrechts bedingungsfeindlich, weil der Adressat, der keinen Einfluß auf die Abgabe der Erklärung hat, wissen muß, woran er ist. Aus diesem Grund für die Bedingungsfeindlichkeit folgt auch die Ausnahme: Hängt der Eintritt der Bedingung lediglich vom Willen des Adressaten ab, so kann sie der Gestaltungserklärung hinzugefügt werden. Praktischer Fall bei der Kündigung ist die Änderungskündigung.

Frage 84: Welche regelmäßige Kündigungsfrist gilt seit der Entscheidung des Bundesverfassungsgerichts aus dem Juli 1990 für Arbeiter?

Bis zu einer Neuregelung durch den Gesetzgeber gelten für Arbeiter keine gesetzlichen Kündigungsfristen. Arbeitsgerichtliche Verfahren, in denen es auf die Kündigungsfrist für Arbeiter ankommt, sind bis zu einer Neuregelung auszusetzen.

Frage 85: Inwieweit kann die Kündigungsfrist des § 622 Abs. 1 BGB abbedungen werden?

Durch Tarifvertrag und durch Bezugnahme auf einen Tarifvertrag können abweichende Regeln unbeschränkt vereinbart werden. Durch Einzelarbeitsvertrag kann die Kündigungsfrist auf einen Monat zum Monatsende verkürzt werden. Weitere Verkürzungen sind nur möglich, soweit es um ein Aushilfsarbeitsverhältnis geht.

Frage 86: Wann kann ein Berufsausbildungsverhältnis ohne Kündigungsfrist gekündigt werden?

Während der Probezeit, nach Ablauf der Probezeit bei Vorliegen eines wichtigen Grundes sowie dann, wenn der Auszubildende die Ausbildung aufgeben oder sich für eine andere Tätigkeit ausbilden lassen will.

Frage 87: Setzt die außerordentliche Kündigung nach § 626 BGB ein Verschulden des Vertragspartners voraus?

Die schuldhafte grobe Vertragsverletzung des anderen Teils wird der regelmäßige Grund einer Kündigung nach § 626 BGB sein. Ein wichtiger Grund i.S.d. § 626 BGB kann aber auch ohne Verschulden vorliegen. Ob das Arbeitsverhältnis aus wichtigem Grund gekündigt werden kann, hängt von der in § 626 BGB vorgesehenen Interessenabwägung ab.

Frage 88: Darf ein Zeugnis nachteilige Angaben enthalten?

Das Zeugnis muß richtig sein. Daraus folgt, daß es auch nachteilige Angaben enthalten darf, die allerdings im richtigen Verhältnis zu den positiven Seiten des Arbeitnehmers stehen müssen. Verschweigt der Arbeitgeber im qualifizierten Zeugnis Nachteiliges, so kann er sich sogar gegenüber einem neuen Arbeitgeber schadensersatzpflichtig machen.

Frage 89: Für wen gelten die Vorschriften des HGB über nachvertragliche Wettbewerbsverbote?

Diese Vorschriften gelten nach dem Wortlaut des Gesetzes an sich nur für kaufmännische Angestellte. Die Rechtsprechung sieht in ihnen aber so allgemeine Grundsätze, daß sie sie analog auf alle anderen Arbeitnehmer anwendet.

Frage 90: Unter welchen Voraussetzungen läuft die Wartezeit des § 1 Abs. 1 KSchG auch bei Unterbrechungen des Arbeitsverhältnisses?

Nur wenn der Unterbrechenszeitraum nicht länger als zwei bis drei Wochen andauert und zwischen altem und neuem Arbeitsverhältnis ein enger sachlicher Zusammenhang besteht.

Frage 91: Welche hauptsächliche Bedeutung hat der ultima-ratio-Grundsatz bei der verhaltensbedingten Kündigung?

Er führt dazu, daß einer Kündigung wegen vertragswidrigen Verhaltens eine vergebliche Abmahnung vorauszugehen hat.

Frage 92: Kann das Arbeitsgericht bei betriebsbedingten Kündigungen nachprüfen, ob die unternehmerischen Maßnahmen, die zur Freisetzung der Arbeitskräfte geführt haben, notwendig waren?

Das Arbeitsgericht ist darauf beschränkt festzustellen, ob die unternehmerischen Maßnahmen die getroffen worden sind, wirklich die ausgesprochene Kündigung bedingen.

Frage 93: Wie kann der Kündigungsschutzprozeß enden, wenn die Kündigung sozial ungerechtfertigt war?

Entweder kann das Arbeitsgericht das Fortbestehen des Arbeitsverhältnisses feststellen oder es kann, entweder auf Antrag des Arbeitnehmers oder auf Antrag des Arbeitgebers, das Arbeitsverhältnis gegen Zahlung einer Abfindung auflösen.

Frage 94: In welchen Punkten findet das KSchG auch auf die außerordentliche Kündigung Anwendung?

Gemäß § 13 Abs. 1 KSchG muß auch die außerordentliche Kündigung vom Arbeitnehmer binnen der Dreiwochenfrist des § 4 angegriffen werden. Sonst wird sie rechtswirksam und unangreifbar. Andererseits kann der Arbeitnehmer Antrag auf Auflösung gegen Abfindung stellen.

Frage 95: Genießen leitende Angestellte Kündigungsschutz?

Leitende Angestellte genießen grundsätzlich genauso wie andere Arbeitnehmer Kündigungsschutz. Ihre Kündigungsschutzklage kann aber lediglich dazu führen, daß das Arbeitsverhältnis gegen Zahlung einer Abfindung aufgelöst wird.

Frage 96: Inwiefern hat die Neufassung des KSchG im Jahre 1969 die Lage der Arbeitnehmer bei einer Änderungskündigung verbessert?

Der Arbeitnehmer kann heute den Änderungsvorschlag unter Vorbehalt der Kündigungsschutzklage annehmen und diese dann ohne das Risiko erheben, im Falle des Unterliegens den Arbeitsplatz zu verlieren.

Frage 97: Wie unterscheidet sich die Zulassung befristeter Arbeitsverhältnisse nach § 1 BeschFördG und die nach §§ 57a ff. HRG in ihrer Wirkung?

Die Befristungsmöglichkeit nach § 1 BeschFördG kann durch Tarifvertrag ausgeschlossen werden, die nach den §§ 57a ff. HRG nicht.

Frage 98: Bedarf bei der Befristung außerhalb des Geltungsbereichs gesetzlicher Zulassung auch die Dauer der Befristung eines sachlichen Grundes?

Nein. Nur die Befristung überhaupt muß sachlich gerechtfertigt sein.

Frage 99: Wie wird die Unwirksamkeit der Befristung gerichtlich geltend gemacht?

Im Wege der allgemeinen Feststellungsklage nach § 256 ZPO. Die Klagfrist des § 4 Satz 1 KSchG braucht nicht eingehalten zu werden.

Frage 100: Warum räumt die Rechtsprechung dem Arbeitnehmer ein Widerspruchsrecht gegen den Übergang des Arbeitsverhältnisses bei der Betriebsveräußerung ein?

Der Arbeitnehmer erhält damit die Möglichkeit, sich gegen den Übergang des Arbeitsverhältnisses auf einen weniger seriösen Vertragspartner zu schützen.

Frage 101: Haftet der Betriebsveräußerer nach Betriebsübergang für das Arbeitsentgelt mit?

Nein. Der Anspruch auf dieses Entgelt war zum Zeitpunkt des Betriebsübergangs noch nicht entstanden, weil noch nicht durch eine entsprechende Arbeitsleistung erdient.

Frage 102: In welchen Fällen ist die gewerbsmäßige Arbeitnehmerüberlassung ohne Erlaubnis zulässig?

Zulässig ist die Abordnung von Arbeitnehmern zu Arbeitsgemeinschaften mehrerer Arbeitgeber, die Überlassung zwischen Arbeitgebern desselben Wirtschaftszweigs zur Vermeidung von Kurzarbeit oder Entlassungen, wenn das tariflich vorgesehen ist, und die vorübergehende Überlassung zwischen Konzernunternehmen.

Frage 103: Inwieweit können für Arbeitnehmer und Arbeitgeber vor den Arbeitsgerichten Verbandsvertreter auftreten?

Zulässig ist das bei den Arbeitsgerichten und den Landesarbeitsgerichten, nicht aber beim Bundesarbeitsgericht.

Stichwortregister

(Die Zahlenangaben beziehen sich auf die Randnummern)

ASSEX

Vorbereitungslehrgang zum Assessorexamen

ZIVILRECHT

Zivilprozeßrecht I — Erkenntnisverfahren
Von Dr. Knut Hansen, Richter am OLG · 3. Auflage · DM 44,—

Zivilprozeßrecht II — Zwangsvollstreckung
Von Dr. Knut Hansen, Richter am OLG · 5. Auflage · DM 44,—

Relations- und Urteilstechnik, Aktenvortrag
Von Dr. Christian Balzer und Dr. Klaus Forsen, Richter am OLG · 6. Auflage · DM 48,—

Examensklausuren Zivilrecht I
Von Dr. Christian Balzer, Richter am OLG
Band 1 · 3. Auflage · DM 44,— · **Band 2** · 2. Auflage · DM 44,—

Examensklausuren Zivilrecht II
Zwangsvollstreckung
Band 1 · Von Dr. Knut Hansen, Richter am OLG · 4. Auflage · DM 46,—
Band 2 · In Vorbereitung

STRAFRECHT

Strafprozeßrecht
Von Dr. Olaf Schönfelder, Oberstaatsanwalt · 3. Auflage · DM 44,—

Anklageschrift, Einstellungsverfügung, Dezernat und Plädoyer
Von Prof. Günter Solbach, Leitender Oberstaatsanwalt · 8. Auflage · DM 49,—

Urteil und Beschluß im Strafverfahren
Von Dr. Martin Birmanns, Direktor am AG
und Prof. Günter Solbach, Leitender Oberstaatsanwalt · 3. Auflage · DM 48,—

Examensklausuren Strafrecht I
Anklageschrift und Einstellungsverfügung
Band 1 · Von Prof. Günter Solbach, Leitender Oberstaatsanwalt · 5. Auflage · DM 48,—
Band 2 · Von Prof. Günter Solbach und Dr. Friedrich Wunderlich, Oberstaatsanwalt · DM 44,—

Examensklausuren Strafrecht II — Urteil und Beschluß
Von Dr. Gerd Landsberg, Richter am LG
und Prof. Günter Solbach, Leitender Oberstaatsanwalt
Band 1 · 2. Auflage · DM 44,— · **Band 2** · DM 44,—

ÖFFENTLICHES RECHT

Verwaltungsprozeßrecht
Von Heinz Michael Tuschen, Richter am OVG · 4. Auflage · DM 46,—

Urteil, Beschluß und Widerspruchsbescheid
im Öffentlichen Recht
Von Dr. Volker Wahrendorf, Vorsitzender Richter am VG · 2. Auflage · DM 46,—

Examensklausuren Öffentliches Recht I
Von Heinz Michael Tuschen, Richter am OVG · 3. Auflage · DM 48,—

Examensklausuren Öffentliches Recht II
Von Dr. Hans-Henning Arnold, Richter am OVG · DM 44,—

Lange Verlag · Poststraße 12 · 4000 Düsseldorf 1